**教科書ぴったりトレーニング**

# はなまるシール

- ふろ[illegible]！
- はじ[illegible]で、がん[illegible]
- 学習が[illegible]表に「はなまるシール」をはろう！
- 余ったシールは自由に使ってね。

## キミのおとも犬

## はなまるシール

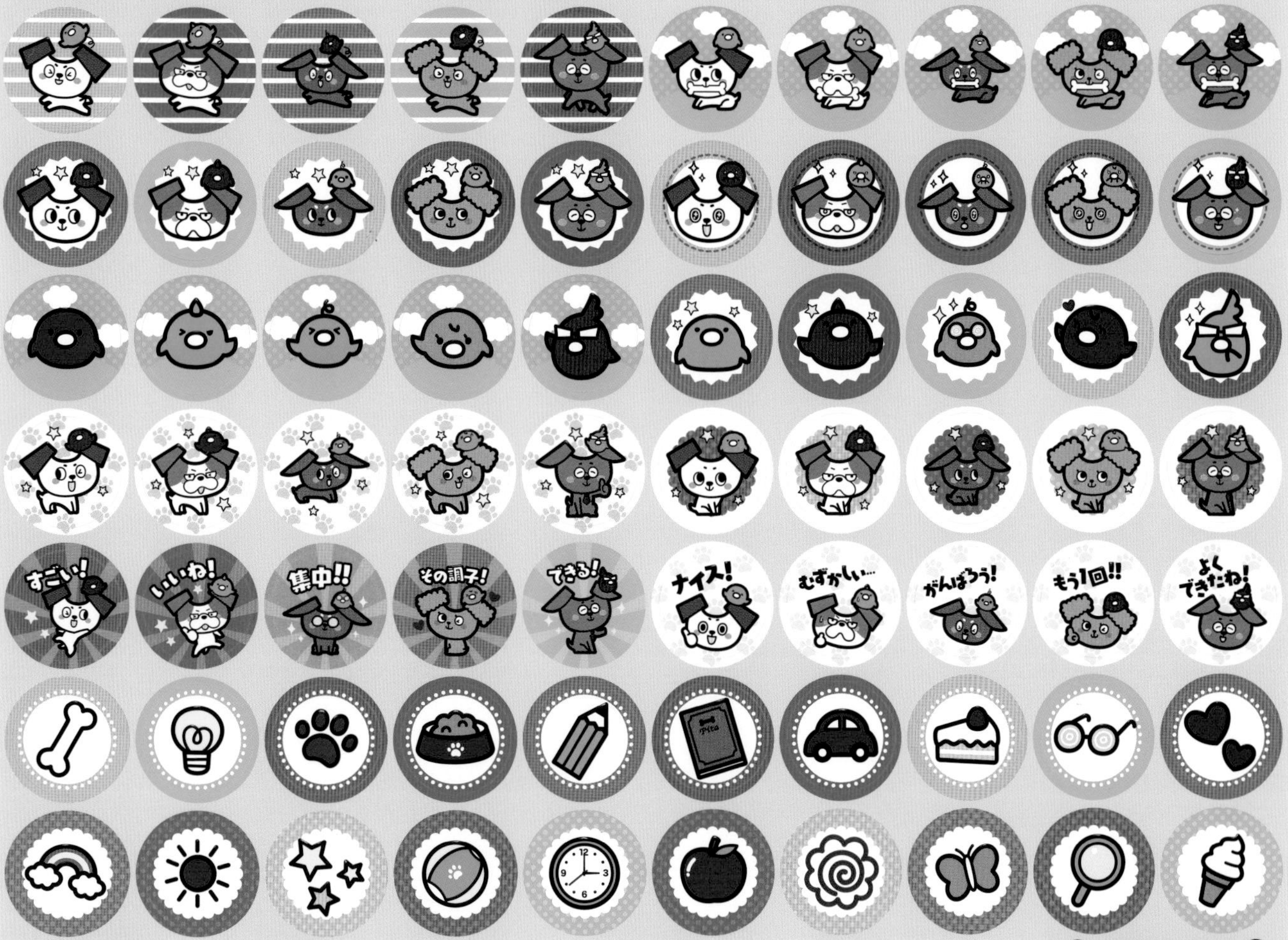


## ごほうびシール

# 世界の国々

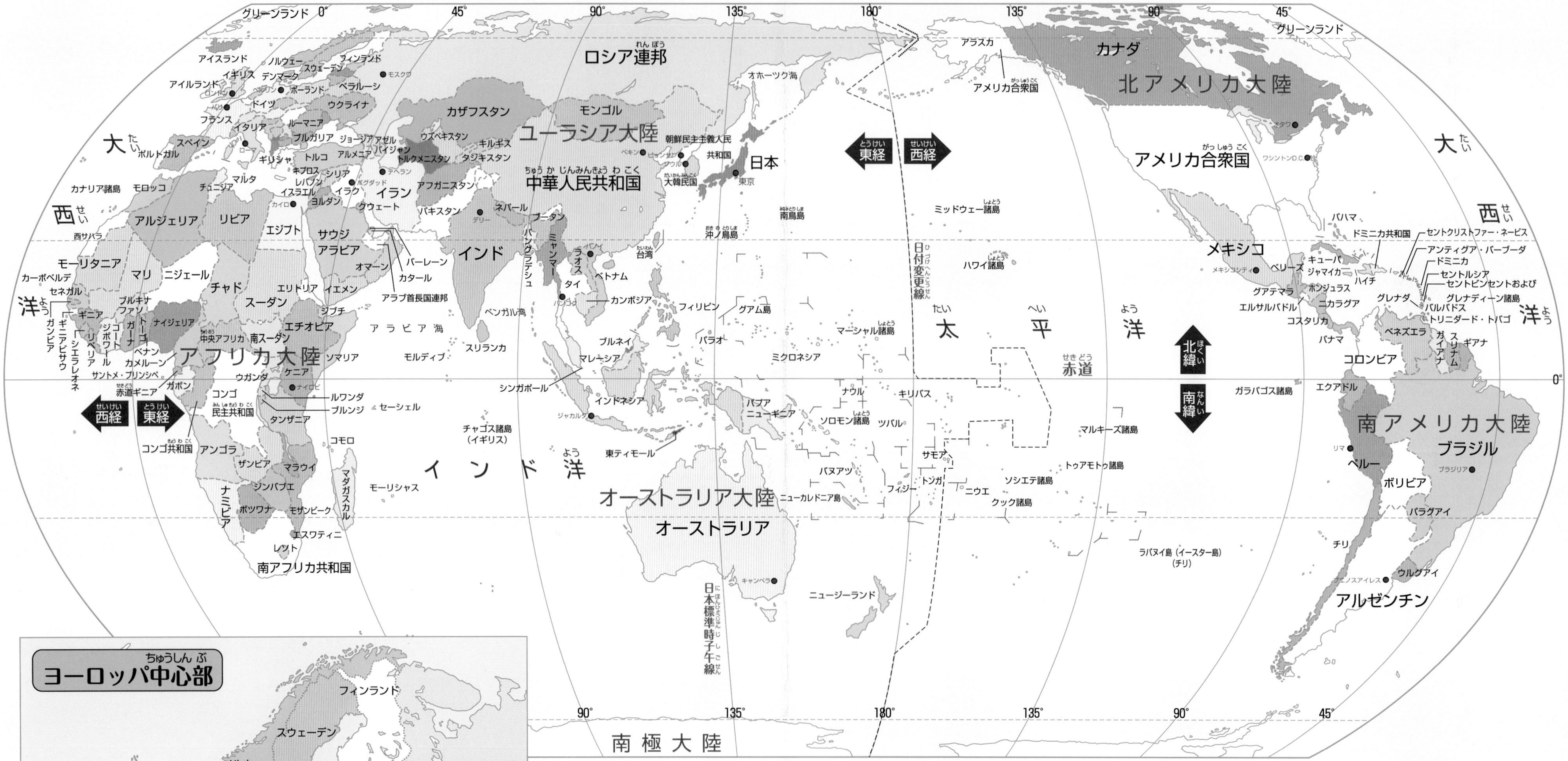


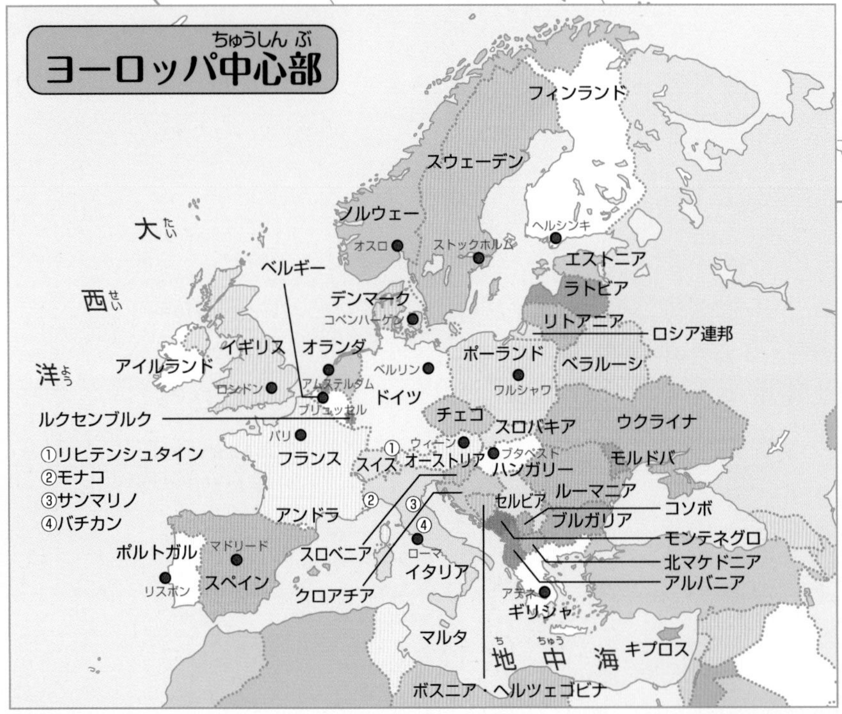


## いろいろな国の国旗

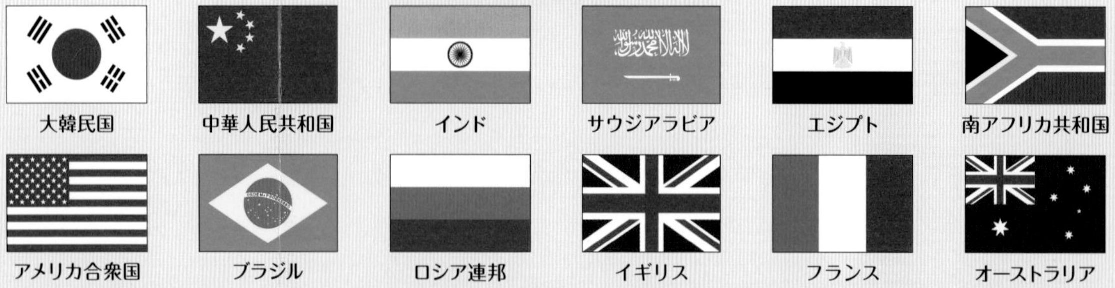


### 世界の国々

● 主《おも》な国の首都《しゅと》

(2023年11月現在)

# 教科書ぴったりトレーニングの使い方

『ぴたトレ』は教科書にぴったり合わせて使うことができるよ。教科書も見ながら、勉強していこうね。
ぴた犬たちが勉強をサポートするよ。

**ふだんの学習**

## ぴったり1 準備

教科書のだいじなところをまとめていくよ。
めあて でどんなことを勉強するかわかるよ。
問題に答えながら、わかっているかかくにんしよう。
QR コードから「3 分でまとめ動画」が見られるよ。

※QR コードは株式会社デンソーウェーブの登録商標です。

## ぴったり2 練習

「ぴったり１」で勉強したこと、おぼえているかな？
かくにんしながら、問題に答える練習をしよう。

## ぴったり3 確かめのテスト

「ぴったり１」「ぴったり２」が終わったら取り組んでみよう。
学校のテストの前にやってもいいね。
わからない問題は、ふりかえり を見て前にもどってかくにんしよう。

**実力チェック**

- 夏のチャレンジテスト
- 冬のチャレンジテスト
- 春のチャレンジテスト
- 5年 社会のまとめ 学力診《しん》断《だん》テスト

夏休み、冬休み、春休み前に使いましょう。
学期の終わりや学年の終わりのテストの前にやってもいいね。

**別《べっ》冊《さつ》**

## 丸つけラクラク解答

問題と同じ紙面に赤字で「答え」が書いてあるよ。
取り組んだ問題の答え合わせをしてみよう。まちがえた問題やわからなかった問題は、右の「てびき」を読んだり、教科書を読み返したりして、もう一度見直そう。

## おうちのかたへ

本書『教科書ぴったりトレーニング』は、教科書の要点や重要事項をつかむ「ぴったり１ 準備」、おさらいをしながら問題に慣れる「ぴったり２ 練習」、テスト形式で学習事項が定着したか確認する「ぴったり３ 確かめのテスト」の３段階構成になっています。教科書の学習順序やねらいに完全対応していますので、日々の学習（トレーニング）にぴったりです。

## 「観点別学習状況の評価」について

学校の通知表は、「知識・技能」「思考・判断・表現」「主体的に学習に取り組む態度」の３つの観点による評価がもとになっています。

問題集やドリルでは、一般に知識を問う問題が中心になりますが、本書『教科書ぴったりトレーニング』では、次のように、観点別学習状況の評価に基づく問題を取り入れて、成績アップに結びつくことをねらいました。

**ぴったり３ 確かめのテスト**

- ●「知識・技能」のうち、特に技能（資料の読み取りや表・グラフの作図など）を取り上げた問題には「技能」と表示しています。
- ●社会的事象について考え、選択・判断し、文章で説明することなどを取り上げた問題には「思考・判断・表現」と表示しています。

**チャレンジテスト**

- ●主に「知識・技能」を問う問題か、「思考・判断・表現」を問う問題かで、それぞれに分類して出題しています。

## 別冊『丸つけラクラク解答』について

おうちのかたへ では、次のようなものを示しています。

- ・学習のねらいやポイント
- ・他の学年や他の単元の学習内容とのつながり
- ・まちがいやすいことやつまずきやすいところ

お子様への説明や、学習内容の把握などにご活用ください。

内容の例

> **おうちのかたへ**
> 地図記号は教科書に掲載されているもの以外にも、多くの種類があります。国土地理院のキッズページでは地図記号の一覧や由来などを見ることができますので、お子様と一緒に確認してみるとよいでしょう。

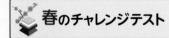

教科書ぴったりトレーニング

# 社会 5年 がんばり表

好きななまえをつけてね！

なまえ

ぴた犬（おとも犬）シールをはろう

シールの中から好きなぴた犬を選ぼう。

いつも見えるところに、この「がんばり表」をはっておこう。
この「ぴたトレ」を学習したら、シールをはろう！
どこまでがんばったかわかるよ。

せんたく がついているところでは、教科書の選択教材を扱っています。学校での学習状況に応じて、ご利用ください。

**おうちのかたへ**

がんばり表のデジタル版「デジタルがんばり表」では、デジタル端末でも学習の進捗記録をつけることができます。1冊やり終えると、抽選でプレゼントが当たります。「ぴたサポシステム」にご登録いただき、「デジタルがんばり表」をお使いください。LINE または PC・ブラウザを利用する方法があります。

LINE用　PC・ブラウザ用

★ぴたサポシステムご利用ガイドはこちら★
https://www.shinko-keirin.co.jp/shinko/news/pittari-support-system

スタート

## 1. 日本の国土とわたしたちのくらし せんたく

| 24～25ページ | 22～23ページ | 20～21ページ | 18～19ページ | 16～17ページ | 14～15ページ | 12～13ページ | 10～11ページ | 8～9ページ | 6～7ページ | 4～5ページ | 2～3ページ |
|---|---|---|---|---|---|---|---|---|---|---|---|
| ぴったり3 | ぴったり12 | ぴったり12 | ぴったり3 | ぴったり12 | ぴったり12 | ぴったり3 | ぴったり12 | ぴったり12 | ぴったり3 | ぴったり12 | ぴったり12 |
| できたらシールをはろう | できたらシールをはろう | できたらシールをはろう | できたらシールをはろう | できたらシールをはろう | できたらシールをはろう | できたらシールをはろう | できたらシールをはろう | できたらシールをはろう | できたらシールをはろう | できたらシールをはろう | できたらシールをはろう |

## 2. 未来を支える食料生産 せんたく

| 32～33ページ | 30～31ページ | 28～29ページ | 26～27ページ |
|---|---|---|---|
| ぴったり12 | ぴったり3 | ぴったり12 | ぴったり12 |
| できたらシールをはろう | できたらシールをはろう | できたらシールをはろう | できたらシールをはろう |

| 34～35ページ | 36～37ページ | 38～39ページ | 40～41ページ | 42～43ページ | 44～45ページ | 46～47ページ | 48～49ページ | 50～51ページ | 52～53ページ | 54～55ページ |
|---|---|---|---|---|---|---|---|---|---|---|
| ぴったり3 | ぴったり12 | ぴったり12 | ぴったり3 | ぴったり12 | ぴったり3 | ぴったり12 | ぴったり12 | ぴったり3 | ぴったり12 | ぴったり3 |
| できたらシールをはろう | できたらシールをはろう | できたらシールをはろう | できたらシールをはろう | できたらシールをはろう | できたらシールをはろう | できたらシールをはろう | できたらシールをはろう | できたらシールをはろう | できたらシールをはろう | できたらシールをはろう |

## 3. 未来をつくり出す工業生産 せんたく

| 56～57ページ | 58～59ページ | 60～61ページ | 62～63ページ | 64～65ページ |
|---|---|---|---|---|
| ぴったり12 | ぴったり3 | ぴったり12 | ぴったり12 | ぴったり3 |
| できたらシールをはろう | できたらシールをはろう | できたらシールをはろう | できたらシールをはろう | できたらシールをはろう |

| 84～85ページ | 82～83ページ | 80～81ページ | 78～79ページ | 76～77ページ | 74～75ページ | 72～73ページ | 70～71ページ | 68～69ページ | 66～67ページ |
|---|---|---|---|---|---|---|---|---|---|
| ぴったり3 | ぴったり12 | ぴったり12 | ぴったり3 | ぴったり12 | ぴったり3 | ぴったり12 | ぴったり12 | ぴったり3 | ぴったり12 |
| できたらシールをはろう | できたらシールをはろう | できたらシールをはろう | できたらシールをはろう | できたらシールをはろう | できたらシールをはろう | できたらシールをはろう | できたらシールをはろう | できたらシールをはろう | できたらシールをはろう |

## 4. 未来とつながる情報 せんたく

| 94～95ページ | 92～93ページ | 90～91ページ | 88～89ページ | 86～87ページ |
|---|---|---|---|---|
| ぴったり12 | ぴったり123 | ぴったり3 | ぴったり12 | ぴったり12 |
| できたらシールをはろう | できたらシールをはろう | できたらシールをはろう | できたらシールをはろう | できたらシールをはろう |

| 96～97ページ | 98～99ページ | 100～101ページ |
|---|---|---|
| ぴったり3 | ぴったり12 | ぴったり3 |
| できたらシールをはろう | できたらシールをはろう | できたらシールをはろう |

## 5. 国土の自然とともに生きる

| 102～103ページ | 104～105ページ | 106～107ページ | 108～109ページ | 110～111ページ | 112～113ページ | 114～115ページ | 116～117ページ | 118～119ページ |
|---|---|---|---|---|---|---|---|---|
| ぴったり12 | ぴったり12 | ぴったり3 | ぴったり12 | ぴったり12 | ぴったり3 | ぴったり12 | ぴったり12 | ぴったり3 |
| できたらシールをはろう | できたらシールをはろう | できたらシールをはろう | できたらシールをはろう | できたらシールをはろう | できたらシールをはろう | できたらシールをはろう | できたらシールをはろう | できたらシールをはろう |

ゴール

最後までがんばったキミは「ごほうびシール」をはろう！

ごほうびシールをはろう

（キリトリ線）

教科書ぴったりトレーニング　社会　5年　教育出版版　折込①（オモテ）

# 興《きょう》味《み》を広げる・深める！

# 世界の国

5年

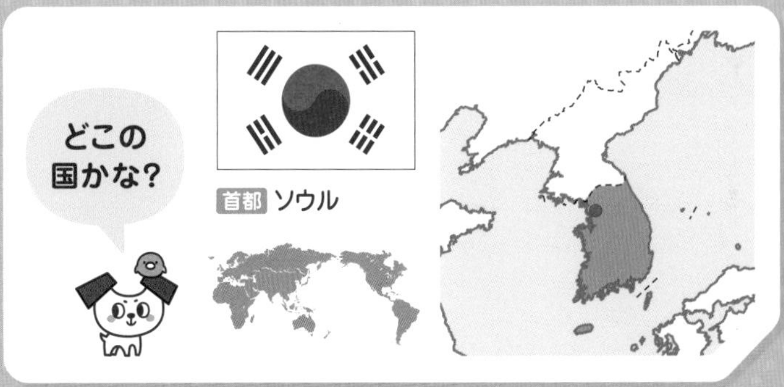


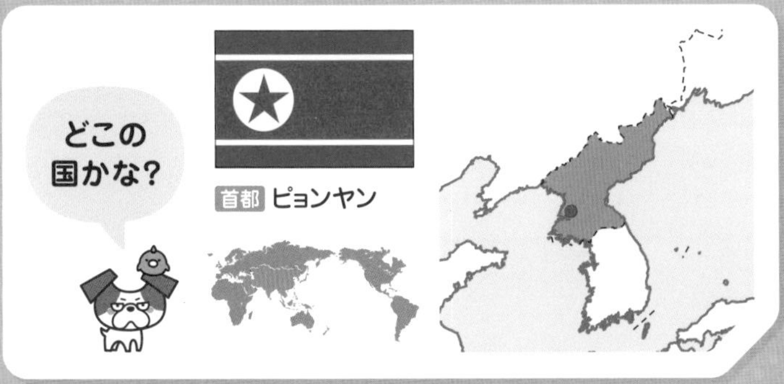


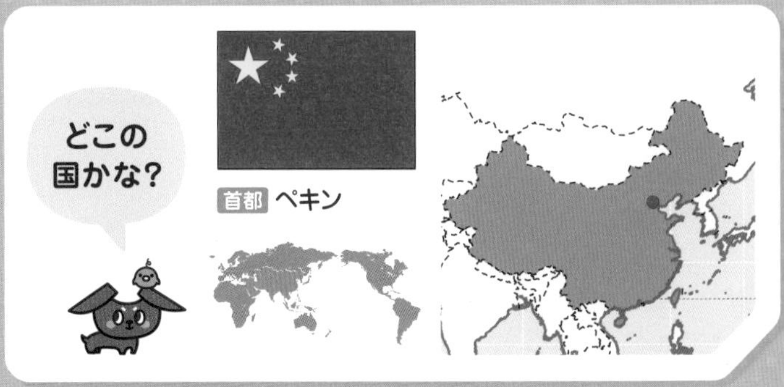


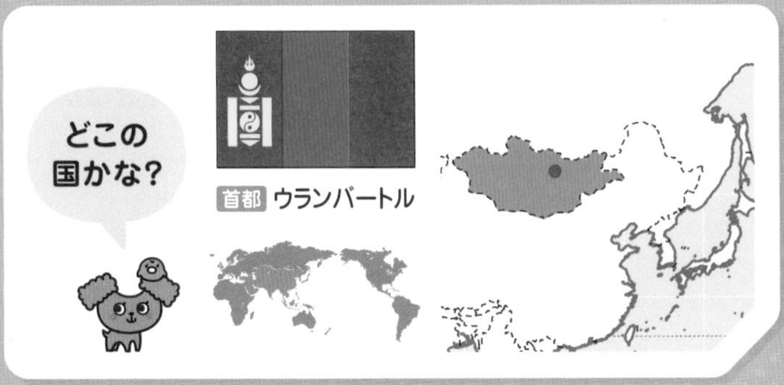


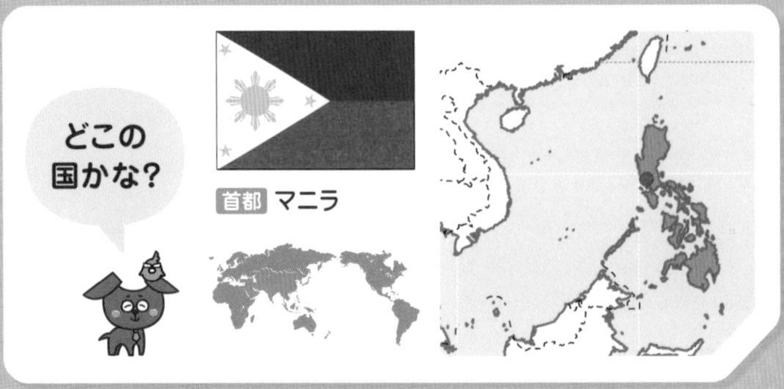


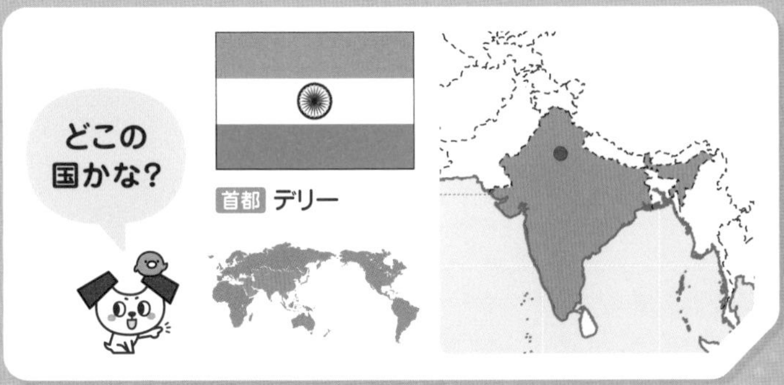


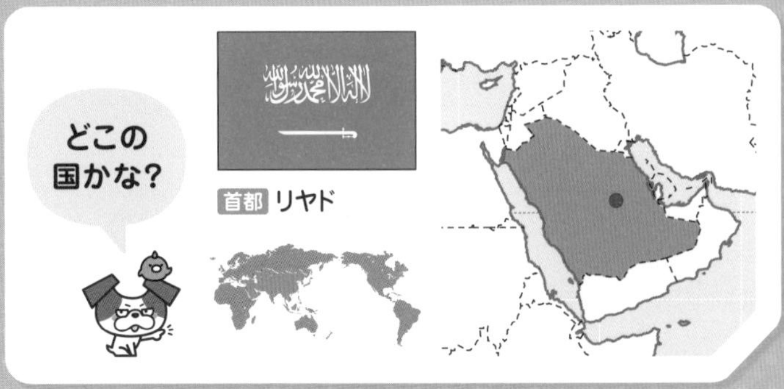


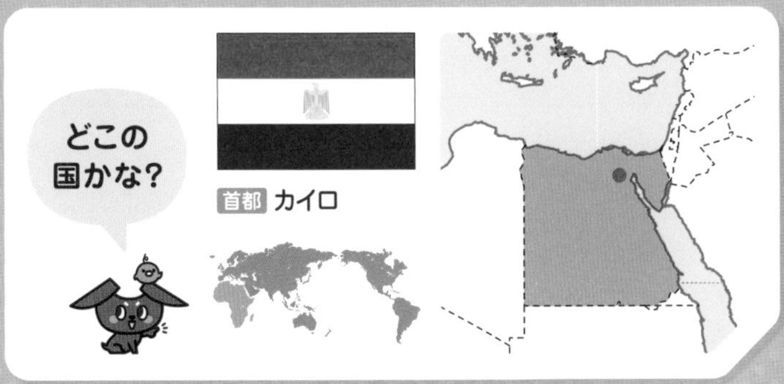


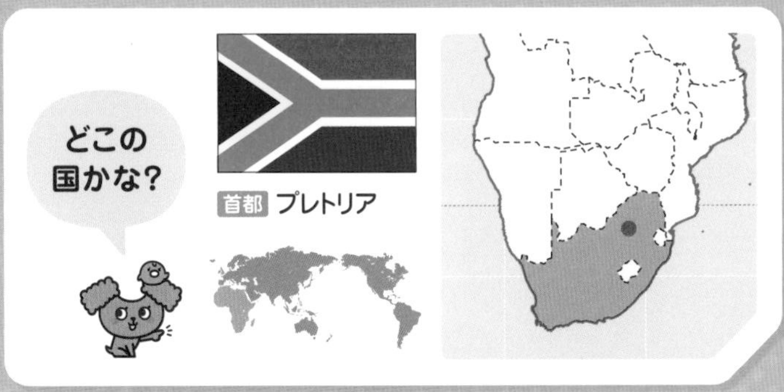


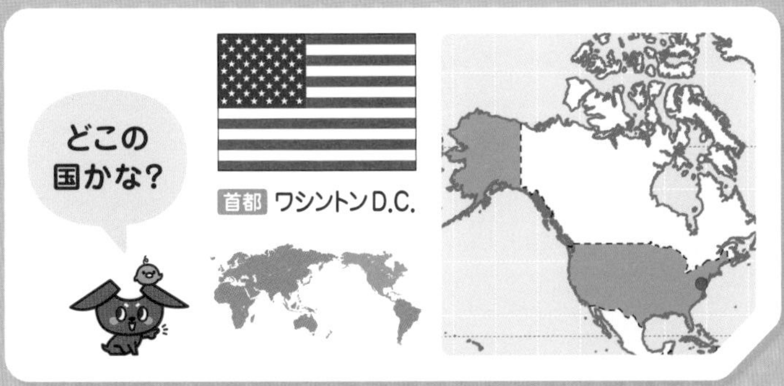


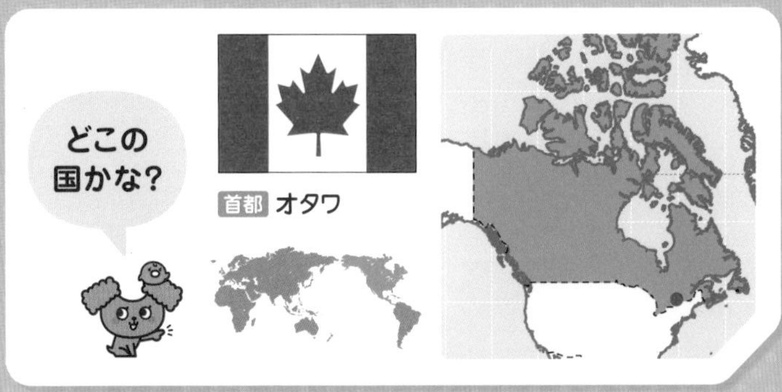

## 使い方

切り取り線にそって切りはなしましょう。
白紙のカードには、あなたの行ってみたい国についてまとめてみましょう。

## 説　明

地 は世界の中での地域《ちいき》、人 はおよその人口、
面 はおよその国土面積、言 は主な使用言語、貨 は使用通貨、
特 は特産品や有名なもの、世 は世界遺産《いさん》を示《しめ》しています。

★人口・面積は、Demographic Yearbook 2021（Webデータ）ほかをもとにしています。
★地域区分は、国連の区分によっています。

### 韓国《かんこく》（大韓民国《だいかんみんこく》）

地 アジア
人 5,174万人
面 10万$km^2$
言 韓国語《かんこく》
貨 ウォン
世 昌徳宮《チャンドックン》
特 キムチ、K《ケイ》－POP《ポップ》

### 中国《ちゅうごく》（中華人民共和国《ちゅうかじんみんきょうわこく》）

地 アジア
人 14億4,407万人※
面 960万$km^2$※
言 中国語
貨 人民元《じんみんげん》
世 万里《ばんり》の長城《ちょうじょう》
特 パンダ、中華《ちゅうか》料理
※ホンコン、マカオ、台湾をふくむ

### 北朝鮮《きたちょうせん》（朝鮮民主主義人民共和国《ちょうせんみんしゅしゅぎじんみんきょうわこく》）

地 アジア
人 2,518万人※
面 12万$km^2$
言 朝鮮《ちょうせん》語
貨 ウォン
ピョンヤンの街並《まちな》み
※2015年の統計による

### フィリピン（フィリピン共和国）

地 アジア
人 1億1,019万人
面 30万$km^2$
言 フィリピノ語、英語
貨 ペソ
世 フィリピン・コルディリェーラの棚田群《たなだぐん》
特 バナナ、ココナッツ

### モンゴル（モンゴル国）

地 アジア
人 338万人
面 156万$km^2$
言 モンゴル語、カザフ語
貨 トグログ
世 オルホン渓谷《けいこく》の文化的景観
特 遊牧民

### サウジアラビア（サウジアラビア王国）

地 アジア
人 3,411万人
面 221万$km^2$
言 アラビア語
貨 サウジアラビア・リヤル
世 アル＝ヒジュルの考古遺跡《いせき》
特 原油、聖地《せいち》メッカ

### イ　ン　ド

地 アジア
人 13億6,717万人
面 329万$km^2$
言 ヒンディー語ほか
貨 ルピー
世 タージ・マハル
特 カレー、ガンジス川

### 南アフリカ（南アフリカ共和国）

地 アフリカ
人 6,014万人
面 122万$km^2$
言 英語ほか
貨 ランド
世 ケープ植物区保護地域群《ほごちいきぐん》
特 ダイヤモンド、プラチナ

### エジプト（エジプト・アラブ共和国）

地 アフリカ
人 1億206万人
面 100万$km^2$
言 アラビア語
貨 エジプト・ポンド
世 メンフィスとその墓地遺跡《ぼちいせき》
特 ピラミッド

### カ　ナ　ダ

地 北アメリカ
人 3,824万人
面 998万$km^2$
言 英語、フランス語
貨 カナダ・ドル
世 ケベック歴史《れきし》地区
特 メープルシロップ

### アメリカ（アメリカ合衆国《がっしゅうこく》）

地 北アメリカ
人 3億3,189万人
面 983万$km^2$
言 英語
貨 米ドル
世 自由の女神像《ぞう》
特 大豆、大リーグ

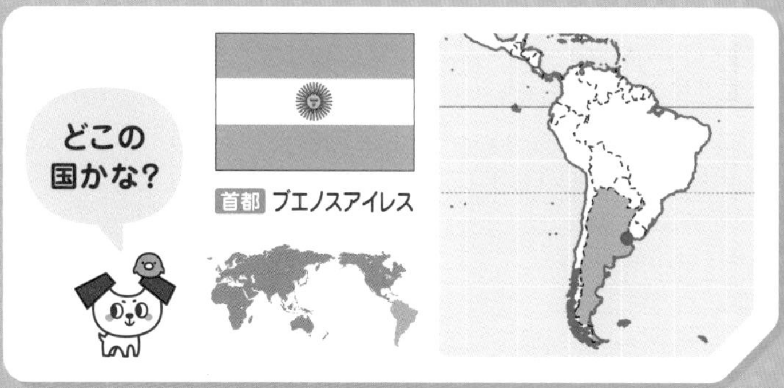


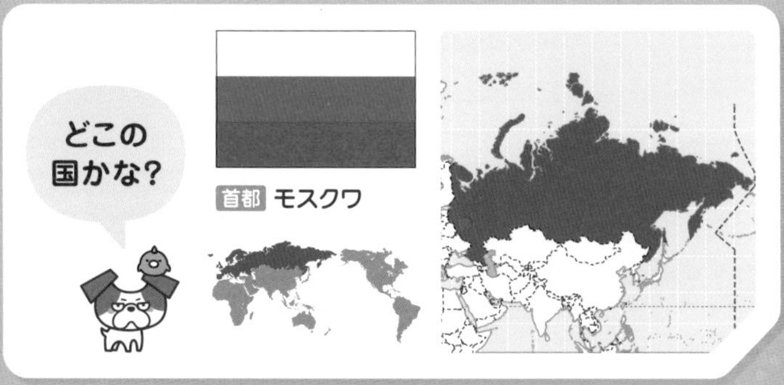


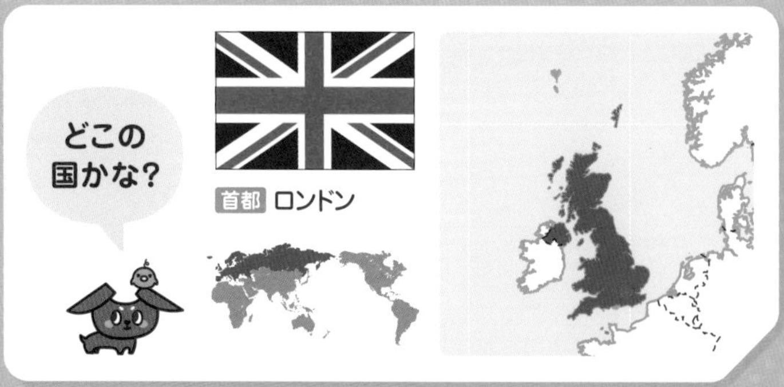


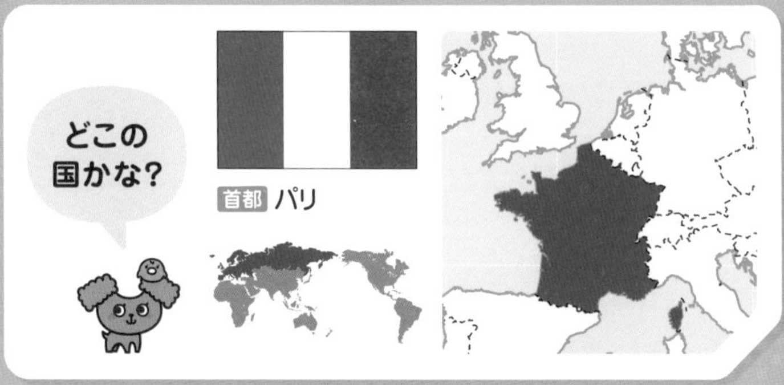


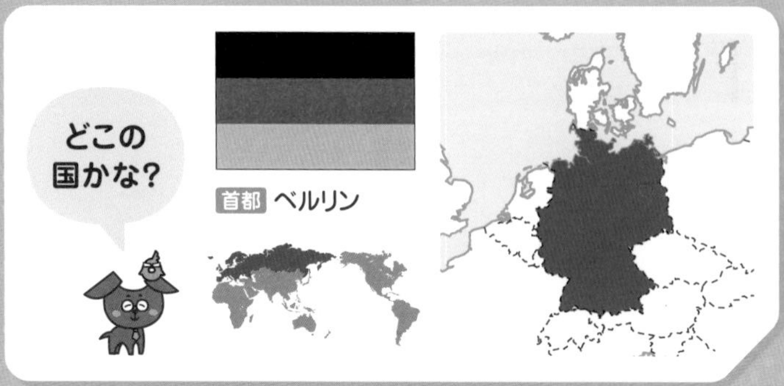


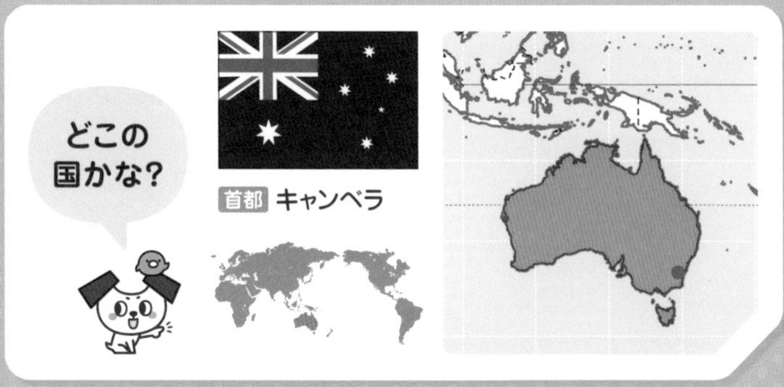


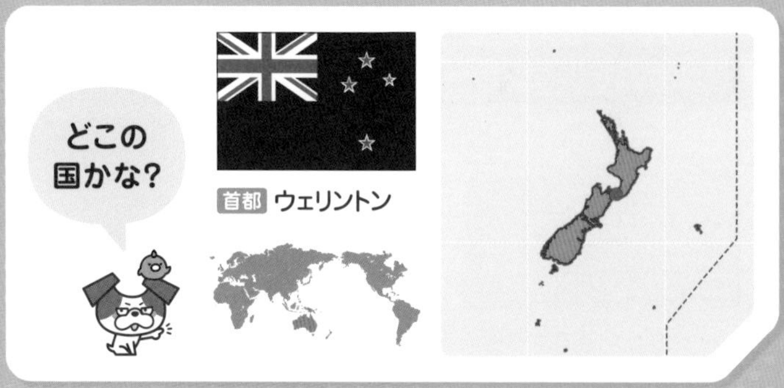


## 行ってみたい国についてまとめてみよう

国の名前

使用言語

使用通貨

特産品や
有名なもの

行ってみたい理由

## 行ってみたい国についてまとめてみよう

国の名前

使用言語

使用通貨

特産品や
有名なもの

行ってみたい理由

## 行ってみたい国についてまとめてみよう

国の名前

使用言語

使用通貨

特産品や
有名なもの

行ってみたい理由

## 行ってみたい国についてまとめてみよう

国の名前

使用言語

使用通貨

特産品や
有名なもの

行ってみたい理由

## アルゼンチン（アルゼンチン共和国）

世 イグアス国立公園

地 南アメリカ
人 4,580万人
面 278万km²※
言 スペイン語
貨 ペソ
特 はちみつ、タンゴ

※2016年の統計による

## ブラジル（ブラジル連邦《れんぽう》共和国）

世 ブラジリア

地 南アメリカ
人 2億1,331万人
面 851万km²
言 ポルトガル語
貨 レアル
特 コーヒー豆、サッカー

## イギリス（グレートブリテンおよび北アイルランド連合王国）

世 ウェストミンスター宮殿《きゅうでん》

地 ヨーロッパ
人 6,708万人※
面 24万km²
言 英語
貨 スターリング・ポンド
特 医薬品、ラグビー

※2020年の統計による

## ロシア（ロシア連邦《れんぽう》）

世 サンクトペテルブルク歴史《れきし》地区

地 ヨーロッパ
人 1億4,409万人※
面 1,710万km²
言 ロシア語
貨 ルーブル
特 ボルシチ、シベリア鉄道

※2015年の統計による

## ドイツ（ドイツ連邦《れんぽう》共和国）

世 ケルン大聖堂《だいせいどう》

地 ヨーロッパ
人 8,315万人
面 36万km²
言 ドイツ語
貨 ユーロ
特 タイヤ、ソーセージ

## フランス（フランス共和国）

世 モンサンミシェルとその湾《わん》

地 ヨーロッパ
人 6,766万人※
面 64万km²※
言 フランス語
貨 ユーロ
特 自動車、ワイン

※仏領ギアナなどをふくむ

## ニュージーランド

世 トンガリロ国立公園

地 オセアニア
人 512万人
面 27万km²
言 英語、マオリ語
貨 ニュージーランド・ドル
特 キウイフルーツ

## オーストラリア（オーストラリア連邦《れんぽう》）

世 ウルル＝カタ・ジュタ国立公園

地 オセアニア
人 2,573万人
面 769万km²
言 英語
貨 オーストラリア・ドル
特 牛肉、コアラ

---

行ってみたい国の国旗をかいてみよう

国旗の由来や意味をまとめてみよう

---

行ってみたい国の国旗をかいてみよう

国旗の由来や意味をまとめてみよう

---

行ってみたい国の国旗をかいてみよう

国旗の由来や意味をまとめてみよう

---

行ってみたい国の国旗をかいてみよう

国旗の由来や意味をまとめてみよう

# もくじ

社会５年
教育出版版
小学社会

教科書ぴったりトレーニング

▶３分でまとめ動画



せんたく がついているところでは、教科書の選択教材を扱っています。学校での学習状況に応じて、ご利用ください。

3分でまとめ

# 1 世界の中の日本の国土①

学習日　　月　　日

めあて
世界の大陸や海洋、日本と世界の国々の位置関係を理《り》解《かい》しよう。

教科書 8～13ページ　答え 2ページ

次の（　　）に入る言葉や数字を、下から選びましょう。

## 1 世界地図と地球儀《ちきゅうぎ》をながめてみよう！／ワールドツアーへ！

教科書 8～11ページ

### 地球儀と世界地図

- （①　　　　　）…形・面積・方位・きょりなどを正しく表すことができる。
- 世界地図…形・面積・方位・きょりなどをすべて同時に正しく表すことはできない。

### 大陸と海洋

- 地球には、六つの大陸と三つの大きな海洋がある。

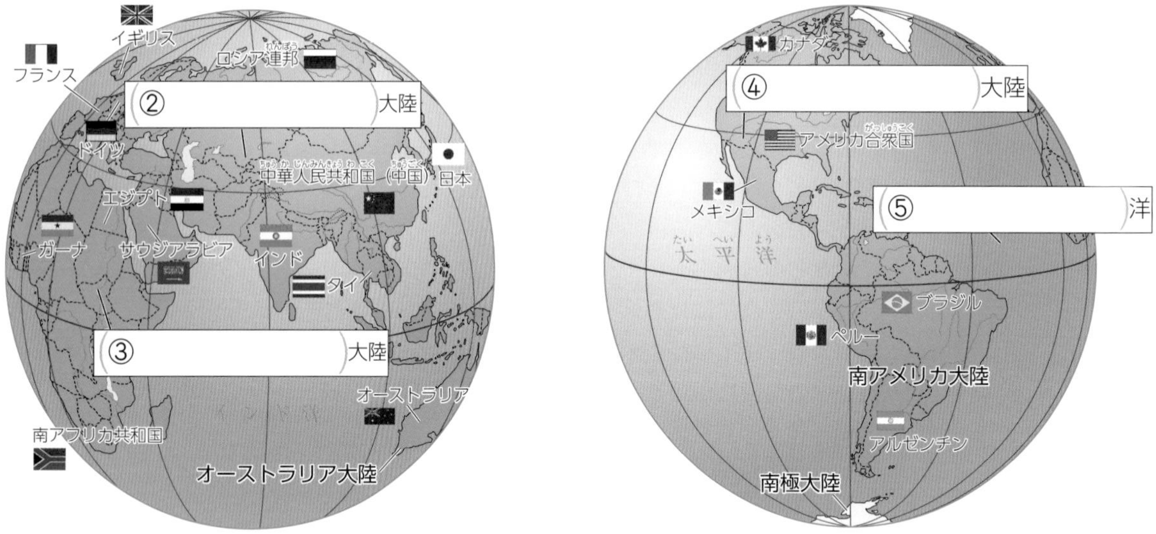


世界の国々

## 2 日本から世界へ、世界から日本へ

教科書 12～13ページ

ワンポイント　経度と緯度

- 経度《けいど》…地球上の東西の位置を表す。北極からイギリスのロンドンを通って南極までを結んだ線を0度とする。
- この0度の線を中心として、東と西のそれぞれを（⑥　　　　　）度まで分けて表す。
- 同じ経度の地点を結んだ線を**経線《けいせん》**という。
- 緯度《いど》…地球上の南北の位置を表す。北極と南極の中間にある（⑦　　　　　）を0度とする。
- この0度の線を中心として、南と北のそれぞれを（⑧　　　　　）度まで分けて表す。
- 同じ緯度の地点を結んだ線を**緯線《いせん》**という。
- 地球儀や地図に引かれたたての線が経線、横の線が緯線である。

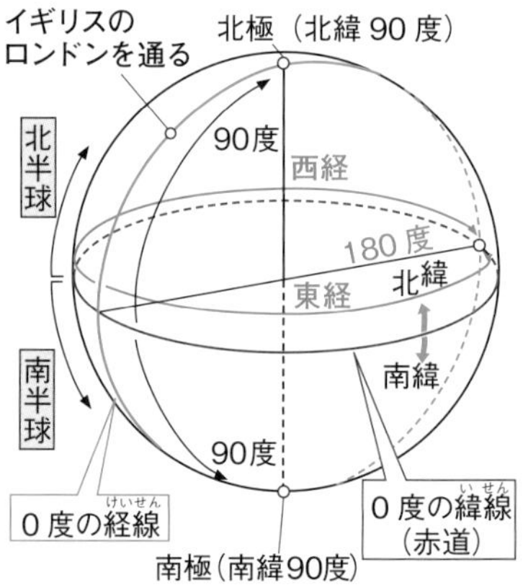


地球上の位置の表し方

選んだ言葉に✓

| | | | |
|---|---|---|---|
| □ユーラシア | □90 | □大西《たいせい》 | □アフリカ |
| □180 | □北アメリカ | □地球儀 | □赤道 |

ぴたトリビア
日本と同じくらいの緯度には中国《ちゅうごく》、アメリカ、スペインなどがあります。また、同じくらいの経度にはオーストラリア、ロシアなどがあります。

教科書　8〜13ページ　答え　2ページ

## 1 右の図を見て、答えましょう。

(1) 図中のAの大陸、Bの海洋、Cの大陸の名前を書きましょう。

A（　　　　　　）
B（　　　　　　）
C（　　　　　　）

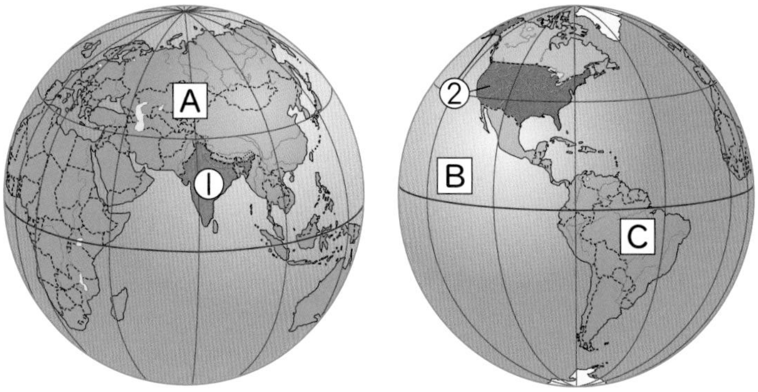


(2) 図中の①、②の国名を書きましょう。①（　　　　　　）
②（　　　　　　）

(3) ①〜③はどの国の国旗ですか。［　　］から選びましょう。

フランス　　アメリカ合衆国《がっしゅうこく》　　中華人民共和国《ちゅうかじんみんきょうわこく》（中国）

①（　　　　　　）②（　　　　　　）③（　　　　　　）

## 2 右の図と地図を見て、答えましょう。

(1) 次の文中の①〜④にあてはまる言葉や数字を書きましょう。

0度の緯線を（①）といい、この線より北側を北緯、南側を南緯といい、それぞれ（②）度まである。また、0度の経線はイギリスの（③）を通り、東と西にそれぞれ（④）度まで分けている。

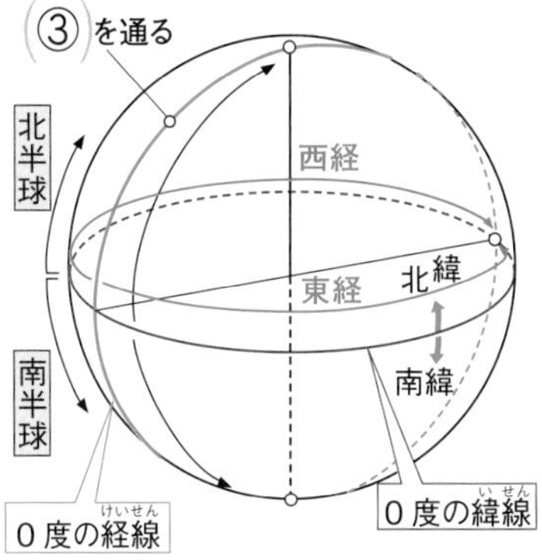


①（　　　　　　）②（　　　　　　）
③（　　　　　　）④（　　　　　　）

(2) 右の地図について述《の》べた文のうち、正しいものには○を、まちがっているものには×をつけましょう。

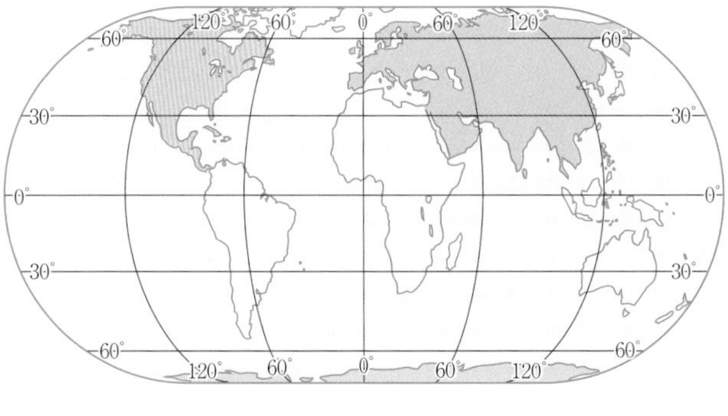


①（　　）アフリカ大陸には0度の緯線と0度の経線が通っている。

②（　　）北アメリカ大陸には北緯30度の緯線と東経120度の経線が通っている。

③（　　）オーストラリア大陸には南緯30度の緯線と西経120度の経線が通っている。

ヒント
2 (2)②③　0度の経線より東を東経、西を西経といいます。北は北極の方角、南は南極の方角です。

# 1 世界の中の日本の国土②

学習日　　月　　日

めあて
日本の国土のはん囲や近くの国々について理解《りかい》しよう。

教科書　14～19ページ　答え　3ページ

次の（　　）に入る言葉や数字を、下から選びましょう。

## 1 日本の国土のすがた

教科書　14～15ページ

### 日本の国土の様子

- 太平洋《たいへいよう》や日本海《にほんかい》に囲《かこ》まれ、本州《ほんしゅう》・北海道《ほっかいどう》・四国《しこく》・（①　　　　）の大きな島と、14000以上の小さな島々からなる。
- 日本のはし…北は（②　　　　）、南は（③　　　　）、東は南鳥《みなみとり》島、西は与那国《よなぐに》島。
- 日本の北のはしから南のはしまでは、およそ（④　　　　）km。

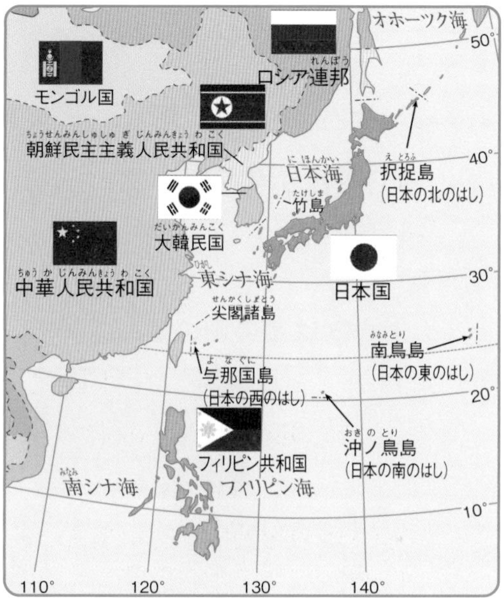

日本の国土とその周り

### 日本の周りの国々

- 日本の北には（⑤　　　　）がある。
- 日本の西には大韓民国《だいかんみんこく》（韓国《かんこく》）、朝鮮民主主義人民《ちょうせんみんしゅしゅぎじんみん》共和国《きょうわこく》（北朝鮮《きたちょうせん》）、中華人民共和国《ちゅうかじんみんきょうわこく》（中国《ちゅうごく》）、モンゴル国がある。
- 日本の南にはフィリピン共和国がある。
- **国旗**…国を表すしるしで、その国の歴史《れきし》や人々の思いがこめられている。
- 日本の国旗は日章旗《にっしょうき》といい、太陽がかがやく様子を表している。

## 2 日本の国土はどこまで？

教科書　16～18ページ

### 領土《りょうど》問題

| | |
|---|---|
| 北方《ほっぽう》領土 | 歯舞群島《はぼまいぐんとう》・色丹《しこたん》島・国後《くなしり》島・択捉《えとろふ》島のこと。1945（昭和《しょうわ》20）年に太平洋戦争が終わったあと、（⑥　　　　）（今のロシア連邦《れんぽう》）が不法に占領《せんりょう》した。 |
| 竹島《たけしま》 | 島根《しまね》県の島。1954（昭和29）年から（⑦　　　　）が不法に占拠《せんきょ》している。 |
| 尖閣諸島《せんかくしょとう》 | 沖縄《おきなわ》県の島々。（⑧　　　　）が自国の**領土**であると主張《しゅちょう》している。 |

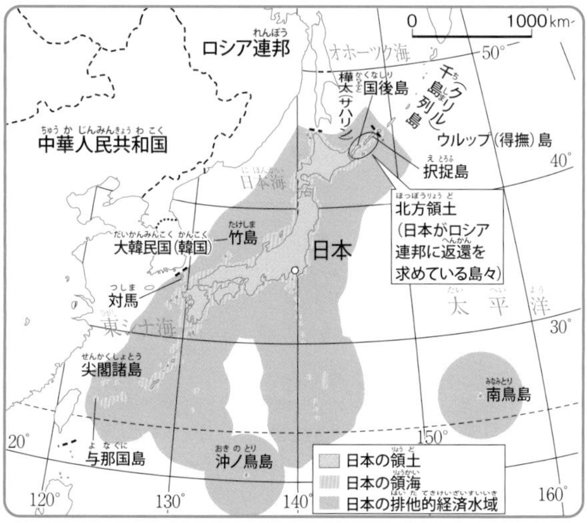

日本の領土、領海、排他的経済水域

### 排他的経済水域《はいたてきけいざいすいいき》

- 領土の海岸線から200海里《かいり》（約370km）までのはん囲《い》から、**領海《りょうかい》**をのぞいた海を**排他的経済水域**という。その国が、漁業や海底にある資源《しげん》の開発を自由に行える。

| 選んだ言葉に✔ | | | | |
|---|---|---|---|---|
| | □択捉島 | □九州《きゅうしゅう》 | □ソビエト連邦 | □3000 |
| | □中国 | □ロシア連邦 | □沖ノ鳥《おきのとり》島 | □韓国 |

学習日　　月　　日

ぴたトリビア

各国がもつ陸地のことを領土といい、小さな島々や川・湖などもふくまれます。領土の海岸線から12海里（約22km）までの海を領海といいます。

教科書　14～19ページ　答え　3ページ

## 1 右の地図を見て、答えましょう。

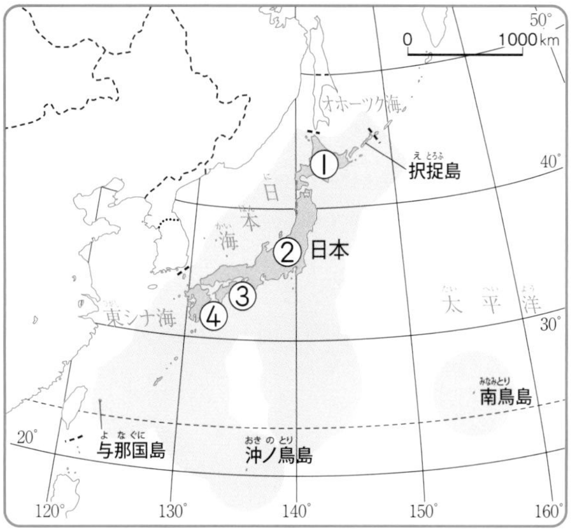


⑴　地図中の①～④にあてはまる大きな島の名前を書きましょう。

①（　　　　　）　②（　　　　　）
③（　　　　　）　④（　　　　　）

⑵　日本の北・南・東・西のはしにあたる択捉島、沖ノ鳥島、南鳥島、与那国島のおよその緯度《いど》または経度《けいど》にあてはまるものを、㋐～㋓から選びましょう。

択捉島（　　　）　沖ノ鳥島（　　　）
南鳥島（　　　）　与那国島（　　　）

㋐　北緯《ほくい》20度　　㋑　北緯45度　　㋒　東経《とうけい》153度　　㋓　東経122度

## 2 右の地図を見て、答えましょう。

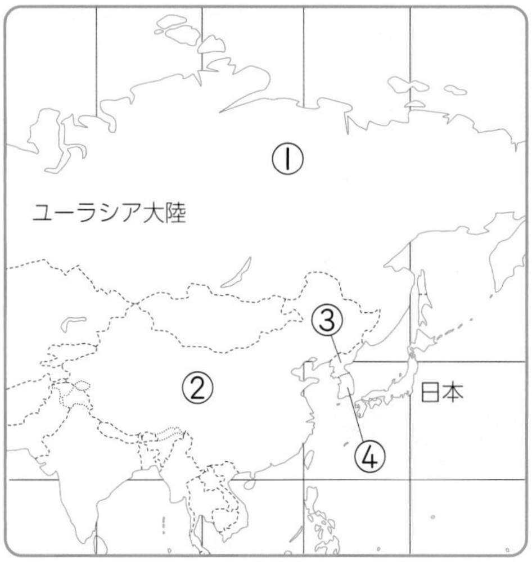


⑴　地図中の①～④にあてはまる国の名前を、［　　］から選びましょう。また、それぞれの国にあてはまる国旗を、㋐～㋓から選びましょう。

①（　　　　　　　　）（　　）
②（　　　　　　　　）（　　）
③（　　　　　　　　）（　　）
④（　　　　　　　　）（　　）

朝鮮民主主義人民共和国（北朝鮮）
大韓民国（韓国）
中華人民共和国（中国）
ロシア連邦

㋐

㋑
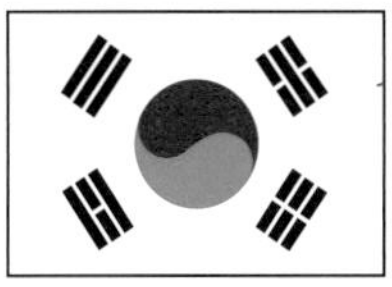
㋒
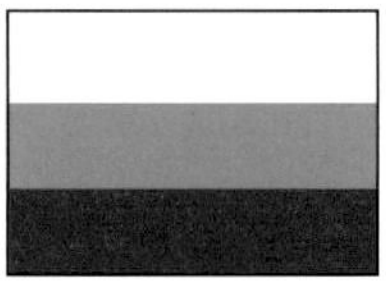
㋓

⑵　次の文中の①、②にあてはまる国の名前を書きましょう。

択捉島や国後島などの北方領土は、日本の領土であるが、（①）に不法に占領されている。また、島根県の竹島は、（②）が不法な占拠を続けている。

①（　　　　　）　②（　　　　　）

ヒント
1 ⑵　日本の領土は、北緯20～45度、東経122～153度付近にあります。
2 ⑵　①は日本の北にある国、②は日本の西にある国です。

1．日本の国土とわたしたちのくらし

# 1 世界の中の日本の国土

時間 30 分

／100

合格 80 点

教科書 8～19ページ　答え 4ページ

## 1 右の図を見て、答えましょう。

1つ3点（15点）

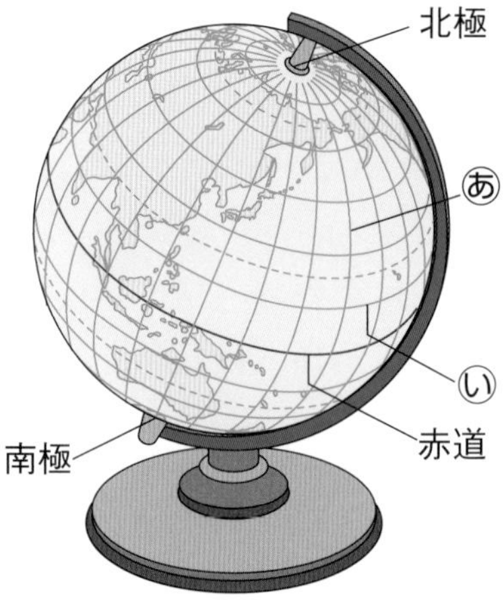


⑴　右の図の模型《もけい》を何といいますか。

（　　　　　　　　）

⑵　よく出る 図中のあの線、いの線を、それぞれ何といいますか。

あ（　　　　　　　）　い（　　　　　　　）

⑶　次の文のうち、正しいものはどれですか。2つ選びましょう。

思考・判断・表現

（　　　）（　　　）

① 日本とインドは、同じくらいの経度《けいど》にある。
② 緯度《いど》は、０度の線を赤道といい、南北をそれぞれ180度に分けている。
③ 経度は、東西をそれぞれ180度に分けている。
④ 図の模型は、陸地や海の形・面積・方位・きょりなどを正しく表している。

## 2 右の地図を見て、答えましょう。

1つ3点、⑶4点（40点）

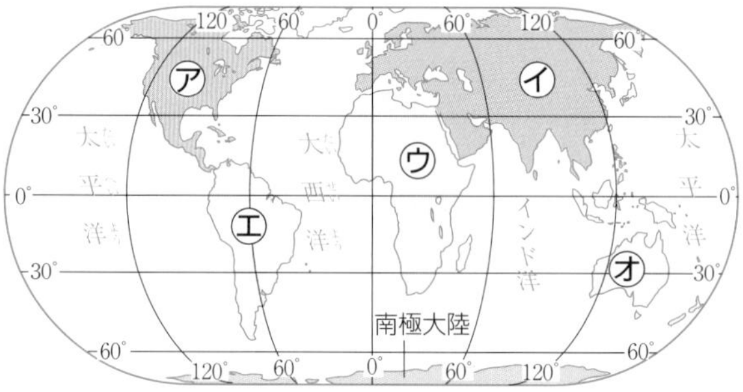


⑴　次の国は、それぞれどの大陸にありますか。地図中から記号を選び、その大陸名を書きましょう。

① フランス
記号（　　　）（　　　　　　　）大陸

② ブラジル
記号（　　　）（　　　　　　　）大陸

③ エジプト
記号（　　　）（　　　　　　　）大陸

④ カナダ
記号（　　　）（　　　　　　　）大陸

⑵　次の文のうち、正しいものには○を、まちがっているものには×をつけましょう。

①（　　　）世界地図は、陸地や海の形などを同時に正しく表している。
②（　　　）経度０度の線はイギリスのロンドンを通っている。
③（　　　）インド洋は３つの大陸に囲《かこ》まれている。
④（　　　）赤道はオーストラリアを通っている。

記述 ⑶　できたらスゴイ！ 地図のよい点について、「全体」という言葉を使って、かんたんに書きましょう。

思考・判断・表現

（　　　　　　　　　　　　　　　　　　　　　　　　　　）

学習日　月　日

## ③ 右の地図を見て、答えましょう。

1つ3点（36点）

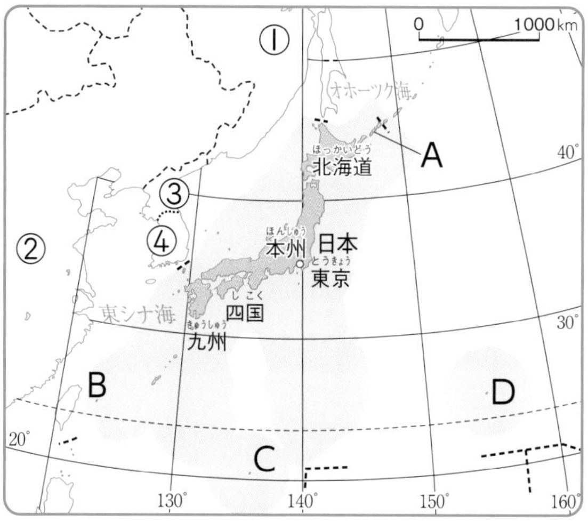


(1) よく出る 地図中のＡ～Ｄは日本の北・西・南・東のはしの島です。それぞれにあてはまる島の名前を、㋐～㋓から選びましょう。

Ａ（　　　）　Ｂ（　　　）

Ｃ（　　　）　Ｄ（　　　）

㋐ 南鳥《みなみとり》島　㋑ 沖ノ鳥《おきのとり》島

㋒ 択捉《えとろふ》島　㋓ 与那国《よなぐに》島

(2) 次の文中の①、②にあてはまる海洋名を書きましょう。

①（　　　　　）　②（　　　　　）

日本は周りを海に囲まれた島国で、東側には（①）、西側には（②）や東シナ海が広がっている。

(3) 地図中の①～④の国の名前を、㋐～㋓から選びましょう。

①（　　　）　②（　　　）　③（　　　）　④（　　　）

㋐ 中華人民共和国《ちゅうかじんみんきょうわこく》（中国《ちゅうごく》）　㋑ 大韓民国《だいかんみんこく》（韓国《かんこく》）

㋒ 朝鮮民主主義人民共和国《ちょうせんみんしゅしゅぎじんみんきょうわこく》（北朝鮮《きたちょうせん》）　㋓ ロシア連邦《れんぽう》

(4) 地図中の□のはん囲《い》の海について、次の文中の①、②にあてはまる言葉を、□から選びましょう。　①（　　　　　）　②（　　　　　）

□のはん囲の海は（①）とよばれ、そこでは漁業や、海底にある資源《しげん》の開発を、（②）が自由に行える。

領海《りょうかい》　排他的経済水域《はいたてきけいざいすいいき》　沿岸《えんがん》の国　すべての国

## ④ 次の地図は、領土《りょうど》をめぐって問題がおこっている地域《ちいき》を示《しめ》しています。下の①～③の説明にあてはまる地域を、地図中のＡ～Ｃから選びましょう。

1つ3点（9点）

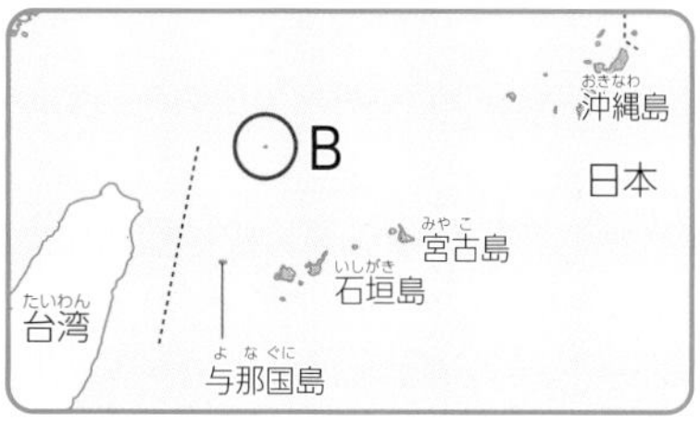


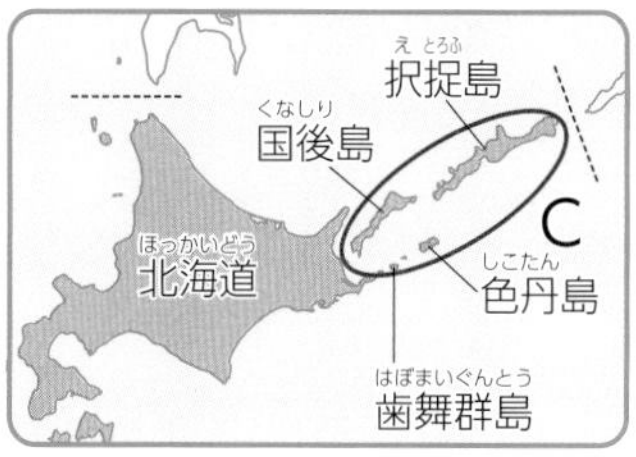


①（　　　）北方領土《ほっぽうりょうど》とよばれる地域で、ロシア連邦が不法な占領《せんりょう》を続けている。

②（　　　）島根《しまね》県の竹島《たけしま》は、韓国が自国の領土であると主張《しゅちょう》して、不法な占拠《せんきょ》を続けている。

③（　　　）沖縄《おきなわ》県の尖閣諸島《せんかくしょとう》は日本の領土であるが、中国も自国の領土であると主張している。

ふりかえり　③(1)がわからないときは、4ページの①にもどって確認《かくにん》してみよう。

学習日 月 日

# 2 国土の気候と地形①

めあて
地域による気候のちがいや気温と地形の関係について理解《りかい》しよう。

教科書 20～23ページ　答え 5ページ

次の（　）に入る言葉を、下から選びましょう。

## 1 変化の大きい日本の自然

教科書 20～21ページ

### 地域《ちいき》による気候のちがい

- 日本の国土は（①　　　　）に長いので、南の地域と北の地域では気候がちがう。
- 桜《さくら》が開花する時期のちがい…桜は、あたたかくなってくるとさき始めるので、（②　　　　）の地域ほどおそくさく。

## 2 気温と地形との関係

教科書 22～23ページ

### さまざまな地形

| | |
|---|---|
| 山地 | 山が集まったところ。 |
| ③ | 山が列のように連なったところ。〈例〉（④　　　　） |
| ⑤ | 山に囲《かこ》まれた平地。 |
| ⑥ | 海に面した平地。〈例〉（⑦　　　　） |
| 台地 | **平野**の中でいちだんと高くなっている平地。 |
| 湾《わん》 | 陸地に入りこんだ海。 |

さまざまな地形の様子

- 日本の国土のおよそ4分の3が山地で、平地よりも山脈《さんみゃく》・山地の方が、広い面積をしめている。

### 土地の高さによるちがい

- 海面を0mとして測《はか》ったときの陸地の高さを（⑧　　　　）という。
- **標高《ひょうこう》**が100m上がると、気温は約0.6℃下がる。
- 標高が高い地域ほど、気温は低くなる。

高い山は日本のまんなかあたりに集まっているよ。

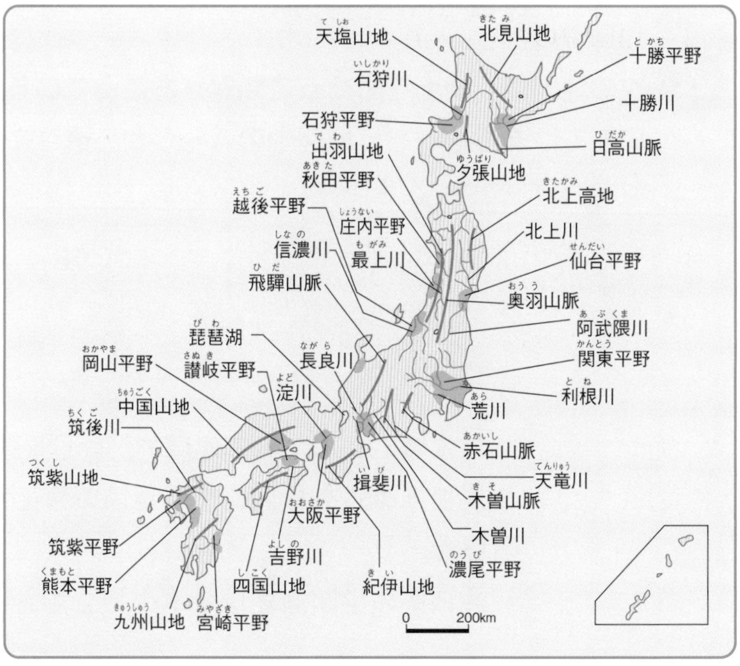


日本の地形

選んだ言葉に✓

□平野　□北　□山脈　□石狩《いしかり》平野
□南北　□標高　□盆地《ぼんち》　□飛驒《ひだ》山脈

**ぴたトリビア**

日本でいちばん長い川は信濃《しなの》川で、全長約367kmです。長野《ながの》県から新《にい》潟《がた》県へ流れています。２番目に長いのは関東《かんとう》平野を流れる利根《とね》川です。

教科書　20～23ページ　答え　5ページ

## 1 右の図を見て、次の説明にあてはまる地形を、［　　］から選びましょう。

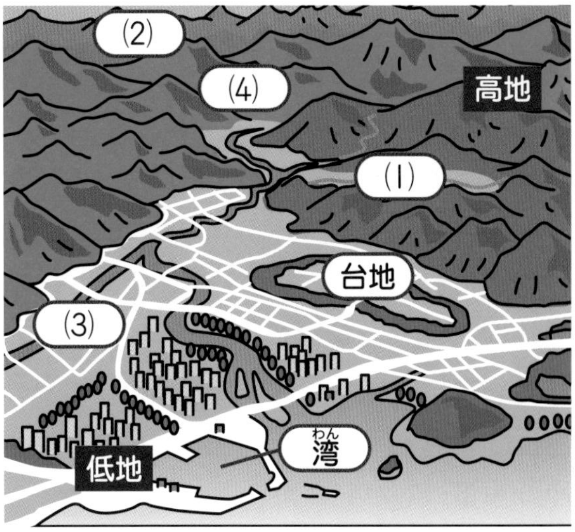


(1) 山に囲まれた平地。
（　　　　）

(2) 山が列のように連なったところ。
（　　　　）

(3) 海に面した平地。
（　　　　）

(4) 山が集まったところ。
（　　　　）

山地　山脈　盆地　平野

## 2 右の地図を見て、答えましょう。

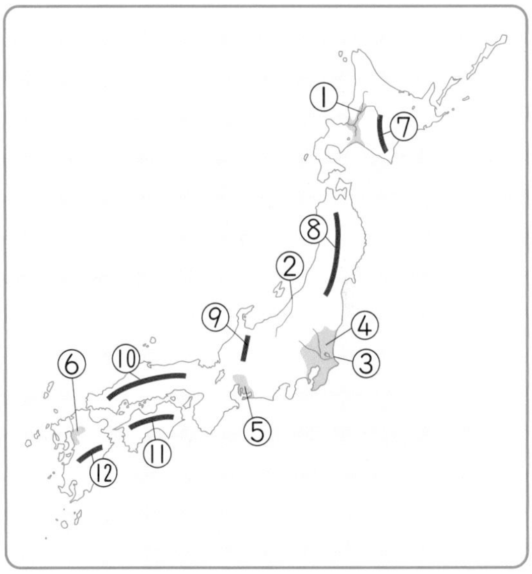


(1) 地図中の①～③の川の名前を、㋐～㋒から選びましょう。

①（　　　）　②（　　　）　③（　　　）

㋐ 石狩川　㋑ 利根川　㋒ 信濃川

(2) 地図中の④～⑥の平野の名前を、㋐～㋒から選びましょう。

④（　　　）　⑤（　　　）　⑥（　　　）

㋐ 筑紫《つくし》平野　㋑ 関東平野　㋒ 濃尾《のうび》平野

(3) 地図中の⑦～⑫の山脈や山地の名前を、㋐～㋕から選びましょう。

⑦（　　　）　⑧（　　　）　⑨（　　　）

⑩（　　　）　⑪（　　　）　⑫（　　　）

㋐ 日高《ひだか》山脈　㋑ 中国《ちゅうごく》山地　㋒ 奥羽《おうう》山脈

㋓ 九州《きゅうしゅう》山地　㋔ 四国《しこく》山地　㋕ 飛騨山脈

(4) 日本の地形や気温について述《の》べた次の文のうち、正しいものには○を、まちがっているものには×をつけましょう。

①（　　　）日本は、全体として、山脈や山地よりも平地の面積の方が広い。

②（　　　）本州のまんなかあたりには、険《けわ》しく高い山脈や山地が多い。

③（　　　）広い平野には、大きな川が流れている。

④（　　　）標高が高いところは、低いところよりも、気温が高い。

ヒント　2 (2)　④は日本で最も広い平野です。

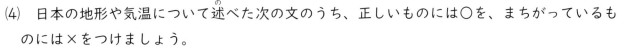

# 2 国土の気候と地形②

学習日　　月　　日

めあて
降水量のちがいに何がえいきょうしているのかを理解《りかい》しよう。

教科書 24～27ページ　答え 6ページ

次の（　　）に入る言葉を、下から選びましょう。

## 1 日本のさまざまな気候

教科書 24～25ページ

### 日本の気候の特色

- （①　　　　　　）の変化…春、夏、秋、冬という季節の変化がある。
- 6月から7月にかけて、主に北海道《ほっかいどう》以外の地域《ちいき》では、（②　　　　　　）があり、夏から秋にかけては、日本の南側から（③　　　　　　）がやってくる。

### 地域でちがう気候

- 季節によって、日本の国土にふく風の方向が変わる。この風を（④　　　　　　）といい、地域による降《こう》水《すい》量のちがいにえいきょうする。
- （⑤　　　　　　）の気候…冬の寒さがきびしい。雨が少ない。
- 太平洋《たいへいよう》側の気候…夏に雨が多く、むし暑い。冬は晴れの日が多い。
- 日本海《にほんかい》側の気候…冬に（⑥　　　　　　）が多い。
- 中央高地《ちゅうおうこうち》の気候…夏と冬の気温差が（⑦　　　　　　）。雨が少ない。
- （⑧　　　　　　）の気候…１年を通してあたたかく、雨が少ない。
- 南西諸島《なんせいしょとう》の気候…１年を通して暑く、雨が多い。

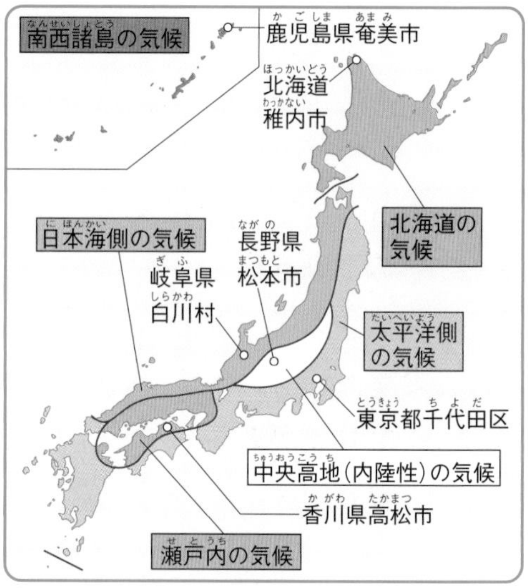


日本のさまざまな気候

### ワンポイント　気温と降水量のグラフの読み取り方

- 気温…折れ線グラフと「℃」のめもりを読み取る。
- 降水量…ぼうグラフと「mm」のめもりを読み取る。
- 一つのグラフを読み取る…暑い月と寒い月の気温差、降水量が多い月と少ない月を見る。
- グラフを比《くら》べる…全体的に、気温は高いか／低いか、降水量は多いか／少ないかを見る。

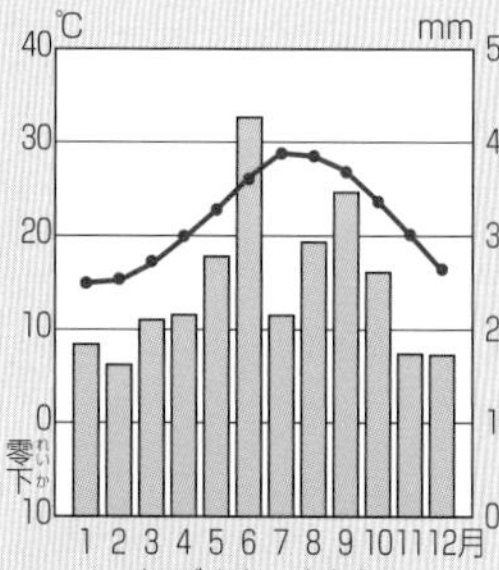


鹿児島《かごしま》県奄美《あまみ》市

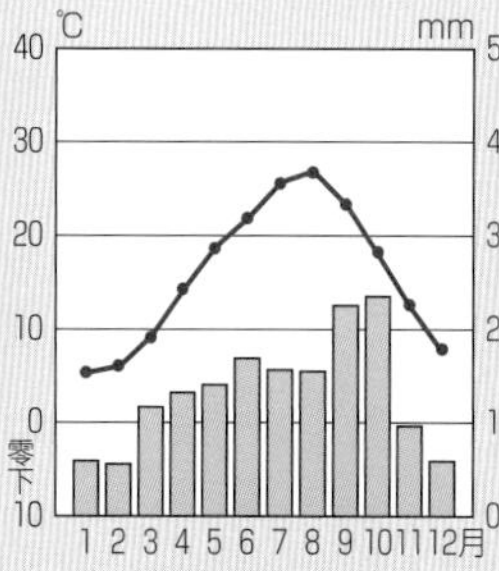


東京《とうきょう》都《と》千代田《ちよだ》区

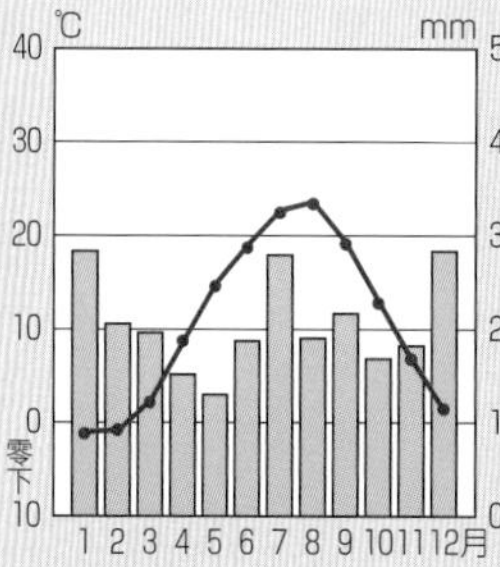


岐阜《ぎふ》県白川《しらかわ》村

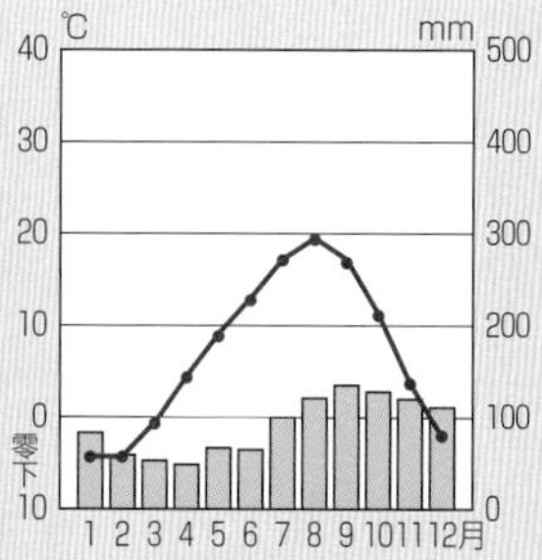


北海道《ほっかいどう》稚内《わっかない》市

（気象庁《きしょうちょう》）

| 選んだ言葉に ✔ | | | | |
|---|---|---|---|---|
| | □雪 | □季節風 | □梅雨《つゆ》 | □瀬戸内《せとうち》 |
| | □台風 | □大きい | □四季 | □北海道 |

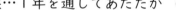

ぴったり2
# 練習

学習日　　月　　日

ぴたトリビア

いっぱんに、夏は海洋から大陸にしめった風が、冬は大陸から海洋にかわいた風がふきます。風の向きが変わる原因《げんいん》は大陸と海洋の温度の差です。

教科書　24〜27ページ　　答え　6ページ

## 1 右の地図中のＡ〜Ｆの地域にあてはまる気候の特色を、㋐〜㋕から選びましょう。

Ａ(　　　)　Ｂ(　　　)　Ｃ(　　　)
Ｄ(　　　)　Ｅ(　　　)　Ｆ(　　　)

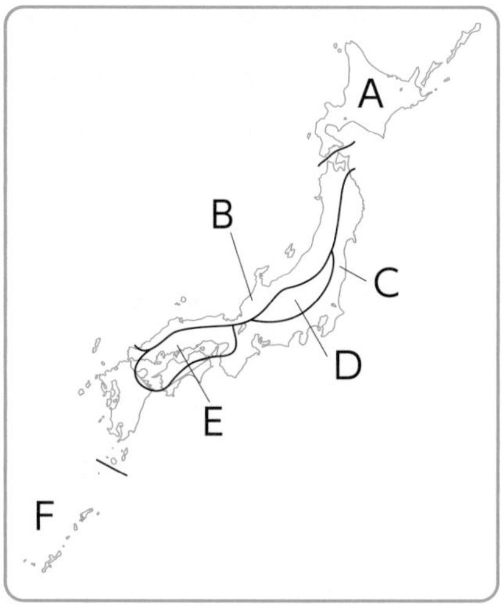


㋐　冬に日本海側からふく季節風のえいきょうで、雪が多い。
㋑　冬の寒さがきびしく、夏はすずしい。
㋒　冬には晴れの日が多く、夏には雨が多くなる。
㋓　冬でもあたたかく、１年を通して雨が多い。
㋔　１年を通してあたたかく、雨が少ない。
㋕　１年を通して雨が少なく、夏と冬の気温差が大きい。

## 2 日本のさまざまな気候について、答えましょう。

(1)　毎年、６月から７月にかけて、くもりや雨の日が多くなる期間を、何といいますか。
(　　　)

(2)　夏から秋にかけて日本の南側からおとずれ、暴風雨《ぼうふうう》（強い雨や風）などによって被害《ひがい》をもたらすことがあるものを、何といいますか。
(　　　)

(3)　下の図を見て、次の文中の①〜③にあてはまる言葉を書きましょう。

季節によってふく向きが変わる風を（①）という。夏には、太平洋からあたたかいしめった風がふき、太平洋側に雨をふらせる。（②）には、大陸からつめたい風がふいてきて、日本海の上でしめった風となり、日本海側に（③）をふらせる。

①(　　　)
②(　　　)
③(　　　)

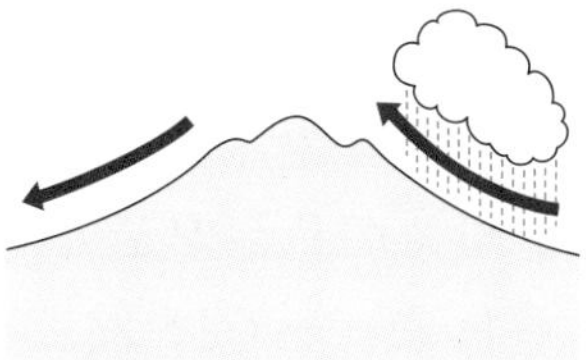


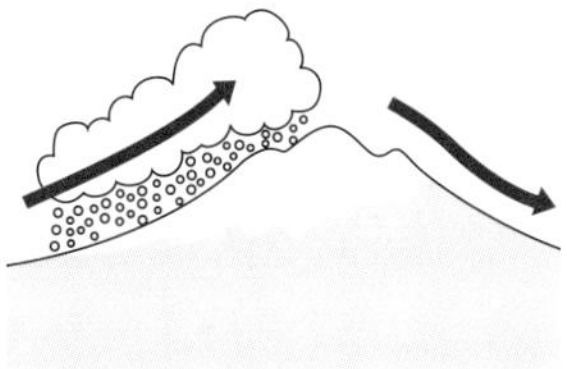


(4)　右のグラフは、長野《ながの》県松本《まつもと》市の気温と降水量を表しています。グラフを見て、答えましょう。

①　降水量が最も多い月は何月ですか。
(　　　)月

②　降水量が最も少ない月は何月ですか。
(　　　)月

③　最も暑い月と最も寒い月の気温差は何度くらいですか。
約(　　　)度

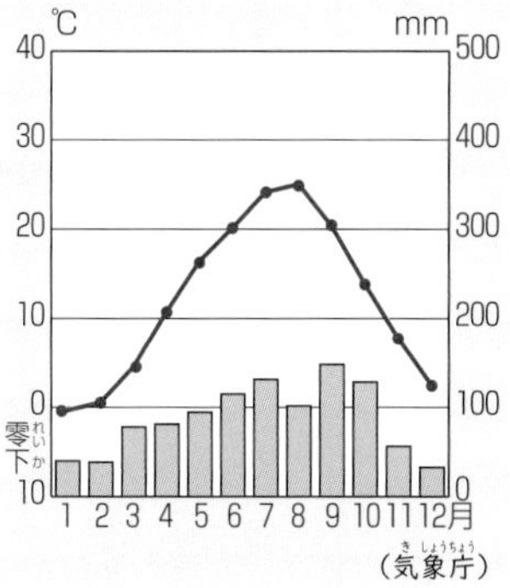

（気象庁《きしょうちょう》）

ヒント
１　夏は太平洋側で雨が多く、冬は日本海側で雪が多くふります。
２　(4)　降水量はぼうグラフ、気温は折れ線グラフを読み取ります。

ぴったり3

# 確かめのテスト

1. 日本の国土とわたしたちのくらし

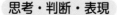

## 2 国土の気候と地形

時間 30分

/100

合格 80点

教科書 20〜27ページ　答え 7ページ

**1** 右の地図を見て、答えましょう。　1つ3点（36点）

(1) [よく出る] 地図中の①〜⑤の平野の名前を、㋐〜㋔から選びましょう。

①（　　）②（　　）
③（　　）④（　　）
⑤（　　）

㋐ 筑紫　㋑ 濃尾
㋒ 宮崎　㋓ 仙台
㋔ 石狩

(2) [よく出る] 地図中の⑥〜⑨の山脈や山地の名前を、㋐〜㋓から選びましょう。

⑥（　　）⑦（　　）
⑧（　　）⑨（　　）

㋐ 木曽　㋑ 中国　㋒ 日高　㋓ 紀伊

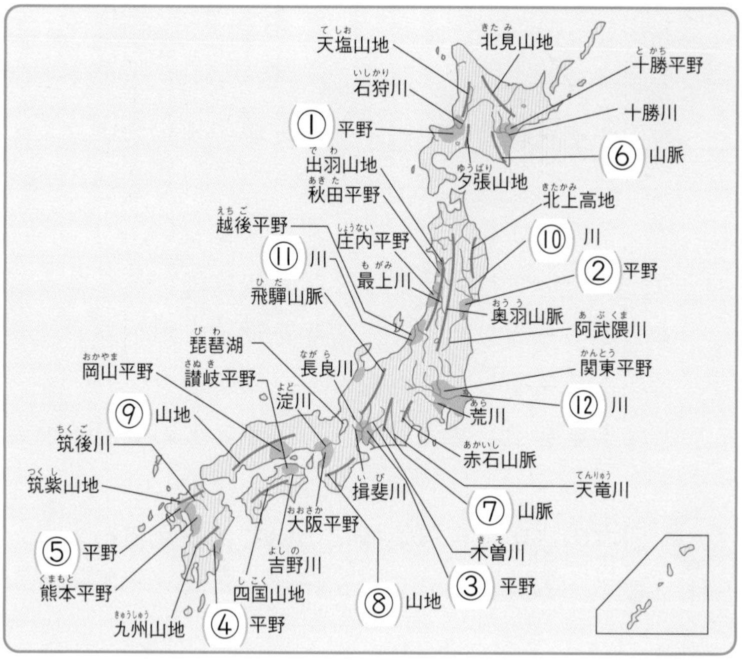


(3) [よく出る] 地図中の⑩〜⑫の川の名前を、㋐〜㋒から選びましょう。

⑩（　　）⑪（　　）⑫（　　）

㋐ 信濃　㋑ 利根　㋒ 北上

**2** 右のグラフは、小笠原諸島（父島）と知床（ウトロ）の気温と降水量を表しています。小笠原諸島は東京都の南の太平洋にある島々で、知床は北海道の東部にあります。グラフを見て、答えましょう。　1つ7点（14点）

(1) [作図] グラフ中の●と▲は、小笠原諸島（父島）と知床（ウトロ）の気温を表しています。●と▲をそれぞれつなげて、2つの折れ線グラフを完成させましょう。

技能

[記述] (2) [できたらスゴイ!] 小笠原諸島（父島）の気候の特色をグラフから読み取り、かんたんに書きましょう。

思考・判断・表現

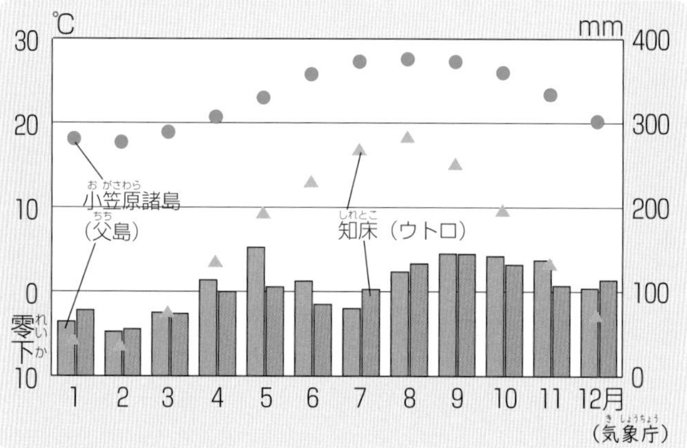


（　　　　　　　　　　　　　　　　　　　　）

学習日　　月　　日

## 3 次のグラフは、右の地図中の㋐～㋓の都市の気温と降水量を表したものです。①～④のグラフにあてはまる都市を、㋐～㋓から選びましょう。

技能　1つ5点（20点）

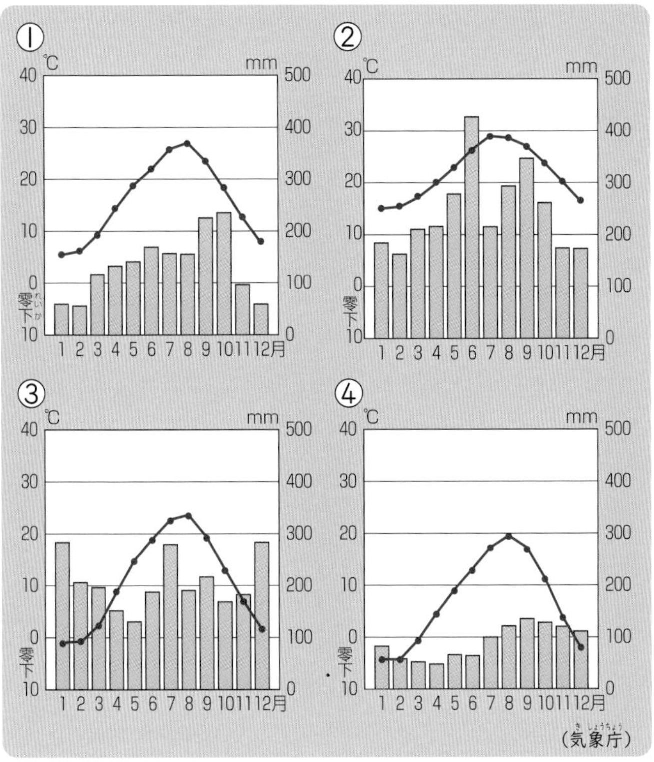

（気象庁《きしょうちょう》）

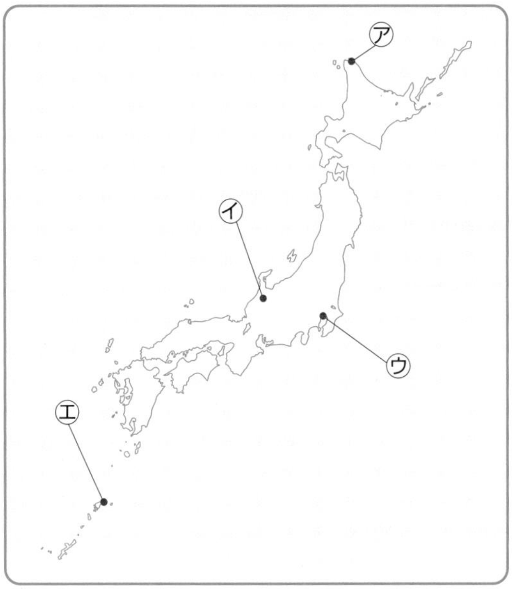


①（　　　）②（　　　）
③（　　　）④（　　　）

## 4 右の地図と図を見て、答えましょう。

1つ5点（30点）

(1) 次の文中の①～④にあてはまる言葉を、［　］から選びましょう。

①（　　　）②（　　　）
③（　　　）④（　　　）

Aの地域《ちいき》では、冬は寒さがきびしく、夏は（①）。Dの地域では、夏と冬の気温差が（②）。Eの地域では、年間を通じて（③）。これら３つの地域は、いずれも雨が（④）。

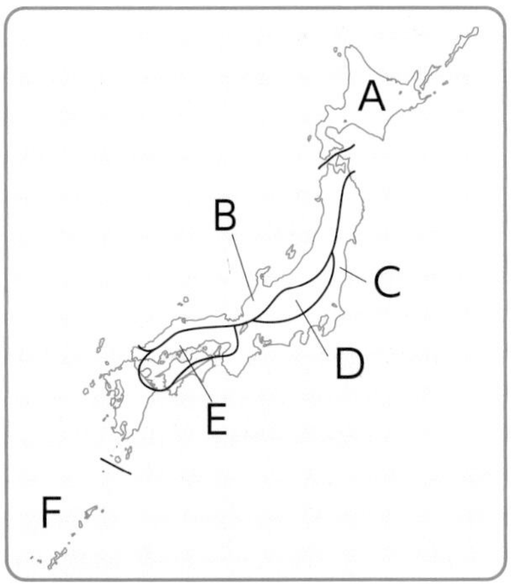


多い　少ない　大きい　小さい　すずしい　寒い　あたたかい

(2) 地図中のBの地域とCの地域の気候のちがいは、右の図の風のえいきょうによるものです。この風を何といいますか。

（　　　）

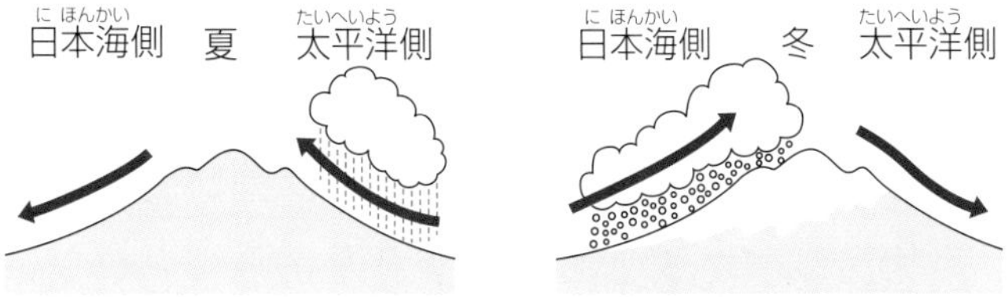


記述 (3) できたらスゴイ！ 右上の図は、(2)の風のふく向きを表しています。この図を見て、Bの地域の気候の特色を、かんたんに書きましょう。

思考・判断・表現

（　　　）

ふりかえり　2(2)がわからないときは、10ページの1にもどって確認《かくにん》してみよう。

ぴったり1 準備 3分でまとめ

せんたく

1. 日本の国土とわたしたちのくらし

# 3 自然条件《じょうけん》と人々のくらし①

学習日　　月　　日

めあて
気候や地形の特色とくらしとの関係や、沖縄県のくらしや産業を理解《りかい》しよう。

教科書 28～37ページ　答え 8ページ

次の（　　）に入る言葉を、下から選びましょう。

## 1 あたたかい地域《ちいき》と寒い地域、高地と低地　教科書 28～31ページ

### 地域の様子を比《くら》べる

- 一年中あたたかい沖縄《おきなわ》県那覇《なは》市と冬の寒さがきびしい北海道札幌《ほっかいどうさっぽろ》市、山の近くの高地にある長野《ながの》県南牧《みなみまき》村と（①　　　　）の下流ぞいの低地にある千葉《ちば》県香取《かとり》市を比べてみる。

## 2 あたたかい気候と沖縄県の観光／あたたかい気候と沖縄県の農業・漁業　教科書 32～35ページ

### 観光がさかんな沖縄県

- あたたかい海で育つ（②　　　　）に囲《かこ》まれた、美しい海が広がっている。
- 沖縄に伝わるエイサーなどのおどり、首里《しゅり》城跡《じょうあと》をふくむ**琉球《りゅうきゅう》王国**の遺跡《いせき》（世界遺産）、沖縄産の食材を使った料理などの独自《どくじ》の文化があり、一年中、多くの観光客がおとずれている。

### あたたかい気候を生かした農業

- 砂糖《さとう》の原料となる（③　　　　）は、高い気温や湿度《しつど》でよく育ち、沖縄県は日本でいちばんの**作付《さくづけ》面積**と生産量をほこっている。
- マンゴーや（④　　　　）など生産がさかんな果物は、沖縄県の（⑤　　　　）となっている。
- きくなどの花は、他の地域で気温が下がり生産しづらい冬の時期に出荷《しゅっか》している。

### よい漁場で行われる漁業

- あたたかくきれいな海で育つもずくは、全国の生産量の約99％（2020年）をしめている。
- 周りの海は、あたたかい海流の通り道になっているため、（⑥　　　　）やかじきもよくとれる。

## 3 暑さや台風と、沖縄県の人々のくらし　教科書 36～37ページ

### 気候に合わせたさまざまなくふう

- **家のつくり**に、さまざまなくふうがみられる。
- 夏は、日ざしが強く、むし暑いため、戸やまどを大きくして（⑦　　　　）をよくする。
- （⑧　　　　）が多く、強い風がふき、大雨がふるため、屋根のかわらが飛ばされないように、白いしっくいでとめている。

伝統《でんとう》的なつくりの家

### わすれてはならない沖縄の歴史《れきし》

- 今から80年ほど前、戦争によって大きな被害《ひがい》を受けた。戦争が終わると、沖縄県はアメリカに占領《せんりょう》され、1972年に日本に返されたが、今もアメリカ軍の広い軍用地が残されている。

選んだ言葉に✔

□台風　□特産品　□さんご礁《しょう》　□パイナップル
□川　□風通し　□まぐろ　□さとうきび

学習日　　月　　日

ぴたトリビア

さとうきびは砂糖をとる目的でさいばいされる作物です。沖縄県はさとうきびからつくられる粗糖《そとう》（原料糖）の生産量も全国第１位です（2020年）。

教科書　28～37ページ　　答え　8ページ

**1** 沖縄県の気候や地形について、右の那覇市の気温と降水《こうすい》量のグラフも参考にして、次の文中の（　　）にあてはまる言葉や数字を書きましょう。

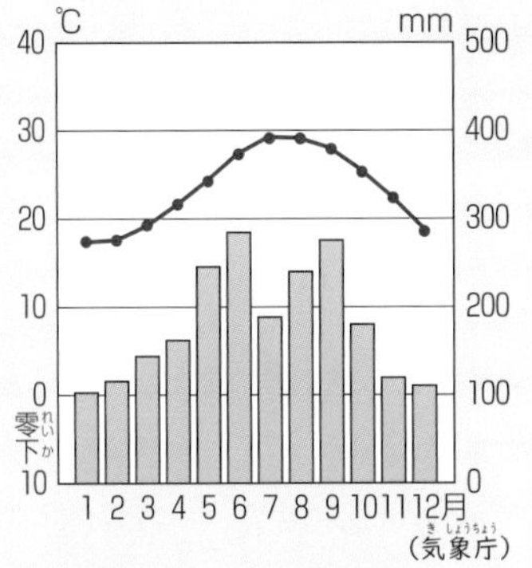

那覇市の気温と降水量

(1) １年を通して気温が高く、月平均《へいきん》気温が20℃をこえる月が（　　　　）か月もある。

(2) 降水量が（　　　　）mmをこえる月は、５月、６月、８月、９月である。

(3) 降水量が特に多い月は６月や（　　　　）月で、これは梅雨や（　　　　）のえいきょうによって大雨がふることが原因《げんいん》と考えられる。

(4) 沖縄県には大きな（　　　　）がなく、雨水をたくわえる森林の多い山も少ないので、水不足になることもある。

(5) あたたかい海で育つ（　　　　）に囲まれた、美しい海がある。

**2** 沖縄県の農業と漁業について述《の》べた次の文のうち、正しいものには○を、まちがっているものには×をつけましょう。

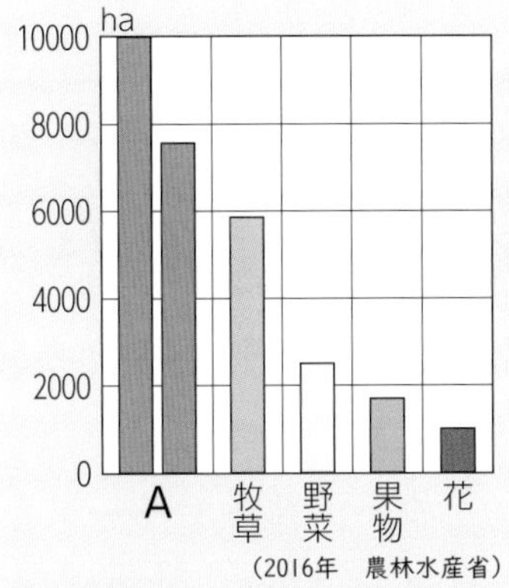

沖縄県の主な農産物の作付面積

①（　　）グラフ中のAの農産物はパイナップルである。

②（　　）野菜では、ゴーヤー（にがうり）の生産もさかんである。

③（　　）果物では、マンゴーの生産もさかんである。

④（　　）きくの花は、暑い夏の時期に全国に出荷される。

⑤（　　）沖縄県の周りの海は、あたたかい海流が流れ、よい漁場となっている。

⑥（　　）沖縄県の周りの海では、かじきやまぐろはとれないが、さけがとれる。

⑦（　　）きれいな海で育つもずくは、沖縄県の特産品になっている。

**3** 右の図は、沖縄県の伝統的なつくりの家です。図中の①～④にあてはまるものを、［　　］から選びましょう。

①（　　　　）　②（　　　　）
③（　　　　）　④（　　　　）

屋根　　石がき　　かわら　　戸

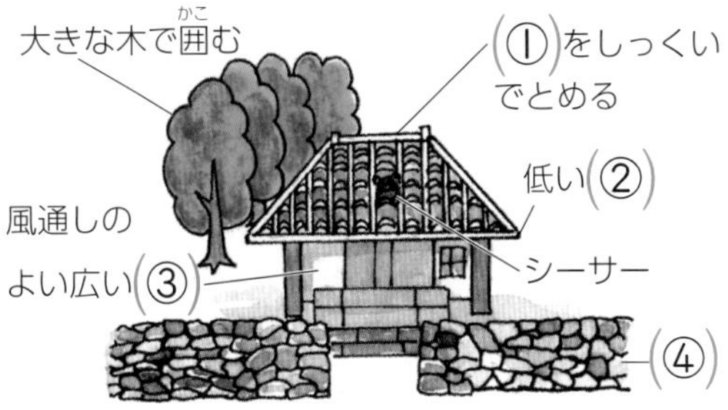


ヒント
**1** (1)(2)　気温は折れ線グラフを、降水量はぼうグラフを読み取りましょう。
**2** ①　Aは砂糖の原料となる農産物です。

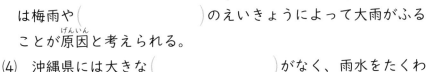

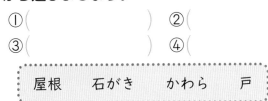

ぴったり1 準備

せんたく

3分でまとめ

1. 日本の国土とわたしたちのくらし

# 3 自然条件《じょうけん》と人々のくらし②

学習日　　月　　日

めあて
高地の自然条件と農業や産業との関係を理解《りかい》しよう。

教科書 38～45ページ　答え 9ページ

次の（　　）に入る言葉を、下から選びましょう。

## 1 高地の自然条件と、野辺山原《のべやまはら》の農業

教科書 38～40ページ

**野辺山原の地形や気候**

- 長野《ながの》県の（①　　　　）のふもとにあり、標高1200m以上の高地にあるため、夏でもすずしい。

長野県南牧《みなみまき》村野辺山原

**高地の自然を生かした農業**

- 夏のすずしい気候を生かした、**高原野菜**づくりがさかん。
- 高原野菜…高地の気候を生かしてつくられる、（②　　　　）、はくさい、キャベツなどの野菜。他の地《ち》域《いき》では生産しにくい夏の時期に出荷《しゅっか》できる。

**ワンポイント　等高線を読み取る**

- 等高線…海面からの高さが同じ地点を結んだ線のこと。
- 上の地図の中では、高さが200mごとに、等高線が引かれている。
- 線と線の間が（③　　　　）→かたむきが急で険《けわ》しい地形。
- 線と線の間が（④　　　　）→かたむきがゆるく、なだらかな地形。

## 2 高地の自然条件と、野辺山原の産業

教科書 41～42ページ

**高地の自然を生かした酪農《らくのう》や観光**

- **酪農**…暑さに弱い（⑤　　　　）を飼育《しいく》して、牛乳《ぎゅうにゅう》を生産する。その牛乳を加工して、ヨーグルトやチーズなどの乳製品《にゅうせいひん》をつくり、出荷する。
- 乳《ちち》しぼりなどの牧場での体験や、夏のすずしさを求める観光客、冬の寒さを生かしたイベントなど、多くの人がやってくる。

## 3 あれ地や寒さと、野辺山原の人々のくらし

教科書 43～44ページ

**野辺山原の歩み**

- 以前は（⑥　　　　）が積もってできた、やせた土地が広がっていた。
- 太平洋《たいへいよう》戦争後に、移住《いじゅう》した人々は、土地を（⑦　　　　）し、土地の改良を進め、寒さに強いだいこんやそばなどをつくった。
- しかし、だいこん畑で、（⑧　　　　）の被害《ひがい》が広がり、このころから、高原野菜がつくられるようになった。

**連作障害《しょうがい》**
同じ畑で同じ作物を続けてさいばいすると、作物の育ちがだんだん悪くなること。

| | | | | |
|---|---|---|---|---|
| 選んだ言葉に✓ | □せまい | □八ヶ岳《やつがたけ》 | □広い | □レタス |
| | □連作障害 | □牛 | □開拓《かいたく》 | □火山灰《ばい》 |

ぴたトリビア

長野県は、レタスの生産量で全国第１位、はくさいの生産量で全国第２位となっています（2021年）。

教科書　38～45ページ　答え　9ページ

## 1 右の地図とグラフを見て、答えましょう。

2480m
八ヶ岳《やつがたけ》
2646m
赤岳《あかだけ》
2899m
千曲《ちくま》川（信濃《しなの》川）
御座山《おぐらさん》
2112m
1851m
1200m
1400m
1600m
野辺山原《のべやまはら》
野辺山駅
小川山《おがわやま》
2418m
金峰山《きんぷさん》
きんぽうさん
2599m
A
B
1200m
1000m
800m

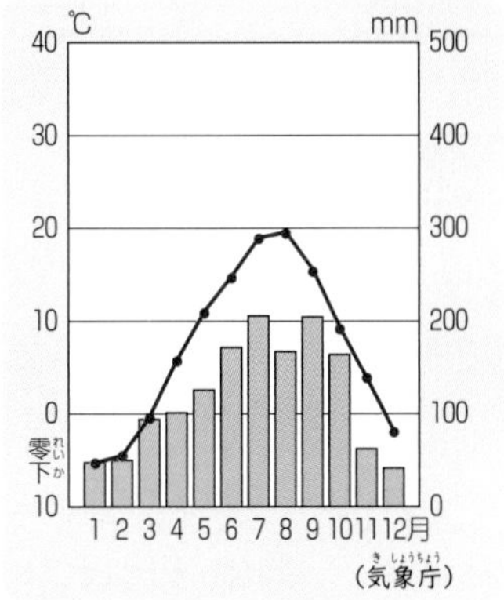
℃
mm
40
30
20
10
0
零下《れいか》10
500
400
300
200
100
0
1 2 3 4 5 6 7 8 9 10 11 12月
（気象庁《きしょうちょう》）

野辺山原（南牧村）の気温と降水量

(1) 次の文のうち、正しいものには○を、まちがっているものには×をつけましょう。

① (　　　) 野辺山原は八ヶ岳のふもとにある。

② (　　　) 地図中のAからBの間は、かたむきがゆるやかでなだらかな地形である。

(2) 次の文中の(　　)にあてはまる言葉や数字を書きましょう。

① 野辺山原の平均《へいきん》気温は、最も気温が高い８月でも(　　　　)℃ほどである。

② 野辺山原が夏でもすずしいのは、標高(　　　　)m以上の高地にあるためである。

③ 野辺山原は冬の寒さがきびしく、平均気温が０℃以下の月が(　　　　)か月ある。

④ 野辺山原では、(㋐　　　　)の季節よりも(㋑　　　　)の季節のほうが降水量《こうすいりょう》が多い。

## 2 野辺山原のレタスづくりカレンダーを見て、答えましょう。

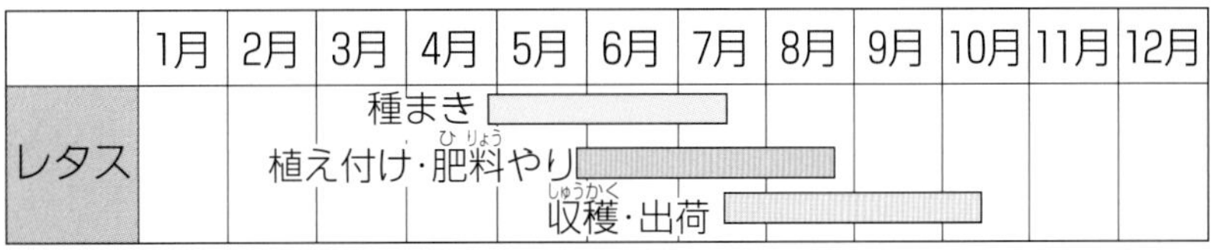
1月
2月
3月
4月
5月
6月
7月
8月
9月
10月
11月
12月
レタス
種まき
植え付け・肥料《ひりょう》やり
収穫《しゅうかく》・出荷

野辺山原のレタスづくりカレンダー

(1) 高地の気候を生かしてつくられるはくさい、キャベツ、レタスのような野菜を、何といいますか。

(　　　　)

(2) レタスづくりが行われるのは、何月から何月までですか。

①(　　　　)月から

②(　　　　)月まで

(3) レタスの収穫《しゅうかく》を始めるのは何月ですか。

(　　　　)月

(4) レタスの収穫・出荷が終わるのは何月ですか。

(　　　　)月

ヒント
1 (1)② 線と線の間がせまいか、広いかに注目しましょう。
1 (2)② 高さは、近くにある等高線に記された数字から読み取りましょう。

せんたく

1．日本の国土とわたしたちのくらし

# 3 自然条件《じょうけん》と人々のくらし

時間30分

／100

合格80点

教科書 28〜45ページ　答え 10ページ

## 1 沖縄《おきなわ》県の自然について、答えましょう。

1つ4点（24点）

(1) よく出る 沖縄県那覇《なは》市の8月と9月の降水《こうすい》量は200mmをこえます。なぜ、8月と9月に降水量が多くなるのかを説明した次の文中の（　　）にあてはまる言葉を書きましょう。

（　　　　）

夏から秋にかけて（　　　）が来て、大雨をふらせるから。

(2) 沖縄県の伝統《でんとう》的なつくりの家の特色として正しいものには○を、まちがっているものには×をつけましょう。

①（　　　）風通しをよくするため、戸やまどを大きくしている。

②（　　　）暑さを防《ふせ》ぐため、玄関《げんかん》やまどは二重になっている。

③（　　　）強い風でかわらが飛ばされないように、かわらをしっくいでとめている。

④（　　　）夏の雨を防ぐため、石がきや大きな木で家を囲《かこ》んでいる。

(3) 沖縄県は降水量が多いのに、水不足になやまされることがあります。なぜ、水不足になるのかを説明した次の文中の（　　）にあてはまる言葉を書きましょう。（　　　　）

沖縄県には、雨水をたくわえる森林の多い（　　　）が少なく、大きな川もないから。

## 2 沖縄県の産業などについて、答えましょう。

1つ5点（25点）

(1) よく出る 沖縄県の農産物の中で、作付《さくづけ》面積が最も広い農産物は何ですか。

（　　　　）

(2) (1)の農産物以外に、沖縄県で生産がさかんな果物を1つ書きましょう。

（　　　　）

(3) よく出る 沖縄県の周りのあたたかいきれいな海でよく育ち、沖縄県の特産品となっている海そうは何ですか。

（　　　　）

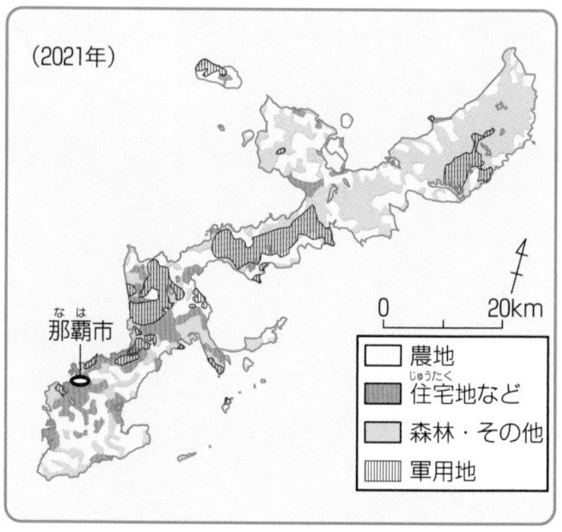


(4) 右の沖縄島の地図中に見られる軍用地は、どこの国のものですか。その国の名前を書きましょう。

（　　　　）

(5) 右の地図のように、沖縄島には(4)の国の軍用地が見られます。沖縄県と軍用地について説明した文としてまちがっているものを、㋐〜㋒から選びましょう。 思考・判断・表現

（　　）

㋐ 戦争中に(4)の国の軍が沖縄島に上陸し、戦争後は占領《せんりょう》された。

㋑ 1972（昭和《しょうわ》47）年に、沖縄県は(4)の国と日本の両方に属《ぞく》することになった。

㋒ (4)の国との取り決めで、県内には広い軍用地が残された。

## 3 野辺山原《のべやまはら》の自然や人々のくらしについて、次の文中の（　　）にあてはまる言葉や数字を、［　　］から選びましょう。

1つ5点（20点）

(1) 野辺山原は、八ヶ岳《やつがたけ》のふもとの標高（　　　　）m以上の高地にある。

(2) 冬は寒さがきびしく、最高気温が（　　　　）℃を下回る日もある。

(3) 暑さに弱い牛を育てて、牛乳《ぎゅうにゅう》を生産する（　　　　）も行われている。

(4) 昔の野辺山原には（　　　　）が積もってできた、やせた土地が広がっていた。

1200　　2000　　－10　　0　　酪農《らくのう》　　火山灰《ばい》　　ねん土

## 4 野辺山原の土地や農業に関する次の文を読んで、答えましょう。

1つ5点（20点）

野辺山原では、ⓐあれた土地を切り開いて畑をつくり、寒さに強いⓑだいこんやそばなどをつくっていたが、①｛ 高地・草原 ｝の自然条件をさらに生かした野菜づくりを進め、やがてレタスや②｛ トマト・はくさい ｝、キャベツなどのさいばいがさかんになった。

(1) 文中の｛　｝の中の正しい言葉を◯で囲《かこ》みましょう。

(2) 下線部ⓐについて、あれた土地を切り開いて畑や住宅《じゅうたく》などをつくることを、何といいますか。（　　　　）

(3) 下線部ⓑについて、かつて野辺山原のだいこん畑ではある問題が起こりました。「同じ畑で同じ作物を続けてさいばいしていると、作物の育ちが悪くなってくること」を、何といいますか。（　　　　）

## 5 次のグラフを見て、答えましょう。

(1)5点、(2)6点（11点）

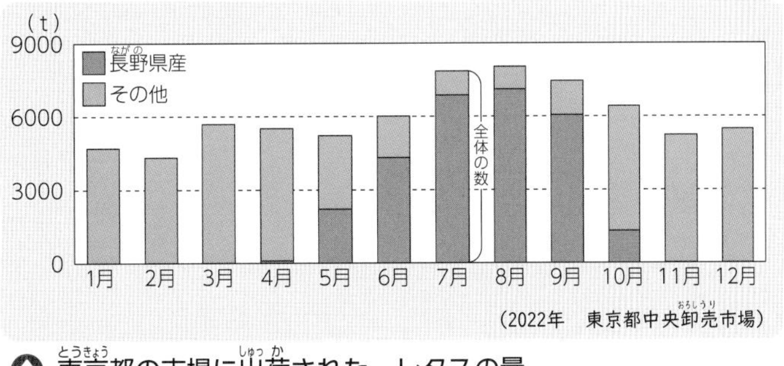


東京《とうきょう》都の市場に出荷《しゅっか》された、レタスの量

(1) グラフは、東京都の市場に出荷された、レタスの量を表しています。レタスづくりやレタスの出荷について説明した文として正しいものを、㋐～㋒から選びましょう。（　　　　）

㋐ レタスは暑さに弱いため、朝早くのすずしいうちに収穫《しゅうかく》される。

㋑ レタスの出荷量が全国的に1番多いのは1月である。

㋒ 5月の出荷量は、長野県産のレタスが全国の半分以上をしめている。

記述 (2) できたらスゴイ! 6月～9月に長野県産レタスの出荷量が多い理由を、かんたんに書きましょう。

思考・判断・表現

（　　　　　　　　　　　　　　　　）

ふりかえり　5(2)がわからないときは、16ページの1にもどって確認《かくにん》してみよう。

ぴったり1 準備

3分でまとめ

せんたく



# 3 自然条件《じょうけん》と人々のくらし③

学習日 月 日

めあて
北海道の気候や農業・漁業との関係、人々のくらしを理解《りかい》しよう。

教科書 46〜51ページ　答え 11ページ

次の（　　）に入る言葉を、下から選びましょう。

## 1 寒い気候と北海道《ほっかいどう》の観光　教科書 46〜47ページ

### 北海道の気候

- 日本のいちばん北にあり、冬の寒さがきびしい。
- 冬には、１日の最高気温が（①　　　　　）未満の真冬日《まふゆび》が続き、内陸では零下《れいか》20℃以下の日もある。

### 北海道の自然環境《かんきょう》や文化

- 夏でもすずしく、５月にスキーなどができるため、多くの観光客がおとずれる。
- 流氷が見られる知床《しれとこ》半島は世界自然遺産《いさん》に登録されている。
- （②　　　　　）に登録された湖や湿原《しつげん》がある。
- 北海道に昔から住む（③　　　　　）の人たちは、服装《ふくそう》や料理など、独自《どくじ》の文化をもっている。

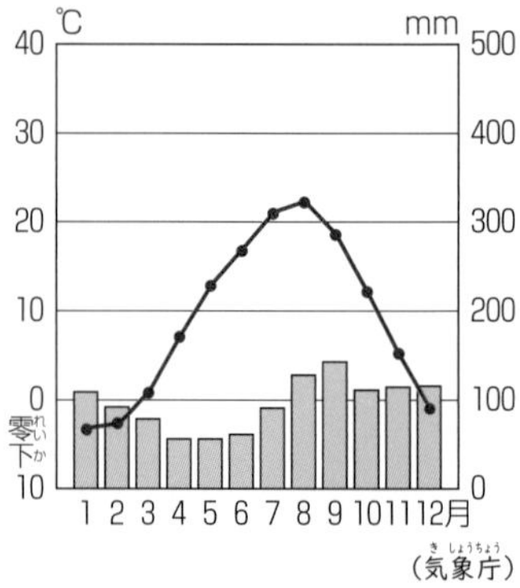

（気象庁《きしょうちょう》）

札幌《さっぽろ》市の気温と降水《こうすい》量

## 2 寒い気候と北海道の農業・漁業　教科書 48〜49ページ

### 夏でもすずしい気候を生かした農業

- 夏でもすずしい気候を生かし、東部の根釧《こんせん》台地では酪農《らくのう》がさかんで、暑さに弱い（④　　　　　）を育てて牛乳《ぎゅうにゅう》を生産している。
- 牧草の生産も多い。
- じゃがいもや小麦、砂糖《さとう》の原料になる（⑤　　　　　）など、寒い気候で育てやすい作物の生産もさかん。
- 現在《げんざい》では、品種改良や土の入れかえが進み、米の生産量も多い。

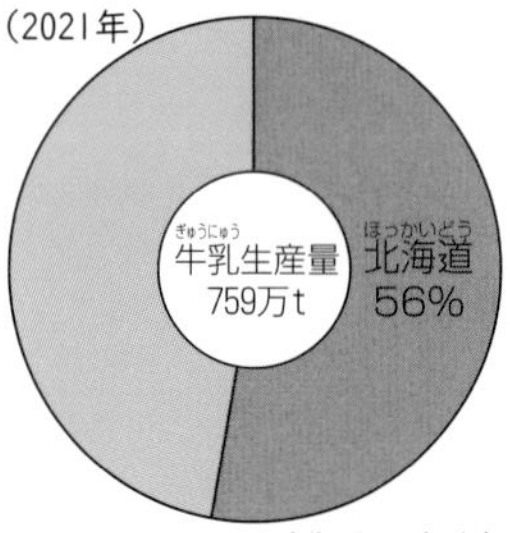

（農林水産省）

全国にしめる北海道の牛乳（生乳）生産量の割合《わりあい》

### 豊かな漁場で行われる漁業

- 周りの海は、流氷や海流によって豊富《ほうふ》な栄養分がもたらされ、さまざまな水産物がとれる。
- オホーツク海《かい》ぞいは、日本で最も（⑥　　　　　）の生産量が多い地域《ちいき》。

## 3 寒さや雪と、北海道の人々のくらし　教科書 50〜51ページ

### 家のつくりのくふう

- 寒さに備《そな》えて、玄関《げんかん》やまどを二重にし、かべやゆかに（⑦　　　　　）を入れている。
- およそ地下１mの深さまで土がこおるので、家の土台は土がこおらない深さからつくる。
- 雪が落ちやすいように、かたむきの急な（⑧　　　　　）にしている。

選んだ言葉に✔

□てんさい　□断熱材《だんねつざい》　□0℃　□屋根
□ほたて　□乳牛《にゅうぎゅう》　□アイヌ　□ラムサール条約《じょうやく》

ぴったり2

# 練習

学習日　　月　　日

**ぴたトリビア**

北海道には、全国第1位の生産量のものが多くあります。水産物ではこんぶやさけ、農産物ではあずきなどの生産量も第1位です（2020年）。

教科書　46〜51ページ　　答え　11ページ

## 1 北海道の気候や自然について、右の札幌市の気温と降水量のグラフも参考にして、次の文中の（　　）にあてはまる言葉や数字を書きましょう。

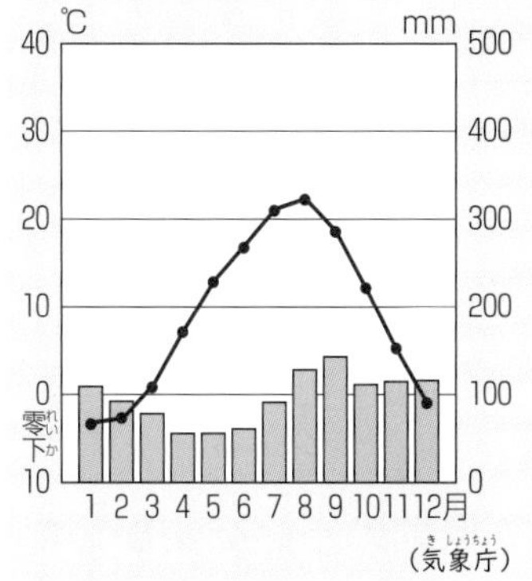


札幌市の気温と降水量

(1)　冬の寒さがきびしく、札幌市では平均気温が0℃以下の月が（　　　　　　）か月もある。

(2)　夏はすずしく、平均気温が（　　　　　　）℃をこえる月は7月と8月だけである。

(3)　2月〜7月の降水量は（　　　　　　）mm以下である。

(4)　降水量は、4月〜7月よりも11月〜2月のほうが多いが、これは（　　　　　　）のふる日が多いからである。

(5)　北海道には（　　　　　　）条約に登録されている湖や湿原がある。

## 2 北海道の農業と漁業について述《の》べた次の文のうち、正しいものには○を、まちがっているものには×をつけましょう。

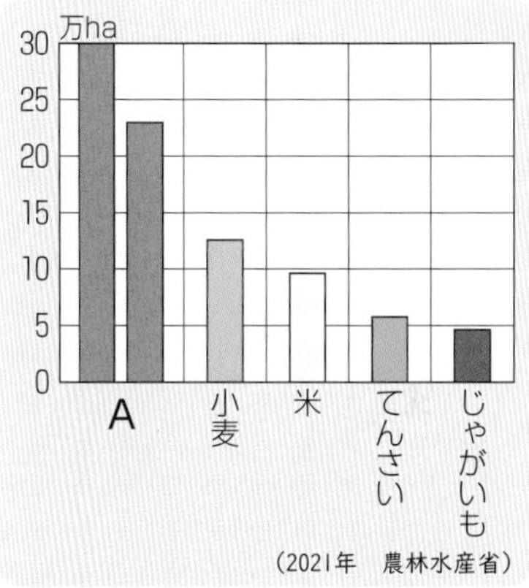


北海道の主な農産物の作付《さくづけ》面積

①（　　　）　右のグラフのAの農産物は牧草である。

②（　　　）　冬の寒い気候を生かして、乳牛を育てている。

③（　　　）　てんさいは、砂糖の原料となる。

④（　　　）　オホーツク海ぞいは、ほたての生産量が日本で最も多い地域である。

⑤（　　　）　北海道の海では、かじきやまぐろは多くとれるが、もずくはとれない。

## 3 右の図は、寒さに備えた北海道の家のつくりです。図中の①〜④にあてはまるものを、［　　］から選びましょう。

①（　　　　　　）

②（　　　　　　）

③（　　　　　　）

④（　　　　　　）

| | | | |
|---|---|---|---|
| 鉄 | かわら | 断熱材 | 屋根 |
| 1 | 5 | 二重 | |

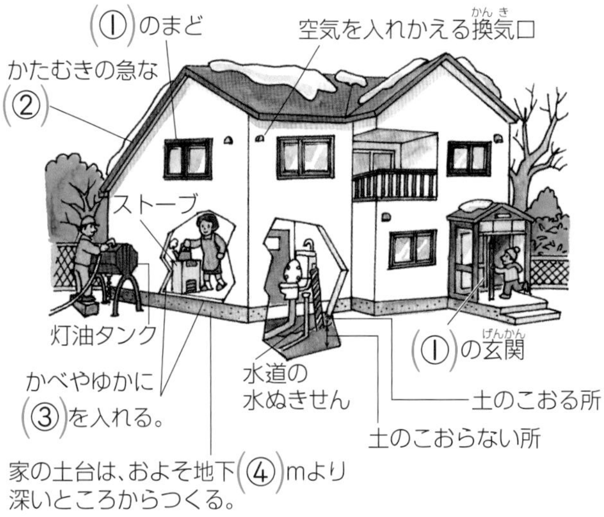


**ヒント**

1 (5)　水鳥などのすみかとして大切な湿地《しっち》を守るための国際的な取り決めのことです。

2 ⑤　かじきやまぐろはあたたかい海にすむ魚です。

3分でまとめ

# 3 自然条件《じょうけん》と人々のくらし④

学習日　　月　　日

めあて
低地の自然条件と農業との関係、水害や人々のくらしを理解《りかい》しよう。

教科書 52～59ページ　答え 12ページ

次の（　　）に入る言葉を、下から選びましょう。

## 1 低地の自然条件と、佐原《さわら》北部の農業　教科書 52～53ページ

### ✪ 川に囲《かこ》まれた低い土地

- 千葉《ちば》県香取《かとり》市佐原地区の北部は、（①　　　　　）と横利根《よことね》川、霞ケ浦《かすみがうら》から流れる常陸《ひたち》利根川に囲まれた、低く平らな土地。
- 川の水面より低い土地に住宅《じゅうたく》地や田畑があるため、川のはんらんを防《ふせ》ぐ（②　　　　　）がつくられてきた。

### ✪ 低地の自然を生かした農業

- 大きな川が運んでくる栄養分の豊《ゆた》かな（③　　　　　）と豊富《ほうふ》な水を生かして、米づくりが行われてきた。香取市は他の地域《ちいき》よりも田植えや収穫《しゅうかく》の時期が早い「早場米《はやばまい》」が**特産品**で、県内で最も米がとれる地域である。

佐原北部では、台風が心配される秋の時期より前に稲《いね》かりが始まるよ。

## 2 水害と、佐原北部の人々のくらし／低地の自然条件と、佐原北部の観光　教科書 54～57ページ

### ✪ 水からくらしを守るくふう

- 昔は、水路を使って移動《いどう》したり、水路の水を飲み水や洗濯《せんたく》などの生活用水として使ったりしていた。
- （④　　　　　）や大雨で川や水路の水かさが増《ふ》えると、地域全体が水びたしになって水が引かず、稲がくさってしまうなどの水害にあうこともあった。
- 川がはんらんしたときに避難《ひなん》するために、「水塚《みづか》」という小屋が高くもった土の上に建てられていた。
- 土地の改良や大規模《だいきぼ》な（⑤　　　　　）工事がたびたび行われ、大きな水害は減《へ》った。
- 水門や排水《はいすい》のための（⑥　　　　　）場（排水機場《きじょう》）などがつくられた。

### ✪ 水郷《すいごう》のみりょくを生かした観光

- 街の中には（⑦　　　　　）がめぐっており、水辺の風景を楽しむ施設《しせつ》や行事が多く、「さっぱ舟《ぶね》」とよばれる小舟での水路下り、川づりなどを楽しむ人も多い。
- 水郷…川や湖などのほとりにある、水の豊かな低地のこと。

## 3 自然とともに生きる人々のくらし～アイヌの人たち～ はってん　教科書 58～59ページ

- アイヌの人たちは北海道《ほっかいどう》、樺太《からふと》や千島《ちしま》列島、東北《とうほく》地方の北部にかけてくらしていた。
- 交通に便利な川や海の近くにくらし、産卵《さんらん》のために川を上ってくる（⑧　　　　　）を食文化の中心としていた。山や森の中での狩《か》り、山菜などの採集《さいしゅう》、農耕《のうこう》も行った。
- アイヌ語や儀式《ぎしき》、おどりなど、伝統《でんとう》的な文化を未来へ伝えていく努力を続けている。

| 選んだ言葉に✓ | | | | |
|---|---|---|---|---|
| | □ポンプ | □利根川 | □堤防《ていぼう》 | □台風 |
| | □土 | □水路 | □さけ | □治水《ちすい》 |

学習日　　月　　日

ぴたトリビア

佐原は、江戸《えど》時代から食料などを舟《ふね》で運ぶ水運によって栄えた町です。江戸時代に日本全国の地図を作った伊能忠敬《いのうただたか》は佐原の商家の主人でした。

教科書　52〜59ページ　答え　12ページ

## 1 右の地図と土地の様子を見て、答えましょう。

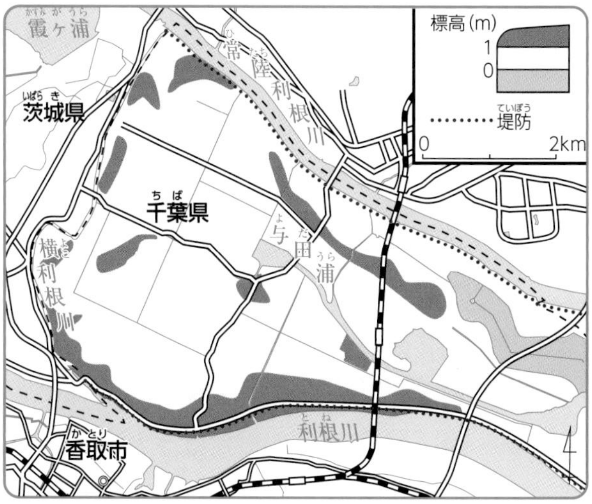


佐原北部の地形

(1)　次の文のうち、正しいものには○を、まちがっているものには×をつけましょう。

①(　　　)　佐原北部の地域は利根川の上流にある。

②(　　　)　佐原北部には土地の高さが0mより低い場所がある。

③(　　　)　佐原北部は川に囲まれた低い土地で、ほとんどかたむきがない。

④(　　　)　佐原北部の地域では、標高1mをこえる土地が1m以下の土地よりも広い面積をしめている。

⑤(　　　)　佐原北部の地域は、北側と南側に堤防が見られる。

(2)　次の米づくりカレンダーは、佐原北部と他の地域のものを表したものです。佐原北部の米づくりカレンダーにあてはまるものを、㋐・㋑から選びましょう。　(　　　)

| | 1月 | 2月 | 3月 | 4月 | 5月 | 6月 | 7月 | 8月 | 9月 | 10月 | 11月 | 12月 |
|---|---|---|---|---|---|---|---|---|---|---|---|---|
| ㋐ | | 種まき・苗《なえ》づくり | | | 田植え | | 稲《いね》かり・出荷《しゅっか》 | | | | | |
| ㋑ | | | 種まき・苗づくり | | | 田植え | | 稲かり・出荷 | | | | |

## 2 次の文は、佐原北部の地域のくらしや農業について述《の》べたものです。文中の(　　)にあてはまる言葉を、㋐〜㋗から選びましょう。

(1)(　　　)　(2)(　　　)　(3)(　　　)
(4)(　　　)　(5)(　　　)　(6)(　　　)

(1)　川に囲まれた低地で、昔は(　　　)になやまされていた。

(2)　昔は、(　　　)を使った移動が大切な交通手段だった。

(3)　昔は、川のはんらんに備《そな》えて、高くもった土の上に避難《ひなん》するための(　　　)を建てた。

(4)　豊かな水や土を生かして、昔から(　　　)づくりが行われてきた。

(5)　他の地域よりも苗《なえ》づくりや収穫などを早い時期に行う(　　　)が特産品となっている。

(6)　堤防をつくったり、川はばを広げたりする(　　　)の取り組みが進められた。

㋐　治水　　㋑　水路　　㋒　水塚　　㋓　野菜
㋔　米　　㋕　水害　　㋖　早場米　　㋗　花

ヒント
1 (1)　③標高0m〜1mの土地が広がっているので、土地が平らであることがわかります。
2 (4)　つくるときに大量の水を使うため、水が豊富にある土地に向いている農産物です。

ぴったり3 確かめのテスト　せんたく

1．日本の国土とわたしたちのくらし

# 3 自然条件《じょうけん》と人々のくらし

時間 30分　／100　合格 80点

教科書 46～59ページ　答え 13ページ

## 1 北海道《ほっかいどう》の自然について、答えましょう。
1つ5点（15点）

記述 (1) 北海道札幌《さっぽろ》市の12月と1月の降水《こうすい》量は100mmをこえています。なぜ、この季節に降水量が多いのか、次の言葉に続く形でかんたんに書きましょう。　思考・判断・表現

冬に（　　　　　　　　　　　　　　）から。

(2) よく出る 北海道の家の特色としてまちがっているものを、㋐～㋓から選びましょう。（　　）

㋐ 寒さを防《ふせ》ぐため、かべやゆかには断熱材《だんねつざい》を入れている。

㋑ 寒さを防ぐため、玄関《げんかん》やまどは二重になっている。

㋒ 強い風でかわらが飛ばされないように、かわらをしっくいでとめている。

㋓ 雪が落ちやすいように、屋根のかたむきを急にしている。

(3) 北海道の周りの海は、ほたてやかに、こんぶなどがとれる豊《ゆた》かな漁場となっています。その理由を説明した次の文中の（　　）にあてはまる言葉を書きましょう。（　　　　）

海流や、海水がこおってできた（　　）によって、豊富《ほうふ》な栄養分がもたらされるから。

## 2 北海道の産業と観光について、答えましょう。
1つ5点（30点）

(1) 右のⅠのグラフにあるAは砂糖《さとう》の原料になる作物です。この作物を何といいますか。　技能

（　　　　）

(2) よく出る 右のⅠ・Ⅱのグラフからわかる、北海道でさかんな農業は何ですか。（　　　　）

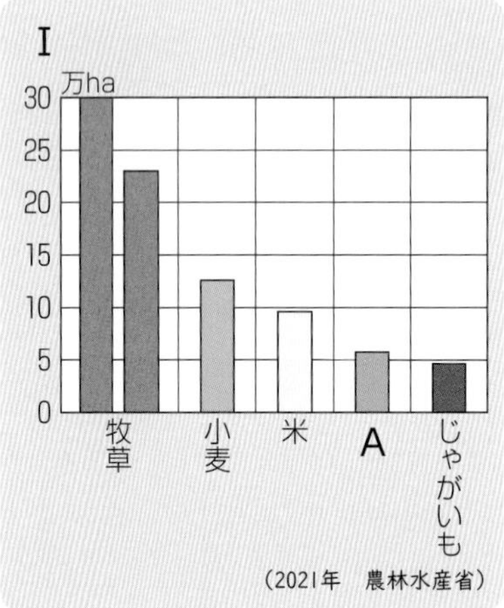


北海道の主な農産物の作付《さくづけ》面積

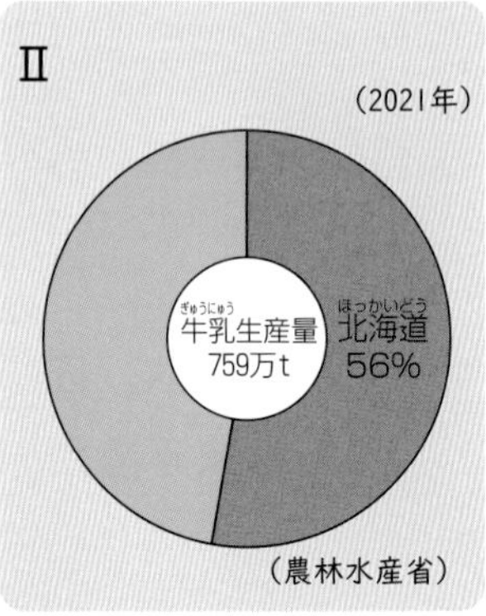


全国にしめる北海道の牛《ぎゅう》乳《にゅう》（生乳）生産量の割合《わりあい》

(3) 北海道の観光について述《の》べた次の文中の①～④にあてはまる言葉を、㋐～㋖から選びましょう。

①（　　）　②（　　）　③（　　）　④（　　）

北海道には、すずしい（①）に多くの観光客がおとずれ、5月に（②）を楽しむ人たちや、7月にラベンダーの花畑を見たりする人たちもいる。また、（③）に登録されている知床《しれとこ》や、（④）に登録されている湿原《しつげん》・湖などでは、「自然を大切にしよう」という考えを広めるエコツアーも行われている。

㋐ 冬　㋑ 夏　㋒ 雪まつり　㋓ ラムサール条約《じょうやく》

㋔ スキー　㋕ 伝統《でんとう》文化　㋖ 世界自然遺産《いさん》

## 3 佐原《さわら》北部の土地や人々のくらしについて、次の文中の（　　）にあてはまる言葉を書きましょう。

1つ4点（16点）

(1)　佐原北部は、関東《かんとう》平野を流れて太平洋《たいへいよう》にそそぐ（　　　　）の下流にある。

(2)　街の中には昔からの（　　　　）が残されており、昔は舟《ふね》を使って移動することが多かった。

(3)　水からくらしを守るため、排水《はいすい》のための（　　　　）場がつくられた。

(4)　水の豊かな低地である（　　　　）としてのみりょくを生かして、有名な観光地になっている。

## 4 右の地図を見て、答えましょう。

1つ4点、(4)7点（39点）

(1)　よく出る 次の文のうち、正しいものには○を、まちがっているものには×をつけましょう。

①（　　）佐原北部は3つの川に囲《かこ》まれた地域《ちいき》である。

②（　　）佐原北部の北側の地域は、南側よりも標高が高い土地が多い。

③（　　）佐原北部の西側に、標高0m以下の土地がある。

④（　　）佐原北部では、標高0～1mの土地がいちばん広い面積をしめている。

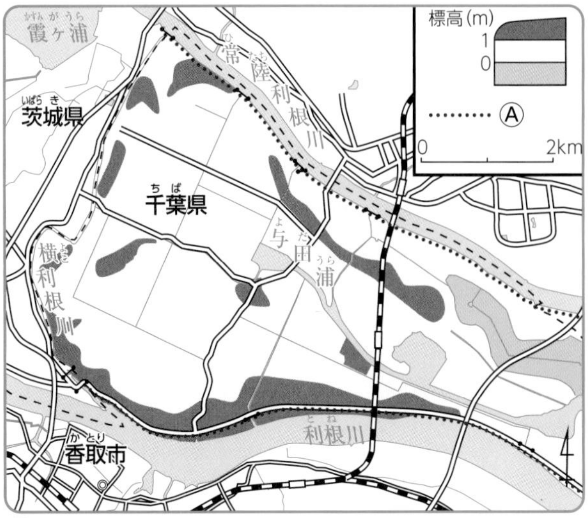

佐原北部の地形

(2)　右の地図中のⒶは、川のはんらんを防ぐためにつくられたものです。地図中のⒶにあてはまるものを、［　　］から選びましょう。（　　　　）

船着き場　　トンネル　　堤防《ていぼう》

(3)　佐原北部の地域で昔から生産がさかんな農産物は何ですか。（　　　　）

記述 (4)　できたらスゴイ! (3)の農産物がさかんに生産されるようになった理由を、かんたんに書きましょう。

思考・判断・表現

（　　　　　　　　　　　　　　　　）

(5)　次の文中の①、②にあてはまる言葉を書きましょう。

①（　　　　）　②（　　　　）

昔の佐原北部では、（①）や大雨によって、川や水路の水かさが増《ふ》えたり、川がはんらんしたりするなど、大きな（②）に見まわれることがたびたびあった。地域全体が水びたしになり、なかなか水が引かず、農産物がくさってしまうこともあった。

ふりかえり　4(4)がわからないときは、22ページの1にもどって確認《かくにん》してみよう。

2. 未来を支《ささ》える食料生産

# 1 米づくりのさかんな地域《ちいき》①

めあて
日本における食料の産地、米の産地の自然条件を理解《りかい》しよう。

教科書 60～71ページ　答え 14ページ

次の（　　）に入る言葉を、下から選びましょう。

## 1 全国からとどく食料　教科書 60～65ページ

### 食料の主な産地

- さまざまな食料が日本や世界の各地で生産されて、運ばれてきている。

| | |
|---|---|
| トマトの主な産地 | 熊本《くまもと》県、北海道《ほっかいどう》、愛知《あいち》県 |
| みかんの主な産地 | 和歌山《わかやま》県、静岡《しずおか》県、（①　　　　）県 |
| ぶたの主な産地 | （②　　　　）県、宮崎《みやざき》県、北海道 |

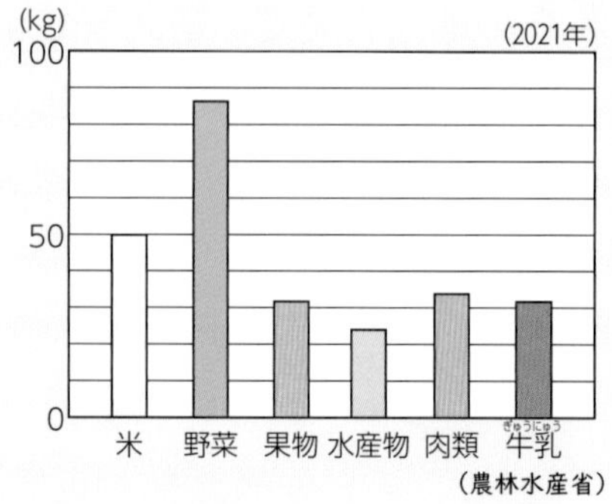

国民一人当たりの主な食料の消費量《しょうひ》（１年間）

### わたしたちの食生活

- （③　　　　）や野菜を多く食べている。

## 2 米はどこから？／米の産地は、どんなところ？　教科書 66～71ページ

### 米の主な産地

- 米をつくる農業は、全国の都道府県で行われている。
- 米の生産量が多い地域は、関東《かんとう》地方よりも北側に多く、特に（④　　　　）県、北海道、（⑤　　　　）県での生産がさかん。

| 米の生産量（2021年） | | |
|---|---|---|
| 1 位 | 新潟県 | 62.0万t |
| 2 位 | 北海道 | 57.4万t |
| 3 位 | 秋田《あきた》県 | 50.1万t |
| 4 位 | 山形《やまがた》県 | 39.4万t |
| 5 位 | 宮城《みやぎ》県 | 35.3万t |

（農林水産省ほか）

### 米づくりに向いた自然条件《じょうけん》

- 日本で育つ稲《いね》の多くは「水稲《すいとう》」という品種で、豊富《ほうふ》な水と平らな広い土地が必要。
- 夏の日照時間が長く、昼と夜の気温差が大きいと、ねばり気やあまみのある米が育つ。
- 新潟《にいがた》県や北海道、東北《とうほく》地方には、大きな（⑥　　　　）の下流に広い平野がある。
- 山の雪どけ水が多く、水不足の心配がない。

### 新潟県南魚沼《みなみうおぬま》市の気候や地形

- 山に囲《かこ》まれた（⑦　　　　）のような地形に、水田が広がっている。
- （⑧　　　　）側の地域なので、冬に雪がふる日が多い。
- 夏はむし暑く、昼と夜の気温の差が大きい。
- 春には、豊《ゆた》かな雪どけ水が流れだすため、米づくりに適《てき》している。

選んだ言葉に✓

| | | | |
|---|---|---|---|
| □秋田 | □日本海《にほんかい》 | □米 | □盆地《ぼんち》 |
| □愛媛《えひめ》 | □鹿児島《かごしま》 | □新潟 | □川 |

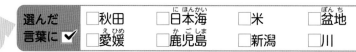

ぴたトリビア

四国《しこく》山地の山あいにある徳島《とくしま》県上勝《かみかつ》町では、平地が少ないため、山のしゃ面《めん》にたな田とよばれる階段状《かいだんじょう》の水田がつくられています。

教科書　60〜71ページ　答え　14ページ

## 1 次の地図は、主な食料の産地（生産量の多い都道府県）を表しています。これを見て、答えましょう。

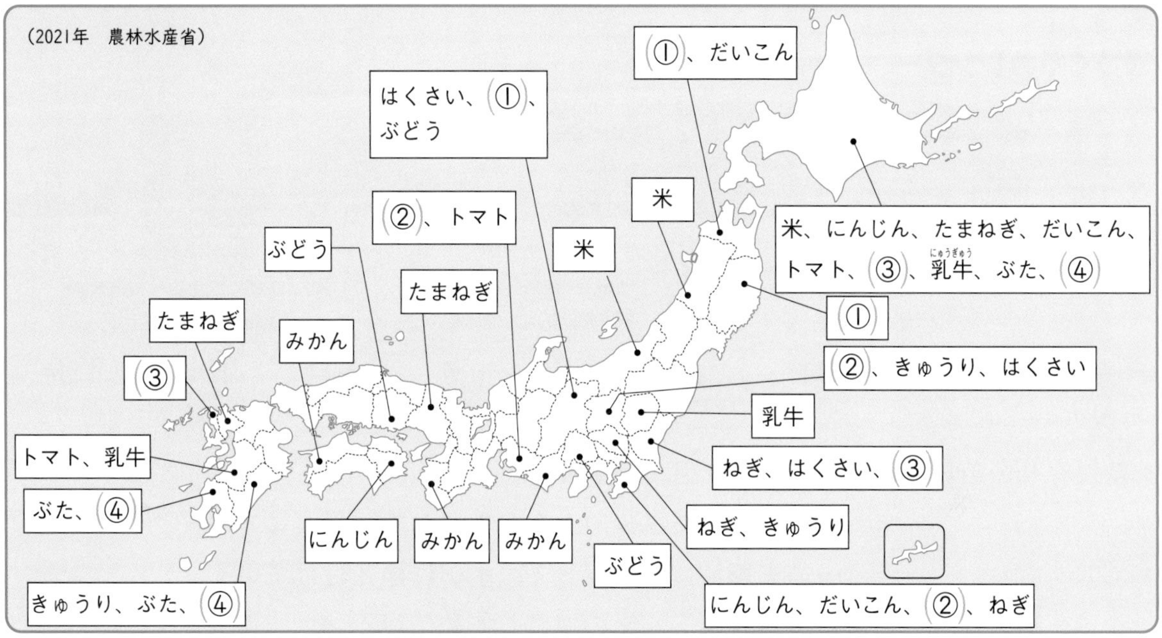


(1)　地図中の①〜④にあてはまる食料の名前を、［　　］から選びましょう。

キャベツ　　りんご　　肉牛　　水産物

①（　　　　）　②（　　　　）
③（　　　　）　④（　　　　）

(2)　次の文のうち、正しいものには○を、まちがっているものには×をつけましょう。

①（　　）北海道では、いろいろな種類の食料が生産されている。
②（　　）東京《とうきょう》など大きな都市の近くには、野菜の産地が少ない。
③（　　）みかんの産地は、太平洋《たいへいよう》側のあたたかい気候の地域に多い。

## 2 右の地図を見て、答えましょう。

(1)　米の生産量がいちばん多い都道府県はどこですか。
（　　　　）

(2)　2021年現在《げんざい》、米の生産量が40万t以上の都道府県はいくつありますか。（　　　　）

(3)　日本を大きく、西側と東側に分けると、米づくりがさかんな地域はどちらですか。（　　　　）

(4)　米づくりがさかんな県が最も少ない地方を、［　　］から選びましょう。（　　　　）

九州《きゅうしゅう》地方　　四国地方　　東北地方

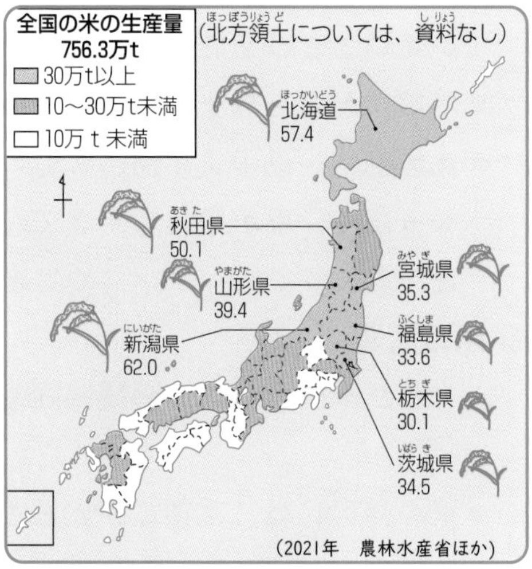

都道府県別の米の生産量

ヒント　1 (1)　りんごの生産にはすずしい気候が適しています。肉牛は牧場や牧草のある地域で育てられます。水産物の産地は海に面したところです。

ぴったり1 **準備**

学習日　　月　　日

2. 未来を支《ささ》える食料生産

# 1 米づくりのさかんな地域《ちいき》②

**めあて** 米づくりの作業の流れやくふう、米がとどけられるまでの流れを理解《りかい》しよう。

教科書 72〜77ページ　答え 15ページ

次の（　　）に入る言葉を、下から選びましょう。

## 1 一年間の米づくり

教科書 72〜73ページ

### ✪ 米づくりカレンダー

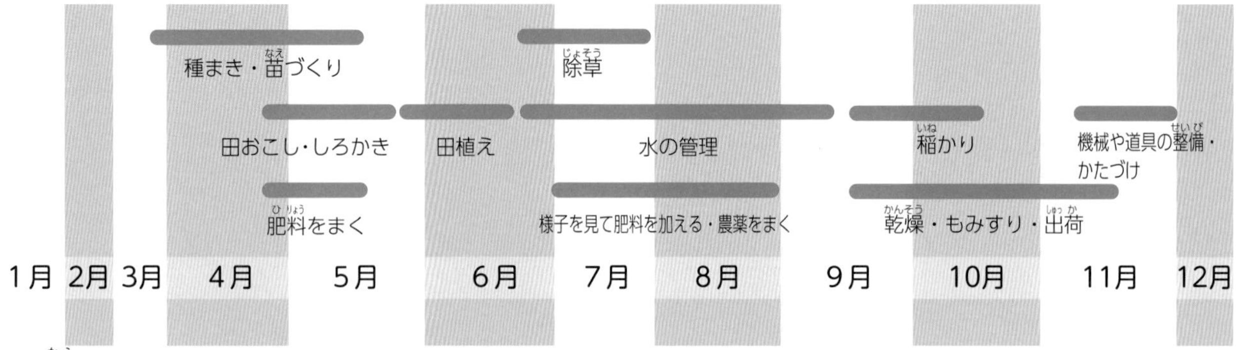


- 苗《なえ》づくり…苗箱にまいた種もみを育てていく。
- （①　　　　　　　）…水を張《は》った水田の土をかき混《ま》ぜて、平らにする。
- （②　　　　　　　）…苗を機械にセットして、水田に植え付けていく。
- 除草《じょそう》…稲《いね》の成長をさまたげる雑草《ざっそう》を、土の中にしずめていく。
- （③　　　　　　　）…コンバインという機械を使う。かり取った稲は乾燥《かんそう》させ、出荷《しゅっか》する。

## 2 質《しつ》の高い米をめざして／おいしい米をとどける

教科書 74〜77ページ

### ✪ 環境《かんきょう》のための、農薬や化学肥料《ひりょう》にたよらないくふう

- **水の管理**…水田に入れる水の量を調節することで、雑草がのびるのをおさえ、除草剤《じょそうざい》の使用を減《へ》らすことができ、低温からも稲を守れる。
- 稲の消毒《しょうどく》のために酢《す》（玄米黒酢《げんまいくろず》）を水田にまく農家もある。
- 農薬…雑草や（④　　　　　　　）の発生を防《ふせ》ぐことができるが、使いすぎると、健康に悪いえいきょうをおよぼす。
- 水田にかもを放すと、雑草や害虫を食べてくれるので、農薬の使用を減らせる。
- 化学肥料…効率《こうりつ》よく稲に（⑤　　　　　　　）をあたえられるが、使いすぎると、土が固くなったり、稲が成長しすぎてたおれたりする。かわりに牛やぶたのふん尿《にょう》と稲のわらを混ぜた（⑥　　　　　　　）や、米ぬか、もみがらなどを使う。

### ✪ 米の流通

- とれた米の多くは、**農業協同組合（JA《ジェイエー》）**が（⑦　　　　　　　　　　　）で保管《ほかん》し、注文に応《おう》じて出荷する。
- 米の値段《ねだん》には、生産にかかった費用《ひよう》（機械代や肥料代、施設《しせつ》の使用料など）、トラックでの輸送《ゆそう》費など（⑧　　　　　　　）にかかる費用、広告《こうこく》にかかる費用もふくまれる。

| 選んだ言葉に✔ | | | | |
|---|---|---|---|---|
| | □害虫 | □田植え | □たい肥《ひ》 | □しろかき |
| | □流通 | □栄養分 | □稲かり | □カントリーエレベーター |

学習日　月　日

ぴたトリビア
収穫《しゅうかく》した稲から取った実のことを「もみ」といいます。また、「もみ」からもみのからを取りのぞいて玄米《げんまい》にすることを「もみすり」といいます。

教科書 72～77ページ　答え 15ページ

**1** 次の絵は、米づくりの仕事の様子を表したものです。絵の①～③にあてはまる作業を、㋐～㋔から選びましょう。

①(　　　)　②(　　　)　③(　　　)

| 苗《なえ》づくり | (①) | (②) | 農薬をまく | (③) | 乾燥《かんそう》 |
|---|---|---|---|---|---|

㋐ 種まき　㋑ 田植え　㋒ 肥料まき　㋓ 田おこし　㋔ 稲かり

**2** 米づくりについて、答えましょう。

(1) 水田で雑草や害虫の発生を防ぐために使うものは何ですか。(　　　)

記述 (2) (1)を使いすぎると、あることが心配されています。それはどのようなことですか。

(　　　)

(3) 右の絵は水田に放された①という鳥の役割《やくわり》を表したものです。①、②にあてはまる言葉を書きましょう。

①(　　　)
②(　　　)

害虫や雑草《ざっそう》を食べる。
稲《いね》の根をふんでじょうぶにする。
ふんは(②)になる。
(①)の役割

(4) 右下の図は、米がとどくまでの流れを表したものです。①、②にあてはまる言葉を、㋐・㋑から選びましょう。

㋐ 生産者　㋑ 消費者

①(　　　)
②(　　　)

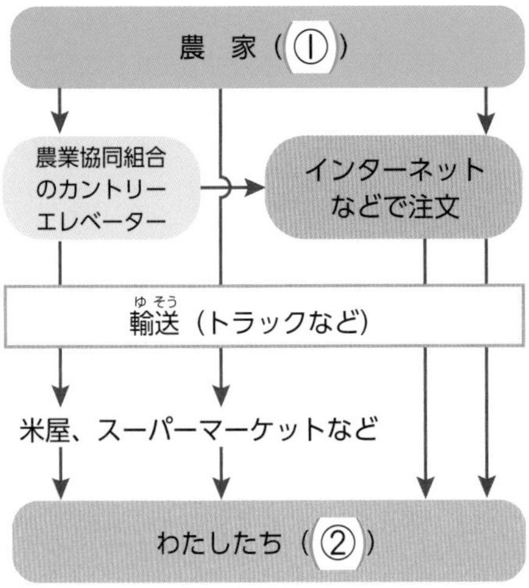
農　家(①)
農業協同組合のカントリーエレベーター
インターネットなどで注文
輸送《ゆそう》(トラックなど)
米屋、スーパーマーケットなど
わたしたち(②)

ヒント ❷ (2) 人の体にどのようなえいきょうがあるかを考えましょう。

ぴったり3 確かめのテスト

2. 未来を支《ささ》える食料生産

# 1 米づくりのさかんな地域《ちいき》

時間 30分

／100

合格 80点

教科書 60〜77ページ　答え 16ページ

## 1 右の地図を見て、答えましょう。

1つ4点（24点）

(1) 地図中の㋐〜㋒は、次の①〜③の食料の生産がさかんな都道府県を表しています。①〜③にあてはまるものを、㋐〜㋒から選びましょう。

① みかん（　　　）
② りんご（　　　）
③ 肉　牛（　　　）

(2) よく出る 2021年現在《げんざい》、米の生産量が最も多い都道府県はどこですか。また、その都道府県の位置を、地図中のⒶ〜Ⓒから選びましょう。

都道府県（　　　）
記号（　　　）

(3) 米づくりがさかんな都道府県が最も多い地方は、どこですか。［　　］から選びましょう。（　　　）

九州《きゅうしゅう》地方　中国《ちゅうごく》地方　関東《かんとう》地方　東北《とうほく》地方

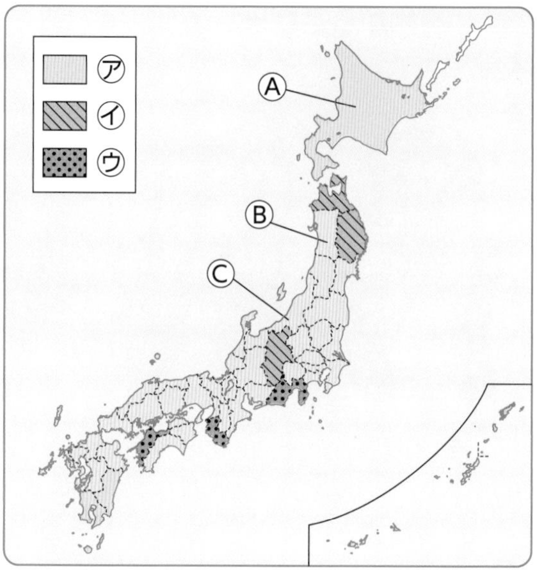


## 2 新潟《にいがた》県の南魚沼《みなみうおぬま》市について述《の》べた次の文中の①〜⑨にあてはまる言葉を、［　　］から選びましょう。

1つ3点（27点）

南魚沼市がある新潟県は（①）側の地域で、降水《こうすい》量は（②）よりも（③）のほうが多い。（③）には（④）からの季節風がふき、この季節風によって（⑤）のふる日が多くなる。

①（　　　）　②（　　　）　③（　　　）
④（　　　）　⑤（　　　）

太平洋《たいへいよう》　日本海《にほんかい》　夏　冬　南東　北西　雨　雪

南魚沼市の水田は、山に囲《かこ》まれた（⑥）のような地形に広がっている。冬に積もった（⑤）は、春になるととけて（⑦）となり、豊《ゆた》かな水と栄養分をもたらす。夏はむし暑く、昼と夜の気温の差が（⑧）。これらの地形や気候により、南魚沼市は（⑨）づくりに適《てき》している。

⑥（　　　）　⑦（　　　）
⑧（　　　）　⑨（　　　）

盆地《ぼんち》　平野　海水　雪どけ水　米　野菜　大きい　小さい

## 3 次の米づくりカレンダーを見て、答えましょう。

⑴1つ5点、⑵7点（37点）

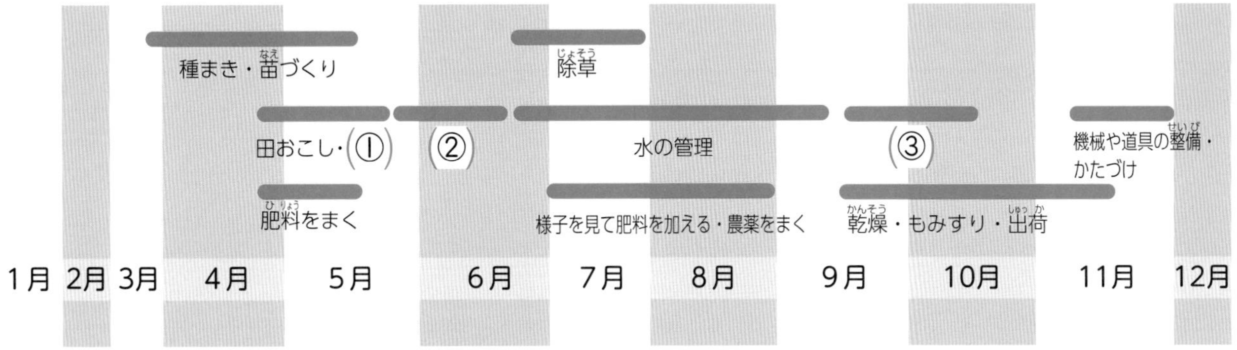


Ⓐ

Ⓑ

Ⓒ

Ⓓ

⑴ よく出る 米づくりで次の作業が行われる時期を、上のカレンダーの①～③から選びましょう。また、その作業の様子を表した絵を、上のⒶ～Ⓓから選びましょう。 思考・判断・表現

- 田植え ――― 時期（　　） 絵（　　）
- しろかき――― 時期（　　） 絵（　　）
- 稲《いね》かり ――― 時期（　　） 絵（　　）

記述 ⑵ できたらスゴイ! 米づくりでは、化学肥料《ひりょう》をまくことがあります。化学肥料を使いすぎることによって心配されることを、かんたんに書きましょう。 思考・判断・表現

（　　　　　　　　　　　　）

## 4 右の絵と図を見て、答えましょう。

1つ3点（12点）

⑴ よく出る 米が保管《ほかん》されている右のⒶのような施設《しせつ》を何といいますか。

（　　　　）

⑵ Ⓑの図は米がとどくまでの流れを表しています。Ⓐ、Ⓑの図と次の文中の①～③にあてはまる言葉を書きましょう。

①（　　　　） ②（　　　　）
③（　　　　）

Ⓐ

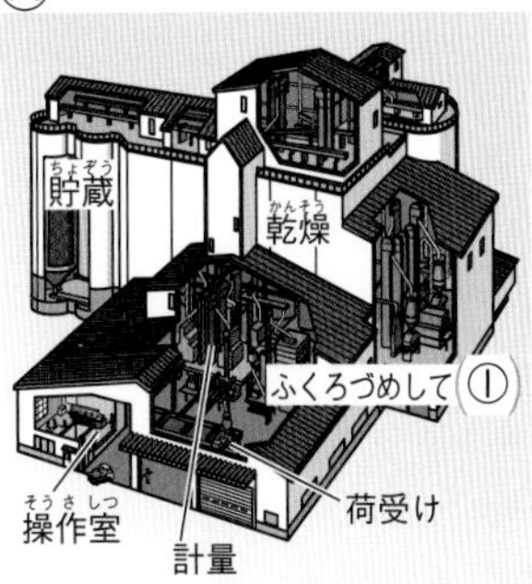


Ⓑ

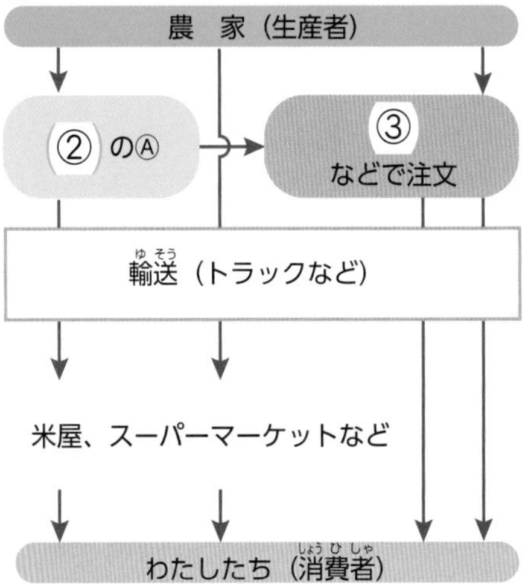


収穫《しゅうかく》された米の多くは、（②）がⒶの施設で大量に保管し、注文に応《おう》じて米屋やスーパーマーケットなどに（①）する。また、農家が消費者《しょうひしゃ》から（③）や電話などで注文を受けて、米を直接《ちょくせつ》とどける「産地直送」も増《ふ》えている。

ふりかえり ３⑵がわからないときは、28ページの２にもどって確認《かくにん》してみよう。

2．未来を支《ささ》える食料生産

# 1 米づくりのさかんな地域《ちいき》③

学習日　　月　　日

めあて
米づくりの変化や、米づくりがかかえる課題を理解《りかい》しよう。

教科書 78～87ページ　答え 17ページ

次の（　　）に入る言葉を、下から選びましょう。

## 1 米づくりの変化

教科書 78～81ページ

### ✪ 米の品種改良

- コシヒカリという品種は、1944年に新潟《にいがた》県の農業試験場で生まれた。
- 病気に弱かったが、**品種改良**によりじょうぶな苗《なえ》をつくり、肥料《ひりょう》をあたえるなどのくふうをして、生産量が増《ふ》えた。
- 昔と比《くら》べると、同じ広さの土地でとれる米の生産量が増えた一方で、米づくりにかかる（①　　　　）は短くなっている。

**ワンポイント　農作業の機械化**

- 昔の米づくりはすべて手作業で行っていたが、今は、さまざまな農業機械を使うため、作業が楽になり、作業の時間が短くなった。
- トラクター、田植え機、稲《いね》かりに使う（②　　　　）などの便利な機械がある。一方で、農業機械は値段《ねだん》が高く、修理《しゅうり》代や燃料《ねんりょう》代などにも（③　　　　）がかかる。

### ✪ 農作業をしやすくするための耕地《こうち》整理

- **耕地整理**…小さく入り組んだ（④　　　　）を広く整えること。川の水を引く工事が行われ、（⑤　　　　）と排水《はいすい》路が整備《せいび》された。

## 2 米づくりがかかえる課題／これからの米づくり

教科書 82～85ページ

### ✪ 米の生産量・消費《しょうひ》量の減少《げんしょう》

- 日本全体での米の生産量と消費量が減《へ》ってきている。国による（⑥　　　　）が見直され、産地ごとに生産量が自由に決められるようになった。
- 米は、かつて国が一定の値段で買い上げていたが、1995年から自由にはん売できるようになり、産地どうしの競争がはげしくなった。
- 農業で働く（⑦　　　　）が減っていて、あとつぎがいない高齢《こうれい》の農家もある。

### ✪ 米の消費量を増やす試み

- 米の粉《こな》を使った食品、とがずにたける無洗米《むせんまい》などを売り出している。

### ✪ 米づくりの費用を下げる努力

- 同じ地域の農家が農業機械を共同で買って利用したり、協力して作業したりする。
- （⑧　　　　）を行ったり、種もみのじかまきなど新しい技術《ぎじゅつ》を取り入れている。
- 安く大量の米を生産できるように努力する一方で、値段が高くても売れる質《しつ》の高い米、おいしくて安全な米をつくり続けていく。

選んだ言葉に✔

| | | | |
|---|---|---|---|
| □費用 | □水田の形 | □大規模《だいきぼ》な生産 | □作業の時間 |
| □用水路 | □生産調整 | □わかい人 | □コンバイン |

ぴたトリビア

温暖《おんだん》化が進んでいることを背景《はいけい》として、近年では、新潟《にいがた》県の「新大《しんだい》コシヒカリ」など、暑さに強い米が品種改良によってつくられています。

学習日　月　日

教科書　78～87ページ　答え　17ページ

## 1 右の2つのグラフを見て、答えましょう。

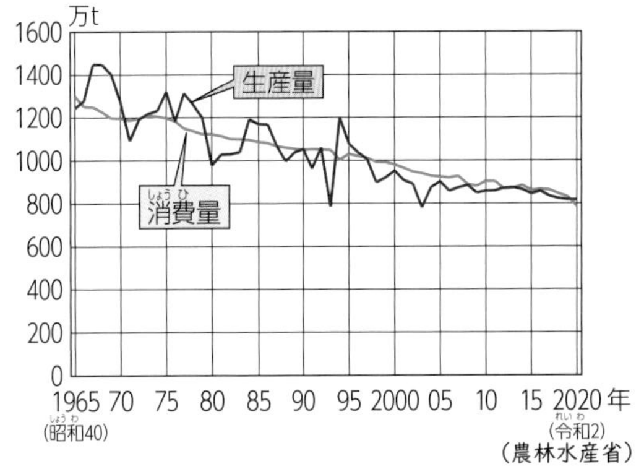


米の生産量と消費量の変化

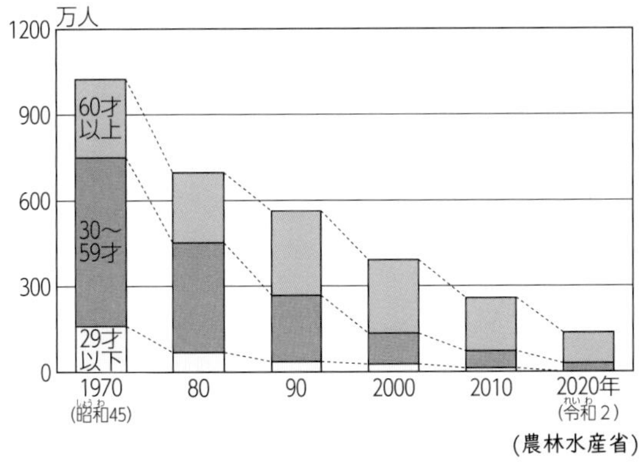


農業で働く人の数の変化

(1) 次の文のうち、正しいものには○を、まちがっているものには×をつけましょう。

①(　　) 米の消費量は1965年ごろからしだいに減っている。

②(　　) 米の生産量は、増えたり減ったりしながら、しだいに増えている。

③(　　) 1995年から米を自由に売れるようになったので、生産量は増えた。

④(　　) 米の生産量が消費量よりも少ない年がある。

⑤(　　) 農業で働く人は、いずれの年も、29才以下の人の数が最も少ない。

⑥(　　) 農業で働く人の数は大きく減っているが、30～59才の人の数はそれほど減っていない。

(2) 米の生産量が最も多いのは、いつごろですか。㋐～㋓から選びましょう。(　　)

㋐ 1965～1970年　㋑ 1975～1980年

㋒ 1985～1990年　㋓ 1995～2000年

(3) 農業で働く人のうち、①1970年に最も割合《わりあい》の大きい人と、②2020年に最も割合の大きい人を、㋐～㋒からそれぞれ選びましょう。　①(　　)　②(　　)

㋐ 60才以上の人　㋑ 30～59才の人　㋒ 29才以下の人

## 2 米づくりがかかえる課題について、答えましょう。

(1) 次の文のうち、米の消費量を増やすためのくふうにあてはまるものには○を、まちがっているものには×をつけましょう。

①(　　) 稲の作付《さくづけ》面積を減らして、他の作物をつくる。

②(　　) 米の新しい食べ方を提案《ていあん》する。

③(　　) 米の粉でつくったパンや無洗米を売り出す。

④(　　) 国が米を一定の値段で買い上げる。

⑤(　　) インターネットを通じて、生産の様子を公開する。

(2) 1960年代後半に始まった、米が余《あま》らないようにするための国による取り組みを何といいますか。(　　)

ヒント　1 (2) 折れ線グラフの最も高いところを読み取りましょう。

ぴったり3 確かめのテスト

2. 未来を支《ささ》える食料生産

# 1 米づくりのさかんな地域《ちいき》

時間 30 分

/100

合格 80 点

教科書 78～87ページ　答え 18ページ

## 1 米づくりの変化について、答えましょう。

1つ4点（40点）

(1) よく出る 右の絵は、米づくりで使われる主な農業機械を表しています。①～③の農業機械の名前を書きましょう。

①（　　　　　）②（　　　　　）
③（　　　　　）

①

②

③

(2) よく出る 農業機械が取り入れられたことで、米づくりはどのように変わりましたか。その説明として、正しいものには○を、まちがっているものには×をつけましょう。

①（　　）農作業にかかる時間が短くなった。
②（　　）農作業にかかる費用《ひよう》の面で農家の負担《ふたん》が小さくなった。
③（　　）大勢《おおぜい》で共同作業をすることが少なくなった。
④（　　）病気に強い米が広まった。

(3) 次の文中の①～③にあてはまる言葉を書きましょう。

①（　　　　　）②（　　　　　）
③（　　　　　）

南魚沼《みなみうおぬま》市では、水田の形を広く整える（①）が行われた。また、川の水を引くパイプの設置《せっち》などが進み、（②）と排水《はいすい》路が整備《せいび》された。その結果、大型《おおがた》の農業機械が使えるようになり、米づくりに必要な（③）も、水田に取り入れやすくなった。

## 2 右のグラフを見て、答えましょう。

(1)5点、(2)7点（12点）

(1) 2020年の米づくりの作業時間は、1960年と比《くら》べておよそ何時間減《へ》っていますか。㋐～㋓から選びましょう。 技能

（　　　）

㋐ 100時間　㋑ 125時間
㋒ 155時間　㋓ 170時間

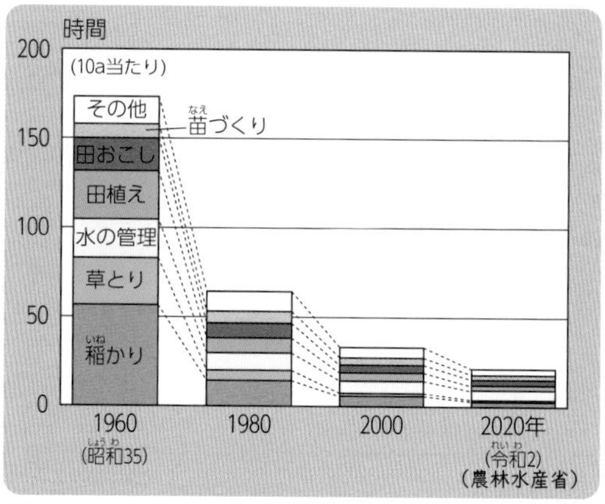


米づくりの作業時間の変化

記述 (2) できたらスゴイ! 1960年と2020年の作業時間を比べると、稲《いね》かりや田植えの時間が減っています。1の絵を参考に、作業時間が減った理由を、かんたんに書きましょう。 思考・判断・表現

（　　　　　　　　　　　　　　　　　　　　）

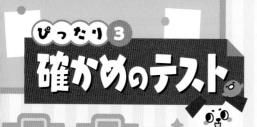

学習日　　月　　日

## 3 右の２つのグラフを見て、答えましょう。

1つ5点、⑸6点（26点）

⑴　米の消費《しょうひ》量は、1965年と比べて2020年ではおよそ何万ｔ減りましたか。㋐～㋒から選びましょう。

技能

（　　　　）

㋐　400万ｔ　　㋑　500万ｔ　　㋒　600万ｔ

⑵　米の生産量は、最も多い年と比べて、2020年ではおよそ何万ｔ減りましたか。㋐～㋒から選びましょう。

技能

（　　　　）

㋐　250万ｔ　　㋑　400万ｔ　　㋒　650万ｔ

⑶　よく出る 2000年、2010年、2020年に農業で働く人の半分以上をしめているのは、どの年令の人たちですか。グラフからぬき出しましょう。

（　　　　　　）

⑷　次の文中の（　　）にあてはまる言葉を書きましょう。

（　　　　　　）

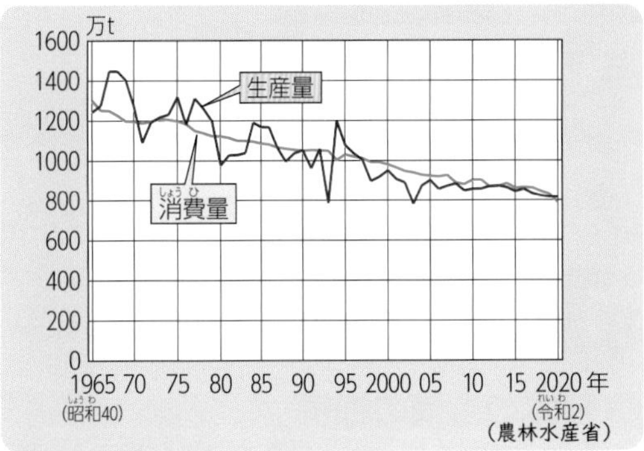


米の生産量と消費量の変化

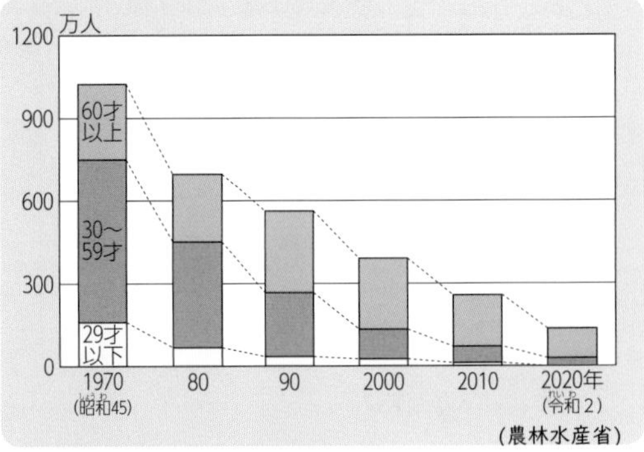


農業で働く人の数の変化

日本では、米の消費量が減り、米が余《あま》るようになったため、1960年代後半から稲の作《さく》付《づけ》面積を減らして、他の作物をつくるといった（　　）を始めた。近年、この取り組みは見直された。

記述 ⑸　米づくりの農家の問題として、あとつぎのいない農家が増《ふ》えていることがあります。なぜ増えているのかを説明した次の文を完成させましょう。

思考・判断・表現

農業で働くわかい人の数が（　　　　　　　　　　　　　　　　　　）から。

## 4 これからの米づくりについて、答えましょう。

1つ5点、⑵7点（22点）

⑴　米の消費量を増やすためのくふうにあてはまるものには○を、あてはまらないものには×をつけましょう。

①（　　）米を加工した食品をつくって売り出す。

②（　　）大規模《だいきぼ》な生産を行って、品質《ひんしつ》をよくする。

③（　　）農薬を大量に使って、安全な米の収穫《しゅうかく》を増やす。

記述 ⑵　できたらスゴイ! 米づくりでは、どのような米をつくることが目標とされていますか。［　　］の言葉をすべて使って、かんたんに書きましょう。

思考・判断・表現

消費者　　求める　　品質　　安全性《せい》

（　　　　　　　　　　　　　　　　　　　　）

ふりかえり　4⑵がわからないときは、32ページの2にもどって確認《かくにん》してみよう。

# 2 水産業のさかんな地域《ちいき》①

学習日 月 日

めあて
日本の周りの海の様子や漁のくふうを理解《りかい》しよう。

教科書 88～91ページ　答え 19ページ

次の（　　）に入る言葉を、下から選びましょう。

## 1 さまざまな水産物を求めて

教科書 88～89ページ

### 日本の近海の様子

- 日本は国土の周りを海に囲《かこ》まれており、多くの種類の魚介《ぎょかい》類が集まる。
- 太平洋《たいへいよう》側では、南から流れてくる**暖流《だんりゅう》**の（①　　　　　）（日本海流）と、北から流れてくる**寒流**の（②　　　　　）（千島《ちしま》海流）がぶつかる。
- 日本海《にほんかい》側では、南から流れてくる暖流の（③　　　　　）と、北から流れてくる寒流の（④　　　　　）がぶつかる。

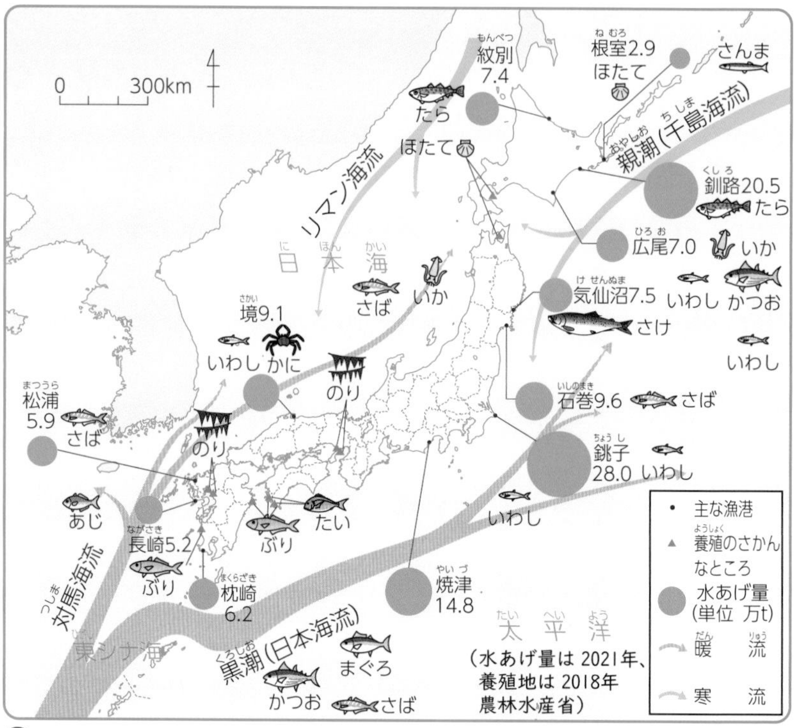


日本の主な漁港の水あげ量と、養殖のさかんなところ

- 親潮《おやしお》は、栄養豊富《ほうふ》で、魚介類のえさとなる（⑤　　　　　）が多い。
- 陸地の周りの水深200mぐらいまでの海は、海藻《かいそう》などがよく育ち、よい漁場となっている。
- 海岸ぞいでは、水産物を育ててとる（⑥　　　　　）も行われている。

### 水あげ量の多い魚

暖流の近くでとれる魚…かつお、まぐろ、ぶり、いわし、あじ、など。
寒流の近くでとれる魚…さけ、たら、さんま、など。

漁港によって水あげ量の多い魚の種類がちがうね。

## 2 北海道《ほっかいどう》・根室《ねむろ》のさんま漁のくふう

教科書 90～91ページ

### さんまをとるくふう

- さんまが光に集まる習性《しゅうせい》を利用し、夜の海で漁船の集魚灯をつけたり消したりしながら、（⑦　　　　　）の中にさんまの群れを追いこみ、一気に引き上げる。
- さんまの群れをさがすくふう…（⑧　　　　　）や探照灯《たんしょうとう》を使う。
- 時期や水温によりとれる場所やとれ方がちがうため、長年の経験《けいけん》や「かん」もたよりにする。
- 新鮮《しんせん》さを保《たも》つくふうとして、とったさんまを、船の上ですぐに氷を入れた冷たい海水につけ、そのまま港まで運ぶ。

選んだ言葉に✔
□黒潮《くろしお》　□親潮　□リマン海流　□対馬《つしま》海流
□あみ　□ソナー　□養殖《ようしょく》業　□プランクトン

ぴったり2

# 練習

学習日　　月　　日

ぴたトリビア

ソナーとは、超音波《ちょうおんぱ》を使って、周囲《しゅうい》の水中の物体を探《さが》す機械のことです。漁業では、船の真下を探す魚群探知機《ぎょぐんたんちき》も使われます。

教科書 88〜91ページ　答え 19ページ

## 1 日本の水産業について、次の文のうち、正しいものには○を、まちがっているものには×をつけましょう。

①（　　　）日本の太平洋側では、北から流れてくる寒流の黒潮と、南から流れてくる暖流の親潮がぶつかって、豊《ゆた》かな漁場になっている。

②（　　　）日本海側では、北から流れてくる寒流のリマン海流と、南から流れてくる暖流の対馬海流がぶつかる。

③（　　　）陸地の周りに広がる水深200ｍぐらいまでの海では、海藻などがよく育ち、よい漁場となっている。

④（　　　）寒流は冷たいので、魚はあまりいない。

⑤（　　　）寒流が流れる北海道付近の海は魚があまりとれないので、漁港はほとんどない。

## 2 左ページの地図を参考にして、答えましょう。

(1)　次の㋐〜㋔の魚のうち、暖流の近くでとれる魚はどれですか。また、寒流の近くでとれる魚はどれですか。㋐〜㋔からあてはまるものをすべて選びましょう。

①　暖流の近くでとれる魚（　　　　　）

②　寒流の近くでとれる魚（　　　　　）

㋐　まぐろ　　㋑　さけ　　㋒　たら　　㋓　ぶり　　㋔　あじ

(2)　次の漁港で水あげ量の多い魚は何ですか。㋐〜㋓から選びましょう。

①　釧路《くしろ》（　　　）　　②　銚子《ちょうし》（　　　）　　③　焼津《やいづ》（　　　）

㋐　まぐろ　　㋑　たら　　㋒　かに　　㋓　いわし

## 3 さんま漁について、次の文中の①〜⑤にあてはまる言葉を、㋐〜㋙から選びましょう。

北海道の（①）港は、さんまの水あげ量が多いことで有名である。さんまは（②）に集まる習性があるので、夜の海で漁船の（③）をつけたり消したりしながら、あみの中にさんまを追いこみ、あみを一気に引き上げて、さんまをとる。とったさんまは、新鮮さを保つために、船の上ですぐに、氷を入れた冷たい（④）につけられる。右のカレンダーを見ると、さんま漁は主に（⑤）に行われている。

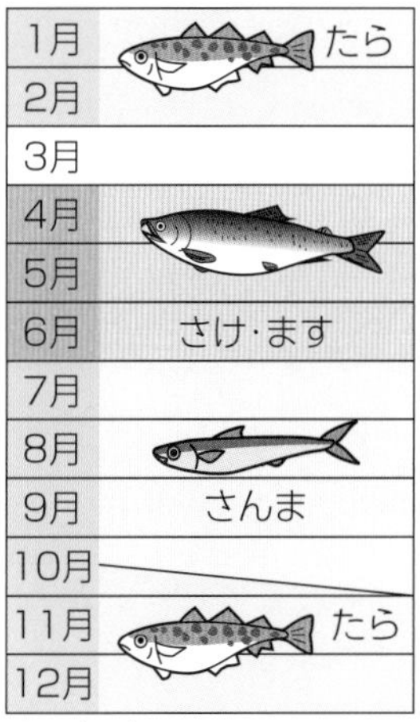


⬆（①）港で水あげされる主な魚

㋐　石巻　　㋑　根室　　㋒　光　　㋓　音

㋔　スピーカー　　㋕　集魚灯　　㋖　水道水　　㋗　海水

㋘　冬から春　　㋙　夏から秋

①（　　　）　②（　　　）　③（　　　）

④（　　　）　⑤（　　　）

ヒント　2 (2)　釧路は北海道の太平洋側、銚子は太平洋側の千葉《ちば》県、焼津は太平洋側の静岡《しずおか》県にあります。

# 2 水産業のさかんな地域《ちいき》②

学習日　　月　　日

めあて
さんまのあつかい方や運ばれ方、養殖業のくふうを理《り》解《かい》しよう。

教科書 92～97ページ　答え 20ページ

次の（　　）に入る言葉を、下から選びましょう。

## 1 質《しつ》の高い魚を、より多く／おいしい魚をとどける

教科書 92～95ページ

### 漁港

- 漁港で**水あげ**されたさんまは、漁船のタンクごとに（①　　　　　）にかけられ、魚の状態《じょうたい》やとれた量により、（②　　　　　）が決められる。**せり**と水あげ量により漁船の売り上げが決まり、その中から燃料《ねんりょう》代や道具の代金などの費用《ひよう》を支《し》はらう。

### 加工工場

- 加工工場は漁港の近くにある。さんまは（③　　　　　）が大事なので、空気や人の手がなるべくふれないようにしながら、すばやく箱につめる。
- 衛生《えいせい》面にも注意をして、紫外線《しがいせん》で殺菌《さっきん》した海水と、氷をいっしょに箱につめている。

### さんまの水あげから店にならぶまでの流れ

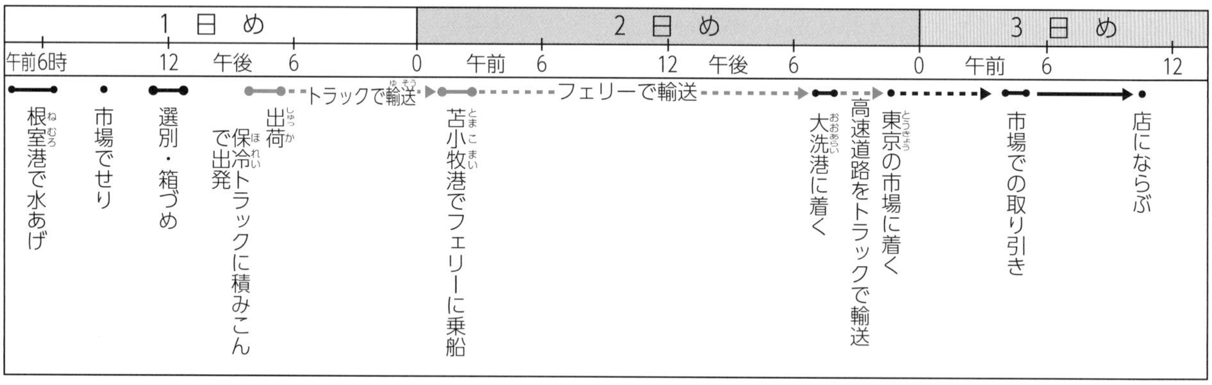


### 新鮮《しんせん》なまま運ぶくふう

- （④　　　　　）を一定に保《たも》ちながら、決められた時間までに運ばなければならないため、道路や天候の情報《じょうほう》をもとに、どの経路《けいろ》を通るかを考える。
- 遠くに運ぶ場合はフェリーを、急ぐ場合は（⑤　　　　　）を利用することもある。

## 2 鹿児島《かごしま》県・長島《ながしま》のぶり養殖《ようしょく》のくふう

教科書 96～97ページ

### ぶりの養殖がさかんな鹿児島県長島町

- ぶりなどの魚や貝類、海藻《かいそう》を人の手で大きく**育てる漁業**を（⑥　　　　　）という。
- 長島町の近海は暖流《だんりゅう》に近く、冬でも水温があたたかいため、ぶりの成長に適《てき》している。
- 波がおだやかな入り江《え》に、（⑦　　　　　）を設置《せっち》し、成長のぐあいによって魚を分けて育てている。計画的に育てて、年間を通じてぶりを出荷《しゅっか》している。
- えさの成分や育成の様子を記録しておき、いつでも確認《かくにん》できるようにした「（⑧　　　　　）」のしくみを取り入れている。

えさの食べ残しで海がよごれると、病気や赤潮《あかしお》の発生につながるよ。

選んだ言葉に✓

□新鮮さ　□値段《ねだん》　□航空機《こうくうき》　□いけす
□養殖業　□温度　□せり　□トレーサビリティ

ぴったり2

# 練習

学習日　　月　　日

**ぴたトリビア**

一人の売り手に対し、二人以上の買い手がおたがいに値段を競《きそ》い合い、最も高い値段をつけた買い手に売ることを、「せり」といいます。

教科書　92〜97ページ　　答え　20ページ

**1** 次の文は、根室《ねむろ》港にさんまが水あげされてから、東京《とうきょう》の店にならぶまでを示《しめ》したものです。文中の①〜⑤にあてはまる言葉を、㋐〜㋖からそれぞれ選びましょう。

根室港で水あげ　⇒　漁港の（①）でせりにかける　⇒　（②）で箱づめする　⇒苫小牧《とまこまい》港まで（③）で運ぶ　⇒　苫小牧港から茨城《いばらき》県の大洗《おおあらい》港まで（④）で運ぶ　⇒大洗港から東京の市場まで（⑤）を通って（③）で運ぶ　⇒　東京の（①）での取り引き　⇒東京の店にならぶ

㋐　フェリー　　㋑　トラック　　㋒　航空機　　㋓　鉄道　　㋔　高速道路

㋕　市場　　㋖　加工工場

①（　　）　②（　　）　③（　　）

④（　　）　⑤（　　）

**2** 右の地図は、根室のさんまを輸送《ゆそう》する主な交通機関を表しています。この地図の説明として正しいものを、㋐〜㋒から選びましょう。

㋐　さんまを敦賀《つるが》へ運ぶときは、根室港からトラックで小樽《おたる》まで運び、そこから敦賀までは航空機で運ぶ。

㋑　さんまを急いで東京まで運ぶ場合は、根室港からトラックで千歳《ちとせ》まで運び、そこから東京までは航空機で運ぶ。

㋒　さんまを福岡《ふくおか》まで運ぶ場合は、根室港からトラックで千歳まで運び、そこから大阪《おおさか》まで船で運び、福岡まで航空機で運ぶ。

（　　）

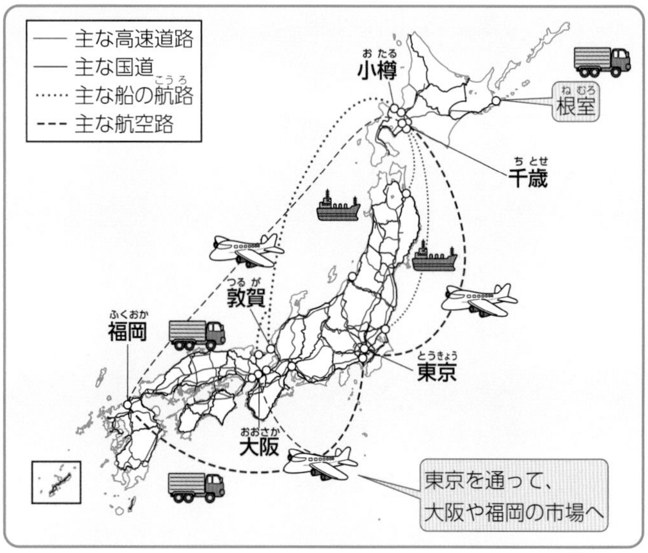


根室のさんまを輸送する主な交通機関

**3** 育てる漁業に関して、正しいものには○を、まちがっているものには×をつけましょう。

①（　　）ぶりの養殖には、近くを寒流が通り、冬でも水温があたたかい海が適している。

②（　　）鹿児島県長島町では、広い砂浜に大きないけすをつくってぶりを養殖している。

③（　　）「トレーサビリティ」というしくみを取り入れ、えさの成分や育成の様子を記録している。

④（　　）養殖業では、年間を通じて、計画的に魚を育て、出荷することができる。

⑤（　　）プランクトンが大量に増《ふ》えて赤潮《あかしお》が発生すると、魚のえさが豊富《ほうふ》なよい漁場になる。

**ヒント**

3 ②　海岸の水中を竹やあみなどで囲《かこ》ったものを、いけすといいます。

3 ⑤　プランクトンが大量に発生すると、海中の酸素《さんそ》が減《へ》ります。

ぴったり3 確かめのテスト

せんたく

2. 未来を支《ささ》える食料生産

# 2 水産業のさかんな地域《ちいき》

時間 30 分　　／100　　合格 80 点

教科書 88～97ページ　　答え 21ページ

## 1 右の地図は、主な漁港と水あげ量、水あげされる主な水産物を表しています。これを見て、答えましょう。

1つ5点（40点）

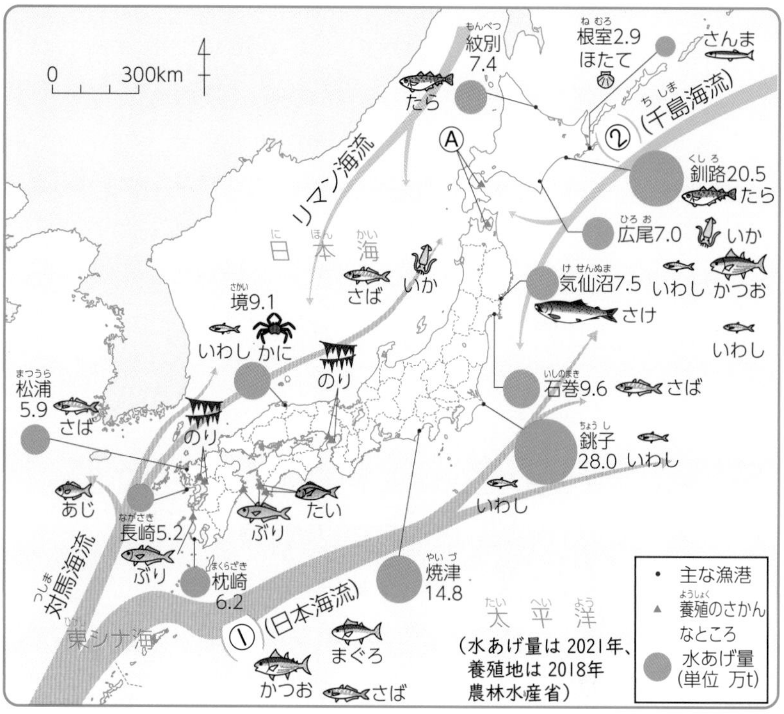


(1) よく出る 地図中の①にあてはまる海流の名前を書きましょう。（　　　　）

(2) 地図中の①の海流は、暖流《だんりゅう》と寒流のどちらですか。（　　　　）

(3) よく出る 地図中の②にあてはまる海流の名前を書きましょう。（　　　　）

(4) 2021年現在《げんざい》、水あげ量の最も多い漁港はどこですか。地図から選びましょう。 技能（　　　　）

(5) 2021年現在、水あげ量が10万t以上の漁港は、いくつありますか。 技能（　　　　）

(6) 次の漁港で多く水あげされる魚の名前を、地図から選びましょう。

① 焼津《やいづ》港（　　　　）　② 石巻《いしのまき》港・松浦《まつうら》港（　　　　）

(7) 地図中のⒶは、ある水産物の養殖《ようしょく》がさかんなところです。Ⓐにあてはまるものを、㋐～㋓から選びましょう。（　　　　）

㋐ さけ　㋑ いか　㋒ ほたて　㋓ かき

## 2 北海道《ほっかいどう》・根室《ねむろ》のさんま漁について、答えましょう。

1つ5点（15点）

(1) さんま漁について説明した次の文中の｛　｝の中の正しい言葉を〇で囲《かこ》みましょう。

さんまが①｛音・光｝に集まる習性《しゅうせい》を利用して、夜の海で②｛スピーカー・集魚灯｝をつけたり消したりして、あみの中にさんまの群れを追いこみ、あみを一気に引き上げる。

(2) さんまの水あげが少ない8月のある日、漁港の市場ではさんま1kgの値段《ねだん》が1000円でした。さんまの水あげがさかんな10月のある日は、さんま1kgの値段は200円になりました。このことから、さんまの値段は何によって決まると考えられますか。次の文中の（　　）にあてはまる言葉を書きましょう。（　　　　）

さんまの（　　　）が多いか少ないかによって決まる。

**3** 次の図は、根室で水あげされたさんまが東京《とうきょう》の店にとどくまでの流れを表しています。この図と下の地図を見て、答えましょう。　1つ5点（25点）

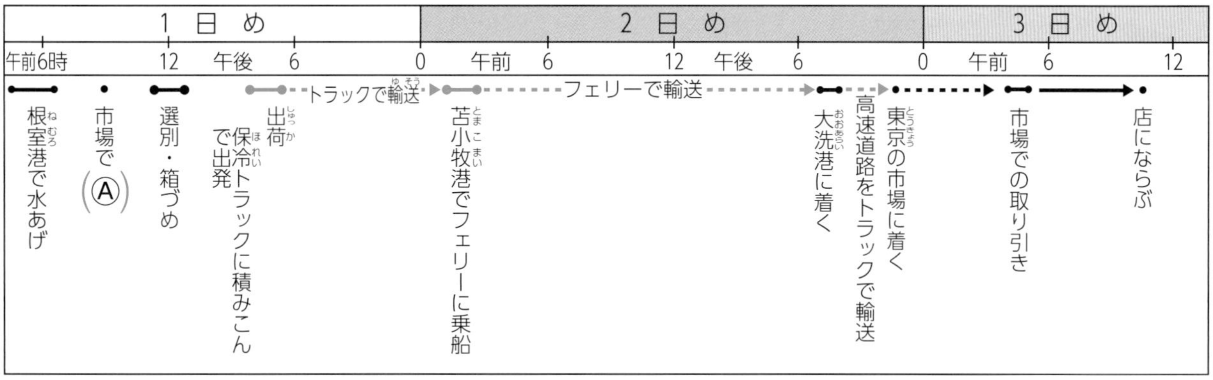


(1)　上の図のⒶでは、右の絵のような魚の値段を決める取り引きが行われています。これを何といいますか。

（　　　　　）

(2)　さんまが根室港で水あげされてから、東京の店にとどくまでには、およそ何時間かかりますか。㋐～㋓から選びましょう。　**技能**

㋐　36時間　　㋑　42時間　（　　　）
㋒　48時間　　㋓　54時間

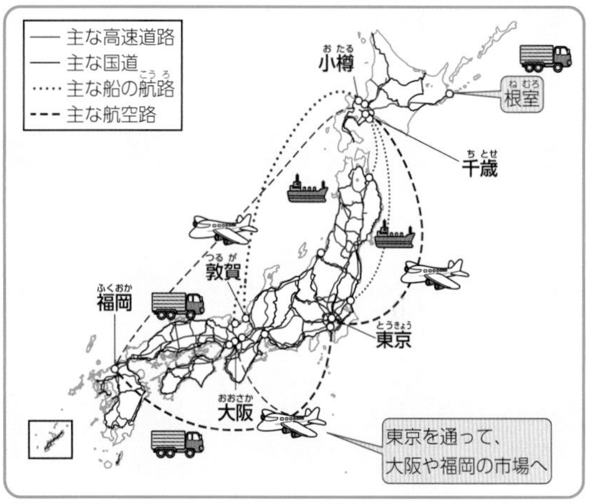


根室のさんまを輸送する主な交通機関

(3)　上の地図を見て、次の文中の①～③にあてはまる言葉を書きましょう。　**思考・判断・表現**

　さんまを福岡《ふくおか》に運ぶ時は、根室から千歳《ちとせ》まで（①）で運び、そこから福岡まで（②）で運ぶ。大阪《おおさか》に運ぶ時は、根室から小樽《おたる》まで（①）で、小樽から敦賀《つるが》までは（③）で運ぶ。そこから大阪まで（①）で運ぶ。

①（　　　　　）　②（　　　　　）　③（　　　　　）

**4** 魚の養殖について、答えましょう。　(1)1つ3点、(2)8点（20点）

(1)　魚の養殖について述《の》べた次の文のうち、正しいものには○を、まちがっているものには×をつけましょう。

①（　　　）　大きな漁船を使うため、燃料費《ねんりょうひ》が高い。
②（　　　）　海水の温度など魚がすみやすい環境《かんきょう》が必要である。
③（　　　）　魚を育てるいけすは、海流が近くを流れる、海の沖のほうにつくられる。
④（　　　）　魚の成長のぐあいによって、出荷《しゅっか》の時期が不安定である。

記述　(2)　できたらスゴイ！　魚の養殖では、海をよごさないように、えさやりに気をつけています。えさの食べ残しで海がよごれると、どのような悪いえいきょうが出るか、かんたんに書きましょう。　**思考・判断・表現**

（　　　　　　　　　　　　　　　　　　　　　　　　）

ふりかえり　4(2)がわからないときは、38ページの2にもどって確認《かくにん》してみよう。

ぴったり1 準備

せんたく

2．未来を支《ささ》える食料生産

# 2 水産業のさかんな地域《ちいき》③

学習日　月　日

めあて
水産業の変化や課題、安定した水産物生産のための取り組みを理解《りかい》しよう。

教科書 98～105ページ　答え 22ページ

次の（　　）に入る言葉を、下から選びましょう。

## 1 水産業の変化と課題

教科書 98～99ページ

### 漁業の生産量の減少《げんしょう》

- 日本全体の漁業生産量は、昔と比《くら》べて大きく（①　　　　　）。
- 外国からの輸入《ゆにゅう》にたよっている水産物もある。

### 水産業の課題

- **北方領土《ほっぽうりょうど》**…択捉《えとろふ》島・国後《くなしり》島・色丹《しこたん》島・歯舞群島《はぼまいぐんとう》のこと。（②　　　　　）が不法に占領《せんりょう》しているため、自由に漁が行えず、根室《ねむろ》の水産業に大きなえいきょうをあたえている。
- 北方領土の周りの海は、たら、さけ、ますなどの水産物が豊富《ほうふ》だが、自由に漁ができないため、ロシアと話し合い、協力金を支《し》はらって定められた期間だけ漁をしている。

## 2 持続可能《じぞくかのう》な水産業をめざして／森は海の恋人《こいびと》 はってん

教科書 100～105ページ

ワンポイント 漁業を制限《せいげん》する取り組み

- 世界全体では、水産物の消費《しょうひ》量が（③　　　　　）ため、とりすぎによる**水産資源《しげん》**の減少が心配されている。
- 200海里水域《かいりすいいき》（領海《りょうかい》をふくむ**排他的《はいたてき》経済《けいざい》水域**）…自国の水産資源を守るため、（④　　　　　）から200海里（約370km）のはん囲《い》の海で、（⑤　　　　　）の漁を制限することができる。日本の排他的経済水域は世界で６番めに広い。

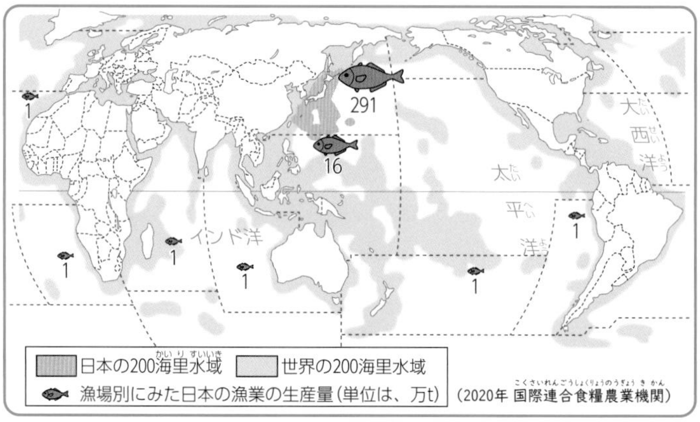


200海里水域（領海をふくむ排他的経済水域）

### 水産資源を守る取り組み

- 水産業に関わる人々は、海藻《かいそう》を育成して海の（⑥　　　　　）を改善《かいぜん》するなど、水産資源の管理に取り組んでいる。
- 稚魚《ちぎょ》を海に放流し、海で成長させてからとる（⑦　　　　　）を行っており、水産資源を守り育てて、少しでも安定した生産ができるように努力を続けている。

### 森は海の恋人 はってん

- 上流に豊《ゆた》かな（⑧　　　　　）がある川が流れこむ海では、魚や貝がよく育つため、岩《いわ》手《て》県一関《いちのせき》市の山では木を植える活動を行っている。
- 森や川の自然を守ることが、海を豊かにし、水産資源を守ることにもつながる。

| 選んだ言葉に✓ | | | | |
|---|---|---|---|---|
| | □森林 | □外国の漁船 | □さいばい漁業 | □増《ふ》えている |
| | □海岸 | □環境《かんきょう》 | □ロシア | □減《へ》っている |

ぴったり2
# 練習

学習日　　月　　日

ぴたトリビア
1970年代に入ると、世界の国々が200海里水域を設定《せってい》するようになったため、日本では遠い海で漁を行う遠洋漁業の生産量が減りました。

教科書 98～105ページ　答え 22ページ

## 1 右のグラフは、日本の漁業生産量と、水産物輸入量の変化を表しています。グラフを見て、正しいものには○を、まちがっているものには×をつけましょう。

①(　　　) 漁業生産量は、1980年代が多かった。

②(　　　) 2020年の漁業生産量は、最も多いときの半分くらいである。

③(　　　) 漁業生産量は減っているが、輸入量は増え続けている。

④(　　　) 輸入量は、1995年ごろが最も多い。

⑤(　　　) 養殖業《ようしょく》の生産量は、あまり変わっていない。

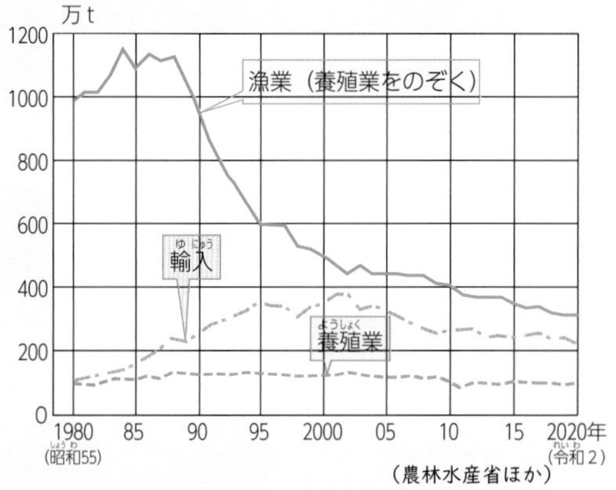

日本の漁業生産量と、水産物輸入量の変化

## 2 水産資源を守るための漁業について、答えましょう。

(1) 次の地図は、養殖業のさかんな地域と、水産資源を守り育てるための研究所のある場所を表しています。地図中のⒶ～Ⓒにあてはまるものを、㋐～㋒から選びましょう。

㋐ ぶり

㋑ かき

㋒ ほたて

Ⓐ(　　　)

Ⓑ(　　　)

Ⓒ(　　　)

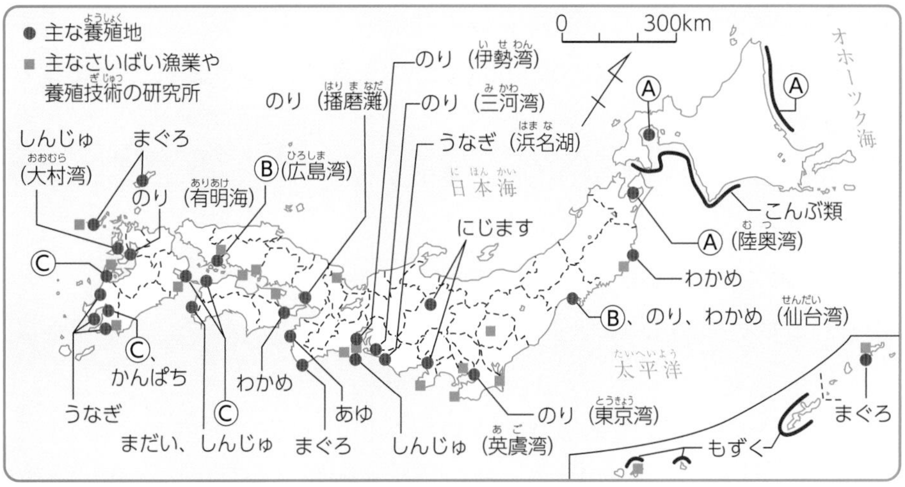

養殖業のさかんな地域と、水産資源を守り育てるための研究所

(2) 次の文中の①、②にあてはまる言葉を、□から選びましょう。

養殖業は、水槽《すいそう》やいけすで、魚を出荷《しゅっか》できる大きさまで育てる。一方、さいばい漁業では、魚のたまごから(①)になるまでを人の手で育て、そのあと海に(②)して、自然の中で十分に成長させてからとる。

放流　水あげ　親魚　稚魚

①(　　　　　)　②(　　　　　)

ヒント
1 ①④ 折れ線グラフの高さが最も高いところが、最も量が多いところです。
2 (1) Ⓐは北海道《ほっかいどう》と東北《とうほく》地方で、Ⓒは鹿児島《かごしま》県長島《ながしま》町などで養殖されています。

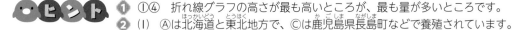

# 2 水産業のさかんな地域《ちいき》

時間 30 分

／100

合格 80 点

教科書 98〜105ページ　答え 23ページ

## 1 右のグラフは、日本の漁業生産量と、水産物輸入《ゆにゅう》量の変化を表しています。グラフを見て、答えましょう。

技能　1つ6点（18点）

(1) よく出る 1980年ごろと2020年ごろを比《くら》べると、漁業生産量は増《ふ》えていますか、減《へ》っていますか。

(　　　　　)

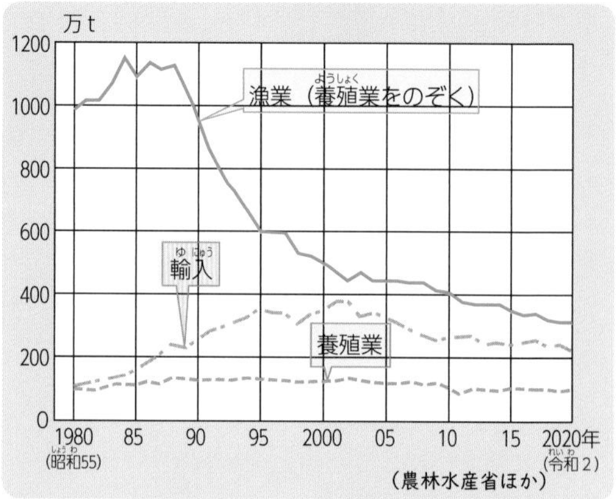


日本の漁業生産量と、水産物輸入量の変化

(2) 水産物の輸入量が最も多い時期を、㋐〜㋒から選びましょう。

(　　　　　)

㋐ 1990〜1995年　　㋑ 2000〜2005年

㋒ 2010〜2015年

(3) よく出る 1980年と2020年を比べて、最も変化が大きいものは、漁業・輸入・養殖業《ようしょく》のうちのどれですか。

(　　　　　)

## 2 右の地図を見て、答えましょう。

1つ6点（30点）

(1) 200海里水域《かいりすいいき》には、領海《りょうかい》と何という水域がふくまれていますか。(　　)にあうように書きましょう。

(　　　　　)経済《けいざい》水域

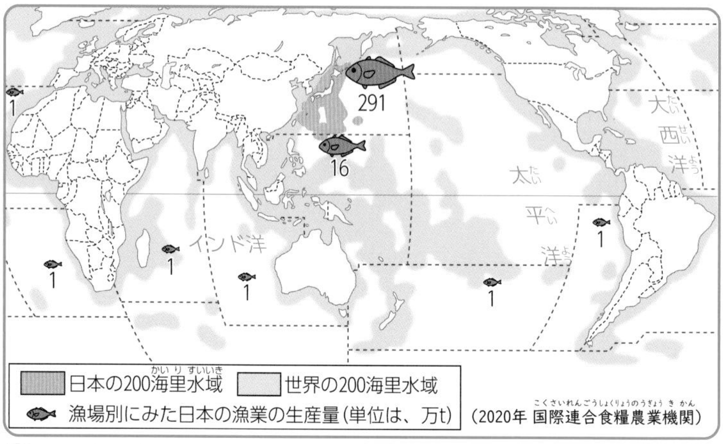


200海里水域

(2) 日本の200海里水域は南のほうに広がっています。その理由として正しいものを、㋐〜㋒から選びましょう。(　　　)

㋐ 日本の領土《りょうど》である島が多いから。

㋑ 日本の漁船が漁をしている実績《じっせき》があるから。

㋒ 外国の200海里水域を借りているから。

(3) 200海里水域について説明した次の文中の｛　｝の中の正しい言葉を◯で囲《かこ》みましょう。

> 自国の水産資源《しげん》を守るために、① ｛海岸・港｝から200海里のはん囲《い》の海で、他国の漁船がとる魚の種類や量を② ｛研究できる・制限《せいげん》できる｝。

(4) インド洋や大西洋《たいせいよう》などの遠い海に出かけていって行う漁業を何といいますか。

(　　　　　)

**3** **右の地図は、養殖業のさかんな地域と、水産資源を守り育てるための研究所のある場所を表しています。この地図を見て、答えましょう。**　1つ5点、⑶6点（26点）

⑴　地図中のⒶ～Ⓒにあてはまるものを、㋐～㋒から選びましょう。

㋐　まぐろ

㋑　もずく

㋒　こんぶ類

Ⓐ（　　　）

Ⓑ（　　　）

Ⓒ（　　　）

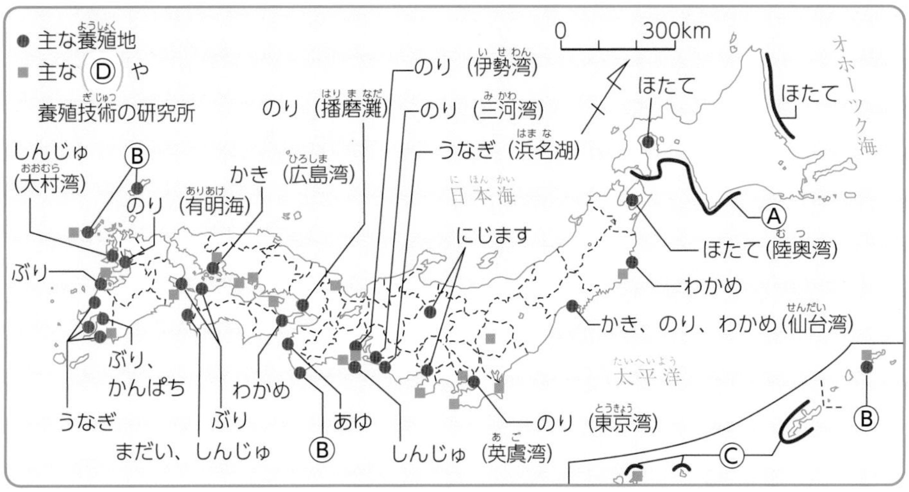

● 主な養殖《ようしょく》地
■ 主な（Ⓓ）や養殖技術《ぎじゅつ》の研究所
0　300km
しんじゅ（大村湾《おおむら》）
Ⓑ
のり（有明海《ありあけ》）
かき（広島湾《ひろしま》）
のり（播磨灘《はりまなだ》）
のり（伊勢湾《いせわん》）
のり（三河湾《みかわ》）
うなぎ（浜名湖《はまな》）
ほたて
ほたて
オホーツク海
日本海《にほんかい》
にじます
Ⓐ
ほたて（陸奥湾《むつ》）
わかめ
かき、のり、わかめ（仙台湾《せんだい》）
ぶり
ぶり、かんぱち
うなぎ
わかめ
ぶり
あゆ
まだい、しんじゅ
Ⓑ
しんじゅ（英虞湾《あご》）
のり（東京湾《とうきょう》）
太平洋《たいへいよう》
Ⓑ
Ⓒ


養殖業のさかんな地域と、水産資源を守り育てるための研究所

⑵　地図中のⒹには、稚魚《ちぎょ》を育てて海に放流し、海で育ってからとる漁業があてはまります。この漁業を何といいますか。

（　　　　　　）

記述　⑶　できたらスゴイ！　⑵の漁業はどのような目的で行われていますか。かんたんに書きましょう。

思考・判断・表現

（　　　　　　　　　　　　　　　　　　　　）

**4** **水産資源を守る取り組みについて、答えましょう。**　1つ5点、⑶6点（26点）

⑴　世界の水産資源とそれを守る取り組みについて述《の》べた次の文のうち、正しいものには○を、まちがっているものには×をつけましょう。

①（　　　）世界全体では、水産物の消費《しょうひ》量が増えてきている。

②（　　　）漁船の数や魚をとる量、漁の期間などを自由にする動きが広がっている。

③（　　　）養殖には高い技術《ぎじゅつ》が必要であるため、あまりさかんではない。

⑵　水産業に関わる人たちは、海の資源や環境《かんきょう》を守りながら、魚や貝などをとったり育てたりしています。このような水産業を何といいますか。（　）にあうように漢字4字で書きましょう。

（　　　　　　）な水産業

記述　⑶　できたらスゴイ！　岩手《いわて》県一関《いちのせき》市の山では、山から流れ出る川の流域《りゅういき》に住む人たちや、漁を営む人たちなどが木を植える活動をしています。森林と海には、どのような関係がありますか。「水産資源」という言葉を使って、かんたんに書きましょう。

思考・判断・表現

（　　　　　　　　　　　　　　　　　　　　）

ふりかえり　3⑶がわからないときは、42ページの2にもどって確認《かくにん》してみよう。

せんたく

2．未来を支《ささ》える食料生産

# 野菜づくりのさかんな地域《ちいき》 岩手《いわて》町のキャベツづくり

学習日　月　日

めあて

野菜づくりがさかんな地域の取り組みを理解《りかい》しよう。

教科書 106〜109ページ　答え 24ページ

次の（　　）に入る言葉を、下から選びましょう。

## 1 野菜づくりのさかんな地域

教科書 106〜107ページ

### 徳島《とくしま》県藍住《あいずみ》町のにんじんづくり

- 藍住町では、あたたかい気候を生かしたにんじんづくりがさかんで、４〜６月に収穫《しゅうかく》する春にんじんをつくって出荷《しゅっか》している。
- 藍住町の土は、（①　　　　　）の上流から運ばれてきており、栄養分が豊富《ほうふ》である。
- 以前は水田の（②　　　　　）としてにんじんづくりを行っていたが、今では町の農業の中心である。
- 秋に種をまき、冬の寒い時期は（③　　　　　　　　）で育てる。
- 春にはビニールにあなをあけて、風通しをよくする。

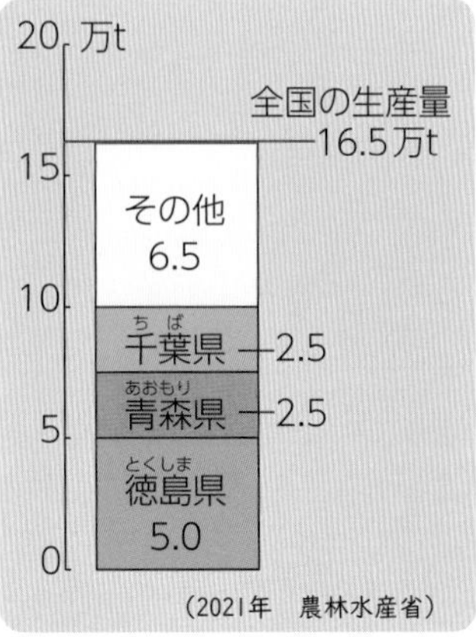


春にんじんの都道府県別生産量

### 高知《こうち》県の野菜づくり

- 高知県の海岸ぞいの地域では、（④　　　　　　）でもあたたかく、（⑤　　　　　　）の長い気候を生かした野菜づくりがさかん。
- なす・ピーマン・きゅうりなどの野菜を、ビニールハウスを利用してつくり、他の産地からの出荷が減る冬から春に出荷する。
- 収穫された野菜は、共同の集出荷場に運ばれて、計画的に出荷され、東京・大阪などの大きな消費《しょうひ》地へは（⑥　　　　　）で輸送《ゆそう》される。
- 農薬を減らすくふうなどもしている。

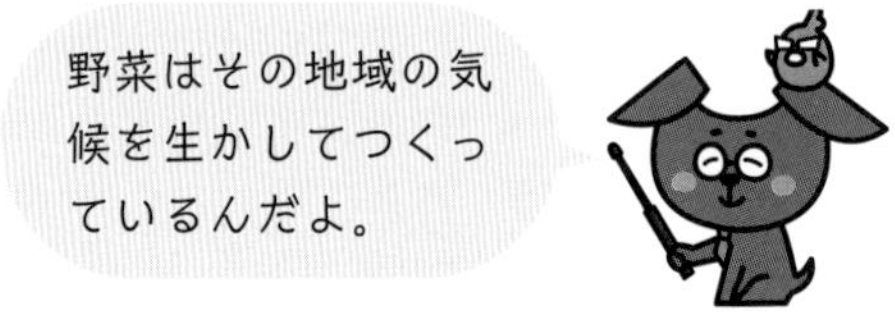

野菜はその地域の気候を生かしてつくっているんだよ。

## 2 岩手町のキャベツづくり

教科書 108〜109ページ

### キャベツづくりのくふう

- 岩手県岩手町では、夏のすずしい気候を生かしたキャベツの生産がさかん。
- ３月ごろから苗《なえ》を育て、４月から７月ごろにかけて一週間ずつずらして苗を植えていく。
- 収穫の時期がずれるため、６月から10月にかけて収穫ができ、出荷する期間も長くなる。
- 昔は葉がかたい（⑦　　　　　）のキャベツの生産がさかんだったが、害虫の発生や他県の生産の増加《ぞうか》で、一時は生産が落ちこんだ。
  ⇒40年ほど前から葉がやわらかくあまい品種のキャベツの生産を始め、再びキャベツの生産がさかんな地域となった。
- よい土づくりのくふうとして、地元で育てられている牛やぶたのふんを利用した（⑧　　　　　）をつくり、畑に混《ま》ぜている。

選んだ言葉に ✓

| | | | |
|---|---|---|---|
| □裏作《うらさく》 | □吉野《よしの》川 | □トラック | □たい肥《ひ》 |
| □冬 | □日照時間 | □ビニールハウス | □品種 |

ぴったり2

# 練習

学習日　　月　　日

**ぴたトリビア**

ビニールハウスやガラスの温室で、温度を調節しながら、野菜や花を育てると、収穫や出荷の時期を早くしたり遅《おそ》くしたりすることができます。

教科書 106～109ページ　答え 24ページ

## 1 野菜づくりについて、答えましょう。

(1) 次の文中の①～④にあてはまる言葉を、㋐～㋗から選びましょう。

徳島県藍住町では、（①）気候を生かした、にんじんづくりがさかんである。収穫されたにんじんは、他の産地からの出荷が減る（②）に出荷している。

高知県の海岸ぞいの地域では、冬でもあたたかく、日照時間の（③）気候を生かした野菜づくりがさかんである。収穫された野菜は、他の産地からの出荷が減る（④）に出荷する。

㋐ すずしい　㋑ あたたかい　㋒ 長い　㋓ 短い　㋔ 春
㋕ 秋　㋖ 冬から春　㋗ 夏から秋

①（　　）②（　　）③（　　）④（　　）

(2) 徳島県藍住町や高知県の海岸ぞいの地域では、野菜づくりに右の絵のような施設《しせつ》を利用しています。このような施設を利用する理由を、㋐～㋒から選びましょう。（　　）

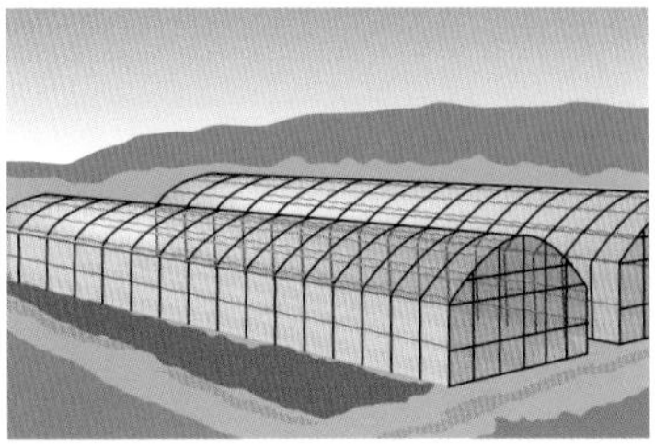

㋐ 中を冷やして、夏の暑さを防《ふせ》ぎ低温を保《たも》つため。
㋑ 中をあたためて、冬の寒さを防ぎ適温《てきおん》を保つため。
㋒ 外の空気にふれないようにして、病気や害虫を防ぐため。

(3) 高知県で、他の産地からの出荷が減る時期につくられる野菜にあてはまらないものを、㋐～㋓から選びましょう。（　　）

㋐ なす　㋑ きゅうり　㋒ ピーマン　㋓ レタス

## 2 岩手県岩手町のキャベツづくりについて、答えましょう。

(1) 次の文中の｛　｝の中の正しい言葉を⬭で囲《かこ》みましょう。

岩手町は、夏でも①｛あたたかい・すずしい｝気候を生かした、キャベツづくりがさかんである。キャベツの生産が落ちこんだ時期もあったが、40年ほど前から葉が②｛やわらかく・かたく｝あまい品種のキャベツがつくられるようになって、再び生産がさかんになった。

(2) キャベツの苗は、一週間ずつずらして畑に植えられます。時期をずらして植えるのは、なぜですか。次の文中の①、②にあてはまる言葉を書きましょう。

収穫の時期をずらして、（①）する期間を（②）するため。

①（　　）②（　　）

**ヒント**

1 (1) ①藍住町では、冬に春にんじんを育てています。
2 (1) 岩手県岩手町は、本州北部の東北《とうほく》地方にあります。

# 果物づくりのさかんな地域《ちいき》
# 肉牛飼育《しいく》のさかんな地域



めあて
果物づくりや肉牛の飼育がさかんな地域の取り組みを理解《りかい》しよう。

教科書　110～111ページ　答え　25ページ

次の（　　）に入る言葉を、下から選びましょう。

## 1　果物づくりのさかんな地域

教科書　110ページ

### 山梨《やまなし》県甲州《こうしゅう》市のぶどうづくり

- 甲州市では、（①　　　　　　　）のよい土地が、なだらかな斜面《しゃめん》に広がっている。
- 雨が少なく、昼と夜の（②　　　　　　　）が大きいため、ぶどうづくりがさかん。
- 高速道路を使い、新鮮《しんせん》なぶどうを早く出荷《しゅっか》している。
- ぶどうがりが楽しめる農園があるなど、（③　　　　　　　）もさかんである。
- 農家の人は、花のさく時期に雨がふり続いたり、収穫《しゅうかく》の時期に（④　　　　　　　）が来たりすると、ぶどうがいたむという心配をかかえている。
- 何種類かのぶどうをさいばいして、いそがしい収穫の時期が重ならないようにしている。

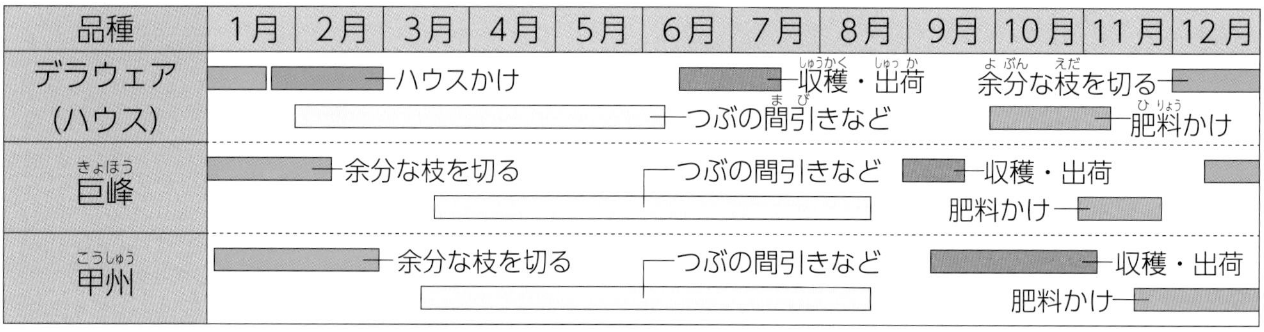
品種
1月
2月
3月
4月
5月
6月
7月
8月
9月
10月
11月
12月
デラウェア（ハウス）
ハウスかけ
収穫《しゅうかく》・出荷《しゅっか》
余分《よぶん》な枝《えだ》を切る
つぶの間引《まび》きなど
肥料《ひりょう》かけ
巨峰《きょほう》
余分な枝を切る
つぶの間引きなど
収穫・出荷
肥料かけ
甲州《こうしゅう》
余分な枝を切る
つぶの間引きなど
収穫・出荷
肥料かけ

ぶどうづくりカレンダー

## 2　肉牛飼育のさかんな地域

教科書　111ページ

### 阿蘇《あそ》地方の肉牛飼育

牛はずいぶんたくさんの飼料を食べるんだね。

- 熊本《くまもと》県の阿蘇地方では、あか牛とよばれる肉牛の飼育がさかん。
- 山のすそ野に広がる草原を利用し、（⑤　　　　　　　）している。
- 放牧では、牛１頭が食べる飼料《しりょう》として１～２haの（⑥　　　　　　　）が必要である。
- 牧草地は、多くの農家が共同で利用するため、牛の体に飼《か》い主の名前や番号を記している。
- あか牛は、生後２年間ほど飼育したあと、主に県内や九州《きゅうしゅう》各地へ出荷される。
- あか牛の飼育のように、冬は牛舎《ぎゅうしゃ》で育て、４月ごろから山で放牧することを「夏山冬里《なつやまふゆさと》」という。
- （⑦　　　　　　　）…消費《しょうひ》者に安心して食べてもらうために、牛を育てて出荷し、店にとどけるまでの情報《じょうほう》を記録して、インターネットで公開するしくみ。
- 農家の人は飼料の穀物《こくもつ》を外国から（⑧　　　　　　　）しているため、飼料代がかかるというなやみをかかえている。

選んだ言葉に ✓

| | | | |
|---|---|---|---|
| □観光 | □台風 | □水はけ | □トレーサビリティ |
| □気温差 | □放牧 | □輸入《ゆにゅう》 | □牧草地 |

ぴたトリビア

ぶどうの生産量は、１位山梨県、２位長野《ながの》県、３位岡山《おかやま》県となっています（2021年）。この三つの県で全国生産量のほぼ半分をしめます。

教科書 110～111ページ　答え 25ページ

## 1 次のぶどうづくりカレンダーを見て、答えましょう。

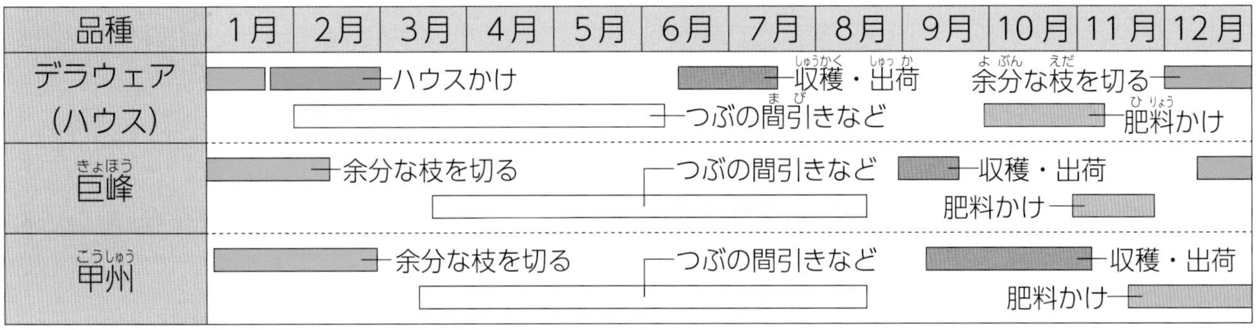


(1)　収穫の時期がいちばん早い品種は何ですか。（　　　　　）

(2)　収穫期間がいちばん短い品種は何ですか。（　　　　　）

(3)　収穫期間がいちばん長い品種は何ですか。（　　　　　）

(4)　ぶどうづくりでいちばん時間をかける作業は何ですか。（　　　　　）

(5)　山梨県甲州市では、品種のちがうぶどうを数種類さいばいしています。数種類のぶどうをさいばいするのはなぜですか。その理由を、㋐～㋒から選びましょう。（　　　）

㋐　つぶの間引《まび》きなどの作業が重ならないようにするため。

㋑　余分《よぶん》な枝《えだ》を切る作業が重ならないようにするため。

㋒　いそがしい収穫の時期が重ならないようにするため。

## 2 右の熊本県阿蘇地方のあか牛の飼育・出荷の流れの図を見て、答えましょう。

(1)　図中の①～③にあてはまる言葉を、［　　］から選びましょう。

①（　　　　　）
②（　　　　　）
③（　　　　　）

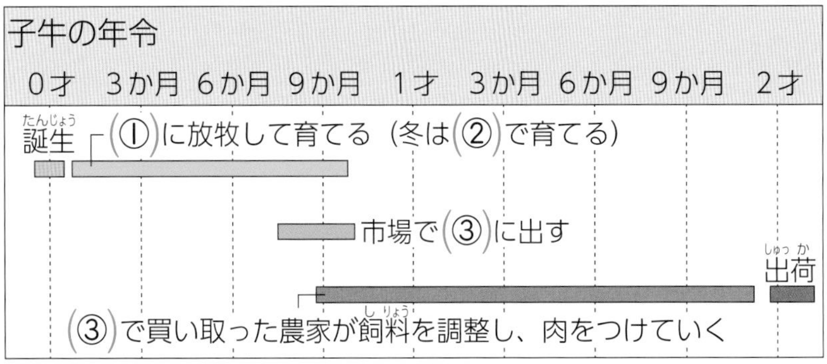


畑　草原　牛舎　せり　検査《けんさ》

(2)　あか牛が誕生《たんじょう》してから出荷されるまでには、どのくらいの期間がかかりますか。

約（　　　　　）年

(3)　肉牛の生産では、牛を育てて出荷し、店にとどけるまでの情報を記録して、インターネットで公開しています。このようなしくみを何といいますか。

（　　　　　）

ヒント

2 (1)　①②あか牛は、「夏山冬里」というように、夏は山で、冬は牛舎で飼育されます。

2 (3)　消費者に安心して食べてもらえるように、取り入れているしくみです。

ぴったり3

# 確かめのテスト

せんたく

2．未来を支《ささ》える食料生産

## 野菜づくりのさかんな地域《ちいき》／岩手《いわて》町のキャベツづくり
## 果物づくりのさかんな地域／肉牛飼育《しいく》のさかんな地域

時間 30 分

／100

合格 80 点

教科書 106～111ページ　答え 26ページ

**1** **徳島《とくしま》県藍住《あいずみ》町のにんじんづくりカレンダーを見て、答えましょう。** 1つ6点、(4)7点（25点）

(1) 藍住町で、にんじんを出荷《しゅっか》する時期を、カレンダー中の㋐、㋑から選びましょう。

（　　　）

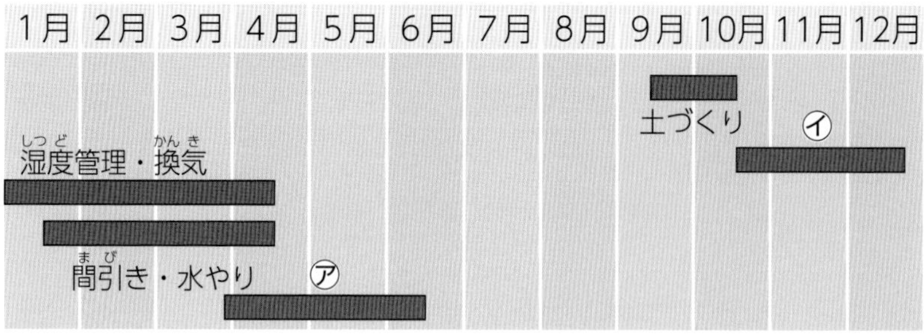

1月 2月 3月 4月 5月 6月 7月 8月 9月 10月 11月 12月
土づくり
㋑
湿度《しつど》管理・換気《かんき》
間引《まび》き・水やり
㋐

にんじんづくりカレンダー

(2) よく出る カレンダー中の「湿度《しつど》管理・換気《かんき》」という作業は、にんじんを育てているある施設《しせつ》で行われます。その施設は何ですか。

（　　　）

(3) よく出る 高知《こうち》県の海岸ぞいの地域でも、野菜づくりがさかんです。高知県のこの地域で多くつくられている野菜の組み合わせとして正しいものを、㋐～㋓から選びましょう。

（　　　）

㋐ キャベツ・なす　　㋑ キャベツ・はくさい

㋒ ピーマン・なす　　㋓ ピーマン・はくさい

記述 (4) 徳島県藍住町と高知県の海岸ぞいの地域で野菜づくりがさかんなのは、なぜですか。２つの地域で共通している理由を、気候に着目して、かんたんに書きましょう。

思考・判断・表現

（　　　）

**2** **岩手《いわて》県岩手町のキャベツづくりカレンダーを見て、答えましょう。** (1)6点、(2)7点（13点）

(1) 岩手町では、何月から何月ごろに、キャベツの苗《なえ》を畑に植えていますか。

技能

（　　　）

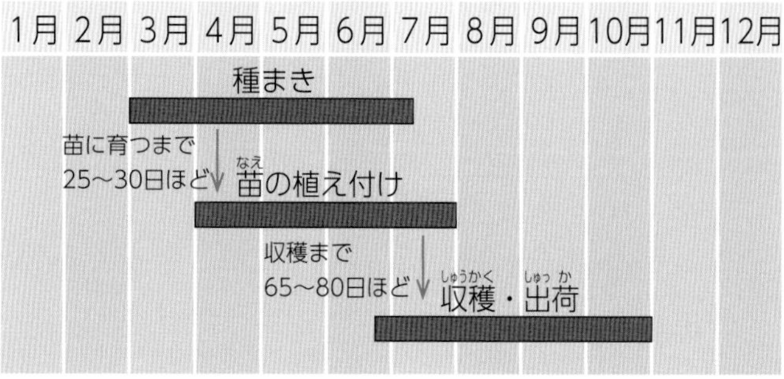

1月 2月 3月 4月 5月 6月 7月 8月 9月 10月 11月 12月
種まき
苗に育つまで
25～30日ほど
苗《なえ》の植え付け
収穫まで
65～80日ほど
収穫《しゅうかく》・出荷《しゅっか》

キャベツづくりカレンダー

記述 (2) できたらスゴイ! (1)の期間に、少しずつ時期をずらしてキャベツの苗を畑に植えることによって、収穫《しゅうかく》や出荷にどのような利点がありますか。かんたんに書きましょう。

思考・判断・表現

（　　　）

## 3 山梨《やまなし》県甲州《こうしゅう》市のぶどうづくりについて、答えましょう。

1つ5点（30点）

(1) 甲州市のぶどうづくりに関する次の文中の①～⑤にあてはまる言葉を、㋐～㋙から選びましょう。

- 山梨県甲州市では、水はけのよい土地と、雨が（①）、昼と夜の気温の差が（②）気候を生かしたぶどうづくりがさかんである。
- いそがしい（③）の時期が重ならないように、（③）の時期がちがう数種類のぶどうを育てている。また、（③）の時期に（④）が来ると、ぶどうがいたんでしまうことがある。
- ぶどうは害虫に弱いが、安心して食べられるように、必要最低限《さいていげん》の（⑤）を使うようにしている。

㋐ 多く　㋑ 少なく　㋒ 大きい　㋓ 小さい　㋔ 種まき
㋕ 収穫　㋖ 台風　㋗ 梅雨《つゆ》　㋘ 肥料《ひりょう》　㋙ 農薬

①（　　）②（　　）③（　　）④（　　）⑤（　　）

(2) 甲州市で、新鮮《しんせん》なぶどうを早く出荷するために主に利用しているものを、[　　]から選びましょう。（　　）

鉄道　　高速道路　　河川《かせん》

## 4 熊本《くまもと》県阿蘇《あそ》地方の肉牛飼育について、次の問いに答えましょう。

1つ5点、(3)7点（32点）

(1) 阿蘇地方の肉牛飼育について述《の》べた次の文のうち、正しいものには○を、まちがっているものには×をつけましょう。

①（　　）阿蘇地方では、あか牛とよばれる肉牛の飼育がさかんである。
②（　　）牛は、夏の暑い時期は牛舎《ぎゅうしゃ》で育て、春と秋に山に放牧する。
③（　　）牛は、牧草だけで育て、穀物《こくもつ》の飼料《しりょう》は値段《ねだん》が高いので使わない。
④（　　）育てた牛は、主に県内や九州《きゅうしゅう》各地へ出荷される。

(2) 阿蘇地方の肉牛は、どのような場所に放牧されていますか。㋐～㋒から選びましょう。（　　）

㋐ 水はけのよいおかの急な斜面《しゃめん》。
㋑ 海岸ぞいの広い草地。
㋒ 山のすそ野に広がる草原。

記述 (3) できたらスゴイ! 肉牛の生産では、牛を育てて出荷し、店にとどけるまでの情報《じょうほう》を公開するトレーサビリティのしくみを取り入れています。なぜ、このようなしくみを取り入れているのか、かんたんに書きましょう。

思考・判断・表現

（　　　　）

ふりかえり　1(4)がわからないときは、46ページの1にもどって確認《かくにん》してみよう。

この本の終わりにある「夏のチャレンジテスト」をやってみよう！

ぴったり1 準備

2．未来を支《ささ》える食料生産

# 3 これからの食料生産

3分でまとめ

学習日　月　日

めあて
食料輸入の長所と短所や、食料生産に関わる人たちの取り組みを理解《りかい》しよう。

教科書 112〜121ページ　答え 27ページ

次の（　　）に入る言葉を、下から選びましょう。

## 1 外国からもとどく食料／食料の輸入《ゆにゅう》がもたらすもの

教科書 112〜115ページ

### ワンポイント 日本の食料輸入と食料の自給率《じきゅうりつ》

- 外国から輸入される食料は増《ふ》えており、日本で食べられる（①　　　　）やえびなどは90%以上が輸入されている。
- 交通の発達や（②　　　　）の進歩によって、食料を新鮮《しんせん》なまま運べるようになり、輸入が増えている。
- 国内で（③　　　　）された食料のうち、国内で生産された食料の割合《わりあい》を**食料自給率**という。日本の食料自給率はたいへん低い。

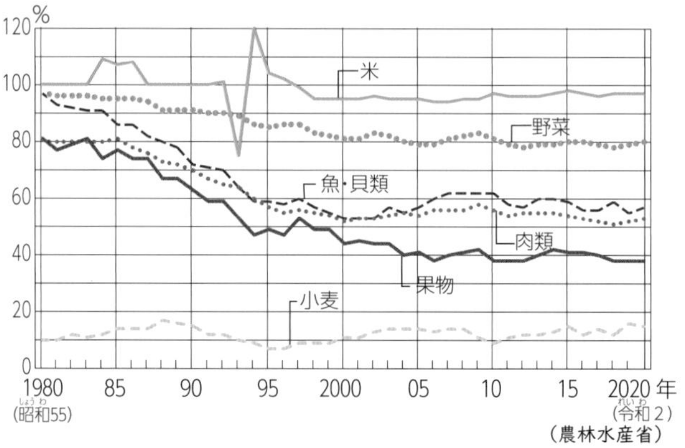


主な食料の自給率の変化

### 食料の輸入が国内にもたらすえいきょう

- 消費者《しょうひしゃ》の立場：**長所** さまざまな食料を（④　　　　）値段《ねだん》で確保《かくほ》できて、食生活が豊《ゆた》かになる。
  **短所** 相手国で事故《じこ》や災害《さいがい》があった場合、食生活が不安定になる心配がある。
- 生産者の立場：**短所** 外国産の安い食料が増え、競争がはげしくなる。

## 2 食料を安定して生産し、とどけるために／地域《ちいき》ならではの食料生産 はってん

教科書 116〜121ページ

### 地域の生産や消費を増やすための取り組み

- 室内で光や温度を調節して、計画的に野菜を生産する野菜工場がある。農薬を使わないため、安全性《せい》が高いが、電気代など多くの（⑤　　　　）が必要。
- 乳牛《にゅうぎゅう》の健康状態《じょうたい》を（⑥　　　　）で管理するなどの技術《ぎじゅつ》の開発が進んでいる。
- 日本産の質《しつ》の高い食料を、海外へ輸出するなど、より多くの人にとどけるしくみが重要。
- （⑦　　　　）…地元で生産された食料を地元で消費すること。直売所など。

### 大阪《おおさか》府「なにわの伝統《でんとう》野菜」 はってん

- くわいやなすなど、地域の（⑧　　　　）を生かした野菜づくりを昔から行ってきたが、さまざまな理由から生産が減《へ》った野菜も多い。伝統的にさいばいされてきた野菜のうち条件《じょうけん》を満たしたものを「なにわの伝統野菜」として認証《にんしょう》し、広める取り組みをしている。

### 兵庫《ひょうご》県明石《あかし》市の「くぎ煮《に》」と「いかなご漁」 はってん

- 明石海峡《かいきょう》付近でとれる「いかなご」という魚の子からつくる「くぎ煮」という郷土《きょうど》料理が有名。いかなごの鮮度《せんど》を保《たも》つためには多くの人の協力が必要である。

| 選んだ言葉に ✓ | | | | |
|---|---|---|---|---|
| | □消費《しょうひ》 | □冷凍《れいとう》技術 | □地産地消《ちさんちしょう》 | □大豆《だいず》 |
| | □安い | □自然条件 | □アプリ | □費用《ひよう》 |

ぴたトリビア

食料を産地から消費地に運ぶときに使うエネルギーの量を表す数を「フードマイレージ」といい、「食料の重さ×輸送《ゆそう》きょり」で求めます。

教科書　112～121ページ　　答え　27ページ

## 1 食料の輸入と食料自給率について、答えましょう。

(1)　次の①～③の国から日本が多く輸入している食料の組み合わせとしてあうものを、線で結びましょう。

①　フィリピン　・　　・　㋐牛肉、ぶた肉、大豆、野菜、オレンジ、小麦

②　中華人民《ちゅうかじんみん》共和国《きょうわこく》　・　　・　㋑バナナ、パイナップル

③　アメリカ合衆国《がっしゅうこく》　・　　・　㋒まぐろ、野菜

(2)　右の食料自給率のグラフを見て、次の文のうち、正しいものには○を、まちがっているものには×をつけましょう。

①(　　　)　2020年現在《げんざい》、肉類や魚・貝類は半分以上を輸入している。

②(　　　)　小麦は日本ではまったくつくられていない。

③(　　　)　2020年現在、野菜は半分以上が自給できている。

④(　　　)　1980年と2020年を比《くら》べると、果物の自給率は半分くらいに減った。

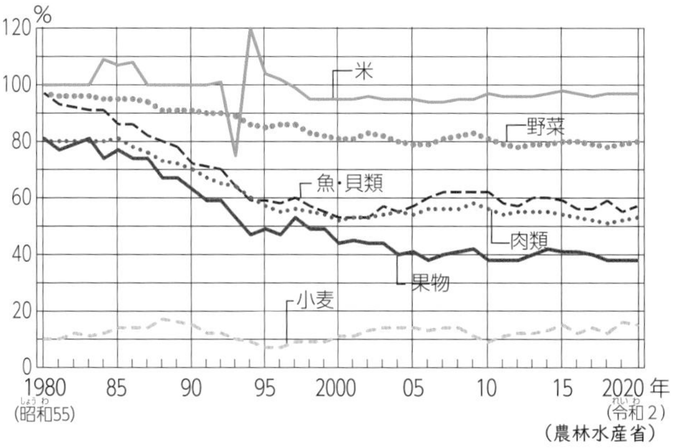


⇧ 主な食料の自給率の変化

## 2 次の文中の①～⑥にあてはまる言葉を、㋐～㋘から選びましょう。

- 食料の輸入が増えたのは、(①)の発達や(②)技術の進歩によって、食料を新鮮なまま運べるようになったためである。
- いろいろな食料が輸入されるようになって、(③)は豊かになったが、外国産の食料との価格《かかく》などの(④)がはげしくなり、国内の食料生産にえいきょうが出てくる心配もある。
- 生産者や生産方法などがわかりにくい外国産の食料は(⑤)を確かめることが大切である。
- 地元で生産された食料を地元で消費する「(⑥)」の取り組みが注目されている。

㋐　安全性　　㋑　食生活　　㋒　生産　　㋓　消費　　㋔　競争
㋕　冷凍　　㋖　交通　　㋗　産地直送　　㋘　地産地消

①(　　　)　②(　　　)　③(　　　)　④(　　　)　⑤(　　　)　⑥(　　　)

ヒント
1 (2)①③　食料自給率が50％未満であれば、半分以上を輸入していることになります。
2 ⑥　それぞれの地域で続けてきた食料生産を大切にする取り組みです。

# 確かめのテスト

## 3 これからの食料生産

時間 30分　／100　合格 80点

教科書 112〜121ページ　答え 28ページ

## 1 食料の輸入《ゆにゅう》について、答えましょう。

1つ5点、(3)7点（32点）

(1) よく出る 日本が食料を輸入している主な相手先に関する次の文中の①〜④にあてはまる国名を、㋐〜㋕から選びましょう。

> 2021年現在《げんざい》、日本は、(①)から牛肉、ぶた肉、大豆《だいず》、野菜、オレンジなど、さまざまな食料を輸入している。また、カナダ、オーストラリアなどから小麦を輸入しており、(②)からはバナナやパイナップルなどの果物の輸入が多い。魚・貝類については、きょりの近い(③)からまぐろなどを、(④)やチリからはさけ・ますなどを多く輸入している。

㋐ 中華人民共和国《ちゅうかじんみんきょうわこく》　㋑ ブラジル　㋒ フィリピン
㋓ アメリカ合衆国《がっしゅうこく》　㋔ タイ　㋕ ノルウェー

①(　　　)　②(　　　)　③(　　　)　④(　　　)

(2) 食料の輸入が増《ふ》えた理由にあてはまらないものを、㋐〜㋓から選びましょう。

(　　　)

㋐ 交通の発達　㋑ 冷凍技術《れいとうぎじゅつ》の発達　㋒ 水田の減少《げんしょう》　㋓ 食生活の変化

記述 (3) 食料の輸入がもたらす短所について、日本の生産者の立場から心配されることを、「競争」という言葉を使って、かんたんに書きましょう。　思考・判断・表現

(　　　　　　　　　　　　　　　　　　　　)

## 2 次のグラフを見て、答えましょう。

1つ5点（20点）

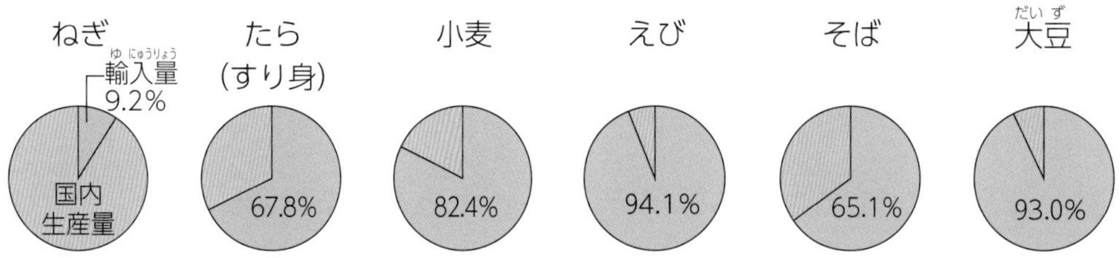


（2021年　農林水産省ほか）

⬆ さまざまな食料の輸入の割合《わりあい》

(1) 大豆は、日本でよく使う食品の原料になります。その食品とは何ですか。㋐〜㋔から2つ選びましょう。

(　　　)(　　　)

㋐ かまぼこ　㋑ みそ　㋒ ちくわ　㋓ しょうゆ　㋔ チーズ

(2) よく出る グラフ中の食料のうち、輸入量の割合が最も高いものは何ですか。　技能

(　　　)

(3) グラフ中の食料のうち、国内生産量の割合が最も高いものは何ですか。　技能

(　　　)

## 3 右のグラフは、日本の主な食料の自《じ》給率《きゅうりつ》の変化を表しています。これを見て、答えましょう。

1つ4点（28点）

(1) グラフ中のⒶにあてはまるものを、㋐～㋓から選びましょう。

（　　　）

㋐ じゃがいも　　㋑ 小麦
㋒ たまご　　㋓ 牛乳《ぎゅうにゅう》

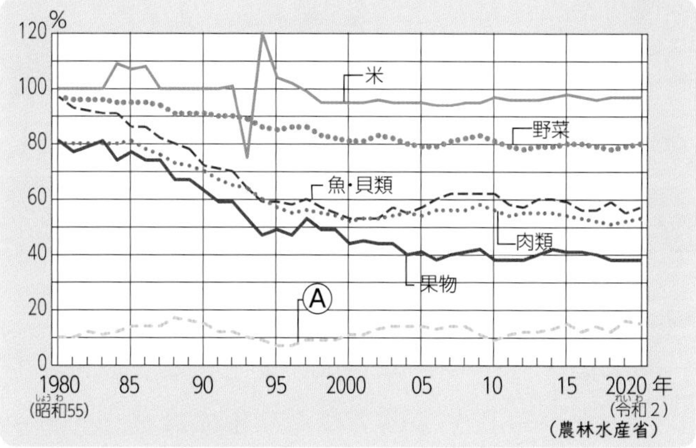


(2) 次の文のうち、正しいものには○を、まちがっているものには×をつけましょう。　**技能**

①（　　　）野菜の自給率は、つねにほかの食料の自給率よりも高くなっている。
②（　　　）魚・貝類の自給率は、肉類よりもほぼ低くなっている。
③（　　　）肉類の自給率は、1985～1995年の間に約10%低くなった。
④（　　　）1990年から2020年の間に、自給率が最も下がったのは果物である。

(3) **できたらスゴイ!** 次の文の、｛　｝の中の正しい言葉を◯で囲《かこ》みましょう。　**思考・判断・表現**

自給率の①｛高い・低い｝食料は、外国からの輸入にたよっている。食料の輸入が増えると、フードマイレージは②｛高くなる・低くなる｝。

## 4 食料生産に関わる人たちのさまざまな取り組みについて、答えましょう。

1つ4点（20点）

(1) 次の①～③の取り組みとその説明としてあうものを、線で結びましょう。

① 地産地消《ちさんちしょう》　・　　・ ㋐生産者が消費者《しょうひしゃ》に地元の農産物を直接《ちょくせつ》はん売することができる施設《しせつ》。加工品なども売っている。

② 直売所　・　　・ ㋑室内で光や温度を調節して、計画的に野菜を生産する施設。安全性《せい》は高いが、多くの費用《ひよう》がかかる。

③ 野菜工場　・　　・ ㋒地域《ちいき》で生産したものを地域で消費すること。地元でとれた食料を生かしていくことができる。

(2) 次の文のうち、正しいものには○を、まちがっているものには×をつけましょう。

①（　　　）働く人の不足をおぎなうため、アプリによって乳牛《にゅうぎゅう》の健康状態《じょうたい》を管理するなど、作業を自動化する技術《ぎじゅつ》が開発されている。
②（　　　）兵庫《ひょうご》県明石《あかし》市では、伝統《でんとう》的にさいばいされてきた野菜のうち条件《じょうけん》を満たしたものを、「なにわの伝統野菜」として認証《にんしょう》している。

ふりかえり　1(3)がわからないときは、52ページの1にもどって確認《かくにん》してみよう。

ぴったり1 準備

せんたく

3分でまとめ

3．未来をつくり出す工業生産

# 1 自動車の生産にはげむ人々①

学習日　　月　　日

めあて
日本の自動車生産の変化や自動車生産の流れを理解《りかい》しよう。

教科書 122～129ページ　答え 29ページ

次の（　　）に入る言葉や数字を、下から選びましょう。

## 1 工業製品《せいひん》とわたしたちのくらし／変わってきた自動車　教科書 122～125ページ

### 工業製品とくらしとの関わり

- **工業**…自然の中にあるさまざまな資源《しげん》に手を加えて、役に立つ製品を工場でつくり出す産業。
- 自動車、炊飯器《すいはんき》、加工食品など、さまざまな（①　　　　　）により、くらしは便利になった。

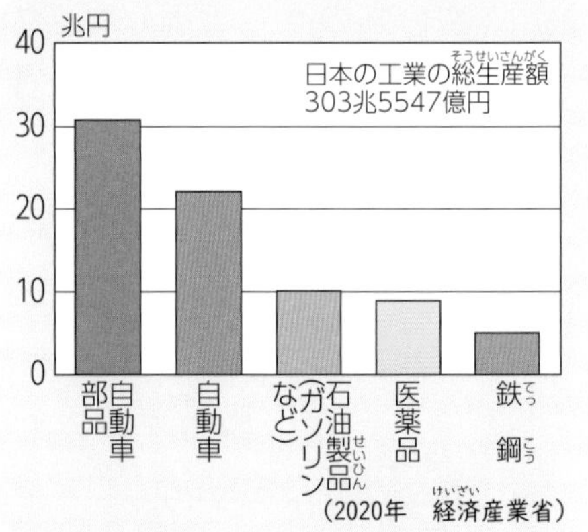


日本で生産されている主な工業製品の種類

### 自動車の生産の変化

- 1880年代に、ドイツで世界初のガソリン自動車がつくられた。自動車の生産が始まったころは、年間に数十台しか生産できなかったが、自動車の生産方法が進歩し、性能《せいのう》の高い自動車を大量に生産できるようになった。今では、日本国内で年間（②　　　　　）万台近くを生産している。

## 2 学習問題について予想して、学習計画を立てよう／大量に、むだなく、一つずつ　教科書 126～129ページ

### 自動車生産についての学習計画を立てる

- どのようにして自動車を生産しているか、予想し、ふせんやカードに書いて整理する。
- 自動車会社の（③　　　　　）でしょうかいされている生産の様子を見て、見学の予習・復習《ふくしゅう》をする。
- 予想したことを確《たし》かめるために、自動車工場を見学する。

### 自動車の生産

- 自動車工場では、（④　　　　　）にそって、多くの人やロボットが作業している。
- 注文に合わせて1台ごとに車体の色や部品を変えるので、コンピューターで管理している。

**自動車の生産の流れ**

1 プレス工場…鉄板を（⑤　　　　　）で打ちぬいたり曲げたりして、車体のドアやボンネットなどの部品をつくる。
↓
2 車体工場…溶接《ようせつ》の作業を行う。主に（⑥　　　　　）が、車体の部品を熱でとかしてつなぎ合わせ、形をつくる。
↓
3（⑦　　　　　）工場…車体をあらったあと、ロボットが車体の色をぬり付ける。
↓
4 組み立て工場…車体にエンジンやシート（座席《ざせき》）などの部品を取り付ける。大きく重い部品はロボットが取り付けるが、部品のおよそ80％は（⑧　　　　　）が取り付ける。ドアやエンジンなどは別のラインで組み立てておくことで、効率《こうりつ》よく生産できる。
↓
5 検査《けんさ》…ブレーキ、排出《はいしゅつ》ガスの量などの検査を行い、検査に合格《ごうかく》した自動車を出荷《しゅっか》する。

| 選んだ言葉に✓ | | | | |
|---|---|---|---|---|
| | □とそう | □工業製品 | □1000 | □ロボット |
| | □ライン | □プレス機 | □人 | □ウェブサイト |

ぴったり2

# 練習

学習日　月　日

**ぴたトリビア**

自動車工場の多くは、広い敷地《しきち》がある、働く人が大勢《おおぜい》いる、電力や材料が手に入りやすい、交通の便がよい、といった場所につくられます。

教科書 122〜129ページ　答え 29ページ

## 1 次のメモは、自動車を生産する人々がどのようにして自動車の性能を上げ、大量に生産しているのか、予想をまとめたものです。メモ中の①〜⑤にあてはまる言葉を、㋐〜㋕から選びましょう。

- **性能**…新しい機能を考えてつくる、（①）の人がいる。
- **性能**…安全性を確かめる（②）をしている。
- **大量に**…広い（③）で手分けしてつくっている。
- **大量に**…作業の（④）を細かく決めている。
- **大量に**…速く動く（⑤）がつくっている。

㋐ 検査　㋑ 順番　㋒ 専門《せんもん》　㋓ 組み立て　㋔ ロボット　㋕ 工場

①（　　　）②（　　　）③（　　　）④（　　　）⑤（　　　）

## 2 次の絵は、自動車ができるまでのいろいろな作業を表しています。この絵を見て、答えましょう。

㋐
→

㋑
→

㋒
→
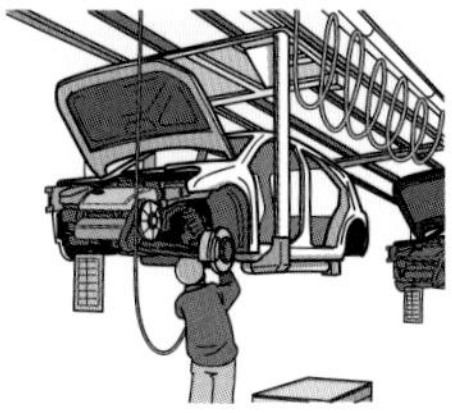
㋓
→

㋔
→ 出荷

(1) 次の①〜④の作業にあてはまるものを、㋐〜㋔の絵から選びましょう。

①組み立て（　　　）②とそう（　　　）③溶接（　　　）④プレス（　　　）

(2) 次の自動車工場での作業にあてはまるものを、㋐〜㋔の絵から選びましょう。

①（　　　）②（　　　）③（　　　）④（　　　）⑤（　　　）

① ロボットが、車体の部品と部品をつなぎ合わせて、車体の形に仕上げていく。
② 車体をきれいにあらったあと、色のぬり付けを3回くり返し、きれいにぬり上げる。
③ 組み立てが終わると、ブレーキ、排出ガスの量などについて、きびしく検査する。
④ 機械で材料の鉄板を打ちぬいたり、曲げたりして、車体のドアなどの部品をつくる。
⑤ 車体にエンジンやドア、シートなどの部品を、人やロボットが取り付ける。

(3) 自動車工場で、決められた順番どおりに、人やロボットが分担《ぶんたん》して作業する流れのことを何といいますか。（　　　）

**ヒント** 2 (1) プレス工場→車体工場→とそう工場→組み立て工場の順に作業します。

# 1 自動車の生産にはげむ人々

時間 30 分　／100　合格 80 点

教科書 122〜129ページ　答え 30ページ

## 1 右のグラフを見て、答えましょう。

1つ5点（30点）

(1) 右のグラフは、日本で生産されている主な工業製品《せいひん》の種類と生産額《せいさんがく》を表しています。次の文のうち、正しいものには○を、まちがっているものには×をつけましょう。

技能

①(　　　) 自動車部品の生産額は自動車の生産額よりも大きい。

②(　　　) 自動車部品と自動車の生産額の合計は、総生産額の4分の1以上をしめている。

③(　　　) ガソリンなどの石油製品と鉄鋼《てっこう》の生産額の合計は、自動車の生産額よりも大きい。

④(　　　) 医薬品の生産額は鉄鋼の生産額よりも大きい。

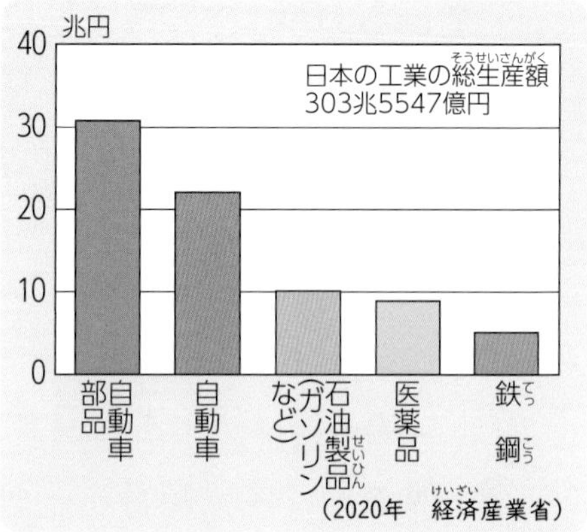
兆円
40
30
20
10
0
日本の工業の総生産額《そうせいさんがく》
303兆5547億円
自動車部品
自動車
石油製品《せいひん》（ガソリンなど）
医薬品
鉄《てっ》鋼《こう》
（2020年　経済《けいざい》産業省）

日本で生産されている主な工業製品の種類

(2) よく出る 工業について説明した次の文の、{　}の中の正しい言葉を◯で囲《かこ》みましょう。

> 自然の中にあるさまざまな①{農産物・資源《しげん》}に手を加えて、くらしの役に立つ製品を②{工場・研究施設《しせつ》}でつくり出す産業を工業という。

## 2 自動車生産の調べ方について、答えましょう。

1つ3点（18点）

(1) 学習計画の立て方について述《の》べた次の文中の①〜③にあてはまる言葉を、㋐〜㋓から選びましょう。

> まず、自動車の生産について、みんなの(①)や調べてみたいことをまとめて学習問題をつくる。次に、(②)をふせんやカードに書いて整理する。自動車会社の(③)でしょうかいされている生産の様子を見て見学の予習や復習《ふくしゅう》に役立て、工場見学で生産の流れやくふうを調べる。

㋐ 電話　㋑ ウェブサイト　㋒ 疑問《ぎもん》　㋓ 予想

①(　　　)　②(　　　)　③(　　　)

(2) 次の文のうち、自動車工場の見学で調べることには○を、そうでないものには×を書きましょう。

思考・判断・表現

①(　　　) 自動車工場の広さはどのくらいだろう。

②(　　　) 自動車工場で働く人はどのくらいいるのだろう。

③(　　　) 自動車工場で働く人たちの昼食は何だろう。

学習日　　月　　日

## 3 自動車の生産について、答えましょう。
1つ4点（16点）

(1) 次の文中の①～③にあてはまる言葉を、㋐～㋕から選びましょう。

> 自動車の生産が始まったころは、1か所に置かれた自動車の（①）に部品を取り付けていく方法で、年間に数十台しか生産できなかった。その後、生産方法が進歩し、今では（②）の高い自動車を（③）に生産できるようになった。

㋐ 値段《ねだん》　㋑ 性能《せいのう》　㋒ 車体　㋓ エンジン　㋔ 大量　㋕ 最大

①（　　）②（　　）③（　　）

(2) よく出る 自動車工場では、ラインにそって多くの人やロボットが作業しています。ラインについての説明として正しいものを、㋐～㋓から選びましょう。（　　）

㋐ 作業を進めるために工場のゆかに引かれた白い線のこと。
㋑ 工場の中で部品を積んだ台車が通るための通路のこと。
㋒ 決められた順番どおりに、分担《ぶんたん》して作業を行い、製品をつくる一つの流れのこと。
㋓ 車体の色や取り付ける部品をコンピューターで管理すること。

## 4 右の自動車工場の作業の絵を見て、答えましょう。
1つ3点、(3)6点（36点）

(1) よく出る 右の①～⑤の絵にあてはまる作業を、次の［　　］から選び、右の（　　）に書きましょう。

| | | |
|---|---|---|
| 溶接《ようせつ》 | プレス | とそう |
| 検査《けんさ》 | 組み立て | |

(2) 次の作業のうち、主に人の手で行うものにはAを、主にロボットが行うものにはBを書きましょう。

思考・判断・表現

①（　　）ほね組みの溶接
②（　　）溶接したあとの確認《かくにん》
③（　　）車体のとそう
④（　　）細かい部品の取り付け
⑤（　　）シートやガラスの取り付け

①（　　　　）

②（　　　　）

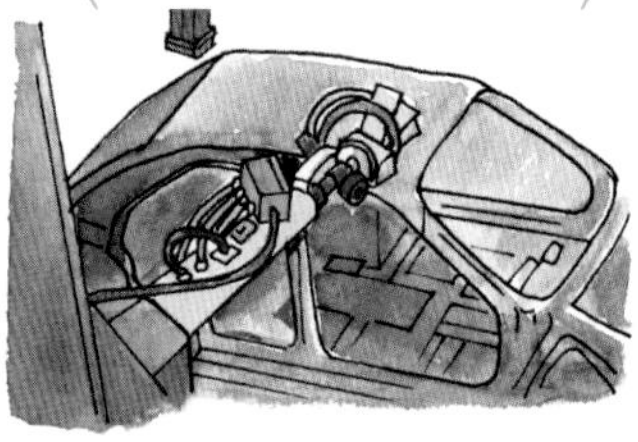

③（　　　　）

④（　　　　）

⑤（　　　　）

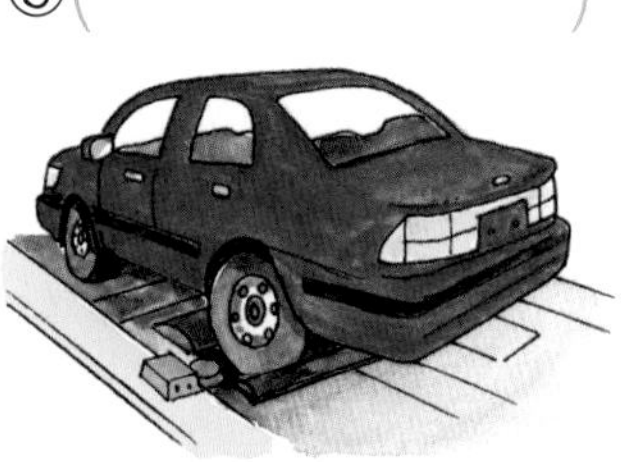

⑥ 出荷《しゅっか》

記述 (3) できたらスゴイ! 自動車の組み立てでは、細かい部品の多いドアやエンジンなどは、別のラインで組み立てておいて、車体に取り付けます。そのような進め方をする理由を、「効率《こうりつ》」という言葉を使って、かんたんに書きましょう。

思考・判断・表現

（　　　　　　　　　　　　　　　　）

ふりかえり 4(3)がわからないときは、56ページの2にもどって確認してみよう。

ぴったり1 **準備** せんたく

3．未来をつくり出す工業生産

# 1 自動車の生産にはげむ人々②

学習日　月　日

**めあて** 組み立て工場のくふうや関連工場との結びつき、自動車出荷《しゅっか》の流れを理解《りかい》しよう。

教科書 130～135ページ　答え 31ページ

次の（　）に入る言葉を、下から選びましょう。

## 1 組み立て工場のくふう／部品はどこから？

教科書 130～133ページ

### 働く人のためのくふう

- 異常《いじょう》を知らせるボタンとランプがあり、問題がどこで発生したかわかる。
- 部品の移動や取り付けを補助《ほじょ》するロボットがある。
- 作業の手順をタブレット型《がた》コンピューターで確《たし》かめられる。
- 朝からの勤務《きんむ》と（①　　　　）からの勤務があり、働く人が交代する。受けもつ作業の入れかえがある。

### 自動車の部品をつくる工場

- 自動車工場の中やその近くには、シートやハンドルなどの部品をつくる（②　　　　）がある。**関連工場**は国内だけでなく、中国《ちゅうごく》など（③　　　　）にもある。
- 関連工場では、注文に合わせて、必要な部品を、必要な時刻《じこく》までに、必要な数と種類だけ、組み立て工場にとどける（④　　　　）方式をとっている。時間どおりにおさめないと、自動車工場の**ライン**が止まってしまうため、人やロボットが流れ作業で、むだのない生産をしている。

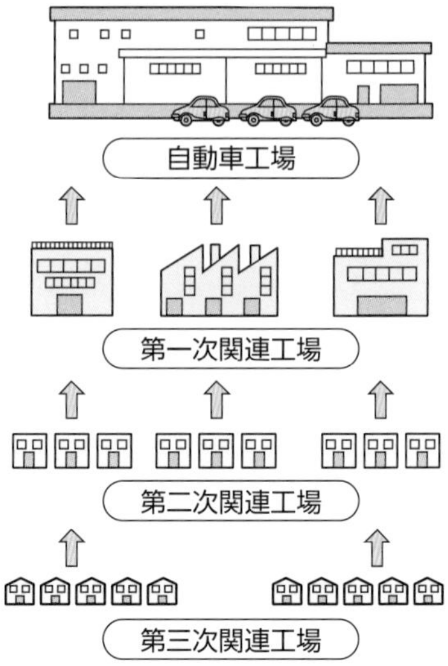


自動車工場と関連工場の結びつき

## 2 完成した自動車をとどける人々

教科書 134～135ページ

### 船で運ぶ

- 工場から遠い地域《ちいき》には、工場のそばの（⑤　　　　）から専用《せんよう》の船で運ぶ。専用船の中は、立体駐車場《ちゅうしゃじょう》のように、何階にも分かれている。
- 船は、大量の自動車を一度に遠くまで運べるので、1台当たりの（⑥　　　　）費用《ひよう》を少なくできる。

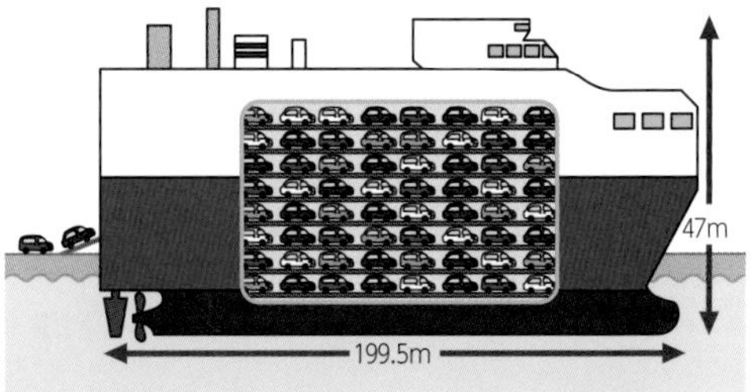


自動車を運ぶ専用船

### はん売店まで運ぶ

- 船で各地の港まで運ばれてきた自動車は、はん売店まで、専用の（⑦　　　　）で運ぶ。
- 工場から近い地域には、高速道路などを通って、キャリアカーで運ぶ。

### 自動車工場の場所

- 自動車の生産には、大量の部品や原材料を運ぶ必要があるため、自動車工場は、港の近くや広い（⑧　　　　）の近くにある。

選んだ言葉に✔

□港　□外国　□キャリアカー　□輸送《ゆそう》
□夜　□道路　□関連工場　□ジャスト・イン・タイム

学習日　　月　　日

ぴたトリビア

自動車工場で働く人は昼間と夜間の二交代制《にこうたいせい》で働きます。一時的にラインを止めることもありますが、完全に止めるのは工場が休みの日だけです。

教科書 130～135ページ　答え 31ページ

## 1 右の図を見て、答えましょう。

(1) 図中のⒶ、Ⓑは何を表していますか。

Ⓐ(　　　　　　)

Ⓑ(　　　　　　)

(2) 次の①～④の工場にあてはまるものを、図中の㋐～㋓から選びましょう。

①(　　　)　②(　　　)

③(　　　)　④(　　　)

① いろいろな種類の自動車を組み立てラインでつくる工場。

② シートの布をぬう専門《せんもん》の工場。

③ 組み立て工場におさめる自動車のシートをつくる工場。

④ 自動車のシートの布を生産する工場。

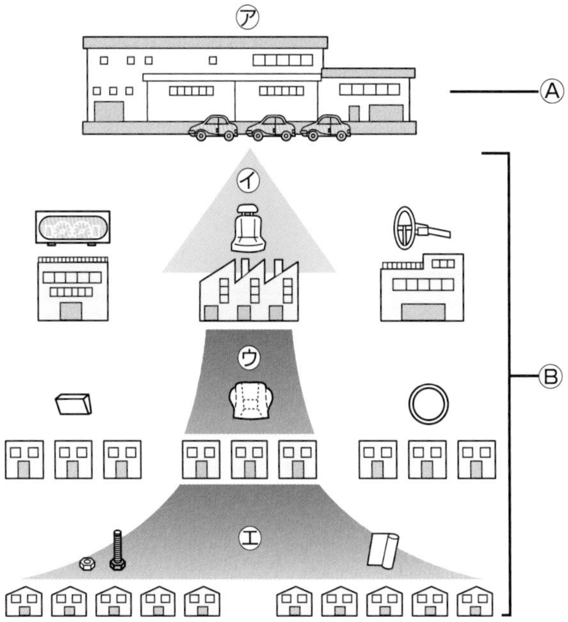


⬆ 自動車づくりを支《ささ》える関連工場

## 2 次の絵は、完成した自動車が工場からはん売店まで運ばれる流れを表しています。この絵を見て、答えましょう。

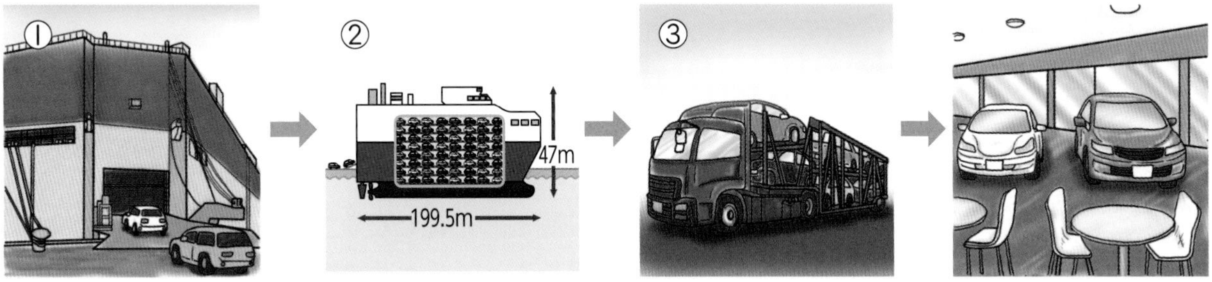


(1) ①について、次の文中の(　　)にあてはまる言葉を書きましょう。

自動車工場のそばの(　　)で、新車を専門の運転手が船の中に積みこんでいる。

(　　　　　　)

(2) ②の自動車を運ぶ専用船について述《の》べた次の文のうち、正しいものには○を、まちがっているものには×をつけましょう。

㋐(　　　) 自動車工場から遠い地域へ新車を運ぶときに使われる。

㋑(　　　) 一度にたくさんの自動車を運べるが、１台当たりの輸送費は高くなる。

㋒(　　　) 専用船は主に国内輸送用に使われ、海外輸送用には使われない。

(3) ③は、自動車を運ぶ専用のトラックです。このトラックを何といいますか。

(　　　　　　)

ヒント
1 (2) シートの布を織《お》る→布をぬう→布を張《は》ってシートをつくる、という順番です。
2 (1) 「船の中に積みこんでいる」がヒントです。

3．未来をつくり出す工業生産

# 1　自動車の生産にはげむ人々③

めあて
新しい自動車の開発をめぐる取り組みを理解《りかい》しよう。

教科書 136～141ページ　答え 32ページ

次の（　　）に入る言葉を、下から選びましょう。

## 1　新たな機能《きのう》を生み出す人々

教科書 136～140ページ

### 新しい自動車を開発する仕事

- 自動車の開発部門の人々は、利用者から、「もっとこうしてほしい」という（①　　　　）を常《つね》に集め、それらをもとに、新しい機能を考え実現《じつげん》していく。

**新しい自動車の開発の流れ**

1 企画《きかく》…集めた**ニーズ**をもとに、どのような自動車にして、どの機能を取り入れるかを考える。
↓
2 （②　　　　）…企画で決まったことから、デザイナーが車体のスケッチや立体的なイメージ画像《がぞう》をつくる。
↓
3 実際《じっさい》の大きさで確認《かくにん》する…スケッチをもとにつくった粘土模型《ねんどもけい》（クレイモデル）や、大画面にうつした画像でデザインを確認する。
↓
4 設計《せっけい》…企画での決定やデザインにそって、（③　　　　）で設計図をつくる。
↓
5 （④　　　　）・実験…設計図をもとに試作車をつくり、性能《せいのう》や安全性を調べる。

## 2　自分で調べて考える

教科書 137～140ページ

### ガソリンの使用をおさえる

- 限《かぎ》りのある資源《しげん》である原油（ガソリンの原料）の消費《しょうひ》量をおさえ、空気のよごれや**地球温暖《おんだん》化《か》**の原因《げんいん》になる（⑤　　　　）の量を減《へ》らす。
- （⑥　　　　）…バッテリーの電気で動き、充電《じゅうでん》した電気は停電《ていでん》のときに使える。
- **燃料《ねんりょう》電池自動車**…水素《すいそ》と空気中の酸素《さんそ》から電気をつくって走る。
- **ハイブリッド車**…ガソリンと電気を組み合わせて使う。

### 運転や乗りおりがしやすい機能

- 車いすやベビーカーを使う人が乗りおりしやすいように、車内やドアを広くする。
- 足にしょうがいのある人でも、手だけで運転できる装置《そうち》を取り付ける。
- しょうがいの有無《うむ》、年令・性別《せいべつ》、言葉のちがいなどにかかわらず、だれもが等しく使えるように、安全で便利なものをつくろうとする考え方を（⑦　　　　）という。

### 環境《かんきょう》にやさしい工場をめざす

- 工場で使った水は、廃水処理施設《はいすいしょりしせつ》できれいにしてから海に流す。
- 生産するときにむだが出ないように設計をし、鉄くずは（⑧　　　　）会社にまわす。

選んだ言葉に✔

| | | | |
|---|---|---|---|
| □試作 | □排出《はいしゅつ》ガス | □リサイクル | □コンピューター |
| □ニーズ | □電気自動車 | □デザイン | □ユニバーサルデザイン |

ぴったり2

# 練習

学習日　月　日

**ぴたトリビア**

ハイブリッド車のうち、家庭の電源のコンセントからバッテリーに充電できるようにした車を、プラグインハイブリッドカーといいます。

教科書 136〜141ページ　答え 32ページ

## 1 新しい自動車の開発について、答えましょう。

(1) 次の文中の①〜④にあてはまる言葉を、㋐〜㋖から選びましょう。

[1] (①)では、どのような自動車にしたいか、どの機能を取り入れるかを考える。

↓

[2] (①)で決まったことから、デザイナーが車体のスケッチや立体的なイメージ画像をつくる。

↓

[3] スケッチをもとにしてつくった、実際の自動車と同じ大きさの(②)や、大画面にうつした画像で(③)を確認する。

↓

[4] (①)で決まったことや完成した(③)にそって、コンピューターで設計図をつくる。

↓

[5] 設計図をもとに試作車をつくり、細かい検査や(④)をする。

↓

新車として生産し、はん売する。

㋐ デザイン　㋑ 企画　㋒ ライン　㋓ 実験
㋔ とそう　㋕ ロボット　㋖ 粘土模型（クレイモデル）

①(　　) ②(　　) ③(　　) ④(　　)

(2) 自動車の利用者などからよせられる、「もっとこうしてほしい」という要望のことを何といいますか。カタカナで書きましょう。 (　　)

## 2 次の自動車とその説明としてあうものを、線で結びましょう。

| | | | |
|---|---|---|---|
| ① | 燃料電池自動車 | ・　・ | ㋐バッテリーに充電しておいた電気で動く自動車。 |
| ② | ハイブリッド車 | ・　・ | ㋑水素と空気中の酸素から電気をつくって走る自動車。 |
| ③ | 電気自動車 | ・　・ | ㋒ガソリンと電気を組み合わせて使う自動車。 |

**ヒント** 1 (1) 新しい自動車の開発は、企画→デザイン→実際の大きさで確認→設計→試作・実験、という流れで行われます。

ぴったり3
# 確かめのテスト

せんたく

3．未来をつくり出す工業生産

## 1 自動車の生産にはげむ人々

時間 30 分

／100

合格 80 点

教科書 130〜141ページ　答え 33ページ

### 1 自動車工場での作業について、答えましょう。

1つ5点（30点）

(1) 自動車づくりの作業を支《ささ》えるくふうに関する次の文中の①〜③にあてはまる言葉を、㋐〜㋔から選びましょう。

自動車工場では、作業中に機械の異常《いじょう》が発生したとき、それを知らせるボタンやランプが設置《せっち》されており、（①）のどこで問題が起こったか、すぐにわかるようになっている。また、大きな部品を取り付けるときに補助《ほじょ》する（②）や、作業の手順を動画で確認《かくにん》するタブレット型《がた》の（③）などが使われている。

㋐ コンピューター　㋑ カメラ　㋒ ロボット　㋓ ライン　㋔ 駐車場《ちゅうしゃじょう》

①（　　　）②（　　　）③（　　　）

(2) 自動車工場で働く人について述《の》べた次の文のうち、正しいものには○を、まちがっているものには×をつけましょう。

①（　　　）朝からの勤務《きんむ》と夜からの勤務があり、働く人が交代する。

②（　　　）作業の効率《こうりつ》をあげるため、勤務が始まると休憩《きゅうけい》はとらない。

③（　　　）ミスを防《ふせ》ぐために、同じ作業をくり返し行い、長く続けている。

### 2 自動車づくりの関連工場について、答えましょう。

1つ4点（32点）

(1) よく出る 自動車工場へ部品を直接《ちょくせつ》おさめる工場を何といいますか。右の図から言葉をぬき出しましょう。

（　　　　　）

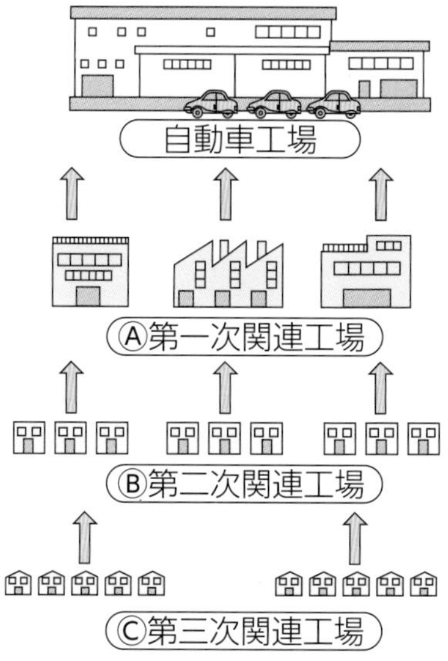


自動車工場と関連工場の結びつき

(2) 次の①〜③にあてはまるものを、図中のⒶ〜Ⓒから選びましょう。

①（　　　）自動車に取り付けるシート（座席《ざせき》）の材料の布を専門《せんもん》にぬう工場。

②（　　　）シート用の布を生産する工場。

③（　　　）シートをつくる工場。

(3) 次の文のうち、正しいものには○を、まちがっているものには×をつけましょう。

①（　　　）自動車生産の関連工場は国内だけにあり、外国では部品を生産していない。

②（　　　）自動車の生産台数が少なくなると、関連工場への注文数も減《へ》ってしまう。

③（　　　）関連工場の作業はすべて人の手で行われ、ロボットは使わない。

④（　　　）組み立て工場と関連工場との間では、ジャスト・イン・タイム方式がとられている。

学習日　月　日

## 3 自動車の出荷《しゅっか》の流れについて、答えましょう。

1つ4点、(3)7点（27点）

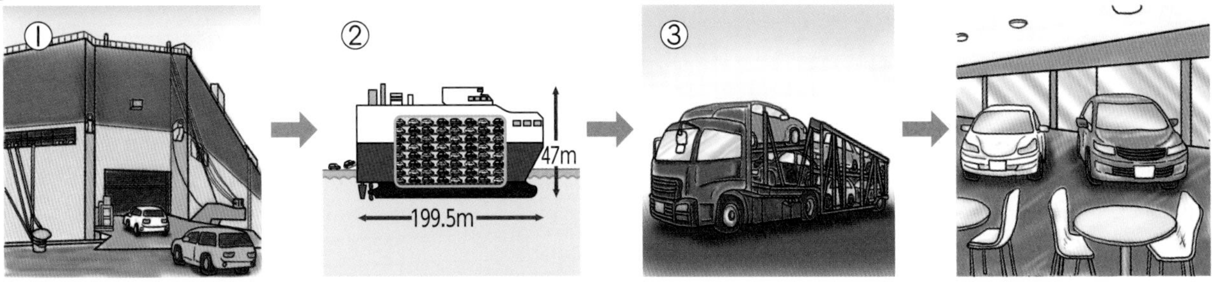


(1) 上の①～③の絵にあてはまる作業を、㋐～㋓から選びましょう。

①（　　　）　②（　　　）　③（　　　）

㋐ 港からキャリアカーで自動車を運ぶ
㋑ 専用《せんよう》の船への積みこみ作業
㋒ 港での自動車の積みおろし
㋓ 専用の船で自動車を運ぶ

(2) 自動車工場の立地について述べた文のうち、正しいものには○を、まちがっているものには×をつけましょう。

①（　　　）車を運びやすいように、港の近くに建っている。
②（　　　）車を運びやすいように、広い道路の近くに建っている。

記述 (3) できたらスゴイ! 自動車を専用船で運ぶと、どのようなよい点がありますか。「費用《ひよう》」という言葉を使って、かんたんに書きましょう。

思考・判断・表現

（　　　　　　　　　　　　　　　　　　　　）

## 4 これからの自動車づくりについて、答えましょう。

(1)5点、(2)6点（11点）

(1) だれでも使いやすい自動車の説明にあてはまらないものを、㋐～㋓から選びましょう。

（　　　）

㋐ 車いすに乗ったままで乗りおりできる装置《そうち》や広さがある。
㋑ ベビーカーをたたまなくても乗せられる広さがある。
㋒ シートが高く、遠くのほうまで見やすいようになっている。
㋓ 足にしょうがいのある人でも運転できるように手だけで運転できる装置が取り付けられている。

記述 (2) できたらスゴイ! 電気自動車や燃料《ねんりょう》電池自動車は環境《かんきょう》にやさしい自動車といわれます。なぜ環境にやさしいといわれるのですか。「ガソリン」「排出《はいしゅつ》ガス」という言葉を使って、かんたんに書きましょう。

思考・判断・表現

（　　　　　　　　　　　　　　　　　　　　）

ふりかえり　4(2)がわからないときは、62ページの2にもどって確認《かくにん》してみよう。

ぴったり1 準備　せんたく

学習日　　月　　日

3．未来をつくり出す工業生産

# 製鉄《せいてつ》にたずさわる人々
# 石油の加工にたずさわる人々

めあて
鉄鋼の生産の流れや、石油の加工の流れを理解《りかい》しよう。

教科書 142～145ページ　答え 34ページ

次の（　　）に入る言葉を、下から選びましょう。

## 1 製鉄にたずさわる人々

教科書 142～143ページ

### 鉄をつくる製鉄所

- 鉄鋼《てっこう》は自動車や建物などの材料として、くらしに欠かせない。
- 鉄鋼生産量の世界第１位は中華人民共和国《ちゅうかじんみんきょうわこく》（中国《ちゅうごく》）（2022年）。
- 鉄をつくる原料の（①　　　　　）や、コークスになる（②　　　　　）は外国から輸入《ゆにゅう》される。船で**原料**を運んだり、鉄鋼を輸出したりするので、大きな製鉄所は海ぞいの広い土地にある。
- 製鉄所では、（③　　　　　）から排出《はいしゅつ》されるガスを回収《かいしゅう》したり水質検査《すいしつけんさ》を行ったりして環境《かんきょう》をよごさないようにしている。

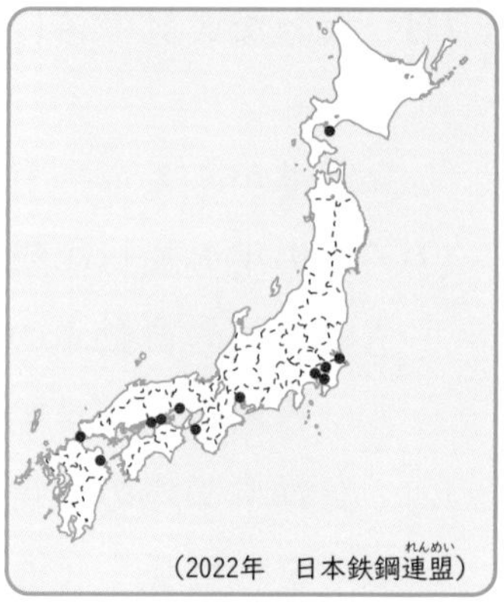

（2022年　日本鉄鋼連盟《れんめい》）

日本各地の製鉄所

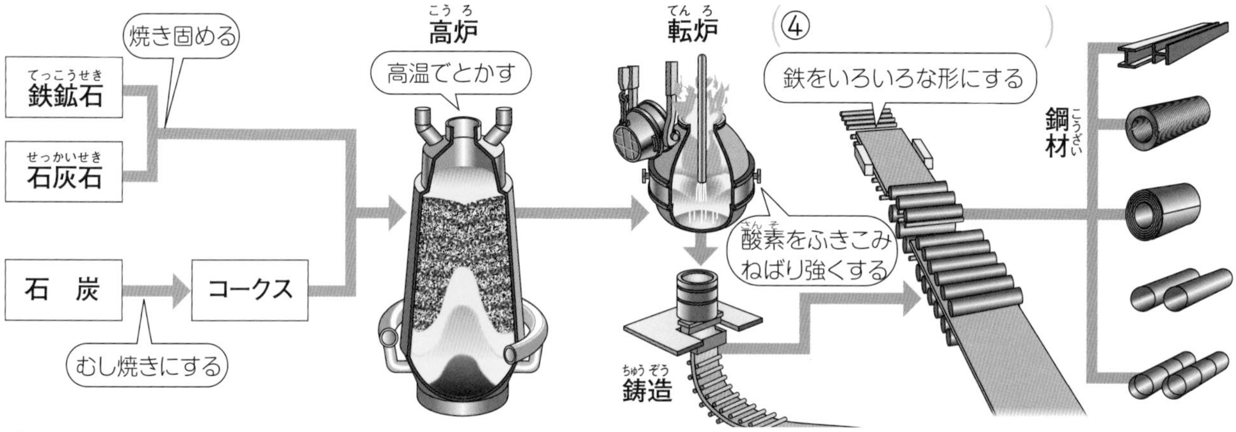

焼き固める
鉄鉱石《てっこうせき》
石灰石《せっかいせき》
石　炭
コークス
むし焼きにする
高炉《こうろ》
高温でとかす
転炉《てんろ》
酸素《さんそ》をふきこみねばり強くする
鋳造《ちゅうぞう》
（④　　　　　）
鉄をいろいろな形にする
鋼材《こうざい》

鉄ができるまで

## 2 石油の加工にたずさわる人々

教科書 144～145ページ

### 石油製品《せいひん》をつくる製油《せいゆ》所

- 製油所では、石油を加工して、（⑤　　　　　）などの燃料《ねんりょう》やさまざまな工業製品の原料を生産している。
- 石油の原料である**原油**は、外国から輸入されており、（⑥　　　　　）で運ばれてくるため、海ぞいの広い土地に石油基地《きち》や製油所がある。
- 石油からつくられるナフサは、（⑦　　　　　）や合成ゴム、合成せんい、洗剤《せんざい》などの原料である。
- （⑧　　　　　）は、**パイプライン**で工場と工場の間をつなぎ、原油や分解《ぶんかい》した原料を送っている。

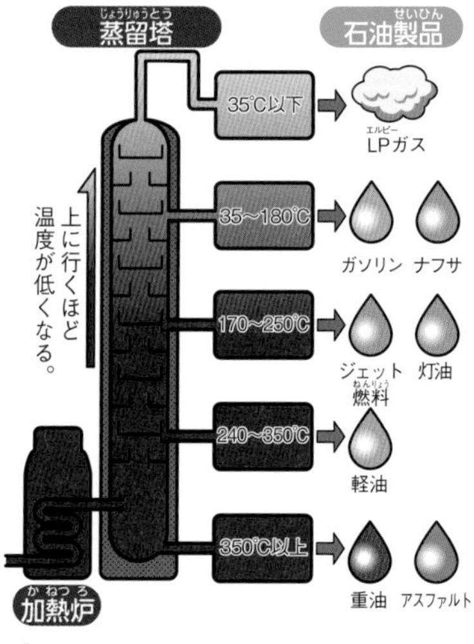

蒸留塔《じょうりゅうとう》
石油製品《せいひん》
35℃以下
LP《エルピー》ガス
35～180℃
ガソリン　ナフサ
170～250℃
ジェット燃料《ねんりょう》　灯油
240～350℃
軽油
350℃以上
重油　アスファルト
上に行くほど温度が低くなる。
加熱炉《かねつろ》

石油の加工の流れ

| 選んだ言葉に✔ | | | | |
|---|---|---|---|---|
| | □石炭 | □タンカー | □圧延《あつえん》・加工 | □プラスチック |
| | □高炉 | □ガソリン | □鉄鉱石 | □石油化学コンビナート |

ぴったり2

# 練習

学習日　　月　　日

**ぴたトリビア**

日本では、石油製品の原料となる原油のほとんどを、サウジアラビア、アラブ首長国連邦《しゅちょうこくれんぽう》、クウェートなどの外国からの輸入にたよっています。

教科書　142～145ページ　答え　34ページ

## 1 製鉄について、答えましょう。

(1) 鉄をつくるのに必要な原料を、石灰石《せっかいせき》以外で２つ書きましょう。

(　　　　　)(　　　　　)

(2) 大きな製鉄所は、どのような地域《ちいき》にありますか。㋐～㋒から選びましょう。

(　　　)

㋐ 海に面した地域　㋑ 大きな川がある地域　㋒ 高速道路に近い地域

(3) 次の①～④は、鉄ができるまでの作業を表しています。①～④の作業を、作業が行われる順にならべかえましょう。

(　　→　　→　　→　　)

① 鉄を熱してさまざまな形にのばし、加工する。
② とけた鉄を鋳造《ちゅうぞう》して、ぼうのようなかたまりにする。
③ 転炉《てんろ》にとけた鉄を入れて、酸素《さんそ》をふきつける。
④ 原料を高炉《こうろ》に入れ、とけた鉄を取り出す。

(4) 右のグラフは、世界の鉄鋼生産量にしめる、国ごとの割合《わりあい》を表しています。Ⓐにあてはまる国名を、㋐～㋒から選びましょう。

(　　　)

㋐ オーストラリア　㋑ 中華人民共和国（中国）　㋒ ドイツ

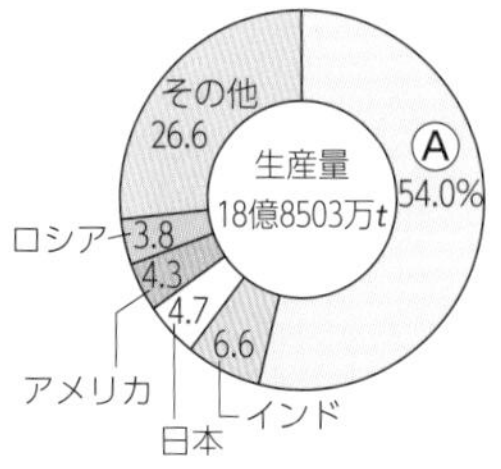
その他
26.6
生産量
18億8503万t
Ⓐ
54.0%
ロシア
3.8
4.3
4.7
6.6
アメリカ
日本
インド
（2022年　世界鉄鋼協会ほか）

世界の鉄鋼生産量にしめる、国ごとの割合

## 2 石油の加工について、答えましょう。

(1) 石油製品の原料となる原油は、何を使って外国から運ばれてきますか。

(　　　　　)

(2) 右の図は、石油の加工の流れを表しています。次の文のうち、正しいものには○を、まちがっているものには×をつけましょう。

①(　　) 製油所では、原油を熱して、蒸発《じょうはつ》する温度のちがいによってガソリンや灯油に分けている。

②(　　) 蒸留塔では、上に行くほど温度は高くなっている。

③(　　) 170～250℃で蒸留《じょうりゅう》されたものには、自動車の燃料となるものがふくまれている。

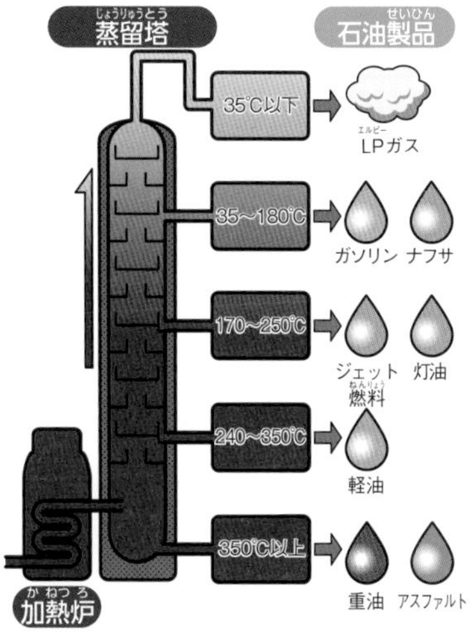
蒸留塔《じょうりゅうとう》
石油製品《せいひん》
35℃以下
LP《エルピー》ガス
35～180℃
ガソリン
ナフサ
170～250℃
ジェット燃料《ねんりょう》
灯油
240～350℃
軽油
350℃以上
重油
アスファルト
加熱炉《かねつろ》

(3) 右の写真に見られるような、製油所や石油製品を原料とする工場などがパイプラインでつながっている地域を何といいますか。(　　　　　)

ヒント　1 (3) 鉄ができるまでの流れは、原料の石炭・鉄鉱石・石灰石の前処理《しょり》→高炉→転炉→鋳造→圧延・加工→鋼材《こうざい》となっています。

せんたく

3. 未来をつくり出す工業生産

# 製鉄《せいてつ》にたずさわる人々

時間 15 分

／50

合格 40 点

教科書 142〜143ページ　答え 35ページ

## 1 製鉄について、答えましょう。

(1)1つ4点、(2)1つ3点（25点）

(1) よく出る 鉄鋼《てっこう》や製鉄所について述《の》べた次の文のうち、正しいものには○を、まちがっているものには×をつけましょう。

①（　　　）日本では、鉄の原料が得《え》られないため、生産がさかんではない。

②（　　　）2022年現在《げんざい》、世界で鉄鋼の生産量が最も多い国は中国《ちゅうごく》である。

③（　　　）日本では、鉄をつくる原料の多くは、外国からの輸入《ゆにゅう》にたよっている。

④（　　　）大きな製鉄所は、働き手が多い大都市の近くにつくられる。

(2) 次の文中の①〜③にあてはまる言葉を、㋐〜㋔から選びましょう。

製鉄所では、高炉《こうろ》から排出《はいしゅつ》される（①）を回収《かいしゅう》する施設《しせつ》をつくったり、毎月（②）を行ってその結果を発表したりするなど、（③）をよごさないように気をつけている。

㋐ 水質検査《すいしつけんさ》　㋑ 鉄くず　㋒ ガス　㋓ 工場　㋔ 環境《かんきょう》

①（　　　）②（　　　）③（　　　）

## 2 次の図は、鉄ができるまでの工程《こうてい》を表しています。これを見て、答えましょう。

(1)1つ3点、(2)1つ4点（25点）

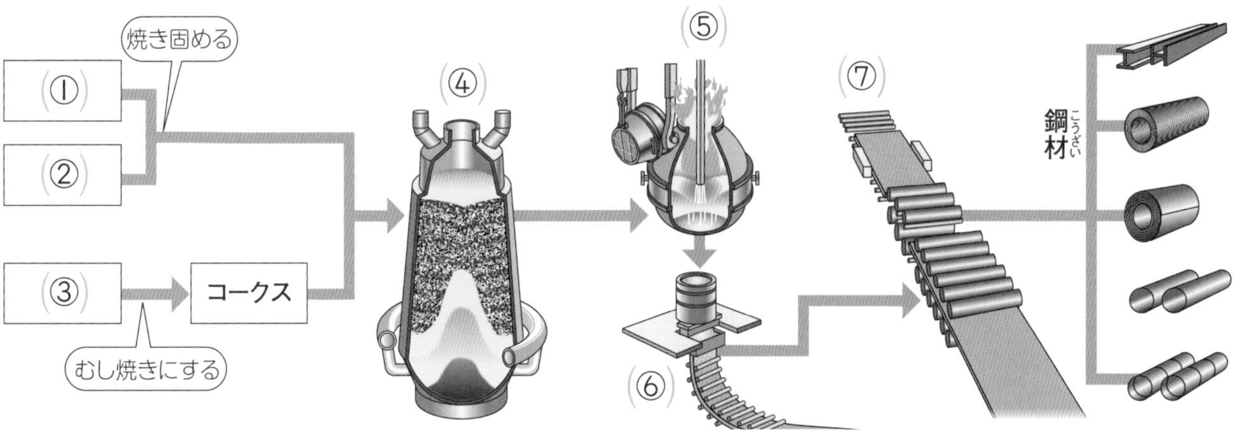


(1) よく出る 鉄をつくるのに必要な原料の①〜③は、何ですか。（①、②は順不同）

①（　　　）②（　　　）③（　　　）

(2) 図中の④〜⑦の工程の説明にあてはまるものを、㋐〜㋓から選びましょう。

思考・判断・表現

④（　　　）⑤（　　　）⑥（　　　）⑦（　　　）

㋐ 転炉《てんろ》では、酸素《さんそ》をふきこみ、ねばり強くする。

㋑ 鉄を熱してさまざまな形にのばし、加工する。

㋒ 高炉《こうろ》にコークスなどの原料を入れ、とけた鉄を取り出す。

㋓ とけた鉄を鋳造《ちゅうぞう》して、ぼうのようなかたまりにする。

ふりかえり 2(2)がわからないときは、66ページの1にもどって確認《かくにん》してみよう。

# 石油の加工にたずさわる人々

時間 15 分

／50

合格 40 点

教科書 144～145ページ　答え 35ページ

## 1 製油所《せいゆ》に関する次の文を読んで、答えましょう。　1つ5点（20点）

原油から石油製品《せいひん》をつくる工場を製油所といい、石油製品を燃料《ねんりょう》や原料として使う工場と（①）で結ばれている。これらの工場が集まるところを（②）という。日本は、原油のほとんどを外国から輸入しており、原油は（③）を使って日本の石油基地《きち》まで運ばれる。

(1) よく出る 文中の①～③にあてはまる言葉を書きましょう。

①（　　　　）

②（　　　　）

③（　　　　）

記述 (2) 製油所や石油基地は、どのようなところにありますか。「輸送《ゆそう》」という言葉を使って、かんたんに書きましょう。　思考・判断・表現

（　　　　　　　　　　　　　　　　　　　　）

## 2 右の図は、石油の加工の流れを表しています。図を見て、答えましょう。　1つ5点（30点）

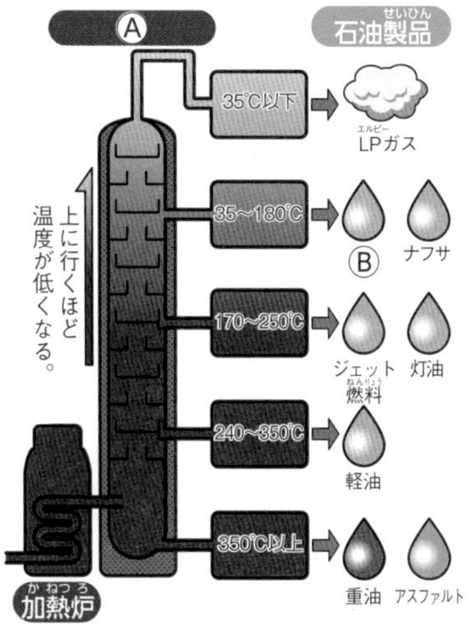
Ⓐ
石油製品《せいひん》
35℃以下
LP《エルピー》ガス
35～180℃
Ⓑ
ナフサ
170～250℃
ジェット燃料《ねんりょう》
灯油
240～350℃
軽油
350℃以上
重油
アスファルト
上に行くほど温度が低くなる。
加熱炉《かねつろ》

石油の加工の流れ

(1) 図中のⒶは、何という施設《しせつ》ですか。㋐～㋒から選びましょう。（　　）

㋐ 石油タンク　㋑ 分解《ぶんかい》工場　㋒ 蒸留塔《じょうりゅうとう》

(2) 図中のⒷは、自動車の燃料として使われる石油製品です。Ⓑは何ですか。

（　　　　）

(3) よく出る 石油製品のうち、さまざまな工業製品の原料となるものを、㋐～㋓から選びましょう。

（　　）

㋐ LP《エルピー》ガス　㋑ ナフサ　㋒ 軽油　㋓ 重油

(4) 石油からつくられる工業製品に関する次の文中の①～③にあてはまる言葉を、㋐～㋔から選びましょう。

(3)を原料としてつくられる（①）は、軽くて成型《せいけい》しやすいので、レジぶくろやおかしのふくろ、おもちゃ、容器《ようき》など、さまざまなものの材料として使われている。また、自動車のタイヤなどには、天然《てんねん》のものの代わりに（②）が使われている。その他の石油からつくられる工業製品には、合成せんいの原料、塗料《とりょう》の原料、（③）の原料などがある。

㋐ 洗剤《せんざい》　㋑ えんぴつ　㋒ 合成ゴム　㋓ プラスチック　㋔ ダンボール

①（　　）②（　　）③（　　）

ふりかえり　1(2)がわからないときは、66ページの2にもどって確認してみよう。

ぴったり1 準備

3分でまとめ

3. 未来をつくり出す工業生産

# 2 日本の工業生産と貿易《ぼうえき》・運輸《うんゆ》①

学習日 月 日

めあて
日本の輸出品、輸入品の特ちょうを理解《りかい》しよう。

教科書 146〜150ページ　答え 36ページ

次の（　　）に入る言葉を、下から選びましょう。

## 1 自動車は世界へ

教科書 146〜147ページ

### 自動車の輸出《ゆしゅつ》

- 日本の自動車は、（①　　　　　　）や乗りごこちがよいなど、世界の人々に人気があり、さまざまな国に輸出されている。
- 外国への自動車の輸送《ゆそう》には（②　　　　　　）を使う。日本からアメリカ合衆国《がっしゅうこく》のロサンゼルスまでは約15日かかる。
- 自動車の主な輸出先は、（③　　　　　　）（133万台）、オーストラリア（37万台）、中華人民共和国《ちゅうかじんみんきょうわこく》（中国《ちゅうごく》）（25万台）、カナダ（16万台）などである（2021年）。

## 2 日本の主な輸出品と輸入品

教科書 148〜150ページ

### 日本の輸出品と輸入品

- 輸出…自動車、IC《アイシー》**（集積回路）**、鉄鋼など、高い技術《ぎじゅつ》で生産される（④　　　　　　）が多い。
- 輸入…（⑤　　　　　　）や液化《えきか》ガスなどの燃料《ねんりょう》・原料が多い。アジアなどの工場で生産した工業製品《せいひん》の輸入も多い。

ワンポイント　日本の主な輸出品・輸入品の変化

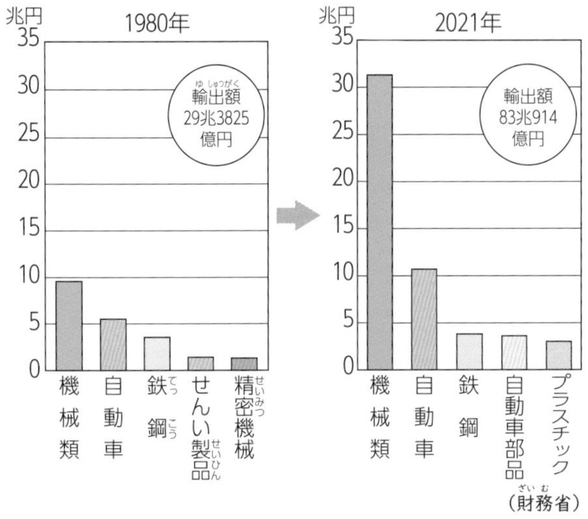


日本の主な輸出品の変化

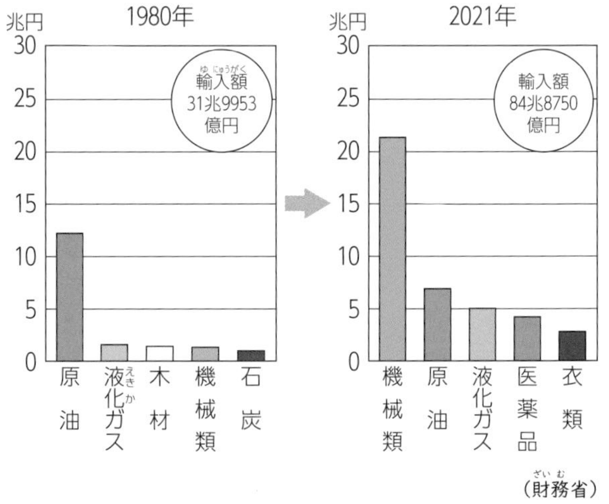


日本の主な輸入品の変化

〈1980年と2021年を比《くら》べてみると〉

- 主な輸出品の変化…自動車や（⑥　　　　　　）の輸出が増《ふ》え、せんい製品と精密《せいみつ》機械に代わり、（⑦　　　　　　）とプラスチックが上位に入った。
- 主な輸入品の変化…機械類の輸入が大きく増え、木材と石炭に代わり、医薬品と（⑧　　　　　　）が上位に入った。

選んだ言葉に✔

| | | | |
|---|---|---|---|
| □原油 | □アメリカ合衆国 | □機械類 | □性能《せいのう》 |
| □衣類 | □船 | □工業製品 | □自動車部品 |

ぴったり2
# 練習

ぴたトリビア

IC（集積回路）とよばれる超小型《ちょうこがた》の電子回路は、自動車やパソコンなどの電化製品に使われています。

学習日　　月　　日

教科書　146〜150ページ　答え　36ページ

## 1 次の地図を見て、答えましょう。

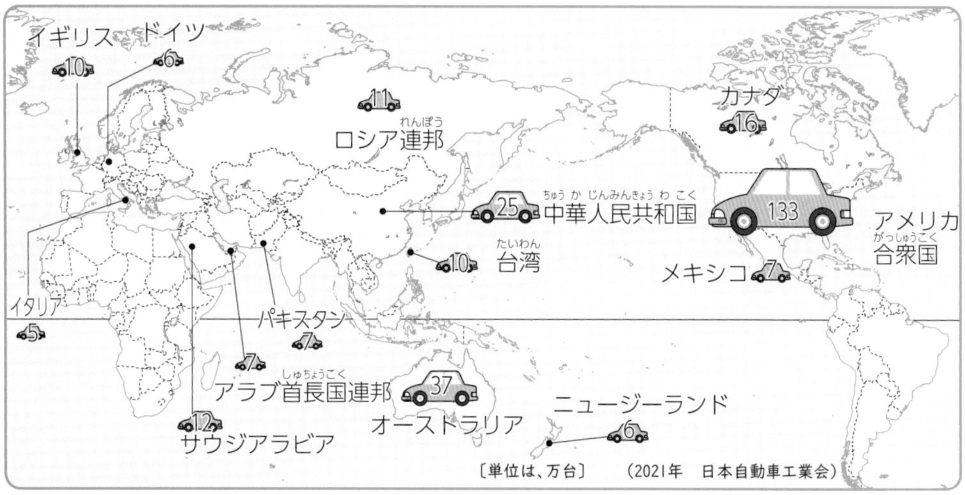


日本の自動車の主な輸出先

(1) 自動車の輸出台数が最も多い輸出先は、どこですか。国名を書きましょう。

（　　　　　）

(2) オーストラリアへ輸出した自動車の台数はおよそ何台ですか。（　　　　　）台

(3) 次の㋐、㋑のうち、輸出した自動車の台数の合計は、どちらが多いですか。（　　　）

㋐ イギリス、ドイツ、イタリア　　㋑ 中華人民共和国、ロシア連邦《れんぽう》、台湾《たいわん》

## 2 日本の輸出と輸入について、答えましょう。

(1) 次の文中の①〜④にあてはまる言葉を、㋐〜㋔から選びましょう。

日本は、国内では得《え》ることがむずかしい原油や液化ガスなどの（①）や、鉄鉱石《てっこうせき》などの（②）を多く輸入している。最近は、機械類や衣類などの（③）の輸入も増えてきている。一方、輸出では、機械類や（④）、鉄鋼《てっこう》などの（③）が多い。

㋐ 食料　㋑ 燃料　㋒ 自動車　㋓ 工業製品　㋔ 原料

①（　　　）　②（　　　）　③（　　　）　④（　　　）

(2) 右のⒶ、Ⓑのグラフは、日本の輸出品と輸入品（2021年）のいずれかを表しています。輸出品のグラフはどちらですか。

（　　　）

(3) グラフ中のⒸにあてはまるものを、［　　］から選びましょう。

（　　　　　）

［プラスチック　木材　せんい製品］

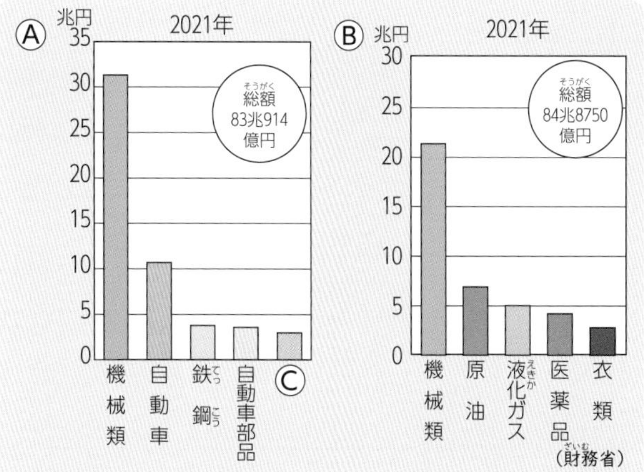


ヒント ❷ (2) Ⓐのグラフは工業製品ばかりです。それに対して、Ⓑのグラフには原油・液化ガスといった燃料があります。

# 2 日本の工業生産と貿易《ぼうえき》・運輸《うんゆ》②

学習日　　月　　日

**めあて** 工業生産と貿易との関係や輸送手段の特ちょうを理解《りかい》しよう。

教科書 151～155ページ　答え 37ページ

次の（　　）に入る言葉を、下から選びましょう。

## 1 工業生産と貿易との関係

教科書 151～152ページ

### 日本の貿易の特色

- 日本は（① 　　　　）にめぐまれないため、燃料《ねんりょう》や原料の多くを輸入《ゆにゅう》している。
- 輸入された原料は、国内の工場で加工されて自動車や鉄鋼《てっこう》などの（② 　　　　）となり、世界の国々に輸出される。外国で生産された部品を輸入して、国内で工業製品《せいひん》をつくることも増《ふ》えた。

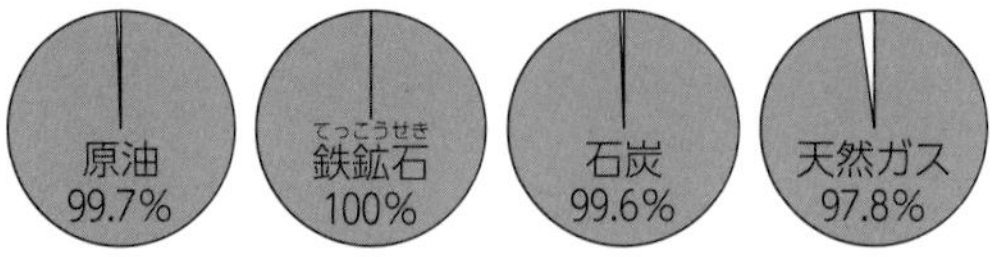


（2021年　経済《けいざい》産業省ほか）

主な燃料や原料の輸入の割合《わりあい》

日本の主な輸入相手先：⑴（③ 　　　　）、⑵（④ 　　　　）、⑶オーストラリア、⑷台湾《たいわん》、⑸大韓民国《だいかんみんこく》（2021年）。
日本の主な輸出相手先：⑴中華人民共和国《ちゅうかじんみんきょうわこく》（中国《ちゅうごく》）、⑵アメリカ合衆国《がっしゅうこく》、⑶台湾、⑷大韓民国、⑸ホンコン（2021年）。

## 2 貿易を支《ささ》える輸送手段《ゆそうしゅだん》

教科書 153～154ページ

### 輸出品と輸入品の輸送

- 日本は島国なので、輸出品や輸入品は、主に船で輸送されている。

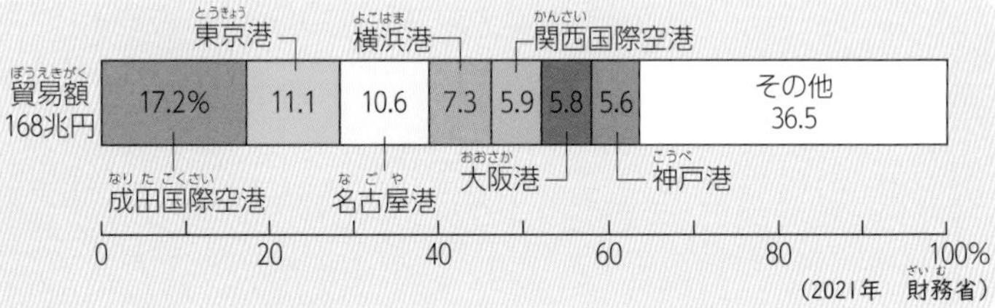


港・空港別の貿易額《がく》

### ワンポイント それぞれの輸送手段の特ちょう

| | |
|---|---|
| 船 | 一度に大量の荷物を運べる。時間はかかるが、（⑤ 　　　　）をおさえられる。自動車、コンテナ、原油、鉄鉱石《てっこうせき》などを運ぶ。 |
| ⑥ | 小型《こがた》の荷物を短時間で運べる。費用《ひよう》がかかるため、鮮度《せんど》を保《たも》ちたい食料品や、値段《ねだん》が高く軽い機械の輸送に適《てき》している。IC《アイシー》、カメラ、医薬品などを運ぶ。 |
| ⑦ | 荷物の積みこみがしやすく、出発地から目的地まで直接《ちょくせつ》運べる。道路が混《こ》むと、おくれることがある。あらゆる製品を運ぶ。 |
| ⑧ | 決められた時間どおりに運べる。線路がある場所にしか運べないが、二《に》酸化炭素《さんかたんそ》の排出《はいしゅつ》量が少なく、環境《かんきょう》にやさしい。コンテナ、石油製品、セメントなどを運ぶ。 |

選んだ言葉に✔

| | | | |
|---|---|---|---|
| □アメリカ合衆国 | □トラック | □航空機 | □鉄道 |
| □中華人民共和国（中国） | □工業製品 | □天然資源《しげん》 | □費用 |

学習日　　月　　日

**ぴたトリビア**

日本と中華人民共和国（中国）とでは、輸入額の方が輸出額よりも多く、日本とアメリカ合衆国とでは、輸出額の方が輸入額よりも多くなっています。

教科書 151〜155ページ　答え 37ページ

## 1 日本の貿易について、答えましょう。

⑴　日本は天然資源にめぐまれていないので、燃料や原料のほとんどを外国から輸入しています。100%を輸入にたよっている原料を、㋐〜㋓から選びましょう。

（　　　　）

㋐　木材　　　㋑　鉄鉱石
㋒　ナフサ　　㋓　砂糖《さとう》

⑵　右のグラフでは、日本で生産された自動車のうち、輸出されるのは何%ですか。（　　　　）%

⑶　右のグラフでは、日本で生産された産業用ロボットのうち、国内の工場で使われるのは何%ですか。

（　　　　）%

⑷　右のグラフのうち、国内で使われる割合が最も高い工業製品は何ですか。

（　　　　）

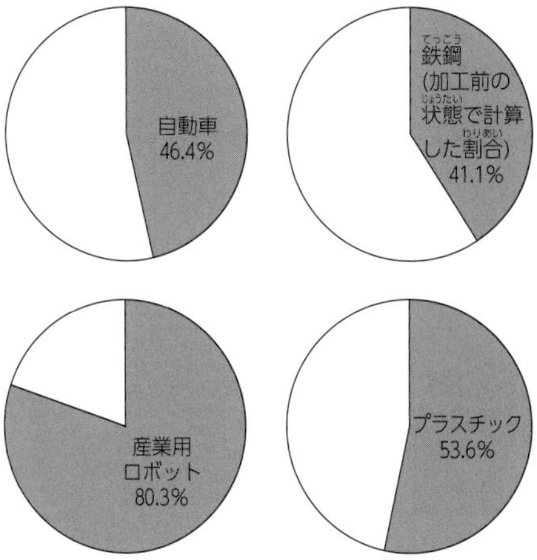


（2020年　経済《けいざい》産業省ほか）

主な工業製品の輸出の割合

## 2 輸出品や輸入品の輸送について、答えましょう。

⑴　右の絵は、それぞれある交通機関を使った輸送の様子を表しています。Ⓐ〜Ⓓにあてはまる輸送手段を書きましょう。

Ⓐ（　　　　）
Ⓑ（　　　　）
Ⓒ（　　　　）
Ⓓ（　　　　）

⑵　次の文にあてはまる輸送手段は何ですか。Ⓐ〜Ⓓから選びましょう。

①（　　）　②（　　）　③（　　）　④（　　）

①　原油・鉄鉱石などの輸入品や、自動車などの輸出品を一度にたくさん運ぶ。
②　鮮度を保ちたい食料品や、ICなどの値段の高い小型の軽い工業製品を運ぶ。
③　運べる場所は限定《げんてい》されるが、二酸化炭素の排出量が少なく、環境にやさしい輸送手段である。
④　出発地から目的地まで直接運べるが、時間どおりに運べない心配もある。

**ヒント**
1 ⑶　国内で使われる割合は、100%から輸出の割合を引いて求めます。
1 ⑷　輸出の割合が低いと、国内で使われる割合は高くなります。

# 2 日本の工業生産と貿易《ぼうえき》・運輸《うんゆ》

時間 30 分　／100　合格 80 点

教科書 146〜155ページ　答え 38ページ

## 1

よく出る 日本の貿易について述《の》べた次の文のうち、輸出《ゆしゅつ》にあてはまるものにはAを、輸入にあてはまるものにはBを書きましょう。　1つ4点（28点）

①（　　　）IC《アイシー》（集積回路）や鉄鋼《てっこう》などの工業製品《せいひん》が多い。
②（　　　）最近では、機械類や衣類などの工業製品が増《ふ》えている。
③（　　　）液化《えきか》ガス、石炭などの原料や燃料《ねんりょう》が多い。
④（　　　）アジアなどの工場で生産した工業製品が多い。
⑤（　　　）昔から高い技術《ぎじゅつ》でつくられた工業製品が多い。
⑥（　　　）最近は、せんい製品は少なくなった。
⑦（　　　）最近は、木材が少なくなった。

## 2

次のグラフを見て、答えましょう。　技能 1つ4点（28点）

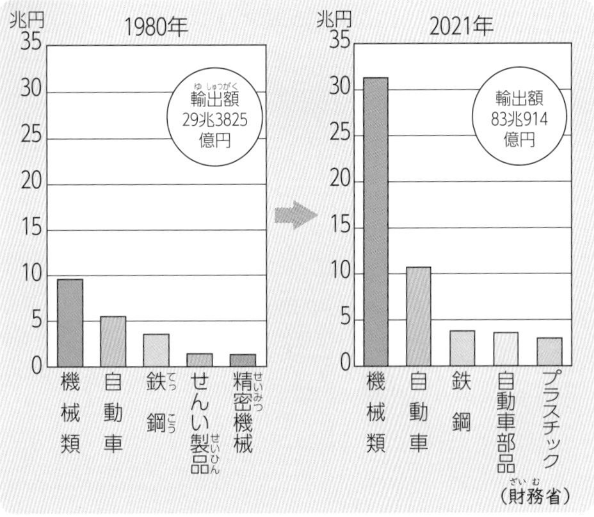


日本の主な輸出品の変化

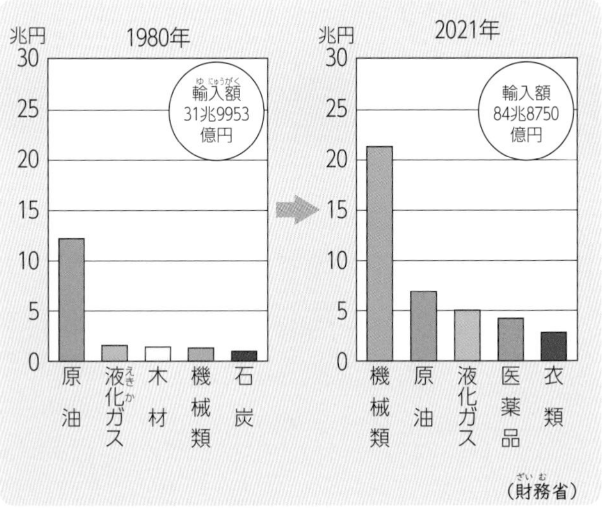


日本の主な輸入品の変化

(1) 日本の主な輸出品と輸入品の変化について述《の》べた次の文のうち、正しいものには○を、まちがっているものには×をつけましょう。

①（　　　）機械類、自動車、鉄鋼の輸出額が大きく増えた。
②（　　　）輸出品の上位にせんい製品がなくなり、輸入品の上位に衣類が入った。
③（　　　）機械類の輸入額《がく》が大きく増えたが、液化ガスの輸入額は大きく減《へ》った。
④（　　　）原油の輸入額は減っているが、燃料の中ではいちばん多い。
⑤（　　　）工業製品の輸出額の増え方よりも、燃料の輸入額の増え方のほうが大きい。
⑥（　　　）貿易額が多い順の第1位から第3位までを見ると、輸出品にも輸入品にも、品目の変化は見られない。

(2) 1980年と2021年のグラフを比《くら》べると、輸出額と輸入額で、金額の増え方が大きいのはどちらですか。

（　　　　　　）

## 3 次のグラフを見て、答えましょう。

1つ4点、(4) 7点（19点）

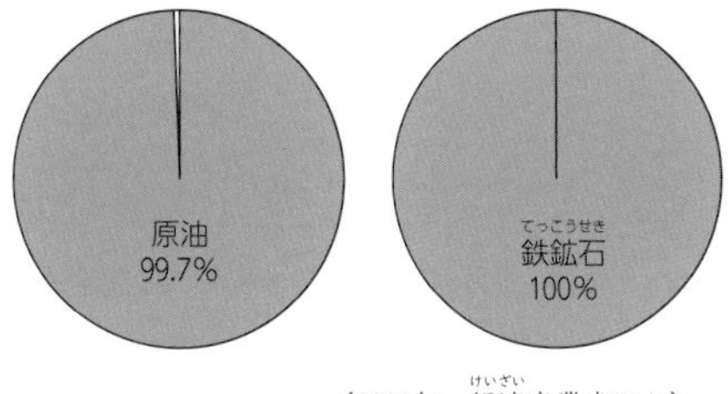
原油
99.7%
鉄鉱石《てっこうせき》
100%

（2021年　経済《けいざい》産業省ほか）

主な燃料や原料の輸入の割合《わりあい》

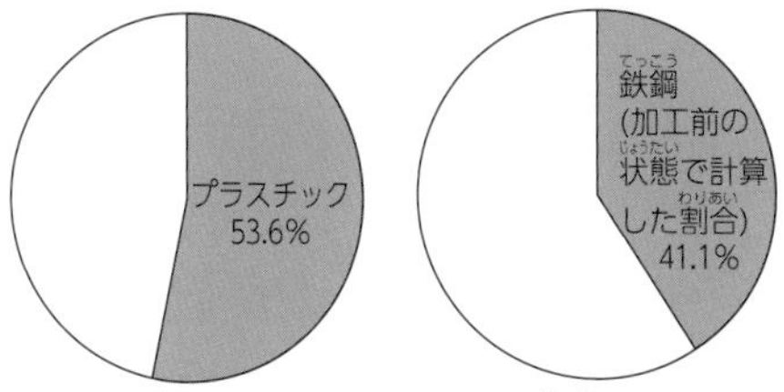
プラスチック
53.6%
鉄鋼《てっこう》
(加工前の
状態《じょうたい》で計算
した割合《わりあい》)
41.1%

（2020年　経済《けいざい》産業省ほか）

主な工業製品の輸出の割合

(1) 原油の主な輸入相手先を、㋐～㋓から選びましょう。

（　　　）

㋐ サウジアラビア　㋑ ドイツ　㋒ 大韓民国《だいかんみんこく》　㋓ スイス

(2) 外国から日本へ原油を運ぶ輸《ゆ》送《そう》手段《しゅだん》を、㋐～㋒から選びましょう。

（　　　）

㋐ キャリアカー　㋑ タンカー　㋒ 航空機

(3) 国産の原油の割合は何％ですか。　**技能**

（　　　　　）％

記述 (4) できたらスゴイ! グラフからわかる工業生産と貿易の関係について、「鉄鉱石《てっこうせき》」「鉄鋼」「輸入」という言葉を使って、かんたんに書きましょう。　**思考・判断・表現**

（　　　　　　　　　　　　　　　　　　　　）

## 4 右のグラフを見て、答えましょう。

1つ5点（25点）

(1) 貿易額が、貿易額全体の10％以上をしめている港・空港を、グラフ中から選びましょう。　**技能**

（　　　　　）
（　　　　　）
（　　　　　）

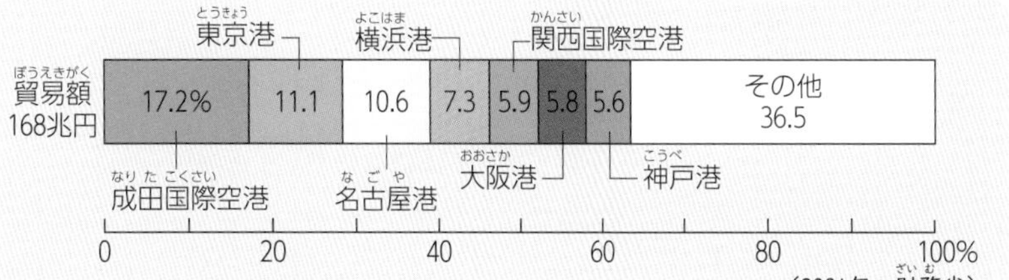
東京《とうきょう》港
横浜《よこはま》港
関西《かんさい》国際空港
貿易額《ぼうえきがく》
168兆円
17.2%
11.1
10.6
7.3
5.9
5.8
5.6
その他
36.5
成田《なりた》国際《こくさい》空港
名古屋《なごや》港
大阪《おおさか》港
神戸《こうべ》港
0
20
40
60
80
100%

（2021年　財務《ざいむ》省）

港・空港別の貿易額

(2) 成田《なりた》国際《こくさい》空港を使って輸送される輸出品や輸入品を、㋐～㋔から２つ選びましょう。

（　　　）（　　　）

㋐ 自動車
㋑ カメラなどの小型《こがた》の機械
㋒ セメント
㋓ 鉄鉱石
㋔ IC（集積回路）

ふりかえり　3(4)がわからないときは、72ページの1にもどって確認《かくにん》してみよう。

ぴったり1 **準備**

3分でまとめ

3．未来をつくり出す工業生産

# 3 日本の工業生産の今と未来①

学習日　　月　　日

めあて
工業生産のさかんな地域の特色や、大工場と中小工場の特色を理解《りかい》しよう。

教科書 156～161ページ　答え 39ページ

次の（　　）に入る言葉を、下から選びましょう。

## 1 さまざまな製品《せいひん》をつくり出す工業

教科書 156～157ページ

### 工業の種類

| | |
|---|---|
| ①（　　　　）工業 | 自動車、電子部品、パソコン、カメラなど |
| 化学工業 | 洗剤《せんざい》、医薬品、プラスチック、塗料《とりょう》など |
| ②（　　　　）工業 | 鉄鋼《てっこう》、金属《きんぞく》製品（ねじ、はさみなど）など |
| 食料品工業 | パン、チーズ、牛乳《ぎゅうにゅう》、冷凍《れいとう》食品、おかしなど |
| せんい工業 | 毛糸、絹織物《きぬおりもの》、綿《めん》織物、衣類など |
| その他の工業 | 木製品（家具など）、紙、セメントなど |

工業にはいろいろな種類があるんだね。

- 工業生産額《がく》では、機械・化学・金属工業などの（③　　　　）が中心となっている。
- 食料品工業やせんい工業は、軽工業とよばれる。

## 2 工業のさかんな地域《ちいき》／大工場と中小工場のちがい

教科書 158～161ページ

### 工業地帯や工業地域

- 関東《かんとう》地方の南部から九州《きゅうしゅう》地方の北部にかけての海ぞいに、工業のさかんな地域がベルトのように連なっていることから、「（④　　　　）」とよばれる。
- 燃料《ねんりょう》や原料、部品や製品の輸送《ゆそう》には港を利用するので、海ぞいの地域は工業のさかんな地域が多い。
- IC《アイシー》**（集積回路）**などの小さな部品をつくる工場は（⑤　　　　）にも広がっており、輸送には高速道路や空港を利用する。

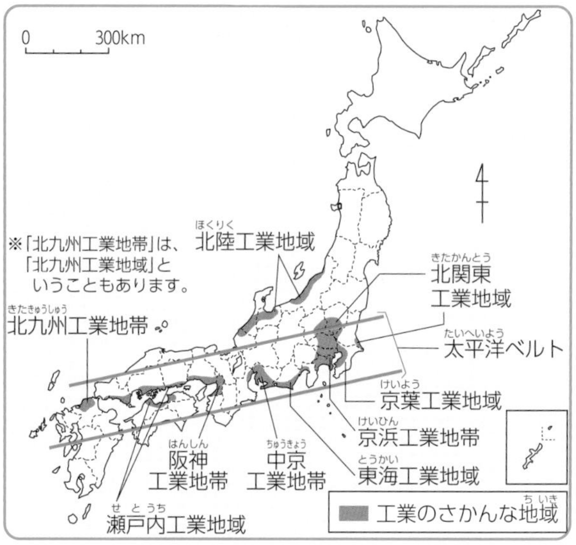


工業のさかんな地域

### ワンポイント　大工場と中小工場のちがい

- **大工場**…働く人が300人以上の工場。
- **中小工場**…働く人が１～299人の工場。
- 日本では（⑥　　　　）が多く、働く人の数の約７割《わり》は中小工場で働いている。
- 生産額の割合《わりあい》は、（⑦　　　　）のほうが少し大きい。
- 中小工場の高い（⑧　　　　）を生かした製品は、大工場の生産を支《ささ》えている。

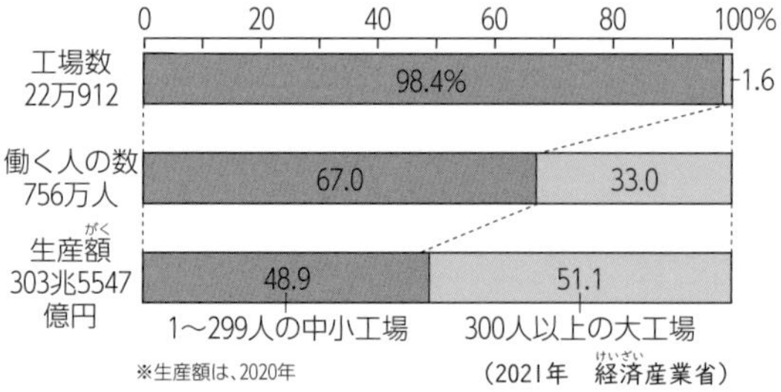


日本の工業生産にしめる中小工場と大工場の割合

選んだ言葉に✓

| | | | |
|---|---|---|---|
| □金属 | □重化学工業 | □大工場 | □内陸 |
| □技術《ぎじゅつ》 | □太平洋《たいへいよう》ベルト | □中小工場 | □機械 |

ぴたトリビア

京浜工業地帯・中京《ちゅうきょう》工業地帯・阪神《はんしん》工業地帯・北九州《きたきゅうしゅう》工業地帯は、昔から工業のさかんな地域で、かつては「四大工業地帯」とよばれていました。

教科書　156〜161ページ　答え　39ページ

## 1 工業について、答えましょう。

(1) 次の工業の種類にあてはまる製品を、㋐〜㋛から２つずつ選びましょう。

① 機械工業 (　　)(　　)　② 金属工業 (　　)(　　)
③ 化学工業 (　　)(　　)　④ 食料品工業 (　　)(　　)
⑤ せんい工業 (　　)(　　)　⑥ その他の工業 (　　)(　　)

㋐ 医薬品　㋑ 綿織物　㋒ パン　㋓ 衣類　㋔ 家具　㋕ 塗料
㋖ 自動車　㋗ 乳製品《にゅうせいひん》　㋘ 鉄鋼　㋙ 紙　㋚ ねじ　㋛ カメラ

(2) 次の工業のうち、重化学工業にあてはまるものにはAを、軽工業にあてはまるものにはBを書きましょう。

①(　　)機械工業　②(　　)食料品工業　③(　　)化学工業
④(　　)金属工業　⑤(　　)せんい工業

## 2 右のグラフを見て、答えましょう。

(1) 機械工業の生産額が最も多い工業地帯・工業地域は、どこですか。
(　　　　)

(2) Ⓐの工業地域の名前を書きましょう。
(　　　　)工業地域

(3) 右のグラフについて述《の》べた文として正しいものを、㋐〜㋓から２つ選びましょう。
(　　)(　　)

㋐ 機械工業の生産額が最も少ないのは京葉《けいよう》工業地域である。
㋑ 金属工業のしめる割合が20%以上なのは京葉工業地域である。
㋒ 化学工業のしめる割合が最も高いのは瀬戸内《せとうち》工業地域である。
㋓ 食料品工業のしめる割合が最も高いのは京浜《けいひん》工業地帯である。

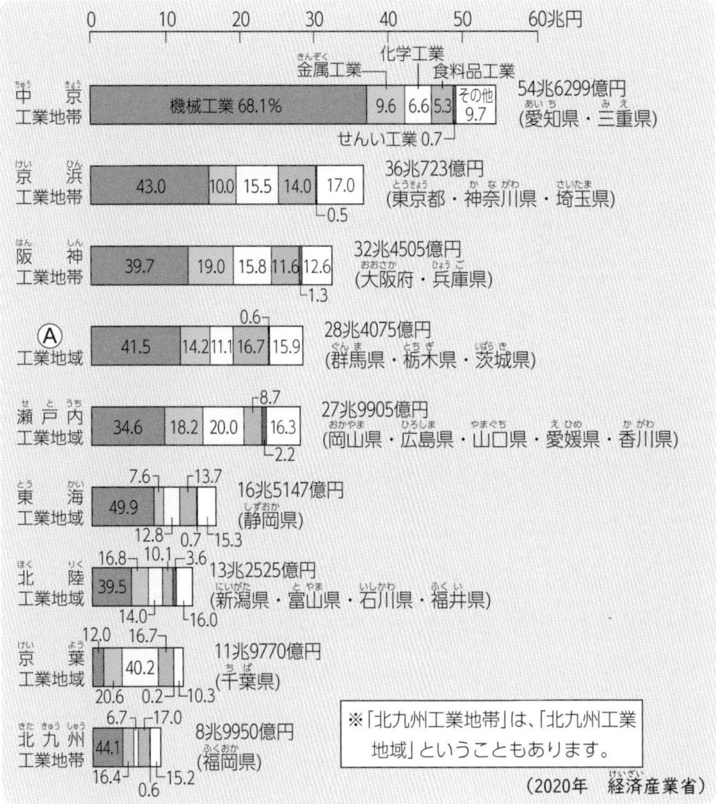


⇧ 工業地帯・工業地域別の工業生産額

(4) 関東地方の南部から九州地方の北部にかけて、海ぞいに連なる工業のさかんな地域を何といいますか。
(　　　　)

ヒント
❶ (2) 比較的《ひかくてき》重い製品をつくる工業を重工業、比較的軽い製品をつくる工業を軽工業といいます。重工業と化学工業を合わせて重化学工業といいます。

ぴったり3
# 確かめのテスト

3．未来をつくり出す工業生産
## 3 日本の工業生産の今と未来

時間 30分　／100　合格 80点

教科書 156～161ページ　答え 40ページ

### 1 [よく出る]次の文中の①～⑧にあてはまる言葉を、㋐～㋙から選びましょう。

1つ4点（32点）

さまざまな製品(せいひん)をつくり出す工業は、次のような種類に分けられる。自動車やパソコンなどを生産する（①）工業、鉄鋼(てっこう)やねじ、はさみなどを生産する（②）工業、医薬品や洗剤(せんざい)、塗料(とりょう)などを生産する（③）工業、牛乳(ぎゅうにゅう)やパン、おかしなどを生産する（④）工業、織物(おりもの)や衣類などを生産する（⑤）工業、木製品や紙製品などを生産する（⑥）の工業である。このうち、（①）工業、（②）工業、（③）工業を（⑦）工業といい、（④）工業、（⑤）工業などを（⑧）工業という。

㋐ 重化学　㋑ 大　㋒ せんい　㋓ 金属(きんぞく)　㋔ 化学
㋕ 食料品　㋖ 軽　㋗ その他　㋘ 機械　㋙ 部品

①（　　）②（　　）③（　　）④（　　）
⑤（　　）⑥（　　）⑦（　　）⑧（　　）

### 2 右の地図とグラフを見て、答えましょう。

1つ4点（20点）

(1) [よく出る]地図中のⒶの地域(ちいき)は、何とよばれていますか。（　　　）

[記述] (2) [よく出る]工業のさかんな地域は、どのような場所に多いですか。かんたんに書きましょう。　[思考・判断・表現]

（　　　　　　）

(3) 工業のさかんな地域が(2)に多い理由を、㋐、㋑から選びましょう。（　　）

㋐ 原料や製品を輸送(ゆそう)するのに便利だから。
㋑ 人口が少ない地域だから。

(4) [よく出る]機械工業の割合(わりあい)が最も高い工業地帯を、右のグラフからぬき出しましょう。　[技能]

（　　　　　）

(5) 金属工業の生産額(がく)が最も多い工業地帯を、右のグラフからぬき出しましょう。　[技能]

（　　　　　）

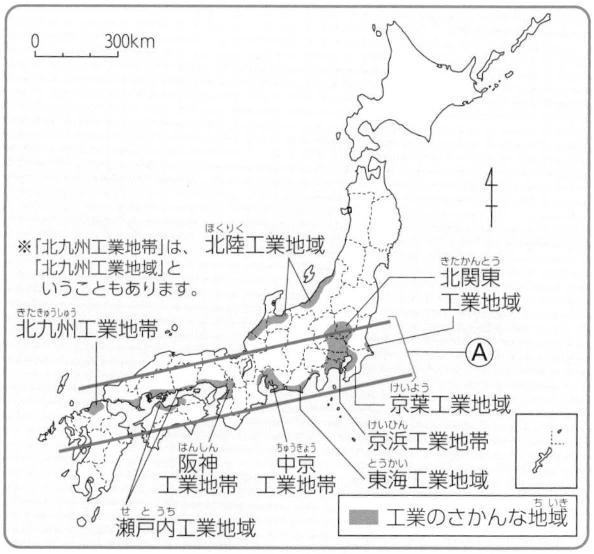


工業のさかんな地域

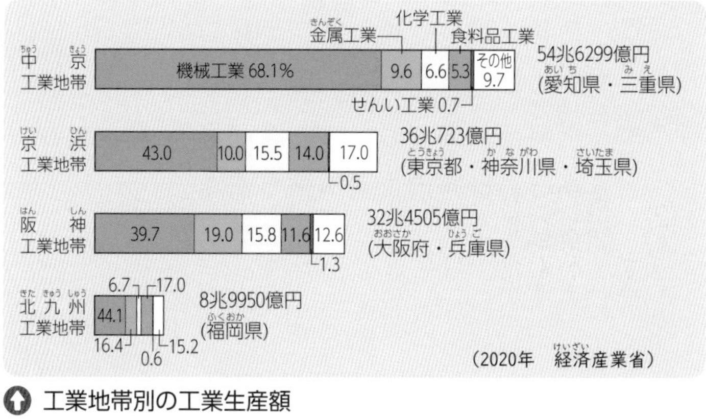


工業地帯別の工業生産額

学習日　　月　　日

## 3 右のグラフを見て、答えましょう。

技能 1つ4点（36点）

(1) 1980年の工業生産額のうち、その他の工業以外で機械工業の次に割合の大きい工業は何ですか。

（　　　　　）

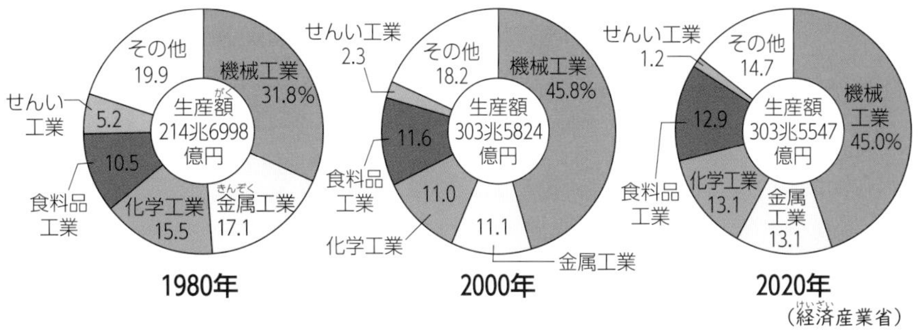

日本の工業生産額の変化

(2) 2000年の工業生産額のうち、1980年よりも割合が大きくなった工業は何ですか。２つ書きましょう。

（　　　　　）（　　　　　）

(3) 2020年の工業生産額のうち、「その他」の工業以外で1980年よりも割合が小さくなった工業は何ですか。３つ書きましょう。

（　　　　　）（　　　　　）（　　　　　）

(4) 上のグラフについて述《の》べた文のうち、正しいものには○を、まちがっているものには×をつけましょう。

①（　　　）金属工業と化学工業の割合は、ますます大きくなってきている。

②（　　　）食料品工業の割合は、しだいに大きくなってきている。

③（　　　）せんい工業の割合は、しだいに小さくなってきている。

## 4 次のグラフを見て、答えましょう。

思考・判断・表現 1つ6点（12点）

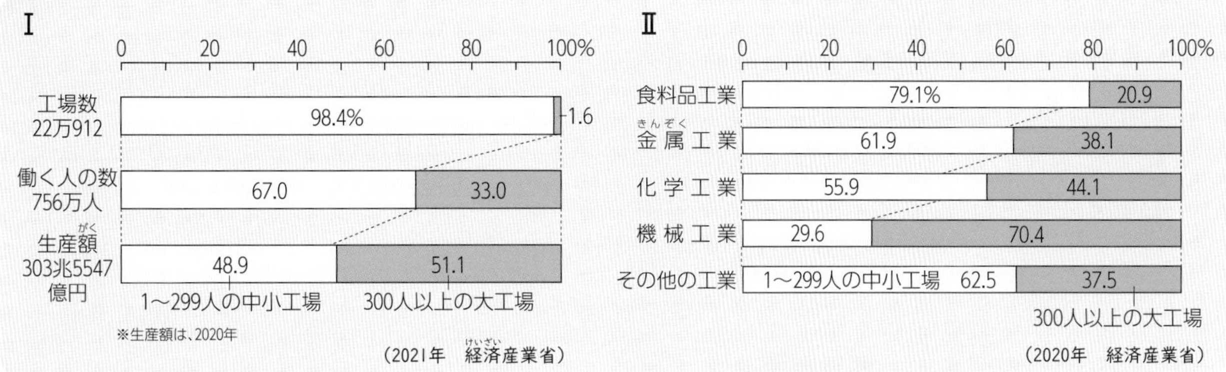

日本の工業生産にしめる中小工場と大工場の割合

各工業の生産額にしめる中小工場と大工場の割合

記述 (1) Ⅰのグラフを見て、中小工場と大工場についてわかることを、「工場数」「生産額」という言葉を使って、かんたんに書きましょう。

（　　　　　　　　　　）

記述 (2) できたらスゴイ! Ⅱのグラフを見て、中小工場についてわかることを、「軽工業」という言葉を使って、かんたんに書きましょう。

（　　　　　　　　　　）

ふりかえり 4(1)がわからないときは、76ページの2にもどって確認《かくにん》してみよう。

ぴったり1 準備

3. 未来をつくり出す工業生産

# 3 日本の工業生産の今と未来②

学習日　月　日

めあて
日本の工業生産の変化や、海外生産の利点と問題点を理解《りかい》しよう。

教科書 162〜165ページ　答え 41ページ

次の（　）に入る言葉を、下から選びましょう。

## 1 日本の工業生産の変化

教科書 162〜163ページ

### 工場の減少《げんしょう》

- 日本国内では、電化製品《せいひん》やIC《アイシー》部品などを生産する（①　　　）で、生産量を減《へ》らしたり、生産を海外に移《うつ》したりするところが増《ふ》えている。
- 大工場に部品をおさめる（②　　　）の生産にもえいきょうがあり、日本全体の工場の数が減ってきている。
- 工場で（③　　　）の数も減ってきており、特に規模《きぼ》の小さい中小工場では、技術《ぎじゅつ》を受けつぐ若い働き手が不足しているところもある。

工場数が減っても、工業生産額《がく》は減っていないよ。

## 2 増え続ける海外生産

教科書 164〜165ページ

### 自動車の海外生産

- 日本から（④　　　）される自動車が増えすぎたことにより、外国から、つりあいのとれた（⑤　　　）を求める声があがった。
- 輸出《ゆしゅつ》する代わりに、海外で日本の自動車を生産する（⑥　　　）が、1985年ごろから増えた。
- 右のグラフを見ると、**海外生産**が増えたことで、国内生産が減ってきている。

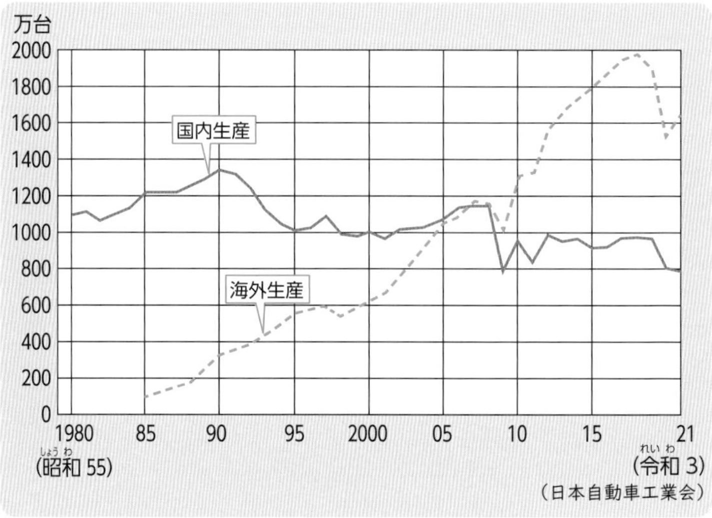


日本の自動車の国内生産台数と海外生産台数の変化

### 海外生産のよいところ

- 現地《げんち》で生産することによって、自動車会社は、生産や輸送《ゆそう》にかかる（⑦　　　）を安くおさえられる。
- 自動車づくりに現地の材料や部品が多く使われるため、働く場をつくることができる。
- その国の人が工場の仕事を通じて、自動車づくりの（⑧　　　）を学ぶことができ、その国の工業の発展《はってん》を支《ささ》えることもできる。
- **問題点** 日本の高い技術《ぎじゅつ》が海外に流出するおそれがある。
  思いがけない災害《さいがい》や事件《じけん》で、生産にえいきょうがでる心配がある。

| 選んだ言葉に✔ | | | | |
|---|---|---|---|---|
| | □中小工場 | □技術 | □働く人 | □貿易《ぼうえき》 |
| | □大工場 | □費用《ひよう》 | □海外生産 | □輸出 |

ぴったり2

# 練習

学習日　　月　　日

**ぴたトリビア**

輸出や輸入がかたよると国内で生産したものが売れなくなったりするため、相手国との間でトラブル（貿易まさつ）が起こることがあります。

教科書 162～165ページ　答え 41ページ

## 1 右のグラフを見て、答えましょう。

⑴ 国内の工場数が最も多い年は何年ですか。　（　　　　　）年

⑵ 工場で働く人の数が最も多い年は何年ですか。　（　　　　　）年

⑶ 次の文のうち、正しいものには○を、まちがっているものには×をつけましょう。

①（　　　）1980年と2021年の工場数を比《くら》べると、３分の１以下に減っている。

②（　　　）工場数が最も減ったのは、2016年から2021年の間である。

③（　　　）1980年と2021年の工場で働く人の数を比べると、およそ500万人減っている。

④（　　　）工場で働く人の数の減り方は、1990年からゆるやかになっている。

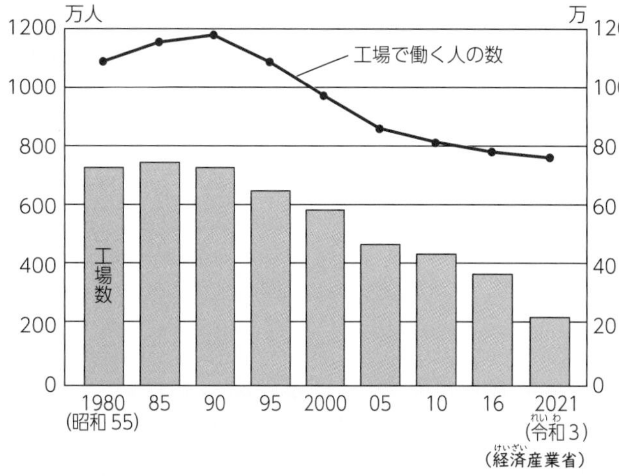


国内の工場数と、工場で働く人の数の変化

## 2 自動車の生産について、答えましょう。

⑴ 右のグラフで、自動車の国内生産台数が最も多い年は何年ですか。
（　　　　　）年

⑵ 自動車の海外生産台数が国内生産台数を上回るようになった時期を、グラフ中のⒶ～Ⓒから選びましょう。
（　　　）

⑶ 2021年の海外生産台数は、国内生産台数のおよそ何倍ですか。整数で書きましょう。
（　　　　　）倍

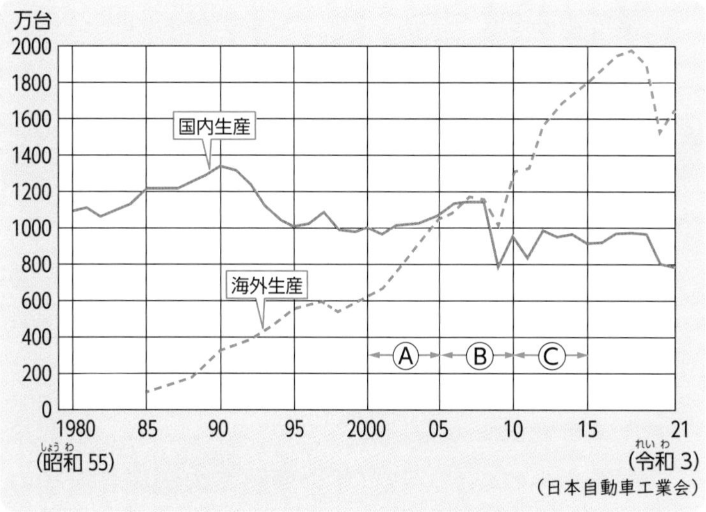


日本の自動車の国内生産台数と海外生産台数の変化

⑷ 自動車の海外生産について述《の》べた次の文のうち、正しいものには○を、まちがっているものには×をつけましょう。

①（　　　）海外生産では、必要な部品はすべて日本から船で運んでいる。

②（　　　）海外生産では、その国の人たちも工場で働いている。

③（　　　）海外生産では、国内で生産して輸出するよりも、輸送に費用がかかる。

④（　　　）海外生産では、日本の高い技術が海外に流出するおそれがある。

ヒント
1 工場数はぼうグラフと右のめもりを、工場で働く人の数は折れ線グラフと左のめもりを読み取ります。

# 3 日本の工業生産の今と未来③

学習日　　月　　日

めあて
東大阪市の中小工場の取り組みや、これからの工業生産を理解《りかい》しよう。

教科書 166〜173ページ　答え 42ページ

次の（　　）に入る言葉を、下から選びましょう。

## 1 国内で生産を続けていく中小工場　〜東大阪市《ひがしおおさか》の「ものづくり」〜　これからの工業生産とわたしたちのくらし

教科書 166〜169ページ

### ✪ 大阪府《おおさか》東大阪市の「ものづくり」

- 5000以上の工場が集まっており、そのほとんどが（①　　　　　　　）である。
- すぐれた技術《ぎじゅつ》や（②　　　　　　　）を生かし、くらしを豊《ゆた》かにする製品《せいひん》の開発に取り組んでいる。　例 さびないねじ、海底の光ファイバーを守るためのケーブル用鉄線、ビニールと紙を分別しやすくした弁当《べんとう》箱、など。

### ✪ 社会のニーズに応《こた》える新たな「ものづくり」

- 〔最先端《さいせんたん》の技術で開発する〕細かい作業を助ける**ロボット**や介護《かいご》用のロボットなど、少子化や（③　　　　　　　）が進む社会を支《ささ》えるロボットの開発が進んでいる。
- 〔高い技術で新たな素材《そざい》をつくる〕強く軽い素材の「炭素《たんそ》せんい」を輸送《ゆそう》用の機械やコンテナに使うことで燃料《ねんりょう》の消費《しょうひ》をおさえることができ、（④　　　　　　　）につながる。
- 〔伝統《でんとう》の技術を生かす〕南部《なんぶ》鉄器の性質《せいしつ》を生かして、炊飯器《すいはんき》の内がまをつくっている。

### ✪ 工業製品のリサイクルの取り組み

- 電気自動車やパソコン、スマートフォンなどの多くの機械には、世界でとれる量が少ない金《きん》属《ぞく》である（⑤　　　　　　　）が使われている。
- 使用ずみの製品から**レアメタル**を取り出して、別の製品に使う取り組みが進んでいる。

## 2 工業やくらしを支える資源《しげん》・エネルギー　はってん

教科書 172〜173ページ

### ✪ 新たな資源・エネルギーの開発

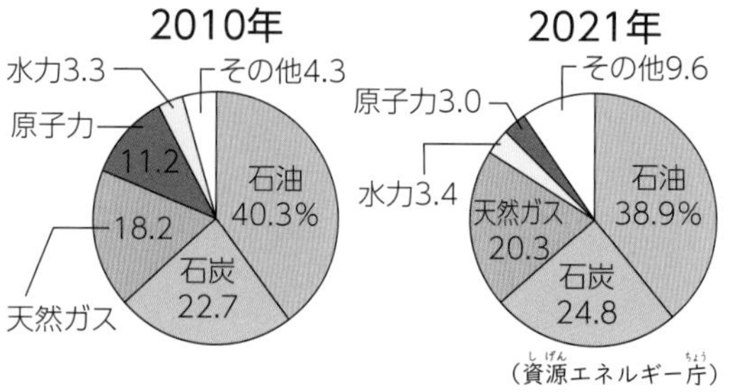

（資源《しげん》エネルギー庁《ちょう》）

⬆ 日本のエネルギー消費量の割合《わりあい》の変化

- 原油や石炭などの化石燃料を大量に燃《も》やすと、多くのガスが排出《はいしゅつ》され、**地球温暖化《おんだんか》**や空気のよごれなど、環境《かんきょう》に大きなえいきょうをおよぼす。
- ガスを発生させない（⑥　　　　　　　）の利用が進められたが、2011年の**東日本大震災《ひがしにほんだいしんさい》**で原子力発電所が事故《じこ》を起こし、より安全性《せい》が高く、使いきる心配のない**エネルギー**の開発が進められるようになった。
- 自然の力を生かす取り組みとして、強風を利用する（⑦　　　　　　　）発電、火山の地下の熱の利用、冬に積もった大量の雪を夏の冷房《れいぼう》に生かす、（⑧　　　　　　　）の光から熱や電気を生み出す、植物の一部や動物のふん尿《にょう》などを使う**バイオマス**エネルギーなどがある。
- 森林の多い日本では、木を原料とする「セルロースナノファイバー」の開発も進んでいる。
- くらしの中で消費する資源・エネルギーの量そのものを減《へ》らすことも大切である。

| 選んだ言葉に✔ | | | | |
|---|---|---|---|---|
| | □アイデア | □風力 | □中小工場 | □省エネルギー |
| | □レアメタル | □太陽 | □原子力 | □高齢《こうれい》化 |

ぴたトリビア

「セルロースナノファイバー」は木からできる紙のせんいを細かくほぐしてつくられる素材で、鉄よりも軽く強度のある素材として注目されています。

教科書　166〜173ページ　答え　42ページ

## 1 日本の工業とわたしたちのくらしについて、答えましょう。

(1) 次の文中の①〜③にあてはまる言葉を、㋐〜㋓から選びましょう。

大阪府東大阪市は中小工場が多く集まる地域《ちいき》で、さまざまな製品がつくられている。中小工場の中にはすぐれた技術や(①)を生かし、新たなものづくりにちょうせんしている工場もある。さびない(②)や、海底の光ファイバーを守る(③)、ビニールと紙を分別しやすくした弁当箱などが生産されている。

㋐ 原料　㋑ アイデア　㋒ 鉄線　㋓ ねじ

①(　　)　②(　　)　③(　　)

(2) 次の①〜③の技術と、それに関係のある新しい工業製品を、線で結びましょう。

① 変化する社会を支える最先端の技術　・　・㋐南部鉄器でつくった炊飯器の内がま

② 伝統工芸品をつくってきた伝統の技術　・　・㋑原油や石炭などを原料とする、炭素せんい

③ 新たな素材をつくり出す技術　・　・㋒細かい作業を助けるロボットや介護用のロボット

## 2 資源・エネルギーについて、答えましょう。

(1) 右のグラフ中の「石油」「石炭」など、大量に燃やすと多くのガスが排出され、環境に大きなえいきょうをおよぼす燃料を何といいますか。

(　　)

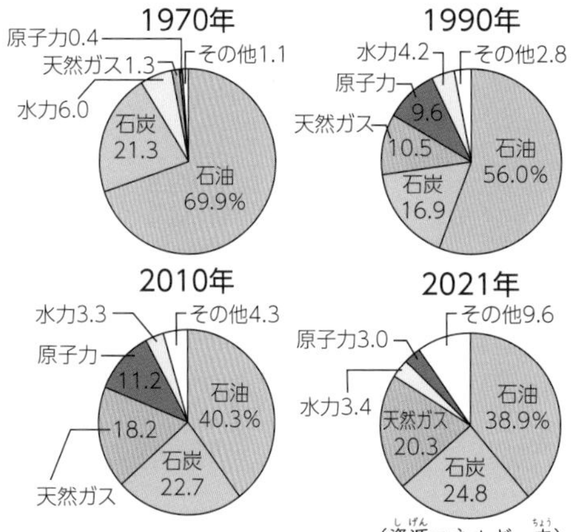
1970年
原子力0.4
天然ガス1.3
その他1.1
水力6.0
石炭 21.3
石油 69.9%
1990年
水力4.2
その他2.8
原子力
9.6
天然ガス
10.5
石炭 16.9
石油 56.0%
2010年
水力3.3
その他4.3
原子力
11.2
18.2
天然ガス
石炭 22.7
石油 40.3%
2021年
その他9.6
原子力3.0
水力3.4
天然ガス 20.3
石炭 24.8
石油 38.9%

(資源《しげん》エネルギー庁《ちょう》)

日本のエネルギー消費量の割合の変化

(2) 右のグラフ中の「水力」は、自然の力を利用したエネルギーです。右の絵の発電設備《せつび》が利用している自然の力は何ですか。

(　　)

(3) 植物の一部や動物のふん尿などを使って生み出すエネルギーを何といいますか。

(　　)

ヒント
1 (1)③ 光ファイバーのケーブルに用いられる、細長く強い材質のものです。
2 (1) 1970年には、2つのエネルギーの合計が9割以上をしめていました。

# 3 日本の工業生産の今と未来

時間 30 分

／100

合格 80 点

教科書 162〜173ページ　答え 43ページ

## 1 日本の工業の国内生産と海外生産について、答えましょう。

(1)10点、(2)1つ5点（30点）

記述 (1) 日本の国内では、電化製品《せいひん》などを生産する大工場で、生産量を減《へ》らしたり、生産を海外に移《うつ》したりするところが増《ふ》えています。このえいきょうで、国内全体の工場の数や工場で働く人の数には、どのような変化が起こっていますか。かんたんに書きましょう。

思考・判断・表現

（　　　　　　　　　　）

(2) よく出る 次の文中の①〜④にあう言葉を、㋐〜㋕から選びましょう。

海外の現地《げんち》で生産することで、工業を営《いとな》む会社にとっては、生産や（①）などにかかる費用《ひよう》をおさえて製品の値段《ねだん》を下げ、（②）をのばすことができる。海外生産では、現地の材料や（③）が多く使われ、その国の人々が働く場所が増える。また、仕事を通じてさまざまな（④）が現地の人々に伝えられ、その国の工業の発展《はってん》を支《ささ》えることもできる。

㋐ 開発　㋑ 部品　㋒ 輸送《ゆそう》　㋓ 技術《ぎじゅつ》　㋔ 天然資源《しげん》　㋕ 売り上げ

①（　　）②（　　）③（　　）④（　　）

## 2 右のグラフを見て、答えましょう。

技能 1つ5点（20点）

(1) 次の文のうち、正しいものには○を、まちがっているものには×をつけましょう。

①（　　）自動車の国内生産台数が最も多い年は1990年である。

②（　　）国内生産台数は、2000年ごろからずっと1000万台以下となっている。

③（　　）2000年から2021年の間に、海外生産台数は約500万台増えた。

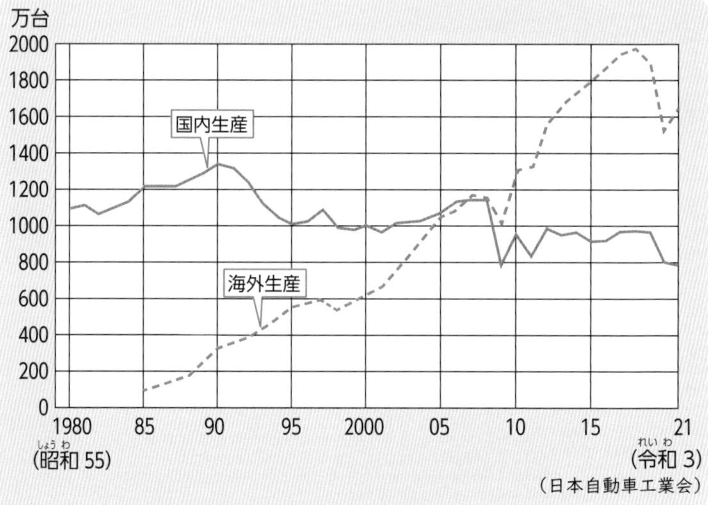


日本の自動車の国内生産台数と海外生産台数の変化

(2) 海外生産台数が国内生産台数を上回るようになったのはいつごろですか。㋐〜㋓から選びましょう。

（　　）

㋐ 1990年から1995年の間　㋑ 1995年から2000年の間

㋒ 2000年から2005年の間　㋓ 2005年から2010年の間

## ❸ これからの工業生産について、答えましょう。

1つ4点（20点）

(1) 次の文中の①～③にあてはまる言葉を、［　　］から選びましょう。

日本では、子どもの数が減っていく（①）や、高齢《こうれい》者の割合《わりあい》が増えていく高齢化が進み、働く人の数が（②）といわれている。そのため、くらしや産業のさまざまな場面で手助けができる（③）の開発が進められている。

ロボット　ライン　少子化　減っていく　増えていく

①（　　　）②（　　　）③（　　　）

(2) 日本の中小工場では、高い技術を生かして、新たな素材《そざい》の生産を行っています。そのような新たな素材の例にあてはまるものを、㋐～㋒から選びましょう。

（　　　）

㋐ 南部《なんぶ》鉄器　㋑ レアメタル　㋒ 炭素《たんそ》せんい

記述 (3) 大阪《おおさか》府東大阪《ひがしおおさか》市の中小工場では、自分たちの強みを生かして、「さびないねじ」のような特色ある製品をつくり出しています。このような中小工場の強みとは何ですか。「技術」という言葉を使って、かんたんに書きましょう。　思考・判断・表現

（　　　　　　　　　　）

## ❹ 資源・エネルギーについて、右のグラフを見て、答えましょう。

1つ5点（30点）

(1) 右のグラフ中のⒶのエネルギーは何ですか。

（　　　）

(2) 1970年のグラフと2021年のグラフを比《くら》べて、割合が最も大きく減ったエネルギーは何ですか。　技能

（　　　）

(3) その他のエネルギー以外で、1970年から2021年にかけて、割合がしだいに増えていったエネルギーは何ですか。　技能

（　　　）

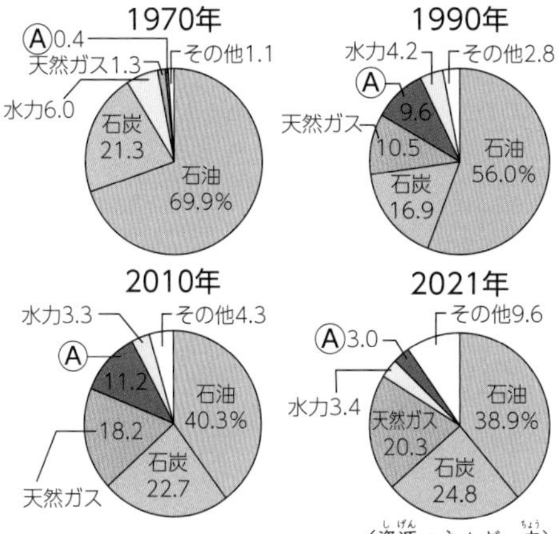

（資源《しげん》エネルギー庁《ちょう》）

⬆ 日本のエネルギー消費《しょうひ》量の割合の変化

(4) (2)のエネルギーの割合が減った理由について述《の》べた次の文中の①～③にあてはまる言葉を、㋐～㋕から選びましょう。

(2)などの化石燃料を大量に燃《も》やすと、多くのガスが排出《はいしゅつ》され、（①）や空気のよごれなど、（②）に大きなえいきょうをおよぼす。そのため、ガスを発生させず、（③）心配のないエネルギーの利用を進めている。

㋐ 台風　㋑ 地球温暖《おんだん》化《か》　㋒ 工業
㋓ 環境《かんきょう》　㋔ 費用《ひよう》がかかる　㋕ 使いきる

①（　　　）②（　　　）③（　　　）

ふりかえり ❶(1)がわからないときは、80ページの❶にもどって確認《かくにん》してみよう。

せんたく

4. 未来とつながる情報《じょうほう》

# 1 情報を伝える人々とわたしたち①

学習日　　月　　日

めあて
情報を受け取る手段や、ニュース番組ができるまでの流れを理解《りかい》しよう。

教科書 174〜179ページ　答え 44ページ

次の(　　)に入る言葉を、下から選びましょう。

## 1 身のまわりの情報／情報はどこから？

教科書 174〜177ページ

### 身のまわりにある情報

- **情報**…人に伝えられる、ある物事についての知らせ。文字や音、(①　　　　)、電子データなど、さまざまな形のものがある。

### さまざまなメディア

- **メディア**…情報を記録したり伝えたりする物や手《しゅ》段《だん》のこと。多くの人に、同じ情報を一度に伝えるものを、(②　　　　)という。
- 右上の表を見ると、情報を受け取る手段として利用している人が最も多いのは(③　　　　)である。
- テレビの番組には、ニュースなどの(④　　　　)番組、教養番組、ごらく番組、教育番組などがある。

| | |
|---|---|
| テレビ | 100人当たり79人 |
| インターネット（ニュースサイト） | 100人当たり61人 |
| 新聞 | 100人当たり33人 |
| インターネット（ソーシャルメディア） | 100人当たり29人 |
| ラジオ | 100人当たり14人 |
| 雑誌《ざっし》 | 100人当たり３人 |

（2021年　総務《そうむ》省）

ニュースを得《え》るときに利用するメディア

この放送局では、ニュースの放送が多いね。

NHK総合《エヌエイチケイそうごう》テレビの場合

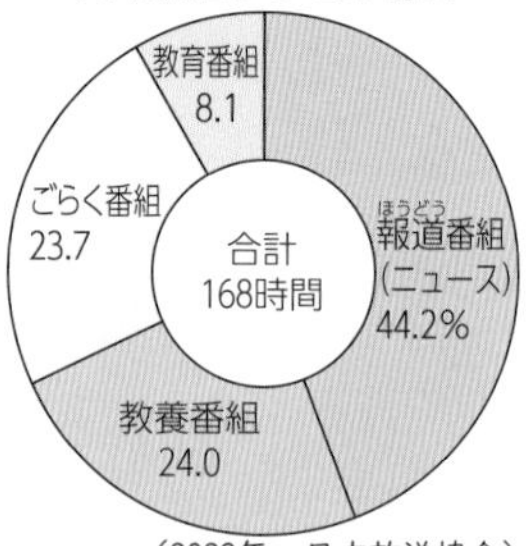


（2022年　日本放送協会）

テレビの１週間の放送内容《ないよう》

## 2 放送局がつくるニュース番組ができるまで

教科書 178〜179ページ

### ニュース番組ができるまで

1 情報を集める

- (⑤　　　　)…記者やカメラマンが事故《じこ》や事件《じけん》の現場《げんば》で映像やインタビューをとる。
- 中継《ちゅうけい》…現場から情報を伝える。

2 情報を(⑥　　　　)・編集《へんしゅう》する

- (⑦　　　　)…編集責任《せきにん》者を中心に話し合って、番組で伝えるニュースの内容や順番を確《たし》かめる。
- 映像《えいぞう》編集…取材で集めた映像を、わかりやすく、字幕《じまく》や図とともにまとめる。
- 字幕や図の制作《せいさく》…原稿《げんこう》に合わせて、字幕や図をパソコンでつくる。

3 情報を伝える

- 本番の放送…映像の見やすさに気をつけて、何台もの(⑧　　　　)を操作《そうさ》する。
- 副調整室…画面や字幕を切りかえたり、スタジオと中継現場をつないだりする。

選んだ言葉に✔

□テレビ　□取材　□選ぶ　□マスメディア
□カメラ　□映像　□報道《ほうどう》　□打ち合わせ

ぴったり２
# 練習

学習日　月　日

ぴたトリビア

テレビの電波（地上デジタル放送）は、放送局→電波塔《とう》→中継《ちゅうけい》局→家のテレビ、という順番でとどきます。放送衛星《えいせい》を使うBS放送などもあります。

教科書　174～179ページ　答え　44ページ

## 1 右の表を見て、答えましょう。

| | |
|---|---|
| テレビ | 100人当たり79人 |
| インターネット（ニュースサイト） | 100人当たり61人 |
| 新聞 | 100人当たり33人 |
| インターネット（ソーシャルメディア） | 100人当たり29人 |
| ラジオ | 100人当たり14人 |
| 雑誌《ざっし》 | 100人当たり３人 |

（2021年　総務《そうむ》省）

↑ ニュースを得るときに利用する(1)

(1)　情報を記録したり伝えたりする物や手段のことを何といいますか。（　　　）

(2)　ニュースを得るときに最もよく利用されている(1)は何ですか。（　　　）

(3)　ニュースを得るときにインターネットのニュースサイトを利用する人は、100人当たり何人いますか。（　　　）人

(4)　テレビの番組には、ニュースなどの報道番組のほかに、どのような番組がありますか。１つ書きましょう。（　　　）

(5)　テレビがわかりやすいのは、情報を何で伝えているからですか。２つ書きましょう。（　　　）（　　　）

## 2 次の絵は、ニュース番組ができるまでの仕事の様子を表しています。これを見て、答えましょう。

Ⓐ　打ち合わせ

Ⓑ　本番の放送

Ⓒ　取材

Ⓓ　映像編集

(1)　Ⓐ～Ⓓの絵を、仕事が行われる順にならべかえましょう。

（　　→　　→　　→　　）

(2)　次の①～③の文にあてはまるものを、Ⓐ～Ⓓから選びましょう。

①　取材した映像を、放送時間の中でおさまるように、わかりやすくまとめる。

②　現場をおとずれて、映像やインタビューを取り、くわしい情報を集める。

③　話し合って、番組で伝えるニュースの内容や順番を確かめる。

①（　　）②（　　）③（　　）

(3)　右の絵は、ニュースを放送するスタジオのすぐ近くにある、放送を管理する部屋です。この部屋を何といいますか。

（　　　）

ヒント　2 (1)　ニュース番組は、情報を集める→情報を選ぶ・編集する→情報を伝えるという順番でつくられます。

ぴったり1
# 準備

せんたく

4．未来とつながる情報《じょうほう》

## 1 情報を伝える人々とわたしたち②

学習日　月　日

めあて
情報を伝える放送局の取り組みや、さまざまなメディアを理解《りかい》しよう。

教科書 180〜187ページ　答え 45ページ

次の（　　）に入る言葉を、下から選びましょう。

### 1 ニュースにかける思い／マスメディアとしての責任《せきにん》
教科書 180〜183ページ

**ニュース番組の制作《せいさく》で気をつけていること**

- 取材記者…複数《ふくすう》の取材先から情報を得《え》て、事実を確《たし》かめてから原稿《げんこう》を書く。
- 編集《へんしゅう》・制作…ニュース用原稿を作成し、映像《えいぞう》や図などを編集する。たくさんのスタッフが何重にも（①　　　　　　）をする。あやまった情報やだれかをきずつけるような情報を流さないように気をつけている。
- アナウンサー…ニュースをわかりやすく（②　　　　　　）に伝えられるように、原稿に線を引いたり、くり返し読んで**内容《ないよう》を確認《かくにん》**したりする。

**マスメディアとしての責任**

- 多くの人に関わりがありそうなこと、最新の情報、求められている情報などを伝える。
- マスメディアからの情報は、多くの人の考え方や行動を決めるきっかけとなることがある。
- 賛成《さんせい》と反対など両方の意見を取り上げ、（③　　　　　　）のない伝え方をする。

### 2 メディアの変化と、放送局の取り組み
教科書 184〜185ページ

**情報を伝えるさまざまなメディア**

| ④ | ⑤ |
|---|---|
| ●映像と音声で情報を伝えるので、わかりやすい。<br>●一度に広いはん囲《い》まで伝えられる。<br>●番組を見る側からも情報を送ることができる。 | ●音声で情報を伝える。<br>●交通情報や地域《ちいき》の情報など、身近な情報も伝える。<br>●電池で動くものは、停電《ていでん》しても使える。 |
| **⑥** | **インターネット** |
| ●文字や写真でくわしく説明した情報を何度でも読み返せる。<br>●持ち運び、切りぬいて保存《ほぞん》できる。<br>●重大ニュースの号外を配ることもある。 | ●知りたい情報を自分でけんさくできる。<br>●電波や回線がつながっていれば、パソコンなどを使って、いつでも情報を得ることができる。 |

**インターネットを活用するメディア**

- インターネットと他のメディアはおたがいに役割《やくわり》をおぎない合うことができる。
  例（⑦　　　　　　）を使い、インターネットでテレビを見ることができる。
- インターネットを利用して、視聴者《しちょうしゃ》が情報の発信者となることができる。
  例インターネットを使って、ニュース番組などに映像や写真、意見を投稿《とうこう》する。
- （⑧　　　　　　）を通じて、大勢《おおぜい》の人々が情報を自由に発信し、受け取ることができる。マスメディアでは、うその情報（フェイクニュース）が事実ではないことを確かめる「ファクトチェック」や、正確な情報の発信に努めることが重要である。

選んだ言葉に✓

□新聞　□スマートフォン　□内容のチェック　□ソーシャルメディア
□正確《せいかく》　□テレビ　□かたより　□ラジオ

ぴったり2

# 練習

学習日　　月　　日

ぴたトリビア

テレビのデジタル放送では、字幕《じまく》をつける、音声をゆっくりした速さにするなど、高齢者《こうれいしゃ》やしょうがいのある人にやさしいサービスがあります。

教科書　180～187ページ　答え　45ページ

## 1 次の図は、ある日のニュース番組が放送されるまでの流れを表しています。これを見て、答えましょう。

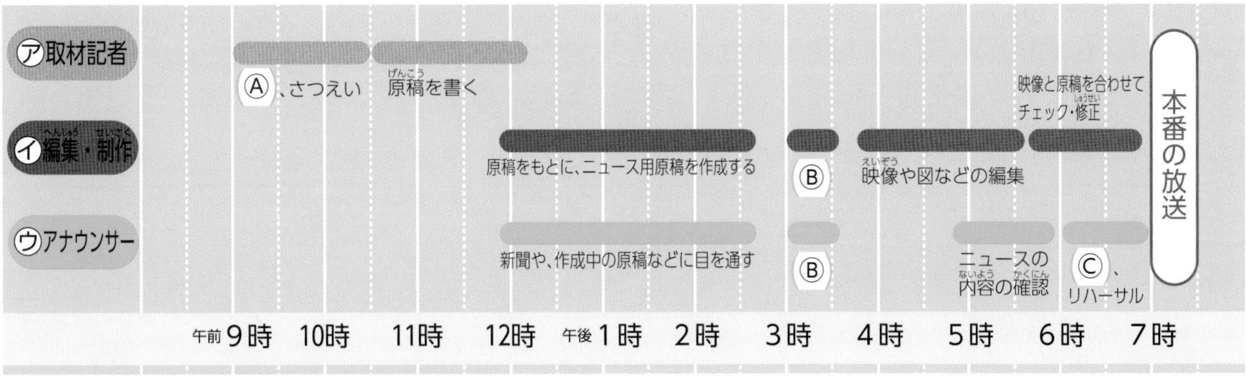


ある日のニュース番組が放送されるまで

(1)　図中のⒶ～Ⓒにあてはまる言葉を、㋐～㋔から選びましょう。

㋐　打ち合わせ　㋑　インタビュー　㋒　中継《ちゅうけい》　㋓　下読み　㋔　構成《こうせい》

Ⓐ(　　)　Ⓑ(　　)　Ⓒ(　　)

(2)　次の①～③の仕事を行う人を、図中の㋐～㋒から選びましょう。

①　原稿をくり返し読んで確認し、決められた時間の中で正確にわかりやすく伝える。
②　放送する順番や時間などを決めて、原稿や映像を編集し、内容をチェックする。
③　一つだけではなく、いくつかの取材先から情報を得て、事実を確かめる。

①(　　)　②(　　)　③(　　)

## 2 メディアについてまとめた次の表を見て、答えましょう。

| | ① | ② | ③ | インターネット |
|---|---|---|---|---|
| 情報の伝え方 | 文字や写真で伝える。 | 音声のみで伝える。 | 映像や音声で伝える。 | 映像・音声・文字・写真などで伝える。 |
| 特ちょう | ④ | ⑤ | わかりやすい。 | ⑥ |

(1)　表中の①～③にあてはまる言葉を、［　　］から選びましょう。

［ラジオ　テレビ　新聞］

①(　　)　②(　　)　③(　　)

(2)　表中の④～⑥にあてはまる特ちょうを、㋐～㋒から選びましょう。

㋐　交通情報や地域の情報など、身近な情報も伝える。
㋑　知りたい情報を自分でけんさくして知ることができる。
㋒　くわしい情報をくり返し読むことができ、持ち歩くこともできる。

④(　　)　⑤(　　)　⑥(　　)

ヒント　1 (2)　①は「決められた時間の中で…伝える」、②は「原稿や映像を編集」、③は「取材先から情報を得て」をヒントにして考えましょう。

ぴったり3
# 確かめのテスト

せんたく

4. 未来とつながる情報《じょうほう》

## 1 情報を伝える人々とわたしたち

時間 30 分

/100

合格 80 点

教科書 174〜187ページ　答え 46ページ

### 1 情報とわたしたちのくらしについて、答えましょう。
1つ4点（24点）

(1) よく出る 次の文中のⒶ、Ⓑにあてはまる言葉を、カタカナで書きましょう。

情報を記録したり伝えたりするものや手段《しゅだん》のことを（Ⓐ）という。その中でも、一度にたくさんの人に情報を伝える（Ⓐ）のことを（Ⓑ）という。（Ⓑ）には、テレビ、ラジオ、新聞、雑誌《ざっし》などがある。

Ⓐ（　　　　）　Ⓑ（　　　　）

(2) 右の表について述《の》べた文のうち、正しいものには○を、まちがっているものには×をつけましょう。

技能

①（　　）テレビを利用する人の数は、新聞を利用する人の２倍以下である。

②（　　）最も利用する人の少ないⒶは雑誌である。

③（　　）新聞を利用する人の数は、インターネットを利用する人の数よりも少ない。

④（　　）ラジオを利用する人の数は、新聞を利用する人の数よりも少ない。

| | |
|---|---|
| テレビ | 100人当たり79人 |
| インターネット（ニュースサイト） | 100人当たり61人 |
| 新聞 | 100人当たり33人 |
| インターネット（ソーシャルメディア） | 100人当たり29人 |
| ラジオ | 100人当たり14人 |
| 雑誌《ざっし》 | 100人当たり３人 |

（2021年　総務《そうむ》省）

⬆ ニュースを得《え》るときに利用するⒶ

### 2 次の図は、ある日のニュース番組が放送されるまでの流れを表しています。図中の①〜⑥にあてはまる言葉を、㋐〜㋘から選びましょう。
1つ4点（24点）

（①）…事故《じこ》や事件《じけん》の現場《げんば》で、記者や（②）が映像《えいぞう》やインタビューをとり、原稿《げんこう》を書く。

↓

打ち合わせ…その日の番組で伝えるニュースの（③）や順番を確《たし》かめる。

↓

（④）…（①）で集めた情報や映像を、放送時間の中でおさまるように、まとめる。

↓

字幕《じまく》や図の作成…原稿に合わせて、字幕や図を（⑤）でつくる。

↓

本番の放送…（⑥）が決められた時間内で、わかりやすく、正確《せいかく》に原稿を読む。

㋐ 内容《ないよう》　㋑ 編集《へんしゅう》　㋒ 編集責任《せきにん》者　㋓ スタジオ　㋔ アナウンサー
㋕ 取材　㋖ さつえい　㋗ カメラマン　㋘ パソコン

①（　　）②（　　）③（　　）④（　　）⑤（　　）⑥（　　）

## 3 情報を伝える人々について、答えましょう。

(1)1つ4点、(2)6点（22点）

(1) 次の文中の①～④にあてはまる言葉を、㋐～㋖から選びましょう。

　放送局の人たちは、さまざまなことに気をつけて、放送番組を制作《せいさく》している。テレビ放送では情報が一度に（①）伝わるので、まちがった情報が伝わると、多くの人に（②）をかけるおそれがある。そのため、たくさんのスタッフが何度も内容を（③）している。テレビからの情報が多くの人の生活につながっているので、その（④）は重大である。

㋐ チェック　㋑ 迷惑《めいわく》　㋒ リハーサル　㋓ 責任

㋔ 広く　㋕ 遠く　㋖ 不満

①（　　）②（　　）③（　　）④（　　）

記述 (2) できたらスゴイ! 放送局では、人によって意見が分かれているような問題について取り上げるとき、どのようなことを心がけていますか。かんたんに書きましょう。 思考・判断・表現

（　　　　　　　　　　）

## 4 さまざまなメディアについて、答えましょう。

(1)1つ3点、(2)6点（30点）

(1) よく出る 次のメディアの特色にあてはまるものを、㋐～㋗から2つずつ選びましょう。

① テレビ（　　）（　　）

② 新聞（　　）（　　）

③ インターネット（　　）（　　）

④ ラジオ（　　）（　　）

㋐ 文字や写真でくわしく説明した情報を、何度でも読み返すことができる。

㋑ 音声で情報を伝える。交通情報など、きいている人に身近な情報を伝えることもある。

㋒ 自分でけんさくして、知りたい情報を知ることができる。

㋓ 映像と音声で、わかりやすく情報を伝える。

㋔ 持ち歩いたり、記事を切りぬいて保存《ほぞん》したりできる。

㋕ クイズに参加するなど、番組を見る側からも情報を送ることができる。

㋖ 電波や回線がつながっている場所では、スマートフォンやパソコンを使い、いつでも情報を得ることができる。

㋗ 電池で動くものは、停電《ていでん》しても使える。持ち運びしやすい大きさのものが多い。

記述 (2) できたらスゴイ! インターネットを使って、情報を自由に発信し、受け取ることができるソーシャルメディアを利用する人たちが増《ふ》えています。ソーシャルメディアの利用が広がることによって、どのような問題が起きていますか。「情報」という言葉を使って、かんたんに書きましょう。 思考・判断・表現

（　　　　　　　　　　）

ふりかえり 3(2)がわからないときは、88ページの1にもどって確認《かくにん》してみよう。

# 新聞社のはたらきと わたしたちのくらし

学習日　　月　　日

めあて
情報を伝える新聞社の取り組みを理解《りかい》しよう。

教科書 188～189ページ　答え 47ページ

次の（　　　）に入る言葉を、下から選びましょう。

## 1 新聞社のはたらきとわたしたちのくらし

教科書 188～189ページ

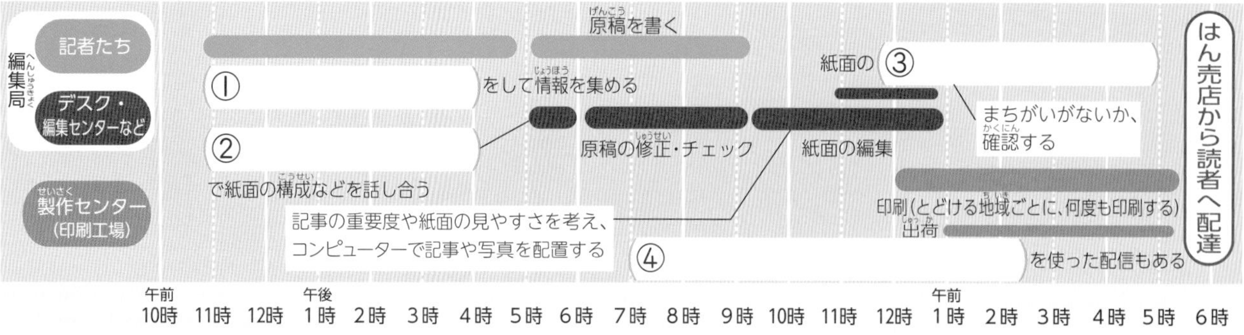


### ✪ 新聞社のはたらき

- 日本や世界のできごと、地域《ちいき》やその周辺に関する情報を（⑤　　　　　）にして伝える。
- 正確《せいかく》な情報を伝えるだけでなく、情報を整理して（⑥　　　　　）説明したり、（⑦　　　　　）として新聞社の意見を表したりすることを大切にしている。

### ✪ 新聞ができるまで

- 編集《へんしゅう》会議…（⑧　　　　　）のトップであつかう内容《ないよう》など、紙面の構成《こうせい》を話し合う。

| 選んだ言葉に✔ | | | | |
|---|---|---|---|---|
| | □1面 | □社説 | □インターネット | □記事 |
| | □校閲《こうえつ》 | □編集会議 | □くわしく | □取材 |

## 1 次の絵は、新聞ができるまでの仕事の様子を表しています。Ⓐ～Ⓕの絵を、仕事が行われる順にならべかえましょう。

（　　　　→Ⓐ・Ⓒ→　　　　→　　　　→　　　　）

取材した記者が原稿《げんこう》を書く。
Ⓐ

紙面の編集をする。
Ⓑ

編集会議を行う。
Ⓒ

印刷する。
Ⓓ

紙面の校閲をする。
Ⓔ

記者が情報を集める。
Ⓕ

4．未来とつながる情報

# 新聞社のはたらきとわたしたちのくらし

時間 15分　／50　合格 40点

教科書 188～189ページ　答え 47ページ

## 1 新聞とわたしたちのくらしについて、答えましょう。

(1)1つ4点、(2)6点（22点）

(1) よく出る 次の文中の①～④にあてはまる言葉を、㋐～㋕から選びましょう。

> 新聞は、日本だけでなく（①）で起きたできごとや、身近な地域で起きたできごとなど、さまざまなニュースを記事にして伝える。情報を整理して（②）説明したり、新聞社の考えを（③）として読者に伝えたりしている。地方で出されている新聞では、その地域の（④）やみりょくを発信していくことを心がけている。

㋐ 社説　㋑ 構成　㋒ 世界　㋓ 課題　㋔ 速く　㋕ くわしく

①（　　）②（　　）③（　　）④（　　）

記述 (2) できたらスゴイ！ 右の絵のように、大きな災害《さいがい》が起きたときに、被災《ひさい》して避難《ひなん》所でくらす人たちに、新聞がとても役に立つことがあります。どのように役立っていますか。「情報」という言葉を使って、かんたんに書きましょう。

思考・判断・表現

（　　　　　　　　　　）

## 2 次の文は、新聞社で働く4人の人たちの話です。文中の①～⑦にあてはまる言葉を、㋐～㋖から選びましょう。

1つ4点（28点）

> Aさん：わたしは（①）です。事件《じけん》や事故《じこ》が起きると、すぐに現場《げんば》に行き、関係する人たちから話を聞きます。また、さまざまな（②）から情報を集め、原稿にまとめます。
>
> Bさん：わたしは社会部のデスクです。責任者《せきにんしゃ》として原稿の内容をチェックします。また、（③）で、他の部のデスクと話し合い、どのような紙面にするのかを決めます。新聞の（④）のトップには、いちばん重要な記事をのせます。
>
> Cさん：わたしは、（⑤）を使って紙面の編集をしています。記事の重要度を考えたり、（⑥）や図を配置したりして、わかりやすく見やすい紙面をつくります。
>
> Dさん：わたしは（⑦）をしています。記事の内容にあやまりがないか、文字や図にまちがいがないか、最終的な確認《かくにん》をします。

㋐ コンピューター　㋑ 1面　㋒ 編集会議　㋓ 取材先
㋔ 校閲　㋕ 記者　㋖ 写真

①（　　）②（　　）③（　　）④（　　）
⑤（　　）⑥（　　）⑦（　　）

ふりかえり　1(1)がわからないときは、92ページの1にもどって確認してみよう。

この本の終わりにある「冬のチャレンジテスト」をやってみよう！

# 2 くらしと産業を変える情報通信技術《ぎじゅつ》①

学習日　　月　　日

めあて
情報をやりとりするしくみや、情報通信技術の活用を理解《りかい》しよう。

教科書 190〜201ページ　答え 48ページ

次の（　　）に入る言葉を、下から選びましょう。

## 1 くらしの中に広がる情報通信技術（ICT《アイシーティー》）／店で活用する情報通信技術 大量の情報を生かそうとする人たち

教科書 190〜195ページ

### ✪ くらしの中に広がる情報通信技術（ICT／IT《アイティー》）

- **情報通信技術**…コンピューターや（①　　　　　　　）を使い、大量の情報を管理したり、はなれた場所ですぐに情報をやりとりしたりすることができるしくみ。

### ✪ 店で活用する情報通信技術

- **POS《ポス》システム**…商品の売れた日時や数量、値段《ねだん》などの売れ行きの情報をコンピューターで管理するためのしくみ。スーパーマーケットや（②　　　　　　　）の店のレジで、商品についている（③　　　　　　）を読み取る。
  ➡いつ、どの商品が、いくらで、いくつ売れたかといった情報が記録される。
  ➡店は、POSシステムを通じて管理する情報を生かし、商品の仕入れの量を決める。
- 全国各地に**チェーン店**がある会社では、POSシステムを通じて、各店の売れ行きの情報を本部に集める。店の仕入れ（本部への発注）の情報も本部に集まる。
  ➡集まった情報をもとによい売り方を提案《ていあん》し、商品のむだを減《へ》らして店の利益《りえき》を増《ふ》やす。

### ✪ 情報の活用

- チェーン店をもつ会社では、**大量の情報（データ）**を分析《ぶんせき》して、生かそうとしている。
  例 今後売れそうな商品の予測《よそく》、分析した情報をもとに自動で発注するしくみの導入《どうにゅう》など。
- 消費者《しょうひしゃ》が電子マネーやポイントカードを使うと、持ち主の情報がたくさん集まる。
- （④　　　　　　　）…会社などが自分たちの商品やサービスを多くの人に買ったり利用したりしてもらうためのしくみを考え、つくること。

## 2 情報通信技術によって広がるサービス これからの情報通信技術とわたしたちのくらし

教科書 196〜199ページ

### ✪ 情報通信技術のさらなる発展《はってん》

- インターネットを通じた買い物では、利用者の行動が情報として残るため、情報を処理《しょり》してある物事の特ちょうを見つけ出したり、今後の予測をしたりできる（⑤　　　　　　）（人工知能《ちのう》）を活用するしくみが取り入れられている。

### ✪ 情報通信技術の課題

- インターネットで世界各地がつながっているため、個人《こじん》や会社、国などの重要な（⑥　　　　　　）が起きる、コンピューターに異常《いじょう》をもたらす有害な情報が広がる、などのおそれがある。
- 情報をあつかう会社は、その人を特定できる（⑦　　　　　　）をもらさないようにすることが法律《ほうりつ》で決まっている。
- 情報の利用者として、（⑧　　　　　　）をもって行動することが大切である。

選んだ言葉に✔

| | | | |
|---|---|---|---|
| ☐AI《エーアイ》 | ☐バーコード | ☐情報の流出 | ☐インターネット |
| ☐責任《せきにん》 | ☐マーケティング | ☐個人情報 | ☐コンビニエンスストア |

ぴったり2

# 練習

学習日　　月　　日

**ぴたトリビア**

全国各地に展開《てんかい》する店をチェーン店といい、同じ商品をあつかっています。コンビニエンスストアやファーストフード店などにみられます。

教科書　190〜201ページ　答え　48ページ

## 1 次の図は、コンビニエンスストアが利用している、情報を管理するしくみについて示《しめ》しています。これを見て、答えましょう。

A　商品についている（①）を機械で読み取る。

↓

B　売れた商品の種類、売れた日時、売れた個数《こすう》、売れた店が記録される。

↓

C　それぞれの店の売れ行きの情報を（②）に集める。

↓

D　（③）は、（②）とも相談しながら、管理する情報をもとに、どの商品をどれだけ仕入れるかを決める。

(1)　図中の①〜③にあてはまる言葉を、㋐〜㋔から選びましょう。

①（　　　）②（　　　）③（　　　）

㋐　各店　㋑　商品名　㋒　本部　㋓　ICカード　㋔　バーコード

(2)　図中のAについて、機械で①を読み取るのはどの段階《だんかい》ですか。㋐〜㋓から選びましょう。

（　　　）

㋐　仕入れのとき　㋑　商品を店にならべるとき

㋒　レジで会計するとき　㋓　店を閉めるとき

(3)　図のような、商品の売れ行きの情報をコンピューターで管理するしくみを何といいますか。

（　　　）

## 2 大量の情報を生かす取り組みに関する次の文を読んで、答えましょう。

近年は、商品を買うと（①）がつくカードを発行している店が多い。消費者は、カードを申しこむときに、住所や氏名、年令、性別《せいべつ》、電話番号などの情報を店側に提供《ていきょう》する。消費者が商品を買うときに（①）カードを提示《ていじ》することで、いつ、どこで、どのような商品を買ったかなどの情報が店側に集められる。店側は、これらの情報の分析を行うことができる。

(1)　文中の①にあてはまる言葉を書きましょう。（　　　）

(2)　下線部について、このような本人を特定することにつながるあらゆる情報のことを何といいますか。（　　　）

(3)　次の文のうち、正しいものには○を、まちがっているものには×をつけましょう。

①（　　）集められた情報を不正にぬき取り、悪用する事件《じけん》が起こっている。

②（　　）個人や国などの重要な情報が流出するおそれは、ほとんどなくなった。

③（　　）サイバーこうげきから情報を守る技術はまだ開発されていない。

**ヒント**　2 (3)　インターネットを通じて、国や企業《きぎょう》などのシステムを破壊《はかい》したり、情報をぬき取ったりする行為《こうい》をサイバーこうげきといいます。

# 2 くらしと産業を変える情報通信技《ぎ》術《じゅつ》

時間30分

／100

合格80点

教科書 190〜201ページ　答え 49ページ

## 1 くらしの中に広がる情報通信技術について、答えましょう。

1つ5点（25点）

(1) よく出る 情報通信技術と同じ意味で使われる言葉を、アルファベット３文字で書きましょう。

（　　　）

(2) インターネットショッピングについて、次の文のうち、正しいものには○を、まちがっているものには×をつけましょう。　技能

①（　　　）インターネットショッピングでは、商品の注文や料金の支《し》はらいにインターネットを利用する。

②（　　　）インターネットショッピングでは、商品の配送の手配をインターネット上で行えない。

③（　　　）インターネットショッピングの売り上げ額《がく》は、2011年から2021年までの間で２倍以上に増《ふ》えている。

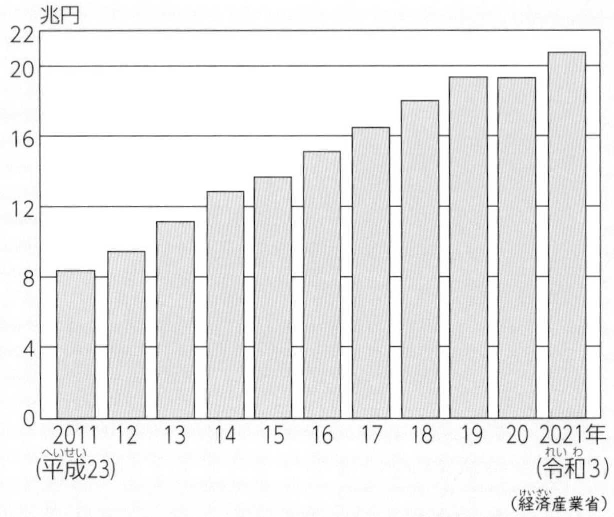


インターネットショッピングの売り上げ額の変化

④（　　　）インターネットショッピングの売り上げ額は、毎年約２兆円ずつ増えている。

## 2 次の文は、スーパーマーケットでの情報通信技術を利用したしくみについて述《の》べています。文中の①〜⑤にあてはまる言葉を、㋐〜㋖から選びましょう。

1つ5点（25点）

- 売り場の（①）では、商品についている（②）を機械で読み取る。
  ⬇〈店は（③）を通じて情報を管理する〉
- 売り場のおくにあるコンピューターでは、売れた商品の種類や個数《こすう》、売れた日時などの情報を記録して、保存《ほぞん》している。
  ⬇
- スーパーマーケットが加入するチェーン店の（④）では、各地の店から、売れ行きの情報や仕入れ（発注）の情報が集まる。
  ⬇〈（④）は各店の仕入れをまとめて発注する〉
- 工場・農協などの仕入れ先から、（⑤）を通って、各店へ商品が運ばれる。

㋐ 本部　㋑ 物流センター　㋒ パソコン　㋓ レジ

㋔ バーコード　㋕ IC《アイシー》カード　㋖ POS《ポス》システム

①（　　　）②（　　　）③（　　　）④（　　　）⑤（　　　）

## 3 情報とわたしたちのくらしについて、答えましょう。

1つ5点（35点）

(1) よく出る 次の文中の①、②にあてはまる言葉を、［　］から選びましょう。

> わたしたちのくらしの中では、近年、情報通信技術の利用が進み、多くの会社や国などが大量の情報をもつようになった。それらの情報の中には、名前や年令など、その人を特定することにつながる（①）もふくまれている。近年は、（①）が流出したり、不正に利用されたりする事件《じけん》が起こるようになった。（①）をあつかう会社は、それを外部にもらさないようにすることが（②）で定められている。

責任《せきにん》　個人《こじん》情報　法律《ほうりつ》　ニュース

①（　　　　）　②（　　　　）

(2) できたらスゴイ！ 近年はポイントカードを発行している店が多くあります。ポイントカードを利用することは、消費者《しょうひしゃ》側・店側のどちらにとってもよい点があります。それぞれにとってよい点を、㋐〜㋓から２つずつ選びましょう。 思考・判断・表現

① 消費者側（　　）（　　）

② 店側（　　）（　　）

㋐ たまったポイントで値引《ねび》きしてもらえる。

㋑ 買い物の情報から、仕入れの量やタイミングを変えることができる。

㋒ よく買う品物が値引きになるなどのサービスが受けられる。

㋓ 一人ひとりにきめ細かいサービスをとどけることで、くり返し来てもらえるようになる。

記述 (3) チェーン店をもつ会社では、大量の情報をどのようなことに活用していますか。「予測《よそく》」という言葉を使って、かんたんに書きましょう。 思考・判断・表現

（　　　　　　　　　　　　　　　　）

## 4 これからの情報通信技術とくらしに関する次の会話を読んで、正しいものには○を、まちがっているものには×をつけましょう。

1つ５点（15点）

①（　　）

今はインターネットを悪用して、会社や国などのデータベースに入りこみ、大切な情報をぬき取る事件がたびたび発生しているよ。

②（　　）

日本は、サイバーこうげきから情報を守る技術がないから、大きな被害《ひがい》が出るおそれがますます高まっているね。

③（　　）

わたしたちも、自分に関する情報がどこでどのように使われる可能性《かのうせい》があるのかを考えて、コンピューターなどを使う必要があるね。

ふりかえり ③(3)がわからないときは、94ページの1にもどって確認《かくにん》してみよう。

4．未来とつながる情報《じょうほう》

# 2 くらしと産業を変える 情報通信技術《ぎじゅつ》②

学習日　　月　　日

めあて
観光、医療、運輸・流通に関わる人たちの情報通信技術の活用を理解《りかい》しよう。

教科書 202～207ページ　答え 50ページ

次の（　　　）に入る言葉を、下から選びましょう。

## 1 観光に生かす情報通信技術　教科書 202～203ページ

### ✪ 身のまわりにある情報

- 外国人観光客が増《ふ》えてきており、外国人でも情報を得《え》やすいようにくふうしている。
- 観光客は、（①　　　　　　　　）でけんさくして旅行先を決め、交通手段《しゅだん》や宿泊《しゅくはく》先の予約をする。旅行先でもインターネットを使って、調べものや、買い物をする。
- 県や市町村の（②　　　　　　）、ホテルや旅館、交通機関、店やテーマパークなどの観光に関わる人たちは、さまざまなニーズに合わせた（③　　　　　　　）の作成、わかりやすい予約の案内、電子マネーの整備《せいび》などを行っている。
- インターネットサービスの会社は、個人《こじん》を特定できないようにして、集まったデータを提供《ていきょう》。⇒観光に関わる人たちは、データをもとに、新たな観光プランや特産品などを考える。

## 2 健康なくらしを支《ささ》える情報通信技術／大量の情報を生かす運輸《うんゆ》・流通のしくみ　教科書 204～206ページ

### ✪ 医療《いりょう》と情報通信技術

- 佐賀《さが》県では（④　　　　　　）で患者《かんじゃ》を運ぶとき、救急隊員は医療情報ネットワークを使い、運び入れる病院をさがす。
- 病院や診療所《しんりょうじょ》では、（⑤　　　　　　）などの情報通信技術を使って、患者の情報を管理し、すばやく正確《せいかく》にやりとりする。⇒むだがなく、安心な診察《しんさつ》や検査《けんさ》が受けられる。
- 一人でくらす（⑥　　　　　　）が健康に安心してくらせるように、情報通信技術を生かして、はなれた場所から高齢《こうれい》者を見守るしくみもつくられている。

### ✪ 効率《こうりつ》のよい運輸をめざす

- 宅配《たくはい》のサービスでは、（⑦　　　　　　　）で商品を保管《ほかん》し、商品の数や置き場所をデータで管理する。受注後、すぐに箱づめし、配送センターや各家庭まで運ぶ。
- これまでの宅配データを分析《ぶんせき》して、むだのないルートを導《みちび》き出せるシステムを開発している。

## 3 情報通信技術の可能性《かのうせい》 はってん　教科書 207ページ

### ✪ 情報通信技術の発展《はってん》と活用

- 〈だれもがくらしやすい社会をめざす〉外国語を話すと自動で通訳《つうやく》する技術や、視覚《しかく》にしょうがいがある人のために、スマートフォンのカメラにうつった物を認識《にんしき》して教えてくれる技術が開発された。車いすで移動《いどう》しやすい経路を自動で示《しめ》す技術もある。
- 〈高齢化や人口の減少《げんしょう》に備《そな》える〉高齢者のための、無人の移動はん売車の開発や、病院や医《い》師《し》の不足に備え、（⑧　　　　　　）（人工知能《ちのう》）に病気の診断《しんだん》をしてもらう技術の開発が進んでいる。

選んだ言葉に✔

| | | | |
|---|---|---|---|
| □救急車《きゅうきゅう》 | □高齢者 | □ウェブサイト | □物流センター |
| □AI《エーアイ》 | □観光協会 | □電子カルテ | □インターネット |

学習日　月　日

**ぴたトリビア**
以前は、患者の情報を記録するカルテは、すべて紙の書類でした。近年は診療の記録を電子化して保存《ほぞん》・管理する電子カルテが広がっています。

教科書 202〜207ページ　答え 50ページ

## 1 観光旅行に関わる情報通信技術の利用について、答えましょう。

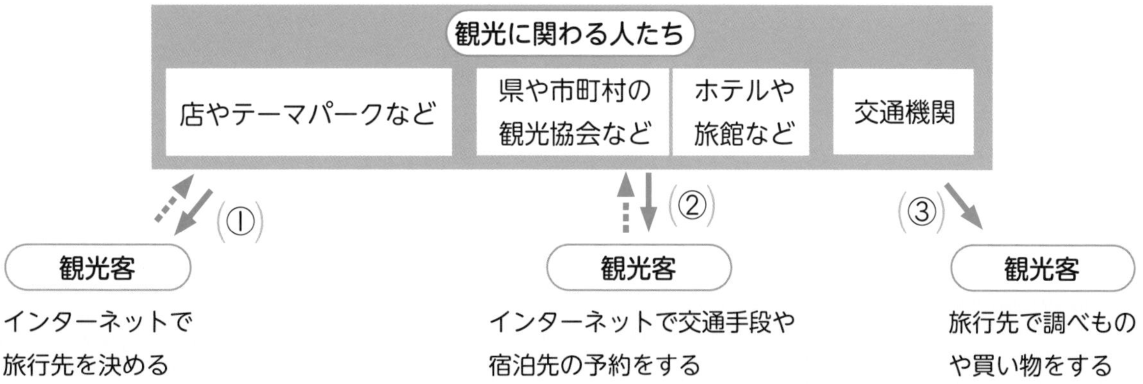


(1) 観光に関わる人たちの取り組みについて、上の図中の①〜③にあてはまるものを、㋐〜㋓から選びましょう。　①(　　)　②(　　)　③(　　)

㋐ わかりやすい予約の案内や観光プランなどをつくる。
㋑ バスなどでも、電子マネーで支《し》はらいができるようにする。
㋒ 観光客のいろいろなニーズに合わせたウェブサイトをつくる。
㋓ 集まった情報をもとに、観光客の動きなどを分析する。

(2) 観光地では、観光客がインターネットを利用しやすくするために、どのようなサービスを増やしていますか。㋐〜㋓から選びましょう。　(　　)

㋐ 通訳のサービス　　㋑ 無料の無線接続《せつぞく》サービス
㋒ 観光案内のサービス　　㋓ みやげ物店を紹介《しょうかい》するサービス

## 2 健康なくらしを支える情報通信技術について、答えましょう。

(1) 次の文中の①〜③にあてはまる言葉を、㋐〜㋔から選びましょう。

> 佐賀県では、(①)に乗せた患者をどの(②)に運べばよいか、すぐに調べることができる(③)をつくっている。また、(②)や診療所では、電子カルテなどを使って、患者の情報を管理するところが増えている。

㋐ 病院　㋑ 救急車　㋒ 検査　㋓ 情報ネットワーク　㋔ AI

①(　　)　②(　　)　③(　　)

(2) 次の文のうち、正しいものには○を、まちがっているものには×をつけましょう。

①(　　) 日本では、高齢者の数は増えているが、一人でくらす高齢者の数は減《へ》っている。
②(　　) 高齢者が使うと、その使用情報が通信機によって、はなれてくらす家族などに送られる電化製品《せいひん》がある。
③(　　) 高齢者を見守るための情報ネットワークでは、高齢者の動きを感知するセンサーはまだ使われていない。

**ヒント**
1 (1) ㋓観光客のスマートフォンの位置情報や、インターネットけんさくの記録は、インターネットサービス会社に集まります。

ぴったり3
# 確かめのテスト
せんたく
4. 未来とつながる情報《じょうほう》
## 2 くらしと産業を変える 情報通信技術《ぎじゅつ》

時間 30 分
／100
合格 80 点

教科書 202〜207ページ　答え 51ページ

### 1 観光に生かす情報通信技術について、答えましょう。
(1)1つ6点、(2)7点（25点）

(1) 右のグラフについて、次の文のうち、正しいものには○を、まちがっているものや読み取れないことには×をつけましょう。 技能

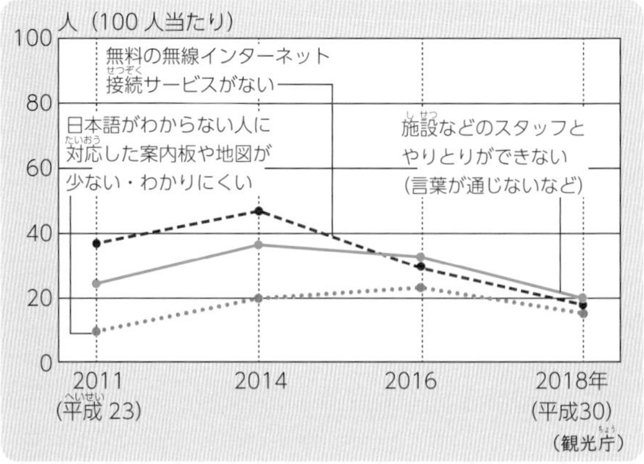

外国人観光客が日本での旅行中にこまったこと

①（　　　）どの年でも、インターネットの接続《せつぞく》サービスでこまったという外国人観光客が最も多い。

②（　　　）2014年以降《いこう》、施設《しせつ》などのスタッフとやりとりができないという外国人観光客はしだいに減《へ》っている。

③（　　　）2011年と2018年を比《くら》べると、案内板や地図でこまったという外国人観光客が増《ふ》えている。

記述 (2) できたらスゴイ! 観光客が残す大量のデータは、さまざまな形で分析《ぶんせき》されて生かされています。そのデータはどのようなことに活用されていますか。「観光」という言葉を使って、かんたんに書きましょう。 思考・判断・表現

（　　　　　　　　　　）

### 2 右のグラフを見て、答えましょう。
1つ6点、(3)7点（19点）

(1) 2020年の一人でくらす高齢者《こうれい》の人口は1995年に比べて、およそ何倍になっていますか。整数で答えましょう。 技能

（　　　）倍

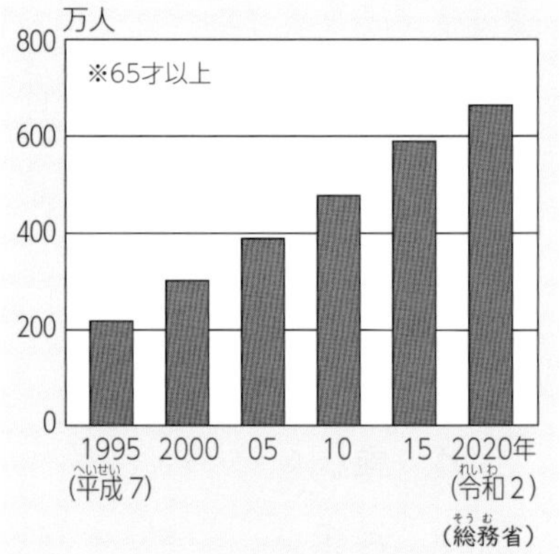

一人でくらす高齢者の人口の変化

(2) よく出る 情報ネットワークを通じて地域《ちいき》の高齢者のくらしを見守るしくみにあてはまらないものを、㋐〜㋓から選びましょう。（　　　）

㋐ 高齢者の動きを感知するセンサー
㋑ 日用品や食品のテレビショッピング
㋒ 高齢者の診療内容《しんりょうないよう》を記録した電子カルテ
㋓ 通信機のついた電化製品《せいひん》

記述 (3) (2)のようなしくみは何のためにつくられましたか。「高齢者の様子」という言葉を使って、かんたんに書きましょう。 思考・判断・表現

（　　　　　　　　　　）

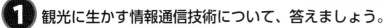

**3** 次の図は、情報通信技術を用いた商品の注文から配達までの流れを表しています。図を見て、答えましょう。

(1)1つ6点、(2)7点（31点）

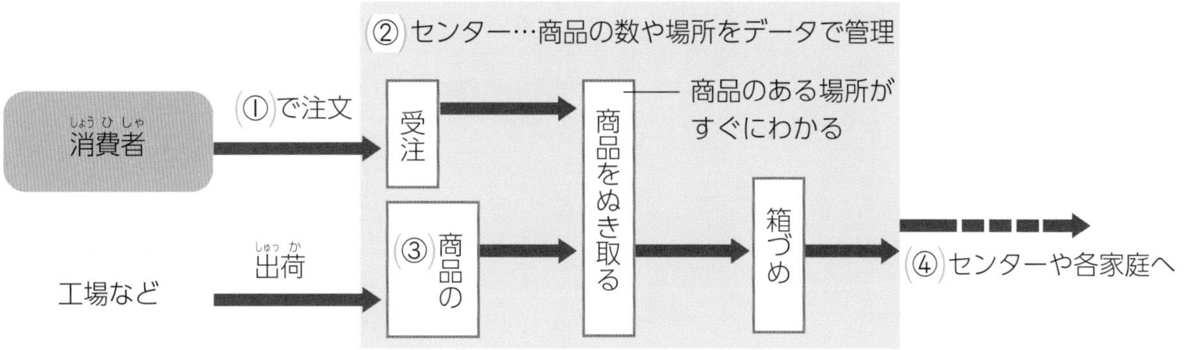


(1)　図中の①～④にあてはまる言葉を、㋐～㋕から選びましょう。

㋐　配送　　㋑　本部　　㋒　保管《ほかん》　　㋓　物流　　㋔　インターネット　　㋕　仕入れ

①（　　　）②（　　　）③（　　　）④（　　　）

記述　(2)　できたらスゴイ！　宅配《たくはい》会社などの流通に関わる人たちは、これまでの宅配データを分析して、どのようなことに生かしていますか。「効率《こうりつ》」という言葉を使って、かんたんに書きましょう。

思考・判断・表現

（　　　　　　　　　　　　）

**4** 情報通信技術の発展《はってん》について、答えましょう。

(1)1つ4点、(2)5点（25点）

(1)　これからの情報通信技術の活用について述《の》べた次の文中の①～⑤にあてはまる言葉を、㋐～㋙から選びましょう。

- 店に行けない人のために、自動運転や自動レジの機能《きのう》を向上させて、無人の（①）を開発する。
- スマートフォンなどで、（②）を使っている人でも移動《いどう》しやすい経路《けいろ》を自動で表示《ひょうじ》できるようにする。
- （③）に病気の症状《しょうじょう》を診断《しんだん》してもらい、いち早く適切《てきせつ》な治療《ちりょう》を受けられるようにする。
- 外国の人と交流できるように話した言葉をすぐに自動で（④）してくれるようにする。
- スマートフォンの（⑤）をかざすと、うつった物を認識《にんしき》して、それが何かを音声で教えてくれる。

㋐　車いす　　㋑　バス　　㋒　移動はん売車　　㋓　カメラ　　㋔　カード
㋕　通訳《つうやく》　　㋖　送信　　㋗　AI《エーアイ》　　㋘　データ　　㋙　IC《アイシー》

①（　　　）②（　　　）③（　　　）④（　　　）⑤（　　　）

(2)　(1)のような情報通信技術の発展とその活用の取り組みにより、どのような社会をめざしていますか。次の文中の（　　）にあてはまる言葉を書きましょう。

（　　　　　　　）

高齢化や人口の減少《げんしょう》に備《そな》え、だれもが（　　）社会をめざしている。

ふりかえり　3(2)がわからないときは、98ページの2にもどって確認《かくにん》してみよう。

# 1 自然災害《さいがい》とともに生きる①

学習日 月 日

めあて
自然災害の種類や、日本で発生した大きな自然災害を理解《りかい》しよう。

教科書 208～213ページ 答え 52ページ

次の（ ）に入る言葉や数字を、下から選びましょう。

## 1 国土の自然がもたらすもの／自然災害と国土の自然条件《じょうけん》

教科書 208～211ページ

### ✪ 日本に多い自然災害

- 日本は豊《ゆた》かな自然にめぐまれているが、自然の大きな力がくらしをおびやかすこともある。
- **自然災害**の発生には、国土の地形や（① ）の特色が大きく関わっている。
- 大きな自然災害によって、人々の命がうばわれたり、住む場所を失い避難《ひなん》生活を送ることになったりする。広い地域《ちいき》で（② ）やガス、水道が止まることもある。

**ワンポイント** さまざまな自然災害

- 風水害…夏から秋に来る（③ ）の強風と大雨、梅雨《つゆ》の大雨などによる被害《ひがい》。川のはんらんや土砂《どしゃ》くずれが起きて死者が出たり、家がこわれたり浸水《しんすい》したりする。
- 地震《じしん》災害…大きな地震が起きると、建物や道路、橋などがたおれたりくずれたりすることがある。海ぞいの地域では（④ ）におそわれることもある。
- その他にも、火山の（⑤ ）による火山災害、大雪による雪害などがある。

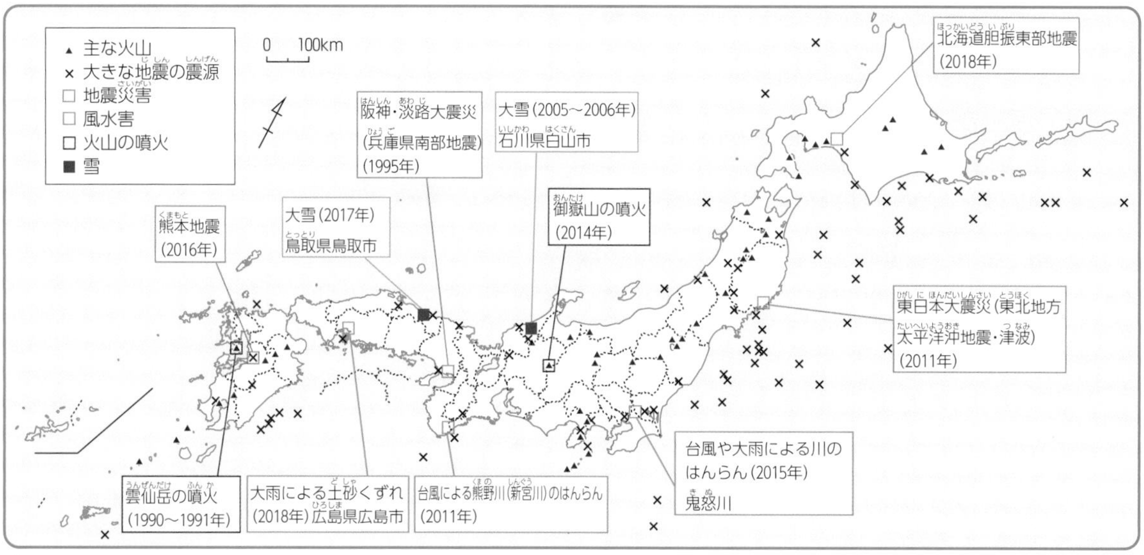


日本の自然災害

## 2 くり返す自然災害

教科書 212～213ページ

### ✪ 東日本大震災《ひがしにほんだいしんさい》

- （⑥ ）（平成《へいせい》23）年３月11日、（⑦ ）地方の太平洋沖《たいへいようおき》で大きな地震が発生し、海ぞいの地域を大きな津波《つなみ》がおそった。死者・行方《ゆくえ》不明者は22000名以上。この地域では、これまでも大きな地震と津波の被害を受けている。
- 全国各地で、大規模《だいきぼ》な地震や津波が発生するおそれがあり、国では、過去《かこ》の地震の調査《ちょうさ》などをもとに、今後の発生や被害について（⑧ ）し、発表している。

| 選んだ言葉に ✓ | | | | |
|---|---|---|---|---|
| | □2011 | □噴火《ふんか》 | □津波 | □予測《よそく》 |
| | □電気 | □東北《とうほく》 | □台風 | □気候 |

学習日　　月　　日

ぴたトリビア

電気やガス、水道、インターネットなど、生命・生活を維持《いじ》するための施設《しせつ》のことをライフライン（＝生命線）といいます。

教科書 208～213ページ　答え 52ページ

## 1 日本の自然災害について、答えましょう。

(1) 次の文中の①～⑤にあてはまる言葉を、㋐～㋗から選びましょう。

日本では、さまざまな自然災害が起きているが、その発生は、日本の（①）の特色と関係している。日本は、毎年、夏から秋にかけて（②）におそわれ、大雨や強風によって大きな被害が出ることも多い。また、地震が起きることも多く、兵庫《ひょうご》県を中心に起きた（③）や、東北地方を中心に起きた（④）のように、きわめて大きな被害が出ることもある。さらに、火山が多いことからたびたび火山災害が発生し、2014年に起きた（⑤）の噴火では、死者・行方不明者60名以上という大きな被害が出た。

㋐ 大雪　㋑ 御嶽《おんたけ》山　㋒ 国土　㋓ 阪神《はんしん》・淡路《あわじ》大震災
㋔ 台風　㋕ 雲仙岳《うんぜんだけ》　㋖ 土砂くずれ　㋗ 東日本大震災

①（　　）②（　　）③（　　）④（　　）⑤（　　）

(2) (1)の④のように、海底で大きな地震が発生すると、大波が海岸におしよせ、人や建物などが流されて大きな被害が出ることがあります。これを何といいますか。

（　　　　）

## 2 次の地図中の①～⑦で起こった自然災害にあてはまるものを、㋐～㋖から選びましょう。

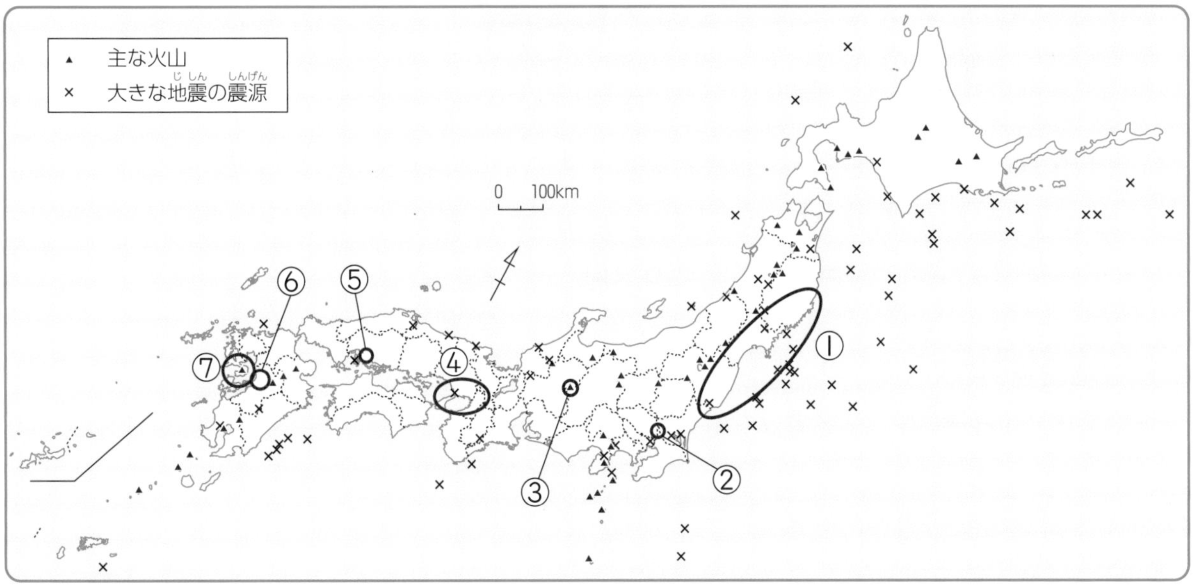


日本の自然災害

㋐ 御嶽山の噴火　㋑ 雲仙岳の噴火　㋒ 鬼怒《きぬ》川の水害
㋓ 東日本大震災　㋔ 阪神・淡路大震災　㋕ 広島《ひろしま》市の土砂くずれ
㋖ 熊本《くまもと》地震

①（　　）②（　　）③（　　）④（　　）
⑤（　　）⑥（　　）⑦（　　）

ヒント 2 ㋕土砂くずれは、山地の近くなどで発生します。近年は、山ぎわまで開発されて住宅《じゅうたく》地が広がったため、住宅地の近くで発生することもあります。

ぴったり1

# 準備

5．国土の自然とともに生きる

## 1 自然災害《さいがい》とともに生きる②

学習日　月　日

めあて
津波への対策や、地震などさまざまな自然災害への対策を理解《りかい》しよう。

教科書 214～221ページ　答え 53ページ

次の（　　）に入る言葉を、下から選びましょう。

### 1 大津波《おおつなみ》からくらしを守るために

教科書 214～215ページ

**津波の被害《ひがい》を防《ふせ》ぐための施設《しせつ》**

- 津波が来たとき、身を守るために上る（①　　　　）や避難《ひなん》ビルを市町村が設置《せっち》。
- 国や都道府県が中心となって、大きな堤防《ていぼう》を建設《けんせつ》。川のはんらんを防ぐのにも役立つ。
- （②　　　　）…津波などで海水が海ぞいの陸地におしよせるのを防ぐ。

**津波の被害を防ぐ対策《たいさく》**

- 市町村ごとに、被害の予測《よそく》や避難場所を示した標識《ひょうしき》や（③　　　　）をつくっている。
- 岩手《いわて》県宮古《みやこ》市の田老《たろう》地区では、防潮堤《ぼうちょうてい》を高くつくり直し、住宅《じゅうたく》地のかさ上げや高台への移転《いてん》も行っている。このような（④　　　　）は多くの費用《ひよう》がかかるため、国や県も協力している。

### 2 さまざまな自然災害からくらしを守るために

教科書 216～220ページ

**地震《じしん》に備える**

- 日本の国土はプレートの境界《きょうかい》にあるため、全国各地で大きな（⑤　　　　）が発生するおそれがある。
- プレート…地球の表面をおおう岩石の層《そう》で、少しずつ動いている。プレートがおし合って力がたまり、岩石の層がずれたりわれたりしたときに、地震が発生する。
- **対策** 公共施設を地震のゆれに強くするための改修《かいしゅう》工事を行っている。水道・電気・ガスを送る設備《せつび》も、ゆれに強いつくりに変えてきている。

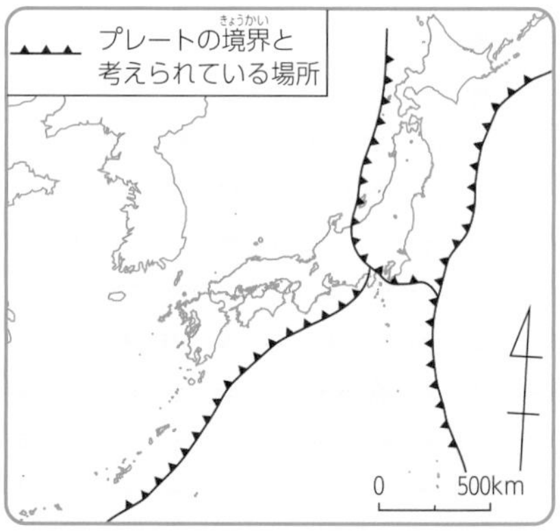

日本の国土とプレート

**緊急《きんきゅう》地震速報《そくほう》のしくみ**

- 地震のゆれを観測《かんそく》する地震計を各地に設置し、（⑥　　　　）が地震の発生を消防庁《しょうぼうちょう》や市町村、放送局、インターネットの会社などを通して、ただちに伝える。

**さまざまな自然災害への対策**

- 防災《ぼうさい》対策…各市町村では**ハザードマップ**の作成、避難所・防災施設の整備《せいび》を進めている。
- （⑦　　　　）…自然災害による被害をできるだけ減《へ》らそうとすること。

**さまざまな防災施設**

- 砂防《さぼう》ダム…（⑧　　　　）が起こったときに、土砂《どしゃ》の流れをせき止める。
- 地下の放水路や遊水地…大雨のときに川のはんらんを防ぐ。
- なだれ防止さく…山の斜面《しゃめん》に設置して、大雪でなだれが起こるのを防ぐ。

選んだ言葉に✓

| | | | |
|---|---|---|---|
| □地震 | □気象《きしょう》庁 | □公共事業 | □ハザードマップ |
| □減災《げんさい》 | □防潮堤 | □土砂くずれ | □避難タワー |

ぴったり2
# 練習

学習日　　月　　日

ぴたトリビア
せまい地域《ちいき》に短時間に集中してふる大雨のことを集中豪雨《ごうう》といいます。近年、限《かぎ》られた地点で短時間のうちに大量の雨がふることが増《ふ》えています。

教科書 214〜221ページ　答え 53ページ

## 1 自然災害に関する次の文を読んで、答えましょう。

　2011年３月11日に発生した（①）大震災《だいしんさい》では、地震にともなう大津波により広い地域が浸《しん》水《すい》し、多くの建物が流されたり、死者・行方《ゆくえ》不明者が出たりするなど、大きな被害が発生した。こうした被害を受けた地域では、堤防や（②）を高くつくり直したり、土をもって土地の（③）をしたり、病院や学校を高台へ移転したりするなどの（④）を行い、津波の被害を受けにくいまちづくりを進めている。

(1) 文中の①～④にあてはまる言葉を、㋐～㋖から選びましょう。

㋐ 砂防ダム　㋑ 東日本《ひがしにほん》　㋒ 公共事業　㋓ 防潮堤
㋔ かさ上げ　㋕ 阪神《はんしん》・淡路《あわじ》　㋖ うめ立て

①（　　）②（　　）③（　　）④（　　）

(2) 右の絵は、下線部に関係のある防災施設を表しています。これを何といいますか。
（　　）

## 2 右の図を見て、答えましょう。

(1) 図中のⒶ～Ⓓにあてはまるものを、㋐～㋔から選びましょう。

㋐ 防災無線　㋑ パソコン
㋒ テレビ　㋓ 新聞
㋔ 電話やインターネットの会社

Ⓐ（　　）Ⓑ（　　）
Ⓒ（　　）Ⓓ（　　）

(2) 次の文中の①～④にあてはまる言葉を、㋐～㋔から選びましょう。

　放送局では、（①）から緊急地震速報を受け取ると、それをすぐに放送できるしくみになっている。（②）をできるだけ減らすことができるように、（③）などの情報《じょうほう》をただちに伝え、すばやい（④）をよびかけることにしている。

㋐ 気象庁　㋑ 電話会社　㋒ 避難
㋓ 被害　㋔ 津波

①（　　）②（　　）③（　　）④（　　）

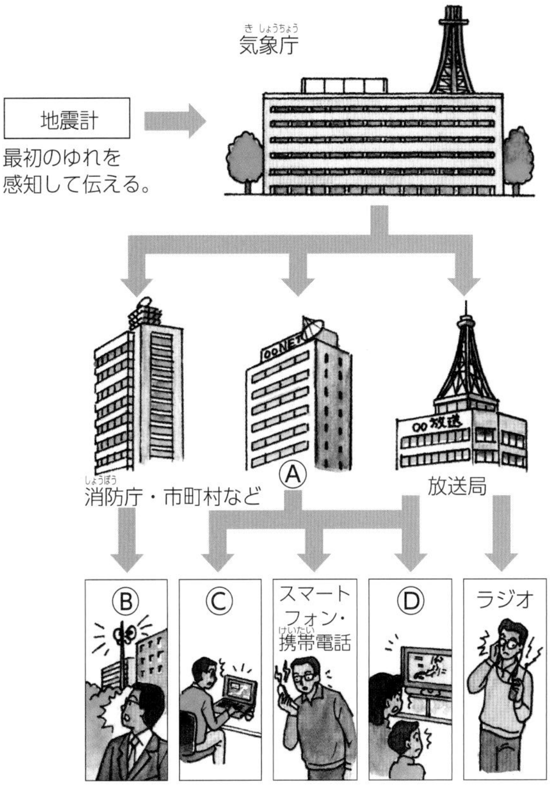

緊急地震速報のしくみ

ヒント
❶ (1) ④国や都道府県、市町村が行い、おおやけの利益《りえき》になる道路や鉄道、学校などをつくる事業のことです。

5. 国土の自然とともに生きる

# 1 自然災害《さいがい》とともに生きる

時間 30 分　　／100　　合格 80 点

教科書 208〜221ページ　　答え 54ページ

## 1 日本の自然災害について述《の》べた次の文のうち、正しいものには○を、まちがっているものには×をつけましょう。

1つ6点（30点）

①（　　　）地震《じしん》が起こると、海ぞいの地域《ちいき》は必ず津波《つなみ》におそわれる。

②（　　　）夏から秋にかけて台風におそわれ、大雨や強風の被害《ひがい》を受けることが多い。

③（　　　）日本海《にほんかい》側の地域では、冬に大雪による被害を受けることがある。

④（　　　）近年は、集中豪雨《ごうう》が起こっても、防災対策《ぼうさいたいさく》のおかげで、川のはんらんや土砂《どしゃ》くずれなどはいっさい起こらなくなった。

⑤（　　　）火山の噴火《ふんか》はときどき起こるが、山の中なので、くらしへのえいきょうはほとんどない。

## 2 右の絵を見て、答えましょう。

1つ4点（24点）

(1) ①は1995年、②は2011年に起こった、大きな自然災害の様子を表しています。①、②にあてはまるものを、[　　　]から選びましょう。

熊本《くまもと》地震　　東日本大震災《ひがしにほんだいしんさい》　　阪神《はんしん》・淡路《あわじ》大震災

①（　　　　　　　）　②（　　　　　　　）

(2) ①、②が起こった地域を、右の地図中の㋐〜㋓から選びましょう。

①（　　　）

②（　　　）

(3) ①、②の説明にあてはまるものを、㋐〜㋓から選びましょう。

①（　　　）

②（　　　）

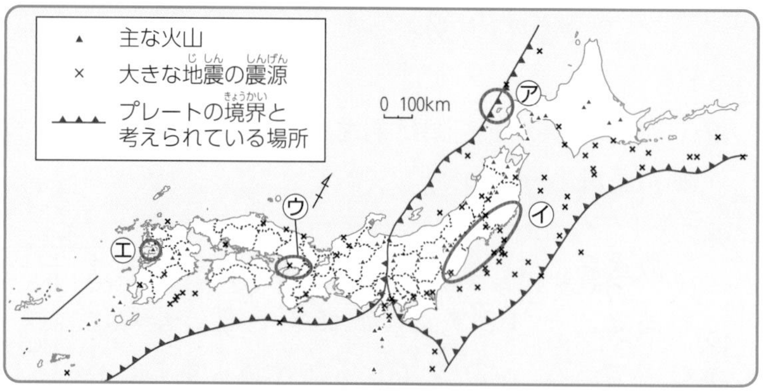


㋐ 太平洋《たいへいよう》側の広い地域を大地震と大津波がおそい、大きな被害が出た。

㋑ 台風や大雨で川がはんらんし、家がこわれたり浸水《しんすい》したりするなど、大きな被害が出た。

㋒ 大雨による土砂くずれで、家がこわれたり浸水したりする大きな被害が出た。

㋓ 大きなゆれで、大都市では建物や高速道路がたおれるなど、大きな被害が出た。

## 3 右の図を見て、答えましょう。

1つ5点、(3)6点（16点）

(1) 図中の①は何を表していますか。㋐～㋓から選びましょう。

（　　　）

㋐ 地震のゆれに強い高速道路。

㋑ 台風の強風を防《ふせ》ぐための石がき。

㋒ 津波を防ぐための堤防《ていぼう》。

㋓ 土砂の流れをせき止めるための砂防《さぼう》ダム。

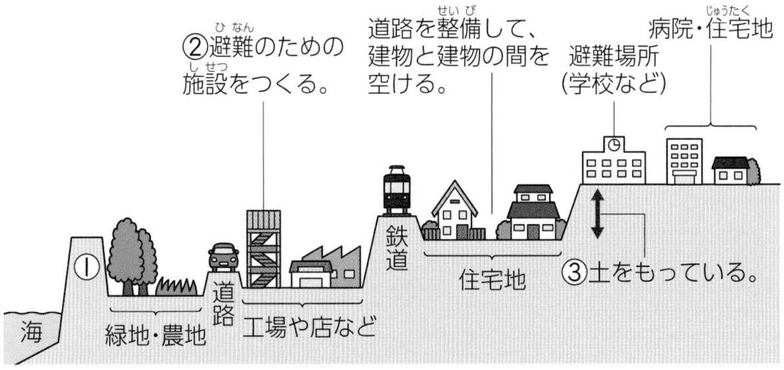

②避難《ひなん》のための施設《しせつ》をつくる。
道路を整備《せいび》して、建物と建物の間を空ける。
避難場所(学校など)
病院・住宅《じゅうたく》地
①
海
緑地・農地
道路
工場や店など
鉄道
住宅地
③土をもっている。


自然災害に強いまちづくりの例

(2) 図中の②の施設《しせつ》はある自然災害から避難《ひなん》するためのものです。その自然災害にあてはまるものを、㋐～㋓から選びましょう。（　　　）

㋐ 地震　㋑ 台風　㋒ 津波　㋓ 土砂くずれ

記述 (3) できたらスゴイ! 図中の③で土をもっているのはなぜですか。かんたんに書きましょう。

思考・判断・表現

（　　　　　　　　　　　　　　　　　　　　　　　　）

## 4 防災の取り組みについて、答えましょう。

1つ4点、(3)6点（30点）

(1) よく出る 右の①～③の防災施設の説明にあてはまるものを、㋐～㋓から選びましょう。

①（　　　）
②（　　　）
③（　　　）

①

②

③


㋐ 大雪でなだれが起こるのを防ぐ、なだれ防止さく。

㋑ 土砂くずれが起こったときに、土砂の流れをせき止める砂防ダム。

㋒ 火山が噴火したときに、身を守るために避難するがんじょうな建物。

㋓ 大雨で増《ふ》えた川の水を地下に取りこんで、はんらんを防ぐ放水路。

(2) ①～③の防災施設は、どのような地域で多く見られますか。あてはまるものを、㋐～㋓から選びましょう。　①（　　　）②（　　　）③（　　　）

㋐ 大きな川の下流ぞいの地域。　㋑ 日本海側の山ぞいの地域。

㋒ 地震の多い海岸ぞいの地域。　㋓ 山ぞいの急な斜面《しゃめん》の地域。

記述 (3) できたらスゴイ! 自然災害に備《そな》えて、あなたがふだんのくらしの中でできることは何ですか。考えたことをかんたんに書きましょう。

思考・判断・表現

（　　　　　　　　　　　　　　　　　　　　　　　　）

ふりかえり 3(3)がわからないときは、104ページの1にもどって確認《かくにん》してみよう。

ぴったり1 準備

3分でまとめ

5．国土の自然とともに生きる

# 2 森林とともに生きる①

学習日　　月　　日

めあて

日本の森林や人々と森林との関わり、林業で働く人々の取り組みを理解《りかい》しよう。

教科書 222～229ページ　答え 55ページ

次の（　　）に入る言葉を、下から選びましょう。

## 1 日本の国土と森林／森林のはたらきと人々のくらし

教科書 222～227ページ

### 森林にめぐまれる日本

- 日本は、降水《こうすい》量が多く、さまざまな気候が見られるので、森林がよく育つ。
  ⇒国土面積のおよそ（①　　　　）を森林がしめる。
- 森林がある山は、地面に張《は》った木々の根が、土砂《どしゃ》の流出をおさえる。⇒森林がない山では、大雨がふると（②　　　　）が起こることがある。森林には、自然災害《さいがい》の被害《ひがい》を少なくするはたらきがある。
- 日本の森林の中には、秋田《あきた》県と青森《あおもり》県の境《さかい》に広がる白神《しらかみ》山地のように、（③　　　　）に登録されているものもある。

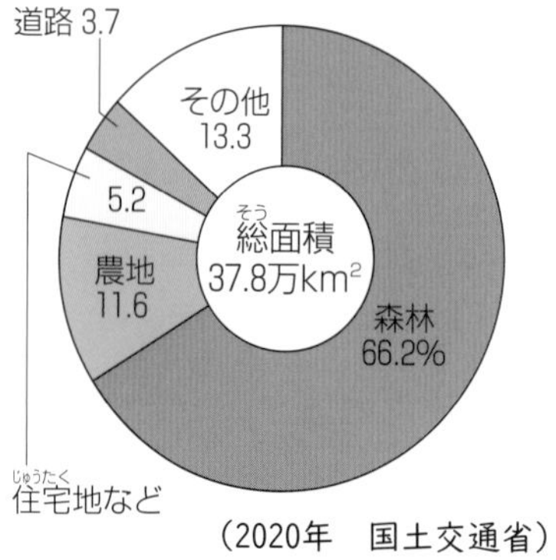
道路 3.7
その他 13.3
5.2
総《そう》面積 37.8万km²
農地 11.6
森林 66.2%
住宅《じゅうたく》地など
（2020年　国土交通省）

日本の国土の土地利用の割合《わりあい》

### 森林のはたらき

- 森林は、木材、木の実やきのこなどの食料、豊《ゆた》かな水などをもたらしてくれる。
- 森林は、（④　　　　）をたくわえて、少しずつ流すダムのようなはたらきをする。

## 2 木を植えて育てる人々

教科書 228～229ページ

### 林業にたずさわる人々の仕事

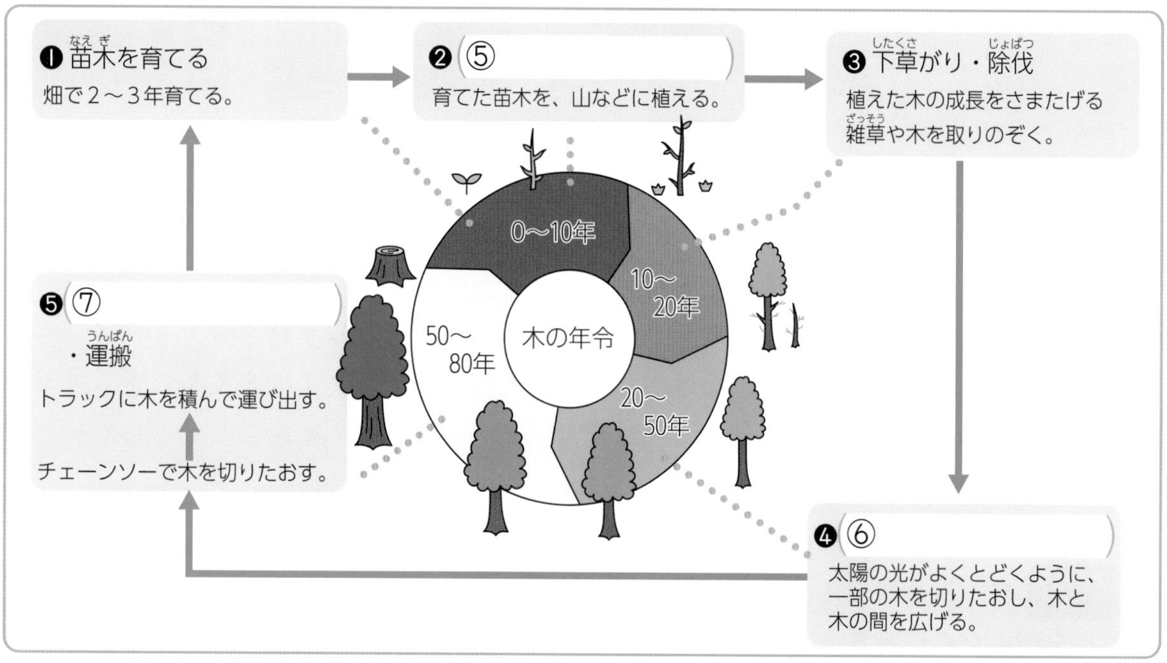
❶苗木《なえぎ》を育てる
畑で2～3年育てる。
❷（⑤　　　　）
育てた苗木を、山などに植える。
❸下草《したくさ》がり・除伐《じょばつ》
植えた木の成長をさまたげる雑草《ざっそう》や木を取りのぞく。
❹（⑥　　　　）
太陽の光がよくとどくように、一部の木を切りたおし、木と木の間を広げる。
❺（⑦　　　　）・運搬《うんぱん》
トラックに木を積んで運び出す。
チェーンソーで木を切りたおす。
0～10年
10～20年
20～50年
50～80年
木の年令

- 日本の森林の43.1%は人の手で植えられた（⑧　　　　）で、天然林は56.9%（2017年）。**林業**で働く人の数が減《へ》ってきて、手入れの行きとどかない**人工林**が増《ふ》えている。

選んだ言葉に✔

| | | | |
|---|---|---|---|
| □雨水 | □間伐《かんばつ》 | □3分の2 | □土砂くずれ |
| □伐採《ばっさい》 | □人工林 | □植林 | □世界自然遺産《いさん》 |

学習日　月　日

ぴたトリビア

日本の世界自然遺産は、「白神山地」、「屋久島《やくしま》」、「知床《しれとこ》」、「小笠原諸島《おがさわらしょとう》」、「奄美大島《あまみおおしま》、徳之島《とくのしま》、沖縄島《おきなわじま》北部及び西表島《いりおもてじま》」の５つです（2023年）。

教科書 222〜229ページ　答え 55ページ

## 1 日本の森林について、答えましょう。

(1) 次の文のうち、正しいものには○を、まちがっているものには×をつけましょう。

①（　　）日本の国土面積の約３分の１が森林である。

②（　　）日本にある森林の半分以上が天然林である。

③（　　）森林は、雨水をたくわえて、少しずつ流すダムのようなはたらきをしている。

④（　　）森林がないと、雨水が土の中にしみこみやすいので、洪水《こうずい》の心配がない。

⑤（　　）森林の木を切ってそのままにしておくと、大雨がふったとき、土砂くずれが起こりやすい。

(2) 世界自然遺産に登録されている白神山地の森林は、Ⓐのような森林ですか、Ⓑのような森林ですか。また、それは人工林と天然林のどちらですか。

（　　）（　　）

## 2 次の絵は、林業にたずさわる人々の仕事の様子を表したものです。この絵を見て、答えましょう。

(1) ①〜③の絵にあてはまるものを、㋐〜㋓から選びましょう。

①（　　）②（　　）③（　　）

㋐ 下草《したくさ》がり　㋑ 運搬《うんぱん》　㋒ 伐採　㋓ 苗木《なえぎ》を育てる

(2) ①〜③の絵の作業の説明にあてはまるものを、㋐〜㋓から選びましょう。

①（　　）②（　　）③（　　）

㋐ 十分に成長した木をチェーンソーで切りたおす。

㋑ 苗木を畑で２〜３年育てる。

㋒ 木の成長をさまたげる雑草《ざっそう》を取りのぞく。

㋓ 畑で育てた苗木を山などに植える。

(3) ①〜③の絵の作業が行われるのは、木の年令がどれくらいのころですか。㋐〜㋓から選びましょう。

①（　　）②（　　）③（　　）

㋐ ０〜10年　㋑ 10〜20年　㋒ 20〜50年　㋓ 50〜80年

ヒント 1 (1)② 自然に落ちた種や切りかぶから出た芽が成長してできた森林を天然林といいます。

# 2 森林とともに生きる②

学習日　　月　　日

**めあて**
林業を営む人を増やす取り組みや、森林を守る取り組みを理解《りかい》しよう。

教科書 230〜235ページ　答え 56ページ

次の(　　)に入る言葉を、下から選びましょう。

## 1 森林を守り続けるための新しい取り組み

教科書 230〜231ページ

### ✪ 日本の林業の変化

- 昔と比《くら》べて、国内で使われる木材の量が減《へ》ってきている。
- 値段《ねだん》の安い(①　　　　　)を多く使うようになった。
  ⇒以前に比べて木材の値段が下がり、林業をやめてしまった人も多いため、(②　　　　　)があれてしまった。

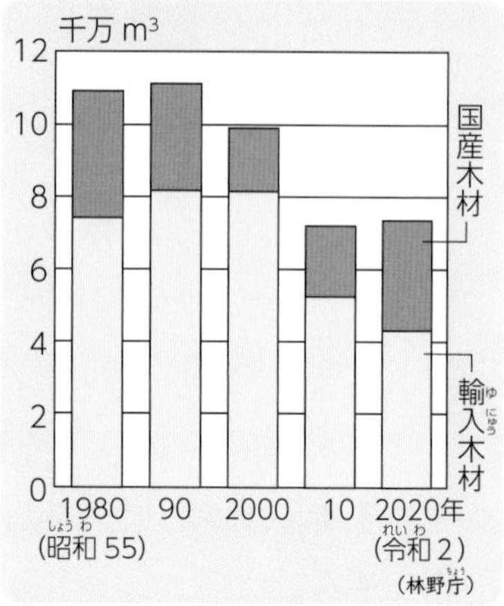

国内の木材使用量の変化

### ✪ 林業を始める人を増《ふ》やすための、国や県の取り組み

- 「緑の雇用《こよう》事業」…林業の基本《きほん》的な技術《ぎじゅつ》を学ぶ研修《けんしゅう》の場を用意する。国が森林組合などに補助金《ほじょきん》を出す。
- 「林業インターンシップ」…(③　　　　　)などの住民を招《まね》き、林業体験や地元の人と交流してもらう。
- 「林業大学校」…１年間、林業の基本的な技術、森林管理、木造設計《もくぞうせっけい》などを学ぶ学校。

### ✪ 国産木材の使用を増やす取り組み

- 木質《もくしつ》**バイオマス**発電所…建築《けんちく》用として利用できない材木や枝《えだ》を、発電のための(④　　　　　)として有効《ゆうこう》に活用する。
- 森林に放置されている切りかぶや小枝を加工して、木工品をつくり、商品として売り出す。

## 2 森林を守るためにできることは

教科書 232〜233ページ

### ✪ 森林の育成と活用につながる活動

- 高知《こうち》県では、森林の保全《ほぜん》に協力したいという会社と、森林の手入れの協力を求める市町村や森林組合をつなぐ取り組みをしている。会社は、森林の保全のために売り上げの一部を募金《ぼきん》したり、地域《ちいき》の人々と協力して(⑤　　　　　)をしたりしている。

### ✪ 森林を守るためにできることは

- CLT《シーエルティー》という、じょうぶで軽い建築材《けんちくざい》が高層《こうそう》ビルなどに使われている。太くない木でも組み合わせることで活用することができる。
- (⑥　　　　　)によって切られた木を材料として、わりばしをつくる。

### ✪ 地球温暖化《おんだんか》と森林資源《しげん》の活用

- **地球温暖化**の問題…石油や石炭が大量に消費《しょうひ》され、空気中の(⑦　　　　　)が増えたことが原因《げんいん》の一つ。森林には、二酸化炭素《にさんかたんそ》を取りこむはたらきがあり、森林を守ることが地球全体の環境《かんきょう》を守ることにつながる。
- 「木づかい運動」…家庭や学校、会社などで積極的に(⑧　　　　　)の加工品を使う。

| 選んだ言葉に✓ | | | | |
|---|---|---|---|---|
| | □間伐《かんばつ》 | □人工林 | □植林 | □輸入《ゆにゅう》木材 |
| | □燃料《ねんりょう》 | □都市部 | □国産木材 | □二酸化炭素 |

ぴったり2

# 練習

学習日　　月　　日

ぴたトリビア

バイオマスとは、生物に由来《ゆらい》し、再生できる資源のことをいいます。間伐材やはい材、家畜《かちく》のふん尿《にょう》、家庭の台所のごみなどがふくまれます。

教科書　230〜235ページ　答え　56ページ

## 1 日本の林業について、答えましょう。

(1) 次の文中の①〜③にあてはまる言葉を、㋐〜㋔から選びましょう。

> 昔と比べて、国内で使われる木材の量は減ってきている。また、使われる木材は安い（①）が多くなっている。以前よりも木材の（②）が下がったため、林業をやめてしまう人も増えた。そのため、林業で働く人の数が減って、手入れが行きとどかず、あれた（③）が増えてきている。

㋐ 技術　　㋑ 値段　　㋒ 国産木材
㋓ 輸入木材　　㋔ 人工林

①（　　）②（　　）③（　　）

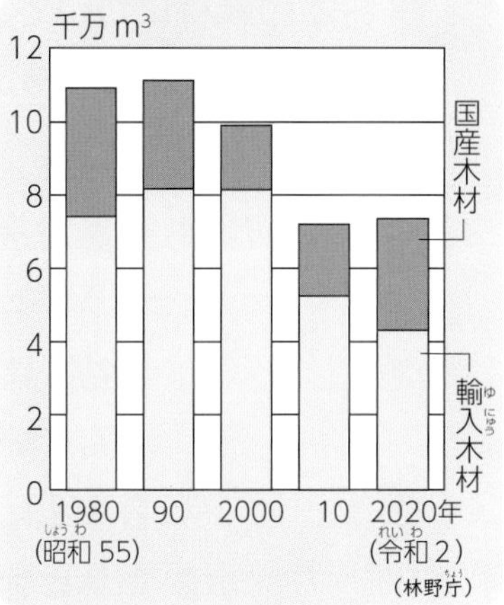


国内の木材使用量の変化

(2) 右のグラフで、木材の使用量が最も多いのは何年ですか。

（　　　　）年

(3) 右のグラフでは、2000年以降《いこう》、輸入木材の使用量は増えていますか、それとも減っていますか。どちらかを書きましょう。（　　　　）

## 2 森林のはたらきと森林を守る取り組みについて、答えましょう。

(1) 次の文中の①〜③にあてはまる言葉を、［　］から選びましょう。

> 世界で地球温暖化がますます問題になっているが、森林には、その原因の一つである（①）を取りこむはたらきがある。森林を守ることは、地球全体の（②）を守ることにつながっている。森林を守り育てながら、適切《てきせつ》に木材を使い、（③）をむだなく活用するという取り組みが行われている。

水　　二酸化炭素　　森林資源　　機械　　環境

①（　　　）②（　　　）③（　　　）

(2) 森林を守るために会社が行っている取り組みとしてまちがっているものを、㋐〜㋓から選びましょう。

（　　）

㋐ 売り上げの一部を募金している。
㋑ 地域の人々と協力して、木を植える活動をしている。
㋒ 輸入木材だけを使うようにしている。
㋓ 木材を使った新しい技術や素材《そざい》を開発している。

ヒント　1 (1)③　木材をつくるために人が植えてできた森林は、手入れをしたり、木材を適切に使ったりして、育てていくことが大切です。

## 2 森林とともに生きる

時間 30 分
／100
合格 80 点

教科書 222～235ページ　答え 57ページ

### 1 日本の森林について、答えましょう。

(1)1つ4点、(2)6点（26点）

(1) よく出る 次の文のうち、正しいものには○を、まちがっているものには×をつけましょう。

①（　　　）Ⓐのような森林は、秋田《あきた》県と青《あお》森《もり》県の境《さかい》にある白神《しらかみ》山地などで見ることができる。

②（　　　）ⒷはⒶに比《くら》べて、木がきれいにならんでいるので、天然林である。

③（　　　）日本では、国土面積の半分くらいを、森林がしめている。

④（　　　）森林は強い風や砂《すな》、騒音《そうおん》などをさえぎってくれる。

⑤（　　　）森林を伐採《ばっさい》しないと、大雨で木が流され、土砂《どしゃ》くずれが起こることがある。

記述 (2) できたらスゴイ！ 森林のはたらきについて、「雨水」「ダム」という言葉を使って、かんたんに書きましょう。

思考・判断・表現

（　　　　　　　　　　　　　　　　　　　　）

### 2 日本の林業について、答えましょう。

1つ4点（28点）

(1) よく出る 次の文中の①～⑤にあてはまる言葉を、㋐～㋗から選びましょう。

日本の森林の半分近くは、人の手で植えられた（①）である。人間が植えた木は、人間が世話をしてやらなければならない。（②）を植えてから伐採までの間、下草《したくさ》がりや（③）などの手入れをする必要がある。手入れをしないと、木の育ちが悪くなるからである。しかし、昔と比べて、国内で使われる木材の量は減《へ》ってきている。そのため、林業で働く人の数が（④）、手入れの行きとどかない森林が（⑤）きている。

①（　　　）　②（　　　）　③（　　　）　④（　　　）　⑤（　　　）

㋐ 間伐《かんばつ》　㋑ 運搬《うんぱん》　㋒ 天然林　㋓ 苗木《なえぎ》
㋔ 人工林　㋕ 増《ふ》えて　㋖ 減って　㋗ 植林

(2) 右のグラフで、10年前の年と比べて、輸入《ゆにゅう》木材の使用量が最も減ったのは何年ですか。

技能

（　　　　）年

(3) 右のグラフで、2000年と2020年を比べると、木材使用量にしめる国産木材の割合が大きいのはどちらの年ですか。

技能

（　　　　）年

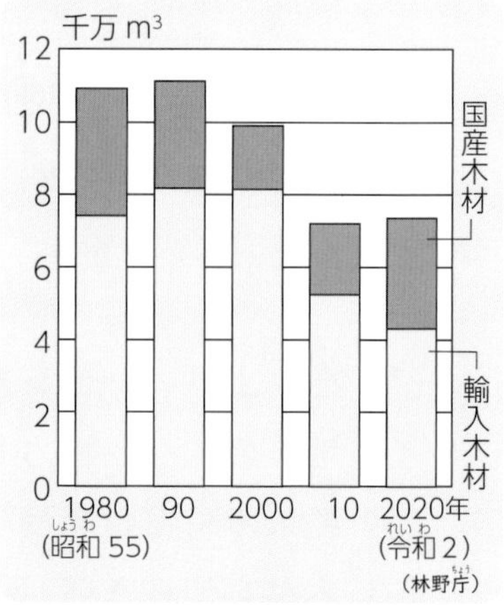


国内の木材使用量の変化

## 3 次の絵を見て、答えましょう。

1つ4点（28点）

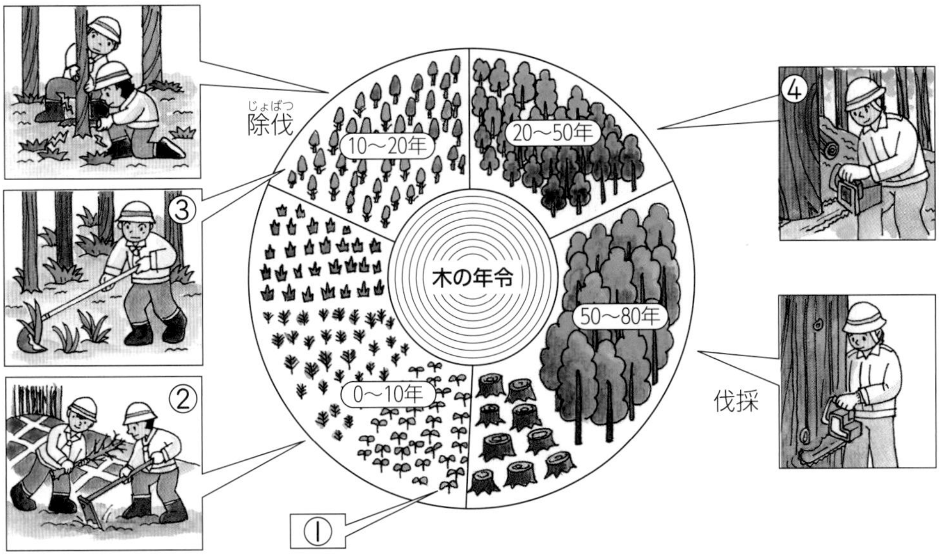


(1)　①～④の絵にあてはまる作業を、㋐～㋓から選びましょう。

①（　　　）　②（　　　）　③（　　　）　④（　　　）

㋐　間伐　　㋑　下草がり　　㋒　苗《なえ》木《ぎ》を育てる　　㋓　植林

(2)　絵を参考にして、次の文中の①～③にあてはまる数字や言葉を、㋐～㋕から選びましょう

木を植えてから木材にするまでの期間は、（①）年から（②）年と長い。その間には下草がりや除伐《じょばつ》などの作業をする人が必要であり、国や県は林業で働く（③）を増やす取り組みを行っている。

㋐　20　　㋑　50　　㋒　80　　㋓　機械　　㋔　わかい人　　㋕　高齢者《こうれいしゃ》

①（　　　）　②（　　　）　③（　　　）

## 4 森林を守る活動について、右のグラフを見て、答えましょう。

1つ4点、(3)10点（18点）

(1)　2018年の森林づくり活動をしている団体《だんたい》の数はおよそ何団体ですか。㋐～㋒から選びましょう。　**技能**

㋐　2700　　㋑　3000　　㋒　3300

（　　　）

(2)　2018年の森林づくり活動をしている団体の数は、2003年と比べて、およそ何倍になっていますか。整数で答えましょう。　**技能**

およそ（　　　）倍

記述　(3)　できたらスゴイ！　森林を守ることが地球全体の環境《かんきょう》を守ることにつながる理由を、「地球温暖化《おんだんか》」「二酸化炭素《にさんかたんそ》」という言葉を使って、かんたんに書きましょう。　**思考・判断・表現**

（　　　　　　　　　　　　　　　　）

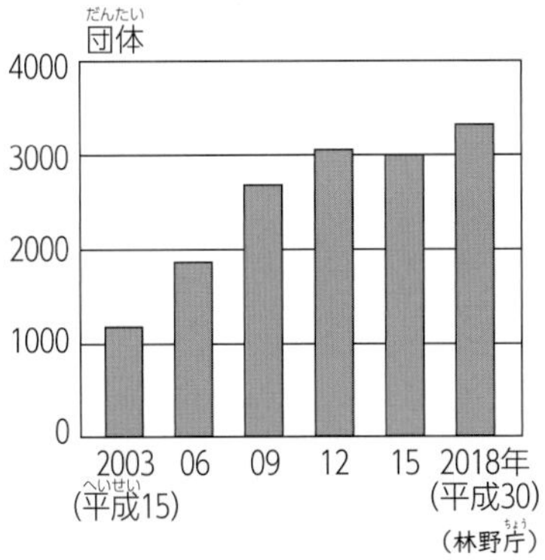


森林づくり活動をしている団体の数の変化

ふりかえり　4(3)がわからないときは、110ページの2にもどって確認《かくにん》してみよう。

# 3 環境《かんきょう》をともに守る①

学習日　　月　　日

めあて
空と海の変化がくらしにあたえるえいきょうや、公害防止の歩みを理解《りかい》しよう。

教科書 236～239ページ　答え 58ページ

次の（　　）に入る言葉を、下から選びましょう。

## 1 青い空と海を取りもどしたまち

教科書 236～237ページ

### 1960年ごろの福岡県《ふくおかけん》北九州市《きたきゅうしゅうし》の様子

- 空と海がよごれ、住民のくらしに大きなえいきょうをあたえた。
- 海面にはあわが立って、くさい（①　　　　　）がした。
- 空は（②　　　　　）だらけで、青空は見えなかった。
- ふった**ばいじん**がまい上がらないように、校庭に水をまいた。
- ばいじん…工場の（③　　　　　）から出るけむりにふくまれる細かいちりやほこり。

## 2 公害をなくすために

教科書 238～239ページ

### 公害とは

- 北九州市では、製鉄《せいてつ》を中心とした工業生産がさかんになるにつれ、工場から出るけむりや廃水《はいすい》が多くなり、（④　　　　　）に苦しむ人などが増えた。
- **公害**…産業の発展《はってん》によって（⑤　　　　　）が悪化し、人々のくらしに被害《ひがい》が出ること。1955（昭和《しょうわ》30）年ごろから工業がさかんになり、各地で発生した。

| 四大公害病 | |
|---|---|
| | 水俣病《みなまたびょう》：熊本《くまもと》県・鹿児島《かごしま》県。 **原因《げんいん》** 工場から流された水銀 |
| | 新潟《にいがた》水俣病：新潟県。 **原因** 工場から流された水銀 |
| | 四日市《よっかいち》ぜんそく：三重《みえ》県四日市市。 **原因** 工場から空気中に出されたガス |
| | （⑥　　　　　）病：富山《とやま》県。 **原因** 鉱山《こうざん》から川に流されたカドミウム |

- 四大公害病の裁判《さいばん》では、公害を起こした会社の責任《せきにん》が追《つい》及《きゅう》され、会社は責任を認《みと》めた。

| 年 | 主なできごと |
|---|---|
| 1901 | 洞海湾《どうかいわん》の近くに、製鉄《せいてつ》所ができる |
| 1943 | 洞海湾の水のよごれが目だつようになる |
| 1950 | 市民が公害に反対する運動を始める |
| 1965 | ばいじんのふる量の日本一を記録する |
| 1967 | 北九州《きたきゅうしゅう》市と工場が公害を防《ふせ》ぐための取り決めを結ぶ |
| 1970 | 北九州市が公害防止条例《ぼうしじょうれい》をつくる |
| 1987 | 北九州市が「星空の街」に選ばれる |

北九州市の公害防止の歩み

### 公害をなくすための取り組み

- （⑦　　　　　）の高まりを受けて、工場と市は公害を防《ふせ》ぐための取り決めを結んだ。
- 北九州市は（⑧　　　　　）条例《じょうれい》をつくった。また、空気のよごれを観測《かんそく》する施設《しせつ》をつくって調査《ちょうさ》したり、海のよごれを取りのぞく作業を行ったりした。下水道も整備《せいび》した。
- 工場では、ばいじんや有害な廃水を出さない機械を設置《せっち》した。市との取り決めや条例を守り、公害を出さずに生産することをめざした。
- 今の北九州市…さまざまな人々の、長年の努力で、きれいな青い空と海がよみがえった。

選んだ言葉に ✓

| | | | |
|---|---|---|---|
| □ぜんそく | □けむり | □公害防止《ぼうし》 | □えんとつ |
| □におい | □住民運動 | □環境 | □イタイイタイ |

学習日　月　日

ぴたトリビア

北九州市で公害を防ぐための取り決めが結ばれたのと同じ年に、国は公害対策基本法《たいさくきほん》を制定《せいてい》し、公害の種類や守るべき基準《きじゅん》などを定めました。

教科書 236〜239ページ　答え 58ページ

## 1 1950年から1970年ごろまでの北九州市の様子を説明した文にあてはまらないものを、㋐〜㋕から2つ選びましょう。

（　　）（　　）

㋐ 空はけむりだらけで、青空は見えなくなっていた。
㋑ 海面にあわが立ち、くさいにおいがした。
㋒ 健康を守るため、公害に反対する運動を行った。
㋓ ばいじんがまい上がらないように、校庭に水をまきながら体育の授業《じゅぎょう》が行われた。
㋔ ぜんそくに苦しむ人や、いやなにおいになやむ人が減《へ》った。
㋕ 海はきれいで、つりができるようになった。

## 2 右の年表を見て、答えましょう。

(1) 市民が公害に反対する運動を始めたのは何年ですか。

（　　）年

(2) 市民が公害に反対する運動を始めてから、市が公害防止条例をつくるまで、何年かかりましたか。㋐〜㋓から選びましょう。

（　　）

㋐ 10年　㋑ 15年　㋒ 20年　㋓ 30年

(3) 次の文のうち、正しいものには○を、まちがっているものには×をつけましょう。

①（　　）製鉄所ができてから、海の水のよごれが目だつようになった。
②（　　）ばいじんのふる量が日本一を記録したのをきっかけとして、市民が公害に反対する運動を始めた。
③（　　）北九州市は、公害防止条例にもとづいて、工場と公害を防ぐための取り決めを結んだ。

(4) 右の地図は、四大公害病が起こった地域《ちいき》を表しています。Ⓐ、Ⓑにあてはまる公害病を書きましょう。

Ⓐ（　　）
Ⓑ（　　）

| 年 | 主なできごと |
|---|---|
| 1901 | 洞海湾の近くに、製鉄所ができる |
| 1943 | 洞海湾の水のよごれが目だつようになる |
| 1950 | 市民が公害に反対する運動を始める |
| 1965 | ばいじんのふる量の日本一を記録する |
| 1967 | 北九州市と工場が公害を防ぐための取り決めを結ぶ |
| 1970 | 北九州市が公害防止条例をつくる |
| 1987 | 北九州市が「星空の街」に選ばれる |

北九州市の公害防止の歩み

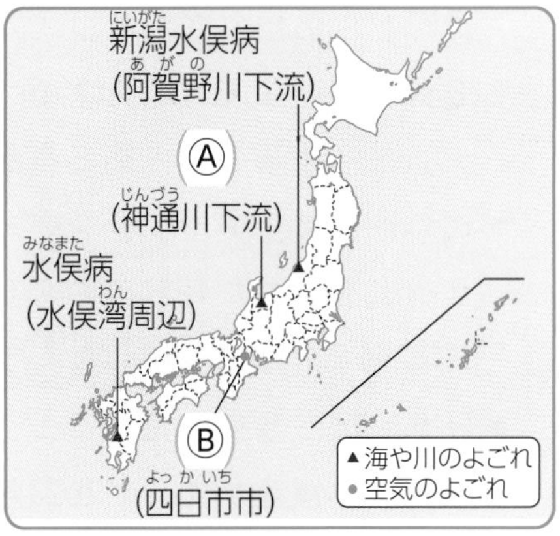


ヒント
2 (4) Ⓐは富山県で起こった公害病で、鉱山《こうざん》から川に流されたカドミウムが原因《げんいん》でした。Ⓑは三重《みえ》県四日市《よっかいち》市で起こった公害病で、工場から空気中に出されたガスが原因でした。

5. 国土の自然とともに生きる

# 3 環境《かんきょう》をともに守る②

学習日 月 日

めあて
環境を守り続けていくための北九州市の取り組みを理《り》解《かい》しよう。

教科書 240〜247ページ　答え 59ページ

次の（　　）に入る言葉を、下から選びましょう。

## 1 環境首都をめざして

教科書 240〜241ページ

### ✪ 北九州《きたきゅうしゅう》市の取り組み

- 空気や水質《すいしつ》のよごれの観測《かんそく》、（①　　　　　）の歴史《れきし》を伝える取り組みを行っている。
- （②　　　　　）…公害を乗りこえた貴重《きちょう》な体験と技術《ぎじゅつ》を外国の人たちに伝え、役立ててもらう取り組みをしている。アジアやアフリカを中心に、環境保全《ほぜん》の技術を学びに来る人が多い。
- 「環境未来都市」…2011年に国から、環境問題などで先進的に取り組む都市として選ばれた。

### ✪ ごみを出さない取り組み（北九州市の例）

- 物を大量に生産して（③　　　　　）し、ごみとしてすてる社会を見直している。
- ごみをできるだけ出さず、（④　　　　　）を有効《ゆうこう》に使う**「持続可能《じぞくかのう》な社会」**をめざす。
- 「北九州エコタウン事業」…**エコタウン**には、使用ずみの工業製品《せいひん》を（⑤　　　　　）し、資源《しげん》として再《さい》利用するための工場が集まっている。ペットボトルや蛍光《けいこう》管、自動車や家電製品などを集めて分解《ぶんかい》・処理《しょり》などを行っている。
- 「次世代エネルギーパーク」…風力、太陽光、水力などの（⑥　　　　　）を利用した発電施設《しせつ》。使用ずみの食用油をバスなどの燃料《ねんりょう》として活用している。

## 2 きれいな環境を、次の世代のために／日本にある世界遺産《いさん》 はってん

教科書 242〜247ページ

### ✪ 身のまわりの環境を守るための取り組み（北九州市の例）

- 木を植えて緑を増《ふ》やす。
- 曽根干潟《そねひがた》クリーン作戦…地域《ちいき》の人が協力して、干潟のごみを拾いきれいにする取り組み。
- ほたるの幼虫《ようちゅう》の放流…ほたるがすめるきれいな水辺を保《たも》つ取り組み。ほたるの育成や川辺の整備《せいび》が行われている。

### ✪ 自然環境とくらし

- 豊《ゆた》かな自然環境は、人間のくらしに欠かせない、酸素《さんそ》、水、食料などの資源を生み出している。
- 便利で快適《かいてき》なくらしを求めて、自然をきずつけたり、自然のしくみをゆがめたりすると、人間と自然の（⑦　　　　　）が損《そこ》なわれる。
- 次の世代の生命や安全を守っていくためにも、人間が自然の一部だという意識《いしき》をもち、毎日のくらしや産業を見つめ直すことが大切である。

日本には、全部で25件《けん》の世界遺産があるよ（2023年）。教科書の225ページや246〜247ページを確認《かくにん》してみよう。

### ✪ 日本にある世界遺産 はってん

- 日本には、5件の（⑧　　　　　）と、法隆寺《ほうりゅうじ》や姫路城《ひめじじょう》など20件の世界文化遺産がある（2023年5月現在《げんざい》）。

選んだ言葉に✔

| | | | |
|---|---|---|---|
| □消費《しょうひ》 | □公害 | □結びつき | □自然エネルギー |
| □資源 | □国際《こくさい》協力 | □世界自然遺産 | □リサイクル |

ぴたトリビア

水力、風力、太陽光などの、自然現象《げんしょう》によって生まれるエネルギーを自然エネルギーといいます。環境にやさしく、無限《むげん》に使えるエネルギーです。

教科書 240〜247ページ　答え 59ページ

## 1 環境を守る取り組みについて、答えましょう。

(1) 次の文中の①〜⑤にあてはまる言葉を、㋐〜㋕から選びましょう。

物を大量に（①）して（②）し、（③）としてすてる社会を見直し、（③）をできるだけ出さず（④）として再利用する取り組みを進めることによって、「（⑤）な社会」をめざしている。

㋐ 資源　㋑ 消費　㋒ 持続可能　㋓ 生産　㋔ 工業製品　㋕ ごみ

①（　　）②（　　）③（　　）④（　　）⑤（　　）

(2) 北九州市で行われている取り組みとして、正しいものには○を、まちがっているものには×をつけましょう。

①（　　）環境保全に取り組む「環境未来都市」になることをめざしている。

②（　　）家庭で使い終わった食用油を回収《かいしゅう》して、バスなどの燃料として活用している。

③（　　）風力、太陽光、石油などの自然エネルギーを利用した発電施設がある。

④（　　）公害を乗りこえた体験や環境を守る技術を、世界の人たちに伝えている。

(3) 北九州市には、使用ずみになった工業製品をリサイクルする工場や、新たなリサイクル技術を研究する施設などが集まっている場所があります。そこは何とよばれていますか。カタカナで書きましょう。

（　　　　）

## 2 きれいな環境を守っていくための取り組みについて、答えましょう。

(1) 次の文中の①〜④にあてはまる言葉を、［　　］から選びましょう。

身のまわりの環境を守るために、北九州市の人たちは（①）を植えて緑を増やしたり、（②）や海のごみを拾ったりするなどの取り組みを行っている。（②）の水辺の整備も行われ、（③）がすめるきれいな環境を保つことをめざしている。また、市民、学校、会社などが、さまざまな取り組みをしょうかいし、交流する（④）を毎年開いている。

野菜　木　山　川　野鳥　ほたる　国際会議　イベント

①（　　　）②（　　　）
③（　　　）④（　　　）

(2) 豊かな自然環境は、わたしたちのくらしに欠かせない資源を生み出しています。そのような自然環境から得《え》ている資源にあてはまらないものを、㋐〜㋔から選びましょう。

（　　）

㋐ 酸素　㋑ 二酸化炭素《にさんかたんそ》　㋒ 水　㋓ 食料　㋔ 燃料

ヒント　❶ (2)③　石油を燃《も》やすと二酸化炭素が発生します。

# 3 環境《かんきょう》をともに守る

時間 30分

/100

合格 80点

教科書 236〜247ページ　答え 60ページ

## 1 福岡《ふくおか》県北九州《きたきゅうしゅう》市で起きた公害に関して、答えましょう。

1つ4点、(3)6点（30点）

(1) 次の文中の①〜⑤にあてはまる言葉を、㋐〜㋖から選びましょう。

北九州市では、1901年に（①）がつくられ、工業がさかんになるにつれて工場から出る（②）や廃水《はいすい》が多くなり、空気や海の水のよごれがひどくなった。とくに（②）にふくまれるばいじんによるえいきょうが大きく、（③）に苦しむ人やにおいになやむ人が増《ふ》えた。このような公害に反対する（④）の高まりを受けて、市は（⑤）をつくり、住民の健康を守ることに努めた。

㋐ 自動車工場　㋑ 製鉄《せいてつ》所　㋒ ごみ　㋓ けむり
㋔ 公害防止条例《ぼうしじょうれい》　㋕ 住民運動　㋖ ぜんそく

①（　　）②（　　）③（　　）④（　　）⑤（　　）

(2) 北九州市は、2011年に環境問題で先進的に取り組む都市に国から選ばれました。これを何といいますか。㋐〜㋒から選びましょう。（　　）

㋐ 世界遺産《いさん》　㋑ 環境未来都市　㋒ 環境首都

記述 (3) できたらスゴイ! 右の絵は、ほたるの幼虫《ようちゅう》の放流の様子を表しています。このような取り組みによって、どのようなよいことがあると思いますか。「水辺」という言葉を使って、かんたんに書きましょう。

思考・判断・表現

（　　　　）

## 2 リサイクルについて述《の》べた次の文中の①〜⑤にあてはまる言葉を、㋐〜㋗から選びましょう。

1つ4点（20点）

リサイクルは、これまでの「物を大量に生産して（①）し、ごみとしてすてる」という社会を見直し、できるだけごみを出さず、資源《しげん》として（②）する取り組みである。リサイクルを進めるために、北九州市では、使用ずみの（③）をリサイクルする工場が集まった（④）がつくられている。このような取り組みによって、ごみをできるだけ出さずに、資源を有効《ゆうこう》に使う「（⑤）な社会」をめざしている。

㋐ 原料　㋑ 工業製品《せいひん》　㋒ 再《さい》利用　㋓ 焼却《しょうきゃく》
㋔ エコタウン　㋕ 持続可能《じぞくかのう》　㋖ 再開発　㋗ 消費《しょうひ》

①（　　）②（　　）③（　　）④（　　）⑤（　　）

## 3 次の絵は、自動車のリサイクルの流れを表しています。これを見て、答えましょう。

1つ5点（20点）

(1) ①〜③の絵の説明にあてはまるものを、㋐〜㋓から選びましょう。

①（　　）②（　　）③（　　）

㋐ 車体を持ち上げ、燃料や油などの液体《えきたい》をぬく。

㋑ 鉄以外の部品を外す。

㋒ バンパーやタイヤなど、再《ふたた》び使える部品を外す。

㋓ プレス機で、車体を四角い形におし固める。

(2) ③で再利用されるようになったものは何ですか。㋐〜㋓から選びましょう。

（　　）

㋐ 鉄　㋑ プラスチック　㋒ ゴム　㋓ ガラス

## 4 公害について、答えましょう。

(1)1つ4点、(2)6点（30点）

(1) よく出る 四大公害病についてまとめた次の表中の①〜④にあてはまる場所を地図中のⒶ〜Ⓓから、⑤、⑥にあてはまる言葉を下の㋐〜㋓から選びましょう。

| 病名 | 発生した地域《ちいき》 | 原因《げんいん》 |
|---|---|---|
| 水俣病《みなまたびょう》 | （①） | 工場から海に流された（⑤） |
| 新潟《にいがた》水俣病 | （②） | 工場から川に流された（⑤） |
| 四日市《よっかいち》ぜんそく | （③） | 工場から空気中に出されたガス |
| イタイイタイ病 | （④） | 鉱山《こうざん》から川に流された（⑥） |

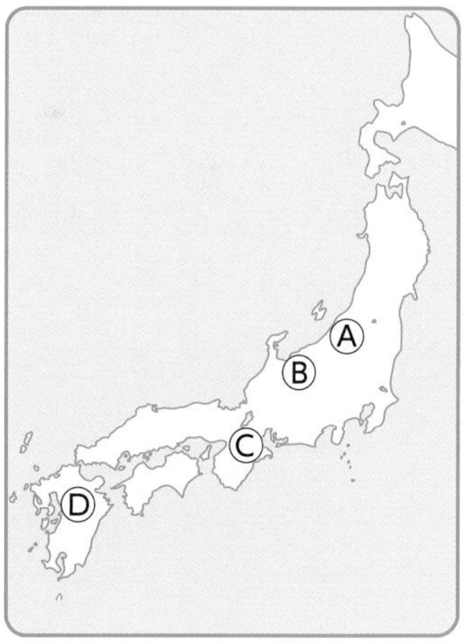


㋐ カドミウム　㋑ カルシウム

㋒ 水銀　㋓ ばいじん

①（　　）②（　　）③（　　）④（　　）⑤（　　）⑥（　　）

記述 (2) できたらスゴイ！ 公害の原因《げんいん》になったのは、どのような物質《ぶっしつ》ですか。「工場」「有害」という言葉を使って、かんたんに書きましょう。

思考・判断・表現

（　　　　）

この本の終わりにある「春のチャレンジテスト」をやってみよう！

この本の終わりにある「学力診断《しんだん》テスト」をやってみよう！

ふりかえり　4(2)がわからないときは、114ページの2にもどって確認《かくにん》してみよう。

学習日　　月　　日

5年の復習《ふくしゅう》　クロスワードにちょう戦！

# 世界の大陸・海洋や日本の位置を復習しよう！

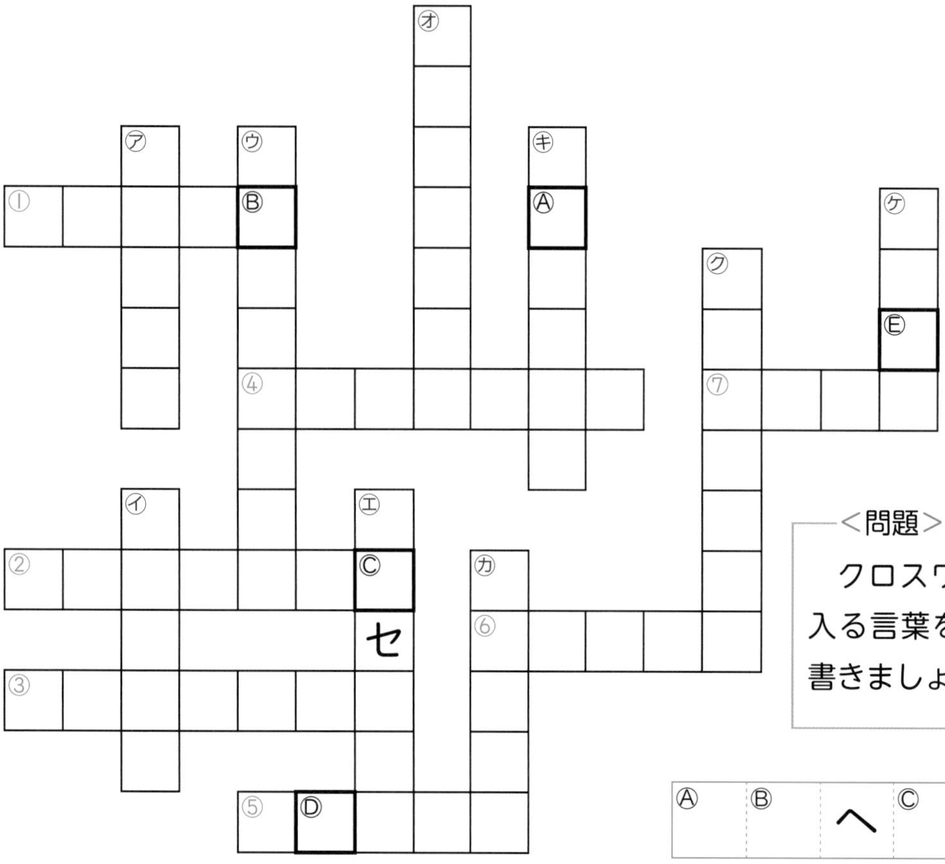

〔記入のしかた〕

❶全部カタカナにする。
❷よう音は大きく記入する。
例「ナンキョク」→「ナンキヨク」とする。
❸大陸名については、「大陸」を省略《しょうりゃく》する。
例「アフリカ大陸」→「アフリカ」とする。

<問題>

クロスワードを解《と》いてⒶ〜Ⓔに入る言葉をぬき出し、カタカナで書きましょう。

| Ⓐ | Ⓑ | | Ⓒ | Ⓓ | Ⓔ |
|---|---|---|---|---|---|
| | | へ | | | |

【たて】

㋐　厚《あつ》い氷におおわれている大陸。
㋑　世界でいちばん大きい大陸。
㋒　朝鮮《ちょうせん》半島の南半分をしめ、日本にいちばん近い国。略《りゃく》して韓国《かんこく》という。
㋓　三大洋で2番目の広さの海洋。
㋔　世界でもっとも小さな大陸。大陸名と、この大陸にある国名は同じである。
㋕　日本と同じ島国で、首都はマニラ。約7000の島からなる。
㋖　アメリカ合衆国《がっしゅうこく》がある大陸。
㋗　日本の領土《りょうど》である、北方領土《ほっぽうりょうど》を不法に占領《せんりょう》している国。
㋘　古くから日本とつながりが深い国で首都はペキン。〇〇〇〇人民共和国《じんみんきょうわこく》、略して中国《ちゅうごく》という。

【よこ】

①　日本と「たて㋑」大陸の間の海。
②　北海道《ほっかいどう》の北方に広がる海。
③　中国・朝鮮半島・南西諸島《なんせいしょとう》に囲《かこ》まれた海。
④　この大陸の北部を赤道《せきどう》が通り、ほとんどが南半球にある大陸。
⑤　日本と国交が開かれていない国。〇〇〇〇〇民主《みんしゅ》主義人民共和国《しゅぎじんみんきょうわこく》、略して北朝鮮という。
⑥　三大洋でもっとも小さい海洋。
⑦　「たて㋑」大陸に次いで2番目に大きな大陸。中央部を赤道が通る。

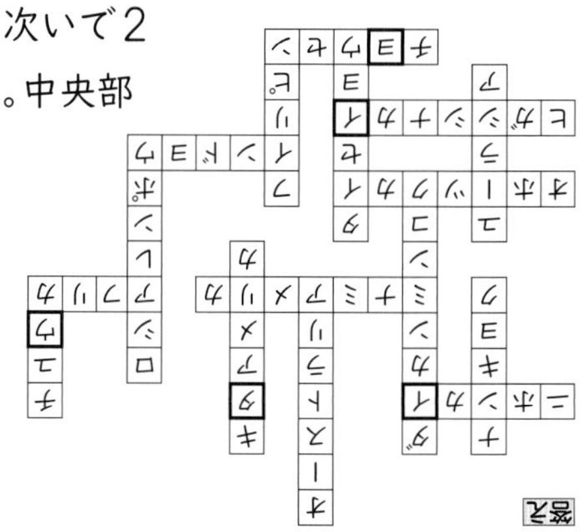

<問題の答え>
Ⓐタ Ⓑイ Ⓒイ Ⓓヨ Ⓔウ

答え

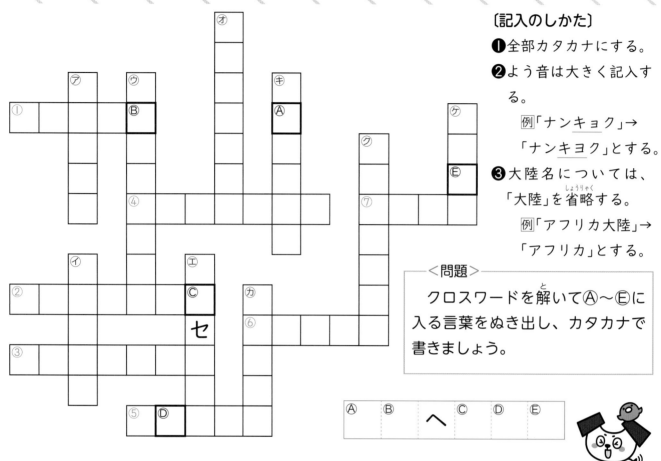

## 5 米づくりについて、答えましょう。

1つ2点、(2)4点(16点)

(1) 米づくりに向いた自然条件《じょうけん》を、次の㋐、㋑からそれぞれ選びましょう。

| | | |
|---|---|---|
| ①降水量《こうすい》 | ㋐ 多い | ㋑ 少ない |
| ②昼と夜の気温差 | ㋐ 大きい | ㋑ 小さい |
| ③土地 | ㋐ 傾《かたむ》きがある | ㋑ 平ら |

① [ ] ② [ ] ③ [ ]

(2) さまざまな品種のよいところを集めて、新しく品種をつくり出すことを何といいますか。 (　　　)

(3) 昔と今の米づくりについて、次の文の(　)にあう言葉を[ ]から選びましょう。

・昔の米づくりは、田植えから稲《いね》かりまで( ① )で行っていたが、農業機械が取り入れられ、作業が楽になった。

・農業機械は、( ② )が多くかかるという問題点がある。

・小さく入り組んだ水田が多い地域《ちいき》は、( ③ )を行って水田を広く整えたことで、大型《おおがた》の機械が使えるようになった。

生産調整　手作業　自動　耕地《こうち》整理　費用《ひよう》

①(　　　) ②(　　　) ③(　　　)

思考・判断・表現　30点

## 6のA さんまが店にとどくまでの資料を見て、答えましょう。

(1)10点、(2)20点(30点)

| 1日め | 2日め | 3日め |
|---|---|---|
| ①水あげ<br>②[★]<br>③選別、箱づめ<br>④出荷《しゅっか》、トラックで輸送《ゆそう》 | ⑤フェリーで輸送<br>⑥大洗《おおあらい》港に着く<br>⑦トラックで輸送<br>⑧東京《とうきょう》の市場に着く | ⑨東京の市場で[★]<br>⑩スーパーマーケットに到着 |

(1) 資料中の[★]に入る、水産物の値段《ねだん》を決める方法を何といいますか。 (　　　)

(2) さんまを水あげしてから店にとどけるまで、働く人たちが共通して気をつけていることを、「運ぶ」という言葉を使って書きましょう。

(　　　)

## 6のB 高知《こうち》県の野菜づくりについて、答えましょう。

(1)1つ5点、(2)20点(30点)

(1) 次の文の(　)にあう言葉をそれぞれ記号で選びましょう。

・高知県の①( ㋐山地 ㋑海岸ぞいの地域 )では、冬に②( ㋒あたたかい ㋓雪の多い )気候を生かした野菜づくりがさかんである。

① [ ] ② [ ]

(2) なすやピーマンなどを、他の産地からの出荷が少なくなる冬から春に出荷できるように生産しているわけを書きましょう。

(　　　)

## 6のC 岩手《いわて》県岩手町のキャベツづくりについて、答えましょう。

(1)10点、(2)20点(30点)

(1) 次の文の(　)にあう言葉を書きましょう。

岩手町のキャベツづくりは、夏でも(　)気候を生かして行っています。 (　　　)

(2) 岩手町では、出荷する期間を長くするために、どのようなくふうをしていますか。「苗《なえ》」という言葉を使って書きましょう。

(　　　)

## 6のD 山梨《やまなし》県甲州《こうしゅう》市では、どのような自然環境《かんきょう》を生かしてぶどうづくりを行っていますか。[ ]の言葉を使って書きましょう。[ ]の言葉は、いくつ使ってもよいです。

(30点)

水はけ　気温差　雨

(　　　)

## 6のE 熊本《くまもと》県阿蘇《あそ》地方の肉牛飼育《しいく》について答えましょう。

(1)10点、(2)20点(30点)

(1) 牛を育てて出荷し、店にとどけるまでの情報《じょうほう》を記録して、消費者《しょうひしゃ》などに公開するしくみを何といいますか。カタカナで書きましょう。

(　　　)

(2) (1)のしくみを取り入れているわけを書きましょう。

(　　　)

# 夏のチャレンジテスト

教科書 8〜111ページ

月　日

名前

時間 40分

| 知識・技能 | 思考・判断・表現 | 合格80点 |
|---|---|---|
| /70 | /30 | /100 |

答え61ページ

3、4については、学習の状況《じょうきょう》に応《おう》じてA・Bのどちらかを、6についてはA〜Eのうちから選んでやりましょう。

知識・技能　70点

## 1 次の地図を見て、答えましょう。

1つ2点(20点)

(1) ①〜④の国の名前を、㋐〜㋓から選びましょう。

㋐ 大韓民国《だいかんみんこく》

㋑ モンゴル国

㋒ 中華人民共和国《ちゅうかじんみんきょうわこく》

㋓ フィリピン共和国

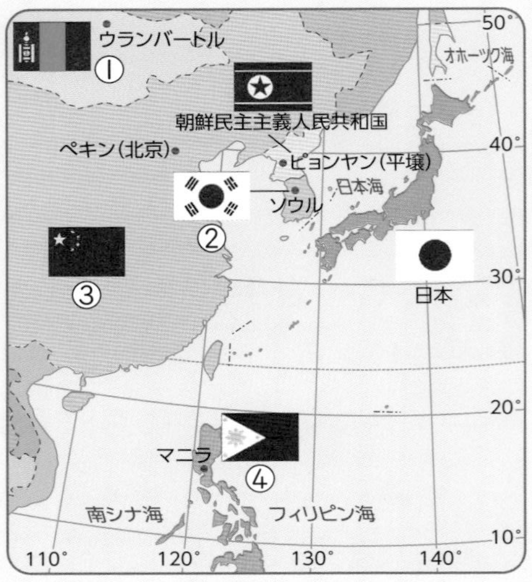


① □　② □　③ □　④ □

(2) 日本の東、西、南、北のはしの島を、㋐〜㋓から選びましょう。

㋐ 択捉島《えとろふ》　㋑ 与那国島《よなぐに》　㋒ 沖ノ鳥島《おきのとり》　㋓ 南鳥島《みなみとり》

東 □　西 □　南 □　北 □

(3) 地図中のたての線と横の線の名前を書きましょう。

たて(　　)　横(　　)

## 2 次の地図を見て、答えましょう。

1つ2点(16点)

(1) ①〜⑥の山脈《さんみゃく》、山地、川の名前を書きましょう。

①(　　)

②(　　)

③(　　)

④(　　)

⑤(　　)

⑥(　　)

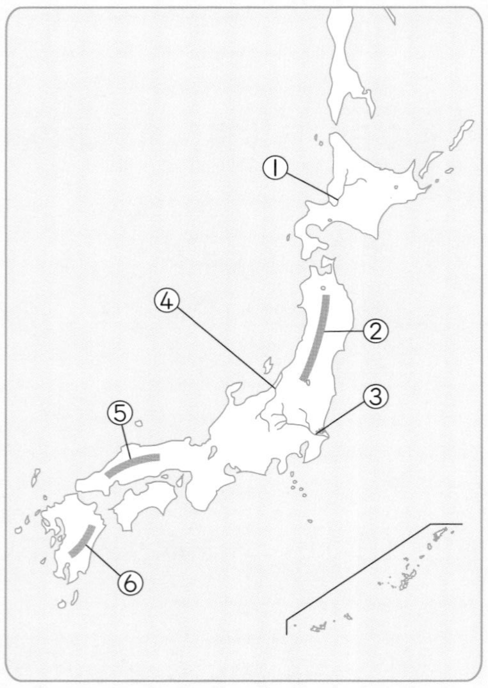


(2) 次の図は、季節によってふく方向が変わる風の様子です。①風の名前と、②図の季節を答えましょう。

①(　　)

②(　　)

## 3のA 沖縄《おきなわ》県のくらしについて、①、②にあう言葉を、③には国名を書きましょう。

1つ3点(9点)

・沖縄県は、日本で最も( ① )の被害《ひがい》の多い県である。あたたかい気候を利用して、砂糖《さとう》の原料となる( ② )を生産している。また、今でも( ③ )の軍用地が広い面積をしめている。

①(　　)　②(　　)　③(　　)

## 3のB 北海道《ほっかいどう》のくらしについて、①、②にあう言葉を、③には国名を書きましょう。

1つ3点(9点)

・北海道は( ① )が多いため、スキーがさかんである。また、すずしい気候を利用し、砂糖《さとう》の原料となる( ② )を生産している。日本の最も北にあり、( ③ )ととなり合っている。

①(　　)　②(　　)　③(　　)

## 4のA 長野《ながの》県の野辺山原《のべやまはら》について、正しい文には○を、まちがっている文には×をつけましょう。

1つ3点(9点)

① 夏でもすずしい気候を生かして高原野菜を生産している。

② 気温が低いため、酪農《らくのう》は行われていない。

③ 昔はあれた土地だったが、開拓《かいたく》して野菜畑をつくった。

① □　② □　③ □

## 4のB 千葉《ちば》県の佐原《さわら》北部について、正しい文には○を、まちがっている文には×をつけましょう。

1つ3点(9点)

① 低地を生かして、米づくりを行っている。

② 街には水路がまだ残っており、観光に利用されている。

③ 低地で最も心配されることは水不足である。

① □　② □　③ □



うらにも問題があります。

# 3 日本の貿易《ぼうえき》について、答えましょう。

1つ2点(10点)

(1) 次のグラフを見て、答えましょう。

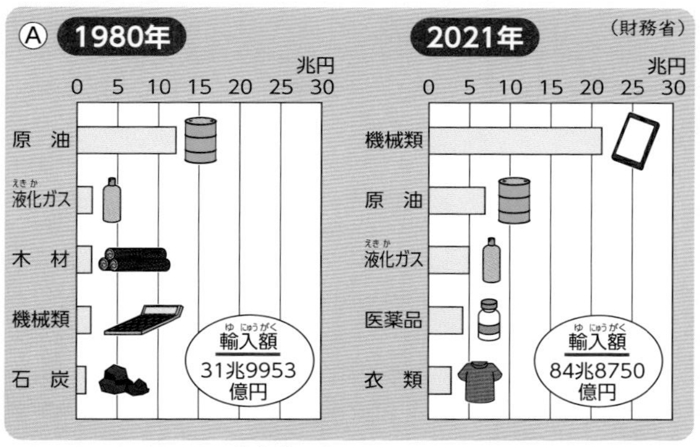


日本の主な輸入品《ゆにゅうひん》の変化

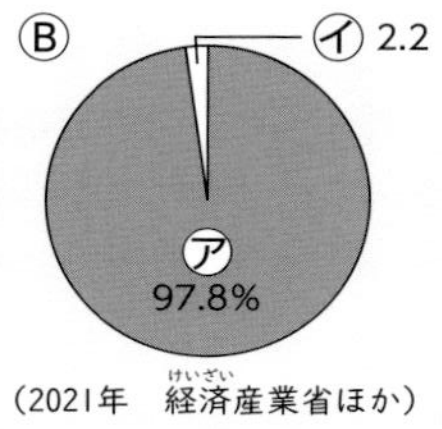


天然ガスの輸出入の割合《わりあい》

① 1980年の最も輸入額《がく》が多い品物を書きましょう。（　　　）

② 2021年の最も輸入額が多い品物を書きましょう。（　　　）

③ 衣類は、日本の輸入相手国第1位の国からも輸入しています。この国の名前を書きましょう。（　　　）

④ Ⓑのグラフで、輸入を㋐、㋑から選びましょう。□

(2) 日本で貿易額《ぼうえきがく》が最も多い港・空港を、㋐～㋒から選びましょう。□

㋐ 神戸港《こうべ》　㋑ 成田国際空港《なりたこくさい》

㋒ 関西国際空港《かんさい》

# 4 日本の工業生産について、答えましょう。

1つ2点、(5)8点(22点)

(1) 右の地図中の①～④の工業地帯の名前を書きましょう。

①（　　　）

②（　　　）

③（　　　）

④（　　　）

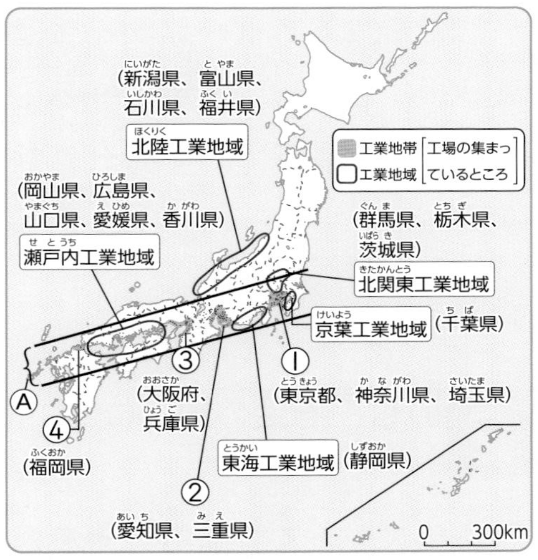


(2) 帯のように工業地帯・地域が広がるⒶを何といいますか。（　　　）

(3) ①～④のうち、最も工業生産額の多い工業地帯の番号を書きましょう。□

(4) 右のグラフで、国内生産は㋐、㋑のうちどちらですか。□

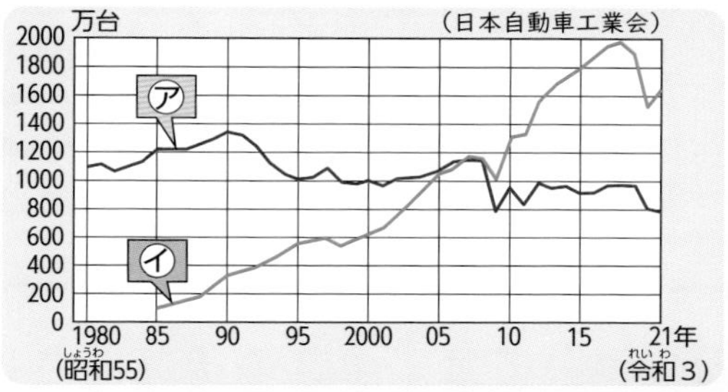


日本の自動車の国内生産台数と海外生産台数の変化

(5) 自動車生産を海外で行う利点のひとつを、「関税《かんぜい》」という言葉を使って書きましょう。

（　　　）

思考・判断・表現　30点

# 5 次の表の①～③のメディアの名前を□から選びましょう。

1つ5点(15点)

①（　　　）

②（　　　）

③（　　　）

| | 特ちょう | 伝える手段 |
|---|---|---|
| ① | 電池で動くものは、停電《ていでん》しても使える。 | 音声 |
| ② | 情報《じょうほう》を一度に広いはん囲《い》まで伝える。 | 映像《えいぞう》と音声 |
| ③ | 情報をすぐにけんさくできる。 | 文字や映像 |

インターネット　ラジオ　テレビ　新聞

# 6のA 次のテレビ放送から受けるえいきょうの例を見て、わたしたちが情報を受け取るときに気をつけることを書きましょう。

(15点)

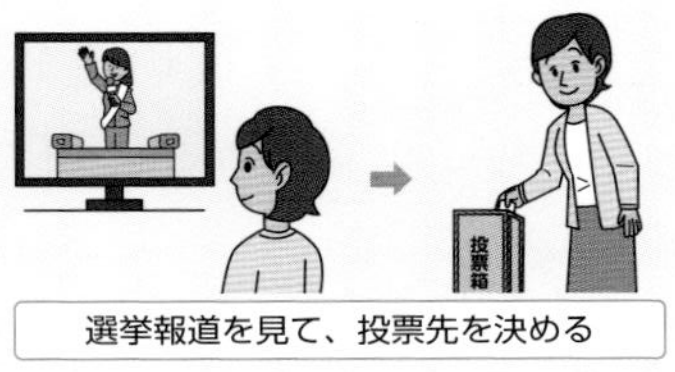


（　　　）

# 6のB ほかのメディアと比《くら》べた新聞の特色を、□の言葉をひとつ以上使って書きましょう。

(15点)

整理　社説

（　　　）

(切り取り線)

# 冬のチャレンジテスト

教科書 112～189ページ

名前　　　月　　日

時間 40分

| 知識・技能 | 思考・判断・表現 | 合格80点 |
|---|---|---|
| /70 | /30 | /100 |

答え63ページ

2については、学習の状況《じょうきょう》に応《おう》じてA～Cのどれかを、6についてはA・Bのどちらかを選んでやりましょう。

**知識・技能**　70点

## 1 食料生産について、答えましょう。

1つ3点(18点)

(1) ㋐～㋒のうちで、最も日本での自給率《じきゅうりつ》が低い食料を選びましょう。

㋐ 野菜　㋑ 米　㋒ 小麦

(2) 右のグラフから考えられる、食料を輸入《ゆにゅう》することの長所を書きましょう。

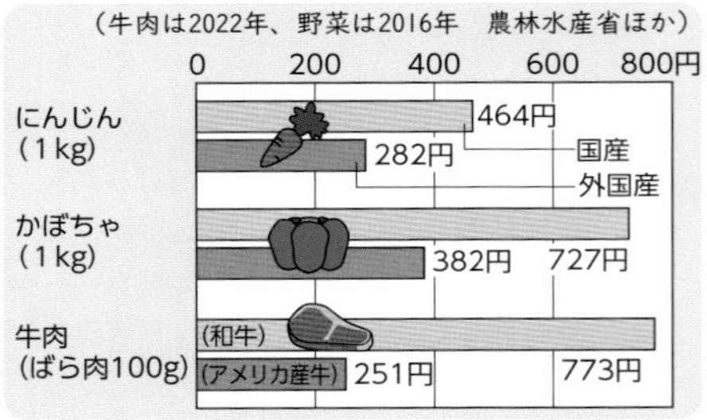

(牛肉は2022年、野菜は2016年　農林水産省ほか)
0
200
400
600
800円
にんじん (1kg)
464円
282円
国産
外国産
かぼちゃ (1kg)
382円
727円
牛肉 (ばら肉100g)
(和牛)
(アメリカ産牛)
251円
773円


国産と外国産の食料の値段《ねだん》

(3) 食料を輸入することの短所について、次の文の(　)にあう言葉を㋐～㋔から選びましょう。

・相手国で事故《じこ》や災害《さいがい》があった場合、食生活が( ① )になることがある。

・外国産の食材が増《ふ》え、国内の( ② )は競争がはげしくなる。

・( ③ )を確《たし》かめにくい。

㋐ 消費者《しょうひしゃ》　㋑ 生産者　㋒ 安全性

㋓ 不安定　㋔ 値段《ねだん》

① 　② 　③ 

(4) 地元でとれた食材を買って消費する取り組みを何といいますか。

## 2のA 自動車の生産について、答えましょう。

1つ4点(20点)

(1) 右の自動車は、どのような願いに応《こた》えて開発されましたか。㋐～㋒から選びましょう。

㋐ 女性も働きやすい工場にするため。

㋑ 地球温暖化《おんだんか》に対応するため。

㋒ ベビーカーを使う人が乗りおりしやすくするため。

ガソリンのかわりに電気で動く自動車

(2) 次の文の(　)にあう言葉を、㋐～㋕から選びましょう。

・組み立て工場では、( ① )でつくられた部品が運ばれてきたら( ② )に流し、効率《こうりつ》よく自動車をつくっている。

・工場で生産された自動車は、遠い地域《ちいき》に大量に運べる( ③ )を利用し輸送《ゆそう》する。また、近い地域へはキャリアカーを使って運ぶ。そのため工場は、( ④ )の近くや広い道路の近くに建っている。

㋐ 港　㋑ 現地生産　㋒ ライン

㋓ 関連工場　㋔ 船　㋕ 販売店《はんばいてん》

① 　② 　③ 　④ 

## 2のB 製鉄所《せいてつ》について、答えましょう。

1つ5点(20点)

(1) 右のグラフを見て、鉄鋼《てっこう》生産量が最も多い国を書きましょう。

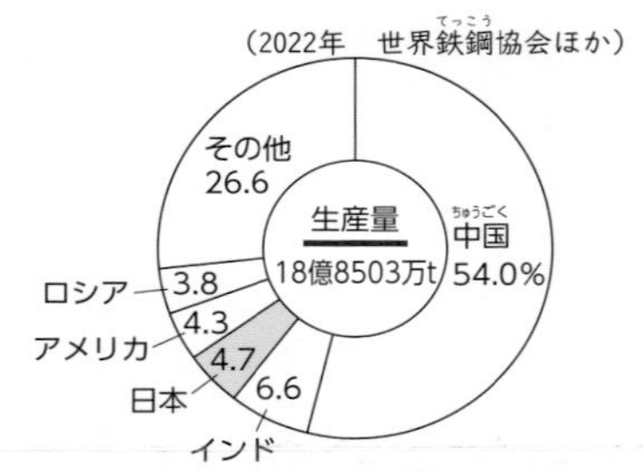

(2022年　世界鉄鋼協会ほか)
その他 26.6
生産量 18億8503万t
中国 54.0%
ロシア 3.8
アメリカ 4.3
日本 4.7
インド 6.6


世界の鉄鋼生産量にしめる、国ごとの割合《わりあい》

(2) 次の文のうち、正しいものには○を、まちがっているものには×をつけましょう。

① 製鉄所は、山の近くの、高速道路を利用するのに便利なところに建てられていることが多い。

② 強くて重い鉄鋼を生産すると、燃料《ねんりょう》の消費がおさえられるため、環境《かんきょう》を守ることにつながる。

③ 製鉄所でつくられた鉄は、外国にも輸出《ゆしゅつ》されている。

① 　② 　③ 

## 2のC 石油の加工について、答えましょう。

(1)5点、(2)15点(20点)

(1) あらゆる石油製品《せいひん》や原料をひと続きに生産するところのことを何といいますか。

(2) (1)が海岸ぞいに建てられているわけを、かんたんに書きましょう。



うらにも問題があります。

(切り取り線)

## 3 災害《さいがい》について、答えましょう。

1つ3点(18点)

(1) 地球の表面をおおう厚《あつ》い岩石の層《そう》を何といいますか。カタカナで書きましょう。

(　　　　)

(2) 地震《じしん》への備えについて、(　)にあう言葉を㋐～㋒から選びましょう。

・学校や道路などの公共施設《しせつ》の( ① )を行ったり、気象庁《ちょう》が地震の最初のゆれを感知し、( ② )で知らせたりしている。

㋐ ハザードマップ　㋑ 緊急《きんきゅう》地震速報《そくほう》　㋒ 改修《かいしゅう》工事

① □　② □

(3) 次の災害からくらしを守るための施設にあう説明を、㋐～㋒からそれぞれ選びましょう。

①砂防《さぼう》ダム

②首都圏外郭《しゅとけんがいかく》放水路

③渡良瀬《わたらせ》遊水地

□　□　□

㋐ 大雨などで川の水が急に増《ふ》えたときにその一部をためて、下流に流れる水の量を調整する。

㋑ 大雨や地震が原因《げんいん》で山の土砂《どしゃ》がくずれたときに、その土砂をせき止める。

㋒ 大雨のとき、地下にある放水路で、川の水を取りこみ、川のはんらんを防《ふせ》ぐ。

## 4 森林について、答えましょう。

1つ2点、(4)10点(20点)

(1) 日本の森林の面積は、国土のどのくらいをしめていますか。㋐～㋒から選びましょう。

㋐ およそ66%　㋑ およそ50%

㋒ およそ33%

□

(2) 次の文の(　)にあう言葉を□から選びましょう。

人が苗木《なえぎ》を( ① )し、下草《したくさ》をかったり、日光がよくとどくように( ② )をしたりして、手入れをして育てている森林を人工林という。

植林　製材　間伐《かんばつ》　輸出

①(　　　　)　②(　　　　)

(3) 次のグラフを見て、(　)にあう言葉を書きましょう。

・国内で使われる木材の量は、1980年に比《くら》べ2020年のほうが( ① )。

・使う木材の多くを、値段《ねだん》の安い( ② )にたより続けている。

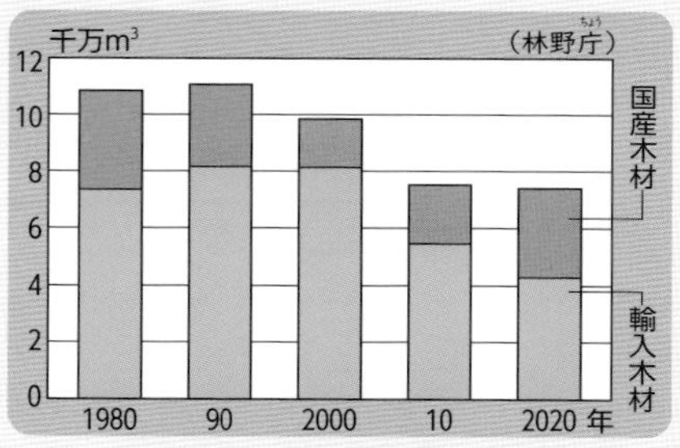


国内の木材使用量の変化

①(　　　　)　②(　　　　)

(4) 森林のはたらきのひとつを、「風や砂《すな》」という言葉を使って書きましょう。

(　　　　)

思考・判断・表現　30点

## 5 公害について、答えましょう。

(1)1つ2点、(2)14点(30点)

(1) 表の①～④にあう病名をあとの㋐～㋓から、⑤～⑧にあう場所を地図中のⒶ～Ⓓから、それぞれ選びましょう。

| 病名 | 場所 | 原因《げんいん》 |
|---|---|---|
| ① | ⑤ | 工場から海に流された水銀 |
| ② | ⑥ | 工場から阿賀野《あがの》川に流された水銀 |
| ③ | ⑦ | 工場から空気中に出されたガス |
| ④ | ⑧ | 鉱山《こうざん》から神通《じんづう》川に流されたカドミウム |

㋐ イタイイタイ病　㋑ 水俣《みなまた》病

㋒ 新潟《にいがた》水俣病　㋓ 四日市《よっかいち》ぜんそく

① □　⑤ □

② □　⑥ □

③ □　⑦ □

④ □　⑧ □

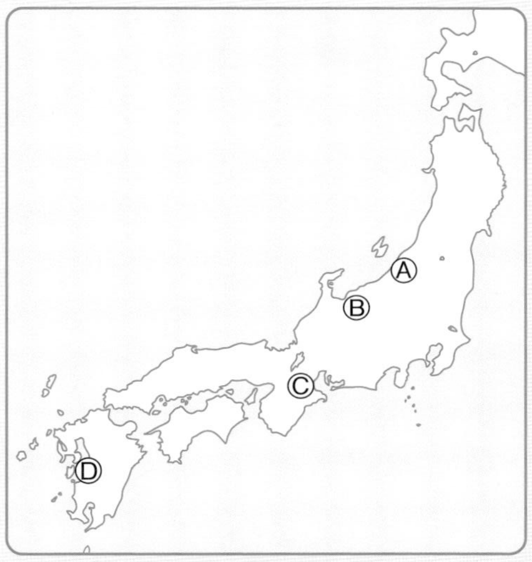


四大公害病の発生場所

(2) 福岡《ふくおか》県北九州《きたきゅうしゅう》市にあるエコタウンは、どのような取り組みを行う施設が集まっていますか。「工業製品《せいひん》」という言葉を使って、かんたんに書きましょう。

(　　　　)

# 春のチャレンジテスト

教科書 190〜247ページ

月　日

名前

時間 40分

| 知識・技能 | 思考・判断・表現 | 合格80点 |
| --- | --- | --- |
| ／70 | ／30 | ／100 |

答え65ページ

2については、学習の状況《じょうきょう》に応《おう》じてA〜Cから選んでやりましょう。

知識・技能　70点

## 1 次の問いに、答えましょう。

1つ2点、(3)完答6点(20点)

(1) インターネットなどを利用して、大量の情報《じょうほう》を管理したり、はなれた場所ですぐにやりとりができるしくみをICT《アイシーティー》といいます。ICTは漢字6文字で何といいますか。

（　　　　）

(2) ICTを使った自動発注について、正しい文には○を、まちがっている文には×をつけましょう。

① 自動発注を取り入れる前は、店の人が売れ行きを予想して商品を発注していた。 □

② 自動発注は毎年同じデータが使えるため、便利になった。 □

③ コンピューターが自動で行うので、店の人は発注しなくてよい。 □

(3) 次の図は、ポイントカードを利用して買い物をした時の、情報の流れを表しています。★にあてはまる情報を、㋐〜㋒からすべて選びましょう。

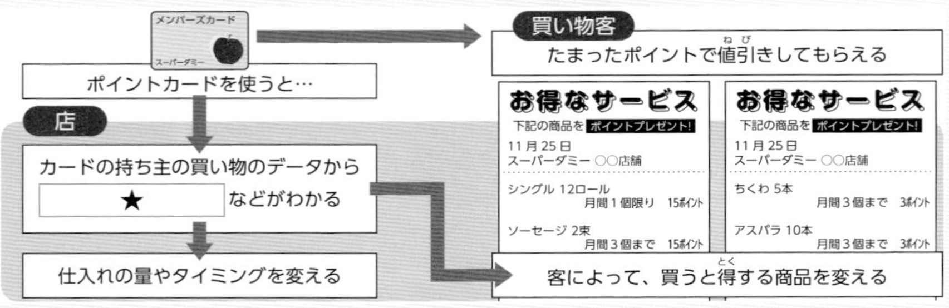
メンバーズカード
スーパーダミー
ポイントカードを使うと…
店
カードの持ち主の買い物のデータから
★
などがわかる
仕入れの量やタイミングを変える
買い物客
たまったポイントで値引《ねび》きしてもらえる
お得なサービス
下記の商品を ポイントプレゼント!
11月25日
スーパーダミー ○○店舗
シングル 12ロール
月間1個限り 15ポイント
ソーセージ 2束
月間3個まで 15ポイント
お得なサービス
下記の商品を ポイントプレゼント!
11月25日
スーパーダミー ○○店舗
ちくわ 5本
月間3個まで 3ポイント
アスパラ 10本
月間3個まで 3ポイント
客によって、買うと得《とく》する商品を変える

㋐ よく店に来る曜日　㋑ 買った商品

㋒ 客の服そう

（　　　　）

(4) 次の文の（　）にあう言葉を、㋐〜㋓から選びましょう。

・店は、きめ細かい（ ① ）をとどけられるよう、ポイントカードから得《え》たデータを（ ② ）している。

・電子マネーに記録されている（ ③ ）を不正にぬき取り、悪用する事件《じけん》が増《ふ》えている。

㋐流出　㋑個人《こじん》情報　㋒分析《ぶんせき》　㋓サービス

① □　② □　③ □

## 2のA あとの（　）に入る言葉を、次の資料から選びましょう。

1つ4点(12点)

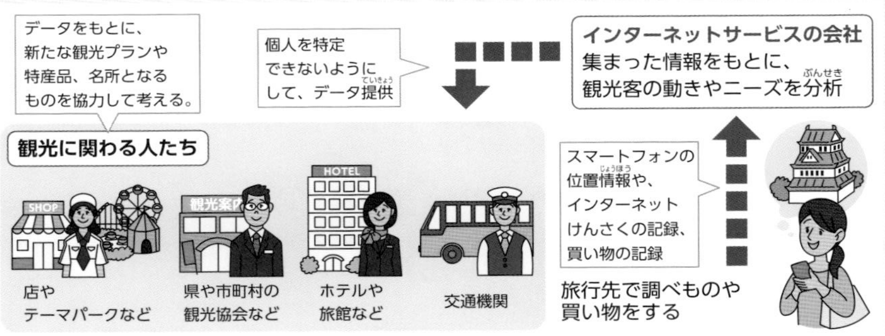
データをもとに、
新たな観光プランや
特産品、名所となる
ものを協力して考える。
個人を特定
できないように
して、データ提供《ていきょう》
インターネットサービスの会社
集まった情報をもとに、
観光客の動きやニーズを分析《ぶんせき》
観光に関わる人たち
SHOP
観光案内
HOTEL
店や
テーマパークなど
県や市町村の
観光協会など
ホテルや
旅館など
交通機関
スマートフォンの
位置情報《じょうほう》や、
インターネット
けんさくの記録、
買い物の記録
旅行先で調べものや
買い物をする

・旅行先でスマートフォンなどで情報を入手するたびに、（ ① ）や、けんさく、買い物の記録がインターネットサービスの会社に集まる。（ ② ）に関わる人たちは、集まったデータをインターネットサービスの会社から提供してもらい、それをもとに、観光プランや（ ③ ）、名所となるものを協力して考えている。

①（　　）　②（　　）　③（　　）

## 2のB 佐賀《さが》県では、ICTを使って患者《かんじゃ》の情報を管理する医《い》療施設《りょうしせつ》が増えてきました。これについて正しい文には○を、まちがっている文には×をつけましょう。

1つ4点(12点)

① 患者が電子カルテを別の病院に持って行き、すぐに診察《しんさつ》を受けられるようになった。 □

② 以前は紙の書類で情報をやりとりしていたため、時間がかかっていた。 □

③ 患者が診察を受ける前に、新しい病院は患者の検査《けんさ》結果などを確認《かくにん》できるようになった。 □

## 2のC 次のグラフを見て、正しい文には○を、まちがっている文には×をつけましょう。

1つ4点(12点)

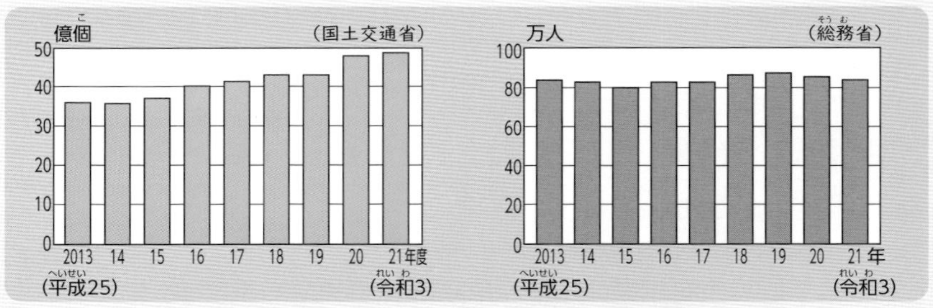
億個
(国土交通省)
50
40
30
20
10
0
2013 14 15 16 17 18 19 20 21年度
(平成《へいせい》25)
(令和《れいわ》3)
万人
(総務省)
100
80
60
40
20
0
2013 14 15 16 17 18 19 20 21年
(平成25)
(令和3)

トラックによる宅配便の取りあつかい個数と荷物を運ぶ仕事についている人の数の変化

① 宅配便《たくはいびん》の取りあつかい個数《こすう》が増えるにつれ、荷物を運ぶ仕事につく人も増えている。 □

② 荷物を運ぶ仕事につく人の数は、毎年70万人以上である。 □

③ 荷物は増えているが、運ぶ人数は増えていないため、効率《こうりつ》よい宅配が必要である。 □



うらにも問題があります。

(2) 米づくりの資料《しりょう》を見て、答えましょう。

Ⓐ

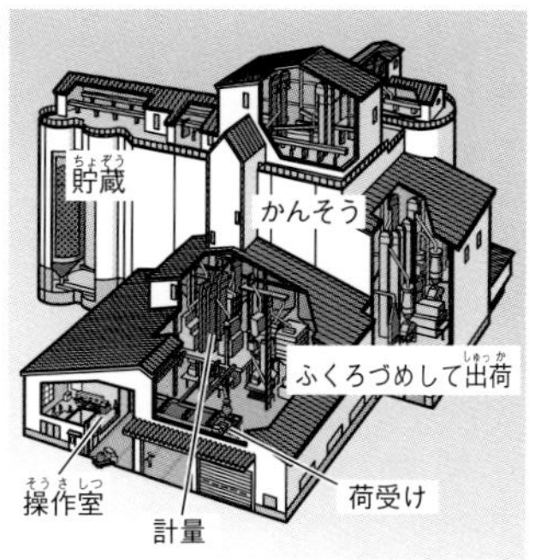


Ⓑ

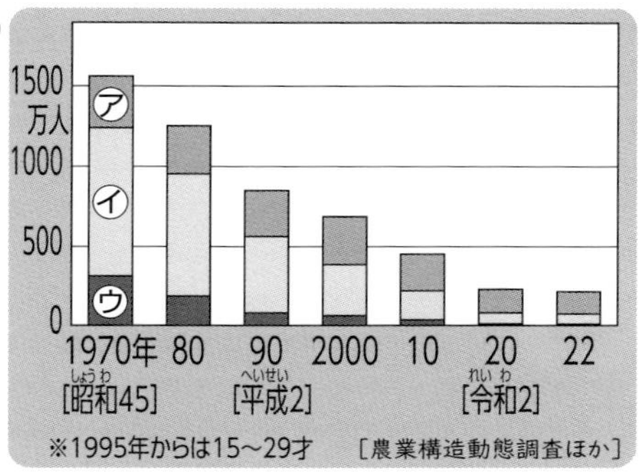


⬆ 農業で働く人数の変化

① Ⓐのような、収穫《しゅうかく》した米を保管《ほかん》する施設《しせつ》を何といいますか。

(　　　　　　　　　　)

② 新潟《にいがた》県や山形《やまがた》県で生産《せいさん》された米の多くは、Ⓐの施設からどの地方へ最も多く出荷されますか。㋐～㋒から選びましょう。

㋐ 北海道《ほっかいどう》地方　㋑ 関東《かんとう》地方

㋒ 九州《きゅうしゅう》地方

□

③ Ⓑのグラフについて、㋐～㋒はそれぞれ「16～29才※」「30～59才」「60才以上」を表しています。「60才以上」を選びましょう。

□

④ Ⓑのグラフから考えられる、日本の米づくり農家がかかえる課題を書きましょう。

(　　　　　　　　　　)

## 5 工業と貿易について、答えましょう。

1つ2点、(4)4点(18点)

(1) 右の地図について説明した、次の①～⑤にあう言葉を書きましょう。

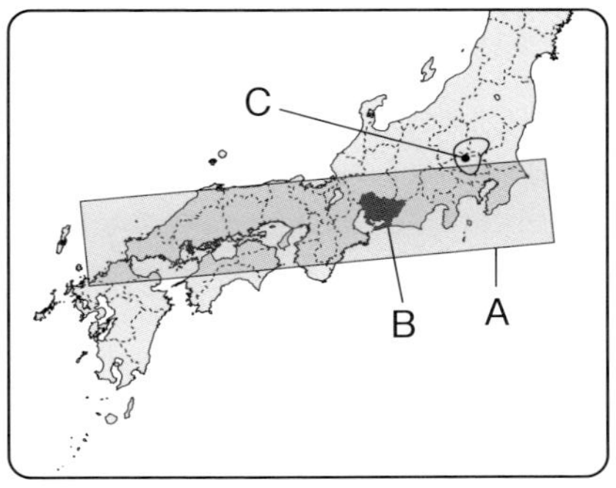


・Aは、多くの工業地帯や工業地域《ちいき》が集中している( ① )である。

・Bは自動車の生産がさかんな( ② )県で、( ③ )工業地帯に位置している。自動車の原料の鉄などは主に( ④ )で海外から運ばれてくる。

・最近では、Cの( ⑤ )工業地域のように海岸ぞいではない地域にも、工業地域が広がっている。

①(　　　　)　②(　　　　)

③(　　　　)　④(　　　　)　⑤(　　　　)

(2) 右の資料の①にあう輸入《ゆにゅう》品を書きましょう。

(　　　　)

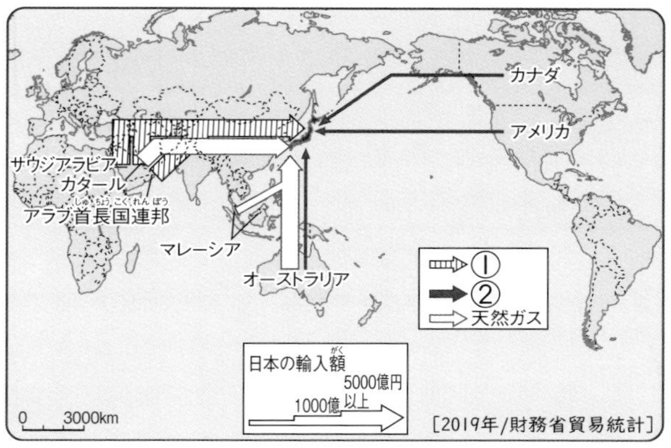


主な輸入品の輸入相手国 ➡

(3) 資料の②にあう輸入品を、㋐～㋒から選びましょう。

㋐ 米　㋑ 小麦　㋒ 石炭

□

(4) 輸入が増《ふ》えることの問題点を、「国内の産業」という言葉を使って書きましょう。

(　　　　　　　　　　)

活用力をみる

## 6 次の資料や地図を見て、答えましょう。

1つ3点、(3)(5)6点(30点)

日本は、国土面積の約3分の2が森林です。

青森《あおもり》県から秋田《あきた》県にかけて広がる白神《しらかみ》山地は、ⓐ天然林《てんねんりん》として知られています。

ⓑ森林は、さまざまな働きをしています。

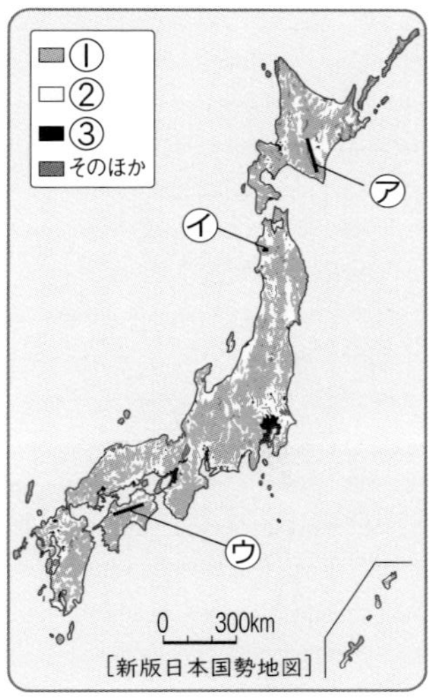


日本の土地利用 ➡

(1) 右の地図の①～③のうち、森林にあうものを選びましょう。

□

(2) 右の地図の㋐～㋒のうち、白神山地を選びましょう。

□

(3) 下線部ⓐについて、天然林とはどのような森林ですか。かんたんに書きましょう。

(　　　　　　　　　　)

(4) 下線部ⓑについて、右の①～④にあう森林の働きを書きましょう。

①(　　　　)

②(　　　　)　③(　　　　)　④(　　　　)

(5) 森林は自然災害《さいがい》を減《へ》らす働きもしています。森林があることで、どのような災害を防《ふせ》ぐことができますか。

(　　　　　　　　　　)

# 5年 社会のまとめ 学力診断《しんだん》テスト

月　日

名前

時間 40分

合格70点　／100

答え67ページ

## 1 地図を見て、答えましょう。

1つ2点(14点)

(1) A～Cの海洋名を書きましょう。

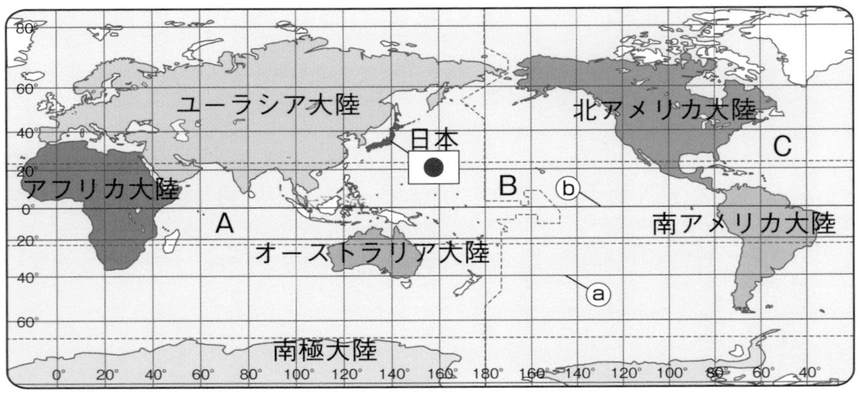


A(　　) B(　　) C(　　)

(2) ①サウジアラビアがある大陸と、②ブラジルがある大陸の名前を書きましょう。

①(　　) ②(　　)

(3) ⓐのように、地図や地球儀《ちきゅうぎ》上に、横に引かれている線の名前を書きましょう。

(　　)

(4) ⓑは、0度の(3)です。ⓑを特に何といいますか。

(　　)

## 2 地図を見て、答えましょう。

(1)1つ1点、(2)(3)2点(8点)

(1) A～Dの島の名前を、㋐～㋓から選びましょう。

㋐ 与那国島《よなぐにじま》
㋑ 南鳥島《みなみとりしま》
㋒ 択捉島《えとろふとう》
㋓ 沖ノ鳥島《おきのとりしま》

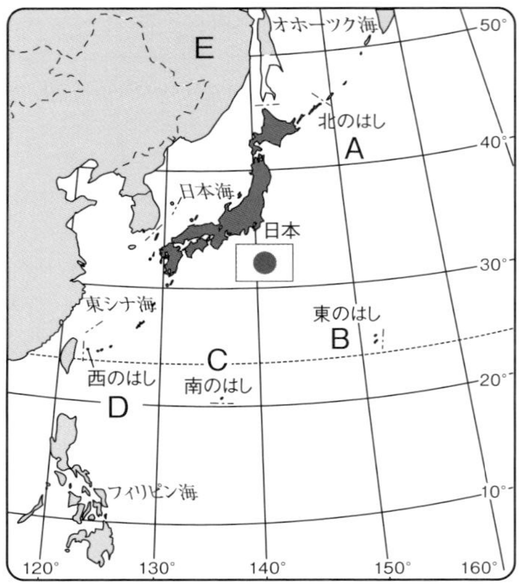


A □ B □

C □ D □

(2) 現在《げんざい》、Aの島を不法に占領《せんりょう》している、Eの国の名前を書きましょう。

(　　)

(3) その国の海岸線から12海里《かいり》までの海を何といいますか。

(　　)

## 3 地図を見て、答えましょう。

1つ2点(12点)

(1) Aの平野、Bの川、C、Dの山脈《さんみゃく》の名前を書きましょう。

A(　　)

B(　　)

C(　　)

D(　　)

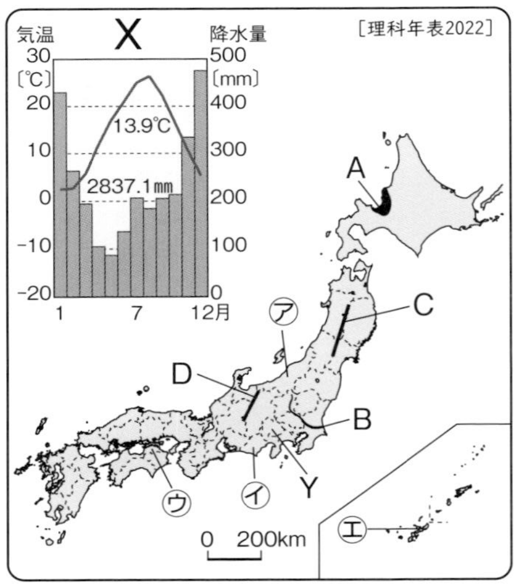


(2) Xのグラフは、どの県の都市の気温と降水量《こうすいりょう》を表していますか。地図中の㋐～㋓から選びましょう。 □

(3) 右の図中の㋔は、地図中のYの地域《ちいき》などで見られる、山に囲《かこ》まれた平地を表しています。この地形を何といいますか。

(　　)

## 4 食料の生産について、答えましょう。

1つ2点、(1)③、(2)④4点(18点)

(1) 右の表は、主な食料の生産量の上位3都道府県です。

次の問いに答えましょう。

| | 米(2021年) | B(2022年) | みかん(2021年) |
|---|---|---|---|
| 1位 | 新潟県《にいがた》 | 北海道《ほっかいどう》 | 和歌山県《わかやま》 |
| 2位 | A | 鹿児島県《かごしま》 | 愛媛県《えひめ》 |
| 3位 | 秋田県《あきた》 | 宮崎県《みやざき》 | 静岡県《しずおか》 |

「データでみる県勢 2023」

① Aにあう都道府県名を書きましょう。

(　　)

② Bの食料を、㋐～㋒から選びましょう。

㋐ 肉牛　㋑ もも　㋒ キャベツ　□

③ みかんは、どのような地域でさかんに生産されていますか。かんたんに書きましょう。

(　　)



うらにも問題があります。

教科書ぴったりトレーニング

# 丸つけラクラク解答

教育出版版
社会5年

この「丸つけラクラク解答」は
とりはずしてお使《つか》いください。

「丸つけラクラク解答」では問題《もんだい》と同じ紙面《しめん》に、赤字で答えを書いています。

①問題がとけたら、まずは答え合わせをしましょう。

②まちがえた問題やわからなかった問題は、てびきを読んだり、教科書を読み返《かえ》したりしてもう一度《いちど》見直しましょう。

おうちのかたへ では、次のようなものを示しています。

- 学習のねらいやポイント
- 他の学年や他の単元の学習内容とのつながり
- まちがいやすいことやつまずきやすいところ

お子様への説明や、学習内容の把握などにご活用ください。

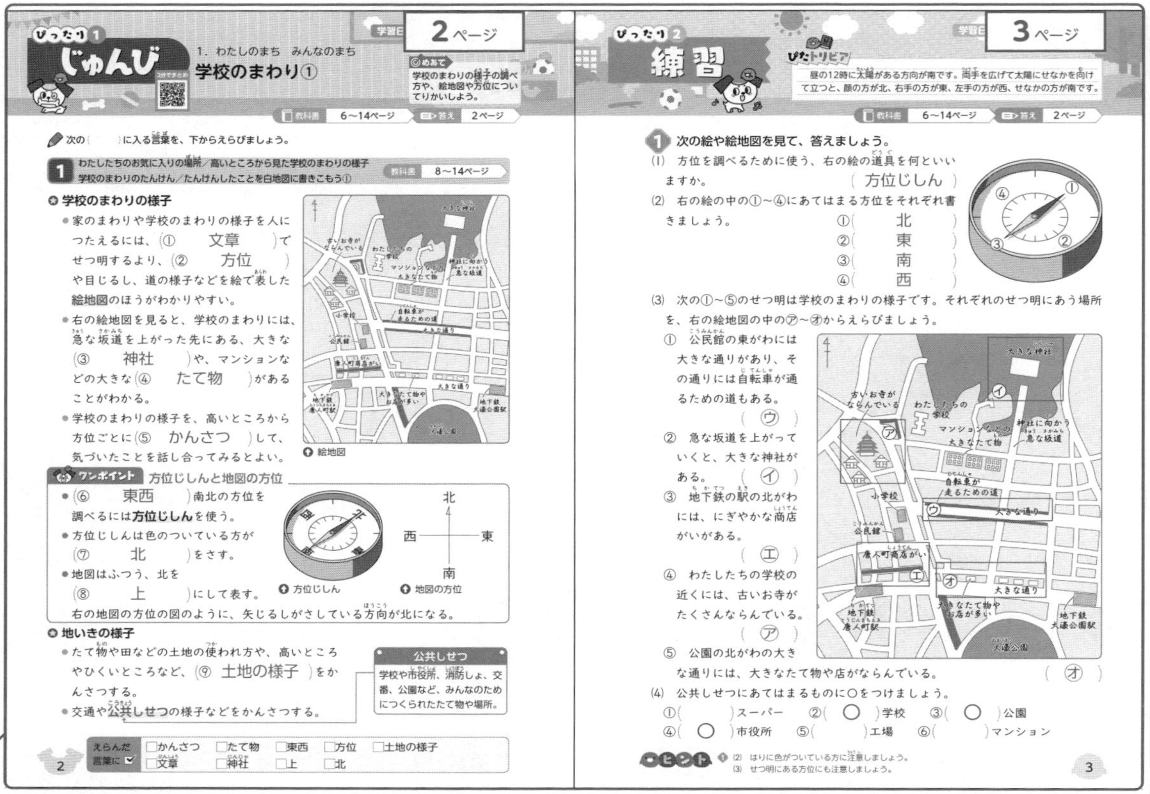
ぴったり1 じゅんび　1. わたしのまち　みんなのまち　学校のまわり①　2ページ

めあて　学校のまわりの様子の調べ方や、絵地図や方位について理かいしよう。

教科書 6～14ページ　答え 2ページ

次の（　）に入る言葉を、下からえらびましょう。

1 わたしたちのお気に入りの場所／高いところから見た学校のまわりの様子　学校のまわりのたんけん／たんけんしたことを白地図に書きこもう①　教科書 8～14ページ

学校のまわりの様子

- 家のまわりや学校のまわりの様子を人につたえるには、（① 文章 ）でせつ明するより、（② 方位 ）や目じるし、道の様子などを絵で表した絵地図のほうがわかりやすい。
- 右の絵地図を見ると、学校のまわりには、急な坂道を上がった先にある、大きな（③ 神社 ）や、マンションなどの大きな（④ たて物 ）があることがわかる。
- 学校のまわりの様子を、高いところから方位ごとに（⑤ かんさつ ）して、気づいたことを話し合ってみるとよい。

絵地図

ワンポイント　方位じしんと地図の方位

- （⑥ 東西 ）南北の方位を調べるには方位じしんを使う。
- 方位じしんは色のついている方が（⑦ 北 ）をさす。
- 地図はふつう、北を（⑧ 上 ）にして表す。

右の地図の方位の図のように、矢じるしがさしている方向が北になる。

方位じしん　地図の方位（北・南・西・東）

地いきの様子

- たて物や田などの土地の使われ方や、高いところやひくいところなど、（⑨ 土地の様子 ）をかんさつする。
- 交通や公共しせつの様子などをかんさつする。

公共しせつ　学校や市役所、消防しょ、交番、公園など、みんなのためにつくられたたて物や場所。

えらんだ言葉に✓　□かんさつ　□たて物　□東西　□方位　□土地の様子　□文章　□神社　□上　□北

2

ぴったり2 練習　3ページ

ぴたトリビア　昼の12時に太陽がある方向が南です。両手を広げて太陽にせなかを向けて立つと、顔の方が北、右手の方が東、左手の方が西、せなかの方が南です。

教科書 6～14ページ　答え 2ページ

1 次の絵や絵地図を見て、答えましょう。

(1) 方位を調べるために使う、右の絵の道具を何といいますか。（ 方位じしん ）

(2) 右の絵の中の①～④にあてはまる方位をそれぞれ書きましょう。①（ 北 ）②（ 東 ）③（ 南 ）④（ 西 ）

(3) 次の①～⑤のせつ明は学校のまわりの様子です。それぞれのせつ明にあう場所を、右の絵地図の中の㋐～㋔からえらびましょう。

① 公民館の東がわには大きな通りがあり、その通りには自転車が通るための道もある。（ ㋒ ）
② 急な坂道を上がっていくと、大きな神社がある。（ ㋑ ）
③ 地下鉄の駅の北がわには、にぎやかな商店がいがある。（ ㋓ ）
④ わたしたちの学校の近くには、古いお寺がたくさんならんでいる。（ ㋐ ）
⑤ 公園の北がわの大きな通りには、大きなたて物や店がならんでいる。（ ㋔ ）

(4) 公共しせつにあてはまるものに○をつけましょう。
①（　）スーパー　②（ ○ ）学校　③（ ○ ）公園
④（ ○ ）市役所　⑤（　）工場　⑥（　）マンション

ヒント　1 (2) はりに色がついている方に注意しましょう。(3) せつ明にある方位にも注意しましょう。

3

できたかな？
□方位じしんで、色のついている方の方位を言ってみよう。
□公共しせつはどのような場所か、せつ明してみよう。

おうちのかたへ
東西南北の方位については、東と西がおぼえにくいので注意してください。また、地図を見る際、「学校は駅の上にあるね」など「上下左右」を使わず、「学校は駅の北にあるね」など「東西南北」を使うとよいでしょう。

2

練習　3ページ

1 (2)方位じしんは、色がついている方が北をさします。また、北、南、東、西の４つの方位を四方位といいます。

(3)①は公民館と自転車が通るための道、②は急な坂道と大きな神社、③は地下鉄の駅と商店がい、④はわたしたちの学校の近くの古いお寺、⑤は公園と大きなたて物や店をヒントにして、絵地図をよく見ましょう。

(4)公共しせつは、国や都道府県《とどうふけん》、市区町村《しくちょうそん》がみんなのためにつくったしせつのことです。みんなから集《あつ》めたお金でつくられているという特《とく》ちょうがあります。公共しせつのれいとして、学校、市役所、けいさつしょ、消防しょ、公民館、じどう館、公園などがあります。スーパーや工場、マンションは、国や都道府県、市区町村がつくるものではなく会社がつくるものなので、公共しせつにはあてはまりません。

見やすい答え

おうちのかたへ

くわしいてびき

※紙面はイメージです。

ぴったり1 準備

1. 日本の国土とわたしたちのくらし

3分でまとめ

## 1 世界の中の日本の国土①

学習日

◎めあて 世界の大陸や海洋、日本と世界の国々の位置関係を理《り》解《かい》しよう。

教科書 8～13ページ 答え 2ページ

次の(　　)に入る言葉や数字を、下から選びましょう。

### 1 世界地図と地球儀《ちきゅうぎ》をながめてみよう！／ワールドツアーへ！ 教科書 8～11ページ

**地球儀と世界地図**

- (① 地球儀 )…形・面積・方位・きょりなどを正しく表すことができる。
- 世界地図…形・面積・方位・きょりなどをすべて同時に正しく表すことはできない。

**大陸と海洋**

- 地球には、六つの大陸と三つの大きな海洋がある。

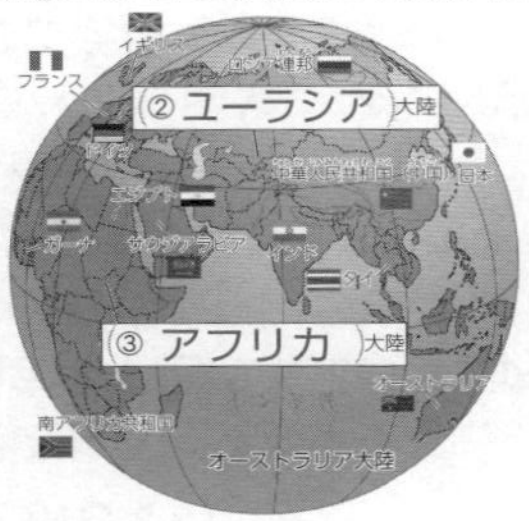

世界の国々

### 2 日本から世界へ、世界から日本へ 教科書 12～13ページ

**ワンポイント** 経度と緯度

- 経度《けいど》…地球上の東西の位置を表す。北極からイギリスのロンドンを通って南極までを結んだ線を０度とする。
- この０度の線を中心として、東と西のそれぞれを(⑥ 180 )度まで分けて表す。
- 同じ経度の地点を結んだ線を**経線《けいせん》**という。
- 緯度《いど》…地球上の南北の位置を表す。北極と南極の中間にある(⑦ 赤道 )を０度とする。
- この０度の線を中心として、南と北のそれぞれを(⑧ 90 )度まで分けて表す。
- 同じ緯度の地点を結んだ線を**緯線《いせん》**という。
- 地球儀や地図に引かれたたての線が経線、横の線が緯線である。

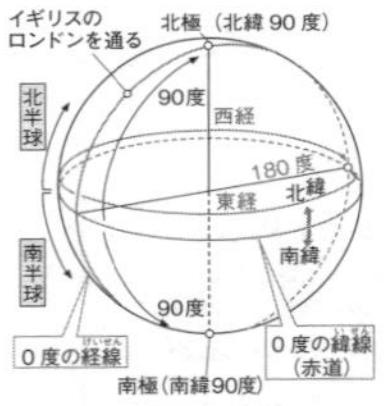


地球上の位置の表し方

| 選んだ言葉に✔ | | | | |
|---|---|---|---|---|
| | □ユーラシア | □90 | □大西《たいせい》 | □アフリカ |
| | □180 | □北アメリカ | □地球儀 | □赤道 |





ぴったり2 練習

学習日

**ぴたトリビア** 日本と同じくらいの緯度には中国《ちゅうごく》、アメリカ、スペインなどがあります。また、同じくらいの経度にはオーストラリア、ロシアなどがあります。

教科書 8～13ページ 答え 2ページ

**1 右の図を見て、答えましょう。**

(1) 図中のAの大陸、Bの海洋、Cの大陸の名前を書きましょう。

A( ユーラシア大陸 )
B( 太平洋 )
C( 南アメリカ大陸 )

(2) 図中の①、②の国名を書きましょう。①( インド )
②( アメリカ合衆国 )

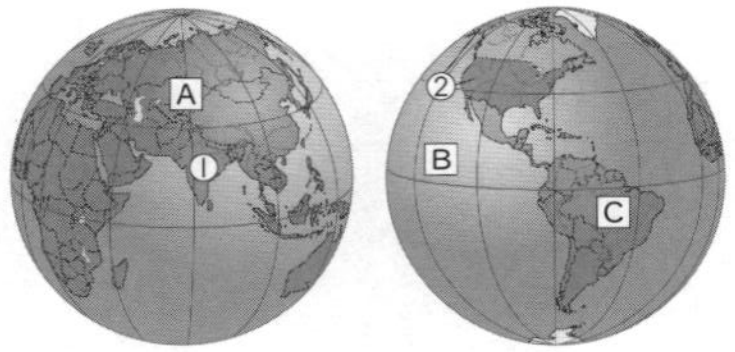


(3) ①～③はどの国の国旗ですか。［　］から選びましょう。

フランス　アメリカ合衆国《がっしゅうこく》　中華人民共和国《ちゅうかじんみんきょうわこく》（中国）

①( 中華人民共和国(中国) ) ②( アメリカ合衆国 ) ③( フランス )

**2 右の図と地図を見て、答えましょう。**

(1) 次の文中の①～④にあてはまる言葉や数字を書きましょう。

> ０度の緯線を(①)といい、この線より北側を北緯、南側を南緯といい、それぞれ(②)度まである。また、０度の経線はイギリスの(③)を通り、東と西にそれぞれ(④)度まで分けている。

①( 赤道 ) ②( 90 )
③( ロンドン ) ④( 180 )

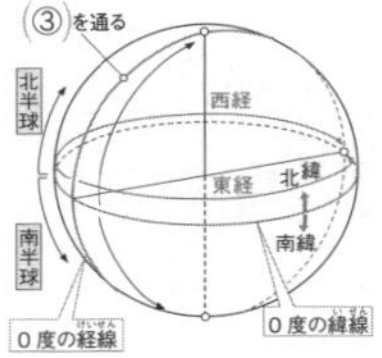


(2) 右の地図について述《の》べた文のうち、正しいものには○を、まちがっているものには×をつけましょう。

①( ○ ) アフリカ大陸には０度の緯線と０度の経線が通っている。

②( × ) 北アメリカ大陸には北緯30度の緯線と東経120度の経線が通っている。

③( × ) オーストラリア大陸には南緯30度の緯線と西経120度の経線が通っている。

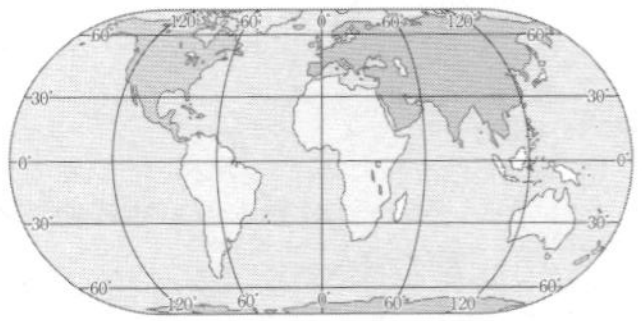


**ヒント** 2 (2)②③ ０度の経線より東を東経、西を西経といいます。北は北極の方角、南は南極の方角です。



**できたかな？**

□６つの大陸と３つの海洋を説明してみよう。
□日本と世界の国々を地球儀や地図で確認《かくにん》してみよう。

**おうちのかたへ**

地球儀や世界地図を見ながら、世界の大陸や海洋の名前、世界の主な国々、日本の位置、日本の周りにある国などを確かめたり、気づいたことを話し合ったりしてみてください。

## 練習 3ページ

**1** (1)教科書の10～11ページの地図を見て、地球上の６つの大陸と３つの大きな海洋の名前と位置を、しっかり覚えておきましょう。

(3)①は中華人民共和国（中国）、②はアメリカ合衆国、③はフランスの国旗です。このほか、日本の周辺国などの国旗も確認してみましょう。

**2** (1)経線と緯線は、それぞれ東西に180度、南北に90度にわけているので注意しましょう。

(2)地図の緯線に書かれている数字は緯度、経線に書かれている数字は経度を表しています。

②③北アメリカ大陸には西経120度の経線が、オーストラリア大陸には東経120度の経線が通っています。

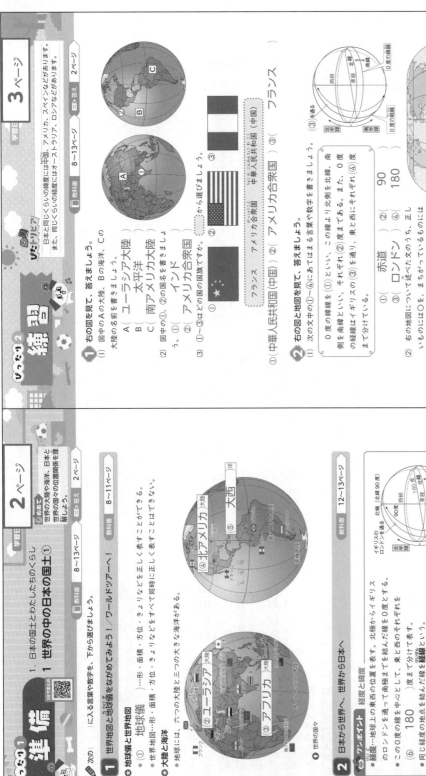

ぴったり1
# 準備
1. 日本の国土とわたしたちのくらし
## 1 世界の中の日本の国土②

学習日 **4ページ**

◎めあて
日本の国土のはん囲や近くの国々について理解《りかい》しよう。

教科書 14〜19ページ　答え 3ページ

次の（　　）に入る言葉や数字を、下から選びましょう。

### 1 日本の国土のすがた　教科書 14〜15ページ

**日本の国土の様子**
- 太平洋《たいへいよう》や日本海《にほんかい》に囲《かこ》まれ、本州《ほんしゅう》・北海道《ほっかいどう》・四国《しこく》・（① 九州 ）の大きな島と、14000以上の小さな島々からなる。
- 日本のはし…北は（② 択捉島 ）、南は（③ 沖ノ鳥島 ）、東は南鳥《みなみとり》島、西は与那国《よなぐに》島。
- 日本の北のはしから南のはしまでは、およそ（④ 3000 ）km。

**日本の周りの国々**
- 日本の北には（⑤ ロシア連邦 ）がある。
- 日本の西には大韓民国《だいかんみんこく》（韓国《かんこく》）、朝鮮民主主義人民《ちょうせんみんしゅしゅぎじんみん》共和国《きょうわこく》（北朝鮮《きたちょうせん》）、中華人民共和国《ちゅうかじんみんきょうわこく》（中国《ちゅうごく》）、モンゴル国がある。
- 日本の南にはフィリピン共和国がある。
- **国旗**…国を表すしるしで、その国の歴史《れきし》や人々の思いがこめられている。
- 日本の国旗は日章旗《にっしょうき》といい、太陽がかがやく様子を表している。

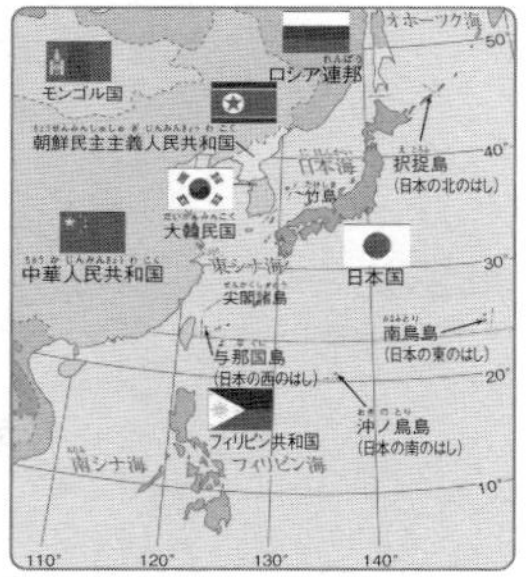

日本の国土とその周り

### 2 日本の国土はどこまで？　教科書 16〜18ページ

**領土《りょうど》問題**

| | |
|---|---|
| 北方領土《ほっぽうりょうど》 | 歯舞群島《はぼまいぐんとう》・色丹《しこたん》島・国後《くなしり》島・択捉《えとろふ》島のこと。1945（昭和《しょうわ》20）年に太平洋戦争が終わったあと、（⑥ ソビエト連邦 ）（今のロシア連邦《れんぽう》）が不法に占領《せんりょう》した。 |
| 竹島《たけしま》 | 島根《しまね》県の島。1954（昭和29）年から（⑦ 韓国 ）が不法に占拠《せんきょ》している。 |
| 尖閣諸島《せんかくしょとう》 | 沖縄《おきなわ》県の島々。（⑧ 中国 ）が自国の領土であると主張《しゅちょう》している。 |

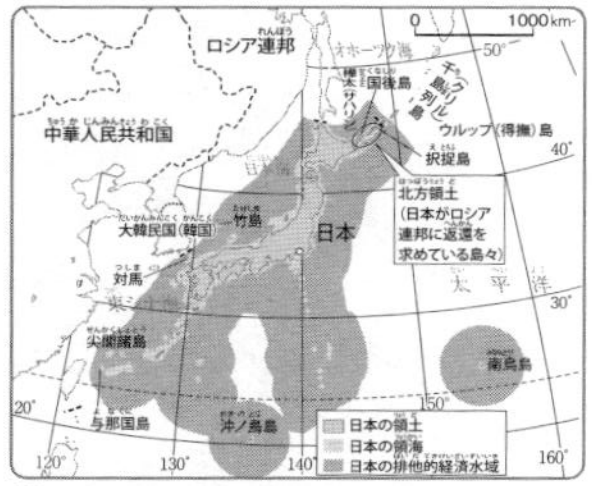

日本の領土、領海、排他的経済水域

**排他的経済水域《はいたてきけいざいすいいき》**
- 領土の海岸線から200海里《かいり》（約370km）までのはん囲《い》から、**領海《りょうかい》**をのぞいた海を**排他的経済水域**という。その国が、漁業や海底にある資源《しげん》の開発を自由に行える。

選んだ言葉に✔
□択捉島　□九州《きゅうしゅう》　□ソビエト連邦　□3000
□中国　□ロシア連邦　□沖ノ鳥島《おきのとりしま》　□韓国



ぴったり2
# 練習

学習日 **5ページ**

ぴたトリビア
各国がもつ陸地のことを領土といい、小さな島々や川・湖などもふくまれます。領土の海岸線から12海里（約22km）までの海を領海といいます。

教科書 14〜19ページ　答え 3ページ

**1** 右の地図を見て、答えましょう。

(1) 地図中の①〜④にあてはまる大きな島の名前を書きましょう。

①（ 北海道 ）　②（ 本州 ）
③（ 四国 ）　④（ 九州 ）

(2) 日本の北・南・東・西のはしにあたる択捉島、沖ノ鳥島、南鳥島、与那国島のおよその緯度《いど》または経度《けいど》にあてはまるものを、㋐〜㋓から選びましょう。

択捉島（ ㋑ ）　沖ノ鳥島（ ㋐ ）
南鳥島（ ㋒ ）　与那国島（ ㋓ ）

㋐ 北緯《ほくい》20度　㋑ 北緯45度　㋒ 東経《とうけい》153度　㋓ 東経122度

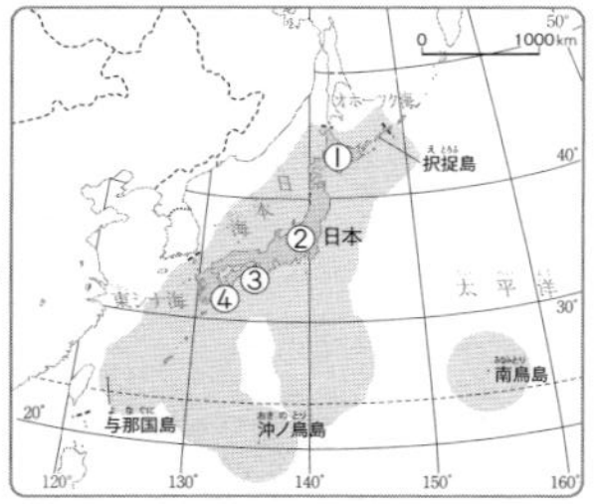


**2** 右の地図を見て、答えましょう。

(1) 地図中の①〜④にあてはまる国の名前を、［　　］から選びましょう。また、それぞれの国にあてはまる国旗を、㋐〜㋓から選びましょう。

①（ ロシア連邦 ）（ ㋒ ）
②（ 中華人民共和国（中国） ）（ ㋐ ）
③（ 朝鮮民主主義人民共和国（北朝鮮） ）（ ㋓ ）
④（ 大韓民国（韓国） ）（ ㋑ ）

朝鮮民主主義人民共和国（北朝鮮）
大韓民国（韓国）
中華人民共和国（中国）
ロシア連邦

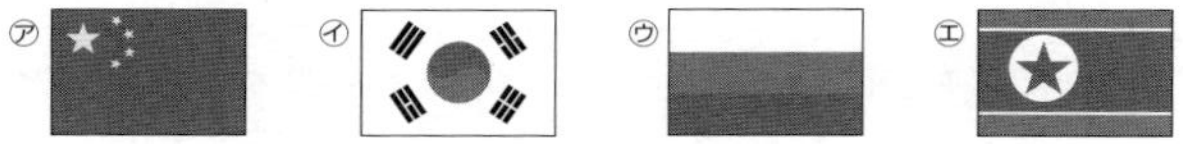


(2) 次の文中の①、②にあてはまる国の名前を書きましょう。

択捉島や国後島などの北方領土は、日本の領土であるが、（①）に不法に占領されている。また、島根県の竹島は、（②）が不法な占拠を続けている。

①（ ロシア連邦 ）　②（ 大韓民国（韓国） ）

ヒント
1 (2) 日本の領土は、北緯20〜45度、東経122〜153度付近にあります。
2 (2) ①は日本の北にある国、②は日本の西にある国です。



できたかな？
□日本の国土のはん囲を地図で確認《かくにん》してみよう。
□日本の領土問題を説明してみよう。

## 練習　5ページ

**1** (1)日本の国土は、北海道、本州、四国、九州の４つの大きな島のほか、たくさんの小さな島々で構成《こうせい》されています。
(2)北のはしの択捉島と南のはしの沖ノ鳥島は、南北の位置を示す緯度を、東のはしの南鳥島と西のはしの与那国島は、東西の位置を示す経度を見て判断します。地図中の島の位置と緯線や経線の位置から、あてはまるものを考えましょう。

**2** (1)日本の周りの①〜④の国々の名前と位置は、地図を見て、しっかり覚えましょう。日本の北にあるのがロシア連邦、西にあるのは、大韓民国（韓国）、朝鮮民主主義人民共和国（北朝鮮）、中華人民共和国（中国）などです。
(2)ロシア連邦が北方領土を、韓国が竹島を不法に占拠しています。このほかに、中国が自国の領土と主張しているが、日本固有の領土である尖閣諸島をめぐる問題があります。

## 6ページ

ぴったり3 確かめのテスト

1. 日本の国土とわたしたちのくらし

### 1 世界の中の日本の国土

/100 合格 80 点

教科書 8〜19ページ　答え 4ページ

**1 右の図を見て、答えましょう。**　1つ3点（15点）

(1) 右の図の模型《もけい》を何といいますか。
（ 地球儀 ）

(2) よく出る 図中のあの線、いの線を、それぞれ何といいますか。
あ（ 経線 ）　い（ 緯線 ）

(3) 次の文のうち、正しいものはどれですか。2つ選びましょう。　思考・判断・表現
（順不同）（ ③ ）（ ④ ）

① 日本とインドは、同じくらいの経度《けいど》にある。
② 緯度《いど》は、0度の線を赤道といい、南北をそれぞれ180度に分けている。
③ 経度は、東西をそれぞれ180度に分けている。
④ 図の模型は、陸地や海の形・面積・方位・きょりなどを正しく表している。

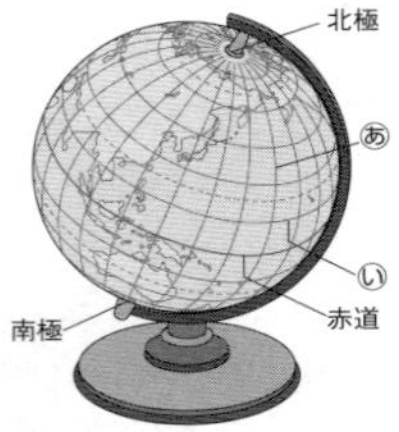


**2 右の地図を見て、答えましょう。**　1つ3点、(3)4点（40点）

(1) 次の国は、それぞれどの大陸にありますか。地図中から記号を選び、その大陸名を書きましょう。
① フランス　記号（ イ ）（ ユーラシア ）大陸
② ブラジル　記号（ エ ）（ 南アメリカ ）大陸
③ エジプト　記号（ ウ ）（ アフリカ ）大陸
④ カナダ　記号（ ア ）（ 北アメリカ ）大陸

(2) 次の文のうち、正しいものには○を、まちがっているものには×をつけましょう。
①（ × ）世界地図は、陸地や海の形などを同時に正しく表している。
②（ ○ ）経度0度の線はイギリスのロンドンを通っている。
③（ × ）インド洋は3つの大陸に囲まれている。
④（ × ）赤道はオーストラリアを通っている。

記述 (3) 地図のよい点について、「全体」という言葉を使って、かんたんに書きましょう。　思考・判断・表現
（（例）世界全体を一度に見わたすことができる。）

6

## 7ページ

学習日

**3 右の地図を見て、答えましょう。**　1つ3点（36点）

(1) よく出る 地図中のA〜Dは日本の北・西・南・東のはしの島です。それぞれにあてはまる島の名前を、ア〜エから選びましょう。
A（ ウ ）　B（ エ ）
C（ イ ）　D（ ア ）
ア 南鳥島《みなみとりしま》　イ 沖ノ鳥島《おきのとりしま》
ウ 択捉島《えとろふとう》　エ 与那国島《よなぐにじま》

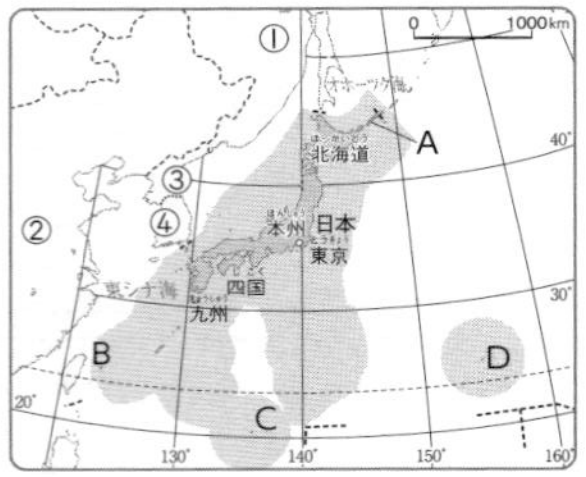


(2) 次の文中の①、②にあてはまる海洋名を書きましょう。
①（ 太平洋 ）　②（ 日本海 ）

日本は周りを海に囲まれた島国で、東側には（①）、西側には（②）や東シナ海が広がっている。

(3) 地図中の①〜④の国の名前を、ア〜エから選びましょう。
①（ エ ）　②（ ア ）　③（ ウ ）　④（ イ ）
ア 中華人民共和国《ちゅうかじんみんきょうわこく》（中国《ちゅうごく》）　イ 大韓民国《だいかんみんこく》（韓国《かんこく》）
ウ 朝鮮民主主義人民共和国《ちょうせんみんしゅしゅぎじんみんきょうわこく》（北朝鮮《きたちょうせん》）　エ ロシア連邦《れんぽう》

(4) 地図中の▢のはん囲の海について、次の文中の①、②にあてはまる言葉を、▢から選びましょう。
①（ 排他的経済水域 ）　②（ 沿岸の国 ）

▢のはん囲の海は（①）とよばれ、そこでは漁業や、海底にある資源《しげん》の開発を、（②）が自由に行える。

領海《りょうかい》　排他的経済水域《はいたてきけいざいすいいき》　沿岸《えんがん》の国　すべての国

**4 次の地図は、領土《りょうど》をめぐって問題がおこっている地域《ちいき》を示《しめ》しています。下の①〜③の説明にあてはまる地域を、地図中のA〜Cから選びましょう。**　1つ3点（9点）

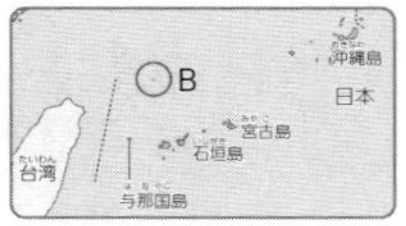

①（ C ）北方領土《ほっぽうりょうど》とよばれる地域で、ロシア連邦が不法な占領《せんりょう》を続けている。
②（ A ）島根《しまね》県の竹島《たけしま》は、韓国が自国の領土であると主張《しゅちょう》して、不法な占拠《せんきょ》を続けている。
③（ B ）沖縄《おきなわ》県の尖閣諸島《せんかくしょとう》は日本の領土であるが、中国も自国の領土であると主張している。

ふりかえり 3(1)がわからないときは、4ページの1にもどって確認《かくにん》してみよう。

7

## 確かめのテスト　6〜7ページ

**1** (2)経線はたての線、緯線は横の線です。

(3)①同じ経線の上にある国々は、経度が同じです。日本とインドは同じ経線の上にはありません。

②緯度は、南北をそれぞれ90度ずつに分けています。

**2** (1)教科書10〜11ページの地図を見て、主な国の位置を覚えておきましょう。

(2)①地図は、球の形をした地球を平面に表すので、ゆがみが出ます。そのため、陸地や海の形・面積・方位・きょりなどをすべて同時に正しく表すことはできません。

③インド洋は、ユーラシア大陸、オーストラリア大陸、南極大陸、アフリカ大陸の4つの大陸に囲まれています。

④0度の緯線である赤道は、オーストラリアの北側を通っています。

**3** (4)排他的経済水域とは、領土の海岸線から200海里《かいり》（約370km）までのはん囲から、領海をのぞいた海のことです。そこでは、その国が、漁業や、海底にある資源の開発を自由に行うことができます。

**4** 領土をめぐる問題について、問題になっている場所や相手の国を、地図で確《たし》かめましょう。

**記述問題のプラスワン**

**2** (3)世界地図は、世界全体を一度に見わたすことができますが、陸地や海の形・面積・方位・きょりなどを同時に正しく表すことができません。一方、地球儀は陸地や海の形・面積・方位・きょりなどを正しく表すことができますが、世界全体を一度に見わたすことができません。

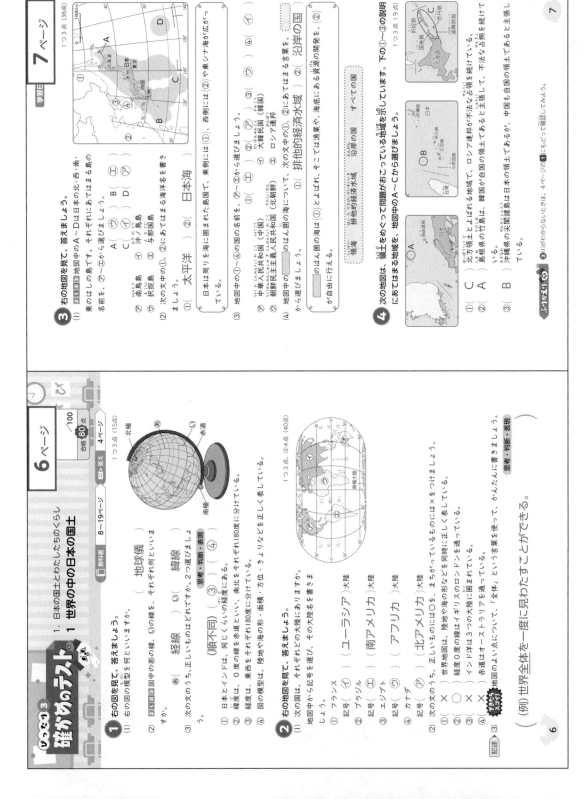

ぴったり1 準備

1．日本の国土とわたしたちのくらし

## 2 国土の気候と地形①

学習日 **8ページ**

◎めあて
地域による気候のちがいや気温と地形の関係について理解《りかい》しよう。

3分でまとめ

教科書 20～23ページ　答え 5ページ

次の（　）に入る言葉を、下から選びましょう。

### 1 変化の大きい日本の自然　教科書 20～21ページ

**地域《ちいき》による気候のちがい**

- 日本の国土は（① 南北 ）に長いので、南の地域と北の地域では気候がちがう。
- 桜《さくら》が開花する時期のちがい…桜は、あたたかくなってくるとさき始めるので、（② 北 ）の地域ほどおそくさく。

### 2 気温と地形との関係　教科書 22～23ページ

**さまざまな地形**

| | |
|---|---|
| 山地 | 山が集まったところ。 |
| ③ 山脈 | 山が列のように連なったところ。〈例〉（④ 飛驒山脈 ） |
| ⑤ 盆地 | 山に囲《かこ》まれた平地。 |
| ⑥ 平野 | 海に面した平地。〈例〉（⑦ 石狩平野 ） |
| 台地 | 平野の中でいちだんと高くなっている平地。 |
| 湾《わん》 | 陸地に入りこんだ海。 |

さまざまな地形の様子

- 日本の国土のおよそ4分の3が山地で、平地よりも山脈《さんみゃく》・山地の方が、広い面積をしめている。

**土地の高さによるちがい**

- 海面を0mとして測《はか》ったときの陸地の高さを（⑧ 標高 ）という。
- 標高《ひょうこう》が100m上がると、気温は約0.6℃下がる。
- 標高が高い地域ほど、気温は低くなる。

高い山は日本のまんなかあたりに集まっているよ。

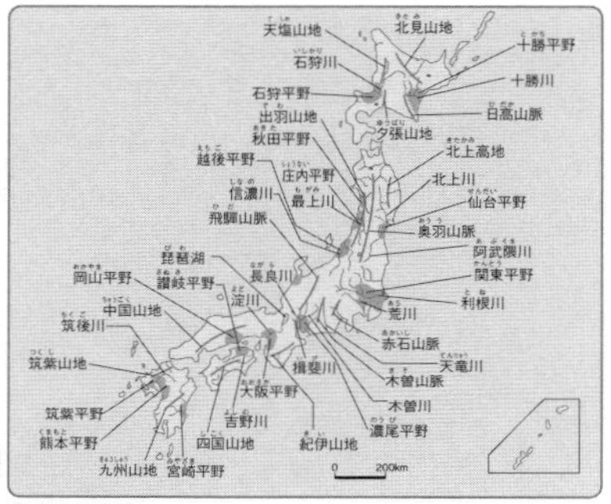

日本の地形

| 選んだ言葉に ✓ | | | | |
|---|---|---|---|---|
| | □平野 | □北 | □山脈 | □石狩《いしかり》平野 |
| | □南北 | □標高 | □盆地《ぼんち》 | □飛驒《ひだ》山脈 |

8

ぴったり2 練習

学習日 **9ページ**

ぴたトリビア
日本でいちばん長い川は信濃《しなの》川で、全長約367kmです。長野《ながの》県から新潟《にいがた》県へ流れています。２番目に長いのは関東《かんとう》平野を流れる利根《とね》川です。

教科書 20～23ページ　答え 5ページ

**1** 右の図を見て、次の説明にあてはまる地形を、［　］から選びましょう。

(1) 山に囲まれた平地。（ 盆地 ）
(2) 山が列のように連なったところ。（ 山脈 ）
(3) 海に面した平地。（ 平野 ）
(4) 山が集まったところ。（ 山地 ）

［ 山地　山脈　盆地　平野 ］

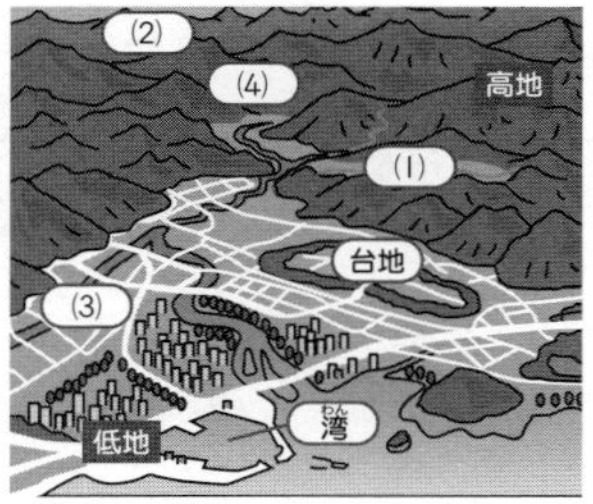


**2** 右の地図を見て、答えましょう。

(1) 地図中の①～③の川の名前を、㋐～㋒から選びましょう。
①（ ㋐ ）②（ ㋒ ）③（ ㋑ ）
㋐ 石狩川　㋑ 利根川　㋒ 信濃川

(2) 地図中の④～⑥の平野の名前を、㋐～㋒から選びましょう。
④（ ㋑ ）⑤（ ㋒ ）⑥（ ㋐ ）
㋐ 筑紫《つくし》平野　㋑ 関東平野　㋒ 濃尾《のうび》平野

(3) 地図中の⑦～⑫の山脈や山地の名前を、㋐～㋕から選びましょう。
⑦（ ㋐ ）⑧（ ㋒ ）⑨（ ㋕ ）
⑩（ ㋑ ）⑪（ ㋔ ）⑫（ ㋓ ）
㋐ 日高《ひだか》山脈　㋑ 中国《ちゅうごく》山地　㋒ 奥羽《おうう》山脈
㋓ 九州《きゅうしゅう》山地　㋔ 四国《しこく》山地　㋕ 飛驒山脈

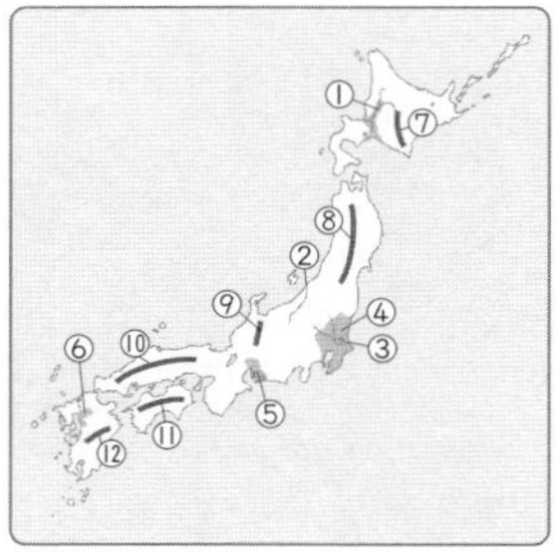


(4) 日本の地形や気温について述《の》べた次の文のうち、正しいものには○を、まちがっているものには×をつけましょう。
①（ × ）日本は、全体として、山脈や山地よりも平地の面積の方が広い。
②（ ○ ）本州のまんなかあたりには、険《けわ》しく高い山脈や山地が多い。
③（ ○ ）広い平野には、大きな川が流れている。
④（ × ）標高が高いところは、低いところよりも、気温が高い。

ヒント　2 (2) ④は日本で最も広い平野です。

9

## 練習　9ページ

**1** (1)山に囲まれた平地を盆地といいます。いっぱんてきに、夏は暑く、冬は寒いという特ちょうがあります。
(2)山が列のように連なったところが山脈です。
(4)山が集まったところは山地です。

**2** (1)日本一長い川は②の信濃川、２番目に長い川は③の利根川であることを覚えておきましょう。
(2)日本一広い平野は④の関東平野であることを覚えておきましょう。
(3)⑨の飛驒山脈と木曽山脈、赤石山脈を合わせて日本アルプスとよびます。標高3000mぐらいのけわしい山々が連なっています。
(4)①日本全体では、平地よりも山脈や山地のほうが広い面積をしめており、国土のおよそ４分の３が山地です。
④標高が高くなるにつれて、気温は下がります。

**できたかな？**
□地域による気候のちがいを説明してみよう。
□気温と地形の関係を説明してみよう。

**おうちのかたへ**
実際に、山脈や山地、平野、川などを白地図に書きこみながら、名前を覚えるようにしましょう。白地図に書きこむと、その場所が日本のどこにあるかといった、位置関係を理解するのにも役立ちます。

## ぴったり1 準備 10ページ

1. 日本の国土とわたしたちのくらし
## 2 国土の気候と地形②

◎めあて
降水量のちがいに何がえいきょうしているのかを理解しよう。

教科書 24~27ページ　答え 6ページ

次の(　　)に入る言葉を、下から選びましょう。

### 1 日本のさまざまな気候　教科書 24~25ページ

**日本の気候の特色**

- (① 四季 )の変化…春、夏、秋、冬という季節の変化がある。
- 6月から7月にかけて、主に北海道《ほっかいどう》以外の地域《ちいき》では、(② 梅雨 )があり、夏から秋にかけては、日本の南側から(③ 台風 )がやってくる。

**地域でちがう気候**

- 季節によって、日本の国土にふく風の方向が変わる。この風を(④ 季節風 )といい、地域による降《こう》水量《すい》のちがいにえいきょうする。
- (⑤ 北海道 )の気候…冬の寒さがきびしい。雨が少ない。
- 太平洋《たいへいよう》側の気候…夏に雨が多く、むし暑い。冬は晴れの日が多い。
- 日本海《にほんかい》側の気候…冬に(⑥ 雪 )が多い。
- 中央高地《ちゅうおうこうち》の気候…夏と冬の気温差が(⑦ 大きい )。雨が少ない。
- (⑧ 瀬戸内 )の気候…1年を通してあたたかく、雨が少ない。
- 南西諸島《なんせいしょとう》の気候…1年を通して暑く、雨が多い。

日本のさまざまな気候

**ワンポイント　気温と降水量のグラフの読み取り方**

- 気温…折れ線グラフと「℃」のめもりを読み取る。
- 降水量…ぼうグラフと「mm」のめもりを読み取る。
- 一つのグラフを読み取る…暑い月と寒い月の気温差、降水量が多い月と少ない月を見る。
- グラフを比《くら》べる…全体的に、気温は高いか／低いか、降水量は多いか／少ないかを見る。

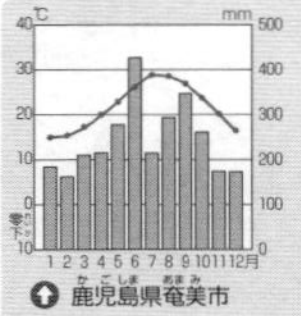
鹿児島県奄美市

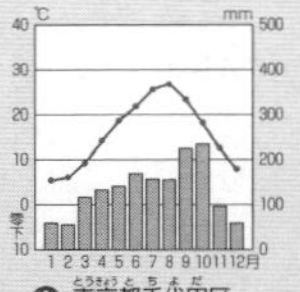
東京都千代田区

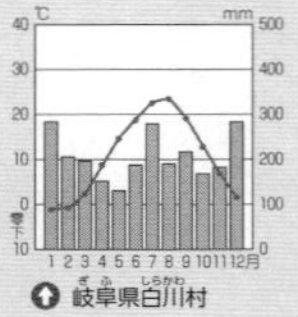
岐阜県白川村

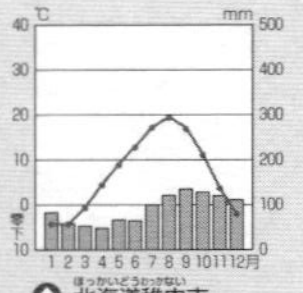
北海道稚内市
(気象庁)

選んだ言葉に✓　□雪　□台風　□季節風　□大きい　□梅雨　□四季　□瀬戸内　□北海道



## ぴったり2 練習 11ページ

ぴたトリビア
いっぱんに、夏は海洋から大陸にしめった風が、冬は大陸から海洋にかわいた風がふきます。風の向きが変わる原因《げんいん》は大陸と海洋の温度の差です。

教科書 24~27ページ　答え 6ページ

**1 右の地図中のA~Fの地域にあてはまる気候の特色を、㋐~㋕から選びましょう。**

A( ㋑ )　B( ㋐ )　C( ㋒ )
D( ㋕ )　E( ㋔ )　F( ㋓ )

㋐ 冬に日本海側からふく季節風のえいきょうで、雪が多い。
㋑ 冬の寒さがきびしく、夏はすずしい。
㋒ 冬には晴れの日が多く、夏には雨が多くなる。
㋓ 冬でもあたたかく、1年を通して雨が多い。
㋔ 1年を通してあたたかく、雨が少ない。
㋕ 1年を通して雨が少なく、夏と冬の気温差が大きい。

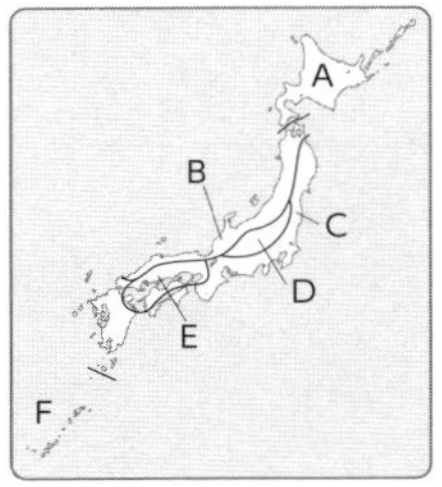


**2 日本のさまざまな気候について、答えましょう。**

(1) 毎年、6月から7月にかけて、くもりや雨の日が多くなる期間を、何といいますか。( 梅雨 )
(2) 夏から秋にかけて日本の南側からおとずれ、暴風雨《ぼうふうう》(強い雨や風)などによって被害《ひがい》をもたらすことがあるものを、何といいますか。( 台風 )
(3) 下の図を見て、次の文中の①~③にあてはまる言葉を書きましょう。

季節によってふく向きが変わる風を①という。夏には、太平洋からあたたかいしめった風がふき、太平洋側に雨をふらせる。②には、大陸からつめたい風がふいてきて、日本海の上でしめった風となり、日本海側に③をふらせる。

①( 季節風 )
②( 冬 )
③( 雪 )

(4) 右のグラフは、長野県松本市《ながのけんまつもとし》の気温と降水量を表しています。グラフを見て、答えましょう。
① 降水量が最も多い月は何月ですか。( 9 )月
② 降水量が最も少ない月は何月ですか。( 12 )月
③ 最も暑い月と最も寒い月の気温差は何度くらいですか。約( 25 )度

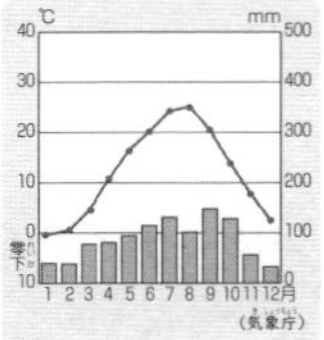
(気象庁)

ヒント
1 夏は太平洋側で雨が多く、冬は日本海側で雪が多くふります。
2 (4) 降水量はぼうグラフ、気温は折れ線グラフを読み取ります。



**できたかな?**
□降水量に何がえいきょうしているのかを説明してみよう。
□気温と降水量のグラフの読み取り方を確認《かくにん》してみよう。

## 練習 11ページ

1 Aは「冬の寒さがきびしく」、日本海側のBは「冬に…雪が多い」、太平洋側のCは「冬には晴れの日が多く」、Dは「夏と冬の気温差が大きい」、Eは「1年を通して…雨が少ない」、Fは「冬でもあたたかく」がポイントです。

2 (3)季節によってふく向きが変わる風を季節風といいます。夏は太平洋側から、冬は日本海側からふいてきます。

(4)①②降水量を表すぼうグラフを見ると、9月(約150mm)が最も多く、12月(約30mm)が最も少なくなっています。

③気温を表す折れ線グラフを見ると、気温が最も高い8月が約25℃、最も低い1月が約0℃なので、気温差は約25度となります。

ぴったり3
# 確かめのテスト
1．日本の国土とわたしたちのくらし
## 2 国土の気候と地形

## 12ページ

/100 合格80点

教科書 20～27ページ　答え 7ページ

**1 右の地図を見て、答えましょう。**　1つ3点（36点）

(1) よく出る 地図中の①～⑤の平野の名前を、㋐～㋔から選びましょう。

①（㋔）②（㋓）
③（㋑）④（㋒）
⑤（㋐）

㋐ 筑紫《つくし》　㋑ 濃尾《のうび》
㋒ 宮崎《みやざき》　㋓ 仙台《せんだい》
㋔ 石狩《いしかり》

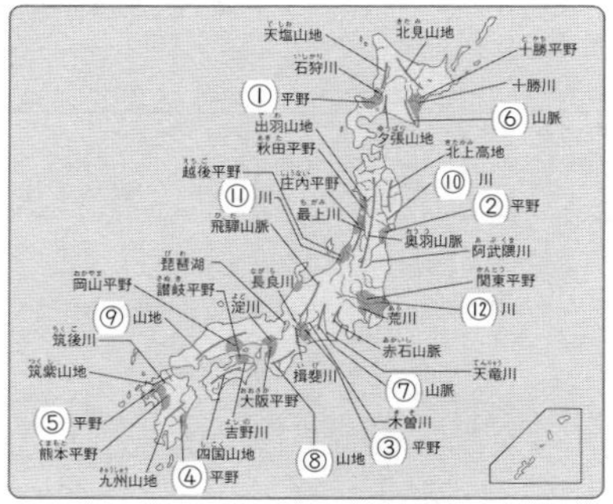

天塩《てしお》山地
北見《きたみ》山地
十勝《とかち》平野
石狩《いしかり》川
十勝川
① 平野
⑥ 山脈
出羽《でわ》山地
夕張《ゆうばり》山地
秋田《あきた》平野
北上《きたかみ》高地
越後《えちご》平野
庄内《しょうない》平野
⑩ 川
⑪ 川
② 平野
最上《もがみ》川
飛騨《ひだ》山脈
奥羽《おうう》山脈
阿武隈《あぶくま》川
琵琶《びわ》湖
岡山《おかやま》平野
讃岐《さぬき》平野
長良《ながら》川
関東《かんとう》平野
淀《よど》川
⑫ 川
⑨ 山地
荒《あら》川
筑後《ちくご》川
赤石《あかいし》山脈
筑紫《つくし》山地
揖斐《いび》川
天竜《てんりゅう》川
⑦ 山脈
大阪《おおさか》平野
⑤ 平野
木曽《きそ》川
吉野《よしの》川
熊本《くまもと》平野
四国《しこく》山地
⑧ 山地
③ 平野
九州《きゅうしゅう》山地
④ 平野


(2) よく出る 地図中の⑥～⑨の山脈《さんみゃく》や山地の名前を、㋐～㋓から選びましょう。

⑥（㋒）⑦（㋐）
⑧（㋓）⑨（㋑）

㋐ 木曽《きそ》　㋑ 中国《ちゅうごく》　㋒ 日高《ひだか》　㋓ 紀伊《きい》

(3) よく出る 地図中の⑩～⑫の川の名前を、㋐～㋒から選びましょう。

⑩（㋒）⑪（㋐）⑫（㋑）

㋐ 信濃《しなの》　㋑ 利根《とね》　㋒ 北上《きたかみ》

**2 右のグラフは、小笠原諸島《おがさわらしょとう》（父《ちち》島）と知床《しれとこ》（ウトロ）の気温と降水《こうすい》量を表しています。小笠原諸島は東京《とうきょう》都の南の太平洋《たいへいよう》にある島々で、知床は北海道《ほっかいどう》の東部にあります。グラフを見て、答えましょう。**　1つ7点（14点）

(1) 作図 グラフ中の●と▲は、小笠原諸島（父島）と知床（ウトロ）の気温を表しています。●と▲をそれぞれつなげて、2つの折れ線グラフを完成させましょう。　技能

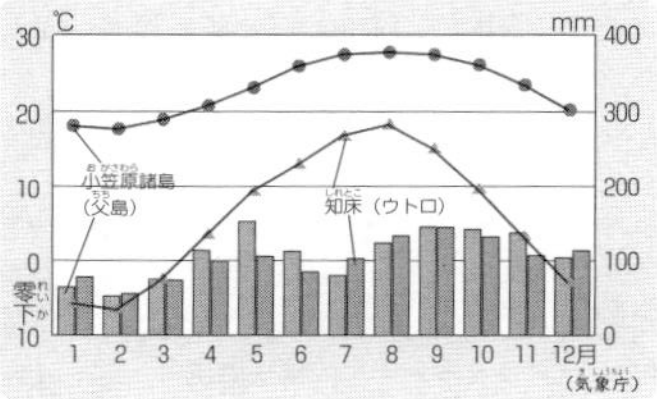

℃
mm
30
20
10
0
零《れい》下《か》
10
400
300
200
100
0
小笠原《おがさわら》諸島
（父《ちち》島）
知床《しれとこ》（ウトロ）
1 2 3 4 5 6 7 8 9 10 11 12月
（気象《きしょう》庁）


記述 (2) できたらスゴイ！ 小笠原諸島（父島）の気候の特色をグラフから読み取り、かんたんに書きましょう。　思考・判断・表現

（（例）1年を通して気温が高く（暑く）、雨がふる。）



## 13ページ

学習日

**3 次のグラフは、右の地図中の㋐～㋓の都市の気温と降水量を表したものです。①～④のグラフにあてはまる都市を、㋐～㋓から選びましょう。**　技能　1つ5点（20点）

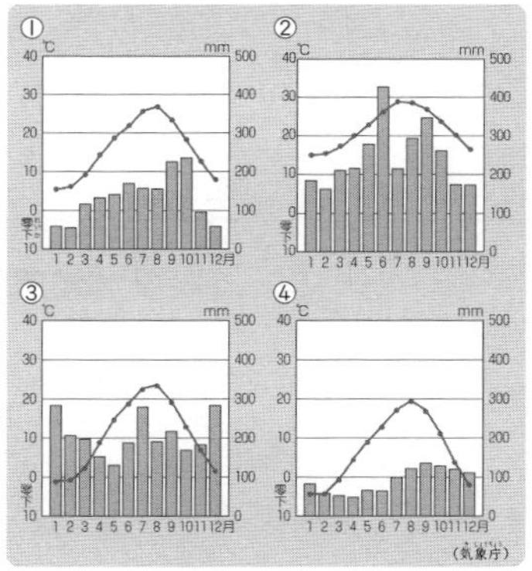

①
②
③
④
℃
mm
1 2 3 4 5 6 7 8 9 10 11 12月
（気象庁）


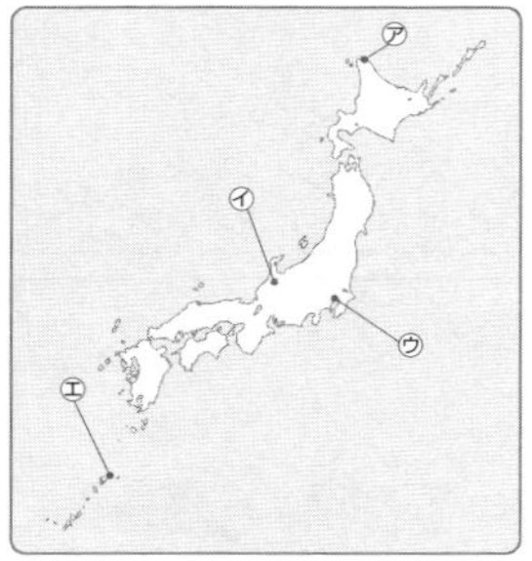

㋐
㋑
㋒
㋓


①（㋒）②（㋓）
③（㋑）④（㋐）

**4 右の地図と図を見て、答えましょう。**　1つ5点（30点）

(1) 次の文中の①～④にあてはまる言葉を、［　］から選びましょう。

①（すずしい）②（大きい）
③（あたたかい）④（少ない）

Aの地域《ちいき》では、冬は寒さがきびしく、夏は（①）。Dの地域では、夏と冬の気温差が（②）。Eの地域では、年間を通じて（③）。これら3つの地域は、いずれも雨が（④）。

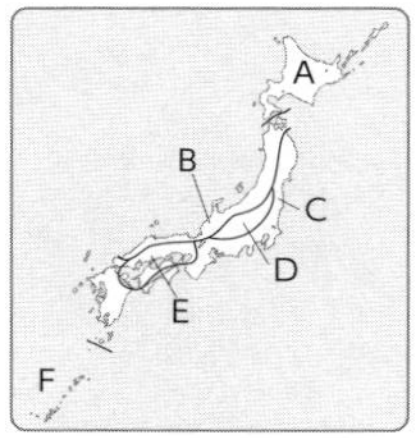

A
B
C
D
E
F


多い　少ない　大きい　小さい　すずしい　寒い　あたたかい

(2) 地図中のBの地域とCの地域の気候のちがいは、右の図の風のえいきょうによるものです。この風を何といいますか。

（季節風）

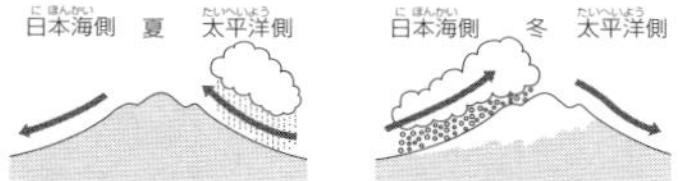

日本海《にほんかい》側　夏　太平洋《たいへいよう》側
日本海《にほんかい》側　冬　太平洋《たいへいよう》側


記述 (3) できたらスゴイ！ 右上の図は、(2)の風のふく向きを表しています。この図を見て、Bの地域の気候の特色を、かんたんに書きましょう。　思考・判断・表現

（（例）冬に日本海からふく季節風が山地にぶつかるので、雪が多くふる。）

ふりかえり ❷(2)がわからないときは、10ページの❶にもどって確認《かくにん》してみよう。



## 記述問題のプラスワン

**2** (2)気温に注目してみると、知床（ウトロ）の気温は年間を通じて20度未満ですが、小笠原諸島（父島）の気温は4月から12月にかけて20度以上となっています。

## 確かめのテスト 12～13ページ

**1** (1)(3)大きな平野とその平野を流れる大きな川の名前をセットで覚えるようにしましょう。

**2** (2)教科書の21ページの地図で、小笠原諸島と知床の位置を確かめましょう。南にある小笠原諸島と、北海道の東部にある知床の冬の気温を比べると、かなり差があります。

**3** 気温は折れ線グラフで、降水量はぼうグラフで示されています。冬の気温がマイナス（零下《れいか》）になるかどうか、夏と冬の気温の差は大きいかどうか、夏と冬のどちらの降水量が多いか、1年を通しての気温や降水量はどうか、といった点を見て判断《はんだん》しましょう。なお、①は東京都千代田《ちよだ》区、②は鹿児島《かごしま》県奄美《あまみ》市、③は岐阜《ぎふ》県白川《しらかわ》村、④は北海道稚内《わっかない》市のグラフです。

**4** (1)Aは北海道の気候、Dは中央高地《ちゅうおうこうち》の気候、Eは瀬戸内《せとうち》の気候です。
(2)Bは日本海《にほんかい》側の気候、Cは太平洋《たいへいよう》側の気候の地域です。
(3)日本の中央に連なる山脈や山地に、夏は太平洋側からの季節風がぶつかって雨が多くふり、冬は日本海側からの季節風がぶつかって雪が多くふります。季節風によって太平洋側と日本海側の気候にちがいが出ることを理解《りかい》しておきましょう。

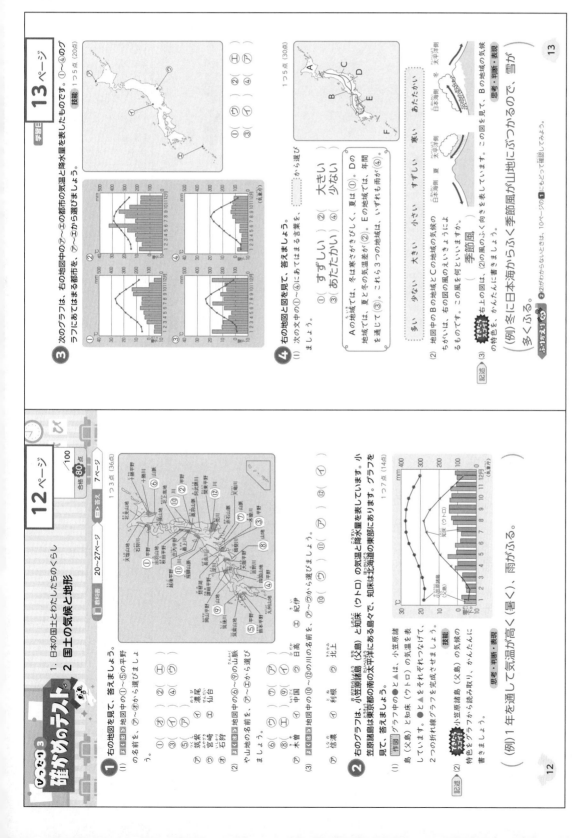

ぴったり1 **準備**

せんたく

1．日本の国土とわたしたちのくらし

## 3 自然条件《じょうけん》と人々のくらし①

3分でまとめ



◎めあて 気候や地形の特色とくらしとの関係や、沖縄県のくらしや産業を理解《りかい》しよう。

教科書 28～37ページ　答え 8ページ

次の（　　）に入る言葉を、下から選びましょう。

### 1 あたたかい地域《ちいき》と寒い地域、高地と低地　教科書 28～31ページ

**地域の様子を比《くら》べる**

- 一年中あたたかい沖縄《おきなわ》県那覇《なは》市と冬の寒さがきびしい北海道札幌《ほっかいどうさっぽろ》市、山の近くの高地にある長野《ながの》県南牧《みなみまき》村と（① 川 ）の下流ぞいの低地にある千葉《ちば》県香取《かとり》市を比べてみる。

### 2 あたたかい気候と沖縄県の観光／あたたかい気候と沖縄県の農業・漁業　教科書 32～35ページ

**観光がさかんな沖縄県**

- あたたかい海で育つ（② さんご礁 ）に囲《かこ》まれた、美しい海が広がっている。
- 沖縄に伝わるエイサーなどのおどり、首里城跡《しゅりじょうあと》をふくむ**琉球王国**《りゅうきゅう》の遺跡《いせき》（世界遺産）、沖縄産の食材を使った料理などの独自《どくじ》の文化があり、一年中、多くの観光客がおとずれている。

**あたたかい気候を生かした農業**

- 砂糖《さとう》の原料となる（③ さとうきび ）は、高い気温や湿度《しつど》でよく育ち、沖縄県は日本でいちばんの**作付面積**《さくづけ》と生産量をほこっている。
- マンゴーや（④ パイナップル ）など生産がさかんな果物は、沖縄県の（⑤ 特産品 ）となっている。
- きくなどの花は、他の地域で気温が下がり生産しづらい冬の時期に出荷《しゅっか》している。

**よい漁場で行われる漁業**

- あたたかくきれいな海で育つもずくは、全国の生産量の約99%（2020年）をしめている。
- 周りの海は、あたたかい海流の通り道になっているため、（⑥ まぐろ ）やかじきもよくとれる。

### 3 暑さや台風と、沖縄県の人々のくらし　教科書 36～37ページ

**気候に合わせたさまざまなくふう**

- 家のつくりに、さまざまなくふうがみられる。
- 夏は、日ざしが強く、むし暑いため、戸やまどを大きくして（⑦ 風通し ）をよくする。
- （⑧ 台風 ）が多く、強い風がふき、大雨がふるため、屋根のかわらが飛ばされないように、白いしっくいでとめている。

伝統《でんとう》的なつくりの家

**わすれてはならない沖縄の歴史《れきし》**

- 今から80年ほど前、戦争によって大きな被害《ひがい》を受けた。戦争が終わると、沖縄県はアメリカに占領《せんりょう》され、1972年に日本に返されたが、今もアメリカ軍の広い軍用地が残されている。

選んだ言葉に☑　□台風　□川　□特産品　□風通し　□さんご礁《しょう》　□まぐろ　□パイナップル　□さとうきび



ぴったり2 **練習**



ぴたトリビア　さとうきびは砂糖をとる目的でさいばいされる作物です。沖縄県はさとうきびからつくられる粗糖《そとう》（原料糖）の生産量も全国第1位です（2020年）。

教科書 28～37ページ　答え 8ページ

**1** 沖縄県の気候や地形について、右の那覇市の気温と降水《こうすい》量のグラフも参考にして、次の文中の（　　）にあてはまる言葉や数字を書きましょう。

(1) 1年を通して気温が高く、月平均《へいきん》気温が20℃をこえる月が（ 8 ）か月もある。

(2) 降水量が（ 200 ）mmをこえる月は、5月、6月、8月、9月である。

(3) 降水量が特に多い月は6月や（ 9 ）月で、これは梅雨や（ 台風 ）のえいきょうによって大雨がふることが原因《げんいん》と考えられる。

(4) 沖縄県には大きな（ 川 ）がなく、雨水をたくわえる森林の多い山も少ないので、水不足になることもある。

(5) あたたかい海で育つ（ さんご礁 ）に囲まれた、美しい海がある。

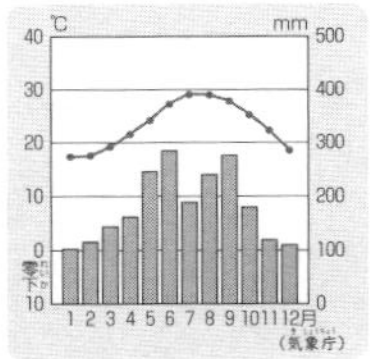

那覇市の気温と降水量

**2** 沖縄県の農業と漁業について述《の》べた次の文のうち、正しいものには○を、まちがっているものには×をつけましょう。

①（ × ）グラフ中のAの農産物はパイナップルである。
②（ ○ ）野菜では、ゴーヤー（にがうり）の生産もさかんである。
③（ ○ ）果物では、マンゴーの生産もさかんである。
④（ × ）きくの花は、暑い夏の時期に全国に出荷される。
⑤（ ○ ）沖縄県の周りの海は、あたたかい海流が流れ、よい漁場となっている。
⑥（ × ）沖縄県の周りの海では、かじきやまぐろはとれないが、さけがとれる。
⑦（ ○ ）きれいな海で育つもずくは、沖縄県の特産品になっている。

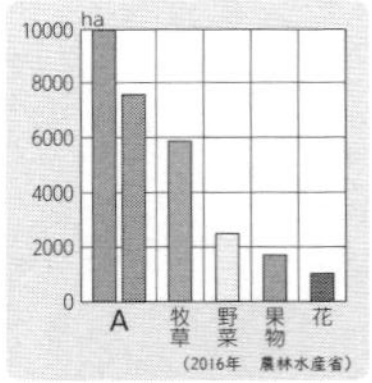

沖縄県の主な農産物の作付面積

**3** 右の図は、沖縄県の伝統的なつくりの家です。図中の①～④にあてはまるものを、［　］から選びましょう。

①（ かわら ）②（ 屋根 ）
③（ 戸 ）④（ 石がき ）

屋根　石がき　かわら　戸

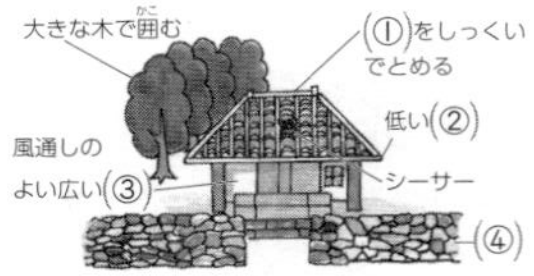


ヒント
1 (1)(2) 気温は折れ線グラフを、降水量はぼうグラフを読み取りましょう。
2 ① Aは砂糖の原料となる農産物です。



**できたかな？**

□沖縄県の農業や漁業を説明してみよう。
□沖縄県の気候や人々のくらしを説明してみよう。

## 練習　15ページ

**1** (1)気温は折れ線グラフを見ます。左のめもりの20℃の線をこえているのは、4月～11月の8か月です。
(2)降水量はぼうグラフを見ます。5月、6月、8月、9月は、右のめもりの200mmの線をこえています。

**2** ①Aはさとうきびです。パイナップルは、グラフでは果物の中にふくまれています。
④冬でもあたたかい沖縄県の気候に注目しましょう。他の地域では寒くなって生産しにくくなる冬の時期に、全国へ出荷されます。
⑥さけではなく、まぐろやかじきなどの魚がとれます。さけは水温の低い海にすむ魚です。

**3** ①②④は台風などの強い風に対するくふう、③は夏の暑さと湿気《しっけ》に対するくふうです。

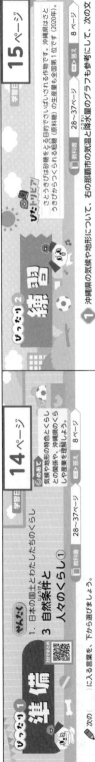

## 16ページ

ぴったり1 準備

せんたく 1．日本の国土とわたしたちのくらし

### 3 自然条件《じょうけん》と人々のくらし②

めあて 高地の自然条件と農業や産業との関係を理解《りかい》しよう。

教科書 38〜45ページ　答え 9ページ

次の（　）に入る言葉を、下から選びましょう。

### 1 高地の自然条件と、野辺山原《のべやまはら》の農業　教科書 38〜40ページ

**野辺山原の地形や気候**

- 長野《ながの》県の（① 八ヶ岳 ）のふもとにあり、標高1200m以上の高地にあるため、夏でもすずしい。

長野県南牧村《みなみまきむら》野辺山原

**高地の自然を生かした農業**

- 夏のすずしい気候を生かした、**高原野菜**づくりがさかん。
- 高原野菜…高地の気候を生かしてつくられる、（② レタス ）、はくさい、キャベツなどの野菜。他の地域《いき》では生産しにくい夏の時期に出荷《しゅっか》できる。

**ワンポイント 等高線を読み取る**

- 等高線…海面からの高さが同じ地点を結んだ線のこと。
- 上の地図の中では、高さが200mごとに、等高線が引かれている。
- 線と線の間が（③ せまい ）→かたむきが急で険《けわ》しい地形。
- 線と線の間が（④ 広い ）→かたむきがゆるく、なだらかな地形。

### 2 高地の自然条件と、野辺山原の産業　教科書 41〜42ページ

**高地の自然を生かした酪農《らくのう》や観光**

- **酪農**…暑さに弱い（⑤ 牛 ）を飼育《しいく》して、牛乳《ぎゅうにゅう》を生産する。その牛乳を加工して、ヨーグルトやチーズなどの乳製品《にゅうせいひん》をつくり、出荷する。
- 乳《ちち》しぼりなどの牧場での体験や、夏のすずしさを求める観光客、冬の寒さを生かしたイベントなど、多くの人がやってくる。

### 3 あれ地や寒さと、野辺山原の人々のくらし　教科書 43〜44ページ

**野辺山原の歩み**

- 以前は（⑥ 火山灰 ）が積もってできた、やせた土地が広がっていた。
- 太平洋《たいへいよう》戦争後に、移住《いじゅう》した人々は、土地を（⑦ 開拓 ）し、土地の改良を進め、寒さに強いだいこんやそばなどをつくった。
- しかし、だいこん畑で、（⑧ 連作障害 ）の被害《ひがい》が広がり、このころから、高原野菜がつくられるようになった。

**連作障害《しょうがい》** 同じ畑で同じ作物を続けてさいばいすると、作物の育ちがだんだん悪くなること。

選んだ言葉に✓　□せまい　□八ヶ岳《やつがたけ》　□広い　□レタス　□連作障害　□牛　□開拓《かいたく》　□火山灰《かざんばい》



## 17ページ

ぴったり2 練習

ぴたトリビア 長野県は、レタスの生産量で全国第1位、はくさいの生産量で全国第2位となっています（2021年）。

教科書 38〜45ページ　答え 9ページ

**1 右の地図とグラフを見て、答えましょう。**

(1) 次の文のうち、正しいものには○を、まちがっているものには×をつけましょう。

①（ ○ ）野辺山原は八ヶ岳のふもとにある。
②（ ○ ）地図中のAからBの間は、かたむきがゆるやかでなだらかな地形である。

(2) 次の文中の（　）にあてはまる言葉や数字を書きましょう。

① 野辺山原の平均《へいきん》気温は、最も気温が高い８月でも（ 20 ）℃ほどである。
② 野辺山原が夏でもすずしいのは、標高（ 1200 ）m以上の高地にあるためである。
③ 野辺山原は冬の寒さがきびしく、平均気温が０℃以下の月が（ 4 ）か月ある。
④ 野辺山原では、㋐（ 冬 ）の季節よりも㋑（ 夏 ）の季節のほうが降水《こうすい》量が多い。

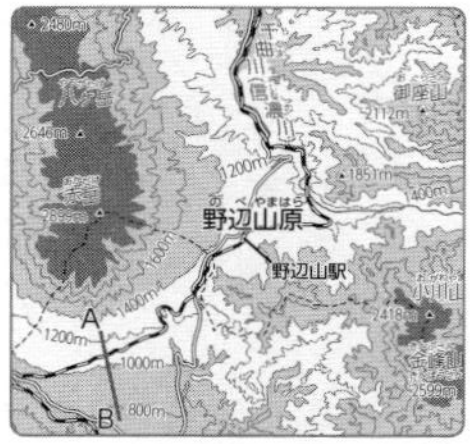


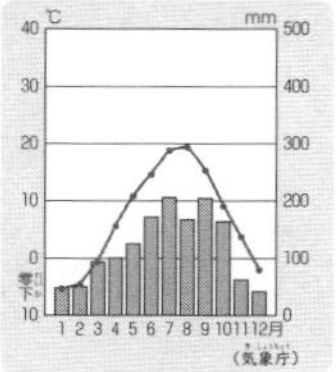

野辺山原（南牧村）の気温と降水量

**2 野辺山原のレタスづくりカレンダーを見て、答えましょう。**

| | 1月 | 2月 | 3月 | 4月 | 5月 | 6月 | 7月 | 8月 | 9月 | 10月 | 11月 | 12月 |
|---|---|---|---|---|---|---|---|---|---|---|---|---|
| レタス | 種まき／植え付け・肥料《ひりょう》やり／収穫《しゅうかく》・出荷 | | | | | | | | | | | |

野辺山原のレタスづくりカレンダー

(1) 高地の気候を生かしてつくられるはくさい、キャベツ、レタスのような野菜を、何といいますか。（ 高原野菜 ）

(2) レタスづくりが行われるのは、何月から何月までですか。
①（ 4 ）月から
②（ 10 ）月まで

(3) レタスの収穫《しゅうかく》を始めるのは何月ですか。（ 7 ）月

(4) レタスの収穫・出荷が終わるのは何月ですか。（ 10 ）月

ヒント
1 (1)② 線と線の間がせまいか、広いかに注目しましょう。
1 (2)② 高さは、近くにある等高線に記された数字から読み取りましょう。



**できたかな？**

□高地である野辺山原の農業を説明してみよう。
□野辺山原の産業や人々のくらしを説明してみよう。

## 練習 17ページ

1 (1)②AからBの間の等高線と等高線の間は広いので、かたむきがゆるく、なだらかな地形と判断《はんだん》できます。

(2)②地図の等高線を見ると、野辺山原は標高1200m以上になっています。

③折れ線グラフを見ると、気温が0℃以下の月は、１月、２月、３月、12月の４か月です。

④ぼうグラフを見ると、６月～８月（夏）の降水量は12月～２月（冬）の降水量よりも多くなっています。

2 (2)レタスづくりカレンダーの種まきの時期から収穫・出荷の時期までがレタスづくりの作業期間になります。

ぴったり3 確かめのテスト

せんたく 1. 日本の国土とわたしたちのくらし
3 自然条件《じょうけん》と人々のくらし

18ページ

/100 合格80点

教科書 28～45ページ　答え 10ページ

**1 沖縄《おきなわ》県の自然について、答えましょう。** 1つ4点（24点）

(1) よく出る 沖縄県那覇《なは》市の8月と9月の降水《こうすい》量は200mmをこえます。なぜ、8月と9月に降水量が多くなるのかを説明した次の文中の（　）にあてはまる言葉を書きましょう。（ 台風 ）

夏から秋にかけて（　）が来て、大雨をふらせるから。

(2) 沖縄県の伝統《でんとう》的なつくりの家の特色として正しいものには○を、まちがっているものには×をつけましょう。
①（ ○ ）風通しをよくするため、戸やまどを大きくしている。
②（ × ）暑さを防《ふせ》ぐため、玄関《げんかん》やまどは二重になっている。
③（ ○ ）強い風でかわらが飛ばされないように、かわらをしっくいでとめている。
④（ × ）夏の雨を防ぐため、石がきや大きな木で家を囲《かこ》んでいる。

(3) 沖縄県は降水量が多いのに、水不足になやまされることがあります。なぜ、水不足になるのかを説明した次の文中の（　）にあてはまる言葉を書きましょう。（ 山 ）

沖縄県には、雨水をたくわえる森林の多い（　）が少なく、大きな川もないから。

**2 沖縄県の産業などについて、答えましょう。** 1つ5点（25点）

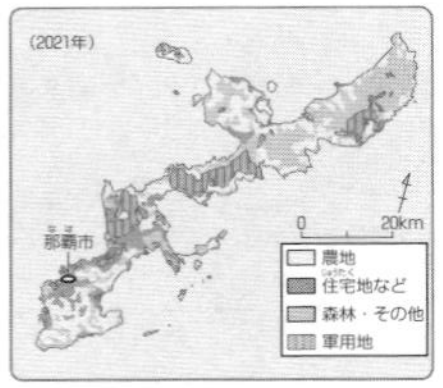


(1) よく出る 沖縄県の農産物の中で、作付《さくづけ》面積が最も広い農産物は何ですか。（ さとうきび ）
(2) (1)の農産物以外に、沖縄県で生産がさかんな果物を1つ書きましょう。[マンゴーでも可]（ パイナップル ）
(3) よく出る 沖縄県の周りのあたたかいきれいな海でよく育ち、沖縄県の特産品となっている海そうは何ですか。（ もずく ）
(4) 右の沖縄島の地図中に見られる軍用地は、どこの国のものですか。その国の名前を書きましょう。(アメリカ合衆国)（ アメリカ ）
(5) 右の地図のように、沖縄島には(4)の国の軍用地が見られます。沖縄県と軍用地について説明した文としてまちがっているものを、㋐～㋒から選びましょう。 思考・判断・表現（ ㋑ ）
㋐ 戦争中に(4)の国の軍が沖縄島に上陸し、戦争後は占領《せんりょう》された。
㋑ 1972（昭和《しょうわ》47）年に、沖縄県は(4)の国と日本の両方に属《ぞく》することになった。
㋒ (4)の国との取り決めで、県内には広い軍用地が残された。



学習日 19ページ

**3 野辺山原《のべやまはら》の自然や人々のくらしについて、次の文中の（　）にあてはまる言葉や数字を、　から選びましょう。** 1つ5点（20点）

(1) 野辺山原は、八ヶ岳《やつがたけ》のふもとの標高（ 1200 ）m以上の高地にある。
(2) 冬は寒さがきびしく、最高気温が（ 0 ）℃を下回る日もある。
(3) 暑さに弱い牛を育てて、牛乳《ぎゅうにゅう》を生産する（ 酪農 ）も行われている。
(4) 昔の野辺山原には（ 火山灰 ）が積もってできた、やせた土地が広がっていた。

1200　2000　－10　0　酪農《らくのう》　火山灰《ばい》　ねん土

**4 野辺山原の土地や農業に関する次の文を読んで、答えましょう。** 1つ5点（20点）

野辺山原では、ⓐあれた土地を切り開いて畑をつくり、寒さに強いⓑだいこんやそばなどをつくっていたが、①{(高地)・草原}の自然条件をさらに生かした野菜づくりを進め、やがてレタスや②{トマト・(はくさい)}、キャベツなどのさいばいがさかんになった。

(1) 文中の{ }の中の正しい言葉を◯で囲《かこ》みましょう。
(2) 下線部ⓐについて、あれた土地を切り開いて畑や住宅《じゅうたく》などをつくることを、何といいますか。（ 開拓 ）
(3) 下線部ⓑについて、かつて野辺山原のだいこん畑ではある問題が起こりました。「同じ畑で同じ作物を続けてさいばいしていると、作物の育ちが悪くなってくること」を、何といいますか。（ 連作障害 ）

**5 次のグラフを見て、答えましょう。** (1)5点、(2)6点（11点）

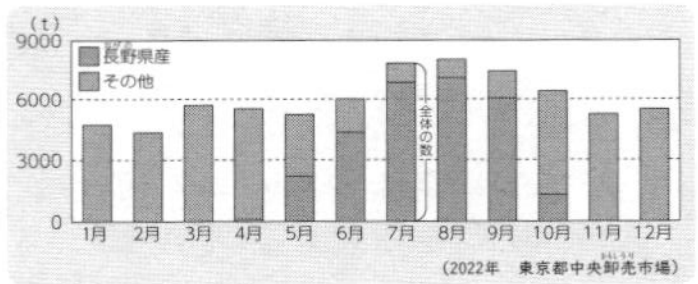


東京都の市場に出荷《しゅっか》された、レタスの量

(1) グラフは、東京都の市場に出荷された、レタスの量を表しています。レタスづくりやレタスの出荷について説明した文として正しいものを、㋐～㋒から選びましょう。（ ㋐ ）
㋐ レタスは暑さに弱いため、朝早くのすずしいうちに収穫《しゅうかく》される。
㋑ レタスの出荷量が全国的に1番多いのは1月である。
㋒ 5月の出荷量は、長野県産のレタスが全国の半分以上をしめている。

記述 (2) てきたらスゴイ! 6月～9月に長野県産レタスの出荷量が多い理由を、かんたんに書きましょう。 思考・判断・表現

（(例)すずしい気候を生かして、他の地域ではレタスを生産しづらい暑い時期に多く出荷しているから。）

ふりかえり 5(2)がわからないときは、16ページの1にもどって確認《かくにん》してみよう。



**確かめのテスト 18～19ページ**

1 (2)②二重の玄関やまどは、寒さを防ぐためにくふうされた北海道《ほっかいどう》などの家の特色です。
④台風の強い風を防ぐために、石がきや大きな木で家を囲んでいます。

2 (4)(5)太平洋《たいへいよう》戦争中にアメリカ軍が沖縄島に上陸し、多くの人々がなくなりました。戦後、沖縄県はアメリカに占領されましたが、1972年に日本に返されました。

3 (1)野辺山原は標高1200m以上の高地にあるため、平地よりも気温が低く、夏でもすずしい気候です。

4 (3)連作障害を防ぐためには、1年ごとにさいばいする農作物の種類を変えるなどのくふうが必要となります。

5 (1)㋑レタスの出荷量が全国的に1番多いのは8月です。
㋒5月の出荷量は、全国の出荷量が約5000tなのに対し、長野県産レタスの出荷量は約2000tで、全国の半分以下となっています。
(2)長野県産レタスの出荷量は、6月～9月にかけて全国の出荷量の7～8割をしめています。

**記述問題のプラスワン**

5 (2)長野県の野辺山原では、夏でもすずしい気候を生かして、レタスやはくさいなど、暑さに弱い野菜を生産しています。他の地域では夏に生産しにくいため、長野県産のレタスの出荷量が多くなっています。

ぴったり1 準備

やんたく

1. 日本の国土とわたしたちのくらし

## 3 自然条件《じょうけん》と人々のくらし③



◎めあて 北海道の気候や農業・漁業との関係、人々のくらしを理解《りかい》しよう。

教科書 46~51ページ　答え 11ページ

次の(　　)に入る言葉を、下から選びましょう。

### 1 寒い気候と北海道《ほっかいどう》の観光　教科書 46~47ページ

**北海道の気候**

- 日本のいちばん北にあり、冬の寒さがきびしい。
- 冬には、1日の最高気温が(① 0℃ )未満の真冬日《まふゆび》が続き、内陸では零下《れいか》20℃以下の日もある。

**北海道の自然環境《かんきょう》や文化**

- 夏でもすずしく、5月にスキーなどができるため、多くの観光客がおとずれる。
- 流氷が見られる知床《しれとこ》半島は世界自然遺産《いさん》に登録されている。
- (② ラムサール条約 )に登録された湖や湿原《しつげん》がある。
- 北海道に昔から住む(③ アイヌ )の人たちは、服装《ふくそう》や料理など、独自《どくじ》の文化をもっている。

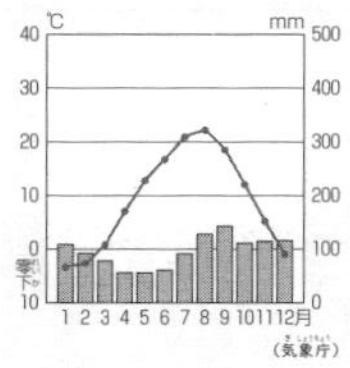

札幌《さっぽろ》市の気温と降水《こうすい》量

冬は寒いけれど、夏はすずしいよ。

### 2 寒い気候と北海道の農業・漁業　教科書 48~49ページ

**夏でもすずしい気候を生かした農業**

- 夏でもすずしい気候を生かし、東部の根釧《こんせん》台地では酪農《らくのう》がさかんで、暑さに弱い(④ 乳牛 )を育てて牛乳《ぎゅうにゅう》を生産している。
- 牧草の生産も多い。
- じゃがいもや小麦、砂糖《さとう》の原料になる(⑤ てんさい )など、寒い気候で育てやすい作物の生産もさかん。
- 現在《げんざい》では、品種改良や土の入れかえが進み、米の生産量も多い。

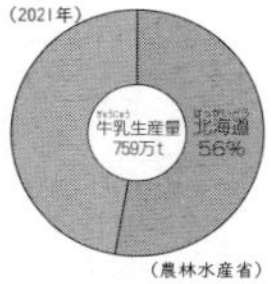

全国にしめる北海道の牛乳(生乳)生産量の割合《わりあい》

**豊かな漁場で行われる漁業**

- 周りの海は、流氷や海流によって豊富《ほうふ》な栄養分がもたらされ、さまざまな水産物がとれる。
- オホーツク海《かい》ぞいは、日本で最も(⑥ ほたて )の生産量が多い地域《ちいき》。

### 3 寒さや雪と、北海道の人々のくらし　教科書 50~51ページ

**家のつくりのくふう**

- 寒さに備《そな》えて、玄関《げんかん》やまどを二重にし、かべやゆかに(⑦ 断熱材 )を入れている。
- およそ地下1mの深さまで土がこおるので、家の土台は土がこおらない深さからつくる。
- 雪が落ちやすいように、かたむきの急な(⑧ 屋根 )にしている。

選んだ言葉に✓　□てんさい　□断熱材《だんねつざい》　□0℃　□屋根　□ほたて　□乳牛《にゅうぎゅう》　□アイヌ　□ラムサール条約《じょうやく》



ぴったり2 練習



ぴたトリビア　北海道には、全国第1位の生産量のものが多くあります。水産物ではこんぶやさけ、農産物ではあずきなどの生産量も第1位です(2020年)。

教科書 46~51ページ　答え 11ページ

**1** 北海道の気候や自然について、右の札幌市の気温と降水量のグラフも参考にして、次の文中の(　　)にあてはまる言葉や数字を書きましょう。

(1) 冬の寒さがきびしく、札幌市では平均気温が0℃以下の月が( 3 )か月もある。
(2) 夏はすずしく、平均気温が( 20 )℃をこえる月は7月と8月だけである。
(3) 2月~7月の降水量は( 100 )mm以下である。
(4) 降水量は、4月~7月よりも11月~2月のほうが多いが、これは( 雪 )のふる日が多いからである。
(5) 北海道には(ラムサール)条約に登録されている湖や湿原がある。

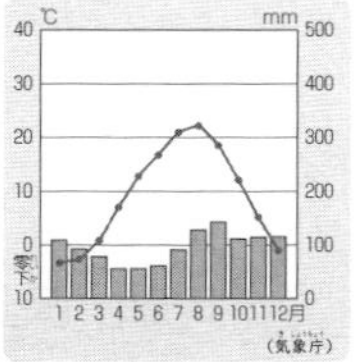

札幌市の気温と降水量

**2** 北海道の農業と漁業について述《の》べた次の文のうち、正しいものには○を、まちがっているものには×をつけましょう。

①( ○ ) 右のグラフのAの農産物は牧草である。
②( × ) 冬の寒い気候を生かして、乳牛を育てている。
③( ○ ) てんさいは、砂糖の原料となる。
④( ○ ) オホーツク海ぞいは、ほたての生産量が日本で最も多い地域である。
⑤( × ) 北海道の海では、かじきやまぐろは多くとれるが、もずくはとれない。

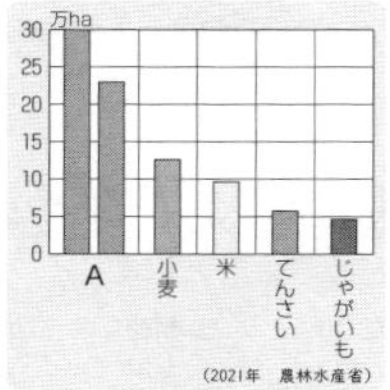

北海道の主な農産物の作付《さくづけ》面積

**3** 右の図は、寒さに備えた北海道の家のつくりです。図中の①~④にあてはまるものを、[　　]から選びましょう。

①( 二重 )
②( 屋根 )
③( 断熱材 )
④( 1 )

鉄　かわら　断熱材　屋根　1　5　二重

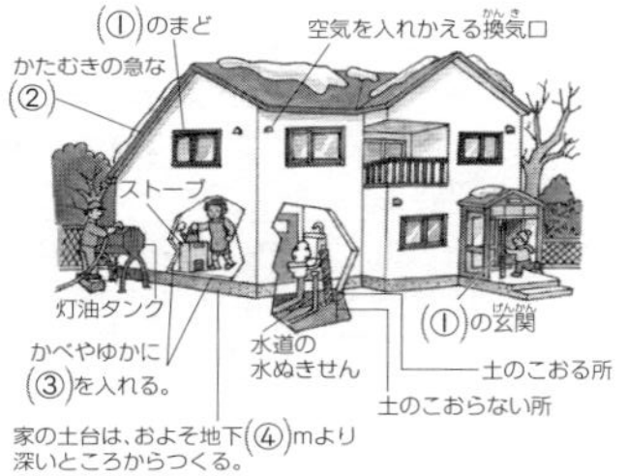


ヒント　1 (5) 水鳥などのすみかとして大切な湿地《しっち》を守るための国際的な取り決めのことです。
2 ⑤ かじきやまぐろはあたたかい海にすむ魚です。



**できたかな?**
□北海道の農業や漁業を説明してみよう。
□北海道の人々のくらしを説明してみよう。

**おうちのかたへ**
それぞれの地域の自然条件に合わせて、さまざまなくらしのくふうがあることを、写真や映像などを見て、具体的に比べたり、確かめたりすると、理解が深まります。

## 練習 21ページ

**1** (1)気温は折れ線グラフを見ます。左のめもりの0℃の線より低いのは1月、2月、12月の3か月です。
(2)折れ線グラフで7月と8月は20℃の線をこえています。
(3)降水量はぼうグラフを見ます。2月~7月は、右のめもりの100mmの線よりも少なくなっています。
(4)札幌市では、冬に雪のふる日が多くあります。

**2** ②夏でもすずしい気候を生かして、乳牛を育てています。
⑤かじきやまぐろはあたたかい海にすむ魚で、北海道ではあまりとれません。もずくは沖縄県の特産品です。

**3** ①③は冬の寒さに対するくふうです。
④およそ地下1mの深さまで土がこおる地域が多いので、それより深いところに土台をつくります。

ぴったり1 準備 せんたく

1．日本の国土とわたしたちのくらし

## 3 自然条件《じょうけん》と人々のくらし④

学習日 **22ページ**

◎めあて 低地の自然条件と農業との関係、水害や人々のくらしを理解《りかい》しよう。

教科書 52～59ページ　答え 12ページ

次の（　）に入る言葉を、下から選びましょう。

### 1 低地の自然条件と、佐原《さわら》北部の農業　教科書 52～53ページ

**川に囲《かこ》まれた低い土地**

- 千葉《ちば》県香取《かとり》市佐原地区の北部は、（① 利根川 ）と横利根《よことね》川、霞ケ浦《かすみがうら》から流れる常陸《ひたち》利根川に囲まれた、低く平らな土地。
- 川の水面より低い土地に住宅《じゅうたく》地や田畑があるため、川のはんらんを防《ふせ》ぐ（② 堤防 ）がつくられてきた。

**低地の自然を生かした農業**

- 大きな川が運んでくる栄養分の豊《ゆた》かな（③ 土 ）と豊富《ほうふ》な水を生かして、米づくりが行われてきた。香取市は他の地域《ちいき》よりも田植えや収穫《しゅうかく》の時期が早い「早場米《はやばまい》」が**特産品**で、県内で最も米がとれる地域である。

佐原北部では、台風が心配される秋の時期より前に稲《いね》かりが始まるよ。

### 2 水害と、佐原北部の人々のくらし／低地の自然条件と、佐原北部の観光　教科書 54～57ページ

**水からくらしを守るくふう**

- 昔は、水路を使って移動《いどう》したり、水路の水を飲み水や洗濯《せんたく》などの生活用水として使ったりしていた。
- （④ 台風 ）や大雨で川や水路の水かさが増《ふ》えると、地域全体が水びたしになって水が引かず、稲がくさってしまうなどの水害にあうこともあった。
- 川がはんらんしたときに避難《ひなん》するために、「水塚《みづか》」という小屋が高くもった土の上に建てられていた。
- 土地の改良や大規模《だいきぼ》な（⑤ 治水 ）工事がたびたび行われ、大きな水害は減《へ》った。
- 水門や排水《はいすい》のための（⑥ ポンプ ）場（排水機場《きじょう》）などがつくられた。

**水郷《すいごう》のみりょくを生かした観光**

- 街の中には（⑦ 水路 ）がめぐっており、水辺の風景を楽しむ施設《しせつ》や行事が多く、「さっぱ舟《ぶね》」とよばれる小舟での水路下り、川づりなどを楽しむ人も多い。
- 水郷…川や湖などのほとりにある、水の豊かな低地のこと。

### 3 自然とともに生きる人々のくらし～アイヌの人たち～ はってん　教科書 58～59ページ

- アイヌの人たちは北海道《ほっかいどう》、樺太《からふと》や千島《ちしま》列島、東北《とうほく》地方の北部にかけてくらしていた。
- 交通に便利な川や海の近くにくらし、産卵《さんらん》のために川を上ってくる（⑧ さけ ）を食文化の中心としていた。山や森の中での狩《か》り、山菜などの採集《さいしゅう》、農耕《のうこう》も行った。
- アイヌ語や儀式《ぎしき》、おどりなど、伝統《でんとう》的な文化を未来へ伝えていく努力を続けている。

選んだ言葉に✓　□ポンプ　□利根川　□堤防《ていぼう》　□台風　□土　□水路　□さけ　□治水《ちすい》



ぴったり2 練習

学習日 **23ページ**

ぴたトリビア　佐原は、江戸《えど》時代から食料などを舟《ふね》で運ぶ水運によって栄えた町です。江戸時代に日本全国の地図を作った伊能忠敬《いのうただたか》は佐原の商家の主人でした。

教科書 52～59ページ　答え 12ページ

**1 右の地図と土地の様子を見て、答えましょう。**

(1) 次の文のうち、正しいものには○を、まちがっているものには×をつけましょう。

①（ × ）佐原北部の地域は利根川の上流にある。
②（ ○ ）佐原北部には土地の高さが0mより低い場所がある。
③（ ○ ）佐原北部は川に囲まれた低い土地で、ほとんどかたむきがない。
④（ × ）佐原北部の地域では、標高1mをこえる土地が1m以下の土地よりも広い面積をしめている。
⑤（ ○ ）佐原北部の地域は、北側と南側に堤防が見られる。

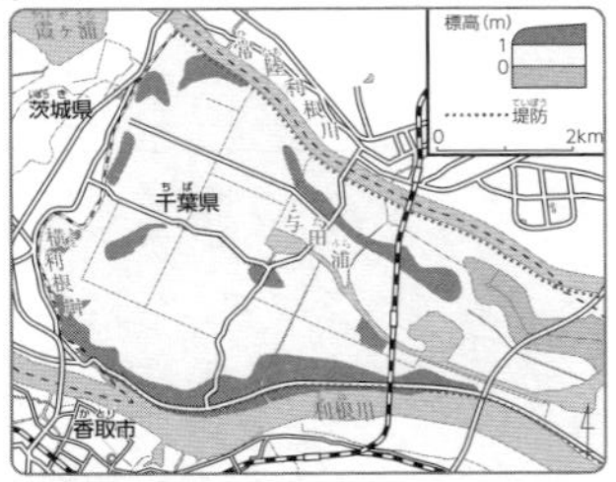


佐原北部の地形

(2) 次の米づくりカレンダーは、佐原北部と他の地域のものを表したものです。佐原北部の米づくりカレンダーにあてはまるものを、㋐・㋑から選びましょう。（ ㋐ ）

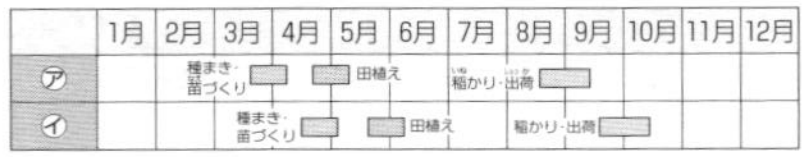


**2 次の文は、佐原北部の地域のくらしや農業について述《の》べたものです。文中の（　）にあてはまる言葉を、㋐～㋗から選びましょう。**

(1)（ ㋕ ）(2)（ ㋑ ）(3)（ ㋒ ）
(4)（ ㋔ ）(5)（ ㋖ ）(6)（ ㋐ ）

(1) 川に囲まれた低地で、昔は（　）になやまされていた。
(2) 昔は、（　）を使った移動が大切な交通手段だった。
(3) 昔は、川のはんらんに備《そな》えて、高くもった土の上に避難《ひなん》するための（　）を建てた。
(4) 豊かな水や土を生かして、昔から（　）づくりが行われてきた。
(5) 他の地域よりも苗《なえ》づくりや収穫などを早い時期に行う（　）が特産品となっている。
(6) 堤防をつくったり、川はばを広げたりする（　）の取り組みが進められた。

㋐ 治水　㋑ 水路　㋒ 水塚　㋓ 野菜
㋔ 米　㋕ 水害　㋖ 早場米　㋗ 花

ヒント
1 (1) ③標高0m～1mの土地が広がっているので、土地が平らであることがわかります。
2 (4) つくるときに大量の水を使うため、水が豊富にある土地に向いている農産物です。



できたかな？
□低地である佐原北部の農業を説明してみよう。
□水害と佐原北部の人々のくらしを説明してみよう。

## 練習 23ページ

1 (1)①利根川の上流ではなく下流にあります。

④標高0m～1mの土地が、標高1mをこえる土地よりも広い面積をしめています。

(2)佐原北部では、他の地域よりも田植えや収穫の時期を早めた「早場米」が特産品となっています。

2 (1)佐原北部には低く平らな土地が広がっており、台風や大雨によって何度も大きな水害に見まわれました。

(2)昔の佐原北部では、道路のかわりに水路を使って移動することがほとんどでした。

(3)佐原北部では、川がはんらんしたときに避難するために、高くもった土の上に水塚という小屋が建てられました。

(6)水害を防いだり、川の水をくらしに生かしたりするために、堤防や用水路などの工事を行うことを治水といいます。

ぴったり3
# 確かめのテスト
せんたく
1．日本の国土とわたしたちのくらし
3 自然条件《じょうけん》と人々のくらし

## 24ページ

/100　合格80点

教科書 46～59ページ　答え 13ページ

**1 北海道《ほっかいどう》の自然について、答えましょう。** 1つ5点（15点）

記述 (1) 北海道札幌《さっぽろ》市の12月と1月の降水《こうすい》量は100mmをこえています。なぜ、この季節に降水量が多いのか、次の言葉に続く形でかんたんに書きましょう。 思考・判断・表現

冬に（(例)雪のふる日が多い）から。

(2) よく出る 北海道の家の特色としてまちがっているものを、㋐～㋓から選びましょう。（㋒）

㋐ 寒さを防《ふせ》ぐため、かべやゆかには断熱材《だんねつざい》を入れている。
㋑ 寒さを防ぐため、玄関《げんかん》やまどは二重になっている。
㋒ 強い風でかわらが飛ばされないように、かわらをしっくいでとめている。
㋓ 雪が落ちやすいように、屋根のかたむきを急にしている。

(3) 北海道の周りの海は、ほたてやかに、こんぶなどがとれる豊《ゆた》かな漁場となっています。その理由を説明した次の文中の（　）にあてはまる言葉を書きましょう。（流氷）

海流や、海水がこおってできた（　）によって、豊富《ほうふ》な栄養分がもたらされるから。

**2 北海道の産業と観光について、答えましょう。** 1つ5点（30点）

(1) 右のⅠのグラフにあるAは砂糖《さとう》の原料になる作物です。この作物を何といいますか。 技能（てんさい）

(2) よく出る 右のⅠ・Ⅱのグラフからわかる、北海道でさかんな農業は何ですか。（酪農）

(3) 北海道の観光について述《の》べた次の文中の①～④にあてはまる言葉を、㋐～㋖から選びましょう。

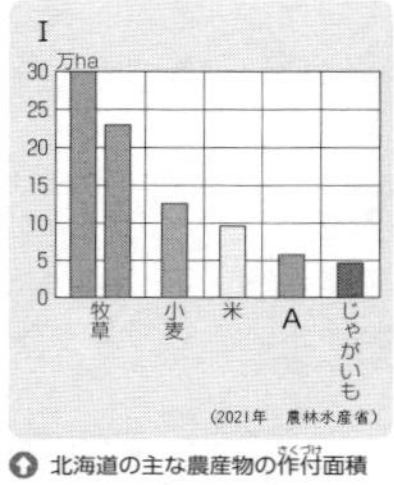

北海道の主な農産物の作付《さくづけ》面積

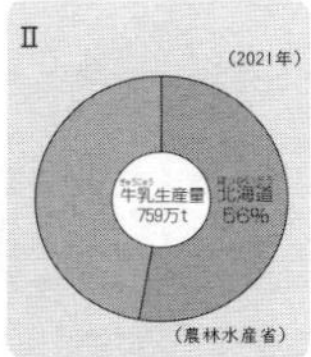

全国にしめる北海道の牛乳（生乳）生産量の割合

①（㋑）②（㋔）③（㋖）④（㋓）

北海道には、すずしい①に多くの観光客がおとずれ、5月に②を楽しむ人たちや、7月にラベンダーの花畑を見たりする人たちもいる。また、③に登録されている知床《しれとこ》や、④に登録されている湿原《しつげん》・湖などでは、「自然を大切にしよう」という考えを広めるエコツアーも行われている。

㋐ 冬　㋑ 夏　㋒ 雪まつり　㋓ ラムサール条約《じょうやく》
㋔ スキー　㋕ 伝統《でんとう》文化　㋖ 世界自然遺産《いさん》

24

## 25ページ

学習日

**3 佐原《さわら》北部の土地や人々のくらしについて、次の文中の（　）にあてはまる言葉を書きましょう。** 1つ4点（16点）

(1) 佐原北部は、関東《かんとう》平野を流れて太平洋《たいへいよう》にそそぐ（利根川）の下流にある。
(2) 街の中には昔からの（水路）が残されており、昔は舟《ふね》を使って移動することが多かった。
(3) 水からくらしを守るため、排水《はいすい》のための（(排水機) ポンプ）場がつくられた。
(4) 水の豊かな低地である（水郷）としてのみりょくを生かして、有名な観光地になっている。

**4 右の地図を見て、答えましょう。** 1つ4点、(4)7点（39点）

(1) よく出る 次の文のうち、正しいものには○を、まちがっているものには×をつけましょう。

①（○）佐原北部は3つの川に囲《かこ》まれた地域《ちいき》である。
②（×）佐原北部の北側の地域は、南側よりも標高が高い土地が多い。
③（×）佐原北部の西側に、標高0m以下の土地がある。
④（○）佐原北部では、標高0～1mの土地がいちばん広い面積をしめている。

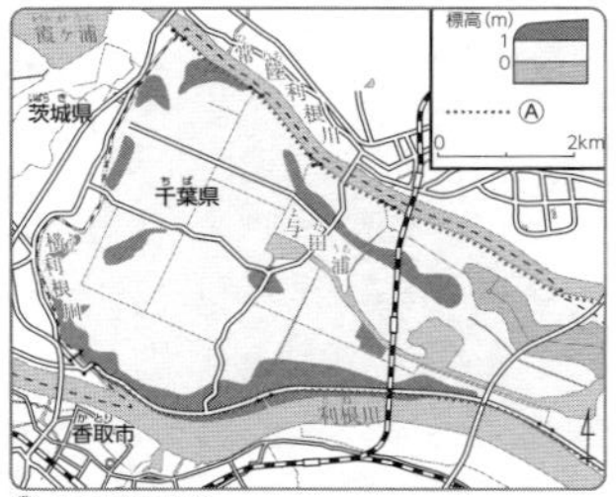

佐原北部の地形

(2) 右の地図中のⒶは、川のはんらんを防ぐためにつくられたものです。地図中のⒶにあてはまるものを、［　］から選びましょう。（堤防）

船着き場　トンネル　堤防《ていぼう》

(3) 佐原北部の地域で昔から生産がさかんな農産物は何ですか。（米）

記述 (4) てきたらスゴイ！ (3)の農産物がさかんに生産されるようになった理由を、かんたんに書きましょう。 思考・判断・表現

（(例)平らな広い土地や、周りに豊富な水が流れる川があったから。）

(5) 次の文中の①、②にあてはまる言葉を書きましょう。
①（台風）②（水害(災害)）

昔の佐原北部では、①や大雨によって、川や水路の水かさが増えたり、川がはんらんしたりするなど、大きな②に見まわれることがたびたびあった。地域全体が水びたしになり、なかなか水が引かず、農産物がくさってしまうこともあった。

ふりかえり 4(4)がわからないときは、22ページの1にもどって確認《かくにん》してみよう。

25

### 記述問題のプラスワン

1 (1)北海道は日本のいちばん北にあり、冬には各地で雪がふります。

4 (4)大量の水を使う米づくりには、水が豊富にあるところが向いています。広くて平らな土地では、大型《おおがた》機械での農作業がしやすく便利です。

## 確かめのテスト　24～25ページ

1 (2)㋒は、台風による強風を防ぐための沖縄《おきなわ》県の家の特色です。
(3)北海道の北東には、オホーツク海があり、オホーツク海に面した地域では、流氷が見られます。

2 (1)てんさいは、さとうだいこんともいいます。
(2)グラフⅠでは牧草の作付面積が広いこと、グラフⅡでは北海道の牛乳の生産量が多いことから、牧草地で乳牛を育て、牛乳を生産する酪農《らくのう》がさかんだと判断しましょう。
(3)③世界遺産条約によって、世界的に価値《かち》がみとめられた自然を世界自然遺産といいます。
④水鳥などのすみかとして大切な湿《しつ》地《ち》を守るための国際的《こくさいてき》な取り決めをラムサール条約といいます。

3 (3)水を川に排水するため、川のそばにポンプ場（排水機場）がつくられました。
(4)川や湖などのほとりにある、水の豊かな低地のことを「水郷《すいごう》」といいます。

4 (1)地図の上が北、下が南、右が東、左が西であることに注意しましょう。
②標高1mをこえる土地が多いのは、北側ではなく南側です。
③標高0m以下の土地があるのは、西側ではなく東側です。

ぴったり1 準備

2. 未来を支《ささ》える食料生産

## 1 米づくりの さかんな地域《ちいき》①

学習日 **26ページ**

◎めあて 日本における食料の産地、米の産地の自然条件を理解《りかい》しよう。

教科書 60~71ページ　答え 14ページ

次の(　　)に入る言葉を、下から選びましょう。

### 1 全国からとどく食料

教科書 60~65ページ

**食料の主な産地**

- さまざまな食料が日本や世界の各地で生産されて、運ばれてきている。

| | |
|---|---|
| トマトの主な産地 | 熊本《くまもと》県、北海道《ほっかいどう》、愛知《あいち》県 |
| みかんの主な産地 | 和歌山《わかやま》県、静岡《しずおか》県、(① 愛媛 )県 |
| ぶたの主な産地 | (② 鹿児島 )県、宮崎《みやざき》県、北海道 |

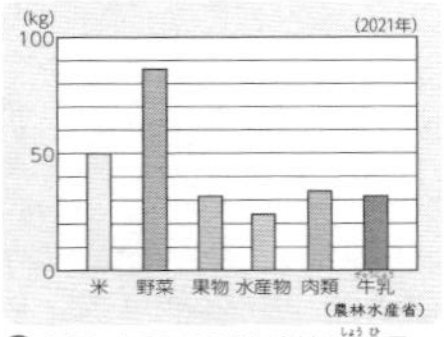


国民一人当たりの主な食料の消費《しょうひ》量(1年間)

**わたしたちの食生活**

- (③ 米 )や野菜を多く食べている。

### 2 米はどこから？／米の産地は、どんなところ？

教科書 66~71ページ

**米の主な産地**

- 米をつくる農業は、全国の都道府県で行われている。
- 米の生産量が多い地域は、関東《かんとう》地方よりも北側に多く、特に(④ 新潟(秋田) )県、北海道、(⑤ 秋田(新潟) )県での生産がさかん。

| 米の生産量（2021年） | | |
|---|---|---|
| 1 位 | 新潟県 | 62.0万t |
| 2 位 | 北海道 | 57.4万t |
| 3 位 | 秋田《あきた》県 | 50.1万t |
| 4 位 | 山形《やまがた》県 | 39.4万t |
| 5 位 | 宮城《みやぎ》県 | 35.3万t |

(農林水産省ほか)

**米づくりに向いた自然条件《じょうけん》**

- 日本で育つ稲《いね》の多くは「水稲《すいとう》」という品種で、豊富《ほうふ》な水と平らな広い土地が必要。
- 夏の日照時間が長く、昼と夜の気温差が大きいと、ねばり気やあまみのある米が育つ。
- 新潟《にいがた》県や北海道、東北《とうほく》地方には、大きな(⑥ 川 )の下流に広い平野がある。
- 山の雪どけ水が多く、水不足の心配がない。

おいしいお米ができるための自然条件がととのっているんだね。

**新潟県南魚沼《みなみうおぬま》市の気候や地形**

- 山に囲《かこ》まれた(⑦ 盆地 )のような地形に、水田が広がっている。
- (⑧ 日本海 )側の地域なので、冬に雪がふる日が多い。
- 夏はむし暑く、昼と夜の気温の差が大きい。
- 春には、豊《ゆた》かな雪どけ水が流れだすため、米づくりに適《てき》している。

選んだ言葉に✓　□秋田　□日本海《にほんかい》　□米　□盆地《ぼんち》　□愛媛《えひめ》　□鹿児島《かごしま》　□新潟　□川



ぴったり2 練習

学習日 **27ページ**

ぴたトリビア　四国《しこく》山地の山あいにある徳島《とくしま》県上勝《かみかつ》町では、平地が少ないため、山のしゃ面《めん》にたな田とよばれる階段《かいだん》状の水田がつくられています。

教科書 60~71ページ　答え 14ページ

**1** 次の地図は、主な食料の産地（生産量の多い都道府県）を表しています。これを見て、答えましょう。

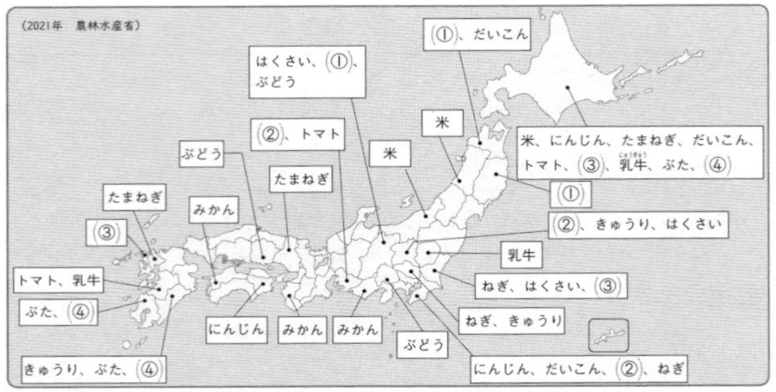


(1) 地図中の①~④にあてはまる食料の名前を、[　]から選びましょう。

[キャベツ　りんご　肉牛　水産物]

①( りんご )　②( キャベツ )
③( 水産物 )　④( 肉牛 )

(2) 次の文のうち、正しいものには○を、まちがっているものには×をつけましょう。

①( ○ ) 北海道では、いろいろな種類の食料が生産されている。
②( × ) 東京《とうきょう》など大きな都市の近くには、野菜の産地が少ない。
③( ○ ) みかんの産地は、太平洋《たいへいよう》側のあたたかい気候の地域に多い。

**2** 右の地図を見て、答えましょう。

(1) 米の生産量がいちばん多い都道府県はどこですか。
( 新潟県 )

(2) 2021年現在《げんざい》、米の生産量が40万t以上の都道府県はいくつありますか。( 3つ )

(3) 日本を大きく、西側と東側に分けると、米づくりがさかんな地域はどちらですか。( 東側 )

(4) 米づくりがさかんな県が最も少ない地方を、[　]から選びましょう。( 四国地方 )

[九州《きゅうしゅう》地方　四国地方　東北地方]

都道府県別の米の生産量

ヒント　1 (1) りんごの生産にはすずしい気候が適しています。肉牛は牧場や牧草のある地域で育てられます。水産物の産地は海に面したところです。



できたかな？
□日本の米の主な産地を説明してみよう。
□米の主な産地の自然条件を説明してみよう。

## 練習 27ページ

**1** (1)①青森《あおもり》県・岩手《いわて》県・長野《ながの》県はすずしい気候の地域なので、りんごがあてはまります。
②群馬《ぐんま》県・千葉《ちば》県・愛知県での生産が多いので、キャベツがあてはまります。
③北海道・茨城県・長崎《ながさき》県はよい港があり、水産物の生産が多いです。
④北海道や九州地方では、牛やぶたの飼育《しいく》がさかんなので、肉牛があてはまります。
(2)②東京都に近い千葉県・埼玉《さいたま》県などは野菜の産地です。

**2** (1)、(2)新潟県（62.0万t）、北海道（57.4万t）、秋田県（50.1万t）の3つが40万t以上です。
(3)日本で育てられている稲の多くは「水稲」といい、豊富な水を必要とします。日本海に面している地域は冬にたくさんの雪がふり、山の上に積もった雪は春からとけて川に流れこむため、水不足の心配がありません。このほか、日照時間や気温差などの自然条件から、日本の東側では米づくりがさかんになっています。
(4)四国地方の4つの県は、米の生産量が10万t未満になっています。

ぴったり1 準備

2．未来を支《ささ》える食料生産
1 米づくりの さかんな地域《ちいき》②

学習日 **28ページ**

◎めあて 米づくりの作業の流れやくふう、米がとどけられるまでの流れを理解《りかい》しよう。

教科書 72〜77ページ　答え 15ページ

次の（　）に入る言葉を、下から選びましょう。

## 1 一年間の米づくり　教科書 72〜73ページ

✪米づくりカレンダー

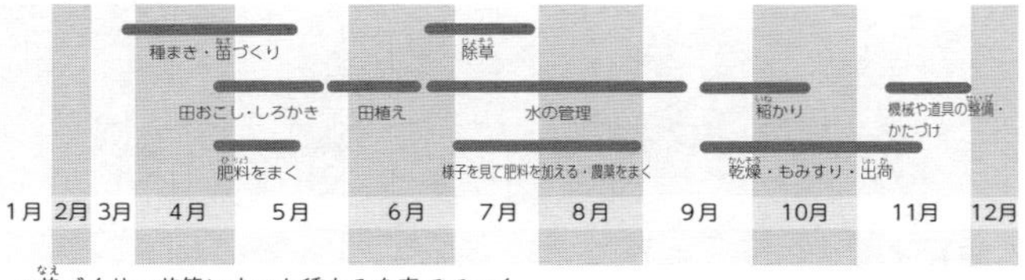

種まき・苗《なえ》づくり
除草《じょそう》
田おこし・しろかき
田植え
水の管理
稲《いね》かり
機械や道具の整備《せいび》・かたづけ
肥料《ひりょう》をまく
様子を見て肥料を加える・農薬をまく
乾燥《かんそう》・もみすり・出荷《しゅっか》
1月 2月 3月 4月 5月 6月 7月 8月 9月 10月 11月 12月


- 苗《なえ》づくり…苗箱にまいた種もみを育てていく。
- （① しろかき ）…水を張《は》った水田の土をかき混《ま》ぜて、平らにする。
- （② 田植え ）…苗を機械にセットして、水田に植え付けていく。
- 除草《じょそう》…稲《いね》の成長をさまたげる雑草《ざっそう》を、土の中にしずめていく。
- （③ 稲かり ）…コンバインという機械を使う。かり取った稲は乾燥《かんそう》させ、出荷《しゅっか》する。

## 2 質《しつ》の高い米をめざして／おいしい米をとどける　教科書 74〜77ページ

✪**環境《かんきょう》のための、農薬や化学肥料《ひりょう》にたよらないくふう**

- 水の管理…水田に入れる水の量を調節することで、雑草がのびるのをおさえ、除草剤《じょそうざい》の使用を減《へ》らすことができ、低温からも稲を守れる。
- 稲の消毒《しょうどく》のために酢《す》（玄米黒酢《げんまいくろず》）を水田にまく農家もある。
- 農薬…雑草や（④ 害虫 ）の発生を防《ふせ》ぐことができるが、使いすぎると、健康に悪いえいきょうをおよぼす。
- 水田にかもを放すと、雑草や害虫を食べてくれるので、農薬の使用を減らせる。
- 化学肥料…効率《こうりつ》よく稲に（⑤ 栄養分 ）をあたえられるが、使いすぎると、土が固くなったり、稲が成長しすぎてたおれたりする。かわりに牛やぶたのふん尿《にょう》と稲のわらを混ぜた（⑥ たい肥 ）や、米ぬか、もみがらなどを使う。

✪**米の流通**

- とれた米の多くは、**農業協同組合（ＪＡ《ジェイエー》）**が（⑦ カントリーエレベーター ）で保管《ほかん》し、注文に応《おう》じて出荷する。
- 米の値段《ねだん》には、生産にかかった費用《ひよう》（機械代や肥料代、施設《しせつ》の使用料など）、トラックでの輸送《ゆそう》費など（⑧ 流通 ）にかかる費用、広告《こうこく》にかかる費用もふくまれる。

選んだ言葉に✔　□害虫　□田植え　□たい肥《ひ》　□しろかき　□流通　□栄養分　□稲かり　□カントリーエレベーター



ぴったり2 練習

学習日 **29ページ**

ぴたトリビア　収穫《しゅうかく》した稲から取った実のことを「もみ」といいます。また、「もみ」からもみのからを取りのぞいて玄米《げんまい》にすることを「もみすり」といいます。

教科書 72〜77ページ　答え 15ページ

**1** 次の絵は、米づくりの仕事の様子を表したものです。絵の①〜③にあてはまる作業を、㋐〜㋔から選びましょう。

①（ ㋓ ）　②（ ㋑ ）　③（ ㋔ ）

苗《なえ》づくり　（①）　（②）　農薬をまく　（③）　乾燥《かんそう》

㋐ 種まき　㋑ 田植え　㋒ 肥料まき　㋓ 田おこし　㋔ 稲かり

**2** 米づくりについて、答えましょう。

(1) 水田で雑草や害虫の発生を防ぐために使うものは何ですか。（ 農薬 ）

記述 (2) (1)を使いすぎると、あることが心配されています。それはどのようなことですか。

（ (例)健康に悪いえいきょうをおよぼすこと。 ）

(3) 右の絵は水田に放された①という鳥の役割《やくわり》を表したものです。①、②にあてはまる言葉を書きましょう。

①（ かも ）
②（ 肥料 ）

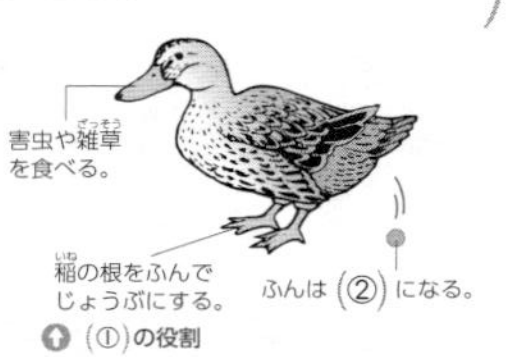

害虫や雑草《ざっそう》を食べる。
稲《いね》の根をふんでじょうぶにする。
ふんは（②）になる。


（①）の役割

(4) 右下の図は、米がとどくまでの流れを表したものです。①、②にあてはまる言葉を、㋐·㋑から選びましょう。

㋐ 生産者　㋑ 消費者

①（ ㋐ ）
②（ ㋑ ）

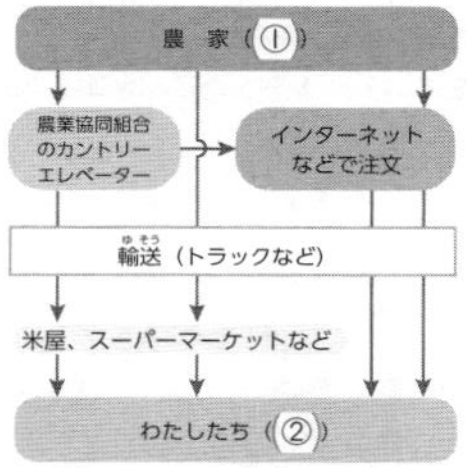

農 家（①）
農業協同組合のカントリーエレベーター
インターネットなどで注文
輸送《ゆそう》（トラックなど）
米屋、スーパーマーケットなど
わたしたち（②）


ヒント　**2** (2) 人の体にどのようなえいきょうがあるかを考えましょう。



## 練習 29ページ

**1** 米づくりは、㋐種まき・苗づくり→㋓田おこし・しろかき→㋑田植え→除草や水の管理、㋒肥料・農薬をまく→㋔稲かり→乾燥など、一年を通じてさまざまな作業があります。

**2** (1)農薬は、雑草や害虫の発生をおさえ、稲の病気を予防《よぼう》するためのものです。

(2)、(3)雑草や害虫の発生を防ぐ農薬は、使いすぎると人間の建康に悪いえいきょうをおよぼす心配があるため、雑草や害虫を食べるかもを水田に放す農家もあります。

(4)生産者である農家から、消費者であるわたしたちに米がとどくまで、さまざまな流通経路があります。

できたかな？
□米づくりの流れやくふうを説明してみよう。
□米がとどけられるまでの流れを説明してみよう。

おうちのかたへ
米のふくろには、米の銘柄や産地についての情報などが書かれています。どんな米なのか、その産地はどんなところなのか、具体的に調べてみると、いっそう理解が深まります。

## 30ページ

ぴったり3 確かめのテスト

2. 未来を支《ささ》える食料生産

### 1 米づくりのさかんな地域《ちいき》

/100 合格80点

教科書 60~77ページ　答え 16ページ

**1** 右の地図を見て、答えましょう。　1つ4点（24点）

(1) 地図中の㋐~㋒は、次の①~③の食料の生産がさかんな都道府県を表しています。①~③にあてはまるものを、㋐~㋒から選びましょう。

① みかん（ ㋒ ）
② りんご（ ㋑ ）
③ 肉　牛（ ㋐ ）

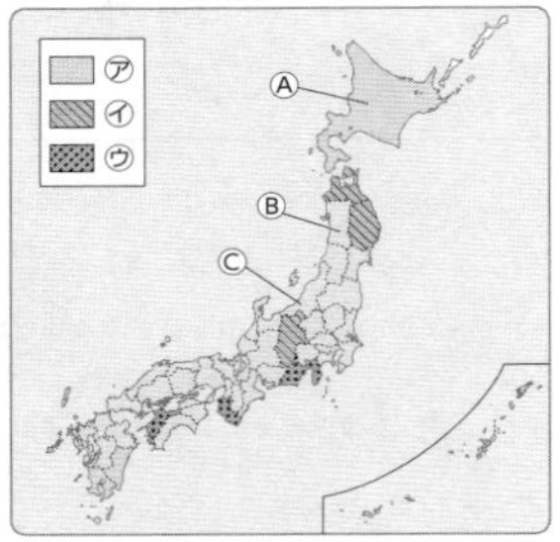


(2) よく出る 2021年現在《げんざい》、米の生産量が最も多い都道府県はどこですか。また、その都道府県の位置を、地図中のⒶ~Ⓒから選びましょう。

都道府県（ 新潟県 ）
記号（ Ⓒ ）

(3) 米づくりがさかんな都道府県が最も多い地方は、どこですか。［　　］から選びましょう。（ 東北地方 ）

九州《きゅうしゅう》地方　中国《ちゅうごく》地方　関東《かんとう》地方　東北《とうほく》地方

**2** 新潟《にいがた》県の南魚沼《みなみうおぬま》市について述《の》べた次の文中の①~⑨にあてはまる言葉を、［　　］から選びましょう。　1つ3点（27点）

南魚沼市がある新潟県は（①）側の地域で、降水《こうすい》量は（②）よりも（③）のほうが多い。（③）には（④）からの季節風がふき、この季節風によって（⑤）のふる日が多くなる。

①（ 日本海 ）②（ 夏 ）③（ 冬 ）
④（ 北西 ）⑤（ 雪 ）

太平洋《たいへいよう》　日本海《にほんかい》　夏　冬　南東　北西　雨　雪

南魚沼市の水田は、山に囲《かこ》まれた（⑥）のような地形に広がっている。冬に積もった（⑤）は、春になるととけて（⑦）となり、豊《ゆた》かな水と栄養分をもたらす。夏はむし暑く、昼と夜の気温の差が（⑧）。これらの地形や気候により、南魚沼市は（⑨）づくりに適《てき》している。

⑥（ 盆地 ）⑦（ 雪どけ水 ）
⑧（ 大きい ）⑨（ 米 ）

盆地《ぼんち》　平野　海水　雪どけ水　米　野菜　大きい　小さい



## 31ページ

学習日

**3** 次の米づくりカレンダーを見て、答えましょう。　(1)1つ5点、(2)7点（37点）

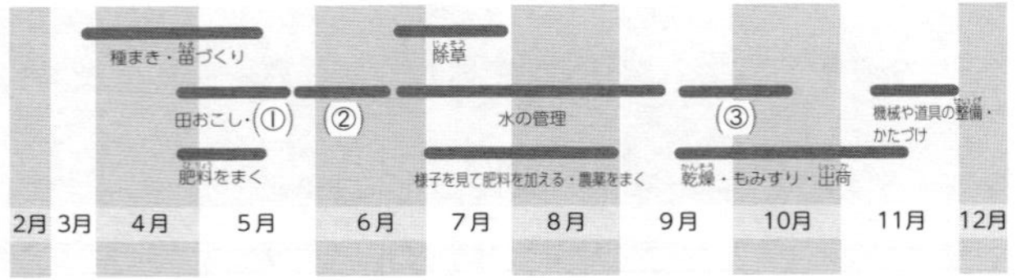

(1) よく出る 米づくりで次の作業が行われる時期を、上のカレンダーの①~③から選びましょう。また、その作業の様子を表した絵を、上のⒶ~Ⓓから選びましょう。　思考・判断・表現

- 田植え ―― 時期（ ② ）　絵（ Ⓑ ）
- しろかき ―― 時期（ ① ）　絵（ Ⓓ ）
- 稲《いね》かり ―― 時期（ ③ ）　絵（ Ⓐ ）

記述 (2) できたらスゴイ！ 米づくりでは、化学肥料《ひりょう》をまくことがあります。化学肥料を使いすぎることによって心配されることを、かんたんに書きましょう。　思考・判断・表現

（(例)土が固くなったり、稲が成長しすぎてたおれたりすること。）

**4** 右の絵と図を見て、答えましょう。　1つ3点（12点）

(1) よく出る 米が保管《ほかん》されている右のⒶのような施設《しせつ》を何といいますか。

（ カントリーエレベーター ）

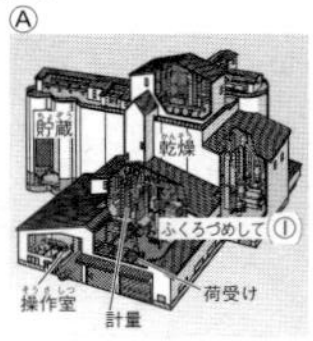


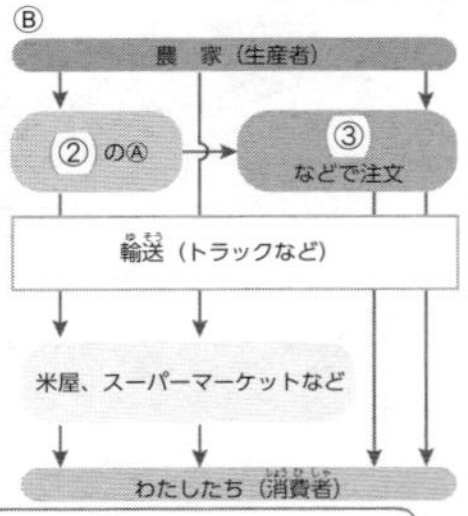


(2) Ⓑの図は米がとどくまでの流れを表しています。Ⓐ、Ⓑの図と次の文中の①~③にあてはまる言葉を書きましょう。

①（ 出荷 ）②（ 農業協同組合(JA) ）
③（ インターネット ）

収穫《しゅうかく》された米の多くは、（②）がⒶの施設で大量に保管し、注文に応《おう》じて米屋やスーパーマーケットなどに（①）する。また、農家が消費者《しょうひしゃ》から（③）や電話などで注文を受けて、米を直接《ちょくせつ》とどける「産地直送」も増《ふ》えている。

ふりかえり **3**(2)がわからないときは、28ページの**2**にもどって確認《かくにん》してみよう。



## 確かめのテスト　30~31ページ

**1** (1)①のみかんは、和歌山《わかやま》県・静岡《しずおか》県・愛媛《えひめ》県の㋒、②のりんごは、青森《あおもり》県・岩手《いわて》県・長野《ながの》県の㋑、③の肉牛は北海道《ほっかいどう》・宮崎《みやざき》県・鹿児島《かごしま》県の㋐があてはまります。

(2)、(3)新潟県や北海道、東北地方は、広い平野や豊《ほう》富《ふ》な雪どけ水があり、米づくりに適した地域です。

**2** ①⑤新潟県は日本海側に位置する県です。日本海側の気候の特色は、冬に雪のふる日が多いことです。

⑥山に囲まれた平地を盆地といいます。

⑦冬に山に積もった雪は、春になるととけて、雪どけ水になり川に流れこみます。

**3** (1)しろかきは、田植えの前に準備《じゅんび》作業として行います。Ⓒは田おこしの様子です。

**4** (2)②農業協同組合（ＪＡ《ジェイエー》）は、農家どうしが助け合って農業や生活を安定させるためにつくられた団体です。

③農家が消費者からインターネットや電話で注文を受けて、米を直接とどけることも増えています。

**記述問題のプラスワン**

**3** (2)化学肥料の使いすぎによっておこる問題を減らすため、たい肥や米ぬか、もみがらなどをかわりに使う農家も増えています。

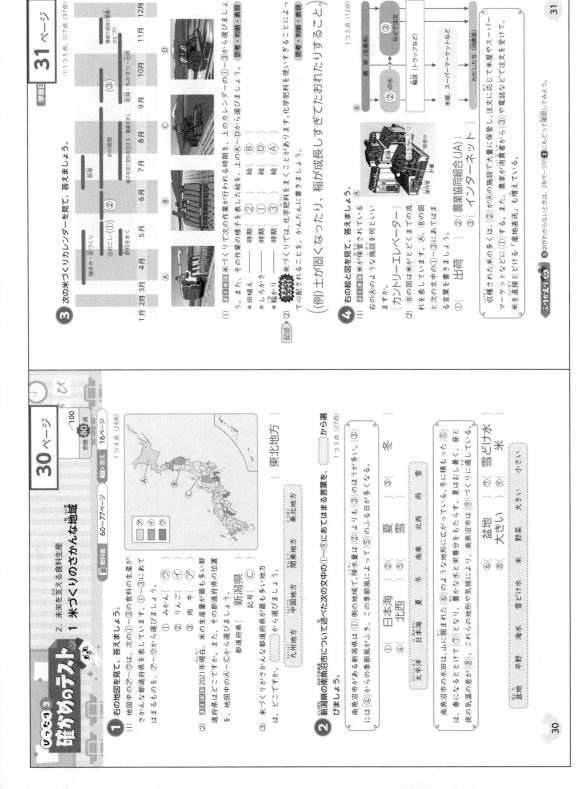

ぴったり1

# 準備

2．未来を支《ささ》える食料生産

## 1 米づくりのさかんな地域《ちいき》③

学習日

32ページ

◎めあて 米づくりの変化や、米づくりがかかえる課題を理解《りかい》しよう。

教科書 78～87ページ　答え 17ページ

次の（　　）に入る言葉を、下から選びましょう。

### 1 米づくりの変化　教科書 78～81ページ

**米の品種改良**

- コシヒカリという品種は、1944年に新潟《にいがた》県の農業試験場で生まれた。
- 病気に弱かったが、**品種改良**によりじょうぶな苗《なえ》をつくり、肥料《ひりょう》をあたえるなどのくふうをして、生産量が増《ふ》えた。
- 昔と比《くら》べると、同じ広さの土地でとれる米の生産量が増えた一方で、米づくりにかかる（① 作業の時間 ）は短くなっている。

ワンポイント　農作業の機械化

- 昔の米づくりはすべて手作業で行っていたが、今は、さまざまな農業機械を使うため、作業が楽になり、作業の時間が短くなった。
- トラクター、田植え機、稲《いね》かりに使う（② コンバイン ）などの便利な機械がある。一方で、農業機械は値段《ねだん》が高く、修理《しゅうり》代や燃料《ねんりょう》代などにも（③ 費用 ）がかかる。

**農作業をしやすくするための耕地《こうち》整理**

- **耕地整理**…小さく入り組んだ（④ 水田の形 ）を広く整えること。川の水を引く工事が行われ、（⑤ 用水路 ）と排水《はいすい》路が整備《せいび》された。

### 2 米づくりがかかえる課題／これからの米づくり　教科書 82～85ページ

**米の生産量・消費《しょうひ》量の減少《げんしょう》**

- 日本全体での米の生産量と消費量が減《へ》ってきている。国による（⑥ 生産調整 ）が見直され、産地ごとに生産量が自由に決められるようになった。
- 米は、かつて国が一定の値段で買い上げていたが、1995年から自由にはん売できるようになり、産地どうしの競争がはげしくなった。
- 農業で働く（⑦ わかい人 ）が減っていて、あとつぎがいない高齢《こうれい》の農家もある。

**米の消費量を増やす試み**

- 米の粉《こな》を使った食品、とがずにたける無洗米《むせんまい》などを売り出している。

**米づくりの費用を下げる努力**

- 同じ地域の農家が農業機械を共同で買って利用したり、協力して作業したりする。
- （⑧ 大規模な生産 ）を行ったり、種もみのじかまきなど新しい技術《ぎじゅつ》を取り入れている。
- 安く大量の米を生産できるように努力する一方で、値段が高くても売れる質《しつ》の高い米、おいしくて安全な米をつくり続けていく。

選んだ言葉に ☑　□費用　□水田の形　□大規模《だいきぼ》な生産　□作業の時間　□用水路　□生産調整　□わかい人　□コンバイン



ぴったり2

# 練習

学習日

33ページ

ぴたトリビア　温暖《おんだん》化が進んでいることを背景《はいけい》として、近年では、新潟《にいがた》県の「新大《しんだい》コシヒカリ」など、暑さに強い米が品種改良によってつくられています。

教科書 78～87ページ　答え 17ページ

**1 右の2つのグラフを見て、答えましょう。**

(1) 次の文のうち、正しいものには○を、まちがっているものには×をつけましょう。

①（ ○ ）米の消費量は1965年ごろからしだいに減っている。

②（ × ）米の生産量は、増えたり減ったりしながら、しだいに増えている。

③（ × ）1995年から米を自由に売れるようになったので、生産量は増えた。

④（ ○ ）米の生産量が消費量よりも少ない年がある。

⑤（ ○ ）農業で働く人は、いずれの年も、29才以下の人の数が最も少ない。

⑥（ × ）農業で働く人の数は大きく減っているが、30～59才の人の数はそれほど減っていない。

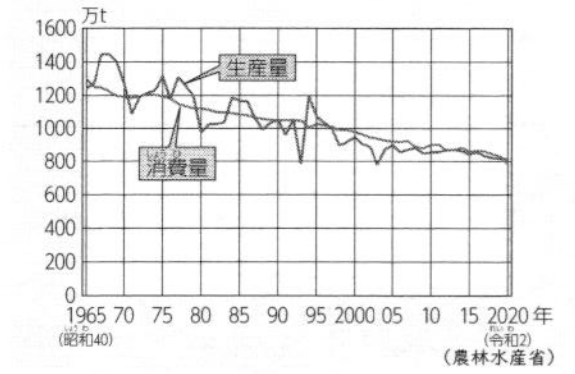


米の生産量と消費量の変化

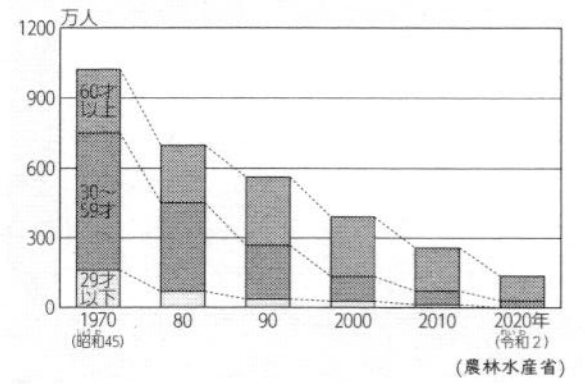


農業で働く人の数の変化

(2) 米の生産量が最も多いのは、いつごろですか。㋐～㋓から選びましょう。（ ㋐ ）

㋐ 1965～1970年　㋑ 1975～1980年

㋒ 1985～1990年　㋓ 1995～2000年

(3) 農業で働く人のうち、①1970年に最も割合《わりあい》の大きい人と、②2020年に最も割合の大きい人を、㋐～㋒からそれぞれ選びましょう。①（ ㋑ ）②（ ㋐ ）

㋐ 60才以上の人　㋑ 30～59才の人　㋒ 29才以下の人

**2 米づくりがかかえる課題について、答えましょう。**

(1) 次の文のうち、米の消費量を増やすためのくふうにあてはまるものには○を、まちがっているものには×をつけましょう。

①（ × ）稲の作付《さくづけ》面積を減らして、他の作物をつくる。

②（ ○ ）米の新しい食べ方を提案《ていあん》する。

③（ ○ ）米の粉でつくったパンや無洗米を売り出す。

④（ × ）国が米を一定の値段で買い上げる。

⑤（ ○ ）インターネットを通じて、生産の様子を公開する。

(2) 1960年代後半に始まった、米が余《あま》らないようにするための国による取り組みを何といいますか。（ 生産調整 ）

ヒント　1 (2) 折れ線グラフの最も高いところを読み取りましょう。



できたかな？

□米づくりの変化を説明してみよう。

□米づくりがかかえる課題を説明してみよう。

## 練習　33ページ

**1** (1)②しだいに減っています。

③1995年からはしだいに減っています。

⑥ぼうグラフを見ると、30～59才、29才以下の人の数が大きく減っています。

(2)折れ線グラフで最も高い時期をさがしましょう。㋐では1400万 t をこえている年もあります。

(3)1970年には㋑30～59才の人の割合が、2020年には㋐60才以上の人の割合が最も大きくなっています。農業で働くわかい人が減っていることが心配されています。

**2** (1)①作付面積を減らすと生産量が減りますが、消費量は増えません。

④国が買い上げても、消費量は増えません。

(2)生産調整とは、米の消費量が減った1960年代後半から始まった、米が余らないようにするために米の生産量をおさえる国の取り組みのことです。近年、国による生産調整が見直され、産地ごとに米の生産量を自由に決めることができるようになりました。

ぴったり3

# 確かめのテスト



2. 未来を支《ささ》える食料生産
## 1 米づくりのさかんな地域《ちいき》

/100 合格80点

教科書 78〜87ページ　答え 18ページ

**1 米づくりの変化について、答えましょう。**　1つ4点（40点）

(1) よく出る 右の絵は、米づくりで使われる主な農業機械を表しています。①〜③の農業機械の名前を書きましょう。

①（トラクター）②（田植え機）
③（コンバイン）

①

②

③

(2) よく出る 農業機械が取り入れられたことで、米づくりはどのように変わりましたか。その説明として、正しいものには○を、まちがっているものには×をつけましょう。

①（○）農作業にかかる時間が短くなった。
②（×）農作業にかかる費用《ひよう》の面で農家の負担《ふたん》が小さくなった。
③（○）大勢《おおぜい》で共同作業をすることが少なくなった。
④（×）病気に強い米が広まった。

(3) 次の文中の①〜③にあてはまる言葉を書きましょう。

①（耕地整理）②（用水路）
③（水）

南魚沼《みなみうおぬま》市では、水田の形を広く整える①が行われた。また、川の水を引くパイプの設置《せっち》などが進み、②と排水《はいすい》路が整備《せいび》された。その結果、大型《おおがた》の農業機械が使えるようになり、米づくりに必要な③も、水田に取り入れやすくなった。

**2 右のグラフを見て、答えましょう。**　(1)5点、(2)7点（12点）

(1) 2020年の米づくりの作業時間は、1960年と比《くら》べておよそ何時間減《へ》っていますか。㋐〜㋓から選びましょう。　技能

（㋒）

㋐ 100時間　㋑ 125時間
㋒ 155時間　㋓ 170時間

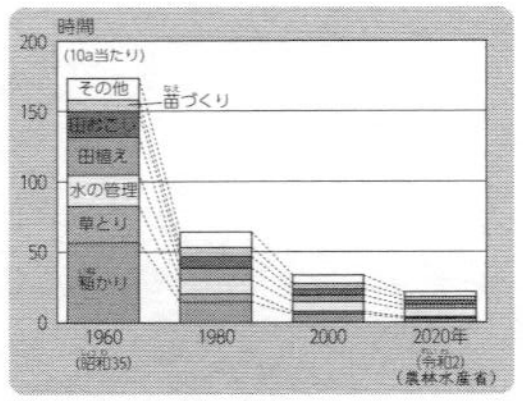

米づくりの作業時間の変化

記述 (2) てきたらスゴイ! 1960年と2020年の作業時間を比べると、稲《いね》かりや田植えの時間が減っています。1の絵を参考に、作業時間が減った理由を、かんたんに書きましょう。　思考・判断・表現

（(例)農作業に機械が使われるようになったから。）



学習日



**3 右の2つのグラフを見て、答えましょう。**　1つ5点、(5)6点（26点）

(1) 米の消費《しょうひ》量は、1965年と比べて2020年ではおよそ何万t減りましたか。㋐〜㋒から選びましょう。　技能

（㋑）

㋐ 400万t　㋑ 500万t　㋒ 600万t

(2) 米の生産量は、最も多い年と比べて、2020年ではおよそ何万t減りましたか。㋐〜㋒から選びましょう。　技能

（㋒）

㋐ 250万t　㋑ 400万t　㋒ 650万t

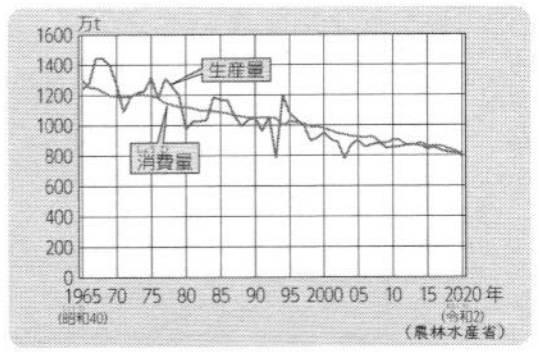

米の生産量と消費量の変化

(3) よく出る 2000年、2010年、2020年に農業で働く人の半分以上をしめているのは、どの年令の人たちですか。グラフからぬき出しましょう。

（60才以上）

(4) 次の文中の（　）にあてはまる言葉を書きましょう。

（生産調整）

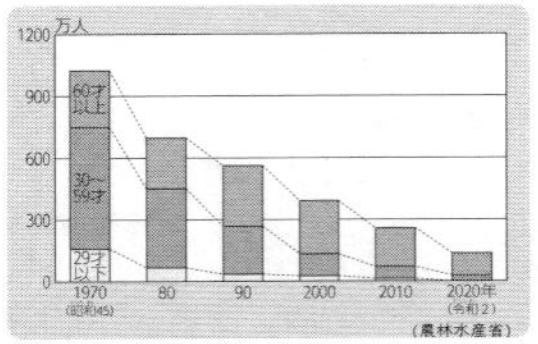

農業で働く人の数の変化

日本では、米の消費量が減り、米が余《あま》るようになったため、1960年代後半から稲の作付《さくづけ》面積を減らして、他の作物をつくるといった（　）を始めた。近年、この取り組みは見直された。

記述 (5) 米づくりの農家の問題として、あとつぎのいない農家が増《ふ》えていることがあります。なぜ増えているのかを説明した次の文を完成させましょう。　思考・判断・表現

農業で働くわかい人の数が（(例)減っている(減った)）から。

**4 これからの米づくりについて、答えましょう。**　1つ5点、(2)7点（22点）

(1) 米の消費量を増やすためのくふうにあてはまるものには○を、あてはまらないものには×をつけましょう。

①（○）米を加工した食品をつくって売り出す。
②（×）大規模《だいきぼ》な生産を行って、品質《ひんしつ》をよくする。
③（×）農薬を大量に使って、安全な米の収穫《しゅうかく》を増やす。

記述 (2) てきたらスゴイ! 米づくりでは、どのような米をつくることが目標とされていますか。［　］の言葉をすべて使って、かんたんに書きましょう。　思考・判断・表現

［消費者　求める　品質　安全性《せい》］

（(例)消費者が求める、品質がよく、おいしくて安全性が高い米。）

ふりかえり 4(2)がわからないときは、32ページの2にもどって確認《かくにん》してみよう。



## 確かめのテスト　34〜35ページ

**1** (2)②農業機械は便利ですが、値段《ねだん》が高く、修理《しゅうり》代や燃料《ねんりょう》代などにも多くの費用がかかるため、農家の負担が大きくなりました。

④品種改良によって病気に強い米がつくられました。

**2** (1)1960年は約175時間、2020年は約20時間と読み取れるので、175−20＝155（時間）で、約155時間減ったことになります。

(2)米づくりは、昔は手作業で行われていましたが、今は機械を使って行っています。

**3** (1)折れ線グラフの消費量を見ると、1965年は約1300万t、2020年は約800万tで、その差は約500万tです。

(2)生産量が最も多い年は1965〜70年の時期にあり、約1450万tです。2020年は約800万tで、その差は約650万tです。

**4** (1)②大規模な生産を行えば、費用を下げることができますが、品質には関係がありません。

③農薬を大量に使うと、人の健康や環境《かんきょう》に悪いえいきょうをおよぼす心配があります。

**記述問題のプラスワン**

**4** (2)問題文中に「消費者」「求める」「品質」「安全性」という語句を使用するという指定があるので、わすれずに解答《かいとう》にふくめましょう。

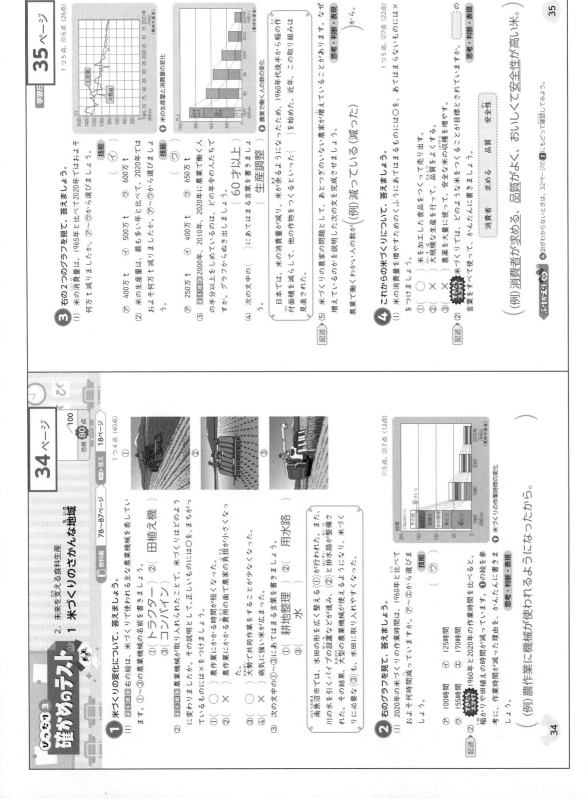

**36ページ**

ぴったり1 準備

せんたく

2. 未来を支《ささ》える食料生産

## 2 水産業のさかんな地域《ちいき》①

◎めあて 日本の周りの海の様子や漁のくふうを理解《りかい》しよう。

教科書 88〜91ページ　答え 19ページ

次の（　）に入る言葉を、下から選びましょう。

### 1 さまざまな水産物を求めて　教科書 88〜89ページ

**日本の近海の様子**

- 日本は国土の周りを海に囲《かこ》まれており、多くの種類の魚介《ぎょかい》類が集まる。
- 太平洋《たいへいよう》側では、南から流れてくる暖流《だんりゅう》の（① 黒潮 ）（日本海流）と、北から流れてくる寒流の（② 親潮 ）（千島《ちしま》海流）がぶつかる。
- 日本《にほん》海《かい》側では、南から流れてくる暖流の（③ 対馬海流 ）と、北から流れてくる寒流の（④ リマン海流 ）がぶつかる。

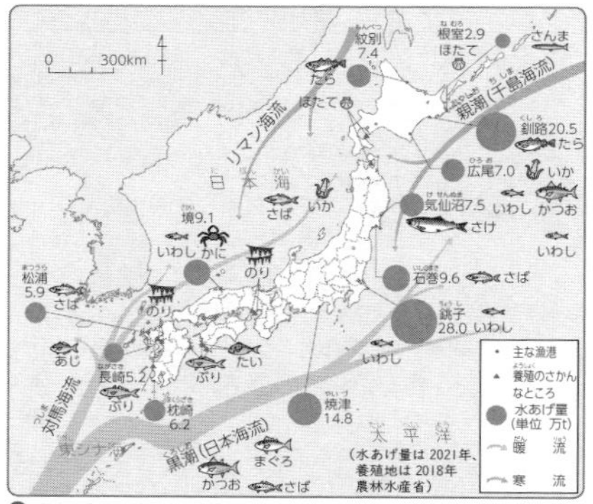

日本の主な漁港の水あげ量と、養殖のさかんなところ

- 親潮《おやしお》は、栄養豊《ほう》富《ふ》で、魚介類のえさとなる（⑤ プランクトン ）が多い。
- 陸地の周りの水深200mぐらいまでの海は、海藻《かいそう》などがよく育ち、よい漁場となっている。
- 海岸ぞいでは、水産物を育ててとる（⑥ 養殖業 ）も行われている。

**水あげ量の多い魚**

暖流の近くでとれる魚…かつお、まぐろ、ぶり、いわし、あじ、など。
寒流の近くでとれる魚…さけ、たら、さんま、など。

漁港によって水あげ量の多い魚の種類がちがうね。

### 2 北海道《ほっかいどう》・根室《ねむろ》のさんま漁のくふう　教科書 90〜91ページ

**さんまをとるくふう**

- さんまが光に集まる習性《しゅうせい》を利用し、夜の海で漁船の集魚灯をつけたり消したりしながら、（⑦ あみ ）の中にさんまの群れを追いこみ、一気に引き上げる。
- さんまの群れをさがすくふう…（⑧ ソナー ）や探照灯《たんしょうとう》を使う。
- 時期や水温によりとれる場所やとれ方がちがうため、長年の経験《けいけん》や「かん」もたよりにする。
- 新鮮《しんせん》さを保《たも》つくふうとして、とったさんまを、船の上ですぐに氷を入れた冷たい海水につけ、そのまま港まで運ぶ。

選んだ言葉に✓：□黒潮《くろしお》　□親潮　□リマン海流　□対馬《つしま》海流　□あみ　□ソナー　□養殖《ようしょく》業　□プランクトン



**37ページ**

ぴったり2 練習

ぴたトリビア
ソナーとは、超音波《ちょうおんぱ》を使って、周囲《しゅうい》の水中の物体を探《さが》す機械のことです。漁業では、船の真下を探す魚群探知機《ぎょぐんたんちき》も使われます。

教科書 88〜91ページ　答え 19ページ

**1** 日本の水産業について、次の文のうち、正しいものには○を、まちがっているものには×をつけましょう。

①（ × ）日本の太平洋側では、北から流れてくる寒流の黒潮と、南から流れてくる暖流の親潮がぶつかって、豊《ゆた》かな漁場になっている。
②（ ○ ）日本海側では、北から流れてくる寒流のリマン海流と、南から流れてくる暖流の対馬海流がぶつかる。
③（ ○ ）陸地の周りに広がる水深200mぐらいまでの海では、海藻などがよく育ち、よい漁場となっている。
④（ × ）寒流は冷たいので、魚はあまりいない。
⑤（ × ）寒流が流れる北海道付近の海は魚があまりとれないので、漁港はほとんどない。

**2** 左ページの地図を参考にして、答えましょう。

(1) 次の㋐〜㋔の魚のうち、暖流の近くでとれる魚はどれですか。また、寒流の近くでとれる魚はどれですか。㋐〜㋔からあてはまるものをすべて選びましょう。
① 暖流の近くでとれる魚（ ㋐ ㋓ ㋔ ）（順不同）
② 寒流の近くでとれる魚（ ㋑ ㋒ ）（順不同）
㋐ まぐろ　㋑ さけ　㋒ たら　㋓ ぶり　㋔ あじ

(2) 次の漁港で水あげ量の多い魚は何ですか。㋐〜㋓から選びましょう。
① 釧路《くしろ》（ ㋑ ）　② 銚子《ちょうし》（ ㋓ ）　③ 焼津《やいづ》（ ㋐ ）
㋐ まぐろ　㋑ たら　㋒ かに　㋓ いわし

**3** さんま漁について、次の文中の①〜⑤にあてはまる言葉を、㋐〜㋙から選びましょう。

北海道の（①）港は、さんまの水あげ量が多いことで有名である。さんまは（②）に集まる習性があるので、夜の海で漁船の（③）をつけたり消したりしながら、あみの中にさんまを追いこみ、あみを一気に引き上げて、さんまをとる。とったさんまは、新鮮さを保つために、船の上ですぐに、氷を入れた冷たい（④）につけられる。右のカレンダーを見ると、さんま漁は主に（⑤）に行われている。

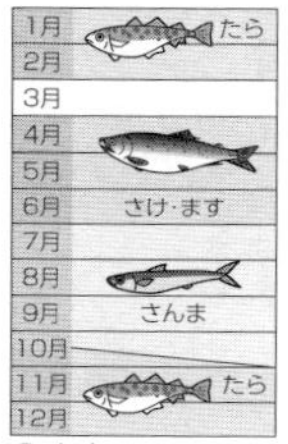

（①）港で水あげされる主な魚

㋐ 石巻　㋑ 根室　㋒ 光　㋓ 音
㋔ スピーカー　㋕ 集魚灯　㋖ 水道水　㋗ 海水
㋘ 冬から春　㋙ 夏から秋

①（ ㋑ ）②（ ㋒ ）③（ ㋕ ）
④（ ㋗ ）⑤（ ㋙ ）

ヒント **2** (2) 釧路は北海道の太平洋側、銚子は太平洋側の千葉《ちば》県、焼津は太平洋側の静岡《しずおか》県にあります。



できたかな？

□日本の周りの海の様子について説明してみよう。
□海からとってくる漁業と育ててとる養殖業のちがいを説明してみよう。
□さんま漁のくふうを説明してみよう。

おうちのかたへ

この単元では、日本の水産業について学習します。大陸だなが広がり、暖流と寒流がぶつかる日本近海は、世界でも有数の漁場となっていることをおさえることが重要です。

## 練習 37ページ

**1** ①北から流れてくる寒流は親潮（千島海流）、南から流れてくる暖流は黒潮（日本海流）です。
④寒流の近くには、冷たい海にすむ魚であるさけ、たらなどがいます。
⑤北海道付近の海では、さんま、たら、ほたてなどがとれ、根室、釧路《くしろ》などの漁港があります。

**2** (1)36ページの地図中の暖流や寒流の近くにかかれている魚をさがしましょう。まぐろは、暖流にのって高《こう》緯度《いど》の海域《かいいき》まで、えさを求めて回遊《かいゆう》する魚です。
(2)地図中の漁港の水あげ量の円のそばにかかれている魚の絵から判断しましょう。

**3** ②③「夜の海」という言葉がヒントです。
④漁は海上で行われるので、海水を使います。また、水道水よりも海水のほうが、さんまの鮮度《せんど》を保つのに適《てき》しています。
⑤さんまは「秋の味覚《みかく》」といわれます。

## ぴったり1 準備

やんたく

2. 未来を支《ささ》える食料生産

## 2 水産業のさかんな地域《ちいき》②

学習日 **38ページ**

めあて
さんまのあつかい方や運ばれ方、養殖業のくふうを理《り》解《かい》しよう。

教科書 92〜97ページ　答え 20ページ

次の（　　）に入る言葉を、下から選びましょう。

### 1 質《しつ》の高い魚を、より多く／おいしい魚をとどける　教科書 92〜95ページ

**漁港**

- 漁港で**水あげ**されたさんまは、漁船のタンクごとに（① せり ）にかけられ、魚の状態《じょうたい》やとれた量により、（② 値段 ）が決められる。**せり**と水あげ量により漁船の売り上げが決まり、その中から燃料《ねんりょう》代や道具の代金などの費《ひ》用《よう》を支《し》はらう。

**加工工場**

- 加工工場は漁港の近くにある。さんまは（③ 新鮮さ ）が大事なので、空気や人の手がなるべくふれないようにしながら、すばやく箱につめる。
- 衛生《えいせい》面にも注意をして、紫外線《しがいせん》で殺菌《さっきん》した海水と、氷をいっしょに箱につめている。

**さんまの水あげから店にならぶまでの流れ**

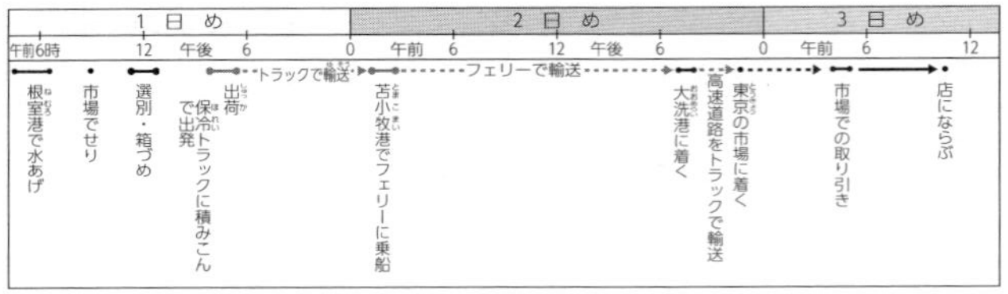


**新鮮《しんせん》なまま運ぶくふう**

- （④ 温度 ）を一定に保《たも》ちながら、決められた時間までに運ばなければならないため、道路や天候の情報《じょうほう》をもとに、どの経路《けいろ》を通るかを考える。
- 遠くに運ぶ場合はフェリーを、急ぐ場合は（⑤ 航空機 ）を利用することもある。

### 2 鹿児島《かごしま》県・長島《ながしま》のぶり養殖《ようしょく》のくふう　教科書 96〜97ページ

**ぶりの養殖がさかんな鹿児島県長島町**

- ぶりなどの魚や貝類、海藻《かいそう》を人の手で大きく**育てる漁業**を（⑥ 養殖業 ）という。
- 長島町の近海は暖流《だんりゅう》に近く、冬でも水温があたたかいため、ぶりの成長に適《てき》している。
- 波がおだやかな入り江《え》に、（⑦ いけす ）を設置《せっち》し、成長のぐあいによって魚を分けて育てている。計画的に育てて、年間を通じてぶりを出荷《しゅっか》している。
- えさの成分や育成の様子を記録しておき、いつでも確認《かくにん》できるようにした「（⑧ トレーサビリティ ）」のしくみを取り入れている。

えさの食べ残しで海がよごれると、病気や赤潮《あかしお》の発生につながるよ。

選んだ言葉に ✓
□新鮮さ　□値段《ねだん》　□航空機《こうくうき》　□いけす
□養殖業　□温度　□せり　□トレーサビリティ



## ぴったり2 練習

学習日 **39ページ**

ぴたトリビア
一人の売り手に対し、二人以上の買い手がおたがいに値段を競《きそ》い合い、最も高い値段をつけた買い手に売ることを、「せり」といいます。

教科書 92〜97ページ　答え 20ページ

**1** 次の文は、根室《ねむろ》港にさんまが水あげされてから、東京《とうきょう》の店にならぶまでを示《しめ》したものです。文中の①〜⑤にあてはまる言葉を、㋐〜㋖からそれぞれ選びましょう。

根室港で水あげ　⇒　漁港の（①）でせりにかける　⇒　（②）で箱づめする　⇒苫小牧《とまこまい》港まで（③）で運ぶ　⇒　苫小牧港から茨城《いばらき》県の大洗《おおあらい》港まで（④）で運ぶ　⇒大洗港から東京の市場まで（⑤）を通って（③）で運ぶ　⇒　東京の（①）での取り引き　⇒東京の店にならぶ

㋐ フェリー　㋑ トラック　㋒ 航空機　㋓ 鉄道　㋔ 高速道路
㋕ 市場　㋖ 加工工場

①（ ㋕ ）②（ ㋖ ）③（ ㋑ ）
④（ ㋐ ）⑤（ ㋔ ）

**2** 右の地図は、根室のさんまを輸送《ゆそう》する主な交通機関を表しています。この地図の説明として正しいものを、㋐〜㋒から選びましょう。

㋐ さんまを敦賀《つるが》へ運ぶときは、根室港からトラックで小樽《おたる》まで運び、そこから敦賀までは航空機で運ぶ。
㋑ さんまを急いで東京まで運ぶ場合は、根室港からトラックで千歳《ちとせ》まで運び、そこから東京までは航空機で運ぶ。
㋒ さんまを福岡《ふくおか》まで運ぶ場合は、根室港からトラックで千歳まで運び、そこから大阪《おおさか》まで船で運び、福岡まで航空機で運ぶ。

（ ㋑ ）

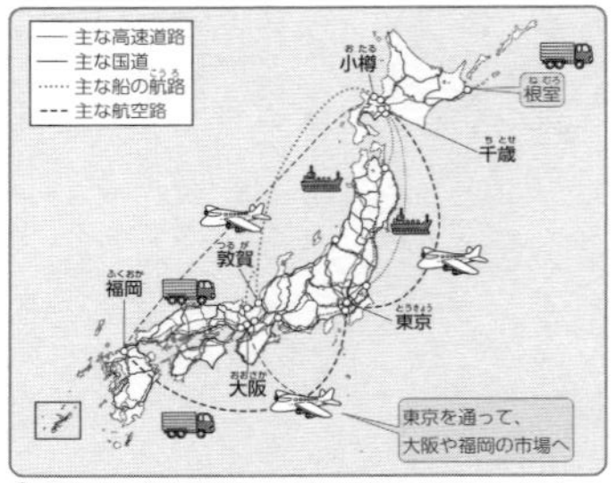

根室のさんまを輸送する主な交通機関

**3** 育てる漁業に関して、正しいものには○を、まちがっているものには×をつけましょう。

①（ × ）ぶりの養殖には、近くを寒流が通り、冬でも水温があたたかい海が適している。
②（ × ）鹿児島県長島町では、広い砂浜に大きないけすをつくってぶりを養殖している。
③（ ○ ）「トレーサビリティ」というしくみを取り入れ、えさの成分や育成の様子を記録している。
④（ ○ ）養殖業では、年間を通じて、計画的に魚を育て、出荷することができる。
⑤（ × ）プランクトンが大量に増《ふ》えて赤潮《あかしお》が発生すると、魚のえさが豊富《ほうふ》なよい漁場になる。

ヒント
3 ② 海岸の水中を竹やあみなどで囲《かこ》ったものを、いけすといいます。
3 ⑤ プランクトンが大量に発生すると、海中の酸素《さんそ》が減《へ》ります。



できたかな？
□さんまのあつかい方や運ばれ方を説明してみよう。
□養殖業のくふうを説明してみよう。

## 練習 39ページ

**1** ③は、陸上を運ぶのでトラックとわかります。
④は、港から港まで運ぶのでフェリーとわかります。

**2** ㋐小樽と敦賀のあいだには、主な船の航路《こうろ》があります。さんまは、航空機ではなく、船で運ばれます。㋒さんまを千歳から福岡へ運ぶときは、航空機を使い福岡まで直接運ぶか、または東京を通って運ばれます。

**3** ①寒流ではなく暖流です。
②いけすは、入り組んだ海岸線に囲《かこ》まれた、波がおだやかな入り江に設置されます。
⑤プランクトンが大量に発生して海が赤くなる現象《げんしょう》を赤潮といいます。赤潮になって、海中の酸素が減ると、魚や貝が大量に死ぬこともあります。

ぴったり3 確かめのテスト。

やんたく 2．未来を支《ささ》える食料生産

## 2 水産業のさかんな地域《ちいき》

40ページ　/100　合格80点

教科書 88～97ページ　答え 21ページ

**1** 右の地図は、主な漁港と水あげ量、水あげされる主な水産物を表しています。これを見て、答えましょう。　1つ5点（40点）

(1) よく出る 地図中の①にあてはまる海流の名前を書きましょう。（ 黒潮 ）

(2) 地図中の①の海流は、暖流《だんりゅう》と寒流のどちらですか。（ 暖流 ）

(3) よく出る 地図中の②にあてはまる海流の名前を書きましょう。（ 親潮 ）

(4) 2021年現在《げんざい》、水あげ量の最も多い漁港はどこですか。地図から選びましょう。 技能（ 銚子 ）

(5) 2021年現在、水あげ量が10万t以上の漁港は、いくつありますか。 技能（ 3(つ) ）

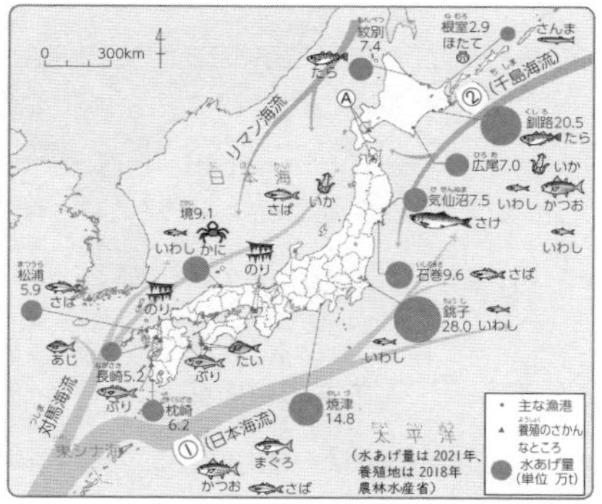


(6) 次の漁港で多く水あげされる魚の名前を、地図から選びましょう。

① 焼津港《やいづ》（ まぐろ ）　② 石巻港《いしのまき》・松浦港《まつうら》（ さば ）

(7) 地図中のⒶは、ある水産物の養殖《ようしょく》がさかんなところです。Ⓐにあてはまるものを、㋐～㋓から選びましょう。（ ㋒ ）

㋐ さけ　㋑ いか　㋒ ほたて　㋓ かき

**2** 北海道《ほっかいどう》・根室《ねむろ》のさんま漁について、答えましょう。　1つ5点（15点）

(1) さんま漁について説明した次の文中の｛ ｝の中の正しい言葉を◯で囲《かこ》みましょう。

さんまが①｛音・(光)｝に集まる習性《しゅうせい》を利用して、夜の海で②｛スピーカー・(集魚灯)｝をつけたり消したりして、あみの中にさんまの群れを追いこみ、あみを一気に引き上げる。

(2) さんまの水あげが少ない8月のある日、漁港の市場ではさんま1kgの値段《ねだん》が1000円でした。さんまの水あげがさかんな10月のある日は、さんま1kgの値段は200円になりました。このことから、さんまの値段は何によって決まると考えられますか。次の文中の（ ）にあてはまる言葉を書きましょう。（ 水あげ(量) ）

さんまの（ ）が多いか少ないかによって決まる。



学習日　41ページ

**3** 次の図は、根室で水あげされたさんまが東京《とうきょう》の店にとどくまでの流れを表しています。この図と下の地図を見て、答えましょう。　1つ5点（25点）

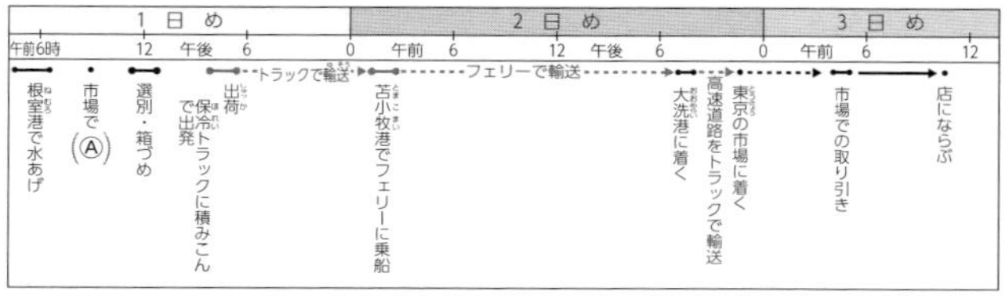


(1) 上の図のⒶでは、右の絵のような魚の値段を決める取り引きが行われています。これを何といいますか。（ せり ）

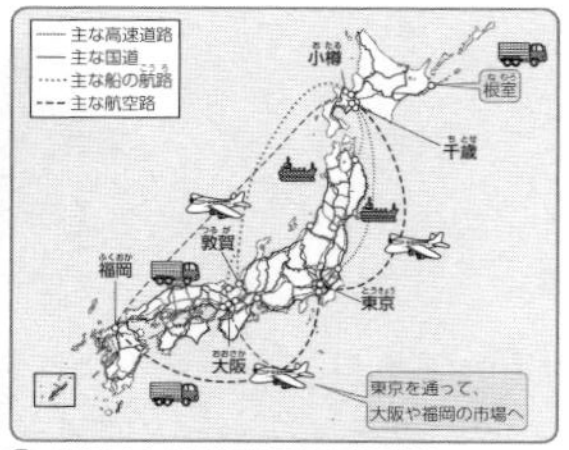


根室のさんまを輸送する主な交通機関

(2) さんまが根室港で水あげされてから、東京の店にとどくまでには、およそ何時間かかりますか。㋐～㋓から選びましょう。 技能（ ㋓ ）

㋐ 36時間　㋑ 42時間　㋒ 48時間　㋓ 54時間

(3) 上の地図を見て、次の文中の①～③にあてはまる言葉を書きましょう。 思考・判断・表現

さんまを福岡《ふくおか》に運ぶ時は、根室から千歳《ちとせ》まで(①)で運び、そこから福岡まで(②)で運ぶ。大阪《おおさか》に運ぶ時は、根室から小樽《おたる》まで(①)で、小樽から敦賀《つるが》までは(③)で運ぶ。そこから大阪まで(①)で運ぶ。

①（ トラック ）②（ 航空機 ）③（ 船(フェリー) ）

**4** 魚の養殖について、答えましょう。　(1)1つ3点、(2)8点（20点）

(1) 魚の養殖について述《の》べた次の文のうち、正しいものには○を、まちがっているものには×をつけましょう。

①（ × ）大きな漁船を使うため、燃料費《ねんりょうひ》が高い。

②（ ○ ）海水の温度など魚がすみやすい環境《かんきょう》が必要である。

③（ × ）魚を育てるいけすは、海流が近くを流れる、海の沖のほうにつくられる。

④（ × ）魚の成長のぐあいによって、出荷《しゅっか》の時期が不安定である。

記述 (2) てきたらスゴイ！ 魚の養殖では、海をよごさないように、えさやりに気をつけています。えさの食べ残しで海がよごれると、どのような悪いえいきょうが出るか、かんたんに書きましょう。 思考・判断・表現

（(例)病気が広がったり、赤潮の発生につながったりする。）

ふりかえり　4(2)がわからないときは、38ページの2にもどって確認《かくにん》してみよう。



## 確かめのテスト　40～41ページ

**1** (2)南から流れてくるので、暖流と考えられます。

(4)、(5)水あげ量を示す円の大きさと数字を比《くら》べましょう。水あげ量の多い順に、銚子《ちょうし》（28.0万ｔ）、釧路《くしろ》（20.5万ｔ）、焼津（14.8万ｔ）の３つの港が10万ｔ以上です（2021年現在）。

(6)漁港の名前のそばにかかれている魚を読み取りましょう。

(7)㋒のほたては、北海道や東北《とうほく》地方北部の海水温が低い地域にすむ貝の一種です。

**2** (2)さんまの値段は、水あげ量が多いときは安くなり、水あげ量が少ないときは高くなります。

**3** (2)さんまは、１日めの午前６時ごろに水あげされて、東京に運ばれ、店にならぶのが３日めの午前12時前なので、およそ54時間になります。

**4** (1)①養殖は入り江《え》などで行われるので、大きな漁船は使いません。

③いけすは、波がおだやかな入り江の中などに設置《せっち》されます。

④年間を通じて、計画的に魚を育てて出荷します。

記述問題のプラスワン

**4** (2)「魚が大量に死ぬことがある」を付け加えてもよいです。海中の栄養分が多いと、プランクトンが大量に発生して、海が赤くなる現象《げんしょう》を引きおこすことがあります。これを赤潮《あかしお》といいます。赤潮により海中の酸素《さんそ》が減《へ》るなどして、魚や貝が大量に死ぬこともあります。

ぴったり1 **準備**

やんたく

2．未来を支《ささ》える食料生産

## 2 水産業のさかんな地域《ちいき》③

学習日



◎めあて 水産業の変化や課題、安定した水産物生産のための取り組みを理解《りかい》しよう。

教科書 98〜105ページ　答え 22ページ

次の（　　）に入る言葉を、下から選びましょう。

### 1 水産業の変化と課題

教科書 98〜99ページ

**漁業の生産量の減少《げんしょう》**

- 日本全体の漁業生産量は、昔と比《くら》べて大きく（① 減っている ）。
- 外国からの輸入《ゆにゅう》にたよっている水産物もある。

**水産業の課題**

- **北方領土《ほっぽうりょうど》**…択捉《えとろふ》島・国後《くなしり》島・色丹《しこたん》島・歯舞群島《はぼまいぐんとう》のこと。（②　ロシア　）が不法に占領《せんりょう》しているため、自由に漁が行えず、根室《ねむろ》の水産業に大きなえいきょうをあたえている。
- 北方領土の周りの海は、たら、さけ、ますなどの水産物が豊富《ほうふ》だが、自由に漁ができないため、ロシアと話し合い、協力金を支《し》はらって定められた期間だけ漁をしている。

### 2 持続可能《じぞくかのう》な水産業をめざして／森は海の恋人《こいびと》 はってん

教科書 100〜105ページ

ワンポイント 漁業を制限《せいげん》する取り組み

- 世界全体では、水産物の消費《しょうひ》量が（③ 増えている ）ため、とりすぎによる**水産資源《しげん》**の減少が心配されている。
- 200海里水域《かいりすいいき》（領海《りょうかい》をふくむ**排他的《はいたてき》経済《けいざい》水域**）…自国の水産資源を守るため、（④　海岸　）から200海里（約370km）のはん囲《い》の海で、（⑤ 外国の漁船 ）の漁を制限することができる。日本の排他的経済水域は世界で６番めに広い。

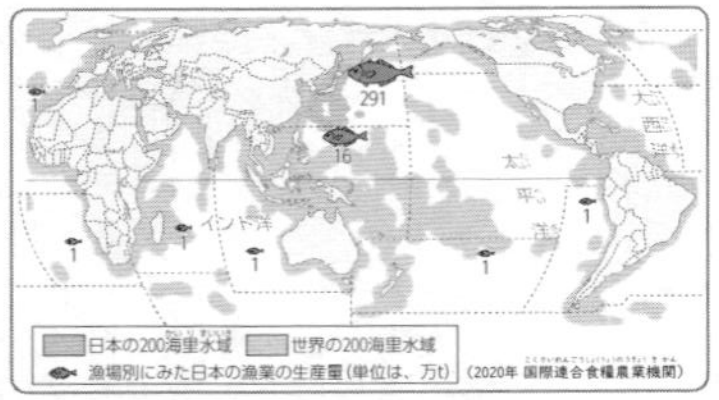

200海里水域（領海をふくむ排他的経済水域）

**水産資源を守る取り組み**

- 水産業に関わる人々は、海藻《かいそう》を育成して海の（⑥　環境　）を改善《かいぜん》するなど、水産資源の管理に取り組んでいる。
- 稚魚《ちぎょ》を海に放流し、海で成長させてからとる（⑦ さいばい漁業 ）を行っており、水産資源を守り育てて、少しでも安定した生産ができるように努力を続けている。

**森は海の恋人** はってん

- 上流に豊《ゆた》かな（⑧　森林　）がある川が流れこむ海では、魚や貝がよく育つため、岩《いわ》手《て》県一関《いちのせき》市の山では木を植える活動を行っている。
- 森や川の自然を守ることが、海を豊かにし、水産資源を守ることにもつながる。

| 選んだ言葉に✓ | | | | |
|---|---|---|---|---|
| | □森林 | □外国の漁船 | □さいばい漁業 | □増《ふ》えている |
| | □海岸 | □環境《かんきょう》 | □ロシア | □減《へ》っている |



---

ぴったり2 **練習**

学習日



ぴたトリビア

1970年代に入ると、世界の国々が200海里水域を設定《せってい》するようになったため、日本では遠い海で漁を行う遠洋漁業の生産量が減りました。

教科書 98〜105ページ　答え 22ページ

**1** 右のグラフは、日本の漁業生産量と、水産物輸入量の変化を表しています。グラフを見て、正しいものには○を、まちがっているものには×をつけましょう。

①（ ○ ）漁業生産量は、1980年代が多かった。

②（ × ）2020年の漁業生産量は、最も多いときの半分くらいである。

③（ × ）漁業生産量は減っているが、輸入量は増え続けている。

④（ × ）輸入量は、1995年ごろが最も多い。

⑤（ ○ ）養殖《ようしょく》業の生産量は、あまり変わっていない。

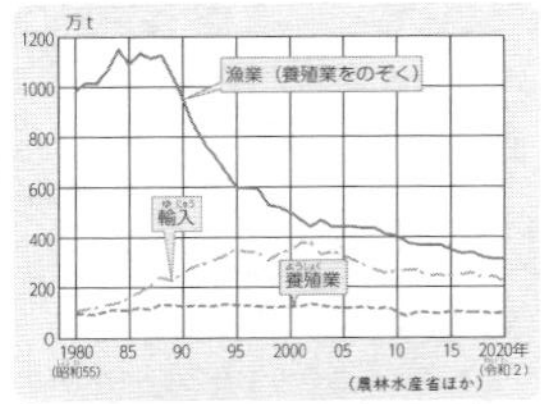

日本の漁業生産量と、水産物輸入量の変化

**2** 水産資源を守るための漁業について、答えましょう。

(1) 次の地図は、養殖業のさかんな地域と、水産資源を守り育てるための研究所のある場所を表しています。地図中のⒶ〜Ⓒにあてはまるものを、㋐〜㋒から選びましょう。

㋐ ぶり

㋑ かき

㋒ ほたて

Ⓐ（ ㋒ ）

Ⓑ（ ㋑ ）

Ⓒ（ ㋐ ）

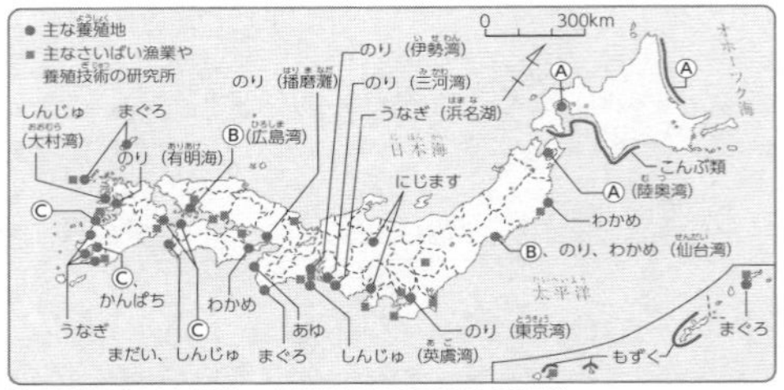

養殖業のさかんな地域と、水産資源を守り育てるための研究所

(2) 次の文中の①、②にあてはまる言葉を、□から選びましょう。

> 養殖業は、水槽《すいそう》やいけすで、魚を出荷《しゅっか》できる大きさまで育てる。一方、さいばい漁業では、魚のたまごから（①）になるまでを人の手で育て、そのあと海に（②）して、自然の中で十分に成長させてからとる。

放流　水あげ　親魚　稚魚

①（ 稚魚 ）②（ 放流 ）

ヒント
1 ①④ 折れ線グラフの高さが最も高いところが、最も量が多いところです。
2 (1) Ⓐは北海道《ほっかいどう》と東北《とうほく》地方で、Ⓒは鹿児島《かごしま》県長島《ながしま》町などで養殖されています。



---

できたかな？

□水産業の変化や課題を説明してみよう。

□安定した水産物の生産のための取り組みを説明してみよう。

---

**練習** 43ページ

**1** ②2020年の漁業生産量は約320万ｔ、最も多いときは1980年代前半の約1150万ｔなので、３分の１くらいになっています。

③輸入量は、2000年代前半から、しだいに減ってきています。

④輸入量は、2000年代前半に最も多い年があります。

**2** (1)Ⓐは、オホーツク海に面する北海道の海ぞいの地域や東北《とうほく》地方の北部で養殖されているほたてです。Ⓑは、宮城《みやぎ》県の仙台湾《せんだいわん》や広島《ひろしま》県の広島湾で養殖されているかきです。Ⓒは、鹿児島県長島町などで養殖されているぶりです。

(2)養殖業やさいばい漁業は「育てる漁業」といわれます。日本では、水産資源の減少にともない、「育てる漁業」が重視《じゅうし》されるようになりました。

ぴったり3
# 確かめのテスト

せんたく
2. 未来を支《ささ》える食料生産
## 2 水産業のさかんな地域《ちいき》

/100 合格80点

教科書 98〜105ページ　答え 23ページ

**1** 右のグラフは、日本の漁業生産量と、水産物輸入《ゆにゅう》量の変化を表しています。グラフを見て、答えましょう。　技能 1つ6点（18点）

(1) よく出る 1980年ごろと2020年ごろを比《くら》べると、漁業生産量は増《ふ》えていますか、減《へ》っていますか。
（減っている）

(2) 水産物の輸入量が最も多い時期を、㋐〜㋒から選びましょう。
（㋑）
㋐ 1990〜1995年　㋑ 2000〜2005年
㋒ 2010〜2015年

(3) よく出る 1980年と2020年を比べて、最も変化が大きいものは、漁業・輸入・養殖《ようしょく》業のうちのどれですか。
（漁業）

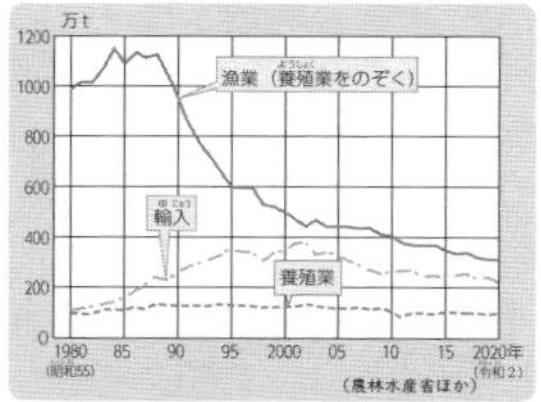

日本の漁業生産量と、水産物輸入量の変化

**2** 右の地図を見て、答えましょう。　1つ6点（30点）

(1) 200海里水域《かいりすいいき》には、領海《りょうかい》と何という水域がふくまれていますか。（　）にあうように書きましょう。
（排他的）経済《けいざい》水域

(2) 日本の200海里水域は南のほうに広がっています。その理由として正しいものを、㋐〜㋒から選びましょう。（㋐）
㋐ 日本の領土《りょうど》である島が多いから。
㋑ 日本の漁船が漁をしている実績《じっせき》があるから。
㋒ 外国の200海里水域を借りているから。

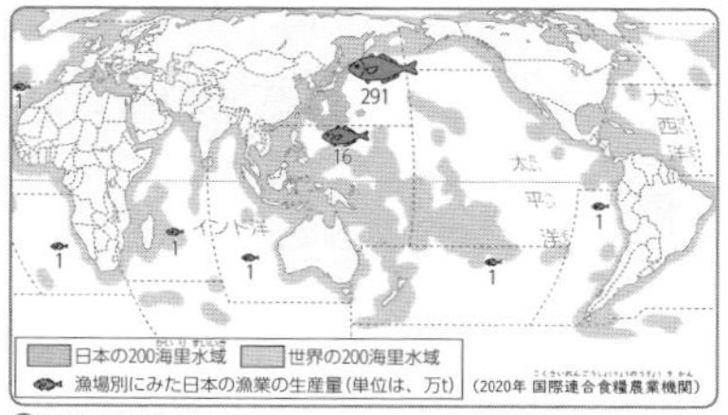

200海里水域

(3) 200海里水域について説明した次の文中の｛　｝の中の正しい言葉を◯で囲《かこ》みましょう。

自国の水産資源《しげん》を守るために、①｛(海岸)・港｝から200海里のはん囲《い》の海で、他国の漁船がとる魚の種類や量を②｛研究できる・(制限《せいげん》できる)｝。

(4) インド洋や大西洋《たいせいよう》などの遠い海に出かけていって行う漁業を何といいますか。
（遠洋漁業）





**3** 右の地図は、養殖業のさかんな地域と、水産資源を守り育てるための研究所のある場所を表しています。この地図を見て、答えましょう。　1つ5点、(3)6点（26点）

(1) 地図中のⒶ〜Ⓒにあてはまるものを、㋐〜㋒から選びましょう。
㋐ まぐろ
㋑ もずく
㋒ こんぶ類
Ⓐ（㋒）
Ⓑ（㋐）
Ⓒ（㋑）

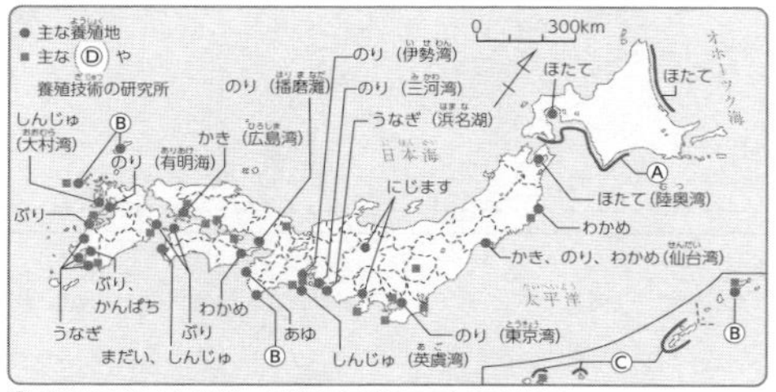

養殖業のさかんな地域と、水産資源を守り育てるための研究所

(2) 地図中のⒹには、稚魚《ちぎょ》を育てて海に放流し、海で育ってからとる漁業があてはまります。この漁業を何といいますか。
（さいばい漁業）

記述 (3) できたらスゴイ！ (2)の漁業はどのような目的で行われていますか。かんたんに書きましょう。　思考・判断・表現
（(例)水産資源を守り育てて、少しでも安定した生産ができるようにするため。）

**4** 水産資源を守る取り組みについて、答えましょう。　1つ5点、(3)6点（26点）

(1) 世界の水産資源とそれを守る取り組みについて述《の》べた次の文のうち、正しいものには○を、まちがっているものには×をつけましょう。
①（○）世界全体では、水産物の消費《しょうひ》量が増えてきている。
②（×）漁船の数や魚をとる量、漁の期間などを自由にする動きが広がっている。
③（×）養殖には高い技術《ぎじゅつ》が必要であるため、あまりさかんではない。

(2) 水産業に関わる人たちは、海の資源や環境《かんきょう》を守りながら、魚や貝などをとったり育てたりしています。このような水産業を何といいますか。（　）にあうように漢字4字で書きましょう。
（持続可能）な水産業

記述 (3) できたらスゴイ！ 岩手《いわて》県一関《いちのせき》市の山では、山から流れ出る川の流域《りゅういき》に住む人たちや、漁を営む人たちなどが木を植える活動をしています。森林と海には、どのような関係がありますか。「水産資源」という言葉を使って、かんたんに書きましょう。　思考・判断・表現
（(例)森や川の自然を守ることが、海を豊かにして、水産資源を守ることにつながる。）

ふりかえり　3(3)がわからないときは、42ページの2にもどって確認《かくにん》してみよう。



## 確かめのテスト　44〜45ページ

**1** (1)、(3)1980年と2020年の折れ線グラフの高さを比べると、漁業生産量の高低差がいちばん大きくなっています。1980年の漁業生産量は約1000万tでしたが、2020年には約320万tになり、約680万t減りました。

**2** (2)日本の国土の東西南北のはしには、本州から遠くはなれた島があります。教科書の16〜17ページをもう一度見て、確《たし》かめておきましょう。

**3** (1)Ⓐは北海道《ほっかいどう》の海ぞいの地域なので、こんぶ類があてはまります。Ⓑは、和歌山《わかやま》県・長崎《ながさき》県といった暖流《だんりゅう》の通り道に近い海で養殖されているので、まぐろがあてはまります。Ⓒは、沖《おき》縄《なわ》県の特産品であるもずくがあてはまります。

**4** (1)②とりすぎによる水産資源の減少《げんしょう》を防《ふせ》ぐために、日本など水産業のさかんな国々が集まって話し合い、水産資源の管理をしようとしています。
③水産物の消費量の増加《ぞうか》に応《こた》えるために、世界の各地で養殖業がさかんに行われています。

### 記述問題のプラスワン

**4** (3)〔別解〕「上流に豊かな森林がある川が流れこむ海は、水産資源が豊富《ほうふ》である」でもよいです。問題文中に「水産資源」という語句を使用するという指定があるので、わすれずに解答《かいとう》にふくめましょう。

ぴったり1 準備

せんたく 2．未来を支《ささ》える食料生産

## 野菜づくりのさかんな地域《ちいき》 岩手《いわて》町のキャベツづくり

学習日 **46ページ**

◎めあて 野菜づくりがさかんな地域の取り組みを理解《りかい》しよう。

教科書 106～109ページ 答え 24ページ

次の（　　）に入る言葉を、下から選びましょう。

### 1 野菜づくりのさかんな地域 　教科書 106～107ページ

**徳島《とくしま》県藍住《あいずみ》町のにんじんづくり**

- 藍住町では、あたたかい気候を生かしたにんじんづくりがさかんで、4～6月に収穫《しゅうかく》する春にんじんをつくって出荷《しゅっか》している。
- 藍住町の土は、（① 吉野川 ）の上流から運ばれてきており、栄養分が豊富《ほうふ》である。
- 以前は水田の（② 裏作 ）としてにんじんづくりを行っていたが、今では町の農業の中心である。
- 秋に種をまき、冬の寒い時期は（③ ビニールハウス ）で育てる。
- 春にはビニールにあなをあけて、風通しをよくする。

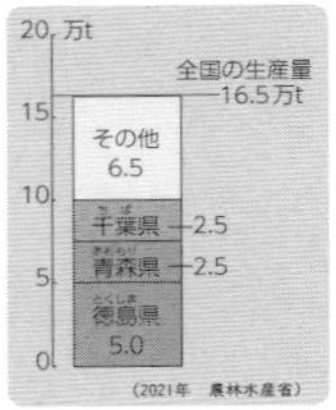


春にんじんの都道府県別生産量

**高知《こうち》県の野菜づくり**

- 高知県の海岸ぞいの地域では、（④ 冬 ）でもあたたかく、（⑤ 日照時間 ）の長い気候を生かした野菜づくりがさかん。
- なす・ピーマン・きゅうりなどの野菜を、ビニールハウスを利用してつくり、他の産地からの出荷が減る冬から春に出荷する。
- 収穫された野菜は、共同の集出荷場に運ばれて、計画的に出荷され、東京・大阪などの大きな消費《しょうひ》地へは（⑥ トラック ）で輸送《ゆそう》される。
- 農薬を減らすくふうなどもしている。

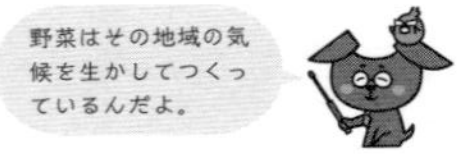

野菜はその地域の気候を生かしてつくっているんだよ。

### 2 岩手町のキャベツづくり 　教科書 108～109ページ

**キャベツづくりのくふう**

- 岩手県岩手町では、夏のすずしい気候を生かしたキャベツの生産がさかん。
- 3月ごろから苗《なえ》を育て、4月から7月ごろにかけて一週間ずつずらして苗を植えていく。
- 収穫の時期がずれるため、6月から10月にかけて収穫ができ、出荷する期間も長くなる。
- 昔は葉がかたい（⑦ 品種 ）のキャベツの生産がさかんだったが、害虫の発生や他県の生産の増加《ぞうか》で、一時は生産が落ちこんだ。
  ⇒40年ほど前から葉がやわらかくあまい品種のキャベツの生産を始め、再びキャベツの生産がさかんな地域となった。
- よい土づくりのくふうとして、地元で育てられている牛やぶたのふんを利用した（⑧ たい肥 ）をつくり、畑に混《ま》ぜている。

| 選んだ言葉に✓ | | | | |
|---|---|---|---|---|
| | □裏作《うらさく》 | □吉野《よしの》川 | □トラック | □たい肥《ひ》 |
| | □冬 | □日照時間 | □ビニールハウス | □品種 |

46

ぴったり2 練習

学習日 **47ページ**

ぴたトリビア ビニールハウスやガラスの温室で、温度を調節しながら、野菜や花を育てると、収穫や出荷の時期を早くしたり遅《おそ》くしたりすることができます。

教科書 106～109ページ 答え 24ページ

**1 野菜づくりについて、答えましょう。**

(1) 次の文中の①～④にあてはまる言葉を、㋐～㋗から選びましょう。

> 徳島県藍住町では、（①）気候を生かした、にんじんづくりがさかんである。収穫されたにんじんは、他の産地からの出荷が減る（②）に出荷している。
> 高知県の海岸ぞいの地域では、冬でもあたたかく、日照時間の（③）気候を生かした野菜づくりがさかんである。収穫された野菜は、他の産地からの出荷が減る（④）に出荷する。

㋐ すずしい　㋑ あたたかい　㋒ 長い　㋓ 短い　㋔ 春
㋕ 秋　㋖ 冬から春　㋗ 夏から秋

①（ ㋑ ）②（ ㋔ ）③（ ㋒ ）④（ ㋖ ）

(2) 徳島県藍住町や高知県の海岸ぞいの地域では、野菜づくりに右の絵のような施設《しせつ》を利用しています。このような施設を利用する理由を、㋐～㋒から選びましょう。（ ㋑ ）

㋐ 中を冷やして、夏の暑さを防《ふせ》ぎ低温を保《たも》つため。
㋑ 中をあたためて、冬の寒さを防ぎ適温《てきおん》を保つため。
㋒ 外の空気にふれないようにして、病気や害虫を防ぐため。

(3) 高知県で、他の産地からの出荷が減る時期につくられる野菜にあてはまらないものを、㋐～㋓から選びましょう。（ ㋓ ）

㋐ なす　㋑ きゅうり　㋒ ピーマン　㋓ レタス

**2 岩手県岩手町のキャベツづくりについて、答えましょう。**

(1) 次の文中の｛　｝の中の正しい言葉を◯で囲《かこ》みましょう。

> 岩手町は、夏でも①｛あたたかい・(すずしい)｝気候を生かした、キャベツづくりがさかんである。キャベツの生産が落ちこんだ時期もあったが、40年ほど前から葉が②｛(やわらかく)・かたく｝あまい品種のキャベツがつくられるようになって、再び生産がさかんになった。

(2) キャベツの苗は、一週間ずつずらして畑に植えられます。時期をずらして植えるのは、なぜですか。次の文中の①、②にあてはまる言葉を書きましょう。

> 収穫の時期をずらして、（①）する期間を（②）するため。

①（ 出荷 ）②（ 長く ）

ヒント
1 (1) ①藍住町では、冬に春にんじんを育てています。
2 (1) 岩手県岩手町は、本州北部の東北《とうほく》地方にあります。

47

**できたかな？**
□徳島県藍住町のにんじんづくりのくふうを説明してみよう。
□高知県の野菜づくりのくふうを説明してみよう。
□岩手県岩手町のキャベツづくりのくふうを説明してみよう。

## 練習 47ページ

**1** (1)②④他の地域では生産しにくい冬の時期に育てて、春に出荷します。
(2)絵はビニールハウスを表しています。徳島県や高知県は、冬でもあたたかく、ビニールハウスを利用した野菜づくりがさかんです。気温が上がると、ビニールハウスにあなをあけ、風通しをよくします。
(3)㋐のなす、㋑のきゅうり、㋒のピーマンはあたたかい気候を生かして生産する野菜です。㋓のレタスは高原野菜の一つで、すずしい気候に適した野菜です。

**2** (1)キャベツは夏でもすずしい気候を生かして生産する高原野菜です。
(2)岩手町では6月から10月まで、長い期間にわたって収穫して出荷しています。

ぴったり1 準備

せんたく

2. 未来を支《ささ》える食料生産

# 果物づくりのさかんな地域《ちいき》
# 肉牛飼育《しいく》のさかんな地域

学習日

48ページ

◎めあて 果物づくりや肉牛の飼育がさかんな地域の取り組みを理解《りかい》しよう。

教科書 110〜111ページ　答え 25ページ

次の(　　)に入る言葉を、下から選びましょう。

## 1 果物づくりのさかんな地域

教科書 110ページ

### 山梨《やまなし》県甲州《こうしゅう》市のぶどうづくり

- 甲州市では、(① 水はけ )のよい土地が、なだらかな斜面《しゃめん》に広がっている。
- 雨が少なく、昼と夜の(② 気温差 )が大きいため、ぶどうづくりがさかん。
- 高速道路を使い、新鮮《しんせん》なぶどうを早く出荷《しゅっか》している。
- ぶどうがりが楽しめる農園があるなど、(③ 観光 )もさかんである。
- 農家の人は、花のさく時期に雨がふり続いたり、収穫《しゅうかく》の時期に(④ 台風 )が来たりすると、ぶどうがいたむという心配をかかえている。
- 何種類かのぶどうをさいばいして、いそがしい収穫の時期が重ならないようにしている。

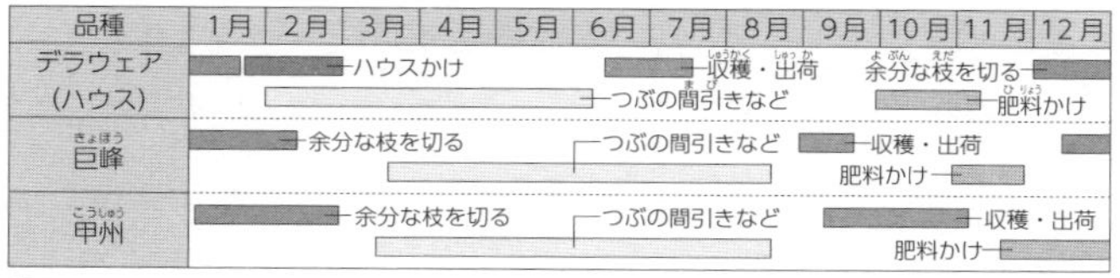

品種
1月 2月 3月 4月 5月 6月 7月 8月 9月 10月 11月 12月
デラウェア(ハウス)
ハウスかけ
収穫《しゅうかく》・出荷《しゅっか》
余分《よぶん》な枝《えだ》を切る
つぶの間引《まび》きなど
肥料《ひりょう》かけ
巨峰《きょほう》
余分な枝を切る
つぶの間引きなど
収穫・出荷
肥料かけ
甲州《こうしゅう》
余分な枝を切る
つぶの間引きなど
収穫・出荷
肥料かけ


ぶどうづくりカレンダー

## 2 肉牛飼育のさかんな地域

教科書 111ページ

### 阿蘇《あそ》地方の肉牛飼育

- 熊本《くまもと》県の阿蘇地方では、あか牛とよばれる肉牛の飼育がさかん。
- 山のすそ野に広がる草原を利用し、(⑤ 放牧 )している。
- 放牧では、牛１頭が食べる飼料《しりょう》として１〜２haの(⑥ 牧草地 )が必要である。
- 牧草地は、多くの農家が共同で利用するため、牛の体に飼《か》い主の名前や番号を記している。
- あか牛は、生後２年間ほど飼育したあと、主に県内や九州《きゅうしゅう》各地へ出荷される。
- あか牛の飼育のように、冬は牛舎《ぎゅうしゃ》で育て、４月ごろから山で放牧することを「夏山冬里《なつやまふゆさと》」という。
- (⑦ トレーサビリティ )…消費《しょうひ》者に安心して食べてもらうために、牛を育てて出荷し、店にとどけるまでの情報《じょうほう》を記録して、インターネットで公開するしくみ。
- 農家の人は飼料の穀物《こくもつ》を外国から(⑧ 輸入 )しているため、飼料代がかかるというなやみをかかえている。

牛はずいぶんたくさんの飼料を食べるんだね。

選んだ言葉に ✓

□観光　□台風　□水はけ　□トレーサビリティ
□気温差　□放牧　□輸入《ゆにゅう》　□牧草地



ぴったり2 練習

学習日

49ページ

ぴたトリビア

ぶどうの生産量は、１位山梨県、２位長野《ながの》県、３位岡山《おかやま》県となっています（2021年）。この三つの県で全国生産量のほぼ半分をしめます。

教科書 110〜111ページ　答え 25ページ

## 1 次のぶどうづくりカレンダーを見て、答えましょう。

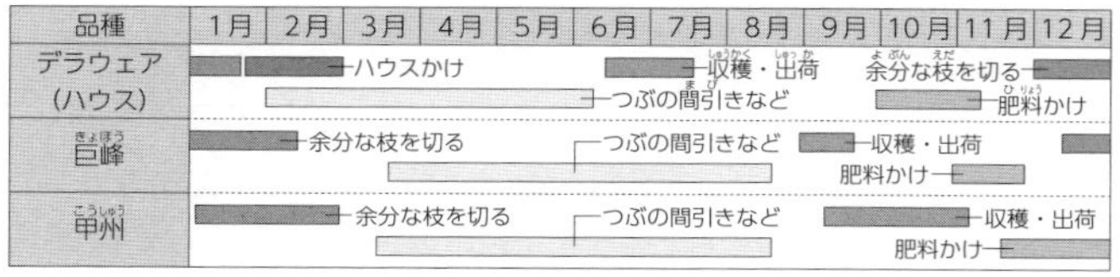

品種
1月 2月 3月 4月 5月 6月 7月 8月 9月 10月 11月 12月
デラウェア(ハウス)
ハウスかけ
収穫《しゅうかく》・出荷《しゅっか》
余分《よぶん》な枝《えだ》を切る
つぶの間引《まび》きなど
肥料《ひりょう》かけ
巨峰《きょほう》
余分な枝を切る
つぶの間引きなど
収穫・出荷
肥料かけ
甲州《こうしゅう》
余分な枝を切る
つぶの間引きなど
収穫・出荷
肥料かけ


(1) 収穫の時期がいちばん早い品種は何ですか。（ デラウェア ）
(2) 収穫期間がいちばん短い品種は何ですか。（ 巨峰 ）
(3) 収穫期間がいちばん長い品種は何ですか。（ 甲州 ）
(4) ぶどうづくりでいちばん時間をかける作業は何ですか。（ つぶの間引きなど ）
(5) 山梨県甲州市では、品種のちがうぶどうを数種類さいばいしています。数種類のぶどうをさいばいするのはなぜですか。その理由を、㋐〜㋒から選びましょう。（ ㋒ ）

㋐ つぶの間引《まび》きなどの作業が重ならないようにするため。
㋑ 余分《よぶん》な枝《えだ》を切る作業が重ならないようにするため。
㋒ いそがしい収穫の時期が重ならないようにするため。

## 2 右の熊本県阿蘇地方のあか牛の飼育・出荷の流れの図を見て、答えましょう。

(1) 図中の①〜③にあてはまる言葉を、［　］から選びましょう。

①（ 草原 ）
②（ 牛舎 ）
③（ せり ）

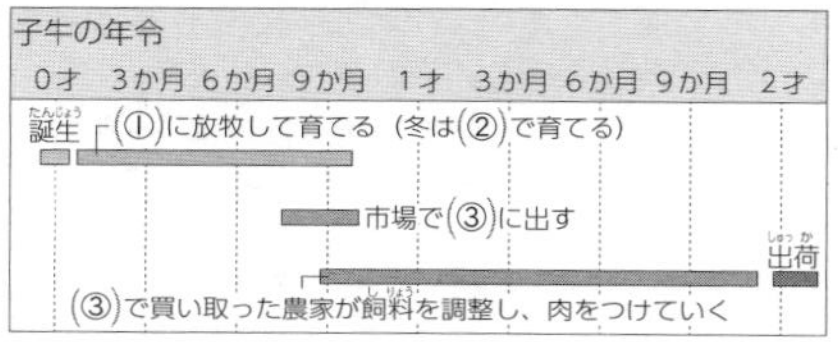

子牛の年令
0才 3か月 6か月 9か月 1才 3か月 6か月 9か月 2才
誕生《たんじょう》
(①)に放牧して育てる（冬は(②)で育てる）
市場で(③)に出す
出荷《しゅっか》
(③)で買い取った農家が飼料《しりょう》を調整し、肉をつけていく


畑　草原　牛舎　せり　検査《けんさ》

(2) あか牛が誕生《たんじょう》してから出荷されるまでには、どのくらいの期間がかかりますか。
約（ 2 ）年

(3) 肉牛の生産では、牛を育てて出荷し、店にとどけるまでの情報を記録して、インターネットで公開しています。このようなしくみを何といいますか。
（ トレーサビリティ ）

ヒント
2 (1) ①②あか牛は、「夏山冬里」というように、夏は山で、冬は牛舎で飼育されます。
2 (3) 消費者に安心して食べてもらえるように、取り入れているしくみです。

できたかな？

□山梨県甲州市のぶどうづくりのくふうを説明してみよう。
□阿蘇地方の肉牛飼育のくふうを説明してみよう。

## 練習　49ページ

1 (1)デラウェア（ハウス）の収穫時期は６月から７月ごろ、巨峰の収穫時期は９月ごろ、甲州の収穫時期は９月前半から11月はじめまでとなっており、収穫時期がいちばん早い品種はデラウェアとなります。
(2)巨峰の収穫期間は１か月もありません。
(3)甲州の収穫期間は、９月前半から11月はじめまでの、ほぼ２か月間です。
(5)ぶどうの収穫は手作業で行われるため、時間がかかり、収穫が重なるといそがしくなります。

2 (1)①②あか牛は、夏は山のすそ野に広がる草原で、冬は牛舎で育てられます。
③市場で、買い手が値段《ねだん》を競《きそ》い合って、最も高い値段をつけた買い手に売ることを、せりといいます。
(3)トレーサビリティのしくみが取り入れられていることで、健康にえいきょうをあたえる事件《じけん》などがおこったときに、食品の流通履歴《りれき》を確認《かくにん》し、原因《げんいん》の究明や食品の回収をスムーズに進めることができます。

ぴったり3

# 確かめのテスト

せんたく

2．未来を支《ささ》える食料生産

野菜づくりのさかんな地域《ちいき》／岩手《いわて》町のキャベツづくり

果物づくりのさかんな地域／肉牛飼育《しいく》のさかんな地域

## 50ページ

／100　合格80点

教科書 106〜111ページ　答え 26ページ

**1 徳島《とくしま》県藍住《あいずみ》町のにんじんづくりカレンダーを見て、答えましょう。**　1つ6点、(4)7点（25点）

(1)　藍住町で、にんじんを出荷《しゅっか》する時期を、カレンダー中の㋐、㋑から選びましょう。

（　㋐　）

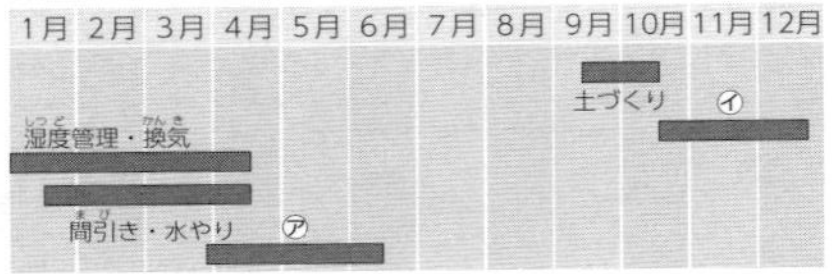


にんじんづくりカレンダー

(2)　よく出る　カレンダー中の「湿度《しつど》管理・換気《かんき》」という作業は、にんじんを育てているある施設《しせつ》で行われます。その施設は何ですか。

（　ビニールハウス　）

(3)　よく出る　高知《こうち》県の海岸ぞいの地域でも、野菜づくりがさかんです。高知県のこの地域で多くつくられている野菜の組み合わせとして正しいものを、㋐〜㋓から選びましょう。

（　㋒　）

㋐　キャベツ・なす　㋑　キャベツ・はくさい

㋒　ピーマン・なす　㋓　ピーマン・はくさい

記述 (4)　徳島県藍住町と高知県の海岸ぞいの地域で野菜づくりがさかんなのは、なぜですか。2つの地域で共通している理由を、気候に着目して、かんたんに書きましょう。

思考・判断・表現

（(例)(冬でも)あたたかい気候が野菜づくりに適しているから。）

**2 岩手《いわて》県岩手町のキャベツづくりカレンダーを見て、答えましょう。**　(1)6点、(2)7点（13点）

(1)　岩手町では、何月から何月ごろに、キャベツの苗《なえ》を畑に植えていますか。

技能

（　4月から7月ごろ　）

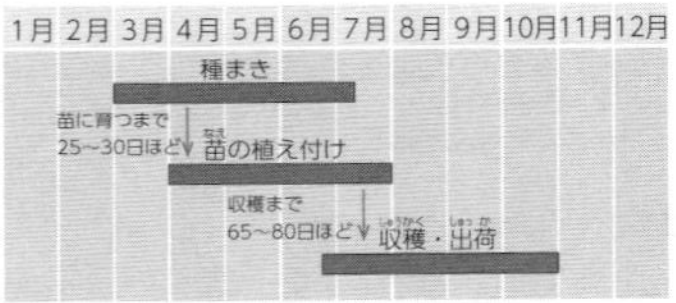


キャベツづくりカレンダー

記述 (2)　できたらスゴイ！　(1)の期間に、少しずつ時期をずらしてキャベツの苗を畑に植えることによって、収穫《しゅうかく》や出荷にどのような利点がありますか。かんたんに書きましょう。

思考・判断・表現

（(例)収穫の時期がずれて、長い期間、出荷することができる。）

50

学習日

## 51ページ

**3 山梨《やまなし》県甲州《こうしゅう》市のぶどうづくりについて、答えましょう。**　1つ5点（30点）

(1)　甲州市のぶどうづくりに関する次の文中の①〜⑤にあてはまる言葉を、㋐〜㋙から選びましょう。

- 山梨県甲州市では、水はけのよい土地と、雨が(①)、昼と夜の気温の差が(②)気候を生かしたぶどうづくりがさかんである。
- いそがしい(③)の時期が重ならないように、(③)の時期がちがう数種類のぶどうを育てている。また、(③)の時期に(④)が来ると、ぶどうがいたんでしまうことがある。
- ぶどうは害虫に弱いが、安心して食べられるように、必要最低限《さいていげん》の(⑤)を使うようにしている。

㋐　多く　㋑　少なく　㋒　大きい　㋓　小さい　㋔　種まき

㋕　収穫　㋖　台風　㋗　梅雨《つゆ》　㋘　肥料《ひりょう》　㋙　農薬

①（　㋑　）②（　㋒　）③（　㋕　）④（　㋖　）⑤（　㋙　）

(2)　甲州市で、新鮮《しんせん》なぶどうを早く出荷するために主に利用しているものを、［　］から選びましょう。

（　高速道路　）

［鉄道　高速道路　河川《かせん》］

**4 熊本《くまもと》県阿蘇《あそ》地方の肉牛飼育について、次の問いに答えましょう。**　1つ5点、(3)7点（32点）

(1)　阿蘇地方の肉牛飼育について述《の》べた次の文のうち、正しいものには○を、まちがっているものには×をつけましょう。

①（　○　）阿蘇地方では、あか牛とよばれる肉牛の飼育がさかんである。

②（　×　）牛は、夏の暑い時期は牛舎《ぎゅうしゃ》で育て、春と秋に山に放牧する。

③（　×　）牛は、牧草だけで育て、穀物《こくもつ》の飼料《しりょう》は値段《ねだん》が高いので使わない。

④（　○　）育てた牛は、主に県内や九州《きゅうしゅう》各地へ出荷される。

(2)　阿蘇地方の肉牛は、どのような場所に放牧されていますか。㋐〜㋒から選びましょう。

（　㋒　）

㋐　水はけのよいおかの急な斜面《しゃめん》。

㋑　海岸ぞいの広い草地。

㋒　山のすそ野に広がる草原。

記述 (3)　できたらスゴイ！　肉牛の生産では、牛を育てて出荷し、店にとどけるまでの情報《じょうほう》を公開するトレーサビリティのしくみを取り入れています。なぜ、このようなしくみを取り入れているのか、かんたんに書きましょう。

思考・判断・表現

（(例)消費者が安心して肉を食べられるようにするため。）

ふりかえり　1(4)がわからないときは、46ページの1にもどって確認《かくにん》してみよう。

51

→ この本の終わりにある「夏のチャレンジテスト」をやってみよう！

**記述問題のプラスワン**

4 (3)〔別解〕「消費者が牛肉を安心して選べるようにするため」でもよいです。

## 確かめのテスト　50〜51ページ

1 (1)㋐徳島県藍住町では、秋ににんじんの種をまき、他の産地からの出荷が減《へ》る春に、にんじんを出荷します。

(3)キャベツやはくさいは、すずしい気候の地域で育つ野菜です。

2 (2)苗を植え付ける時期をずらすことで、収穫の時期もずれるので、出荷する期間を長くすることができます。

3 (1)①②甲州市は内陸に位置していて、降水《こうすい》量が少なく、昼と夜の気温の差が大きくなっています。

(2)甲州市内には、高速道路の中央自動車道が通っていて、関東《かんとう》地方や近《きん》畿《き》地方などと結ばれています。

4 (1)②牛舎で育てるのは、夏ではなく冬です。

③牛舎で育てる期間は穀物の飼料で育てます。

(3)問題の絵は商品にはられているラベルです。牛肉の場合、記載《きさい》されている10桁《けた》の個体識別《しきべつ》番号により、インターネットを通じて牛の生産履歴《りれき》を調べることができます。

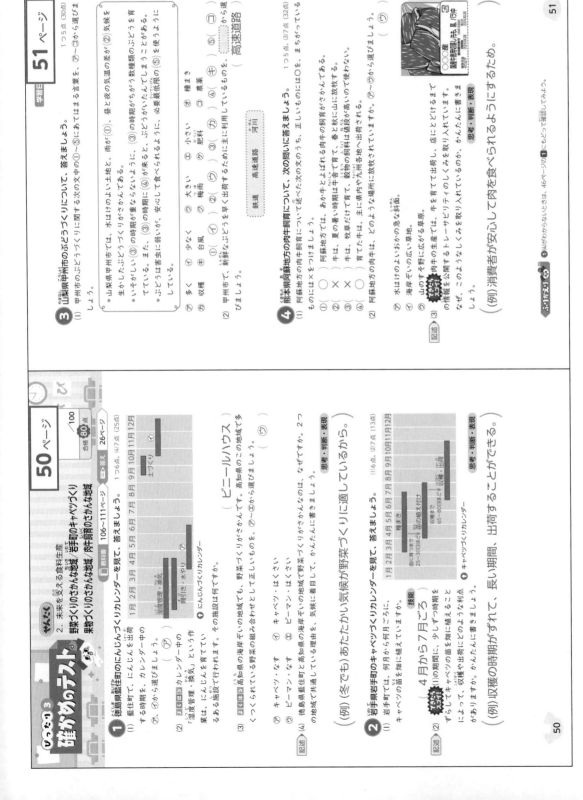

ぴったり1
# 準備

2．未来を支《ささ》える食料生産
## 3 これからの食料生産

3分でまとめ



めあて
食料輸入の長所と短所や、食料生産に関わる人たちの取り組みを理解しよう。

教科書 112～121ページ　答え 27ページ

次の（　　）に入る言葉を、下から選びましょう。

### 1 外国からもとどく食料／食料の輸入《ゆにゅう》がもたらすもの
教科書 112～115ページ

ワンポイント　日本の食料輸入と食料の自給率《じきゅうりつ》

- 外国から輸入される食料は増えており、日本で食べられる（① 大豆 ）やえびなどは90%以上が輸入されている。
- 交通の発達や（② 冷凍技術 ）の進歩によって、食料を新鮮《しんせん》なまま運べるようになり、輸入が増えている。
- 国内で（③ 消費 ）された食料のうち、国内で生産された食料の割合《わりあい》を**食料自給率**という。日本の食料自給率はたいへん低い。

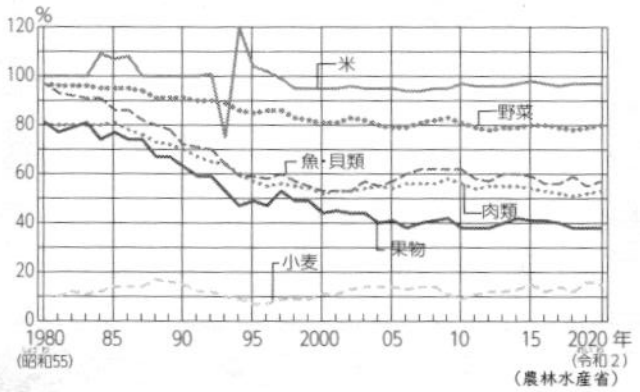

主な食料の自給率の変化

**食料の輸入が国内にもたらすえいきょう**
- 消費者《しょうひしゃ》の立場：**長所** さまざまな食料を（④ 安い ）値段《ねだん》で確保《かくほ》できて、食生活が豊《ゆた》かになる。
  **短所** 相手国で事故《じこ》や災害《さいがい》があった場合、食生活が不安定になる心配がある。
- 生産者の立場：**短所** 外国産の安い食料が増え、競争がはげしくなる。

### 2 食料を安定して生産し、とどけるために／地域《ちいき》ならではの食料生産　はってん
教科書 116～121ページ

**地域の生産や消費を増やすための取り組み**
- 室内で光や温度を調節して、計画的に野菜を生産する野菜工場がある。農薬を使わないため、安全性《せい》が高いが、電気代など多くの（⑤ 費用 ）が必要。
- 乳牛《にゅうぎゅう》の健康状態《じょうたい》を（⑥ アプリ ）で管理するなどの技術《ぎじゅつ》の開発が進んでいる。
- 日本産の質《しつ》の高い食料を、海外へ輸出するなど、より多くの人にとどけるしくみが重要。
- （⑦ 地産地消 ）…地元で生産された食料を地元で消費すること。直売所など。

**大阪府《おおさかふ》「なにわの伝統野菜《でんとうやさい》」　はってん**
- くわいやなすなど、地域の（⑧ 自然条件 ）を生かした野菜づくりを昔から行ってきたが、さまざまな理由から生産が減った野菜も多い。伝統的にさいばいされてきた野菜のうち条件《じょうけん》を満たしたものを「なにわの伝統野菜」として認証《にんしょう》し、広める取り組みをしている。

**兵庫県明石市《ひょうごけんあかしし》の「くぎ煮《に》」と「いかなご漁《りょう》」　はってん**
- 明石海峡《かいきょう》付近でとれる「いかなご」という魚の子からつくる「くぎ煮」という郷土《きょうど》料理が有名。いかなごの鮮度《せんど》を保《たも》つためには多くの人の協力が必要である。

選んだ言葉に ☑　□消費《しょうひ》　□安い　□冷凍技術《れいとうぎじゅつ》　□自然条件　□地産地消《ちさんちしょう》　□アプリ　□大豆《だいず》　□費用《ひよう》



ぴったり2
# 練習



ぴたトリビア
食料を産地から消費地に運ぶときに使うエネルギーの量を表す数を「フードマイレージ」といい、「食料の重さ×輸送《ゆそう》きょり」で求めます。

教科書 112～121ページ　答え 27ページ

**1 食料の輸入と食料自給率について、答えましょう。**

(1) 次の①～③の国から日本が多く輸入している食料の組み合わせとしてあうものを、線で結びましょう。

① フィリピン　—　㋑バナナ、パイナップル
② 中華人民共和国《ちゅうかじんみんきょうわこく》　—　㋐牛肉、ぶた肉、大豆、野菜、オレンジ、小麦
③ アメリカ合衆国《がっしゅうこく》　—　㋒まぐろ、野菜

(2) 右の食料自給率のグラフを見て、次の文のうち、正しいものには○を、まちがっているものには×をつけましょう。

①（ × ）2020年現在《げんざい》、肉類や魚・貝類は半分以上を輸入している。
②（ × ）小麦は日本ではまったくつくられていない。
③（ ○ ）2020年現在、野菜は半分以上が自給できている。
④（ ○ ）1980年と2020年を比《くら》べると、果物の自給率は半分くらいに減った。

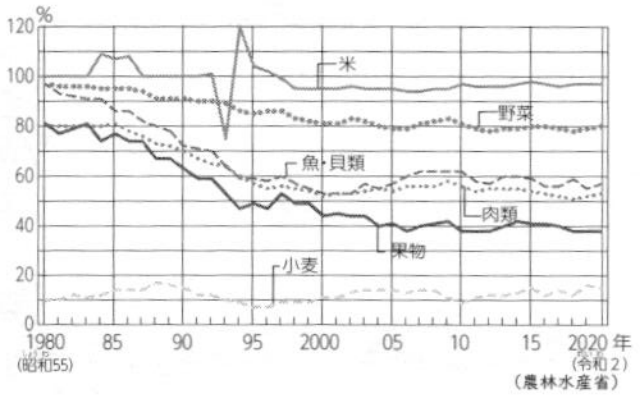

主な食料の自給率の変化

**2 次の文中の①～⑥にあてはまる言葉を、㋐～㋗から選びましょう。**

- 食料の輸入が増えたのは、（①）の発達や（②）技術の進歩によって、食料を新鮮なまま運べるようになったためである。
- いろいろな食料が輸入されるようになって、（③）は豊かになったが、外国産の食料との価格《かかく》などの（④）がはげしくなり、国内の食料生産にえいきょうが出てくる心配もある。
- 生産者や生産方法などがわかりにくい外国産の食料は（⑤）を確かめることが大切である。
- 地元で生産された食料を地元で消費する「（⑥）」の取り組みが注目されている。

㋐ 安全性　㋑ 食生活　㋒ 生産　㋓ 消費　㋔ 競争
㋕ 冷凍　㋖ 交通　㋗ 産地直送　㋘ 地産地消

①（ ㋖ ）②（ ㋕ ）③（ ㋑ ）④（ ㋔ ）⑤（ ㋐ ）⑥（ ㋘ ）

ヒント
1 (2)①③ 食料自給率が50%未満であれば、半分以上を輸入していることになります。
2 ⑥ それぞれの地域で続けてきた食料生産を大切にする取り組みです。



できたかな？
□食料輸入のえいきょう（長所・短所）を説明してみよう。
□食料生産に関わる人たちの取り組みを説明してみよう。

おうちのかたへ
近年、まだ食べられる食品を大量に捨てていることが問題となっています。このような「食品ロス」を減らすために、どのようなことができるか、お子さまと意見を出し合うことで、問題への意識が高まります。

## 練習　53ページ

**1** (1)①フィリピンではバナナやパイナップルなどの果物の生産がさかんです。

(2)①肉類や魚・貝類の自給率は50%をこえているので、輸入は半分以下です。

②小麦の自給率は10%前後なので、まったくつくられていないわけではありません。

③2020年現在の野菜の食料自給率は、約80%です。

④1980年の果物の食料自給率は約80%、2020年の果物の食料自給率は、約40%です。

**2** ①②「新鮮なまま運べる」から考えましょう。

④外国産の食料が安い値段で入ってくると、安くつくれない国内の食料は競争に負けて生産できなくなり、自給率が低くなる心配があります。

ぴったり3
# 確かめのテスト
2．未来を支《ささ》える食料生産
## 3 これからの食料生産

/100 合格 80 点

教科書 112～121ページ　答え 28ページ

**1 食料の輸入《ゆにゅう》について、答えましょう。** 1つ5点、(3)7点（32点）

(1) よく出る 日本が食料を輸入している主な相手先に関する次の文中の①～④にあてはまる国名を、㋐～㋕から選びましょう。

2021年現在《げんざい》、日本は、(①)から牛肉、ぶた肉、大豆《だいず》、野菜、オレンジなど、さまざまな食料を輸入している。また、カナダ、オーストラリアなどから小麦を輸入しており、(②)からはバナナやパイナップルなどの果物の輸入が多い。魚・貝類については、きょりの近い(③)からまぐろなどを、(④)やチリからはさけ・ますなどを多く輸入している。

㋐ 中華人民共和国《ちゅうかじんみんきょうわこく》　㋑ ブラジル　㋒ フィリピン
㋓ アメリカ合衆国《がっしゅうこく》　㋔ タイ　㋕ ノルウェー

①（㋓）②（㋒）③（㋐）④（㋕）

(2) 食料の輸入が増《ふ》えた理由にあてはまらないものを、㋐～㋓から選びましょう。（㋒）

㋐ 交通の発達　㋑ 冷凍技術《れいとうぎじゅつ》の発達　㋒ 水田の減少《げんしょう》　㋓ 食生活の変化

記述 (3) 食料の輸入がもたらす短所について、日本の生産者の立場から心配されることを、「競争」という言葉を使って、かんたんに書きましょう。 思考・判断・表現

（(例)外国産の安い食料や新しい食料が増えることにより、競争がはげしくなること。）

**2 次のグラフを見て、答えましょう。** 1つ5点（20点）

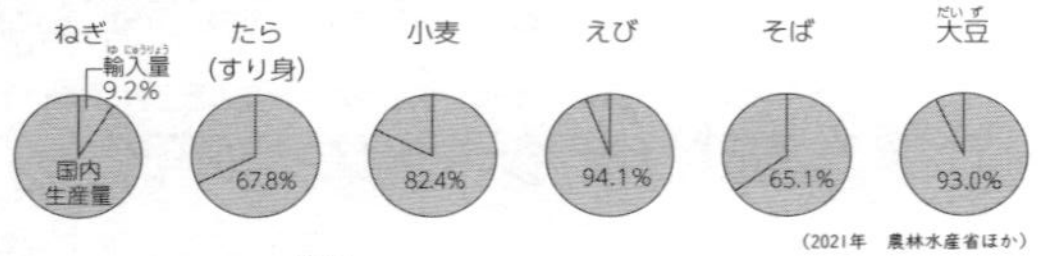

さまざまな食料の輸入の割合《わりあい》

(1) 大豆は、日本でよく使う食品の原料になります。その食品とは何ですか。㋐～㋔から2つ選びましょう。（順不同）（㋑）（㋓）

㋐ かまぼこ　㋑ みそ　㋒ ちくわ　㋓ しょうゆ　㋔ チーズ

(2) よく出る グラフ中の食料のうち、輸入量の割合が最も高いものは何ですか。 技能（えび）

(3) グラフ中の食料のうち、国内生産量の割合が最も高いものは何ですか。 技能（ねぎ）





**3 右のグラフは、日本の主な食料の自給率《じきゅうりつ》の変化を表しています。これを見て、答えましょう。** 1つ4点（28点）

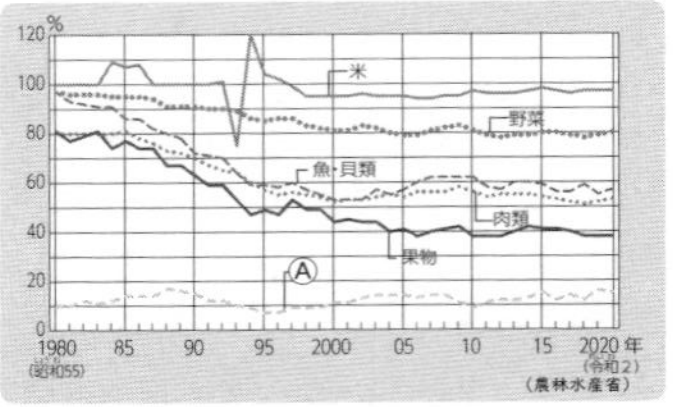


(1) グラフ中のⒶにあてはまるものを、㋐～㋓から選びましょう。（㋑）

㋐ じゃがいも　㋑ 小麦
㋒ たまご　㋓ 牛乳《ぎゅうにゅう》

(2) 次の文のうち、正しいものには○を、まちがっているものには×をつけましょう。 技能

①（×）野菜の自給率は、つねにほかの食料の自給率よりも高くなっている。
②（×）魚・貝類の自給率は、肉類よりもほぼ低くなっている。
③（×）肉類の自給率は、1985～1995年の間に約10%低くなった。
④（○）1990年から2020年の間に、自給率が最も下がったのは果物である。

(3) てきたらスゴイ！ 次の文の、{　}の中の正しい言葉を◯で囲《かこ》みましょう。 思考・判断・表現

自給率の①{高い・(低い)}食料は、外国からの輸入にたよっている。食料の輸入が増えると、フードマイレージは②{(高くなる)・低くなる}。

**4 食料生産に関わる人たちのさまざまな取り組みについて、答えましょう。** 1つ4点（20点）

(1) 次の①～③の取り組みとその説明としてあうものを、線で結びましょう。

① 地産地消《ちさんちしょう》 ― ㋒
② 直売所 ― ㋐
③ 野菜工場 ― ㋑

㋐生産者が消費者《しょうひしゃ》に地元の農産物を直接《ちょくせつ》はん売することができる施設《しせつ》。加工品なども売っている。
㋑室内で光や温度を調節して、計画的に野菜を生産する施設。安全性《せい》は高いが、多くの費用《ひよう》がかかる。
㋒地域《ちいき》で生産したものを地域で消費すること。地元でとれた食料を生かしていくことができる。

(2) 次の文のうち、正しいものには○を、まちがっているものには×をつけましょう。

①（○）働く人の不足をおぎなうため、アプリによって乳牛《にゅうぎゅう》の健康状態《けんこうじょうたい》を管理するなど、作業を自動化する技術《ぎじゅつ》が開発されている。
②（×）兵庫《ひょうご》県明石《あかし》市では、伝統《でんとう》的にさいばいされてきた野菜のうち条件《じょうけん》を満たしたものを、「なにわの伝統野菜」として認証《にんしょう》している。

ふりかえり ❶(3)がわからないときは、52ページの1にもどって確認《かくにん》してみよう。



**記述問題のプラスワン**

1 (3)消費者の立場から考えると、安い値段《ねだん》の食料の輸入によって安い費用《ひよう》で食料を確保《かくほ》することができます。問題文中に「競争」という語句を使用するという指定があるので、わすれずに解答《かいとう》にふくめましょう。

## 確かめのテスト　54～55ページ

1 (2)㋒は米の消費量が減ったためであり、食料の輸入が増えたことと直接は関係ありません。
(3)消費者の立場から心配されるのは、相手国で事故《じこ》や災害《さいがい》があった場合、食生活が不安定になるおそれがあることです。

2 (3)ねぎの輸入量の割合（9.2%）が最も低いので、国産の割合は最も高くなっています。国産の割合は、100－9.2＝90.8（%）です。

3 (2)①米の自給率は、野菜よりもほぼ高くなっています。
②魚・貝類の自給率は、肉類よりもほぼ高くなっています。
③肉類の自給率は、1985年は約80%、1995年は約60%なので、約20%低くなりました。
④果物の自給率は約65%から約40%となり、約25%下がりました。
(3)②フードマイレージとは、食料を産地から消費地に運ぶときに使うエネルギーの量のことで、「食料の重さ×輸送《ゆそう》きょり」で求めます。外国から大量の食料を船や自動車などで運ぶときには、石油などの燃料《ねんりょう》が多く使われ、フードマイレージは高くなります。

4 (2)②「なにわの伝統野菜」は大阪《おおさか》府の取り組みです。

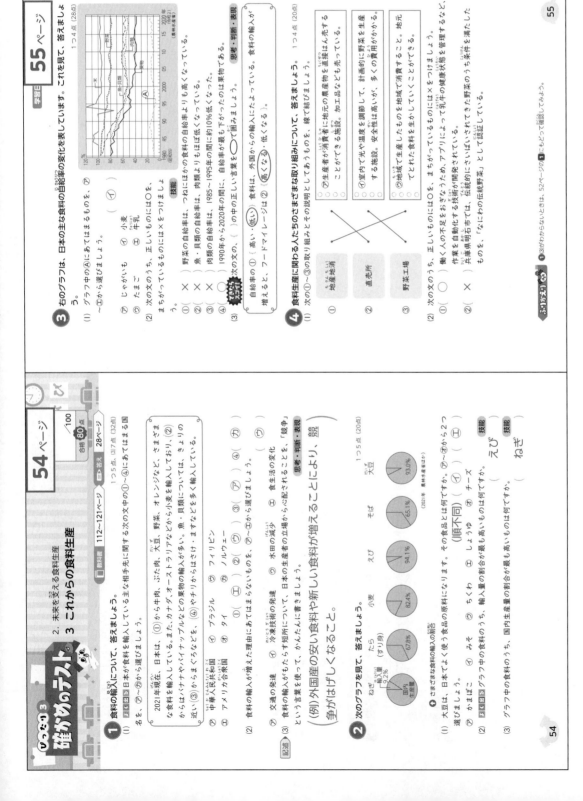

ぴったり1 準備

せんたく

3．未来をつくり出す工業生産

# 1 自動車の生産にはげむ人々①

3分でまとめ



◎めあて 日本の自動車生産の変化や自動車生産の流れを理解《りかい》しよう。

教科書 122～129ページ　答え 29ページ

次の（　　）に入る言葉や数字を、下から選びましょう。

## 1 工業製品《せいひん》とわたしたちのくらし／変わってきた自動車

教科書 122～125ページ

### 工業製品とくらしとの関わり

- **工業**…自然の中にあるさまざまな資源《しげん》に手を加えて、役に立つ製品を工場でつくり出す産業。
- 自動車、炊飯器《すいはんき》、加工食品など、さまざまな（① 工業製品 ）により、くらしは便利になった。

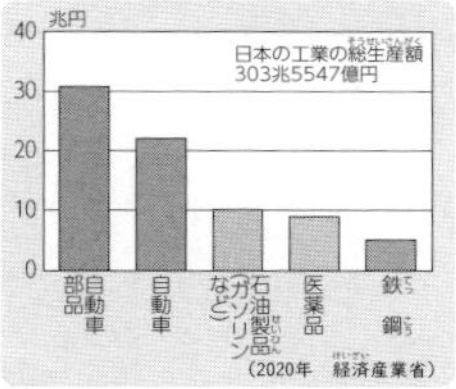


日本で生産されている主な工業製品の種類

### 自動車の生産の変化

- 1880年代に、ドイツで世界初のガソリン自動車がつくられた。自動車の生産が始まったころは、年間に数十台しか生産できなかったが、自動車の生産方法が進歩し、性《せい》能《のう》の高い自動車を大量に生産できるようになった。今では、日本国内で年間（② 1000 ）万台近くを生産している。

## 2 学習問題について予想して、学習計画を立てよう／大量に、むだなく、一つずつ

教科書 126～129ページ

### 自動車生産についての学習計画を立てる

- どのようにして自動車を生産しているか、予想し、ふせんやカードに書いて整理する。
- 自動車会社の（③ ウェブサイト ）でしょうかいされている生産の様子を見て、見学の予習・復習《ふくしゅう》をする。
- 予想したことを確《たし》かめるために、自動車工場を見学する。

### 自動車の生産

- 自動車工場では、（④ ライン ）にそって、多くの人やロボットが作業している。
- 注文に合わせて１台ごとに車体の色や部品を変えるので、コンピューターで管理している。

**自動車の生産の流れ**

1 プレス工場…鉄板を（⑤ プレス機 ）で打ちぬいたり曲げたりして、車体のドアやボンネットなどの部品をつくる。
↓
2 車体工場…溶接《ようせつ》の作業を行う。主に（⑥ ロボット ）が、車体の部品を熱でとかしてつなぎ合わせ、形をつくる。
↓
3（⑦ とそう ）工場…車体をあらったあと、ロボットが車体の色をぬり付ける。
↓
4 組み立て工場…車体にエンジンやシート（座席《ざせき》）などの部品を取り付ける。大きく重い部品はロボットが取り付けるが、部品のおよそ80％は（⑧ 人 ）が取り付ける。ドアやエンジンなどは別のラインで組み立てておくことで、効率《こうりつ》よく生産できる。
↓
5 検査《けんさ》…ブレーキ、排出《はいしゅつ》ガスの量などの検査を行い、検査に合格《ごうかく》した自動車を出荷《しゅっか》する。

選んだ言葉に✓　□とそう　□工業製品　□1000　□ロボット　□ライン　□プレス機　□人　□ウェブサイト



ぴったり2 練習



ぴたトリビア　自動車工場の多くは、広い敷地《しきち》がある、働く人が大勢《おおぜい》いる、電力や材料が手に入りやすい、交通の便がよい、といった場所につくられます。

教科書 122～129ページ　答え 29ページ

**1** 次のメモは、自動車を生産する人々がどのようにして自動車の性能を上げ、大量に生産しているのか、予想をまとめたものです。メモ中の①～⑤にあてはまる言葉を、㋐～㋕から選びましょう。

- 性能 …新しい機能を考えてつくる、（①）の人がいる。
- 性能 …安全性を確かめる（②）をしている。
- 大量に …広い（③）で手分けしてつくっている。
- 大量に …作業の（④）を細かく決めている。
- 大量に …速く動く（⑤）がつくっている。

㋐ 検査　㋑ 順番　㋒ 専門《せんもん》　㋓ 組み立て　㋔ ロボット　㋕ 工場

①（ ㋒ ）②（ ㋐ ）③（ ㋕ ）④（ ㋑ ）⑤（ ㋔ ）

**2** 次の絵は、自動車ができるまでのいろいろな作業を表しています。この絵を見て、答えましょう。

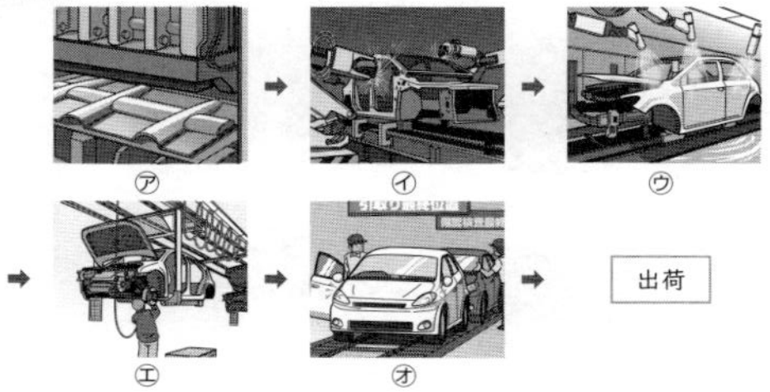


(1) 次の①～④の作業にあてはまるものを、㋐～㋔の絵から選びましょう。

①組み立て（ ㋓ ）②とそう（ ㋒ ）③溶接（ ㋑ ）④プレス（ ㋐ ）

(2) 次の自動車工場での作業にあてはまるものを、㋐～㋔の絵から選びましょう。

①（ ㋑ ）②（ ㋒ ）③（ ㋔ ）④（ ㋐ ）⑤（ ㋓ ）

① ロボットが、車体の部品と部品をつなぎ合わせて、車体の形に仕上げていく。
② 車体をきれいにあらったあと、色のぬり付けを３回くり返し、きれいにぬり上げる。
③ 組み立てが終わると、ブレーキ、排出ガスの量などについて、きびしく検査する。
④ 機械で材料の鉄板を打ちぬいたり、曲げたりして、車体のドアなどの部品をつくる。
⑤ 車体にエンジンやドア、シートなどの部品を、人やロボットが取り付ける。

(3) 自動車工場で、決められた順番どおりに、人やロボットが分担《ぶんたん》して作業する流れのことを何といいますか。（ ライン ）

ヒント　2 (1) プレス工場→車体工場→とそう工場→組み立て工場の順に作業します。



## 練習 57ページ

**1** ウェブサイトなどを参考に、情報《じょうほう》を集めましょう。自動車づくりのくふうやなやみについては、工場を見学して聞いてみましょう。

**2** (1)、(2)絵の㋐⇒㋔の流れにそって、自動車がつくられます。㋐車体の部品をつくるプレス⇒㋑車体の部品をつなぎ合わせていく溶接⇒㋒形のできた車体に色のぬり付けをするとそう⇒㋓エンジンやドアなどの部品を取り付ける組み立て⇒㋔できあがった自動車の検査⇒出荷となります。

(3)自動車の組み立てラインでは、一定の速さで進むラインの上で、作業を分担して自動車を正確に組み立てています。

**できたかな？**

□自動車生産の変化と流れを説明してみよう。

**おうちのかたへ**

自動車をはじめとして、工場でさまざまな工業製品がどのようにつくられているのか、どのような作業が行われているのか、お子さまと一緒に調べてみてください。工場の様子を映像で見たり、実際に見学したりする体験により、わたしたちのくらしと工業の深い関わりについての理解が深まります。

ぴったり3 確かめのテスト

せんたく 3. 未来をつくり出す工業生産

## 1 自動車の生産にはげむ人々

/100 合格80点

教科書 122～129ページ 答え 30ページ

**1 右のグラフを見て、答えましょう。** 1つ5点（30点）

(1) 右のグラフは、日本で生産されている主な工業製品《せいひん》の種類と生産額《せいさんがく》を表しています。次の文のうち、正しいものには○を、まちがっているものには×をつけましょう。 技能

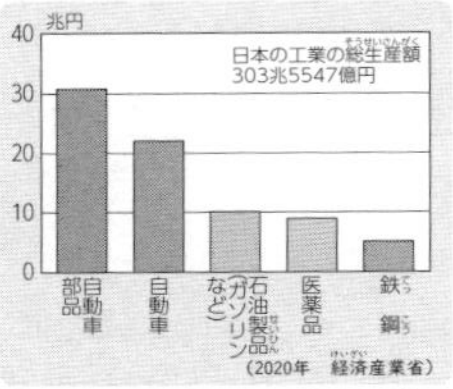

日本で生産されている主な工業製品の種類

①（ ○ ）自動車部品の生産額は自動車の生産額よりも大きい。

②（ × ）自動車部品と自動車の生産額の合計は、総生産額の4分の1以上をしめている。

③（ × ）ガソリンなどの石油製品と鉄鋼《てっこう》の生産額の合計は、自動車の生産額よりも大きい。

④（ ○ ）医薬品の生産額は鉄鋼の生産額よりも大きい。

(2) よく出る 工業について説明した次の文の、｛ ｝の中の正しい言葉を◯で囲《かこ》みましょう。

> 自然の中にあるさまざまな①｛農産物・(資源《しげん》)｝に手を加えて、くらしの役に立つ製品を②｛(工場)・研究施設《しせつ》｝でつくり出す産業を工業という。

**2 自動車生産の調べ方について、答えましょう。** 1つ3点（18点）

(1) 学習計画の立て方について述《の》べた次の文中の①～③にあてはまる言葉を、㋐～㋓から選びましょう。

> まず、自動車の生産について、みんなの（①）や調べてみたいことをまとめて学習問題をつくる。次に、（②）をふせんやカードに書いて整理する。自動車会社の（③）でしょうかいされている生産の様子を見て見学の予習や復習《ふくしゅう》に役立て、工場見学で生産の流れやくふうを調べる。

㋐ 電話　㋑ ウェブサイト　㋒ 疑問《ぎもん》　㋓ 予想

①（ ㋒ ）②（ ㋓ ）③（ ㋑ ）

(2) 次の文のうち、自動車工場の見学で調べることには○を、そうでないものには×を書きましょう。 思考・判断・表現

①（ ○ ）自動車工場の広さはどのくらいだろう。

②（ ○ ）自動車工場で働く人はどのくらいいるのだろう。

③（ × ）自動車工場で働く人たちの昼食は何だろう。





**3 自動車の生産について、答えましょう。** 1つ4点（16点）

(1) 次の文中の①～③にあてはまる言葉を、㋐～㋕から選びましょう。

> 自動車の生産が始まったころは、1か所に置かれた自動車の（①）に部品を取り付けていく方法で、年間に数十台しか生産できなかった。その後、生産方法が進歩し、今では（②）の高い自動車を（③）に生産できるようになった。

㋐ 値段《ねだん》　㋑ 性能《せいのう》　㋒ 車体　㋓ エンジン　㋔ 大量　㋕ 最大

①（ ㋒ ）②（ ㋑ ）③（ ㋔ ）

(2) よく出る 自動車工場では、ラインにそって多くの人やロボットが作業しています。ラインについての説明として正しいものを、㋐～㋓から選びましょう。（ ㋒ ）

㋐ 作業を進めるために工場のゆかに引かれた白い線のこと。

㋑ 工場の中で部品を積んだ台車が通るための通路のこと。

㋒ 決められた順番どおりに、分担《ぶんたん》して作業を行い、製品をつくる一つの流れのこと。

㋓ 車体の色や取り付ける部品をコンピューターで管理すること。

**4 右の自動車工場の作業の絵を見て、答えましょう。** 1つ3点、(3)6点（36点）

(1) よく出る 右の①～⑤の絵にあてはまる作業を、次の［ ］から選び、右の（ ）に書きましょう。

> 溶接《ようせつ》　プレス　とそう
> 検査《けんさ》　組み立て

①（ プレス ）

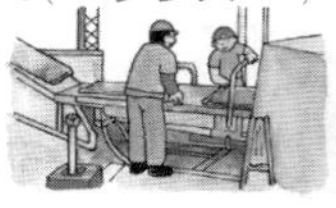

②（ 溶接 ）

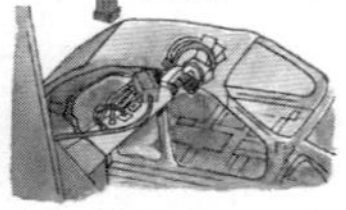

③（ とそう ）

④（ 組み立て ）

⑤（ 検査 ）

⑥ 出荷《しゅっか》

(2) 次の作業のうち、主に人の手で行うものにはAを、主にロボットが行うものにはBを書きましょう。 思考・判断・表現

①（ B ）ほね組みの溶接

②（ A ）溶接したあとの確認《かくにん》

③（ B ）車体のとそう

④（ A ）細かい部品の取り付け

⑤（ B ）シートやガラスの取り付け

記述 (3) できたらスゴイ！ 自動車の組み立てでは、細かい部品の多いドアやエンジンなどは、別のラインで組み立てておいて、車体に取り付けます。そのような進め方をする理由を、「効率《こうりつ》」という言葉を使って、かんたんに書きましょう。 思考・判断・表現

（(例)効率よく生産を進めるため。）

ふりかえり ④(3)がわからないときは、56ページの②にもどって確認してみよう。



## 確かめのテスト 58～59ページ

**1** (1)②自動車部品と自動車の生産額の合計は、全体の4分の1（25%）以上ではありません。

③石油製品と鉄鋼の生産額の合計は、自動車よりも小さくなっています。

**2** (2)自動車工場の見学で調べたいことは、自動車の生産の様子や働く人の作業の様子です。

**3** (2)ラインにそって作業する中で、お客さんの注文に合わせて、1台ごとに色や部品を変えていきます。

**4** (2)①火花が散って危険《きけん》な作業、③水《すい》性《せい》の塗料《とりょう》を大量にふき付ける作業、⑤シートやガラスといった大きくて重いものをあつかう作業などをロボットが行います。

**記述問題のプラスワン**

**4** (3)「生産」のかわりに「作業」「組み立て」としていても、正解《せいかい》となります。問題文中に「効率」という語句を使用するという指定があるので、わすれずに解答にふくめましょう。

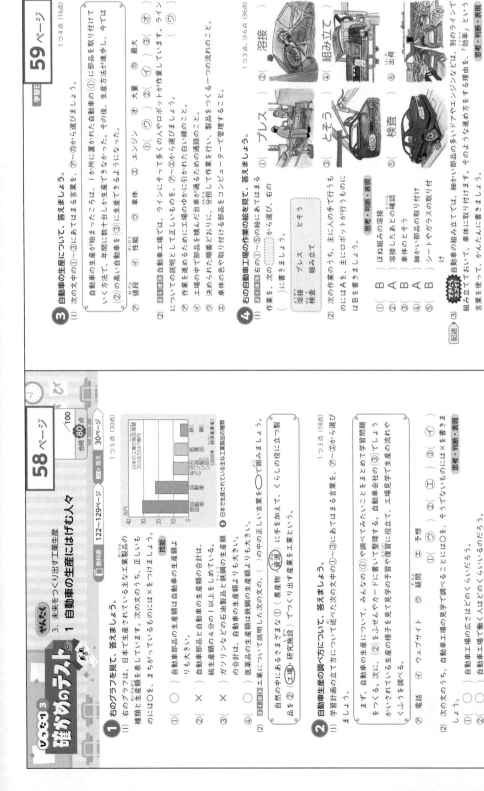

ぴったり1 準備

せんたく 3. 未来をつくり出す工業生産

## 1 自動車の生産にはげむ人々②

学習日 **60ページ**

◎めあて 組み立て工場のくふうや関連工場との結びつき、自動車出荷《しゅっか》の流れを理解《りかい》しよう。

教科書 130～135ページ　答え 31ページ

次の（　）に入る言葉を、下から選びましょう。

### 1 組み立て工場のくふう／部品はどこから？　教科書 130～133ページ

**働く人のためのくふう**

- 異常《いじょう》を知らせるボタンとランプがあり、問題がどこで発生したかわかる。
- 部品の移動や取り付けを補助《ほじょ》するロボットがある。
- 作業の手順をタブレット型《がた》コンピューターで確《たし》かめられる。
- 朝からの勤務《きんむ》と（① 夜 ）からの勤務があり、働く人が交代する。受けもつ作業の入れかえがある。

**自動車の部品をつくる工場**

- 自動車工場の中やその近くには、シートやハンドルなどの部品をつくる（② 関連工場 ）がある。**関連工場**は国内だけでなく、中国《ちゅうごく》など（③ 外国 ）にもある。
- 関連工場では、注文に合わせて、必要な部品を、必要な時刻《じこく》までに、必要な数と種類だけ、組み立て工場にとどける（④ジャスト・イン・タイム）方式をとっている。時間どおりにおさめないと、自動車工場の**ライン**が止まってしまうため、人やロボットが流れ作業で、むだのない生産をしている。

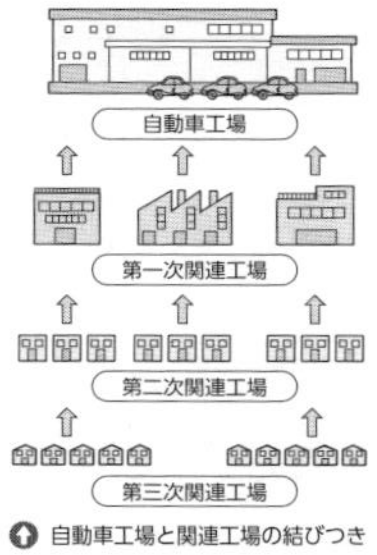

自動車工場と関連工場の結びつき

### 2 完成した自動車をとどける人々　教科書 134～135ページ

**船で運ぶ**

- 工場から遠い地域《ちいき》には、工場のそばの（⑤ 港 ）から専用《せんよう》の船で運ぶ。専用船の中は、立体駐車場《ちゅうしゃじょう》のように、何階にも分かれている。
- 船は、大量の自動車を一度に遠くまで運べるので、1台当たりの（⑥ 輸送 ）費用《ひよう》を少なくできる。

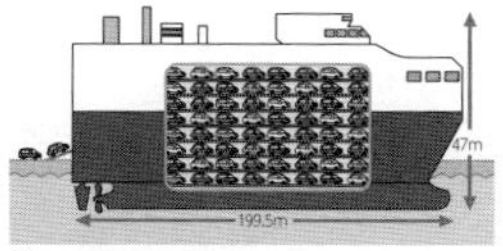

自動車を運ぶ専用船

**はん売店まで運ぶ**

- 船で各地の港まで運ばれてきた自動車は、はん売店まで、専用の（⑦ キャリアカー ）で運ぶ。
- 工場から近い地域には、高速道路などを通って、キャリアカーで運ぶ。

**自動車工場の場所**

- 自動車の生産には、大量の部品や原材料を運ぶ必要があるため、自動車工場は、港の近くや広い（⑧ 道路 ）の近くにある。

選んだ言葉に✓　□港　□夜　□外国　□道路　□キャリアカー　□関連工場　□輸送《ゆそう》　□ジャスト・イン・タイム



ぴったり2 練習

学習日 **61ページ**

ぴたトリビア　自動車工場で働く人は昼間と夜間の二交代制《にこうたいせい》で働きます。一時的にラインを止めることもありますが、完全に止めるのは工場が休みの日だけです。

教科書 130～135ページ　答え 31ページ

**1** 右の図を見て、答えましょう。

(1) 図中のⒶ、Ⓑは何を表していますか。

Ⓐ（ 自動車工場 ）
Ⓑ（ 関連工場 ）

(2) 次の①～④の工場にあてはまるものを、図中の㋐～㋓から選びましょう。

①（ ㋐ ）②（ ㋒ ）③（ ㋑ ）④（ ㋓ ）

① いろいろな種類の自動車を組み立てラインでつくる工場。
② シートの布をぬう専門《せんもん》の工場。
③ 組み立て工場におさめる自動車のシートをつくる工場。
④ 自動車のシートの布を生産する工場。

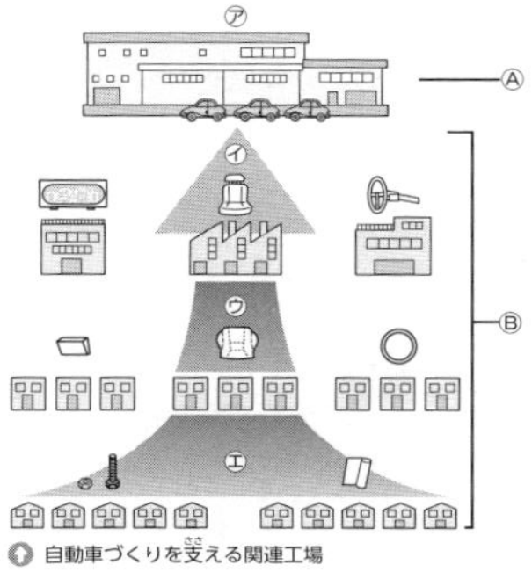

自動車づくりを支《ささ》える関連工場

**2** 次の絵は、完成した自動車が工場からはん売店まで運ばれる流れを表しています。この絵を見て、答えましょう。

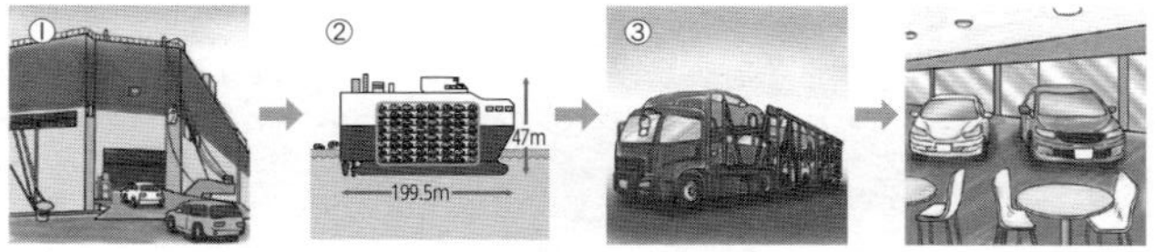


(1) ①について、次の文中の（　）にあてはまる言葉を書きましょう。

自動車工場のそばの（　）で、新車を専門の運転手が船の中に積みこんでいる。

（ 港 ）

(2) ②の自動車を運ぶ専用船について述《の》べた次の文のうち、正しいものには○を、まちがっているものには×をつけましょう。

㋐（ ○ ）自動車工場から遠い地域へ新車を運ぶときに使われる。
㋑（ × ）一度にたくさんの自動車を運べるが、1台当たりの輸送費は高くなる。
㋒（ × ）専用船は主に国内輸送用に使われ、海外輸送用には使われない。

(3) ③は、自動車を運ぶ専用のトラックです。このトラックを何といいますか。

（ キャリアカー ）

ヒント
1 (2) シートの布を織《お》る→布をぬう→布を張《は》ってシートをつくる、という順番です。
2 (1) 「船の中に積みこんでいる」がヒントです。



できたかな？
□組み立て工場のくふうを説明してみよう。
□自動車工場と関連工場の結びつきを説明してみよう。
□自動車の出荷の流れを説明してみよう。

## 練習　61ページ

**1** (1)図中のⒷは自動車工場へおさめる部品をつくる関連工場です。一つの部品にはさらに小さな部品が使われており、それらの部品は別の関連工場で生産されています。

(2)④布を生産し、②その布をぬい、③布を使ってシートをつくり、①自動車工場へおさめます。

**2** (1)自動車の部品や原材料、完成した自動車を船で輸送するのに便利なため、自動車工場は港や広い道路の近くに建っていることが多いです。

(2)㋑一度にたくさん運べるため、1台当たりの輸送費は安くなります。㋒日本は島国なので、自動車の海外輸送には船が使われます。

3．未来をつくり出す工業生産

# 1 自動車の生産にはげむ人々③

◎めあて
新しい自動車の開発をめぐる取り組みを理解《りかい》しよう。

教科書 136〜141ページ　答え 32ページ

次の(　　)に入る言葉を、下から選びましょう。

## 1 新たな機能《きのう》を生み出す人々　教科書 136〜140ページ

**新しい自動車を開発する仕事**

- 自動車の開発部門の人々は、利用者から、「もっとこうしてほしい」という(① ニーズ )を常《つね》に集め、それらをもとに、新しい機能を考え実現《じつげん》していく。

**新しい自動車の開発の流れ**

1 企画《きかく》…集めた**ニーズ**をもとに、どのような自動車にして、どの機能を取り入れるかを考える。
↓
2 (② デザイン )…企画で決まったことから、デザイナーが車体のスケッチや立体的なイメージ画像《がぞう》をつくる。
↓
3 実際《じっさい》の大きさで確認《かくにん》する…スケッチをもとにつくった粘土模型《ねんどもけい》（クレイモデル）や、大画面にうつした画像でデザインを確認する。
↓
4 設計《せっけい》…企画での決定やデザインにそって、(③ コンピューター )で設計図をつくる。
↓
5 (④ 試作 )・実験…設計図をもとに試作車をつくり、性能《せいのう》や安全性を調べる。

## 2 自分で調べて考える　教科書 137〜140ページ

**ガソリンの使用をおさえる**

- 限《かぎ》りのある資源《しげん》である原油（ガソリンの原料）の消費《しょうひ》量をおさえ、空気のよごれや**地球温暖《おんだん》化《か》**の原因《げんいん》になる(⑤ 排出ガス )の量を減らす。
- (⑥ 電気自動車 )…バッテリーの電気で動き、充電《じゅうでん》した電気は停電《ていでん》のときに使える。
- **燃料《ねんりょう》電池自動車**…水素《すいそ》と空気中の酸素《さんそ》から電気をつくって走る。
- **ハイブリッド車**…ガソリンと電気を組み合わせて使う。

**運転や乗りおりがしやすい機能**

- 車いすやベビーカーを使う人が乗りおりしやすいように、車内やドアを広くする。
- 足にしょうがいのある人でも、手だけで運転できる装置《そうち》を取り付ける。
- しょうがいの有無《うむ》、年令・性別《せいべつ》、言葉のちがいなどにかかわらず、だれもが等しく使えるように、安全で便利なものをつくろうとする考え方を(⑦ ユニバーサルデザイン )という。

**環境《かんきょう》にやさしい工場をめざす**

- 工場で使った水は、廃水処理施設《はいすいしょりしせつ》できれいにしてから海に流す。
- 生産するときにむだが出ないように設計をし、鉄くずは(⑧ リサイクル )会社にまわす。

選んだ言葉に✓

| | | | |
|---|---|---|---|
| □試作 | □排出《はいしゅつ》ガス | □リサイクル | □コンピューター |
| □ニーズ | □電気自動車 | □デザイン | □ユニバーサルデザイン |





ぴたトリビア
ハイブリッド車のうち、家庭の電源《でんげん》のコンセントからバッテリーに充電できるようにした車を、プラグインハイブリッドカーといいます。

教科書 136〜141ページ　答え 32ページ

**1 新しい自動車の開発について、答えましょう。**

(1) 次の文中の①〜④にあてはまる言葉を、㋐〜㋖から選びましょう。

1 (①)では、どのような自動車にしたいか、どの機能を取り入れるかを考える。
↓
2 (①)で決まったことから、デザイナーが車体のスケッチや立体的なイメージ画像をつくる。
↓
3 スケッチをもとにしてつくった、実際の自動車と同じ大きさの(②)や、大画面にうつした画像で(③)を確認する。
↓
4 (①)で決まったことや完成した(③)にそって、コンピューターで設計図をつくる。
↓
5 設計図をもとに試作車をつくり、細かい検査《けんさ》や(④)をする。
↓
新車として生産し、はん売する。

㋐ デザイン　㋑ 企画　㋒ ライン　㋓ 実験
㋔ とそう　㋕ ロボット　㋖ 粘土模型（クレイモデル）

①( ㋑ )　②( ㋖ )　③( ㋐ )　④( ㋓ )

(2) 自動車の利用者などからよせられる、「もっとこうしてほしい」という要望《ようぼう》のことを何といいますか。カタカナで書きましょう。
( ニーズ )

**2 次の自動車とその説明としてあうものを、線で結びましょう。**

① 燃料電池自動車 ―― ㋑水素と空気中の酸素から電気をつくって走る自動車。
② ハイブリッド車 ―― ㋒ガソリンと電気を組み合わせて使う自動車。
③ 電気自動車 ―― ㋐バッテリーに充電しておいた電気で動く自動車。

ヒント 1 (1) 新しい自動車の開発は、企画→デザイン→実際の大きさで確認→設計→試作・実験、という流れで行われます。



できたかな？
□新しい自動車の開発の流れを説明してみよう。
□どんな自動車や新しい機能が開発されているのか調べてみよう。

## 練習　63ページ

**1** (1)①何かを実現したいときに計画を立てることを企画（する）といいます。
②③デザインを決めるために、模型をつくって確《たし》かめます。
④試作車をつくって検査や実験を行い、性能や安全性を細かく調べます。

**2** ①燃料電池車は、水だけを排出する環境にやさしい車です。
②ハイブリッド車は、ガソリンエンジンと電気モーターを組み合わせて走るしくみの車で、ガソリン車に比べると二酸化炭素の排出が少ないのが特ちょうです。
③電気自動車は、走行時に地球温暖化の原因となる二酸化炭素が出ず、エネルギー費用も安くすみます。また、バッテリーに充電しておいた電気は、停電になったときなどに役立てることができます。

ぴったり3 確かめのテスト。

せんたく 3. 未来をつくり出す工業生産

# 1 自動車の生産にはげむ人々



/100 合格80点

教科書 130〜141ページ　答え 33ページ

**1 自動車工場での作業について、答えましょう。** 1つ5点（30点）

(1) 自動車づくりの作業を支《ささ》えるくふうに関する次の文中の①〜③にあてはまる言葉を、㋐〜㋔から選びましょう。

> 自動車工場では、作業中に機械の異常《いじょう》が発生したとき、それを知らせるボタンやランプが設置《せっち》されており、(①)のどこで問題が起こったか、すぐにわかるようになっている。また、大きな部品を取り付けるときに補助《ほじょ》する(②)や、作業の手順を動画で確認《かくにん》するタブレット型《がた》の(③)などが使われている。

㋐ コンピューター　㋑ カメラ　㋒ ロボット　㋓ ライン　㋔ 駐車場《ちゅうしゃじょう》

①( ㋓ ) ②( ㋒ ) ③( ㋐ )

(2) 自動車工場で働く人について述《の》べた次の文のうち、正しいものには○を、まちがっているものには×をつけましょう。

①( ○ ) 朝からの勤務《きんむ》と夜からの勤務があり、働く人が交代する。
②( × ) 作業の効率《こうりつ》をあげるため、勤務が始まると休憩《きゅうけい》はとらない。
③( × ) ミスを防《ふせ》ぐために、同じ作業をくり返し行い、長く続けている。

**2 自動車づくりの関連工場について、答えましょう。** 1つ4点（32点）

(1) よく出る 自動車工場へ部品を直接《ちょくせつ》おさめる工場を何といいますか。右の図から言葉をぬき出しましょう。

（ 第一次関連工場 ）

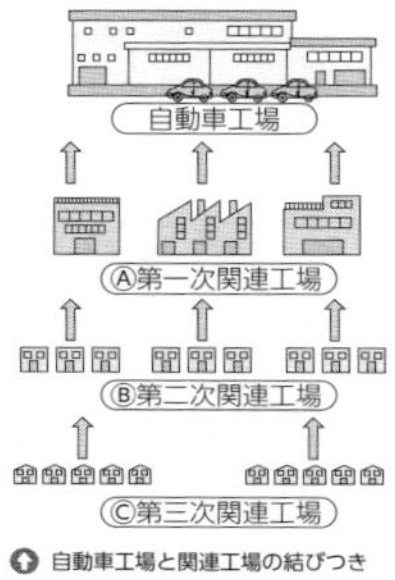


自動車工場と関連工場の結びつき

(2) 次の①〜③にあてはまるものを、図中のⒶ〜Ⓒから選びましょう。

①( Ⓑ ) 自動車に取り付けるシート（座席《ざせき》）の材料の布を専門《せんもん》にぬう工場。
②( Ⓒ ) シート用の布を生産する工場。
③( Ⓐ ) シートをつくる工場。

(3) 次の文のうち、正しいものには○を、まちがっているものには×をつけましょう。

①( × ) 自動車生産の関連工場は国内だけにあり、外国では部品を生産していない。
②( ○ ) 自動車の生産台数が少なくなると、関連工場への注文数も減《へ》ってしまう。
③( × ) 関連工場の作業はすべて人の手で行われ、ロボットは使わない。
④( ○ ) 組み立て工場と関連工場との間では、ジャスト・イン・タイム方式がとられている。





**3 自動車の出荷《しゅっか》の流れについて、答えましょう。** 1つ4点、(3)7点（27点）

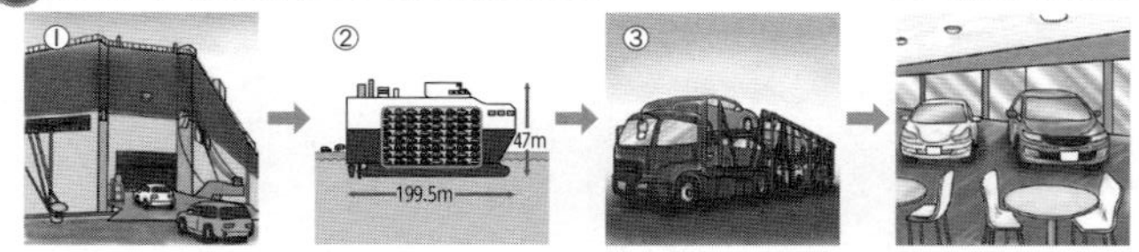


(1) 上の①〜③の絵にあてはまる作業を、㋐〜㋓から選びましょう。

①( ㋑ ) ②( ㋓ ) ③( ㋐ )

㋐ 港からキャリアカーで自動車を運ぶ
㋑ 専用《せんよう》の船への積みこみ作業
㋒ 港での自動車の積みおろし
㋓ 専用の船で自動車を運ぶ

(2) 自動車工場の立地について述べた文のうち、正しいものには○を、まちがっているものには×をつけましょう。

①( ○ ) 車を運びやすいように、港の近くに建っている。
②( ○ ) 車を運びやすいように、広い道路の近くに建っている。

記述 (3) できたらスゴイ！ 自動車を専用船で運ぶと、どのようなよい点がありますか。「費用《ひよう》」という言葉を使って、かんたんに書きましょう。 思考・判断・表現

（(例)一度にたくさんの自動車を運べるため、1台あたりの輸送費用を少なくできる。）

**4 これからの自動車づくりについて、答えましょう。** (1)5点、(2)6点（11点）

(1) だれでも使いやすい自動車の説明にあてはまらないものを、㋐〜㋓から選びましょう。

( ㋒ )

㋐ 車いすに乗ったままで乗りおりできる装置《そうち》や広さがある。
㋑ ベビーカーをたたまなくても乗せられる広さがある。
㋒ シートが高く、遠くのほうまで見やすいようになっている。
㋓ 足にしょうがいのある人でも運転できるように手だけで運転できる装置が取り付けられている。

記述 (2) できたらスゴイ！ 電気自動車や燃料《ねんりょう》電池自動車は環境《かんきょう》にやさしい自動車といわれます。なぜ環境にやさしいといわれるのですか。「ガソリン」「排出《はいしゅつ》ガス」という言葉を使って、かんたんに書きましょう。 思考・判断・表現

（(例)ガソリンの消費量をおさえ、空気をよごす排出ガスの量を減らせるから。）

ふりかえり ❹(2)がわからないときは、62ページの❷にもどって確認《かくにん》してみよう。



## 確かめのテスト　64〜65ページ

❶ (2)②③同じ作業をくり返したり、長く続けたりすると、ミスやけがにつながることもあります。そのため、2時間おきに休憩を入れたり、受けもつ作業を入れかえたりします。

❷ (1)それぞれの関連工場から出ている矢印は、その1つ上の工場と直接つながっていることを表しています。
(2)②シート用の布を生産→①シートの材料の布をぬう→③シートをつくる、という流れになります。完成したシートは自動車工場におさめられます。
(3)①外国の関連工場で生産した部品も輸入《ゆにゅう》しています。③教科書132ページにあるシート工場での作業のように、ロボットも使われています。

❸ (1)自動車の出荷の流れは、専用の船への積みこみ作業→専用の船で自動車を運ぶ→港での自動車の積みおろし→港からキャリアカーで自動車を運ぶ→はん売店となります。
(2)多くの自動車工場は、車を船やキャリアカーで運びやすいように、港や広い道路の近くに建てられています。

❹ (1)㋒シートが高すぎると、子どもや高齢者《こうれいしゃ》は、乗りおりがしにくくなります。

**記述問題のプラスワン**

❸ (3)問題文中に「費用」という語句を使用するという指定があるので、わすれずに解答《かいとう》にふくめましょう。

❹ (2)問題文中に「ガソリン」「排出ガス」という語句を使用するという指定があるので、わすれずに解答にふくめましょう。ガソリンで走る自動車の排出ガスは、空気をよごし、地球温暖化《おんだんか》の原因《げんいん》となります。電気自動車や燃料電池自動車はガソリンを使わないため、ガスを排出しません。

3．未来をつくり出す工業生産

# 製鉄《せいてつ》にたずさわる人々
# 石油の加工にたずさわる人々

めあて
鉄鋼の生産の流れや、石油の加工の流れを理解《りかい》しよう。

教科書 142～145ページ　答え 34ページ

次の（　　）に入る言葉を、下から選びましょう。

## 1 製鉄にたずさわる人々

教科書 142～143ページ

**鉄をつくる製鉄所**

- **鉄鋼《てっこう》**は自動車や建物などの材料として、くらしに欠かせない。
- 鉄鋼生産量の世界第１位は中華人民共和国《ちゅうかじんみんきょうわこく》（中国《ちゅうごく》）（2022年）。
- 鉄をつくる原料の（① 鉄鉱石 ）や、コークスになる（② 石炭 ）は外国から輸入《ゆにゅう》される。船で**原料**を運んだり、鉄鋼を輸出したりするので、大きな製鉄所は海ぞいの広い土地にある。
- 製鉄所では、（③ 高炉 ）から排出《はいしゅつ》されるガスを回収《かいしゅう》したり水質検査《すいしつけんさ》を行ったりして環境《かんきょう》をよごさないようにしている。

日本各地の製鉄所

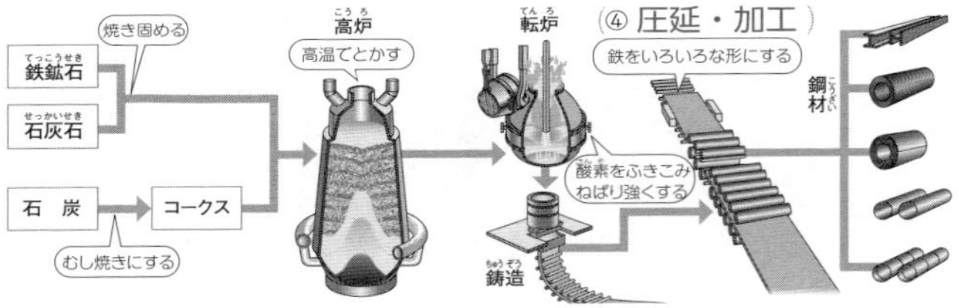

鉄ができるまで

## 2 石油の加工にたずさわる人々

教科書 144～145ページ

**石油製品《せいひん》をつくる製油所《せいゆ》**

- 製油所では、石油を加工して、（⑤ ガソリン ）などの燃料《ねんりょう》やさまざまな工業製品の原料を生産している。
- 石油の原料である**原油**は、外国から輸入されており、（⑥ タンカー ）で運ばれてくるため、海ぞいの広い土地に石油基地《きち》や製油所がある。
- 石油からつくられるナフサは、（⑦ プラスチック ）や合成ゴム、合成せんい、洗剤《せんざい》などの原料である。
- （⑧ 石油化学コンビナート ）は、**パイプライン**で工場と工場の間をつなぎ、原油や分解《ぶんかい》した原料を送っている。

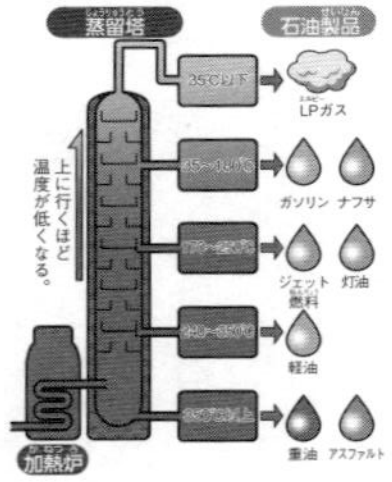

石油の加工の流れ

| 選んだ言葉に✓ | | | | |
|---|---|---|---|---|
| | □石炭 | □タンカー | □圧延《あつえん》・加工 | □プラスチック |
| | □高炉 | □ガソリン | □鉄鉱石 | □石油化学コンビナート |





ぴたトリビア
日本では、石油製品の原料となる原油のほとんどを、サウジアラビア、アラブ首長国連邦《しゅちょうこくれんぽう》、クウェートなどの外国からの輸入にたよっています。

教科書 142～145ページ　答え 34ページ

**1 製鉄について、答えましょう。**

(1) 鉄をつくるのに必要な原料を、石灰石《せっかいせき》以外で２つ書きましょう。
（順不同）（ 鉄鉱石 ）（ 石炭 ）

(2) 大きな製鉄所は、どのような地域《ちいき》にありますか。㋐～㋒から選びましょう。（ ㋐ ）

㋐ 海に面した地域　㋑ 大きな川がある地域　㋒ 高速道路に近い地域

(3) 次の①～④は、鉄ができるまでの作業を表しています。①～④の作業を、作業が行われる順にならべかえましょう。
（完答）（ ④ → ③ → ② → ① ）

① 鉄を熱してさまざまな形にのばし、加工する。
② とけた鉄を鋳造《ちゅうぞう》して、ぼうのようなかたまりにする。
③ 転炉《てんろ》にとけた鉄を入れて、酸素《さんそ》をふきつける。
④ 原料を高炉《こうろ》に入れ、とけた鉄を取り出す。

(4) 右のグラフは、世界の鉄鋼生産量にしめる、国ごとの割合《わりあい》を表しています。Ⓐにあてはまる国名を、㋐～㋒から選びましょう。（ ㋑ ）

㋐ オーストラリア　㋑ 中華人民共和国（中国）　㋒ ドイツ

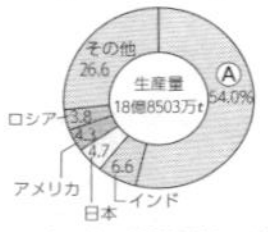

世界の鉄鋼生産量にしめる、国ごとの割合

**2 石油の加工について、答えましょう。**

(1) 石油製品の原料となる原油は、何を使って外国から運ばれてきますか。
（ タンカー ）

(2) 右の図は、石油の加工の流れを表しています。次の文のうち、正しいものには○を、まちがっているものには×をつけましょう。

①（ ○ ）製油所では、原油を熱して、蒸発《じょうはつ》する温度のちがいによってガソリンや灯油に分けている。
②（ × ）蒸留塔では、上に行くほど温度は高くなっている。
③（ × ）170～250℃で蒸留《じょうりゅう》されたものには、自動車の燃料となるものがふくまれている。

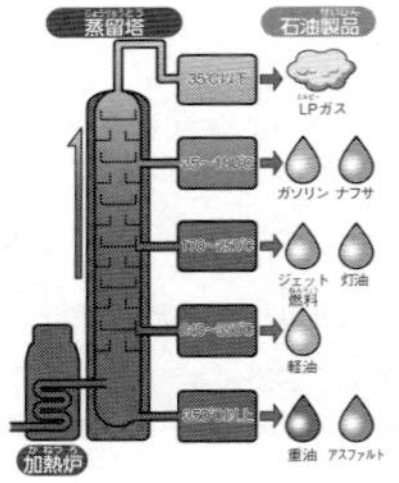


(3) 右の写真に見られるような、製油所や石油製品を原料とする工場などがパイプラインでつながっている地域を何といいますか。（ 石油化学コンビナート ）

ヒント　1 (3) 鉄ができるまでの流れは、原料の石炭・鉄鉱石・石灰石の前処理《しょり》→高炉→転炉→鋳造→圧延・加工→鋼材《こうざい》となっています。



できたかな？
□鉄鋼の生産の流れを説明してみよう。
□石油の加工の流れを説明してみよう。

## 練習　67ページ

**1** (1)鉄鉱石と石灰石、石炭をむし焼きにしたコークスを高炉でとかすことで、鉄を取り出すことができます。
(2)船で原料を運んだり、鉄鋼を輸出したりするので、大きな製鉄所は海ぞいの地域にあります。

**2** (2)②蒸留塔では、上ではなく、下に行くほど温度が高くなります。
③自動車の燃料となるガソリンは、35～180℃で蒸留される石油製品にふくまれています。
(3)石油化学コンビナートでは、あらゆる石油製品や原料がひと続きに生産されます。工場と工場をつなぐパイプラインでは、原油や分解した原料が送られます。石油化学コンビナートは、海外から原油を調達するのに便利なため、海に面した地域に立地しています。

ぴったり3 確かめのテスト

せんたく 3．未来をつくり出す工業生産

## 製鉄《せいてつ》にたずさわる人々

**68ページ**

/50 合格40点

教科書 142～143ページ　答え 35ページ

**1 製鉄について、答えましょう。**　(1)1つ4点、(2)1つ3点（25点）

(1) よく出る 鉄鋼《てっこう》や製鉄所について述《の》べた次の文のうち、正しいものには○を、まちがっているものには×をつけましょう。

①（ × ）日本では、鉄の原料が得《え》られないため、生産がさかんではない。

②（ ○ ）2022年現在《げんざい》、世界で鉄鋼の生産量が最も多い国は中国《ちゅうごく》である。

③（ ○ ）日本では、鉄をつくる原料の多くは、外国からの輸入《ゆにゅう》にたよっている。

④（ × ）大きな製鉄所は、働き手が多い大都市の近くにつくられる。

(2) 次の文中の①～③にあてはまる言葉を、㋐～㋔から選びましょう。

> 製鉄所では、高炉《こうろ》から排出《はいしゅつ》される①を回収《かいしゅう》する施設《しせつ》をつくったり、毎月②を行ってその結果を発表したりするなど、③をよごさないように気をつけている。

㋐ 水質検査《すいしつけんさ》　㋑ 鉄くず　㋒ ガス　㋓ 工場　㋔ 環境《かんきょう》

①（ ㋒ ）②（ ㋐ ）③（ ㋔ ）

**2 次の図は、鉄ができるまでの工程《こうてい》を表しています。これを見て、答えましょう。**　(1)1つ3点、(2)1つ4点（25点）

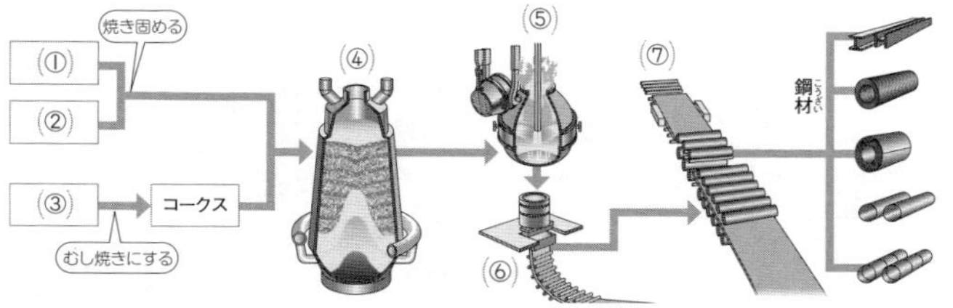


(1) よく出る 鉄をつくるのに必要な原料の①～③は、何ですか。（①、②は順不同）

（①、②は順不同）①（ 鉄鉱石 ）②（ 石灰石 ）③（ 石炭 ）

(2) 図中の④～⑦の工程の説明にあてはまるものを、㋐～㋓から選びましょう。　思考・判断・表現

④（ ㋒ ）⑤（ ㋐ ）⑥（ ㋓ ）⑦（ ㋑ ）

㋐ 転炉《てんろ》では、酸素《さんそ》をふきこみ、ねばり強くする。

㋑ 鉄を熱してさまざまな形にのばし、加工する。

㋒ 高炉《こうろ》にコークスなどの原料を入れ、とけた鉄を取り出す。

㋓ とけた鉄を鋳造《ちゅうぞう》して、ぼうのようなかたまりにする。

ふりかえり ❷(2)がわからないときは、66ページの❶にもどって確認《かくにん》してみよう。



ぴったり3 確かめのテスト

せんたく 3．未来をつくり出す工業生産

## 石油の加工にたずさわる人々

**69ページ**

/50 合格40点

教科書 144～145ページ　答え 35ページ

**1 製油《せいゆ》所に関する次の文を読んで、答えましょう。**　1つ5点（20点）

> 原油から石油製品《せいひん》をつくる工場を製油所といい、石油製品を燃料《ねんりょう》や原料として使う工場と①で結ばれている。これらの工場が集まるところを②という。日本は、原油のほとんどを外国から輸入しており、原油は③を使って日本の石油基地《きち》まで運ばれる。

(1) よく出る 文中の①～③にあてはまる言葉を書きましょう。

①（ パイプライン ）

②（ 石油化学コンビナート ）

③（ タンカー ）

記述 (2) 製油所や石油基地は、どのようなところにありますか。「輸送《ゆそう》」という言葉を使って、かんたんに書きましょう。　思考・判断・表現

（（例）原油などの輸送に便利な、海ぞいの広い土地。）

**2 右の図は、石油の加工の流れを表しています。図を見て、答えましょう。**　1つ5点（30点）

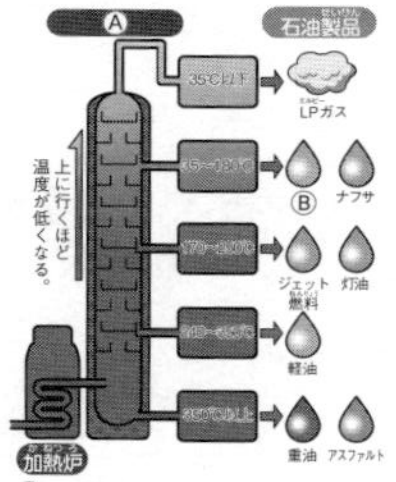


石油の加工の流れ

(1) 図中のⒶは、何という施設《しせつ》ですか。㋐～㋒から選びましょう。（ ㋒ ）

㋐ 石油タンク　㋑ 分解《ぶんかい》工場　㋒ 蒸留塔《じょうりゅうとう》

(2) 図中のⒷは、自動車の燃料として使われる石油製品です。Ⓑは何ですか。

（ ガソリン ）

(3) よく出る 石油製品のうち、さまざまな工業製品の原料となるものを、㋐～㋓から選びましょう。（ ㋑ ）

㋐ LP《エルピー》ガス　㋑ ナフサ　㋒ 軽油　㋓ 重油

(4) 石油からつくられる工業製品に関する次の文中の①～③にあてはまる言葉を、㋐～㋔から選びましょう。

> (3)を原料としてつくられる①は、軽くて成型《せいけい》しやすいので、レジぶくろやおかしのふくろ、おもちゃ、容器《ようき》など、さまざまなものの材料として使われている。また、自動車のタイヤなどには、天然《てんねん》のものの代わりに②が使われている。その他の石油からつくられる工業製品には、合成せんいの原料、塗料《とりょう》の原料、③の原料などがある。

㋐ 洗剤《せんざい》　㋑ えんぴつ　㋒ 合成ゴム　㋓ プラスチック　㋔ ダンボール

①（ ㋓ ）②（ ㋒ ）③（ ㋐ ）

ふりかえり ❶(2)がわからないときは、66ページの❷にもどって確認してみよう。



## 確かめのテスト　68ページ

❶ (1)①鉄鋼の生産量では、2022年現在、日本は世界第3位となっています。④船で原料を運んだり、鉄鋼を輸出したりするので、大きな製鉄所は海ぞいの地域《ちいき》にあります。

❷ (2)鉄ができるまでの流れは、㋒高炉→㋐転炉→㋓鋳造→㋑圧延《あつえん》・加工という順番です。

## 確かめのテスト　69ページ

❶ (1)①石油や原料の原油は液体《えきたい》であるため、パイプラインで運ばれます。

❷ (3)石油からつくられるナフサはさまざまな工業製品の原料となり、国内での生産量では足りないので輸入しています。

(4)㋑のえんぴつは木など、㋔のダンボールは紙からつくられます。

**記述問題のプラスワン**

69ページ❶ (2)問題文中に「輸送」という語句を使用するという指定があるので、わすれずに解答にふくめましょう。原油はタンカーで運ぶので、港のある海ぞいの広い土地につくられます。

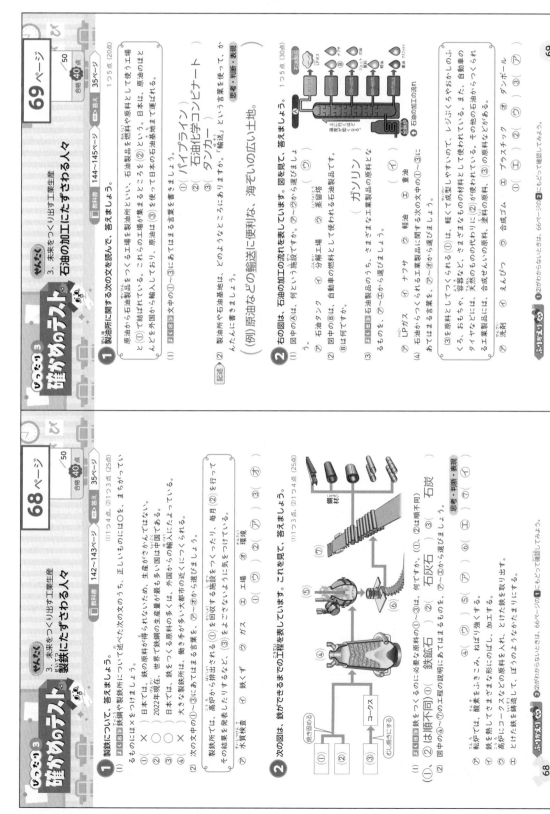

ぴったり1 準備

3．未来をつくり出す工業生産
## 2 日本の工業生産と貿易《ぼうえき》・運輸《うんゆ》①

3分でまとめ



めあて 日本の輸出品、輸入品の特ちょうを理解《りかい》しよう。

教科書 146〜150ページ　答え 36ページ

次の（　　）に入る言葉を、下から選びましょう。

### 1 自動車は世界へ
教科書 146〜147ページ

**自動車の輸出《ゆしゅつ》**

- 日本の自動車は、（① 性能 ）や乗りごこちがよいなど、世界の人々に人気があり、さまざまな国に輸出されている。
- 外国への自動車の輸送《ゆそう》には（② 船 ）を使う。日本からアメリカ合衆国《がっしゅうこく》のロサンゼルスまでは約15日かかる。
- 自動車の主な輸出先は、（③ アメリカ合衆国 ）（133万台）、オーストラリア（37万台）、中華人民共和国《ちゅうかじんみんきょうわこく》（中国《ちゅうごく》）（25万台）、カナダ（16万台）などである（2021年）。

### 2 日本の主な輸出品と輸入品
教科書 148〜150ページ

**日本の輸出品と輸入品**

- 輸出…自動車、IC《アイシー》（集積回路）、鉄鋼など、高い技術《ぎじゅつ》で生産される（④ 工業製品 ）が多い。
- 輸入…（⑤ 原油 ）や液化《えきか》ガスなどの燃料《ねんりょう》・原料が多い。アジアなどの工場で生産した工業製品《せいひん》の輸入も多い。

ワンポイント 日本の主な輸出品・輸入品の変化

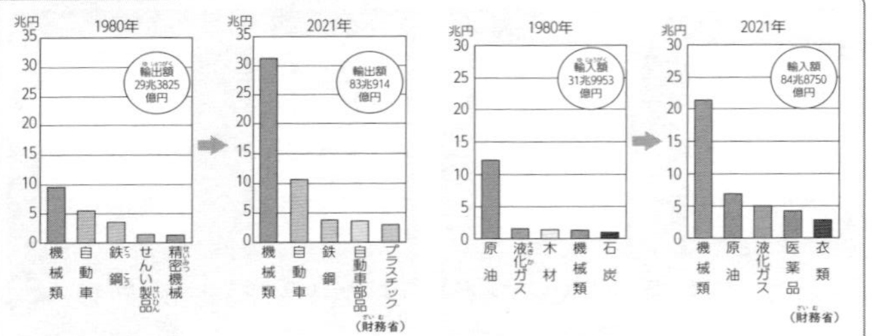


日本の主な輸出品の変化　　日本の主な輸入品の変化

〈1980年と2021年を比《くら》べてみると〉

- 主な輸出品の変化…自動車や（⑥ 機械類 ）の輸出が増《ふ》え、せんい製品と精密《せいみつ》機械に代わり、（⑦ 自動車部品 ）とプラスチックが上位に入った。
- 主な輸入品の変化…機械類の輸入が大きく増え、木材と石炭に代わり、医薬品と（⑧ 衣類 ）が上位に入った。

選んだ言葉に✔　□原油　□アメリカ合衆国　□機械類　□性能《せいのう》　□衣類　□船　□工業製品　□自動車部品



ぴったり2 練習



ぴたトリビア　IC（集積回路）とよばれる超小型《ちょうこがた》の電子回路は、自動車やパソコンなどの電化製品に使われています。

教科書 146〜150ページ　答え 36ページ

**1 次の地図を見て、答えましょう。**

日本の自動車の主な輸出先

(1) 自動車の輸出台数が最も多い輸出先は、どこですか。国名を書きましょう。（ アメリカ合衆国 ）

(2) オーストラリアへ輸出した自動車の台数はおよそ何台ですか。（ 37万 ）台

(3) 次の㋐、㋑のうち、輸出した自動車の台数の合計は、どちらが多いですか。（ ㋑ ）

㋐ イギリス、ドイツ、イタリア　㋑ 中華人民共和国、ロシア連邦《れんぽう》、台湾《たいわん》

**2 日本の輸出と輸入について、答えましょう。**

(1) 次の文中の①〜④にあてはまる言葉を、㋐〜㋔から選びましょう。

日本は、国内では得《え》ることがむずかしい原油や液化ガスなどの（①）や、鉄鉱石《てっこうせき》などの（②）を多く輸入している。最近は、機械類や衣類などの（③）の輸入も増えてきている。一方、輸出では、機械類や（④）、鉄鋼《てっこう》などの（③）が多い。

㋐ 食料　㋑ 燃料　㋒ 自動車　㋓ 工業製品　㋔ 原料

①（ ㋑ ）②（ ㋔ ）③（ ㋓ ）④（ ㋒ ）

(2) 右のⒶ、Ⓑのグラフは、日本の輸出品と輸入品（2021年）のいずれかを表しています。輸出品のグラフはどちらですか。（ Ⓐ ）

(3) グラフ中のⒸにあてはまるものを、［　］から選びましょう。（ プラスチック ）

プラスチック　木材　せんい製品

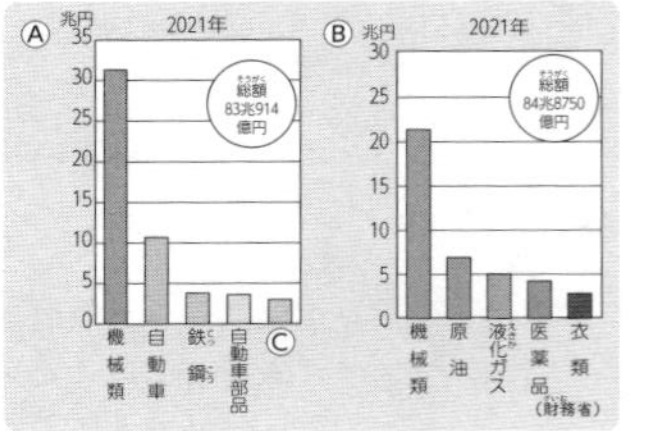


ヒント 2 (2) Ⓐのグラフは工業製品ばかりです。それに対して、Ⓑのグラフには原油・液化ガスといった燃料があります。



**できたかな?**

□日本の輸出品の特ちょうを説明してみよう。
□日本の輸入品の特ちょうを説明してみよう。

**おうちのかたへ**

かつて日本では、原材料や燃料を輸入し、工業製品を輸出する加工貿易がさかんでしたが、現在はアジアなどの工場で生産された工業製品の輸入も増えています。家の中にアジア製の製品がどれくらいあるか調べてみるとよいでしょう。

## 練習　71ページ

**1** (1)2021年の日本の自動車の主な輸出先は、アメリカ合衆国、オーストラリア、中国などです。

(2)単位が「万台」であることに注意しましょう。

(3)㋐は、イギリス10万台、ドイツ6万台、イタリア5万台で、合計は21万台です。㋑は、中華人民共和国25万台、ロシア連邦11万台、台湾10万台で、合計は46万台です。

**2** (2)自動車、自動車部品、鉄鋼などの工業製品が上位をしめるⒶは輸出品で、原油、液化《えきか》ガスといった燃料や原料が上位をしめるⒷが輸入品です。

(3)Ⓒは2021年の輸出品で上位に入っているものなので、石油製品であるプラスチックがあてはまります。

ぴったり1 **準備**

3. 未来をつくり出す工業生産

## 2 日本の工業生産と貿易《ぼうえき》・運輸《うんゆ》②

学習日 **72ページ**

◎めあて 工業生産と貿易との関係や輸送手段の特ちょうを理解《りかい》しよう。

教科書 151〜155ページ　答え 37ページ

次の（　　）に入る言葉を、下から選びましょう。

### 1 工業生産と貿易との関係

教科書 151〜152ページ

**日本の貿易の特色**

- 日本は（① 天然資源 ）にめぐまれないため、燃料《ねんりょう》や原料の多くを輸入《ゆにゅう》している。
- 輸入された原料は、国内の工場で加工されて自動車や鉄鋼《てっこう》などの（② 工業製品 ）となり、世界の国々に輸出される。外国で生産された部品を輸入して、国内で工業製品《せいひん》をつくることも増《ふ》えた。

主な燃料や原料の輸入の割合《わりあい》

日本の主な輸入相手先：(1)（③ 中華人民共和国 (中国)）、(2)（④ アメリカ合衆国 ）、(3)オーストラリア、(4)台湾《たいわん》、(5)大韓民国《だいかんみんこく》（2021年）。
日本の主な輸出相手先：(1)中華人民共和国《ちゅうかじんみんきょうわこく》（中国《ちゅうごく》）、(2)アメリカ合衆国《がっしゅうこく》、(3)台湾、(4)大韓民国、(5)ホンコン（2021年）。

### 2 貿易を支《ささ》える輸送手段《ゆそうしゅだん》

教科書 153〜154ページ

**輸出品と輸入品の輸送**

- 日本は島国なので、輸出品や輸入品は、主に船で輸送されている。

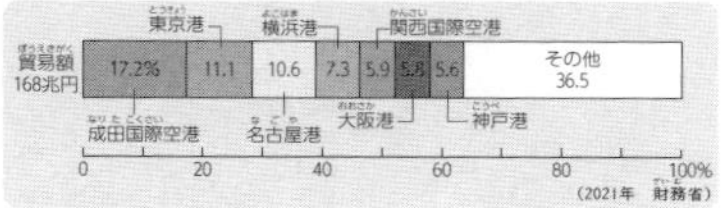

港・空港別の貿易額《がく》

**ワンポイント それぞれの輸送手段の特ちょう**

| | |
|---|---|
| 船 | 一度に大量の荷物を運べる。時間はかかるが、（⑤ 費用 ）をおさえられる。自動車、コンテナ、原油、鉄鉱石《てっこうせき》などを運ぶ。 |
| ⑥ 航空機 | 小型《こがた》の荷物を短時間で運べる。費用《ひよう》がかかるため、鮮度《せんど》を保《たも》ちたい食料品や、値段《ねだん》が高く軽い機械の輸送に適《てき》している。IC《アイシー》、カメラ、医薬品などを運ぶ。 |
| ⑦ トラック | 荷物の積みこみがしやすく、出発地から目的地まで直接《ちょくせつ》運べる。道路が混《こ》むと、おくれることがある。あらゆる製品を運ぶ。 |
| ⑧ 鉄道 | 決められた時間どおりに運べる。線路がある場所にしか運べないが、二《に》酸化炭素《さんかたんそ》の排出《はいしゅつ》量が少なく、環境《かんきょう》にやさしい。コンテナ、石油製品、セメントなどを運ぶ。 |

選んだ言葉に✓　□アメリカ合衆国　□中華人民共和国（中国）　□トラック　□工業製品　□航空機　□天然資源《しげん》　□鉄道　□費用



ぴったり2 **練習**

学習日 **73ページ**

ぴたトリビア　日本と中華人民共和国（中国）とでは、輸入額の方が輸出額よりも多く、日本とアメリカ合衆国とでは、輸出額の方が輸入額よりも多くなっています。

教科書 151〜155ページ　答え 37ページ

**1 日本の貿易について、答えましょう。**

(1) 日本は天然資源にめぐまれていないので、燃料や原料のほとんどを外国から輸入しています。100%を輸入にたよっている原料を、㋐〜㋓から選びましょう。（ ㋑ ）

㋐ 木材　㋑ 鉄鉱石
㋒ ナフサ　㋓ 砂糖《さとう》

(2) 右のグラフでは、日本で生産された自動車のうち、輸出されるのは何%ですか。（ 46.4 ）%

(3) 右のグラフでは、日本で生産された産業用ロボットのうち、国内の工場で使われるのは何%ですか。（ 19.7 ）%

(4) 右のグラフのうち、国内で使われる割合が最も高い工業製品は何ですか。（ 鉄鋼 ）

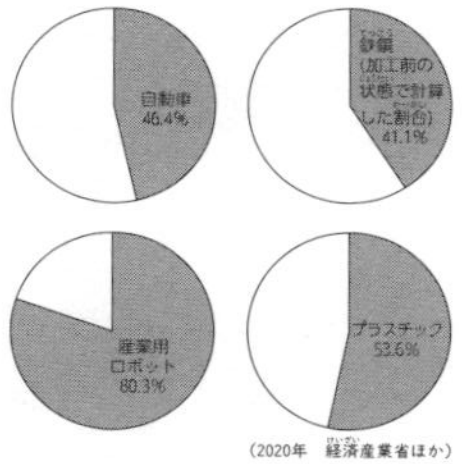

主な工業製品の輸出の割合

**2 輸出品や輸入品の輸送について、答えましょう。**

(1) 右の絵は、それぞれある交通機関を使った輸送の様子を表しています。Ⓐ〜Ⓓにあてはまる輸送手段を書きましょう。

Ⓐ（ 航空機 ）(貨物用航空機)
Ⓑ（ 鉄道(貨物列車) ）
Ⓒ（ トラック ）
Ⓓ（ 船(コンテナ船) ）

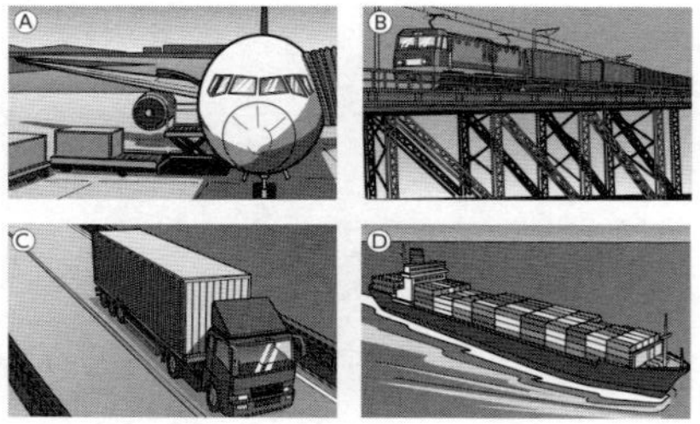


(2) 次の文にあてはまる輸送手段は何ですか。Ⓐ〜Ⓓから選びましょう。

①（ Ⓓ ）②（ Ⓐ ）③（ Ⓑ ）④（ Ⓒ ）

① 原油・鉄鉱石などの輸入品や、自動車などの輸出品を一度にたくさん運ぶ。
② 鮮度を保ちたい食料品や、ICなどの値段の高い小型の軽い工業製品を運ぶ。
③ 運べる場所は限定《げんてい》されるが、二酸化炭素の排出量が少なく、環境にやさしい輸送手段である。
④ 出発地から目的地まで直接運べるが、時間どおりに運べない心配もある。

ヒント　1 (3) 国内で使われる割合は、100%から輸出の割合を引いて求めます。
1 (4) 輸出の割合が低いと、国内で使われる割合は高くなります。



**できたかな？**
□工業生産と貿易との関係を説明してみよう。
□輸送手段の特ちょうを説明してみよう。

## 練習 73ページ

**1** (1)㋑鉄鉱石の輸入の割合は100%です(2021年)。このほか、ほとんどを外国からの輸入にたよっている原料や燃料には、原油や石炭、天然ガスなどがあります。
(3)輸出の割合が80.3%なので、国内の工場で使われるのは、100－80.3＝19.7（%）となります。
(4)国内で使われる割合が最も高いということは、輸出の割合が最も低いということです。鉄鋼の輸出の割合は41.1%で、4つのグラフのうち最も輸出の割合が低くなっています。

**2** (2)①②日本は海に囲《かこ》まれているため、輸入にも輸出にも、船か航空機を利用します。大きくて重いものは船で、鮮度を保ちたい食料品や、ICのような小型で値段が高く軽いものは、航空機で輸送しています。

ぴったり3

# 確かめのテスト。

3. 未来をつくり出す工業生産

## 2 日本の工業生産と貿易《ぼうえき》・運輸《うんゆ》



/100　合格80点

教科書 146～155ページ　答え 38ページ

**1** よく出る 日本の貿易について述《の》べた次の文のうち、輸出《ゆしゅつ》にあてはまるものにはAを、輸入にあてはまるものにはBを書きましょう。　1つ4点（28点）

①（ A ）IC《アイシー》（集積回路）や鉄鋼《てっこう》などの工業製品《せいひん》が多い。
②（ B ）最近では、機械類や衣類などの工業製品が増えている。
③（ B ）液化《えきか》ガス、石炭などの原料や燃料《ねんりょう》が多い。
④（ B ）アジアなどの工場で生産した工業製品が多い。
⑤（ A ）昔から高い技術《ぎじゅつ》でつくられた工業製品が多い。
⑥（ A ）最近は、せんい製品は少なくなった。
⑦（ B ）最近は、木材が少なくなった。

**2** 次のグラフを見て、答えましょう。　技能　1つ4点（28点）

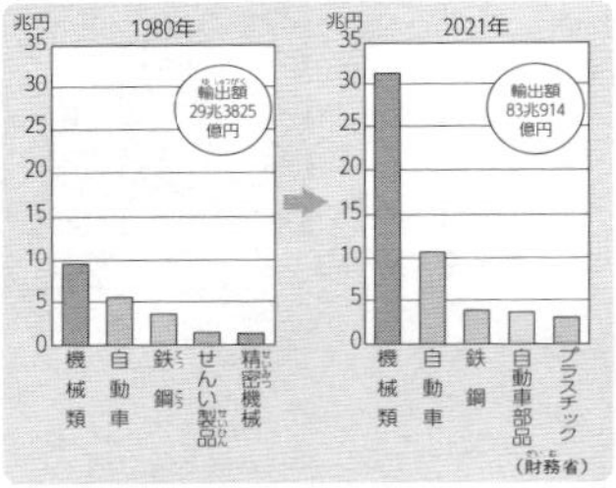


日本の主な輸出品の変化

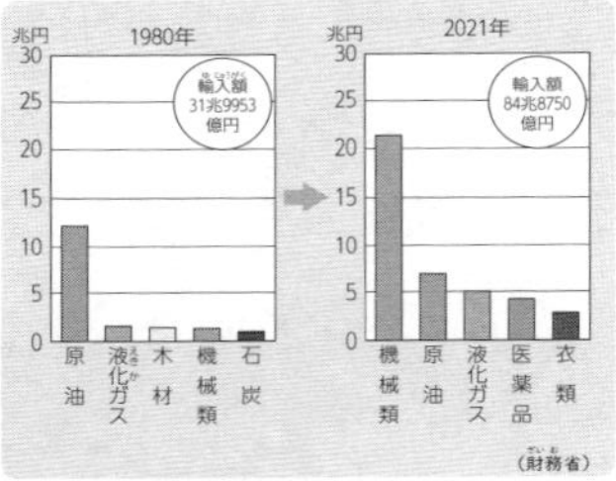


日本の主な輸入品の変化

(1) 日本の主な輸出品と輸入品の変化について述《の》べた次の文のうち、正しいものには○を、まちがっているものには×をつけましょう。

①（ × ）機械類、自動車、鉄鋼の輸出額が大きく増えた。
②（ ○ ）輸出品の上位にせんい製品がなくなり、輸入品の上位に衣類が入った。
③（ × ）機械類の輸入額《がく》が大きく増えたが、液化ガスの輸入額は大きく減《へ》った。
④（ ○ ）原油の輸入額は減っているが、燃料の中ではいちばん多い。
⑤（ × ）工業製品の輸出額の増え方よりも、燃料の輸入額の増え方のほうが大きい。
⑥（ × ）貿易額が多い順の第1位から第3位までを見ると、輸出品にも輸入品にも、品目の変化は見られない。

(2) 1980年と2021年のグラフを比《くら》べると、輸出額と輸入額で、金額の増え方が大きいのはどちらですか。

（ 輸出額 ）





**3** 次のグラフを見て、答えましょう。　1つ4点、(4) 7点（19点）

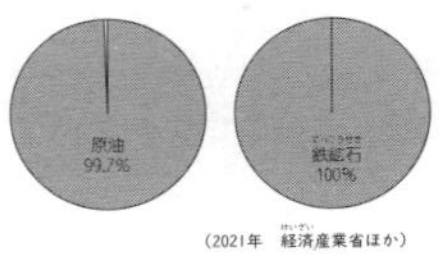


主な燃料や原料の輸入の割合

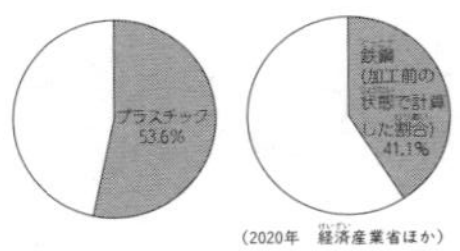


主な工業製品の輸出の割合

(1) 原油の主な輸入相手先を、㋐～㋓から選びましょう。　（ ㋐ ）

㋐ サウジアラビア　㋑ ドイツ　㋒ 大韓民国《だいかんみんこく》　㋓ スイス

(2) 外国から日本へ原油を運ぶ輸送手段《ゆそうしゅだん》を、㋐～㋒から選びましょう。　（ ㋑ ）

㋐ キャリアカー　㋑ タンカー　㋒ 航空機

(3) 国産の原油の割合は何%ですか。　技能　（ 0.3 ）%

記述 (4) てきたらスゴイ！ グラフからわかる工業生産と貿易の関係について、「鉄鉱石《てっこうせき》」「鉄鋼」「輸入」という言葉を使って、かんたんに書きましょう。　思考・判断・表現

（(例)鉄鋼を生産するのに必要な鉄鉱石は、輸入にたよっている。）

**4** 右のグラフを見て、答えましょう。　1つ5点（25点）

(1) 貿易額が、貿易額全体の10%以上をしめている港・空港を、グラフ中から選びましょう。　技能

(順不同)（ 成田国際空港 ）（ 東京港 ）（ 名古屋港 ）

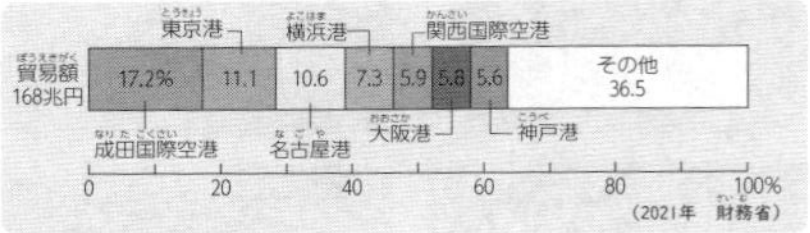


港・空港別の貿易額

(2) 成田国際《なりたこくさい》空港を使って輸送される輸出品や輸入品を、㋐～㋔から2つ選びましょう。

(順不同)（ ㋑ ）（ ㋔ ）

㋐ 自動車
㋑ カメラなどの小型《こがた》の機械
㋒ セメント
㋓ 鉄鉱石
㋔ IC（集積回路）

ふりかえり　3(4)がわからないときは、72ページの1にもどって確認《かくにん》してみよう。



**記述問題のプラスワン**

3 (4)〔別解《べっかい》〕「鉄鉱石を輸入し、それを加工して鉄鋼を生産している」でもよいです。問題文中に「鉄鉱石」「鉄鋼」「輸入」という語句を使用するという指定があるので、わすれずに解答にふくめましょう。

## 確かめのテスト　74～75ページ

**1** ①⑤日本の輸出品には高い技術でつくられた工業製品が多くあります。
③日本は天然資源《しげん》にめぐまれないので、燃料や工業原料の多くを輸入しています。
⑥1980年には輸出品の上位に入っていました。
⑦1980年には輸入品の上位に入っていました。

**2** (1)①鉄鋼の輸出額はほとんど変わっていません。③液化ガスの輸入額は増えました。⑤燃料の輸入額は、液化ガスが少し増えていますが、原油は減っているので、工業製品の輸出額の増え方のほうが大きいことがわかります。
⑥輸入品は木材に代わり機械類が上位に入りました。
(2)増えた金額は、輸出額が83兆914億－29兆3825億＝53兆7089億（円）、輸入額が84兆8750億－31兆9953億＝52兆8797億（円）となります。

**3** (3)輸入の割合が99.7%なので、国産の原油は100－99.7＝0.3（%）となります。

**4** (2)航空機では、小型で高価《こうか》な機械が輸送されます。㋐、㋓は主に船で、㋒は主に鉄道で輸送されます。

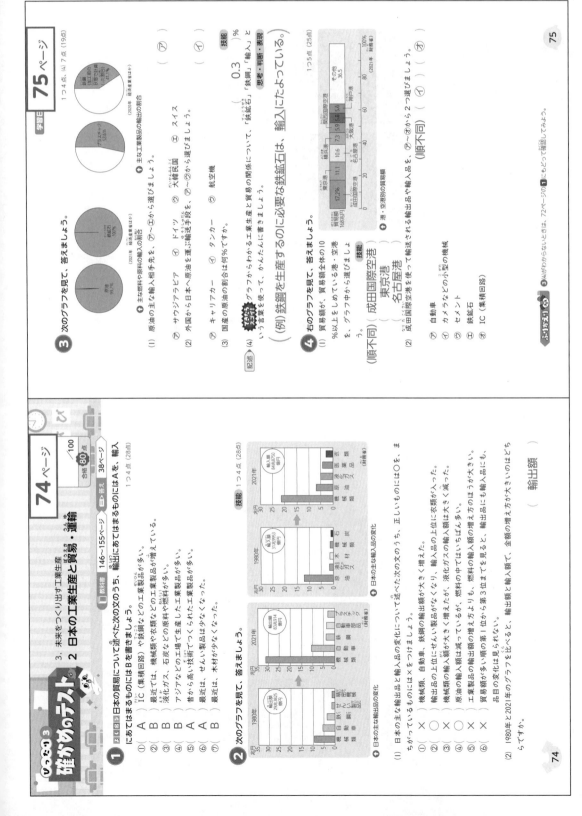

ぴったり1 **準備**

3．未来をつくり出す工業生産

## 3 日本の工業生産の今と未来①

3分でまとめ

学習日 **76ページ**

めあて 工業生産のさかんな地域の特色や、大工場と中小工場の特色を理解《りかい》しよう。

教科書 156〜161ページ　答え 39ページ

次の（　　）に入る言葉を、下から選びましょう。

### 1 さまざまな製品《せいひん》をつくり出す工業　教科書 156〜157ページ

**工業の種類**

| | |
|---|---|
| ①　機械　工業 | 自動車、電子部品、パソコン、カメラなど |
| 化学工業 | 洗剤《せんざい》、医薬品、プラスチック、塗料《とりょう》など |
| ②　金属　工業 | 鉄鋼《てっこう》、金属《きんぞく》製品（ねじ、はさみなど）など |
| 食料品工業 | パン、チーズ、牛乳《ぎゅうにゅう》、冷凍《れいとう》食品、おかしなど |
| せんい工業 | 毛糸、絹織物《きぬおりもの》、綿《めん》織物、衣類など |
| その他の工業 | 木製品（家具など）、紙、セメントなど |

工業にはいろいろな種類があるんだね。

- 工業生産額《がく》では、機械・化学・金属工業などの（③ 重化学工業 ）が中心となっている。
- 食料品工業やせんい工業は、軽工業とよばれる。

### 2 工業のさかんな地域《ちいき》／大工場と中小工場のちがい　教科書 158〜161ページ

**工業地帯や工業地域**

- 関東《かんとう》地方の南部から九州《きゅうしゅう》地方の北部にかけての海ぞいに、工業のさかんな地域がベルトのように連なっていることから、「（④ 太平洋ベルト ）」とよばれる。
- 燃料《ねんりょう》や原料、部品や製品の輸送《ゆそう》には港を利用するので、海ぞいの地域は工業のさかんな地域が多い。
- IC《アイシー》（集積回路）などの小さな部品をつくる工場は（⑤ 内陸 ）にも広がっており、輸送には高速道路や空港を利用する。

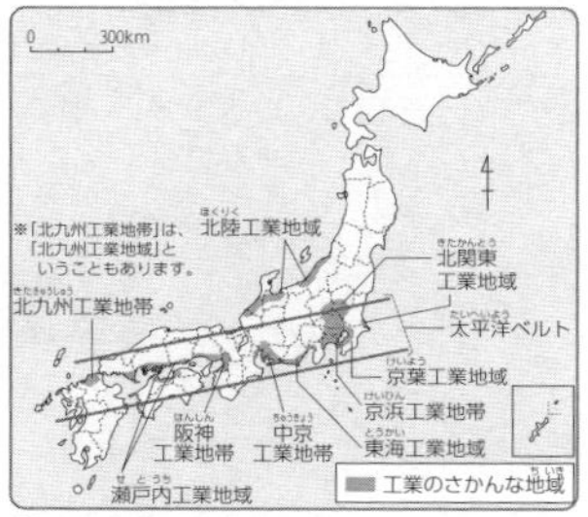

工業のさかんな地域

**ワンポイント** 大工場と中小工場のちがい

- 大工場…働く人が300人以上の工場。
- 中小工場…働く人が1〜299人の工場。
- 日本では（⑥ 中小工場 ）が多く、働く人の数の約7割《わり》は中小工場で働いている。
- 生産額の割合《わりあい》は、（⑦ 大工場 ）のほうが少し大きい。
- 中小工場の高い（⑧ 技術 ）を生かした製品は、大工場の生産を支《ささ》えている。

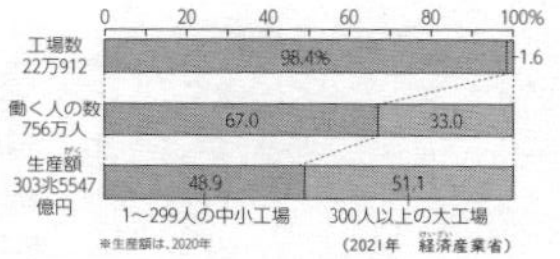

日本の工業生産にしめる中小工場と大工場の割合

| 選んだ言葉に☑ | | | | |
|---|---|---|---|---|
| | □金属 | □重化学工業 | □大工場 | □内陸 |
| | □技術《ぎじゅつ》 | □太平洋《たいへいよう》ベルト | □中小工場 | □機械 |

76

ぴったり2 **練習**

学習日 **77ページ**

ぴたトリビア 京浜工業地帯・中京工業地帯・阪神工業地帯・北九州工業地帯は、昔から工業のさかんな地域で、かつては「四大工業地帯」とよばれていました。

教科書 156〜161ページ　答え 39ページ

**1 工業について、答えましょう。**

(1) 次の工業の種類にあてはまる製品を、㋐〜㋛から２つずつ選びましょう。（すべて順不同）

①　機械工業　（ ㋖ ）（ ㋛ ）　②　金属工業　（ ㋗ ）（ ㋚ ）
③　化学工業　（ ㋐ ）（ ㋕ ）　④　食料品工業　（ ㋒ ）（ ㋖ ）
⑤　せんい工業　（ ㋑ ）（ ㋓ ）　⑥　その他の工業　（ ㋔ ）（ ㋙ ）

㋐　医薬品　㋑　綿織物　㋒　パン　㋓　衣類　㋔　家具　㋕　塗料
㋖　自動車　㋗　乳製品《にゅうせいひん》　㋘　鉄鋼　㋙　紙　㋚　ねじ　㋛　カメラ

(2) 次の工業のうち、重化学工業にあてはまるものにはAを、軽工業にあてはまるものにはBを書きましょう。

①（ A ）機械工業　②（ B ）食料品工業　③（ A ）化学工業
④（ A ）金属工業　⑤（ B ）せんい工業

**2 右のグラフを見て、答えましょう。**

(1) 機械工業の生産額が最も多い工業地帯・工業地域は、どこですか。
（ 中京工業地帯 ）

(2) Ⓐの工業地域の名前を書きましょう。
（ 北関東 ）工業地域

(3) 右のグラフについて述《の》べた文として正しいものを、㋐〜㋓から２つ選びましょう。
（順不同）（ ㋐ ）（ ㋑ ）

㋐　機械工業の生産額が最も少ないのは京葉《けいよう》工業地域である。
㋑　金属工業のしめる割合が20%以上なのは京葉工業地域である。
㋒　化学工業のしめる割合が最も高いのは瀬戸内《せとうち》工業地域である。
㋓　食料品工業のしめる割合が最も高いのは京浜《けいひん》工業地帯である。

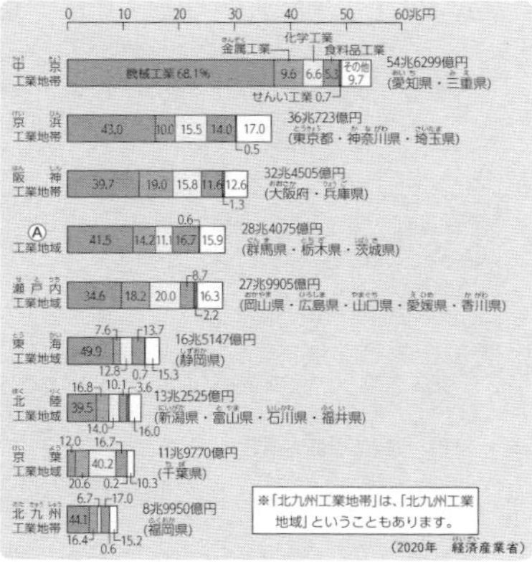

工業地帯・工業地域別の工業生産額

(4) 関東地方の南部から九州地方の北部にかけて、海ぞいに連なる工業のさかんな地域を何といいますか。
（ 太平洋ベルト ）

ヒント　1 (2) 比較的《ひかくてき》重い製品をつくる工業を重工業、比較的軽い製品をつくる工業を軽工業といいます。重工業と化学工業を合わせて重化学工業といいます。

77

## 練習　77ページ

**1** (1)②㋚のねじは金属でできているので、金属工業の製品です。
⑥㋔の家具などの木製品や㋙の紙などの紙製品は、その他の工業の製品です。
(2)重化学工業には機械工業・金属工業・化学工業、軽工業は食料品工業・せんい工業があてはまります。

**2** (2)群馬《ぐんま》県、栃木《とちぎ》県、茨城《いばらき》県に広がっている工業地域を北関東工業地域といいます。
(3)㋒化学工業のしめる割合が最も高いのは瀬戸内工業地域（20.0%）ではなく、京葉工業地域（40.2%）です。㋓食料品工業のしめる割合が最も高いのは京浜工業地帯（14.0%）ではなく、北九州工業地帯（17.0%）です。

**できたかな？**

□工業のさかんな地域の特色を説明してみよう。
□大工場と中小工場のちがいを説明してみよう。

**おうちのかたへ**

身近な工業製品がどこでつくられているのか、日本か外国か、またどのような工場でつくられているのかなど、いろいろな疑問点を見つけて、インターネットのウェブサイトや本などで、お子さまと一緒に調べてみてください。

ぴったり3

# 確かめのテスト

3．未来をつくり出す工業生産

## 3 日本の工業生産の今と未来

78ページ

/100　合格80点

教科書 156～161ページ　答え 40ページ

**1** よく出る 次の文中の①～⑧にあてはまる言葉を、㋐～㋙から選びましょう。　1つ4点（32点）

さまざまな製品《せいひん》をつくり出す工業は、次のような種類に分けられる。自動車やパソコンなどを生産する（①）工業、鉄鋼《てっこう》やねじ、はさみなどを生産する（②）工業、医薬品や洗剤《せんざい》、塗料《とりょう》などを生産する（③）工業、牛乳《ぎゅうにゅう》やパン、おかしなどを生産する（④）工業、織物《おりもの》や衣類などを生産する（⑤）工業、木製品や紙製品などを生産する（⑥）の工業である。このうち、（①）工業、（②）工業、（③）工業を（⑦）工業といい、（④）工業、（⑤）工業などを（⑧）工業という。

㋐ 重化学　㋑ 大　㋒ せんい　㋓ 金属《きんぞく》　㋔ 化学
㋕ 食料品　㋖ 軽　㋗ その他　㋘ 機械　㋙ 部品

①（ ㋘ ）②（ ㋓ ）③（ ㋔ ）④（ ㋕ ）
⑤（ ㋒ ）⑥（ ㋗ ）⑦（ ㋐ ）⑧（ ㋖ ）

**2** 右の地図とグラフを見て、答えましょう。　1つ4点（20点）

(1) よく出る 地図中のⒶの地域《ちいき》は、何とよばれていますか。（ 太平洋ベルト ）

記述 (2) よく出る 工業のさかんな地域は、どのような場所に多いですか。かんたんに書きましょう。　思考・判断・表現

（(例)海ぞいの地域。）

(3) 工業のさかんな地域が(2)に多い理由を、㋐、㋑から選びましょう。（ ㋐ ）
㋐ 原料や製品を輸送《ゆそう》するのに便利だから。
㋑ 人口が少ない地域だから。

(4) よく出る 機械工業の割合《わりあい》が最も高い工業地帯を、右のグラフからぬき出しましょう。　技能
（ 中京工業地帯 ）

(5) 金属工業の生産額《がく》が最も多い工業地帯を、右のグラフからぬき出しましょう。　技能
（ 阪神工業地帯 ）

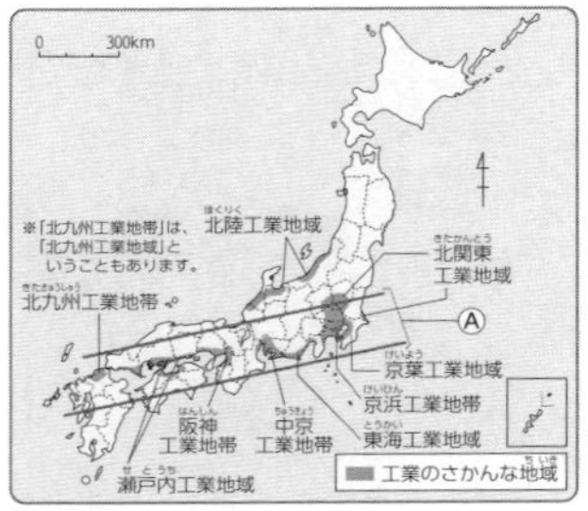

工業のさかんな地域

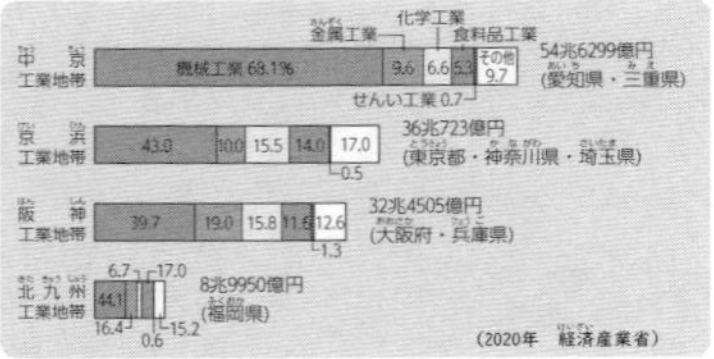

工業地帯別の工業生産額



学習日　79ページ

**3** 右のグラフを見て、答えましょう。　技能　1つ4点（36点）

(1) 1980年の工業生産額のうち、その他の工業以外で機械工業の次に割合の大きい工業は何ですか。
（ 金属工業 ）

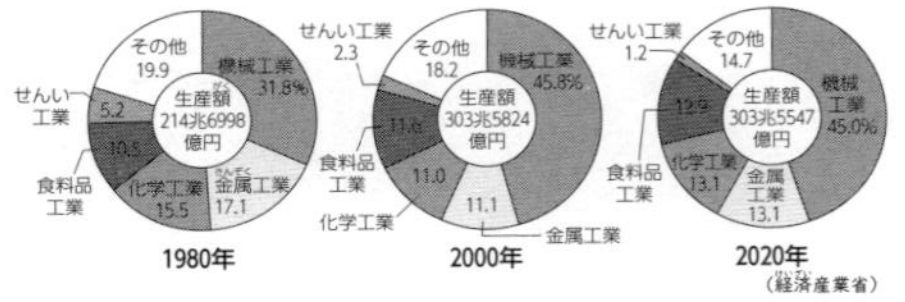

日本の工業生産額の変化

(2) 2000年の工業生産額のうち、1980年よりも割合が大きくなった工業は何ですか。2つ書きましょう。
(順不同)（ 機械工業 ）（ 食料品工業 ）

(3) 2020年の工業生産額のうち、「その他」の工業以外で1980年よりも割合が小さくなった工業は何ですか。3つ書きましょう。
(順不同)（ 金属工業 ）（ 化学工業 ）（ せんい工業 ）

(4) 上のグラフについて述《の》べた文のうち、正しいものには○を、まちがっているものには×をつけましょう。
①（ × ）金属工業と化学工業の割合は、ますます大きくなってきている。
②（ ○ ）食料品工業の割合は、しだいに大きくなってきている。
③（ ○ ）せんい工業の割合は、しだいに小さくなってきている。

**4** 次のグラフを見て、答えましょう。　思考・判断・表現　1つ6点（12点）

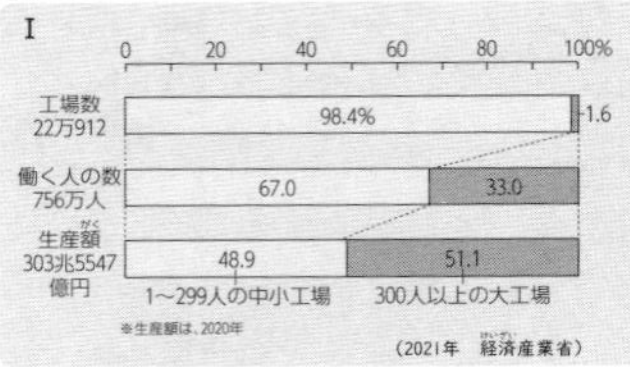

日本の工業生産にしめる中小工場と大工場の割合

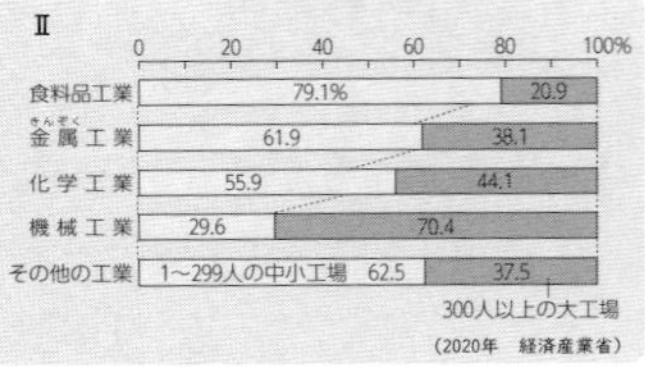

各工業の生産額にしめる中小工場と大工場の割合

記述 (1) Ⅰのグラフを見て、中小工場と大工場についてわかることを、「工場数」「生産額」という言葉を使って、かんたんに書きましょう。

（(例)工場数では約98%をしめる中小工場は、生産額が50%よりも少なく、工場数では約2%の大工場が、生産額の半分以上をしめている。）

記述 (2) できたらスゴイ! Ⅱのグラフを見て、中小工場についてわかることを、「軽工業」という言葉を使って、かんたんに書きましょう。

（(例)軽工業では、中小工場の生産額の割合が高い。）

ふりかえり ❹(1)がわからないときは、76ページの**2**にもどって確認《かくにん》してみよう。



## 確かめのテスト　78～79ページ

**1** 重化学工業で生産する製品には自動車や鉄鋼など重いものが多く、軽工業で生産する製品には紙や衣類など軽いものが多いです。

**2** (2)「海に面した地域」も正解《せいかい》となります。
(3)㋐港に近く、船を利用した輸送に便利です。㋑太平洋ベルトには人口や産業が集中しています。

**3** (4)①金属工業と化学工業の割合は、1980年よりも2000年・2020年のほうが小さいので、「ますます大きくなってきている」はまちがいです。

**4** (1)工場数の少ない大工場が生産額の半分以上を生産しており、工場数が多い中小工場の生産額は半分よりも少ないことを説明しましょう。
(2)Ⅱのグラフのうち、金属工業、化学工業、機械工業は、重化学工業です。

**記述問題のプラスワン**

**4** (1)問題文中に「工場数」「生産額」という語句を使用するという指定があるので、わすれずに解答にふくめましょう。

**4** (2)問題文中に「軽工業」という語句を使用するという指定があるので、わすれずに解答にふくめましょう。Ⅱのグラフのうち、軽工業にあてはまるものは食料品工業です。

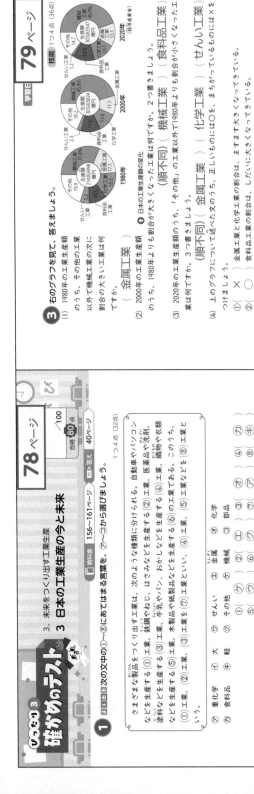

ぴったり1 準備

3．未来をつくり出す工業生産

# 3 日本の工業生産の今と未来②

学習日

80ページ

めあて
日本の工業生産の変化や、海外生産の利点と問題点を理解《りかい》しよう。

教科書 162～165ページ　答え 41ページ

次の（　　）に入る言葉を、下から選びましょう。

## 1 日本の工業生産の変化

教科書 162～163ページ

**工場の減少《げんしょう》**

- 日本国内では、電化製品《せいひん》やIC《アイシー》部品などを生産する（① 大工場 ）で、生産量を減《へ》らしたり、生産を海外に移《うつ》したりするところが増《ふ》えている。
- 大工場に部品をおさめる（② 中小工場 ）の生産にもえいきょうがあり、日本全体の工場の数が減ってきている。
- 工場で（③ 働く人 ）の数も減ってきており、特に規模《きぼ》の小さい中小工場では、技術《ぎじゅつ》を受けつぐ若い働き手が不足しているところもある。

工場数が減っても、工業生産額《がく》は減っていないよ。

## 2 増え続ける海外生産

教科書 164～165ページ

**自動車の海外生産**

- 日本から（④ 輸出 ）される自動車が増えすぎたことにより、外国から、つりあいのとれた（⑤ 貿易 ）を求める声があがった。
- 輸出《ゆしゅつ》する代わりに、海外で日本の自動車を生産する（⑥ 海外生産 ）が、1985年ごろから増えた。
- 右のグラフを見ると、**海外生産**が増えたことで、国内生産が減ってきている。

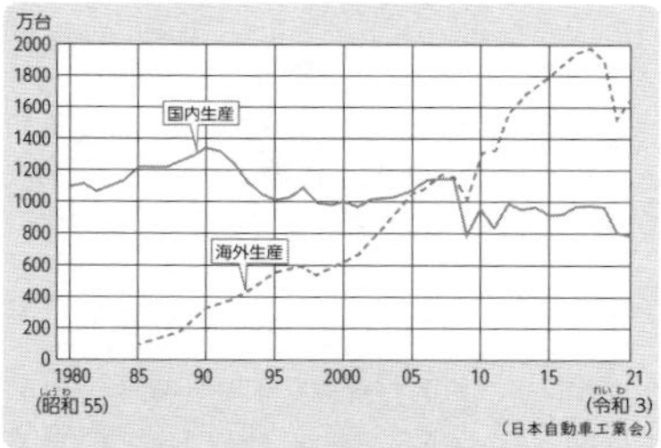


日本の自動車の国内生産台数と海外生産台数の変化

**海外生産のよいところ**

- 現地《げんち》で生産することによって、自動車会社は、生産や輸送《ゆそう》にかかる（⑦ 費用 ）を安くおさえられる。
- 自動車づくりに現地の材料や部品が多く使われるため、働く場をつくることができる。
- その国の人が工場の仕事を通じて、自動車づくりの（⑧ 技術 ）を学ぶことができ、その国の工業の発展《はってん》を支《ささ》えることもできる。
- 問題点 日本の高い技術《ぎじゅつ》が海外に流出するおそれがある。
  思いがけない災害《さいがい》や事件《じけん》で、生産にえいきょうがでる心配がある。

選んだ言葉に✓

| | | | |
|---|---|---|---|
| □中小工場 | □技術 | □働く人 | □貿易《ぼうえき》 |
| □大工場 | □費用《ひよう》 | □海外生産 | □輸出 |



ぴったり2 練習

学習日

81ページ

ぴたトリビア
輸出や輸入がかたよると国内で生産したものが売れなくなったりするため、相手国との間でトラブル（貿易まさつ）が起こることがあります。

教科書 162～165ページ　答え 41ページ

**1 右のグラフを見て、答えましょう。**

(1) 国内の工場数が最も多い年は何年ですか。（ 1985 ）年

(2) 工場で働く人の数が最も多い年は何年ですか。（ 1990 ）年

(3) 次の文のうち、正しいものには○を、まちがっているものには×をつけましょう。

①（ ○ ）1980年と2021年の工場数を比《くら》べると、3分の1以下に減っている。

②（ ○ ）工場数が最も減ったのは、2016年から2021年の間である。

③（ × ）1980年と2021年の工場で働く人の数を比べると、およそ500万人減っている。

④（ × ）工場で働く人の数の減り方は、1990年からゆるやかになっている。

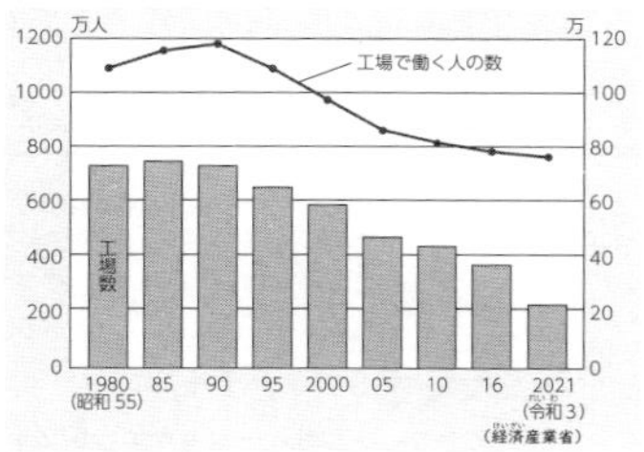


国内の工場数と、工場で働く人の数の変化

**2 自動車の生産について、答えましょう。**

(1) 右のグラフで、自動車の国内生産台数が最も多い年は何年ですか。（ 1990 ）年

(2) 自動車の海外生産台数が国内生産台数を上回るようになった時期を、グラフ中のⒶ～Ⓒから選びましょう。（ Ⓑ ）

(3) 2021年の海外生産台数は、国内生産台数のおよそ何倍ですか。整数で書きましょう。（ 2 ）倍

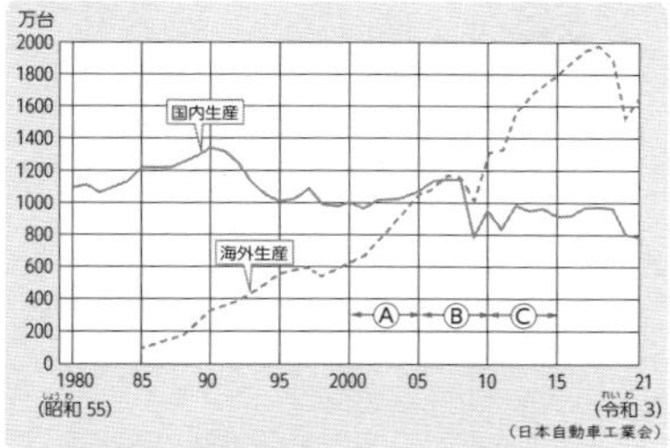


日本の自動車の国内生産台数と海外生産台数の変化

(4) 自動車の海外生産について述《の》べた次の文のうち、正しいものには○を、まちがっているものには×をつけましょう。

①（ × ）海外生産では、必要な部品はすべて日本から船で運んでいる。

②（ ○ ）海外生産では、その国の人たちも工場で働いている。

③（ × ）海外生産では、国内で生産して輸出するよりも、輸送に費用がかかる。

④（ ○ ）海外生産では、日本の高い技術が海外に流出するおそれがある。

ヒント 1 工場数はぼうグラフと右のめもりを、工場で働く人の数は折れ線グラフと左のめもりを読み取ります。



できたかな？
□日本の工業生産の変化を説明してみよう。
□海外生産の利点と問題点を説明してみよう。

練習 81ページ

1 (3)③1980年の工場で働く人の数は約1100万人、2021年は約800万人なので、約300万人減りました。

④工場で働く人の数は、1990年が最も多く、そのあとの折れ線グラフのかたむきが急なので、人数が急激《きゅうげき》に減っていることがわかります。

2 (1)1990年の自動車の国内生産台数は1300万台以上となっています。なお、2021年の自動車の国内生産台数は約800万台となっています。

(3)2021年の海外生産台数は約1600万台、国内生産台数は約800万台と読み取れるので、およそ2倍になります。

(4)①海外生産では、現地でつくった部品が多く使われます。

③現地でつくった製品を現地で売ることができるので、輸送の費用を安くおさえることができます。

ぴったり1 **準備**

3. 未来をつくり出す工業生産

## 3 日本の工業生産の今と未来③

学習日



めあて 東大阪市の中小工場の取り組みや、これからの工業生産を理解《りかい》しよう。

教科書 166〜173ページ　答え 42ページ

次の（　　）に入る言葉を、下から選びましょう。

**1** 国内で生産を続けていく中小工場　〜東大阪《ひがしおおさか》市の「ものづくり」〜
これからの工業生産とわたしたちのくらし　教科書 166〜169ページ

**大阪《おおさか》府東大阪市の「ものづくり」**

- 5000以上の工場が集まっており、そのほとんどが（① 中小工場 ）である。
- すぐれた技術《ぎじゅつ》や（② アイデア ）を生かし、くらしを豊《ゆた》かにする製品《せいひん》の開発に取り組んでいる。 例 さびないねじ、海底の光ファイバーを守るためのケーブル用鉄線、ビニールと紙を分別しやすくした弁当《べんとう》箱、など。

**社会のニーズに応《こた》える新たな「ものづくり」**

- 〔最先端《さいせんたん》の技術で開発する〕細かい作業を助ける**ロボット**や介護《かいご》用のロボットなど、少子化や（③ 高齢化 ）が進む社会を支《ささ》えるロボットの開発が進んでいる。
- 〔高い技術で新たな素材《そざい》をつくる〕強く軽い素材の「炭素《たんそ》せんい」を輸送《ゆそう》用の機械やコンテナに使うことで燃料《ねんりょう》の消費《しょうひ》をおさえることができ、（④ 省エネルギー ）につながる。
- 〔伝統《でんとう》の技術を生かす〕南部《なんぶ》鉄器の性質《せいしつ》を生かして、炊飯器《すいはんき》の内がまをつくっている。

**工業製品のリサイクルの取り組み**

- 電気自動車やパソコン、スマートフォンなどの多くの機械には、世界でとれる量が少ない金《きん》属《ぞく》である（⑤ レアメタル ）が使われている。
- 使用ずみの製品から**レアメタル**を取り出して、別の製品に使う取り組みが進んでいる。

**2** 工業やくらしを支える資源《しげん》・エネルギー　はってん　教科書 172〜173ページ

**新たな資源・エネルギーの開発**

- 原油や石炭などの化石燃料を大量に燃《も》やすと、多くのガスが排出《はいしゅつ》され、**地球温暖化《おんだんか》**や空気のよごれなど、環境《かんきょう》に大きなえいきょうをおよぼす。
- ガスを発生させない（⑥ 原子力 ）の利用が進められたが、2011年の**東日本大震災《ひがしにほんだいしんさい》**で原子力発電所が事故《じこ》を起こし、より安全性《せい》が高く、使いきる心配のない**エネルギー**の開発が進められるようになった。

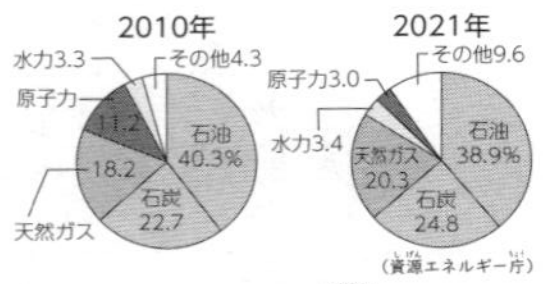
2010年
水力3.3
その他4.3
原子力
11.2
石油 40.3%
18.2
石炭 22.7
天然ガス
2021年
その他9.6
原子力3.0
水力3.4
天然ガス 20.3
石油 38.9%
石炭 24.8

（資源《しげん》エネルギー庁《ちょう》）

日本のエネルギー消費量の割合《わりあい》の変化

- 自然の力を生かす取り組みとして、強風を利用する（⑦ 風力 ）発電、火山の地下の熱の利用、冬に積もった大量の雪を夏の冷房《れいぼう》に生かす、（⑧ 太陽 ）の光から熱や電気を生み出す、植物の一部や動物のふん尿《にょう》などを使う**バイオマス**エネルギーなどがある。
- 森林の多い日本では、木を原料とする「セルロースナノファイバー」の開発も進んでいる。
- くらしの中で消費する資源・エネルギーの量そのものを減らすことも大切である。

選んだ言葉に ✔　□アイデア　□風力　□中小工場　□省エネルギー　□レアメタル　□太陽　□原子力　□高齢《こうれい》化



ぴったり2 **練習**

学習日



ぴたトリビア　「セルロースナノファイバー」は木からできる紙のせんいを細かくほぐしてつくられる素材で、鉄よりも軽く強度のある素材として注目されています。

教科書 166〜173ページ　答え 42ページ

**1 日本の工業とわたしたちのくらしについて、答えましょう。**

(1) 次の文中の①〜③にあてはまる言葉を、㋐〜㋓から選びましょう。

大阪府東大阪市は中小工場が多く集まる地域《ちいき》で、さまざまな製品がつくられている。中小工場の中にはすぐれた技術や（①）を生かし、新たなものづくりにちょうせんしている工場もある。さびない（②）や、海底の光ファイバーを守る（③）、ビニールと紙を分別しやすくした弁当箱などが生産されている。

㋐ 原料　㋑ アイデア　㋒ 鉄線　㋓ ねじ

①（ ㋑ ）②（ ㋓ ）③（ ㋒ ）

(2) 次の①〜③の技術と、それに関係のある新しい工業製品を、線で結びましょう。

① 変化する社会を支える最先端の技術
② 伝統工芸品をつくってきた伝統の技術
③ 新たな素材をつくり出す技術

㋐南部鉄器でつくった炊飯器の内がま
㋑原油や石炭などを原料とする、炭素せんい
㋒細かい作業を助けるロボットや介護用のロボット

**2 資源・エネルギーについて、答えましょう。**

(1) 右のグラフ中の「石油」「石炭」など、大量に燃やすと多くのガスが排出され、環境に大きなえいきょうをおよぼす燃料を何といいますか。

（ 化石燃料 ）

(2) 右のグラフ中の「水力」は、自然の力を利用したエネルギーです。右の絵の発電設備《せつび》が利用している自然の力は何ですか。

（ 風力 ）

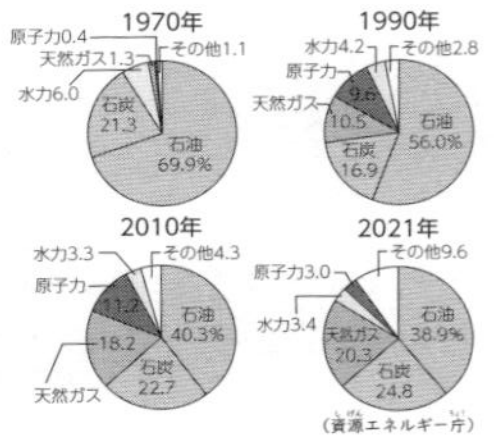
1970年
原子力0.4
天然ガス1.3
その他1.1
水力6.0
石炭 21.3
石油 69.9%
1990年
水力4.2
その他2.8
原子力
9.6
天然ガス
10.5
石炭 16.9
石油 56.0%
2010年
水力3.3
その他4.3
原子力
11.2
石油 40.3%
18.2
石炭 22.7
天然ガス
2021年
その他9.6
原子力3.0
水力3.4
天然ガス 20.3
石油 38.9%
石炭 24.8

（資源《しげん》エネルギー庁《ちょう》）

日本のエネルギー消費量の割合の変化

(3) 植物の一部や動物のふん尿などを使って生み出すエネルギーを何といいますか。

（ バイオマスエネルギー ）

ヒント
1 (1)③ 光ファイバーのケーブルに用いられる、細長く強い材質のものです。
2 (1) 1970年には、2つのエネルギーの合計が9割以上をしめていました。



できたかな？
□東大阪市の中小工場の取り組みを説明してみよう。
□工業生産の未来について考えてみよう。

**練習　83ページ**

1 (2)㋐南部鉄器は、岩手《いわて》県の伝統工芸品です。

2 (1)石油や石炭などの化石燃料を大量に燃やすと、多くのガスが排出され、地球温暖化など、環境に大きなえいきょうをおよぼします。

(2)絵は風車を表しています。風力発電では、風車で受けた風の力を発電機に伝えて電気に変えています。水力や風力、太陽光、地熱、バイオマスなどのエネルギーは、再生可能《さいせいかのう》エネルギーといわれ、資源をくり返して使うことができる環境にやさしいエネルギーです。

(3)バイオマスエネルギーは、生ごみや動物のふん尿、いらなくなった木材、さとうきびやとうもろこしなどの植物などから生み出されるエネルギーです。

ぴったり3

# 確かめのテスト

3．未来をつくり出す工業生産

## 3 日本の工業生産の今と未来

**84ページ**

/100 合格80点

教科書 162～173ページ　答え 43ページ

**1 日本の工業の国内生産と海外生産について、答えましょう。**　(1)10点、(2)1つ5点（30点）

記述 (1) 日本の国内では、電化製品《せいひん》などを生産する大工場で、生産量を減《へ》らしたり、生産を海外に移《うつ》したりするところが増《ふ》えています。このえいきょうで、国内全体の工場の数や工場で働く人の数には、どのような変化が起こっていますか。かんたんに書きましょう。

思考・判断・表現

（(例)国内全体の工場の数が減り、工場で働く人の数も減ってきている。）

(2) よく出る 次の文中の①～④にあう言葉を、㋐～㋕から選びましょう。

海外の現地《げんち》で生産することで、工業を営《いとな》む会社にとっては、生産や①などにかかる費用《ひよう》をおさえて製品の値段《ねだん》を下げ、②をのばすことができる。海外生産では、現地の材料や③が多く使われ、その国の人々が働く場所が増える。また、仕事を通じてさまざまな④が現地の人々に伝えられ、その国の工業の発展《はってん》を支《ささ》えることもできる。

㋐ 開発　㋑ 部品　㋒ 輸送《ゆそう》　㋓ 技術《ぎじゅつ》　㋔ 天然資源《しげん》　㋕ 売り上げ

①（ ㋒ ）②（ ㋕ ）③（ ㋑ ）④（ ㋓ ）

**2 右のグラフを見て、答えましょう。**　技能 1つ5点（20点）

(1) 次の文のうち、正しいものには○を、まちがっているものには×をつけましょう。

①（ ○ ）自動車の国内生産台数が最も多い年は1990年である。

②（ × ）国内生産台数は、2000年ごろからずっと1000万台以下となっている。

③（ × ）2000年から2021年の間に、海外生産台数は約500万台増えた。

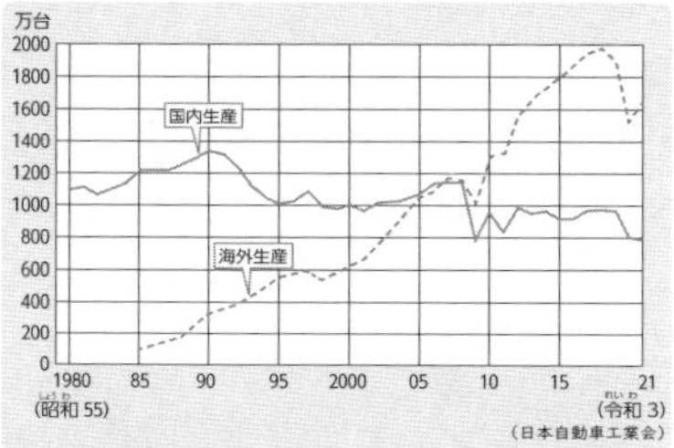
万台
2000
1800
1600
1400
1200
1000
800
600
400
200
0
国内生産
海外生産
1980
昭和《しょうわ》55)
85
90
95
2000
05
10
15
21
(令和《れいわ》3)
(日本自動車工業会)

日本の自動車の国内生産台数と海外生産台数の変化

(2) 海外生産台数が国内生産台数を上回るようになったのはいつごろですか。㋐～㋓から選びましょう。（ ㋓ ）

㋐ 1990年から1995年の間　㋑ 1995年から2000年の間
㋒ 2000年から2005年の間　㋓ 2005年から2010年の間



学習日

**85ページ**

**3 これからの工業生産について、答えましょう。**　1つ4点（20点）

(1) 次の文中の①～③にあてはまる言葉を、　　から選びましょう。

日本では、子どもの数が減っていく①や、高齢者《こうれいしゃ》の割合《わりあい》が増えていく高齢化が進み、働く人の数が②といわれている。そのため、くらしや産業のさまざまな場面で手助けができる③の開発が進められている。

ロボット　ライン　少子化　減っていく　増えていく

①（ 少子化 ）②（ 減っていく ）③（ ロボット ）

(2) 日本の中小工場では、高い技術を生かして、新たな素材《そざい》の生産を行っています。そのような新たな素材の例にあてはまるものを、㋐～㋒から選びましょう。（ ㋒ ）

㋐ 南部《なんぶ》鉄器　㋑ レアメタル　㋒ 炭素《たんそ》せんい

記述 (3) 大阪府《おおさかふ》東大阪《ひがしおおさか》市の中小工場では、自分たちの強みを生かして、「さびないねじ」のような特色ある製品をつくり出しています。このような中小工場の強みとは何ですか。「技術」という言葉を使って、かんたんに書きましょう。

思考・判断・表現

（(例)高い技術やアイデアを生かした製品の開発ができること。）

**4 資源・エネルギーについて、右のグラフを見て、答えましょう。**　1つ5点（30点）

(1) 右のグラフ中のⒶのエネルギーは何ですか。（ 原子力 ）

(2) 1970年のグラフと2021年のグラフを比《くら》べて、割合が最も大きく減ったエネルギーは何ですか。技能（ 石油 ）

(3) その他のエネルギー以外で、1970年から2021年にかけて、割合がしだいに増えていったエネルギーは何ですか。技能（ 天然ガス ）

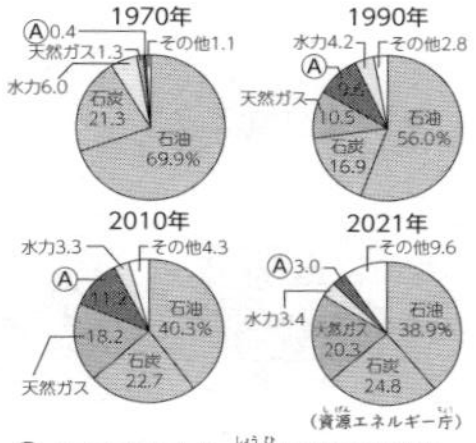
1970年
Ⓐ0.4
天然ガス1.3
その他1.1
水力6.0
石炭 21.3
石油 69.9%
1990年
水力4.2
その他2.8
Ⓐ
天然ガス
10.5
石炭 16.9
石油 56.0%
2010年
水力3.3
その他4.3
Ⓐ
11.2
18.2
天然ガス
石炭 22.7
石油 40.3%
2021年
Ⓐ3.0
その他9.6
水力3.4
天然ガス 20.3
石炭 24.8
石油 38.9%
(資源《しげん》エネルギー庁《ちょう》)

日本のエネルギー消費《しょうひ》量の割合の変化

(4) (2)のエネルギーの割合が減った理由について述《の》べた次の文中の①～③にあてはまる言葉を、㋐～㋕から選びましょう。

(2)などの化石燃料を大量に燃《も》やすと、多くのガスが排出《はいしゅつ》され、①や空気のよごれなど、②に大きなえいきょうをおよぼす。そのため、ガスを発生させず、③心配のないエネルギーの利用を進めている。

㋐ 台風　㋑ 地球温暖化《おんだんか》　㋒ 工業
㋓ 環境《かんきょう》　㋔ 費用《ひよう》がかかる　㋕ 使いきる

①（ ㋑ ）②（ ㋓ ）③（ ㋕ ）

ふりかえり ❶(1)がわからないときは、80ページの❶にもどって確認《かくにん》してみよう。



## 確かめのテスト　84～85ページ

❶ (1)外国の製品や部品の輸入が増えたり、海外生産が増えたりすることで、日本国内の工場の数や働く人の数は減ってきています。

❷ (1)②2000年～2010年の間には、国内生産台数が1000万台をこえた年もあります。
③2000年の海外生産台数は約600万台、2021年は約1600万台なので、約1000万台増えました。

❸ (2)㋐の南部鉄器は伝統工芸品、㋑のレアメタルは、世界でとれる量が少ない金属《きんぞく》です。

❹ (1)2011年の東《ひがし》日本《にほん》大震災《だいしんさい》で、原子力発電所の一つが事故《じこ》を起こし、人々のくらしに大きなえいきょうをおよぼしました。
(2)割合が減ったものは、石油、水力です。
(3)天然ガスの割合は、1.3%→10.5%→18.2%→20.3%と増えています。

**記述問題のプラスワン**

❸ (3)問題文中に「技術」という語句を使用するという指定があるので、わすれずに解答《かいとう》にふくめましょう。日本の中小工場の高い技術は海外でもみとめられています。

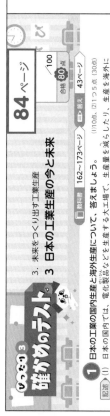

ぴったり1 準備

3分でまとめ

4．未来とつながる情報《じょうほう》

# 1　情報を伝える人々とわたしたち①

学習日

**86ページ**

めあて
情報を受け取る手段や、ニュース番組ができるまでの流れを理解《りかい》しよう。

教科書　174～179ページ　答え　44ページ

次の(　　)に入る言葉を、下から選びましょう。

## 1　身のまわりの情報／情報はどこから？

教科書　174～177ページ

**身のまわりにある情報**

- **情報**…人に伝えられる、ある物事についての知らせ。文字や音、(① 映像 )、電子データなど、さまざまな形のものがある。

**さまざまなメディア**

- **メディア**…情報を記録したり伝えたりする物や手《しゅ》段《だん》のこと。多くの人に、同じ情報を一度に伝えるものを、(② マスメディア )という。
- 右上の表を見ると、情報を受け取る手段として利用している人が最も多いのは(③ テレビ )である。
- テレビの番組には、ニュースなどの(④ 報道 )番組、教養番組、ごらく番組、教育番組などがある。

| | |
|---|---|
| テレビ | 100人当たり79人 |
| インターネット（ニュースサイト） | 100人当たり61人 |
| 新聞 | 100人当たり33人 |
| インターネット（ソーシャルメディア） | 100人当たり29人 |
| ラジオ | 100人当たり14人 |
| 雑誌《ざっし》 | 100人当たり3人 |

（2021年　総務《そうむ》省）

ニュースを得《え》るときに利用するメディア

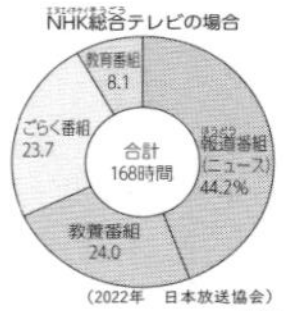


（2022年　日本放送協会）

テレビの1週間の放送内容《ないよう》

## 2　放送局がつくるニュース番組ができるまで

教科書　178～179ページ

**ニュース番組ができるまで**

1　情報を集める
- (⑤ 取材 )…記者やカメラマンが事故《じこ》や事件《じけん》の現場《げんば》で映像やインタビューをとる。
- 中継《ちゅうけい》…現場から情報を伝える。

2　情報を(⑥ 選ぶ )・編集《へんしゅう》する
- (⑦ 打ち合わせ )…編集責任《せきにん》者を中心に話し合って、番組で伝えるニュースの内容や順番を確《たし》かめる。
- 映像《えいぞう》編集…取材で集めた映像を、わかりやすく、字幕《じまく》や図とともにまとめる。
- 字幕や図の制作《せいさく》…原稿《げんこう》に合わせて、字幕や図をパソコンでつくる。

3　情報を伝える
- 本番の放送…映像の見やすさに気をつけて、何台もの(⑧ カメラ )を操作《そうさ》する。
- 副調整室…画面や字幕を切りかえたり、スタジオと中継現場をつないだりする。

選んだ言葉に☑　□テレビ　□取材　□選ぶ　□マスメディア　□カメラ　□映像　□報道《ほうどう》　□打ち合わせ



ぴったり2 練習

学習日

**87ページ**

ぴたトリビア
テレビの電波（地上デジタル放送）は、放送局→電波塔《とう》→中継《ちゅうけい》局→家のテレビ、という順番でとどきます。放送衛星《えいせい》を使うBS放送などもあります。

教科書　174～179ページ　答え　44ページ

**1　右の表を見て、答えましょう。**

| | |
|---|---|
| テレビ | 100人当たり79人 |
| インターネット（ニュースサイト） | 100人当たり61人 |
| 新聞 | 100人当たり33人 |
| インターネット（ソーシャルメディア） | 100人当たり29人 |
| ラジオ | 100人当たり14人 |
| 雑誌《ざっし》 | 100人当たり3人 |

（2021年　総務《そうむ》省）

ニュースを得るときに利用する(1)

(1) 情報を記録したり伝えたりする物や手段のことを何といいますか。　( メディア )

(2) ニュースを得るときに最もよく利用されている(1)は何ですか。　( テレビ )

(3) ニュースを得るときにインターネットのニュースサイトを利用する人は、100人当たり何人いますか。　( 61 )人

(4) テレビの番組には、ニュースなどの報道番組のほかに、どのような番組がありますか。1つ書きましょう。(ごらく番組、教育番組)　( 教養番組 )

(5) テレビがわかりやすいのは、情報を何で伝えているからですか。2つ書きましょう。
(順不同)( 映像 )( 音声 )
〔「文字」でもよい〕

**2　次の絵は、ニュース番組ができるまでの仕事の様子を表しています。これを見て、答えましょう。**

Ⓐ　打ち合わせ

Ⓑ　本番の放送

Ⓒ　取材

Ⓓ　映像編集

(1) Ⓐ～Ⓓの絵を、仕事が行われる順にならべかえましょう。
(完答)( Ⓒ → Ⓐ → Ⓓ → Ⓑ )

(2) 次の①～③の文にあてはまるものを、Ⓐ～Ⓓから選びましょう。
① 取材した映像を、放送時間の中でおさまるように、わかりやすくまとめる。
② 現場をおとずれて、映像やインタビューを取り、くわしい情報を集める。
③ 話し合って、番組で伝えるニュースの内容や順番を確かめる。
①( Ⓓ )②( Ⓒ )③( Ⓐ )

(3) 右の絵は、ニュースを放送するスタジオのすぐ近くにある、放送を管理する部屋です。この部屋を何といいますか。
( 副調整室 )

ヒント　2 (1) ニュース番組は、情報を集める→情報を選ぶ・編集する→情報を伝えるという順番でつくられます。



できたかな？
□情報を受け取る手段を説明してみよう。
□ニュース番組ができるまでの流れを説明してみよう。

## 練習　87ページ

1　(1)メディアには、テレビやラジオ、新聞、雑誌、インターネットなどがあります。
(4)3つのうちどれか1つが書けていればよいです。
(5)テレビは、主に映像と音声で情報を伝えるので、わかりやすく伝えることができます。字幕などの文字を使うこともあります。

2　(1)ニュースは、取材→打ち合わせ→映像や図の編集→チェック・修正《しゅうせい》→本番の放送・中継という流れでつくられます。
(3)副調整室では、画面や字幕の切りかえをしたり、本番中のスタジオと中継現場をつないだりしています。

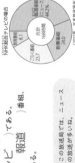

ぴったり1 準備

せんたく

4．未来とつながる情報《じょうほう》

# 1 情報を伝える人々とわたしたち②

学習日 **88ページ**

◎めあて 情報を伝える放送局の取り組みや、さまざまなメディアを理解《りかい》しよう。

教科書 180～187ページ　答え 45ページ

次の（　　）に入る言葉を、下から選びましょう。

## 1 ニュースにかける思い／マスメディアとしての責任《せきにん》

教科書 180～183ページ

**ニュース番組の制作《せいさく》で気をつけていること**

- 取材記者…複数《ふくすう》の取材先から情報を得《え》て、事実を確《たし》かめてから原稿《げんこう》を書く。
- 編集《へんしゅう》・制作…ニュース用原稿を作成し、映像《えいぞう》や図などを編集する。たくさんのスタッフが何重にも（① 内容のチェック）をする。あやまった情報やだれかをきずつけるような情報を流さないように気をつけている。
- アナウンサー…ニュースをわかりやすく（② 正確）に伝えられるように、原稿に線を引いたり、くり返し読んで内容《ないよう》を確認《かくにん》したりする。

**マスメディアとしての責任**

- 多くの人に関わりがありそうなこと、最新の情報、求められている情報などを伝える。
- マスメディアからの情報は、多くの人の考え方や行動を決めるきっかけとなることがある。
- 賛成《さんせい》と反対など両方の意見を取り上げ、（③ かたより）のない伝え方をする。

## 2 メディアの変化と、放送局の取り組み

教科書 184～185ページ

**情報を伝えるさまざまなメディア**

| ④ テレビ | ⑤ ラジオ |
|---|---|
| ●映像と音声で情報を伝えるので、わかりやすい。<br>●一度に広いはん囲《い》まで伝えられる。<br>●番組を見る側からも情報を送ることができる。 | ●音声で情報を伝える。<br>●交通情報や地域《ちいき》の情報など、身近な情報も伝える。<br>●電池で動くものは、停電《ていでん》しても使える。 |
| **⑥ 新聞** | **インターネット** |
| ●文字や写真でくわしく説明した情報を何度でも読み返せる。<br>●持ち運び、切りぬいて保存《ほぞん》できる。<br>●重大ニュースの号外を配ることもある。 | ●知りたい情報を自分でけんさくできる。<br>●電波や回線がつながっていれば、パソコンなどを使って、いつでも情報を得ることができる。 |

**インターネットを活用するメディア**

- インターネットと他のメディアはおたがいに役割《やくわり》をおぎない合うことができる。
  例（⑦ スマートフォン）を使い、インターネットでテレビを見ることができる。
- インターネットを利用して、視聴者《しちょうしゃ》が情報の発信者となることができる。
  例インターネットを使って、ニュース番組などに映像や写真、意見を投稿《とうこう》する。
- （⑧ ソーシャルメディア）を通じて、大勢《おおぜい》の人々が情報を自由に発信し、受け取ることができる。マスメディアでは、うその情報（フェイクニュース）が事実ではないことを確かめる「ファクトチェック」や、正確な情報の発信に努めることが重要である。

選んだ言葉に✓　□新聞　□正確《せいかく》　□スマートフォン　□テレビ　□内容のチェック　□かたより　□ソーシャルメディア　□ラジオ



ぴったり2 練習

学習日 **89ページ**

ぴたトリビア　テレビのデジタル放送では、字幕《じまく》をつける、音声をゆっくりした速さにするなど、高齢者《こうれいしゃ》やしょうがいのある人にやさしいサービスがあります。

教科書 180～187ページ　答え 45ページ

**1** 次の図は、ある日のニュース番組が放送されるまでの流れを表しています。これを見て、答えましょう。

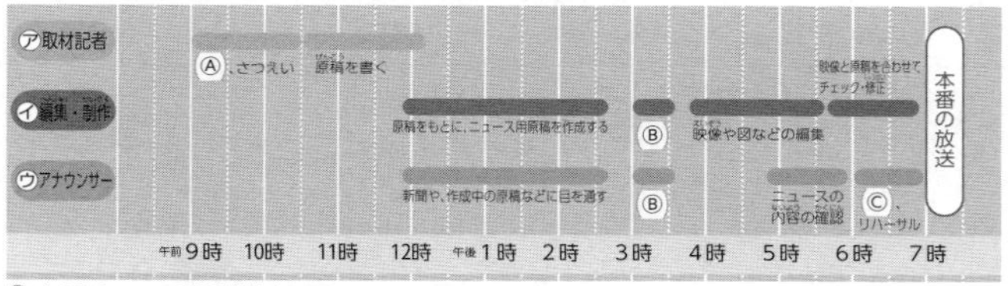

ある日のニュース番組が放送されるまで

(1) 図中のⒶ～Ⓒにあてはまる言葉を、㋐～㋔から選びましょう。

㋐ 打ち合わせ　㋑ インタビュー　㋒ 中継《ちゅうけい》　㋓ 下読み　㋔ 構成《こうせい》

Ⓐ（㋑）Ⓑ（㋐）Ⓒ（㋓）

(2) 次の①～③の仕事を行う人を、図中の㋐～㋒から選びましょう。

① 原稿をくり返し読んで確認し、決められた時間の中で正確にわかりやすく伝える。
② 放送する順番や時間などを決めて、原稿や映像を編集し、内容をチェックする。
③ 一つだけではなく、いくつかの取材先から情報を得て、事実を確かめる。

①（㋒）②（㋑）③（㋐）

**2** メディアについてまとめた次の表を見て、答えましょう。

| | ① | ② | ③ | インターネット |
|---|---|---|---|---|
| 情報の伝え方 | 文字や写真で伝える。 | 音声のみで伝える。 | 映像や音声で伝える。 | 映像・音声・文字・写真などで伝える。 |
| 特ちょう | ④ | ⑤ | わかりやすい。 | ⑥ |

(1) 表中の①～③にあてはまる言葉を、［　］から選びましょう。

ラジオ　テレビ　新聞

①（新聞）②（ラジオ）③（テレビ）

(2) 表中の④～⑥にあてはまる特ちょうを、㋐～㋒から選びましょう。

㋐ 交通情報や地域の情報など、身近な情報も伝える。
㋑ 知りたい情報を自分でけんさくして知ることができる。
㋒ くわしい情報をくり返し読むことができ、持ち歩くこともできる。

④（㋒）⑤（㋐）⑥（㋑）

ヒント　1 (2) ①は「決められた時間の中で…伝える」、②は「原稿や映像を編集」、③は「取材先から情報を得て」をヒントにして考えましょう。



できたかな？

□情報を伝える放送局の取り組みを説明してみよう。
□さまざまなメディアのちがいを説明してみよう。

おうちのかたへ

インターネットは便利ですが、あやまった利用のしかたをすると犯罪になることもあります。インターネットを利用するうえでのルールやマナーを理解することが重要です。

練習 **89ページ**

**1** (1)ニュース番組が放送されるまでの流れは、取材記者が㋑インタビュー、さつえい→原稿を書く。その後、アナウンサーは、新聞や、作成中の原稿などに目を通す→㋐打ち合わせ→ニュースの内容の確認→㋓下読み、リハーサルを行い、本番の放送を行います。なお、編集・制作は、原稿をもとに、ニュース用原稿を作成する→㋐打ち合わせ→映像や図などの編集→映像と原稿を合わせてチェック・修正《しゅうせい》をし、本番の放送を行います。

(2)②編集・制作の打ち合わせでは、情報の重要さを判断《はんだん》して、放送する内容や順番を決めています。

**2** (1)情報の伝え方には、映像、音声、文字、写真などがあり、どの方法が使われるかは、メディアによってことなります。

ぴったり3 確かめのテスト。

せんたく

4. 未来とつながる情報《じょうほう》

## 1 情報を伝える人々とわたしたち

**90ページ**

／100　合格80点

教科書 174～187ページ　答え 46ページ

**1 情報とわたしたちのくらしについて、答えましょう。** 1つ4点（24点）

(1) よく出る 次の文中のⒶ、Ⓑにあてはまる言葉を、カタカナで書きましょう。

情報を記録したり伝えたりするものや手段《しゅだん》のことを(Ⓐ)という。その中でも、一度にたくさんの人に情報を伝える(Ⓐ)のことを(Ⓑ)という。(Ⓑ)には、テレビ、ラジオ、新聞、雑誌《ざっし》などがある。

Ⓐ（　メディア　）Ⓑ（マスメディア）

(2) 右の表について述《の》べた文のうち、正しいものには○を、まちがっているものには×をつけましょう。 技能

①（　×　）テレビを利用する人の数は、新聞を利用する人の２倍以下である。

②（　○　）最も利用する人の少ないⒶは雑誌である。

③（　○　）新聞を利用する人の数は、インターネットを利用する人の数よりも少ない。

④（　○　）ラジオを利用する人の数は、新聞を利用する人の数よりも少ない。

| | |
|---|---|
| テレビ | 100人当たり79人 |
| インターネット（ニュースサイト） | 100人当たり61人 |
| 新聞 | 100人当たり33人 |
| インターネット（ソーシャルメディア） | 100人当たり29人 |
| ラジオ | 100人当たり14人 |
| 雑誌《ざっし》 | 100人当たり３人 |

（2021年　総務《そうむ》省）

ニュースを得《え》るときに利用するⒶ

**2 次の図は、ある日のニュース番組が放送されるまでの流れを表しています。図中の①～⑥にあてはまる言葉を、㋐～㋘から選びましょう。** 1つ4点（24点）

① …事故《じこ》や事件《じけん》の現場《げんば》で、記者や(②)が映像《えいぞう》やインタビューをとり、原稿《げんこう》を書く。

↓

打ち合わせ …その日の番組で伝えるニュースの(③)や順番を確《たし》かめる。

↓

④ …(①)で集めた情報や映像を、放送時間の中でおさまるように、まとめる。

↓

字幕《じまく》や図の作成 …原稿に合わせて、字幕や図を(⑤)でつくる。

↓

本番の放送 …(⑥)が決められた時間内で、わかりやすく、正確《せいかく》に原稿を読む。

㋐ 内容《ないよう》　㋑ 編集《へんしゅう》　㋒ 編集責任《せきにん》者　㋓ スタジオ　㋔ アナウンサー

㋕ 取材　㋖ さつえい　㋗ カメラマン　㋘ パソコン

①（㋕）②（㋗）③（㋐）④（㋑）⑤（㋘）⑥（㋔）

90

学習日

**91ページ**

**3 情報を伝える人々について、答えましょう。** (1)1つ4点、(2)6点（22点）

(1) 次の文中の①～④にあてはまる言葉を、㋐～㋖から選びましょう。

放送局の人たちは、さまざまなことに気をつけて、放送番組を制作《せいさく》している。テレビ放送では情報が一度に(①)伝わるので、まちがった情報が伝わると、多くの人に(②)をかけるおそれがある。そのため、たくさんのスタッフが何度も内容を(③)している。テレビからの情報が多くの人の生活につながっているので、その(④)は重大である。

㋐ チェック　㋑ 迷惑《めいわく》　㋒ リハーサル　㋓ 責任

㋔ 広く　㋕ 遠く　㋖ 不満

①（㋔）②（㋑）③（㋐）④（㋓）

記述 (2) できたらスゴイ! 放送局では、人によって意見が分かれているような問題について取り上げるとき、どのようなことを心がけていますか。かんたんに書きましょう。 思考・判断・表現

（(例)(いろいろな見方や考え方を示して)かたよりのない伝え方をすること。）

**4 さまざまなメディアについて、答えましょう。** (1)1つ3点、(2)6点（30点）

(1) よく出る 次のメディアの特色にあてはまるものを、㋐～㋗から２つずつ選びましょう。

① テレビ　（㋓）（㋕）

② 新聞　（㋐）（㋔）

③ インターネット　（㋒）（㋖）

④ ラジオ　（㋑）（㋗）（すべて順不同）

㋐ 文字や写真でくわしく説明した情報を、何度でも読み返すことができる。

㋑ 音声で情報を伝える。交通情報など、きいている人に身近な情報を伝えることもある。

㋒ 自分でけんさくして、知りたい情報を知ることができる。

㋓ 映像と音声で、わかりやすく情報を伝える。

㋔ 持ち歩いたり、記事を切りぬいて保存《ほぞん》したりできる。

㋕ クイズに参加するなど、番組を見る側からも情報を送ることができる。

㋖ 電波や回線がつながっている場所では、スマートフォンやパソコンを使い、いつでも情報を得ることができる。

㋗ 電池で動くものは、停電《ていでん》しても使える。持ち運びしやすい大きさのものが多い。

記述 (2) できたらスゴイ! インターネットを使って、情報を自由に発信し、受け取ることができるソーシャルメディアを利用する人たちが増《ふ》えています。ソーシャルメディアの利用が広がることによって、どのような問題が起きていますか。「情報」という言葉を使って、かんたんに書きましょう。 思考・判断・表現

（(例)(災害のときなどに)まちがった情報が広まってしまい、不安をあたえることがある。）

ふりかえり ❸(2)がわからないときは、88ページの❶にもどって確認《かくにん》してみよう。

91

## 確かめのテスト　90～91ページ

❶ (1)Ⓑマスメディアの「マス」は「大量」という意味です。

(2)①テレビを利用する人は100人当たり79人、新聞を利用する人は100人当たり33人なので、２倍以上になります。

❷ ②映像をとるのはカメラマンです。

❸ (2)テレビなどのマスメディアが発信する情報は、多くの人の考え方や行動にえいきょうをおよぼすことがあるので、かたよりのない伝え方をすることが大切です。

❹ (1)それぞれのメディアの特色や使い方のちがいを理解《りかい》することが大切です。

(2)ソーシャルメディアを使うことで、わたしたちが情報を発信する側になることもあります。情報を利用するときには、わたしたち自身が冷静に判断《はんだん》することが求められます。

**記述問題のプラスワン**

❹ (2)〔別解〕「事実を確かめないまま、あいまいな情報を広めてしまう。」「人をきずつける情報を広めてしまう。」でもよいです。問題文中に「情報」という語句を使用するという指定があるので、わすれずに解答にふくめましょう。

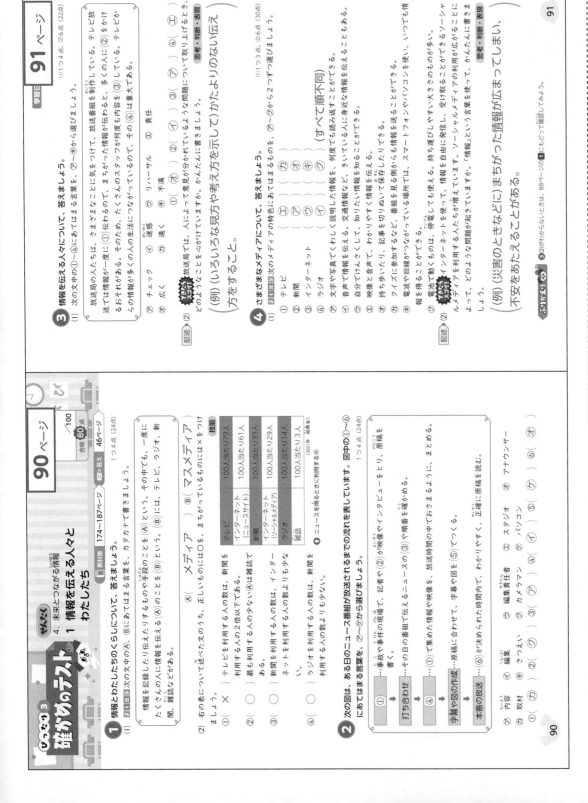

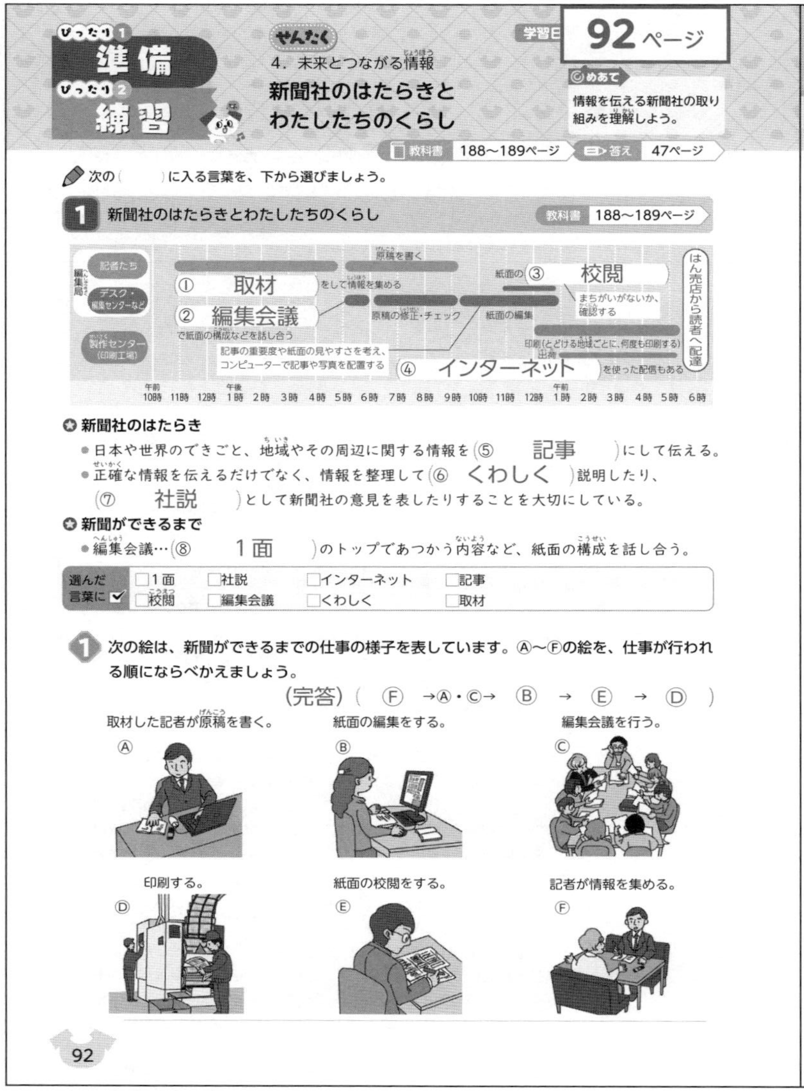

ぴったり1 準備
ぴったり2 練習

せんたく 4．未来とつながる情報《じょうほう》
## 新聞社のはたらきとわたしたちのくらし

学習日

# 92ページ

めあて
情報を伝える新聞社の取り組みを理解《りかい》しよう。

教科書 188～189ページ　答え 47ページ

次の（　）に入る言葉を、下から選びましょう。

**1** 新聞社のはたらきとわたしたちのくらし　教科書 188～189ページ

編集局：記者たち／デスク・編集センターなど
製作《せいさく》センター（印刷工場）

①（取材）をして情報《じょうほう》を集める
原稿《げんこう》を書く
②（編集会議）で紙面の構成などを話し合う
原稿の修正・チェック
紙面の編集
紙面の③（校閲）まちがいがないか、確認する
記事の重要度や紙面の見やすさを考え、コンピューターで記事や写真を配置する
印刷（とどける地域ごとに、何度も印刷する）
④（インターネット）を使った配信もある
出荷
はん売店から読者へ配達

午前10時 11時 12時 午後1時 2時 3時 4時 5時 6時 7時 8時 9時 10時 11時 12時 午前1時 2時 3時 4時 5時 6時

**新聞社のはたらき**
- 日本や世界のできごと、地域《ちいき》やその周辺に関する情報を（⑤　記事　）にして伝える。
- 正確《せいかく》な情報を伝えるだけでなく、情報を整理して（⑥　くわしく　）説明したり、（⑦　社説　）として新聞社の意見を表したりすることを大切にしている。

**新聞ができるまで**
- 編集《へんしゅう》会議…（⑧　1面　）のトップであつかう内容《ないよう》など、紙面の構成《こうせい》を話し合う。

選んだ言葉に ✓
□1面　□社説　□インターネット　□記事
□校閲《こうえつ》　□編集会議　□くわしく　□取材

**1** 次の絵は、新聞ができるまでの仕事の様子を表しています。Ⓐ～Ⓕの絵を、仕事が行われる順にならべかえましょう。

（完答）（　Ⓕ　→Ⓐ・Ⓒ→　Ⓑ　→　Ⓔ　→　Ⓓ　）

92

ぴったり3 確かめのテスト

せんたく 4．未来とつながる情報
## 新聞社のはたらきとわたしたちのくらし

# 93ページ

/50　合格 40点

教科書 188～189ページ　答え 47ページ

この本の終わりにある「冬のチャレンジテスト」をやってみよう！

**1** 新聞とわたしたちのくらしについて、答えましょう。　(1)1つ4点、(2)6点（22点）

(1) よく出る 次の文中の①～④にあてはまる言葉を、㋐～㋕から選びましょう。

新聞は、日本だけでなく（①）で起きたできごとや、身近な地域で起きたできごとなど、さまざまなニュースを記事にして伝える。情報を整理して（②）説明したり、新聞社の考えを（③）として読者に伝えたりしている。地方で出されている新聞では、その地域の（④）やみりょくを発信していくことを心がけている。

㋐ 社説　㋑ 構成　㋒ 世界　㋓ 課題　㋔ 速く　㋕ くわしく

①（　㋒　）②（　㋕　）③（　㋐　）④（　㋓　）

記述 (2) てきたらスゴイ！ 右の絵のように、大きな災害《さいがい》が起きたときに、被災《ひさい》して避難所《ひなんじょ》でくらす人たちに、新聞がとても役に立つことがあります。どのように役立っていますか。「情報」という言葉を使って、かんたんに書きましょう。　思考・判断・表現

（（例）（被害の情報など）必要な情報を得て、安心することができる。）

**2** 次の文は、新聞社で働く4人の人たちの話です。文中の①～⑦にあてはまる言葉を、㋐～㋖から選びましょう。　1つ4点（28点）

Aさん：わたしは（①）です。事件《じけん》や事故《じこ》が起きると、すぐに現場《げんば》に行き、関係する人たちから話を聞きます。また、さまざまな（②）から情報を集め、原稿にまとめます。
Bさん：わたしは社会部のデスクです。責任者《せきにんしゃ》として原稿の内容をチェックします。また、（③）で、他の部のデスクと話し合い、どのような紙面にするのかを決めます。新聞の（④）のトップには、いちばん重要な記事をのせます。
Cさん：わたしは、（⑤）を使って紙面の編集をしています。記事の重要度を考えたり、（⑥）や図を配置したりして、わかりやすく見やすい紙面をつくります。
Dさん：わたしは（⑦）をしています。記事の内容にあやまりがないか、文字や図にまちがいがないか、最終的な確認《かくにん》をします。

㋐ コンピューター　㋑ 1面　㋒ 編集会議　㋓ 取材先
㋔ 校閲　㋕ 記者　㋖ 写真

①（　㋕　）②（　㋓　）③（　㋒　）④（　㋑　）
⑤（　㋐　）⑥（　㋖　）⑦（　㋔　）

ふりかえり　1(1)がわからないときは、92ページの1にもどって確認してみよう。

93

**できたかな？**
□情報を伝える新聞社の取り組みを説明してみよう。

**記述問題のプラスワン**
**1** (2)問題文中に「情報」という語句を使用するという指定があるので、わすれずに解答にふくめましょう。

## 練習　92ページ

**1** 新聞ができるまでの仕事の流れを整理しておきましょう。

## 確かめのテスト　93ページ

**1** (1)②テレビのニュースは放送時間や一度に画面に出せる情報量に限《かぎ》りがありますが、新聞では情報を整理してくわしく伝えられるようくふうしています。
③社説では、政治《せいじ》や経済《けいざい》、社会情勢《じょうせい》などについて、その新聞社の考えや意見を知ることができます。
(2)被災地の避難所には、無料で新聞がとどけられたりします。

**2** 記事や写真、図をうまく配置し、新聞の紙面をつくることが、新聞の大きな特ちょうです。

## 94ページ

ぴったり1 準備

せんたく

4. 未来とつながる情報《じょうほう》

### 2 くらしと産業を変える 情報通信技術《ぎじゅつ》①

◎めあて 情報をやりとりするしくみや、情報通信技術の活用を理解《りかい》しよう。

教科書 190〜201ページ　答え 48ページ

次の（　　）に入る言葉を、下から選びましょう。

**1** くらしの中に広がる情報通信技術（ICT《アイシーティー》）／店で活用する情報通信技術　大量の情報を生かそうとする人たち　教科書 190〜195ページ

**くらしの中に広がる情報通信技術（ICT／IT《アイティー》）**

- 情報通信技術…コンピューターや（① インターネット　）を使い、大量の情報を管理したり、はなれた場所ですぐに情報をやりとりしたりすることができるしくみ。

**店で活用する情報通信技術**

- POS《ポス》システム…商品の売れた日時や数量、値段《ねだん》などの売れ行きの情報をコンピューターで管理するためのしくみ。スーパーマーケットや（②　コンビニエンスストア　）の店のレジで、商品についている（③ バーコード ）を読み取る。
  ➡いつ、どの商品が、いくらで、いくつ売れたかといった情報が記録される。
  ➡店は、POSシステムを通じて管理する情報を生かし、商品の仕入れの量を決める。
- 全国各地に**チェーン店**がある会社では、POSシステムを通じて、各店の売れ行きの情報を本部に集める。店の仕入れ（本部への発注）の情報も本部に集まる。
  ➡集まった情報をもとによい売り方を提案《ていあん》し、商品のむだを減《へ》らして店の利益《りえき》を増《ふ》やす。

**情報の活用**

- チェーン店をもつ会社では、**大量の情報（データ）**を分析《ぶんせき》して、生かそうとしている。
  例 今後売れそうな商品の予測《よそく》、分析した情報をもとに自動で発注するしくみの導入《どうにゅう》など。
- 消費者《しょうひしゃ》が電子マネーやポイントカードを使うと、持ち主の情報がたくさん集まる。
- （④　マーケティング　）…会社などが自分たちの商品やサービスを多くの人に買ったり利用したりしてもらうためのしくみを考え、つくること。

**2** 情報通信技術によって広がるサービス　これからの情報通信技術とわたしたちのくらし　教科書 196〜199ページ

**情報通信技術のさらなる発展《はってん》**

- インターネットを通じた買い物では、利用者の行動が情報として残るため、情報を処理《しょり》してある物事の特ちょうを見つけ出したり、今後の予測をしたりできる（⑤　　AI　　）（人工知能《ちのう》）を活用するしくみが取り入れられている。

**情報通信技術の課題**

- インターネットで世界各地がつながっているため、個人《こじん》や会社、国などの重要な（⑥ 情報の流出 ）が起きる、コンピューターに異常《いじょう》をもたらす有害な情報が広がる、などのおそれがある。
- 情報をあつかう会社は、その人を特定できる（⑦　個人情報　）をもらさないようにすることが法律《ほうりつ》で決まっている。
- 情報の利用者として、（⑧　　責任　　）をもって行動することが大切である。

| 選んだ言葉に☑ | | | | |
|---|---|---|---|---|
| | □AI《エーアイ》 | □バーコード | □情報の流出 | □インターネット |
| | □責任《せきにん》 | □マーケティング | □個人情報 | □コンビニエンスストア |

94

## 95ページ

ぴったり2 練習

ぴたトリビア　全国各地に展開《てんかい》する店をチェーン店といい、同じ商品をあつかっています。コンビニエンスストアやファーストフード店などにみられます。

教科書 190〜201ページ　答え 48ページ

**1** 次の図は、コンビニエンスストアが利用している、情報を管理するしくみについて示《しめ》しています。これを見て、答えましょう。

A　商品についている①を機械で読み取る。
↓
B　売れた商品の種類、売れた日時、売れた個数《こすう》、売れた店が記録される。
↓
C　それぞれの店の売れ行きの情報を②に集める。
↓
D　③は、②とも相談しながら、管理する情報をもとに、どの商品をどれだけ仕入れるかを決める。

(1) 図中の①〜③にあてはまる言葉を、㋐〜㋔から選びましょう。
①（　㋔　）②（　㋒　）③（　㋐　）
㋐ 各店　㋑ 商品名　㋒ 本部　㋓ ICカード　㋔ バーコード

(2) 図中のAについて、機械で①を読み取るのはどの段階《だんかい》ですか。㋐〜㋓から選びましょう。（　㋒　）
㋐ 仕入れのとき　㋑ 商品を店にならべるとき
㋒ レジで会計するとき　㋓ 店を閉めるとき

(3) 図のような、商品の売れ行きの情報をコンピューターで管理するしくみを何といいますか。（　POSシステム　）

**2** 大量の情報を生かす取り組みに関する次の文を読んで、答えましょう。

近年は、商品を買うと①がつくカードを発行している店が多い。消費者は、カードを申しこむときに、住所や氏名、年令、性別《せいべつ》、電話番号などの情報を店側に提供《ていきょう》する。消費者が商品を買うときに①カードを提示《ていじ》することで、いつ、どこで、どのような商品を買ったかなどの情報が店側に集められる。店側は、これらの情報の分析を行うことができる。

(1) 文中の①にあてはまる言葉を書きましょう。（　ポイント　）
(2) 下線部について、このような本人を特定することにつながるあらゆる情報のことを何といいますか。（　個人情報　）
(3) 次の文のうち、正しいものには○を、まちがっているものには×をつけましょう。
①（　○　）集められた情報を不正にぬき取り、悪用する事件《じけん》が起こっている。
②（　×　）個人や国などの重要な情報が流出するおそれは、ほとんどなくなった。
③（　×　）サイバーこうげきから情報を守る技術はまだ開発されていない。

ヒント **2** (3) インターネットを通じて、国や企業《きぎょう》などのシステムを破壊《はかい》したり、情報をぬき取ったりする行為《こうい》をサイバーこうげきといいます。

95

## 練習　95ページ

**1** (1)①バーコードには、商品名や値段などの情報が入っています。
(2)レジで会計するときに、バーコードを読み取っています。
(3)POSとは、「Point of sales」（はん売時点情報管理）の略称《りゃくしょう》です。はん売時点＝レジでバーコードを読み取った時点で、売れた商品の種類や数などの情報がコンピューターに記録され、売上げの管理ができるシステムです。

**2** (2)住所や氏名、年令、性別、電話番号など、その人がだれかを特定することができる個人情報のあつかいには注意が必要です。
(3)②インターネットを悪用して重要な情報をぬき取る犯罪《はんざい》はなくなっていません。
③サイバーこうげきから情報を守る技術はすでに開発されており、さらに高められています。

できたかな？
□情報をやりとりするしくみを説明してみよう。
□情報通信技術の活用を説明してみよう。

ぴったり3 確かめのテスト。

せんたく 4. 未来とつながる情報《じょうほう》
## 2 くらしと産業を変える 情報通信技術《ぎじゅつ》

96ページ　/100　合格80点

教科書 190~201ページ　答え 49ページ

**1 くらしの中に広がる情報通信技術について、答えましょう。** 1つ5点（25点）

(1) よく出る 情報通信技術と同じ意味で使われる言葉を、アルファベット3文字で書きましょう。

（ ICT ）

(2) インターネットショッピングについて、次の文のうち、正しいものには○を、まちがっているものには×をつけましょう。 技能

①（ ○ ）インターネットショッピングでは、商品の注文や料金の支《し》はらいにインターネットを利用する。

②（ × ）インターネットショッピングでは、商品の配送の手配をインターネット上で行えない。

③（ ○ ）インターネットショッピングの売り上げ額《がく》は、2011年から2021年までの間で2倍以上に増《ふ》えている。

④（ × ）インターネットショッピングの売り上げ額は、毎年約2兆円ずつ増えている。

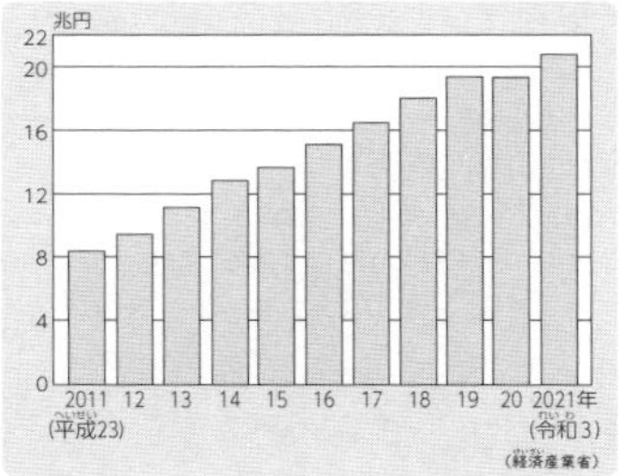

インターネットショッピングの売り上げ額の変化

**2 次の文は、スーパーマーケットでの情報通信技術を利用したしくみについて述《の》べています。文中の①~⑤にあてはまる言葉を、㋐~㋖から選びましょう。** 1つ5点（25点）

- 売り場の（①）では、商品についている（②）を機械で読み取る。
  - ⬇〈店は（③）を通じて情報を管理する〉
- 売り場のおくにあるコンピューターでは、売れた商品の種類や個数《こすう》、売れた日時などの情報を記録して、保存《ほぞん》している。
  - ⬇
- スーパーマーケットが加入するチェーン店の（④）では、各地の店から、売れ行きの情報や仕入れ（発注）の情報が集まる。
  - ⬇〈（④）は各店の仕入れをまとめて発注する〉
- 工場・農協などの仕入れ先から、（⑤）を通って、各店へ商品が運ばれる。

㋐ 本部　㋑ 物流センター　㋒ パソコン　㋓ レジ
㋔ バーコード　㋕ IC《アイシー》カード　㋖ POS《ポス》システム

①（ ㋓ ）②（ ㋔ ）③（ ㋖ ）④（ ㋐ ）⑤（ ㋑ ）



学習日　97ページ

**3 情報とわたしたちのくらしについて、答えましょう。** 1つ5点（35点）

(1) よく出る 次の文中の①、②にあてはまる言葉を、[　　]から選びましょう。

わたしたちのくらしの中では、近年、情報通信技術の利用が進み、多くの会社や国などが大量の情報をもつようになった。それらの情報の中には、名前や年令など、その人を特定することにつながる（①）もふくまれている。近年は、（①）が流出したり、不正に利用されたりする事件《じけん》が起こるようになった。（①）をあつかう会社は、それを外部にもらさないようにすることが（②）で定められている。

責任《せきにん》　個人《こじん》情報　法律《ほうりつ》　ニュース

①（ 個人情報 ）②（ 法律 ）

(2) てきたらスゴイ! 近年はポイントカードを発行している店が多くあります。ポイントカードを利用することは、消費者《しょうひしゃ》側・店側のどちらにとってもよい点があります。それぞれにとってよい点を、㋐~㋓から2つずつ選びましょう。 思考・判断・表現

（順不同）① 消費者側（ ㋐ ）（ ㋒ ）
（順不同）② 店側（ ㋑ ）（ ㋓ ）

㋐ たまったポイントで値引《ねび》きしてもらえる。
㋑ 買い物の情報から、仕入れの量やタイミングを変えることができる。
㋒ よく買う品物が値引きになるなどのサービスが受けられる。
㋓ 一人ひとりにきめ細かいサービスをとどけることで、くり返し来てもらえるようになる。

記述 (3) チェーン店をもつ会社では、大量の情報をどのようなことに活用していますか。「予測《よそく》」という言葉を使って、かんたんに書きましょう。 思考・判断・表現

（（例）今後売れそうな商品を予測すること。）

**4 これからの情報通信技術とくらしに関する次の会話を読んで、正しいものには○を、まちがっているものには×をつけましょう。** 1つ5点（15点）

①（ ○ ）今はインターネットを悪用して、会社や国などのデータベースに入りこみ、大切な情報をぬき取る事件がたびたび発生しているよ。

②（ × ）日本は、サイバーこうげきから情報を守る技術がないから、大きな被害《ひがい》が出るおそれがますます高まっているね。

③（ ○ ）わたしたちも、自分に関する情報がどこでどのように使われる可能性《かのうせい》があるのかを考えて、コンピューターなどを使う必要があるね。

ふりかえり 3(3)がわからないときは、94ページの1にもどって確認《かくにん》してみよう。



## 確かめのテスト 96~97ページ

1 (1)ICTまたはITとよばれます。ICTは「Information and Communication Technology」の略称《りゃくしょう》で、情報通信技術を意味します。ITは「Information Technology」の略称で、情報技術を意味します。

(2)②商品の配送の手配もインターネット上で行えます。

④インターネットショッピングの売り上げ額は、毎年、およそ1兆円ずつ増えています。

2 ③スーパーマーケットやコンビニエンスストアではPOSシステムが利用されています。

3 (1)個人情報のあつかいは、個人情報保護法《ほごほう》などによって定められています。

(3)チェーン店をもつ会社では、集まった大量の情報（データ）をさまざまな方法で分析《ぶんせき》し、生かそうとしています。

4 ②サイバーこうげきから情報を守る技術の研究が進められています。

**記述問題のプラスワン**

3 (3) 〔別解《べっかい》〕「さらによいと考えられる仕入れの量を予測すること。」でもよいです。問題文中に「予測」という語句を使用するという指定があるので、わすれずに解答にふくめましょう。

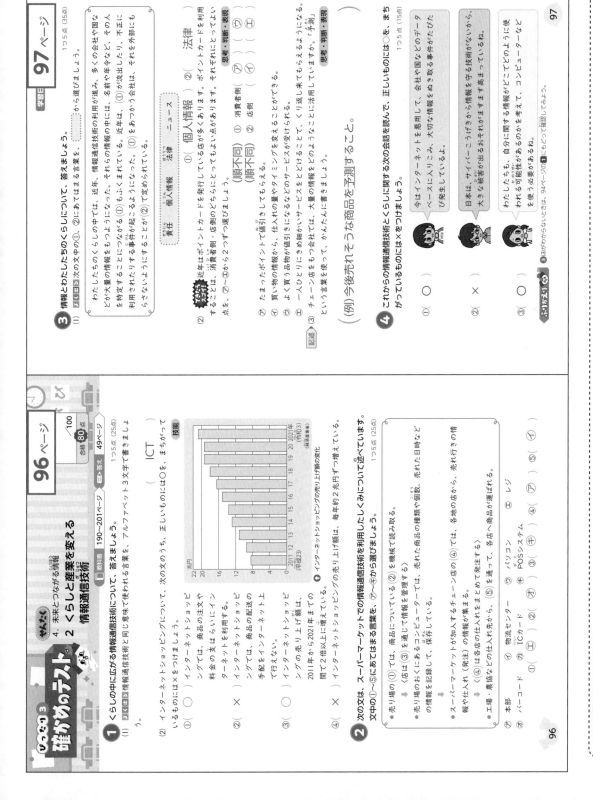

ぴったり1 **準備**　せんたく

4．未来とつながる情報《じょうほう》

## 2 くらしと産業を変える 情報通信技術《ぎじゅつ》②

学習日　**98ページ**

◎めあて　観光、医療、運輸・流通に関わる人たちの情報通信技術の活用を理解《りかい》しよう。

教科書 202〜207ページ　答え 50ページ

次の（　）に入る言葉を、下から選びましょう。

### 1 観光に生かす情報通信技術　教科書 202〜203ページ

**身のまわりにある情報**

- 外国人観光客が増《ふ》えてきており、外国人でも情報を得《え》やすいようにくふうしている。
- 観光客は、（① インターネット ）でけんさくして旅行先を決め、交通手段《しゅだん》や宿泊《しゅくはく》先の予約をする。旅行先でもインターネットを使って、調べものや、買い物をする。
- 県や市町村の（② 観光協会 ）、ホテルや旅館、交通機関、店やテーマパークなどの観光に関わる人たちは、さまざまなニーズに合わせた（③ ウェブサイト ）の作成、わかりやすい予約の案内、電子マネーの整備《せいび》などを行っている。
- インターネットサービスの会社は、個人《こじん》を特定できないようにして、集まったデータを提供《ていきょう》。
  ⇒観光に関わる人たちは、データをもとに、新たな観光プランや特産品などを考える。

### 2 健康なくらしを支《ささ》える情報通信技術／大量の情報を生かす運輸《うんゆ》・流通のしくみ　教科書 204〜206ページ

**医療《いりょう》と情報通信技術**

- 佐賀《さが》県では（④ 救急車 ）で患者《かんじゃ》を運ぶとき、救急隊員は医療情報ネットワークを使い、運び入れる病院をさがす。
- 病院や診療《しんりょう》所では、（⑤ 電子カルテ ）などの情報通信技術を使って、患者の情報を管理し、すばやく正確《せいかく》にやりとりする。⇒むだがなく、安心な診察《しんさつ》や検査《けんさ》が受けられる。
- 一人でくらす（⑥ 高齢者 ）が健康に安心してくらせるように、情報通信技術を生かして、はなれた場所から高齢者《こうれいしゃ》を見守るしくみもつくられている。

**効率《こうりつ》のよい運輸をめざす**

- 宅配《たくはい》のサービスでは、（⑦ 物流センター ）で商品を保管《ほかん》し、商品の数や置き場所をデータで管理する。受注後、すぐに箱づめし、配送センターや各家庭まで運ぶ。
- これまでの宅配データを分析《ぶんせき》して、むだのないルートを導《みちび》き出せるシステムを開発している。

### 3 情報通信技術の可能性《かのうせい》　はってん　教科書 207ページ

**情報通信技術の発展《はってん》と活用**

- 〈だれもがくらしやすい社会をめざす〉外国語を話すと自動で通訳《つうやく》する技術や、視覚《しかく》にしょうがいがある人のために、スマートフォンのカメラにうつった物を認識《にんしき》して教えてくれる技術が開発された。車いすで移動《いどう》しやすい経路を自動で示《しめ》す技術もある。
- 〈高齢化や人口の減少《げんしょう》に備《そな》える〉高齢者のための、無人の移動はん売車の開発や、病院や医《い》師の不足に備え、（⑧ AI ）（人工知能《ちのう》）に病気の診断《しんだん》をしてもらう技術の開発が進んでいる。

選んだ言葉に✓　□救急車《きゅうきゅうしゃ》　□高齢者　□ウェブサイト　□物流センター　□AI《エーアイ》　□観光協会　□電子カルテ　□インターネット



ぴったり2 **練習**

学習日　**99ページ**

ぴたトリビア　以前は、患者の情報を記録するカルテは、すべて紙の書類でした。近年は診療の記録を電子化して保存《ほぞん》・管理する電子カルテが広がっています。

教科書 202〜207ページ　答え 50ページ

**1 観光旅行に関わる情報通信技術の利用について、答えましょう。**

観光に関わる人たち：店やテーマパークなど／県や市町村の観光協会など／ホテルや旅館など／交通機関

（①）観光客：インターネットで旅行先を決める
（②）観光客：インターネットで交通手段や宿泊先の予約をする
（③）観光客：旅行先で調べものや買い物をする

(1) 観光に関わる人たちの取り組みについて、上の図中の①〜③にあてはまるものを、㋐〜㋓から選びましょう。　①（ ㋒ ）②（ ㋐ ）③（ ㋑ ）

㋐ わかりやすい予約の案内や観光プランなどをつくる。
㋑ バスなどでも、電子マネーで支《し》はらいができるようにする。
㋒ 観光客のいろいろなニーズに合わせたウェブサイトをつくる。
㋓ 集まった情報をもとに、観光客の動きなどを分析する。

(2) 観光地では、観光客がインターネットを利用しやすくするために、どのようなサービスを増やしていますか。㋐〜㋓から選びましょう。　（ ㋑ ）

㋐ 通訳のサービス　㋑ 無料の無線接続《せつぞく》サービス
㋒ 観光案内のサービス　㋓ みやげ物店を紹介《しょうかい》するサービス

**2 健康なくらしを支える情報通信技術について、答えましょう。**

(1) 次の文中の①〜③にあてはまる言葉を、㋐〜㋔から選びましょう。

> 佐賀県では、（①）に乗せた患者をどの（②）に運べばよいか、すぐに調べることができる（③）をつくっている。また、（②）や診療所では、電子カルテなどを使って、患者の情報を管理するところが増えている。

㋐ 病院　㋑ 救急車　㋒ 検査　㋓ 情報ネットワーク　㋔ AI

①（ ㋑ ）②（ ㋐ ）③（ ㋓ ）

(2) 次の文のうち、正しいものには○を、まちがっているものには×をつけましょう。

①（ × ）日本では、高齢者の数は増えているが、一人でくらす高齢者の数は減《へ》っている。
②（ ○ ）高齢者が使うと、その使用情報が通信機によって、はなれてくらす家族などに送られる電化製品《せいひん》がある。
③（ × ）高齢者を見守るための情報ネットワークでは、高齢者の動きを感知するセンサーはまだ使われていない。

ヒント　1 (1) ㋓観光客のスマートフォンの位置情報や、インターネットけんさくの記録は、インターネットサービス会社に集まります。



できたかな？

□観光に関わる人たちの情報通信技術の活用を説明してみよう。
□医療に関わる人たちの情報通信技術の活用を説明してみよう。
□運輸・流通に関わる人たちの情報通信技術の活用を説明してみよう。

## 練習　99ページ

1 (1)㋓はインターネットサービスの会社が行っています。
(2)観光地めぐりではインターネットの情報が役立つので、無料でインターネットに接続できるサービスが喜《よろこ》ばれます。

2 (1)病院や診療所などの医療施設《しせつ》では、情報ネットワークの利用によって医師や患者の負担《ふたん》を減らそうとする取り組みが行われています。
(2)①一人でくらす高齢者の数は、2020年では1995年のおよそ3倍に増えています。
③高齢者の動きを感知するセンサーは実用化されています。

ぴったり3 確かめのテスト。 せんたく

4．未来とつながる情報《じょうほう》

## 2 くらしと産業を変える 情報通信技術《ぎじゅつ》

**100ページ**

/100 合格80点

教科書 202～207ページ　答え 51ページ

**1** 観光に生かす情報通信技術について、答えましょう。　(1)1つ6点、(2)7点（25点）

(1) 右のグラフについて、次の文のうち、正しいものには○を、まちがっているものや読み取れないことには×をつけましょう。　技能

①（ × ）どの年でも、インターネットの接続《せつぞく》サービスでこまったという外国人観光客が最も多い。

②（ ○ ）2014年以降《いこう》、施設《しせつ》などのスタッフとやりとりができないという外国人観光客はしだいに減《へ》っている。

③（ ○ ）2011年と2018年を比《くら》べると、案内板や地図でこまったという外国人観光客が増《ふ》えている。

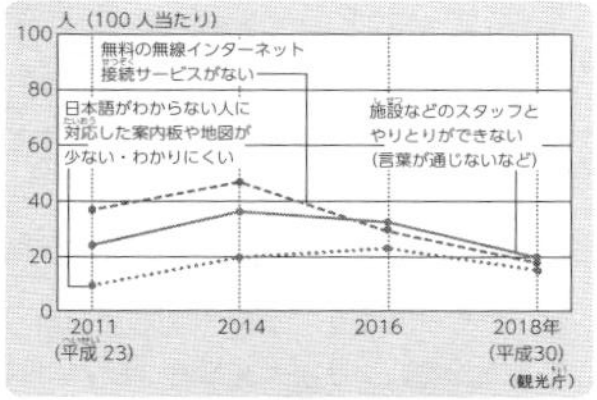

外国人観光客が日本での旅行中にこまったこと

記述 (2) 観光客が残す大量のデータは、さまざまな形で分析《ぶんせき》されて生かされています。そのデータはどのようなことに活用されていますか。「観光」という言葉を使って、かんたんに書きましょう。　思考・判断・表現

（（例）新たな観光プランや特産品などを考え出すこと。）

**2** 右のグラフを見て、答えましょう。　1つ6点、(3)7点（19点）

(1) 2020年の一人でくらす高齢《こうれい》者の人口は1995年に比べて、およそ何倍になっていますか。整数で答えましょう。　技能

（ 3 ）倍

(2) よく出る 情報ネットワークを通じて地域《ちいき》の高齢者のくらしを見守るしくみにあてはまらないものを、㋐～㋓から選びましょう。　（ ㋑ ）

㋐ 高齢者の動きを感知するセンサー

㋑ 日用品や食品のテレビショッピング

㋒ 高齢者の診療内容《しんりょうないよう》を記録した電子カルテ

㋓ 通信機のついた電化製品《せいひん》

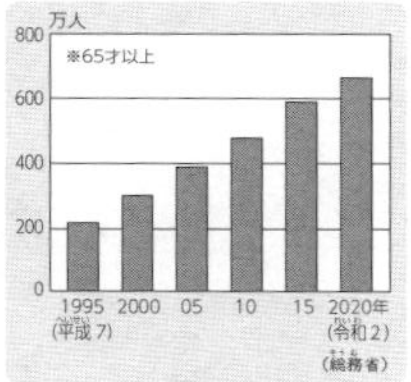

一人でくらす高齢者の人口の変化

記述 (3) (2)のようなしくみは何のためにつくられましたか。「高齢者の様子」という言葉を使って、かんたんに書きましょう。　思考・判断・表現

（（例）一人でくらす高齢者の様子を、はなれた場所から見守ることができるようにするため。）



学習日　**101ページ**

**3** 次の図は、情報通信技術を用いた商品の注文から配達までの流れを表しています。図を見て、答えましょう。　(1)1つ6点、(2)7点（31点）

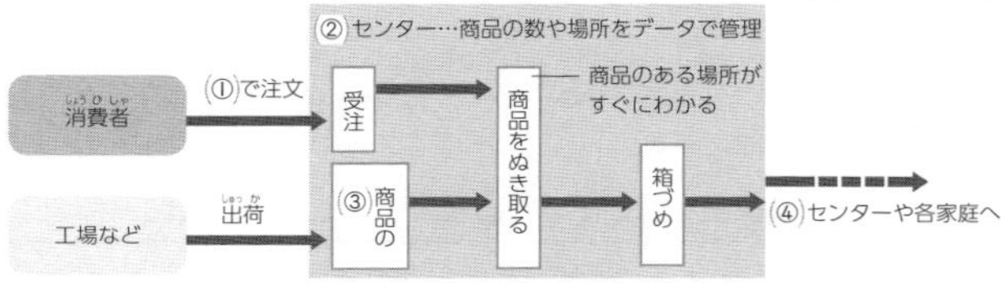


(1) 図中の①～④にあてはまる言葉を、㋐～㋕から選びましょう。

㋐ 配送　㋑ 本部　㋒ 保管《ほかん》　㋓ 物流　㋔ インターネット　㋕ 仕入れ

①（ ㋔ ）②（ ㋓ ）③（ ㋒ ）④（ ㋐ ）

記述 (2) てきたらスゴイ！ 宅配《たくはい》会社などの流通に関わる人たちは、これまでの宅配データを分析して、どのようなことに生かしていますか。「効率《こうりつ》」という言葉を使って、かんたんに書きましょう。　思考・判断・表現

（（例）（むだのないルートを使って、）効率のよい宅配をすること。）

**4** 情報通信技術の発展《はってん》について、答えましょう。　(1)1つ4点、(2)5点（25点）

(1) これからの情報通信技術の活用について述《の》べた次の文中の①～⑤にあてはまる言葉を、㋐～㋙から選びましょう。

- 店に行けない人のために、自動運転や自動レジの機能《きのう》を向上させて、無人の(①)を開発する。
- スマートフォンなどで、(②)を使っている人でも移動《いどう》しやすい経路《けいろ》を自動で表示《ひょうじ》できるようにする。
- (③)に病気の症状《しょうじょう》を診断《しんだん》してもらい、いち早く適切《てきせつ》な治療《ちりょう》を受けられるようにする。
- 外国の人と交流できるように話した言葉をすぐに自動で(④)してくれるようにする。
- スマートフォンの(⑤)をかざすと、うつった物を認識《にんしき》して、それが何かを音声で教えてくれる。

㋐ 車いす　㋑ バス　㋒ 移動はん売車　㋓ カメラ　㋔ カード

㋕ 通訳《つうやく》　㋖ 送信　㋗ AI《エーアイ》　㋘ データ　㋙ IC《アイシー》

①（ ㋒ ）②（ ㋐ ）③（ ㋗ ）④（ ㋕ ）⑤（ ㋓ ）

(2) (1)のような情報通信技術の発展とその活用の取り組みにより、どのような社会をめざしていますか。次の文中の（　）にあてはまる言葉を書きましょう。

（（例）くらしやすい）

高齢化や人口の減少《げんしょう》に備《そな》え、だれもが（　）社会をめざしている。

ふりかえり **3**(2)がわからないときは、98ページの**2**にもどって確認《かくにん》してみよう。



## 確かめのテスト 100～101ページ

**1** (1)2016年・2018年は「施設などのスタッフとやりとりができない」という外国人観光客の人数が最も多くなっています。

**2** (2)㋑はだれでも利用できる買い物のサービスで、高齢者を見守るしくみではありません。

(3)はなれてくらしている家族などが、一人ぐらしをしている高齢者の様子を知ることができます。

**3** (2)宅配会社は、宅配の数が増える中、効率よく大量の荷物をとどけるために、情報通信技術を利用しています。

**4** (1)①家の近くに店がない高齢者などにとって、移動はん売車は便利です。⑤視覚《しかく》にしょうがいのある人のために開発された技術です。

(2)「生活しやすい」「生きやすい」などでも正解《せいかい》となります。

**記述問題のプラスワン**

**1** (2)〔別解〕「地域の新たなみりょくを発見し、観光客などに発信していくこと。」でもよいです。問題文中に「観光」という語句を使用するという指定があるので、わすれずに解答にふくめましょう。

**2** (3)問題文中に「高齢者の様子」という語句を使用するという指定があるので、わすれずに解答にふくめましょう。

**3** (2)問題文中に「効率」という語句を使用するという指定があるので、わすれずに解答にふくめましょう。

## ぴったり1 準備　102ページ

5．国土の自然とともに生きる
### 1 自然災害《さいがい》とともに生きる①

◎めあて
自然災害の種類や、日本で発生した大きな自然災害を理解《りかい》しよう。

3分でまとめ

教科書 208～213ページ　答え 52ページ

次の（　　）に入る言葉や数字を、下から選びましょう。

### 1 国土の自然がもたらすもの／自然災害と国土の自然条件《じょうけん》　教科書 208～211ページ

**日本に多い自然災害**
- 日本は豊《ゆた》かな自然にめぐまれているが、自然の大きな力がくらしをおびやかすこともある。
- 自然災害の発生には、国土の地形や（① 気候 ）の特色が大きく関わっている。
- 大きな自然災害によって、人々の命がうばわれたり、住む場所を失い避難《ひなん》生活を送ることになったりする。広い地域《ちいき》で（② 電気 ）やガス、水道が止まることもある。

**ワンポイント** さまざまな自然災害
- 風水害…夏から秋に来る（③ 台風 ）の強風と大雨、梅雨《つゆ》の大雨などによる被害《ひがい》。川のはんらんや土砂《どしゃ》くずれが起きて死者が出たり、家がこわれたり浸水《しんすい》したりする。
- 地震《じしん》災害…大きな地震が起きると、建物や道路、橋などがたおれたりくずれたりすることがある。海ぞいの地域では（④ 津波 ）におそわれることもある。
- その他にも、火山の（⑤ 噴火 ）による火山災害、大雪による雪害などがある。

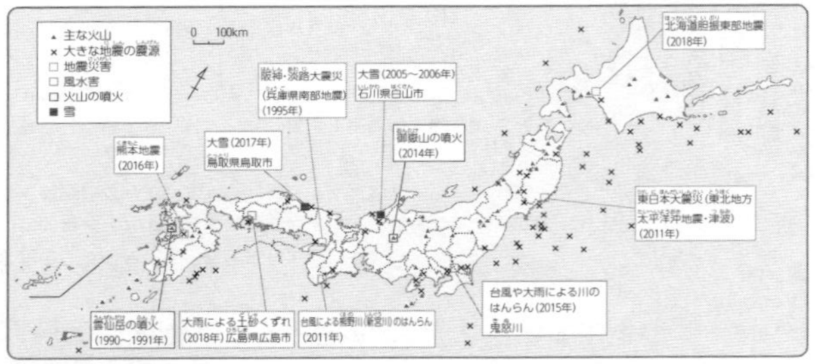

日本の自然災害

### 2 くり返す自然災害　教科書 212～213ページ

**東日本大震災《ひがしにほんだいしんさい》**
- （⑥ 2011 ）（平成《へいせい》23）年３月11日、（⑦ 東北 ）地方の太平洋沖《たいへいようおき》で大きな地震が発生し、海ぞいの地域を大きな津波《つなみ》がおそった。死者・行方《ゆくえ》不明者は22000名以上。この地域では、これまでも大きな地震と津波の被害を受けている。
- 全国各地で、大規模《だいきぼ》な地震や津波が発生するおそれがあり、国では、過去《かこ》の地震の調査《ちょうさ》などをもとに、今後の発生や被害について（⑧ 予測 ）し、発表している。

選んだ言葉に✓
□2011　□噴火《ふんか》　□津波　□予測《よそく》
□電気　□東北《とうほく》　□台風　□気候

102

## ぴったり2 練習　103ページ

ぴたトリビア
電気やガス、水道、インターネットなど、生命・生活を維持するための施設《しせつ》のことをライフライン（＝生命線）といいます。

教科書 208～213ページ　答え 52ページ

**1** 日本の自然災害について、答えましょう。

(1) 次の文中の①～⑤にあてはまる言葉を、㋐～㋗から選びましょう。

　日本では、さまざまな自然災害が起きているが、その発生は、日本の（①）の特色と関係している。日本は、毎年、夏から秋にかけて（②）におそわれ、大雨や強風によって大きな被害が出ることも多い。また、地震が起きることも多く、兵庫《ひょうご》県を中心に起きた（③）や、東北地方を中心に起きた（④）のように、きわめて大きな被害が出ることもある。さらに、火山が多いことからたびたび火山災害が発生し、2014年に起きた（⑤）の噴火では、死者・行方不明者60名以上という大きな被害が出た。

㋐ 大雪　㋑ 御嶽山《おんたけ》　㋒ 国土　㋓ 阪神《はんしん》・淡路《あわじ》大震災
㋔ 台風　㋕ 雲仙岳《うんぜんだけ》　㋖ 土砂くずれ　㋗ 東日本大震災

①（ ㋒ ）②（ ㋔ ）③（ ㋓ ）④（ ㋗ ）⑤（ ㋑ ）

(2) (1)の④のように、海底で大きな地震が発生すると、大波が海岸におしよせ、人や建物などが流されて大きな被害が出ることがあります。これを何といいますか。

（ 津波 ）

**2** 次の地図中の①～⑦で起こった自然災害にあてはまるものを、㋐～㋖から選びましょう。

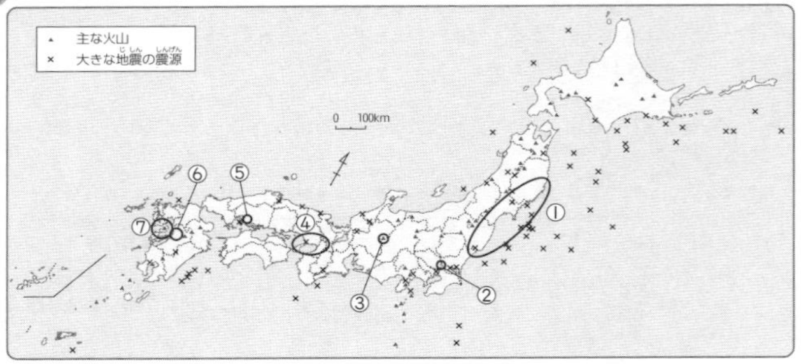

日本の自然災害

㋐ 御嶽山の噴火　㋑ 雲仙岳の噴火　㋒ 鬼怒《きぬ》川の水害
㋓ 東日本大震災　㋔ 阪神・淡路大震災　㋕ 広島《ひろしま》市の土砂くずれ
㋖ 熊本《くまもと》地震

①（ ㋓ ）②（ ㋒ ）③（ ㋐ ）④（ ㋔ ）
⑤（ ㋕ ）⑥（ ㋖ ）⑦（ ㋑ ）

ヒント
2 ㋕土砂くずれは、山地の近くなどで発生します。近年は、山ぎわまで開発されて住宅《じゅうたく》地が広がったため、住宅地の近くで発生することもあります。

103

## 練習　103ページ

**1** (1)日本では、その国土の気候や地形の特色から、地震・津波、台風・大雨、火山の噴火などの自然災害がたびたび発生しています。国は、川のはんらんや土砂災害、津波のリスクなどを地図上に示したハザードマップを確認《かくにん》できるウェブサイトを設《もう》けているので、自分の住んでいる地域のハザードマップを確認してみましょう。

(2)東日本大震災では、高さ10mの防《ぼう》潮堤《ちょうてい》を津波が乗りこえるなど、大きな被害が出ました。

**2** ①は地震・津波災害、④・⑥は地震災害、②・⑤は風水害、③・⑦は火山災害です。

**できたかな？**
□自然災害の種類を説明してみよう。
□日本で発生した大きな自然災害を説明してみよう。

**おうちのかたへ**
自然災害の多い日本では、いつ自分が被災者になるともかぎりません。災害が発生したときに迅速に命を守る行動がとれるよう、避難場所などについてお子さまと話し合ってみてください。

ぴったり1
# 準備

## 1 自然災害《さいがい》とともに生きる②

学習日　**104ページ**

めあて
津波への対策や、地震などさまざまな自然災害への対策を理解《りかい》しよう。

教科書 214〜221ページ　答え 53ページ

次の(　　)に入る言葉を、下から選びましょう。

### 1 大津波《おおつなみ》からくらしを守るために　教科書 214〜215ページ

**津波の被害《ひがい》を防《ふせ》ぐための施設《しせつ》**
- 津波が来たとき、身を守るために上る(① 避難タワー )や避難《ひなん》ビルを市町村が設置《せっち》。
- 国や都道府県が中心となって、大きな堤防《ていぼう》を建設《けんせつ》。川のはんらんを防ぐのにも役立つ。
- (② 防潮堤 )…津波などで海水が海ぞいの陸地におしよせるのを防ぐ。

**津波の被害を防ぐ対策《たいさく》**
- 市町村ごとに、被害の予測《よそく》や避難場所を示した標識《ひょうしき》や(③ ハザードマップ )をつくっている。
- 岩手《いわて》県宮古《みやこ》市の田老《たろう》地区では、防潮堤《ぼうちょうてい》を高くつくり直し、住宅《じゅうたく》地のかさ上げや高台への移転《いてん》も行っている。このような(④ 公共事業 )は多くの費用《ひよう》がかかるため、国や県も協力している。

### 2 さまざまな自然災害からくらしを守るために　教科書 216〜220ページ

**地震《じしん》に備える**
- 日本の国土はプレートの境界《きょうかい》にあるため、全国各地で大きな(⑤ 地震 )が発生するおそれがある。
- プレート…地球の表面をおおう岩石の層《そう》で、少しずつ動いている。プレートがおし合って力がたまり、岩石の層がずれたりわれたりしたときに、地震が発生する。
- 対策 公共施設を地震のゆれに強くするための改修《かいしゅう》工事を行っている。水道・電気・ガスを送る設備《せつび》も、ゆれに強いつくりに変えてきている。

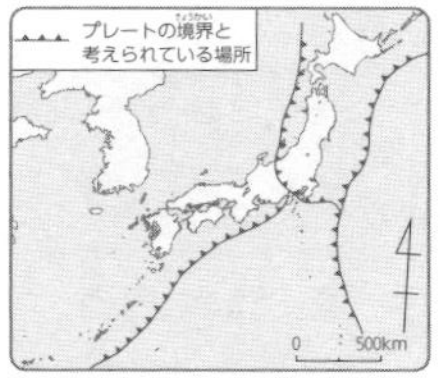

日本の国土とプレート

**緊急《きんきゅう》地震速報《そくほう》のしくみ**
- 地震のゆれを観測《かんそく》する地震計を各地に設置し、(⑥ 気象庁 )が地震の発生を消防庁《しょうぼうちょう》や市町村、放送局、インターネットの会社などを通して、ただちに伝える。

**さまざまな自然災害への対策**
- 防災《ぼうさい》対策…各市町村では**ハザードマップ**の作成、避難所・防災施設の整備《せいび》を進めている。
- (⑦ 減災 )…自然災害による被害をできるだけ減らそうとすること。

**さまざまな防災施設**
- 砂防《さぼう》ダム…(⑧ 土砂くずれ )が起こったときに、土砂《どしゃ》の流れをせき止める。
- 地下の放水路や遊水地…大雨のときに川のはんらんを防ぐ。
- なだれ防止さく…山の斜面《しゃめん》に設置して、大雪でなだれが起こるのを防ぐ。

選んだ言葉に✔　□地震　□気象《きしょう》庁　□公共事業　□ハザードマップ　□減災《げんさい》　□防潮堤　□土砂くずれ　□避難タワー



ぴったり2
# 練習

学習日　**105ページ**

ぴたトリビア
せまい地域《ちいき》に短時間に集中してふる大雨のことを集中豪雨《ごうう》といいます。近年、限《かぎ》られた地点で短時間のうちに大量の雨がふることが増《ふ》えています。

教科書 214〜221ページ　答え 53ページ

**1 自然災害に関する次の文を読んで、答えましょう。**

2011年3月11日に発生した(①)大震災《だいしんさい》では、地震にともなう大津波により広い地域が浸《しん》水《すい》し、多くの建物が流されたり、死者・行方《ゆくえ》不明者が出たりするなど、大きな被害が発生した。こうした被害を受けた地域では、堤防や(②)を高くつくり直したり、土をもって土地の(③)をしたり、病院や学校を高台へ移転したりするなどの(④)を行い、津波の被害を受けにくいまちづくりを進めている。

(1) 文中の①〜④にあてはまる言葉を、㋐〜㋖から選びましょう。
㋐ 砂防ダム　㋑ 東日本《ひがしにほん》　㋒ 公共事業　㋓ 防潮堤
㋔ かさ上げ　㋕ 阪神《はんしん》・淡路《あわじ》　㋖ うめ立て
①( ㋑ ) ②( ㋓ ) ③( ㋔ ) ④( ㋒ )

(2) 右の絵は、下線部に関係のある防災施設を表しています。これを何といいますか。
( 避難タワー )
(津波避難タワー)

**2 右の図を見て、答えましょう。**

(1) 図中のⒶ〜Ⓓにあてはまるものを、㋐〜㋔から選びましょう。
㋐ 防災無線　㋑ パソコン
㋒ テレビ　㋓ 新聞
㋔ 電話やインターネットの会社
Ⓐ( ㋔ ) Ⓑ( ㋐ )
Ⓒ( ㋑ ) Ⓓ( ㋒ )

(2) 次の文中の①〜④にあてはまる言葉を、㋐〜㋔から選びましょう。

放送局では、(①)から緊急地震速報を受け取ると、それをすぐに放送できるしくみになっている。(②)をできるだけ減らすことができるように、(③)などの情報《じょうほう》をただちに伝え、すばやい(④)をよびかけることにしている。

㋐ 気象庁　㋑ 電話会社　㋒ 避難
㋓ 被害　㋔ 津波
①( ㋐ ) ②( ㋓ ) ③( ㋔ ) ④( ㋒ )

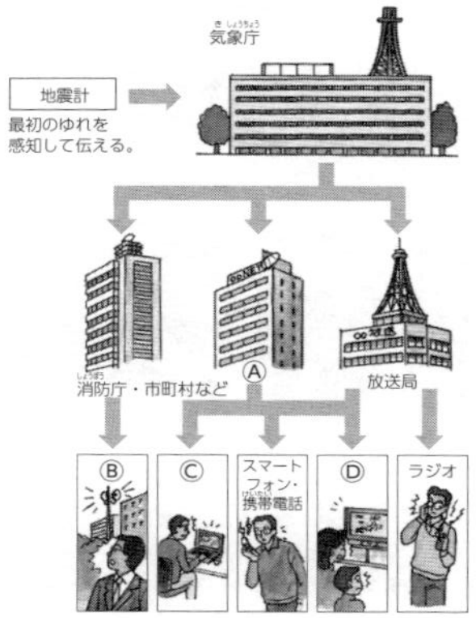

緊急地震速報のしくみ

ヒント 1 (1) ④国や都道府県、市町村が行い、おおやけの利益《りえき》になる道路や鉄道、学校などをつくる事業のことです。



できたかな?
□津波対策を説明してみよう。
□地震など、災害の種類ごとに対策を説明してみよう。

## 練習　105ページ

1 (1)①東北《とうほく》地方の太平洋沖《たいへいようおき》で大きな地震が発生し、大きな津波におそわれました。
(2)津波による大きな被害が想定される地域には、大きな堤防が建設されています。また、避難タワーや避難ビルなどを設置している市町村が全国各地にあります。

2 (1)ⒶはⒸ(パソコン)やスマートフォン・携帯《けいたい》電話などに情報を伝えているので、電話やインターネットの会社です。
(2)①気象庁が全国に設置している地震計や震度計を利用して、緊急地震速報が発表されます。

# 確かめのテスト



5. 国土の自然とともに生きる
## 1 自然災害《さいがい》とともに生きる

/100 合格80点

教科書 208〜221ページ　答え 54ページ

**1** 日本の自然災害について述《の》べた次の文のうち、正しいものには○を、まちがっているものには×をつけましょう。　1つ6点（30点）

①（ × ）地震《じしん》が起こると、海ぞいの地域《ちいき》は必ず津波《つなみ》におそわれる。
②（ ○ ）夏から秋にかけて台風におそわれ、大雨や強風の被害《ひがい》を受けることが多い。
③（ ○ ）日本海《にほんかい》側の地域では、冬に大雪による被害を受けることがある。
④（ × ）近年は、集中豪雨《ごうう》が起こっても、防災対策《ぼうさいたいさく》のおかげで、川のはんらんや土砂《どしゃ》くずれなどはいっさい起こらなくなった。
⑤（ × ）火山の噴火《ふんか》はときどき起こるが、山の中なので、くらしへのえいきょうはほとんどない。

**2** 右の絵を見て、答えましょう。　1つ4点（24点）

(1) ①は1995年、②は2011年に起こった、大きな自然災害の様子を表しています。①、②にあてはまるものを、［　］から選びましょう。

熊本《くまもと》地震　東日本大震災《ひがしにほんだいしんさい》　阪神《はんしん》・淡路《あわじ》大震災

①（ 阪神・淡路大震災 ）②（ 東日本大震災 ）

(2) ①、②が起こった地域を、右の地図中の㋐〜㋓から選びましょう。
①（ ㋒ ）
②（ ㋑ ）

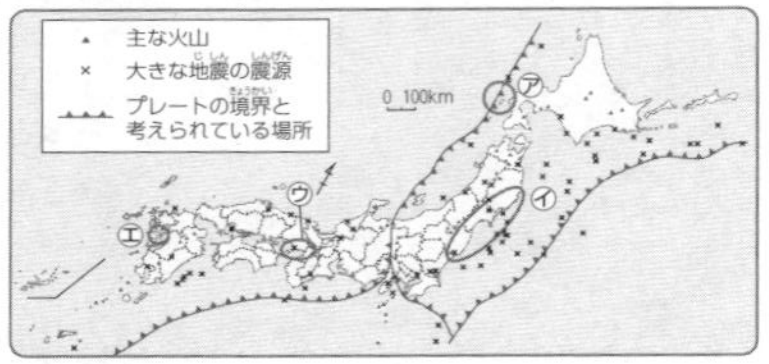


(3) ①、②の説明にあてはまるものを、㋐〜㋓から選びましょう。
①（ ㋓ ）
②（ ㋐ ）

㋐ 太平洋《たいへいよう》側の広い地域を大地震と大津波がおそい、大きな被害が出た。
㋑ 台風や大雨で川がはんらんし、家がこわれたり浸水《しんすい》したりするなど、大きな被害が出た。
㋒ 大雨による土砂くずれで、家がこわれたり浸水したりする大きな被害が出た。
㋓ 大きなゆれで、大都市では建物や高速道路がたおれるなど、大きな被害が出た。





**3** 右の図を見て、答えましょう。　1つ5点、(3)6点（16点）

(1) 図中の①は何を表していますか。㋐〜㋓から選びましょう。（ ㋒ ）

㋐ 地震のゆれに強い高速道路。
㋑ 台風の強風を防《ふせ》ぐための石がき。
㋒ 津波を防ぐための堤防《ていぼう》。
㋓ 土砂の流れをせき止めるための砂防《さぼう》ダム。

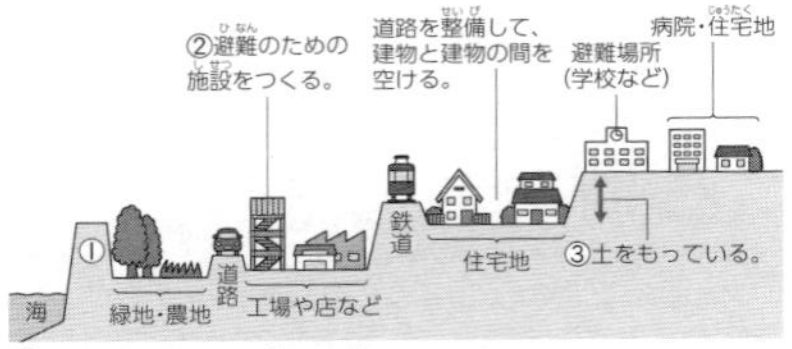


自然災害に強いまちづくりの例

(2) 図中の②の施設《しせつ》はある自然災害から避難《ひなん》するためのものです。その自然災害にあてはまるものを、㋐〜㋓から選びましょう。（ ㋒ ）

㋐ 地震　㋑ 台風　㋒ 津波　㋓ 土砂くずれ

記述 (3) できたらスゴイ! 図中の③で土をもっているのはなぜですか。かんたんに書きましょう。　思考・判断・表現

（(例) 土地を高くして、津波がきても浸水しないようにするため。）

**4** 防災の取り組みについて、答えましょう。　1つ4点、(3)6点（30点）

(1) よくでる 右の①〜③の防災施設の説明にあてはまるものを、㋐〜㋓から選びましょう。
①（ ㋑ ）
②（ ㋐ ）
③（ ㋓ ）

㋐ 大雪でなだれが起こるのを防ぐ、なだれ防止さく。
㋑ 土砂くずれが起こったときに、土砂の流れをせき止める砂防ダム。
㋒ 火山が噴火したときに、身を守るために避難するがんじょうな建物。
㋓ 大雨で増《ふ》えた川の水を地下に取りこんで、はんらんを防ぐ放水路。

(2) ①〜③の防災施設は、どのような地域で多く見られますか。あてはまるものを、㋐〜㋓から選びましょう。　①（ ㋓ ）②（ ㋑ ）③（ ㋐ ）

㋐ 大きな川の下流ぞいの地域。　㋑ 日本海側の山ぞいの地域。
㋒ 地震の多い海岸ぞいの地域。　㋓ 山ぞいの急な斜面《しゃめん》の地域。

記述 (3) できたらスゴイ! 自然災害に備《そな》えて、あなたがふだんのくらしの中でできることは何ですか。考えたことをかんたんに書きましょう。　思考・判断・表現

（(例) ハザードマップを見て、危険な場所や避難場所を覚えておくこと。）

ふりかえり　3(3)がわからないときは、104ページの1にもどって確認《かくにん》してみよう。



## 確かめのテスト　106〜107ページ

**1** ①地震が発生した場所や地震の大きさによっては、津波が起こらないこともあります。
④堤防や砂防ダムがあっても防げないことはあります。
⑤火山の噴火では、火山灰《ばい》や溶岩《ようがん》流などで農作物や住宅《じゅうたく》などに大きな被害が出ることもあります。

**2** (1)①1995年に起こったのは阪神・淡路大震災です。高速道路がたおれるなどの被害が発生しました。
②建物に船が打ち上げられていることから、津波の被害が大きかったことがわかります。
熊本地震は2016年に起こりました。

**3** (2)②の避難タワーは、堤防をこえる大津波におそわれたときに、緊急《きんきゅう》避難するための施設です。
(3)「土地のかさ上げをして…」という説明も正解《せいかい》となります。

**4** (3)このほかにも、防災や減災《げんさい》に関係していることが書かれていれば正解とします。

**記述問題のプラスワン**

**4** (3)〔別解〕「町内会や学校の防災訓練に参加すること。」「防災用品や非常食《ひじょうしょく》を家に備《そな》えておくこと。」でもよいです。

ぴったり1 準備

5. 国土の自然とともに生きる

## 2 森林とともに生きる①



めあて 日本の森林や人々と森林との関わり、林業で働く人々の取り組みを理解《りかい》しよう。

教科書 222～229ページ　答え 55ページ

次の（　　）に入る言葉を、下から選びましょう。

### 1 日本の国土と森林／森林のはたらきと人々のくらし　教科書 222～227ページ

**森林にめぐまれる日本**

- 日本は、降水量《こうすい》が多く、さまざまな気候が見られるので、森林がよく育つ。
  ⇒国土面積のおよそ（① 3分の2 ）を森林がしめる。
- 森林がある山は、地面に張《は》った木々の根が、土砂《どしゃ》の流出をおさえる。⇒森林がない山では、大雨がふると（② 土砂くずれ ）が起こることがある。森林には、自然災害《さいがい》の被害《ひがい》を少なくするはたらきがある。
- 日本の森林の中には、秋田《あきた》県と青森《あおもり》県の境《さかい》に広がる白神《しらかみ》山地のように、（③ 世界自然遺産 ）に登録されているものもある。

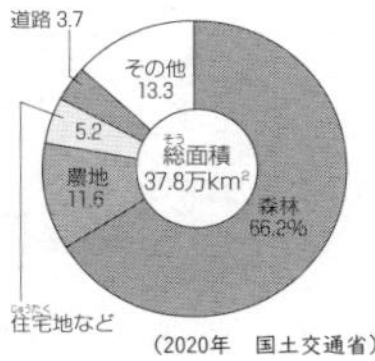

道路 3.7
その他 13.3
5.2
総《そう》面積 37.8万km²
農地 11.6
森林 66.2%
住宅地《じゅうたく》など

（2020年　国土交通省）
日本の国土の土地利用の割合《わりあい》

**森林のはたらき**

- 森林は、木材、木の実やきのこなどの食料、豊《ゆた》かな水などをもたらしてくれる。
- 森林は、（④ 雨水 ）をたくわえて、少しずつ流すダムのようなはたらきをする。

### 2 木を植えて育てる人々　教科書 228～229ページ

**林業にたずさわる人々の仕事**

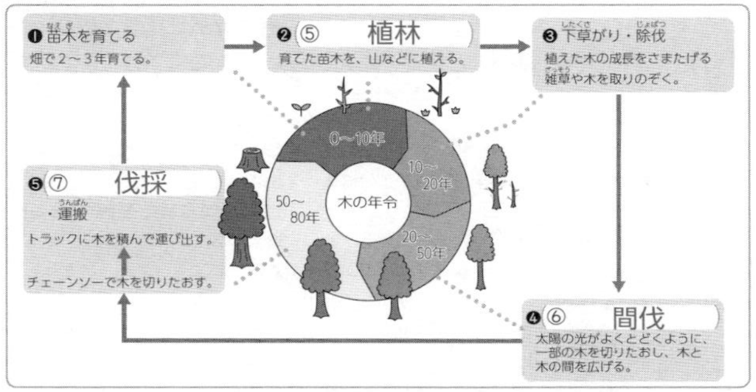

❶苗木《なえぎ》を育てる
畑で2～3年育てる。
❷（⑤ 植林 ）
育てた苗木を、山などに植える。
❸下草《したくさ》がり・除伐《じょばつ》
植えた木の成長をさまたげる雑草《ざっそう》や木を取りのぞく。
❹（⑥ 間伐 ）
太陽の光がよくとどくように、一部の木を切りたおし、木と木の間を広げる。
❺（⑦ 伐採 ）・運搬《うんぱん》
トラックに木を積んで運び出す。
チェーンソーで木を切りたおす。
木の年令
0～10年
10～20年
20～50年
50～80年


- 日本の森林の43.1%は人の手で植えられた（⑧ 人工林 ）で、天然林は56.9%（2017年）。林業で働く人の数が減ってきて、手入れの行きとどかない人工林が増《ふ》えている。

| 選んだ言葉に✓ | | | | |
|---|---|---|---|---|
| | □雨水 | □間伐《かんばつ》 | □3分の2 | □土砂くずれ |
| | □伐採《ばっさい》 | □人工林 | □植林 | □世界自然遺産《いさん》 |



ぴったり2 練習



ぴたトリビア 日本の世界自然遺産は、「白神山地」、「屋久島《やくしま》」、「知床《しれとこ》」、「小笠原諸島《おがさわらしょとう》」、「奄美大島《あまみおおしま》、徳之島《とくのしま》、沖縄島《おきなわじま》北部及び西表島《いりおもてじま》」の5つです（2023年）。

教科書 222～229ページ　答え 55ページ

**1 日本の森林について、答えましょう。**

(1) 次の文のうち、正しいものには○を、まちがっているものには×をつけましょう。

①（ × ）日本の国土面積の約3分の1が森林である。
②（ ○ ）日本にある森林の半分以上が天然林である。
③（ ○ ）森林は、雨水をたくわえて、少しずつ流すダムのようなはたらきをしている。
④（ × ）森林がないと、雨水が土の中にしみこみやすいので、洪水《こうずい》の心配がない。
⑤（ ○ ）森林の木を切ってそのままにしておくと、大雨がふったとき、土砂くずれが起こりやすい。

(2) 世界自然遺産に登録されている白神山地の森林は、Ⓐのような森林ですか、Ⓑのような森林ですか。また、それは人工林と天然林のどちらですか。

（ Ⓑ ）（ 天然林 ）

Ⓐ
Ⓑ


**2 次の絵は、林業にたずさわる人々の仕事の様子を表したものです。この絵を見て、答えましょう。**

①
②
③


(1) ①～③の絵にあてはまるものを、㋐～㋓から選びましょう。
①（ ㋓ ）②（ ㋒ ）③（ ㋐ ）
㋐ 下草《したくさ》がり　㋑ 運搬《うんぱん》　㋒ 伐採　㋓ 苗木《なえぎ》を育てる

(2) ①～③の絵の作業の説明にあてはまるものを、㋐～㋓から選びましょう。
①（ ㋑ ）②（ ㋐ ）③（ ㋒ ）
㋐ 十分に成長した木をチェーンソーで切りたおす。
㋑ 苗木を畑で2～3年育てる。
㋒ 木の成長をさまたげる雑草《ざっそう》を取りのぞく。
㋓ 畑で育てた苗木を山などに植える。

(3) ①～③の絵の作業が行われるのは、木の年令がどれくらいのころですか。㋐～㋓から選びましょう。
①（ ㋐ ）②（ ㋓ ）③（ ㋑ ）
㋐ 0～10年　㋑ 10～20年　㋒ 20～50年　㋓ 50～80年

ヒント 1 (1)② 自然に落ちた種や切りかぶから出た芽が成長してできた森林を天然林といいます。



**できたかな？**
□日本の森林の様子を説明してみよう。
□人々と森林との関わりを説明してみよう。
□林業で働く人々の取り組みを説明してみよう。

## 練習　109ページ

**1** (1)①森林は、日本の国土面積の約3分の2をしめています。
④雨水が土の中にしみこまず、表面を流れるので、はんらんの危険《きけん》があります。
(2)Ⓐは植林してつくった人工林、Ⓑは自然に成長した天然林です。白神山地の森林は、人の手がほとんど入っていない自然のままの森林（原生林）です。

**2** (1)①は畑で苗木を育てている様子です。
②は成長した木をチェーンソーで切っています。
③は木の根もとの下草をかっています。
(2)㋓は植林の説明です。

5. 国土の自然とともに生きる
## 2 森林とともに生きる②

◎めあて 林業を営む人を増やす取り組みや、森林を守る取り組みを理解しよう。

教科書 230〜235ページ　答え 56ページ

次の(　　)に入る言葉を、下から選びましょう。

### 1 森林を守り続けるための新しい取り組み
教科書 230〜231ページ

**日本の林業の変化**
- 昔と比《くら》べて、国内で使われる木材の量が減《へ》ってきている。
- 値段《ねだん》の安い(① 輸入木材 )を多く使うようになった。
⇒以前に比べて木材の値段が下がり、林業をやめてしまった人も多いため、(② 人工林 )があれてしまった。

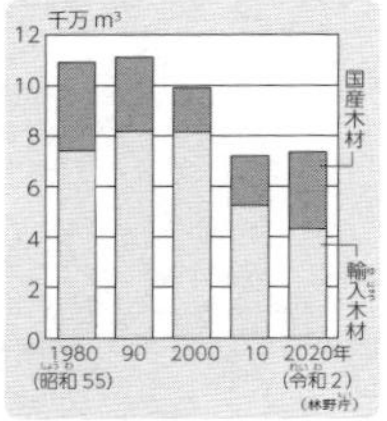

国内の木材使用量の変化

**林業を始める人を増《ふ》やすための、国や県の取り組み**
- 「緑の雇用《こよう》事業」…林業の基本《きほん》的な技術《ぎじゅつ》を学ぶ研修《けんしゅう》の場を用意する。国が森林組合などに補助金《ほじょきん》を出す。
- 「林業インターンシップ」…(③ 都市部 )などの住民を招《まね》き、林業体験や地元の人と交流してもらう。
- 「林業大学校」…１年間、林業の基本的な技術、森林管理、木造設計《もくぞうせっけい》などを学ぶ学校。

木を活用する取り組みも大事だね。

**国産木材の使用を増やす取り組み**
- 木質《もくしつ》**バイオマス**発電所…建築《けんちく》用として利用できない材木や枝《えだ》を、発電のための(④ 燃料 )として有効《ゆうこう》に活用する。
- 森林に放置されている切りかぶや小枝を加工して、木工品をつくり、商品として売り出す。

### 2 森林を守るためにできることは
教科書 232〜233ページ

**森林の育成と活用につながる活動**
- 高知《こうち》県では、森林の保全《ほぜん》に協力したいという会社と、森林の手入れの協力を求める市町村や森林組合をつなぐ取り組みをしている。会社は、森林の保全のために売り上げの一部を募金《ぼきん》したり、地域《ちいき》の人々と協力して(⑤ 植林 )をしたりしている。

**森林を守るためにできることは**
- CLT《シーエルティー》という、じょうぶで軽い建築材《けんちくざい》が高層《こうそう》ビルなどに使われている。太くない木でも組み合わせることで活用することができる。
- (⑥ 間伐 )によって切られた木を材料として、わりばしをつくる。

**地球温暖化《おんだんか》と森林資源《しげん》の活用**
- **地球温暖化**の問題…石油や石炭が大量に消費《しょうひ》され、空気中の(⑦ 二酸化炭素 )が増えたことが原因《げんいん》の一つ。森林には、二酸化炭素《にさんかたんそ》を取りこむはたらきがあり、森林を守ることが地球全体の環境《かんきょう》を守ることにつながる。
- 「木づかい運動」…家庭や学校、会社などで積極的に(⑧ 国産木材 )の加工品を使う。

選んだ言葉に✓
□間伐《かんばつ》　□人工林　□植林　□輸入《ゆにゅう》木材
□燃料《ねんりょう》　□都市部　□国産木材　□二酸化炭素





ぴたトリビア
バイオマスとは、生物に由来《ゆらい》し、再生できる資源のことをいいます。間伐材やはい材、家畜《かちく》のふん尿《にょう》、家庭の台所のごみなどがふくまれます。

教科書 230〜235ページ　答え 56ページ

**1 日本の林業について、答えましょう。**

(1) 次の文中の①〜③にあてはまる言葉を、㋐〜㋔から選びましょう。

昔と比べて、国内で使われる木材の量は減ってきている。また、使われる木材は安い(①)が多くなっている。以前よりも木材の(②)が下がったため、林業をやめてしまう人も増えた。そのため、林業で働く人の数が減って、手入れが行きとどかず、あれた(③)が増えてきている。

㋐ 技術　㋑ 値段　㋒ 国産木材
㋓ 輸入木材　㋔ 人工林

①( ㋓ ) ②( ㋑ ) ③( ㋔ )

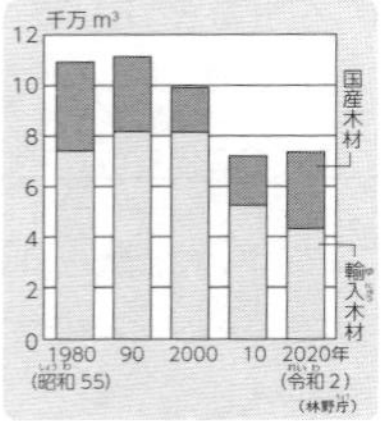

国内の木材使用量の変化

(2) 右のグラフで、木材の使用量が最も多いのは何年ですか。
( 1990 )年

(3) 右のグラフでは、2000年以降《いこう》、輸入木材の使用量は増えていますか、それとも減っていますか。どちらかを書きましょう。
( 減っている )

**2 森林のはたらきと森林を守る取り組みについて、答えましょう。**

(1) 次の文中の①〜③にあてはまる言葉を、□から選びましょう。

世界で地球温暖化がますます問題になっているが、森林には、その原因の一つである(①)を取りこむはたらきがある。森林を守ることは、地球全体の(②)を守ることにつながっている。森林を守り育てながら、適切《てきせつ》に木材を使い、(③)をむだなく活用するという取り組みが行われている。

水　二酸化炭素　森林資源　機械　環境

①( 二酸化炭素 ) ②( 環境 ) ③( 森林資源 )

(2) 森林を守るために会社が行っている取り組みとしてまちがっているものを、㋐〜㋓から選びましょう。
( ㋒ )

㋐ 売り上げの一部を募金している。
㋑ 地域の人々と協力して、木を植える活動をしている。
㋒ 輸入木材だけを使うようにしている。
㋓ 木材を使った新しい技術や素材《そざい》を開発している。

ヒント ❶ (1)③ 木材をつくるために人が植えてできた森林は、手入れをしたり、木材を適切に使ったりして、育てていくことが大切です。



## 練習 111ページ

❶ (2)木材の使用量はぼうグラフの長さで表されています。
(3)国産木材の使用量はやや増えていますが、輸入木材の使用量は減っています。

❷ (1)①二酸化炭素は、地球温暖化の原因の一つである温室効果《こうか》ガスにふくまれます。森林は、光合成によって大気中の二酸化炭素を吸収し、酸素を発生させています。
(2)㋒輸入木材だけでなく、国産木材もむだなく適切に使い、国内の森林を守り育てていくことが大切です。

**できたかな?**
□林業を営む人を増やすための取り組みを説明してみよう。
□森林を守るための取り組みを説明してみよう。

**おうちのかたへ**
お子さまと一緒に、身のまわりにある木工品を探してみてください。また、木のにおいをかいだり、木にふれたりするといった体験を通して、森林が生きていることを実感し、森林を守り育てるという意識を育むことが大切です。

## 112ページ

ぴったり3 確かめのテスト

5．国土の自然とともに生きる
2 森林とともに生きる

/100 合格80点

教科書 222〜235ページ　答え 57ページ

**1 日本の森林について、答えましょう。**　(1)1つ4点、(2)6点（26点）

(1) よく出る 次の文のうち、正しいものには○を、まちがっているものには×をつけましょう。

①（ ○ ）Ⓐのような森林は、秋田《あきた》県と青《あお》森《もり》県の境《さかい》にある白神《しらかみ》山地などで見ることができる。

②（ × ）ⒷはⒶに比《くら》べて、木がきれいにならんでいるので、天然林である。

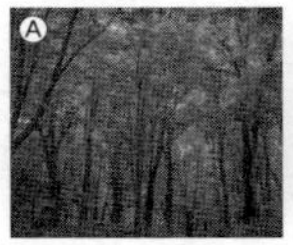

③（ × ）日本では、国土面積の半分くらいを、森林がしめている。

④（ ○ ）森林は強い風や砂《すな》、騒音《そうおん》などをさえぎってくれる。

⑤（ × ）森林を伐採《ばっさい》しないと、大雨で木が流され、土砂《どしゃ》くずれが起こることがある。

記述 (2) できたらスゴイ！ 森林のはたらきについて、「雨水」「ダム」という言葉を使って、かんたんに書きましょう。　思考・判断・表現

（(例)森林は雨水をたくわえ、少しずつ流すダムのようなはたらきをしている。）

**2 日本の林業について、答えましょう。**　1つ4点（28点）

(1) よく出る 次の文中の①〜⑤にあてはまる言葉を、㋐〜㋗から選びましょう。

日本の森林の半分近くは、人の手で植えられた（①）である。人間が植えた木は、人間が世話をしてやらなければならない。（②）を植えてから伐採までの間、下草《したくさ》がりや（③）などの手入れをする必要がある。手入れをしないと、木の育ちが悪くなるからである。しかし、昔と比べて、国内で使われる木材の量は減《へ》ってきている。そのため、林業で働く人の数が（④）、手入れの行きとどかない森林が（⑤）きている。

①（ ㋔ ）②（ ㋓ ）③（ ㋐ ）④（ ㋖ ）⑤（ ㋕ ）

㋐ 間伐《かんばつ》　㋑ 運搬《うんぱん》　㋒ 天然林　㋓ 苗木《なえぎ》
㋔ 人工林　㋕ 増《ふ》えて　㋖ 減って　㋗ 植林

(2) 右のグラフで、10年前の年と比べて、輸入《ゆにゅう》木材の使用量が最も減ったのは何年ですか。　技能

（ 2010 ）年

(3) 右のグラフで、2000年と2020年を比べると、木材使用量にしめる国産木材の割合が大きいのはどちらの年ですか。　技能

（ 2020 ）年

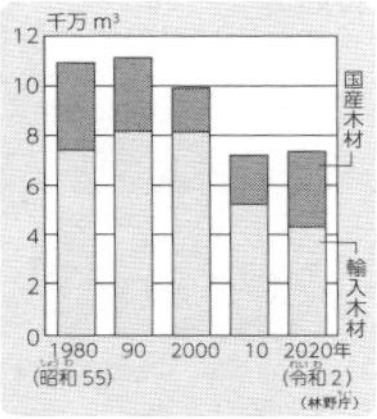


国内の木材使用量の変化



## 113ページ

学習日

**3 次の絵を見て、答えましょう。**　1つ4点（28点）

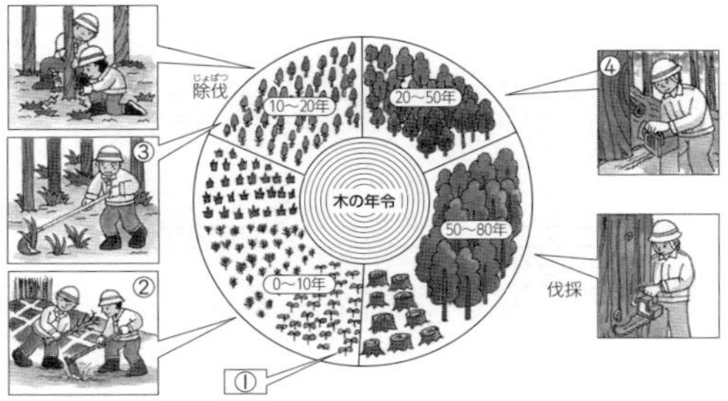


(1) ①〜④の絵にあてはまる作業を、㋐〜㋓から選びましょう。

①（ ㋒ ）②（ ㋓ ）③（ ㋑ ）④（ ㋐ ）

㋐ 間伐　㋑ 下草がり　㋒ 苗木《なえぎ》を育てる　㋓ 植林

(2) 絵を参考にして、次の文中の①〜③にあてはまる数字や言葉を、㋐〜㋕から選びましょう

木を植えてから木材にするまでの期間は、（①）年から（②）年と長い。その間には下草がりや除伐《じょばつ》などの作業をする人が必要であり、国や県は林業で働く（③）を増やす取り組みを行っている。

㋐ 20　㋑ 50　㋒ 80　㋓ 機械　㋔ わかい人　㋕ 高齢者《こうれいしゃ》

①（ ㋑ ）②（ ㋒ ）③（ ㋔ ）

**4 森林を守る活動について、右のグラフを見て、答えましょう。**　1つ4点、(3)10点（18点）

(1) 2018年の森林づくり活動をしている団体《だんたい》の数はおよそ何団体ですか。㋐〜㋒から選びましょう。　技能

㋐ 2700　㋑ 3000　㋒ 3300

（ ㋒ ）

(2) 2018年の森林づくり活動をしている団体の数は、2003年と比べて、およそ何倍になっていますか。整数で答えましょう。　技能

およそ（ 3 ）倍

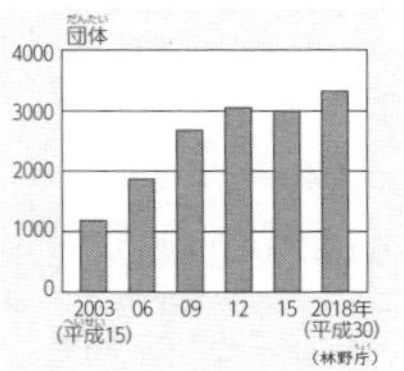


森林づくり活動をしている団体の数の変化

記述 (3) できたらスゴイ！ 森林を守ることが地球全体の環境《かんきょう》を守ることにつながる理由を、「地球温暖化《おんだんか》」「二酸化炭素《にさんかたんそ》」という言葉を使って、かんたんに書きましょう。　思考・判断・表現

（(例)森林は、地球温暖化の原因となる二酸化炭素を取りこんで減らしてくれるから。）

ふりかえり 4(3)がわからないときは、110ページの2にもどって確認《かくにん》してみよう。



## 確かめのテスト 112〜113ページ

**1** (1)②Ⓑは植林してつくった人工林であるため、木がきれいにならんでいます。Ⓐが自然に成長した天然林で、いろいろな種類の木があります。
③森林は、日本の国土面積の約3分の2をしめています。
⑤地面に張《は》った木々の根が、土砂の流出をおさえているので、森林を伐採してしまうと、土砂くずれが起こりやすくなります。

**2** (2)それぞれの年の輸入木材の使用量を比べてみると、2000年が約8千万$m^3$、2010年が約5千万$m^3$となっていて、約3千万$m^3$減っています。
(3)木材使用量全体にしめる国産木材の量は、2000年は全体の約5分の1、2020年は約5分の2となっています。

**3** (2)絵を見ると、伐採は木を植えてから50〜80年後に行われています。また、森林の手入れをする作業にはわかい働き手が必要です。

**4** (3)森林は二酸化炭素を減らすはたらきをしているので、森林を守ることは地球全体の環境を守ることにつながります。

**記述問題のプラスワン**

**1** (2)問題文中に「雨水」「ダム」という語句を使用するという指定があるので、わすれずに解答《かいとう》にふくめましょう。

**4** (3)問題文中に「地球温暖化」「二酸化炭素」という語句を使用するという指定があるので、わすれずに解答にふくめましょう。
地球温暖化の原因の一つは二酸化炭素の増加《ぞうか》であり、森林はこの二酸化炭素を取りこんで、酸素を出しています。

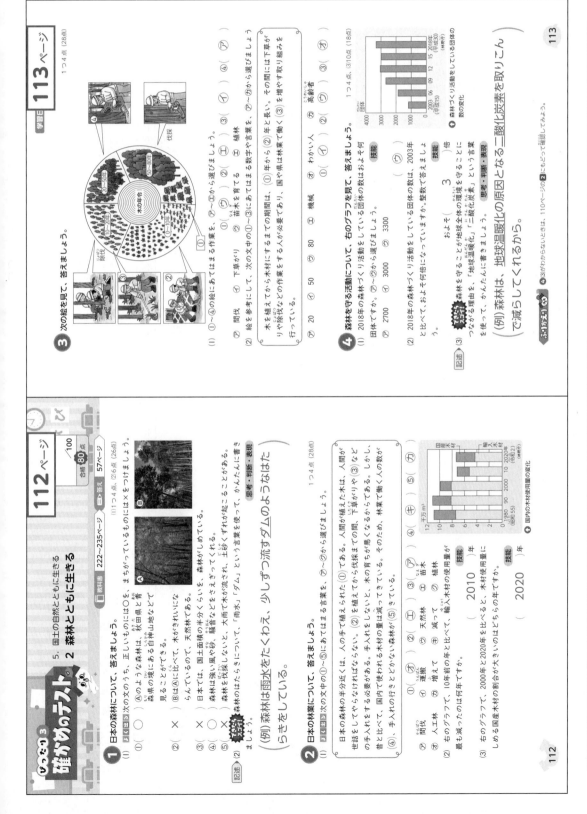

ぴったり1
# 準備

5. 国土の自然とともに生きる
## 3 環境《かんきょう》をともに守る①

めあて
空と海の変化がくらしにあたえるえいきょうや、公害防止の歩みを理解しよう。



教科書 236〜239ページ　答え 58ページ

次の(　　)に入る言葉を、下から選びましょう。

### 1 青い空と海を取りもどしたまち
教科書 236〜237ページ

**1960年ごろの福岡《ふくおか》県北九州《きたきゅうしゅう》市の様子**

- 空と海がよごれ、住民のくらしに大きなえいきょうをあたえた。
- 海面にはあわが立って、くさい(① におい )がした。
- 空は(② けむり )だらけで、青空は見えなかった。
- ふった**ばいじん**がまい上がらないように、校庭に水をまいた。
- ばいじん…工場の(③ えんとつ )から出るけむりにふくまれる細かいちりやほこり。

健康を害する人が増《ふ》えたんだよ。

### 2 公害をなくすために
教科書 238〜239ページ

**公害とは**

- 北九州市では、製鉄《せいてつ》を中心とした工業生産がさかんになるにつれ、工場から出るけむりや廃水《はいすい》が多くなり、(④ ぜんそく )に苦しむ人などが増えた。
- **公害**…産業の発展《はってん》によって(⑤ 環境 )が悪化し、人々のくらしに被害《ひがい》が出ること。1955(昭和《しょうわ》30)年ごろから工業がさかんになり、各地で発生した。

| 四大公害病 | |
|---|---|
| | 水俣《みなまた》病：熊本《くまもと》県・鹿児島《かごしま》県。 原因《げんいん》工場から流された水銀 |
| | 新潟《にいがた》水俣病：新潟県。 原因工場から流された水銀 |
| | 四日市《よっかいち》ぜんそく：三重《みえ》県四日市市。 原因工場から空気中に出されたガス |
| | (⑥ イタイイタイ )病：富山《とやま》県。 原因鉱山《こうざん》から川に流されたカドミウム |

| 年 | 主なできごと |
|---|---|
| 1901 | 洞海湾《どうかいわん》の近くに、製鉄《せいてつ》所ができる |
| 1943 | 洞海湾の水のよごれが目だつようになる |
| 1950 | 市民が公害に反対する運動を始める |
| 1965 | ばいじんのふる量の日本一を記録する |
| 1967 | 北九州《きたきゅうしゅう》市と工場が公害を防《ふせ》ぐための取り決めを結ぶ |
| 1970 | 北九州市が公害防止条例《ぼうしじょうれい》をつくる |
| 1987 | 北九州市が「星空の街」に選ばれる |

北九州市の公害防止の歩み

- 四大公害病の裁判《さいばん》では、公害を起こした会社の責任《せきにん》が追及《ついきゅう》され、会社は責任を認《みと》めた。

**公害をなくすための取り組み**

- (⑦ 住民運動 )の高まりを受けて、工場と市は公害を防《ふせ》ぐための取り決めを結んだ。
- 北九州市は(⑧ 公害防止 )条例《じょうれい》をつくった。また、空気のよごれを観測《かんそく》する施設《しせつ》をつくって調査《ちょうさ》したり、海のよごれを取りのぞく作業を行ったりした。下水道も整備《せいび》した。
- 工場では、ばいじんや有害な廃水を出さない機械を設置《せっち》した。市との取り決めや条例を守り、公害を出さずに生産することをめざした。
- 今の北九州市…さまざまな人々の、長年の努力で、きれいな青い空と海がよみがえった。

選んだ言葉に✓　□ぜんそく　□けむり　□公害防止《ぼうし》　□えんとつ　□におい　□住民運動　□環境　□イタイイタイ



ぴったり2
# 練習



ぴたトリビア
北九州市で公害を防ぐための取り決めが結ばれたのと同じ年に、国は公害対策基本《たいさくきほん》法を制定《せいてい》し、公害の種類や守るべき基準《きじゅん》などを定めました。

教科書 236〜239ページ　答え 58ページ

**1** 1950年から1970年ごろまでの北九州市の様子を説明した文にあてはまらないものを、㋐〜㋕から2つ選びましょう。

( ㋔ )( ㋕ )
(順不同)

㋐ 空はけむりだらけで、青空は見えなくなっていた。
㋑ 海面にあわが立ち、くさいにおいがした。
㋒ 健康を守るため、公害に反対する運動を行った。
㋓ ばいじんがまい上がらないように、校庭に水をまきながら体育の授業《じゅぎょう》が行われた。
㋔ ぜんそくに苦しむ人や、いやなにおいになやむ人が減った。
㋕ 海はきれいで、つりができるようになった。

**2** 右の年表を見て、答えましょう。

(1) 市民が公害に反対する運動を始めたのは何年ですか。
( 1950 )年

(2) 市民が公害に反対する運動を始めてから、市が公害防止条例をつくるまで、何年かかりましたか。㋐〜㋓から選びましょう。
( ㋒ )
㋐ 10年　㋑ 15年　㋒ 20年　㋓ 30年

(3) 次の文のうち、正しいものには○を、まちがっているものには×をつけましょう。
①( ○ ) 製鉄所ができてから、海の水のよごれが目だつようになった。
②( × ) ばいじんのふる量が日本一を記録したのをきっかけとして、市民が公害に反対する運動を始めた。
③( × ) 北九州市は、公害防止条例にもとづいて、工場と公害を防ぐための取り決めを結んだ。

(4) 右の地図は、四大公害病が起こった地域《ちいき》を表しています。Ⓐ、Ⓑにあてはまる公害病を書きましょう。
Ⓐ( イタイイタイ病 )
Ⓑ( 四日市ぜんそく )

| 年 | 主なできごと |
|---|---|
| 1901 | 洞海湾の近くに、製鉄所ができる |
| 1943 | 洞海湾の水のよごれが目だつようになる |
| 1950 | 市民が公害に反対する運動を始める |
| 1965 | ばいじんのふる量の日本一を記録する |
| 1967 | 北九州市と工場が公害を防ぐための取り決めを結ぶ |
| 1970 | 北九州市が公害防止条例をつくる |
| 1987 | 北九州市が「星空の街」に選ばれる |

北九州市の公害防止の歩み

ヒント　2 (4) Ⓐは富山県で起こった公害病で、鉱山《こうざん》から川に流されたカドミウムが原因《げんいん》でした。Ⓑは三重《みえ》県四日市《よっかいち》市で起こった公害病で、工場から空気中に出されたガスが原因でした。



できたかな？
□北九州市の環境への取り組みを確認《かくにん》してみよう。
□四大公害病について、原因と症状《しょうじょう》を確認してみよう。

## 練習　115ページ

**1** ㋔㋕1970年に公害防止条例がつくられ、公害を防ぎ健康を守る取り組みが進められた結果、公害が減っていきました。

**2** (3)②ばいじんのふる量が日本一を記録したのは1965年で、運動が始まったのはそれより前の1950年です。
③取り決めを結んだのは1967年で、公害防止条例は1970年につくられました。
(4)水俣《みなまた》病、新潟《にいがた》水俣病、四日市ぜんそく、イタイイタイ病を四大公害病といいます。水俣病と新潟水俣病は有機水銀、イタイイタイ病はカドミウム、四日市ぜんそくは工場から出たよごれたけむりが原因です。

ぴったり1 準備

5. 国土の自然とともに生きる
## 3 環境《かんきょう》をともに守る②

学習日　116ページ

めあて　環境を守り続けていくための北九州市の取り組みを理解しよう。

教科書 240～247ページ　答え 59ページ

次の(　　)に入る言葉を、下から選びましょう。

### 1 環境首都をめざして　教科書 240～241ページ

**北九州市《きたきゅうしゅう》の取り組み**
- 空気や水質《すいしつ》のよごれの観測《かんそく》、(① 公害 )の歴史《れきし》を伝える取り組みを行っている。
- (② 国際協力 )…公害を乗りこえた貴重《きちょう》な体験と技術《ぎじゅつ》を外国の人たちに伝え、役立ててもらう取り組みをしている。アジアやアフリカを中心に、環境保全《ほぜん》の技術を学びに来る人が多い。
- 「環境未来都市」…2011年に国から、環境問題などで先進的に取り組む都市として選ばれた。

**ごみを出さない取り組み（北九州市の例）**
- 物を大量に生産して(③ 消費 )し、ごみとしてすてる社会を見直している。
- ごみをできるだけ出さず、(④ 資源 )を有効《ゆうこう》に使う**「持続可能《じぞくかのう》な社会」**をめざす。
- 「北九州エコタウン事業」…**エコタウン**には、使用ずみの工業製品《せいひん》を(⑤ リサイクル )し、資源《しげん》として再《さい》利用するための工場が集まっている。ペットボトルや蛍光《けいこう》管、自動車や家電製品などを集めて分解《ぶんかい》・処理《しょり》などを行っている。
- 「次世代エネルギーパーク」…風力、太陽光、水力などの(⑥ 自然エネルギー )を利用した発電施設《しせつ》。使用ずみの食用油をバスなどの燃料《ねんりょう》として活用している。

### 2 きれいな環境を、次の世代のために／日本にある世界遺産《いさん》 はってん　教科書 242～247ページ

**身のまわりの環境を守るための取り組み（北九州市の例）**
- 木を植えて緑を増《ふ》やす。
- 曽根干潟《そねひがた》クリーン作戦…地域《ちいき》の人が協力して、干潟のごみを拾いきれいにする取り組み。
- ほたるの幼虫《ようちゅう》の放流…ほたるがすめるきれいな水辺を保《たも》つ取り組み。ほたるの育成や川辺の整備《せいび》が行われている。

**自然環境とくらし**
- 豊《ゆた》かな自然環境は、人間のくらしに欠かせない、酸素《さんそ》、水、食料などの資源を生み出している。
- 便利で快適《かいてき》なくらしを求めて、自然をきずつけたり、自然のしくみをゆがめたりすると、人間と自然の(⑦ 結びつき )が損《そこ》なわれる。
- 次の世代の生命や安全を守っていくためにも、人間が自然の一部だという意識《いしき》をもち、毎日のくらしや産業を見つめ直すことが大切である。

日本には、全部で25件《けん》の世界遺産があるよ（2023年）。教科書の225ページや246～247ページを確認《かくにん》してみよう。

**日本にある世界遺産** はってん
- 日本には、5件の(⑧ 世界自然遺産 )と、法隆寺《ほうりゅうじ》や姫路城《ひめじじょう》など20件の世界文化遺産がある（2023年5月現在《げんざい》）。

選んだ言葉に✓
□消費《しょうひ》　□公害　□結びつき　□自然エネルギー
□資源　□国際《こくさい》協力　□世界自然遺産　□リサイクル



ぴったり2 練習

学習日　117ページ

ぴたトリビア　水力、風力、太陽光などの、自然現象《げんしょう》によって生まれるエネルギーを自然エネルギーといいます。環境にやさしく、無限《むげん》に使えるエネルギーです。

教科書 240～247ページ　答え 59ページ

**1 環境を守る取り組みについて、答えましょう。**

(1) 次の文中の①～⑤にあてはまる言葉を、㋐～㋕から選びましょう。

物を大量に(①)して(②)し、(③)としてすてる社会を見直し、(③)をできるだけ出さず(④)として再利用する取り組みを進めることによって、「(⑤)な社会」をめざしている。

㋐ 資源　㋑ 消費　㋒ 持続可能　㋓ 生産　㋔ 工業製品　㋕ ごみ

①( ㋓ ) ②( ㋑ ) ③( ㋕ ) ④( ㋐ ) ⑤( ㋒ )

(2) 北九州市で行われている取り組みとして、正しいものには○を、まちがっているものには×をつけましょう。

①( × ) 環境保全に取り組む「環境未来都市」になることをめざしている。
②( ○ ) 家庭で使い終わった食用油を回収《かいしゅう》して、バスなどの燃料として活用している。
③( × ) 風力、太陽光、石油などの自然エネルギーを利用した発電施設がある。
④( ○ ) 公害を乗りこえた体験や環境を守る技術を、世界の人たちに伝えている。

(3) 北九州市には、使用ずみになった工業製品をリサイクルする工場や、新たなリサイクル技術を研究する施設などが集まっている場所があります。そこは何とよばれていますか。カタカナで書きましょう。

( エコタウン )

**2 きれいな環境を守っていくための取り組みについて、答えましょう。**

(1) 次の文中の①～④にあてはまる言葉を、□から選びましょう。

身のまわりの環境を守るために、北九州市の人たちは(①)を植えて緑を増やしたり、(②)や海のごみを拾ったりするなどの取り組みを行っている。(②)の水辺の整備も行われ、(③)がすめるきれいな環境を保つことをめざしている。また、市民、学校、会社などが、さまざまな取り組みをしょうかいし、交流する(④)を毎年開いている。

野菜　木　山　川　野鳥　ほたる　国際会議　イベント

①( 木 ) ②( 川 )
③( ほたる ) ④( イベント )

(2) 豊かな自然環境は、わたしたちのくらしに欠かせない資源を生み出しています。そのような自然環境から得《え》ている資源にあてはまらないものを、㋐～㋔から選びましょう。

( ㋑ )

㋐ 酸素　㋑ 二酸化炭素《にさんかたんそ》　㋒ 水　㋓ 食料　㋔ 燃料

ヒント　1 (2)③ 石油を燃やすと二酸化炭素が発生します。



できたかな？
□環境を守るための北九州市の取り組みを説明してみよう。

おうちのかたへ
身のまわりの環境を守るために、自分たちが住む地域ではどのような取り組みが行われているのか、探してみてください。また、家族で清掃活動やイベントに参加するなど、体験を通して環境について考えると、学習理解が深まります。

## 練習　117ページ

1 (1)物を生産→生産したものを消費→消費し終わったものをごみとしてすてる、という流れを見直しています。
(2)①北九州市は、2011年に環境問題で先進的に取り組む「環境未来都市」に選ばれました。
③風力や太陽光など、二酸化炭素を出さず、環境にやさしいエネルギーを自然エネルギーといいます。石油は燃やすと二酸化炭素が発生するので、自然エネルギーではありません。

2 (2)二酸化炭素は、人間が呼吸《こきゅう》しているときや、石油や石炭などが燃えるときに出されるガスで、人間のくらしに欠かせない資源にはあてはまりません。

ぴったり3

# 確かめのテスト

5．国土の自然とともに生きる

## 3 環境《かんきょう》をともに守る



100

合格80点

教科書 236〜247ページ　答え 60ページ

**1 福岡県《ふくおか》北九州市《きたきゅうしゅう》で起きた公害に関して、答えましょう。** 1つ4点、(3)6点（30点）

(1) 次の文中の①〜⑤にあてはまる言葉を、㋐〜㋖から選びましょう。

北九州市では、1901年に(①)がつくられ、工業がさかんになるにつれて工場から出る(②)や廃水《はいすい》が多くなり、空気や海の水のよごれがひどくなった。とくに(②)にふくまれるばいじんによるえいきょうが大きく、(③)に苦しむ人やにおいになやむ人が増《ふ》えた。このような公害に反対する(④)の高まりを受けて、市は(⑤)をつくり、住民の健康を守ることに努めた。

㋐ 自動車工場　㋑ 製鉄所《せいてつ》　㋒ ごみ　㋓ けむり
㋔ 公害防止条例《ぼうしじょうれい》　㋕ 住民運動　㋖ ぜんそく

①（ ㋑ ）②（ ㋓ ）③（ ㋖ ）④（ ㋕ ）⑤（ ㋔ ）

(2) 北九州市は、2011年に環境問題で先進的に取り組む都市に国から選ばれました。これを何といいますか。㋐〜㋒から選びましょう。（ ㋑ ）

㋐ 世界遺産《いさん》　㋑ 環境未来都市　㋒ 環境首都

記述 (3) できたらスゴイ！ 右の絵は、ほたるの幼虫《ようちゅう》の放流の様子を表しています。このような取り組みによって、どのようなよいことがあると思いますか。「水辺」という言葉を使って、かんたんに書きましょう。

思考・判断・表現

（(例)(ほたるがすめるような)きれいな水辺を守ろうという意識をもつ人が増える。）

**2 リサイクルについて述《の》べた次の文中の①〜⑤にあてはまる言葉を、㋐〜㋗から選びましょう。** 1つ4点（20点）

リサイクルは、これまでの「物を大量に生産して(①)し、ごみとしてすてる」という社会を見直し、できるだけごみを出さず、資源《しげん》として(②)する取り組みである。リサイクルを進めるために、北九州市では、使用ずみの(③)をリサイクルする工場が集まった(④)がつくられている。このような取り組みによって、ごみをできるだけ出さずに、資源を有効《ゆうこう》に使う「(⑤)な社会」をめざしている。

㋐ 原料　㋑ 工業製品《せいひん》　㋒ 再《さい》利用　㋓ 焼却《しょうきゃく》
㋔ エコタウン　㋕ 持続可能《じぞくかのう》　㋖ 再開発　㋗ 消費《しょうひ》

①（ ㋗ ）②（ ㋒ ）③（ ㋑ ）④（ ㋔ ）⑤（ ㋕ ）





**3 次の絵は、自動車のリサイクルの流れを表しています。これを見て、答えましょう。** 1つ5点（20点）

(1) ①〜③の絵の説明にあてはまるものを、㋐〜㋓から選びましょう。

①（ ㋒ ）②（ ㋑ ）③（ ㋓ ）

㋐ 車体を持ち上げ、燃料や油などの液体《えきたい》をぬく。
㋑ 鉄以外の部品を外す。
㋒ バンパーやタイヤなど、再《ふたた》び使える部品を外す。
㋓ プレス機で、車体を四角い形におし固める。

(2) ③で再利用されるようになったものは何ですか。㋐〜㋓から選びましょう。（ ㋐ ）

㋐ 鉄　㋑ プラスチック　㋒ ゴム　㋓ ガラス

**4 公害について、答えましょう。** (1)1つ4点、(2)6点（30点）

(1) よく出る 四大公害病についてまとめた次の表中の①〜④にあてはまる場所を地図中のⒶ〜Ⓓから、⑤、⑥にあてはまる言葉を下の㋐〜㋓から選びましょう。

| 病名 | 発生した地域《ちいき》 | 原因《げんいん》 |
| --- | --- | --- |
| 水俣病《みなまた》 | (①) | 工場から海に流された(⑤) |
| 新潟《にいがた》水俣病 | (②) | 工場から川に流された(⑤) |
| 四日市《よっかいち》ぜんそく | (③) | 工場から空気中に出されたガス |
| イタイイタイ病 | (④) | 鉱山《こうざん》から川に流された(⑥) |

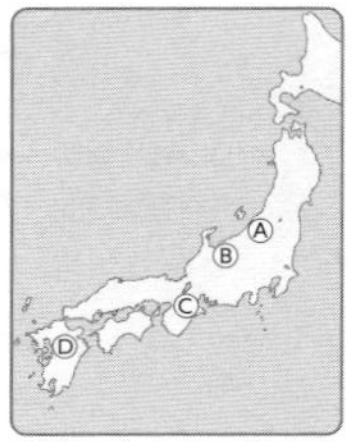


㋐ カドミウム　㋑ カルシウム
㋒ 水銀　㋓ ばいじん

①（ Ⓓ ）②（ Ⓐ ）③（ Ⓒ ）④（ Ⓑ ）⑤（ ㋒ ）⑥（ ㋐ ）

記述 (2) できたらスゴイ！ 公害の原因《げんいん》になったのは、どのような物質《ぶっしつ》ですか。「工場」「有害」という言葉を使って、かんたんに書きましょう。

思考・判断・表現

（(例)工場や鉱山から出された有害な物質。）

この本の終わりにある「春のチャレンジテスト」をやってみよう！

この本の終わりにある「学力診断《しんだん》テスト」をやってみよう！

ふりかえり 4(2)がわからないときは、114ページの2にもどって確認《かくにん》してみよう。



## 確かめのテスト 118〜119ページ

1 (3)ほたるがすめるきれいな水辺を保《たも》つために、川辺の整備《せいび》をするなど、身近にある自然を見直し、大切にする取り組みが行われています。

2 ③使用ずみの工業製品は、分解《ぶんかい》などの処理《しょり》をされたあと、工場で部品や原料として再利用され、ふたたび工業製品となります。

3 (2)②で鉄以外の部品は外されているので、③は鉄だけが残っています。この鉄をとかして、新たな鉄として再利用します。

4 (1)水俣病《みなまた》は熊本《くまもと》県と鹿児島《かごしま》県、新潟《にいがた》水俣病は新潟県、四日市《よっかいち》ぜんそくは三重《みえ》県の四日市市、イタイイタイ病は富山《とやま》県で発生しました。
(2)公害をなくすため、北九州市の工場では、ばいじんや有害な排水を出さない機械や施設《しせつ》を設《もう》けました。

**記述問題のプラスワン**

1 (3)問題文中に「水辺」という語句を使用するという指定があるので、わすれずに解答にふくめましょう。

4 (2)問題文中に「工場」「有害」という語句を使用するという指定があるので、わすれずに解答にふくめましょう。公害の原因となった水銀やカドミウム、ガスは、人の体や環境にとって有害な物質で、工場や鉱山《こうざん》から出されたものでした。

# 夏のチャレンジテスト

教科書 8～111ページ

名前　　　月　日

時間 40分

| 知識・技能 | 思考・判断・表現 | 合格80点 |
| --- | --- | --- |
| /70 | /30 | /100 |

答え61ページ

3、4については、学習の状況《じょうきょう》に応《おう》じてA・Bのどちらかを、6についてはA～Eのうちから選んでやりましょう。

知識・技能　70点

**1** 次の地図を見て、答えましょう。　1つ2点(20点)

(1) ①～④の国の名前を、㋐～㋓から選びましょう。

㋐ 大韓民国《だいかんみんこく》
㋑ モンゴル国
㋒ 中華人民共和国《ちゅうかじんみんきょうわこく》
㋓ フィリピン共和国

① ㋑　② ㋐　③ ㋒　④ ㋓

(2) 日本の東、西、南、北のはしの島を、㋐～㋓から選びましょう。

㋐ 択捉《えとろふ》島　㋑ 与那国《よなぐに》島　㋒ 沖ノ鳥《おきのとり》島　㋓ 南鳥《みなみとり》島

東 ㋓　西 ㋑　南 ㋒　北 ㋐

(3) 地図中のたての線と横の線の名前を書きましょう。

たて 経線　横 緯線

**2** 次の地図を見て、答えましょう。　1つ2点(16点)

(1) ①～⑥の山脈《さんみゃく》、山地、川の名前を書きましょう。

① 石狩川
② 奥羽山脈
③ 利根川
④ 信濃川
⑤ 中国山地
⑥ 九州山地

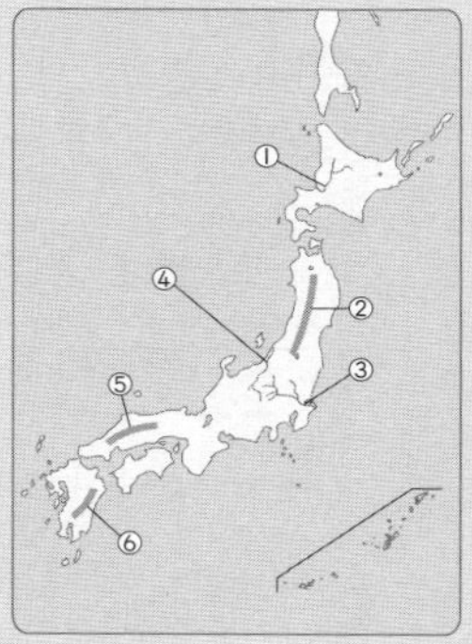

(2) 次の図は、季節によってふく方向が変わる風の様子です。①風の名前と、②図の季節を答えましょう。

① 季節風
② 夏

**3**のA 沖縄県《おきなわ》のくらしについて、①、②にあう言葉を、③には国名を書きましょう。　1つ3点(9点)

・沖縄県は、日本で最も（ ① ）の被害《ひがい》の多い県である。あたたかい気候を利用して、砂糖《さとう》の原料となる（ ② ）を生産している。また、今でも（ ③ ）の軍用地が広い面積をしめている。

① 台風　② さとうきび　③ アメリカ

**3**のB 北海道《ほっかいどう》のくらしについて、①、②にあう言葉を、③には国名を書きましょう。　1つ3点(9点)

・北海道は（ ① ）が多いため、スキーがさかんである。また、すずしい気候を利用し、砂糖《さとう》の原料となる（ ② ）を生産している。日本の最も北にあり、（ ③ ）ととなり合っている。

① 雪(雪の量)　② てんさい　③ ロシア(連邦)

**4**のA 長野県《ながの》の野辺山原《のべやまはら》について、正しい文には○を、まちがっている文には×をつけましょう。　1つ3点(9点)

① 夏でもすずしい気候を生かして高原野菜を生産している。
② 気温が低いため、酪農《らくのう》は行われていない。
③ 昔はあれた土地だったが、開拓《かいたく》して野菜畑をつくった。

① ○　② ×　③ ○

**4**のB 千葉県《ちば》の佐原《さわら》北部について、正しい文には○を、まちがっている文には×をつけましょう。　1つ3点(9点)

① 低地を生かして、米づくりを行っている。
② 街には水路がまだ残っており、観光に利用されている。
③ 低地で最も心配されることは水不足である。

① ○　② ○　③ ×



うらにも問題があります。



## 夏のチャレンジテスト　表

**1** (1)①モンゴル国は、海岸線をもたない内陸国です。
(2)㋒沖ノ鳥島は、島の周りをコンクリートブロックで囲《かこ》み、島がしずまないようにしています。
(3)0度の緯線を赤道といいます。

**2** (1)②奥羽山脈は、陸奥《むつ》（青森《あおもり》県・岩手《いわて》県・宮城《みやぎ》県・福島《ふくしま》県）と出羽《でわ》（山形《やまがた》県・秋田《あきた》県）という昔の国名から名前がつけられました。
③④信濃川は日本で一番長い川で、二番目に長いのが利根川です。
(2)日本では夏に南東の季節風がふいて、太平洋側に雨をもたらします。冬には北西の季節風がふいて、日本海側に雪や雨をもたらし、とくに新潟《にいがた》県では大雪となります。季節風は、山脈をこえるとかわいた風となってふきつけます。

**3**のA ①沖縄県は台風が多いですが、山が少なく大きな川もないため、昔から水不足になやまされてきました。
③戦争が終わったあともアメリカ軍の基地がおかれました。

**3**のB ②北海道では、寒い気候で育てやすい、じゃがいもや小麦、てんさいなどの生産がさかんです。

**4**のA ②高地の気候は、暑さに弱い乳牛の飼育《しいく》に適しています。

**4**のB ③低地では川のはんらんになやまされてきました。

おうちのかたへ　日本の大まかな地形をつかみます。平野には必ず川が流れているため、平野と川をセットにして地名を覚える方法もあります。

## 5 米づくりについて、答えましょう。

1つ2点、(2)4点(16点)

(1) 米づくりに向いた自然条件《じょうけん》を、次の㋐、㋑からそれぞれ選びましょう。

| | | |
|---|---|---|
| ①降水量《こうすい》 | ㋐ 多い | ㋑ 少ない |
| ②昼と夜の気温差 | ㋐ 大きい | ㋑ 小さい |
| ③土地 | ㋐ 傾《かたむ》きがある | ㋑ 平ら |

① ㋐　② ㋐　③ ㋑

(2) さまざまな品種のよいところを集めて、新しく品種をつくり出すことを何といいますか。　（品種改良）

(3) 昔と今の米づくりについて、次の文の(　)にあう言葉を□から選びましょう。

・昔の米づくりは、田植えから稲《いね》かりまで( ① )で行っていたが、農業機械が取り入れられ、作業が楽になった。
・農業機械は、( ② )が多くかかるという問題点がある。
・小さく入り組んだ水田が多い地域《ちいき》は、( ③ )を行って水田を広く整えたことで、大型《おおがた》の機械が使えるようになった。

生産調整　手作業　自動　耕地整理《こうち》　費用《ひよう》

①（手作業）　②（費用）　③（耕地整理）

思考・判断・表現　30点

## 6のA さんまが店にとどくまでの資料を見て、答えましょう。

(1)10点、(2)20点(30点)

| 1日め | ➡ 2日め | ➡ 3日め |
|---|---|---|
| ①水あげ<br>②★<br>③選別、箱づめ<br>④出荷《しゅっか》、トラックで輸送《ゆそう》 | ⑤フェリーで輸送<br>⑥大洗港《おおあらい》に着く<br>⑦トラックで輸送<br>⑧東京《とうきょう》の市場に着く | ⑨東京の市場で★<br>⑩スーパーマーケットに到着 |

(1) 資料中の★に入る、水産物の値段《ねだん》を決める方法を何といいますか。　（せり）

(2) さんまを水あげしてから店にとどけるまで、働く人たちが共通して気をつけていることを、「運ぶ」という言葉を使って書きましょう。

（(例)新鮮なままさんまを運ぶこと。）

## 6のB 高知県《こうち》の野菜づくりについて、答えましょう。

(1)1つ5点、(2)20点(30点)

(1) 次の文の(　)にあう言葉をそれぞれ記号で選びましょう。

・高知県の①( ㋐山地　㋑海岸ぞいの地域 )では、冬に②( ㋒あたたかい　㋓雪の多い )気候を生かした野菜づくりがさかんである。

① ㋑　② ㋒

(2) なすやピーマンなどを、他の産地からの出荷が少なくなる冬から春に出荷できるように生産しているわけを書きましょう。

（(例)高い値段で売れるから。）

## 6のC 岩手県《いわて》岩手町のキャベツづくりについて、答えましょう。

(1)10点、(2)20点(30点)

(1) 次の文の(　)にあう言葉を書きましょう。

岩手町のキャベツづくりは、夏でも(　)気候を生かして行っています。　（(例)すずしい）

(2) 岩手町では、出荷する期間を長くするために、どのようなくふうをしていますか。「苗《なえ》」という言葉を使って書きましょう。

（(例)苗を植える時期をずらしている。）

## 6のD 山梨県《やまなし》甲州市《こうしゅう》では、どのような自然環境《かんきょう》を生かしてぶどうづくりを行っていますか。□の言葉を使って書きましょう。□の言葉は、いくつ使ってもよいです。

(30点)

水はけ　気温差　雨

（(例)水はけがよく雨が少ない気候で、昼と夜の気温差が大きいという自然環境。）

## 6のE 熊本県《くまもと》阿蘇《あそ》地方の肉牛飼育《しいく》について答えましょう。

(1)10点、(2)20点(30点)

(1) 牛を育てて出荷し、店にとどけるまでの情報《じょうほう》を記録して、消費者《しょうひしゃ》などに公開するしくみを何といいますか。カタカナで書きましょう。

（トレーサビリティ）

(2) (1)のしくみを取り入れているわけを書きましょう。

（(例)消費者に安心して牛肉を食べてもらうため。）

夏のチャレンジテスト(裏)

# 夏のチャレンジテスト　うら

**5** (1)②稲が実る夏の時期に昼と夜の気温差が大きいと、おいしい米が育ちやすいです。
(3)生産調整とは、米が余《あま》らないようにするための国の取り組みです。近年は生産調整が見直され、産地（生産者）ごとに自由に生産量を決められるようになりました。

**6**のA (2)新鮮なままとどけるためには、温度を一定に保《たも》ち、決められた時間を守って運ばなければなりません。

**6**のB (2)消費者に一年中なすやピーマンをとどけられるようにするため、という解答でもよいです。

**6**のC (2)苗を植える時期をずらすことで、収穫《しゅうかく》の時期もずらすことができます。

**6**のD 3つの自然環境を表す言葉のうち、どれかひとつを使って書けていればよいです。

**6**のE (1)飼育から加工、流通までの情報を消費者が知ることができるしくみのことで、安全性を高めるために取り入れられています。

**おうちのかたへ** 少子高齢化が進行すると、総人口にしめる働く世代の人口が減るため、農業に限らずあらゆる産業で人手不足となり、国内産業の衰退につながります。

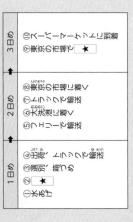

# 冬のチャレンジテスト

教科書 112～189ページ

名前　　月　日

時間 40分

| 知識・技能 | 思考・判断・表現 | 合格80点 |
| --- | --- | --- |
| /70 | /30 | /100 |

答え63ページ

**2**については、学習の状況《じょうきょう》に応《おう》じてA～Cのどれかを、**6**についてはA・Bのどちらかを選んでやりましょう。

知識・技能　70点

## 1 食料生産について、答えましょう。

1つ3点(18点)

(1) ㋐～㋒のうちで、最も日本での自給率《じきゅうりつ》が低い食料を選びましょう。

㋐ 野菜　㋑ 米　㋒ 小麦

（㋒）

(2) 右のグラフから考えられる、食料を輸入《ゆにゅう》することの長所を書きましょう。

（(例)安い値段で食料を買える。）

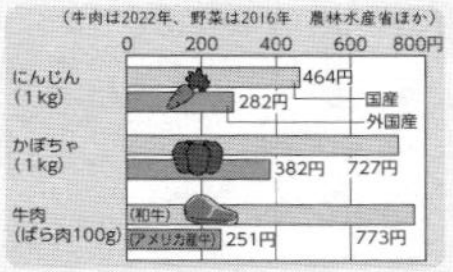


国産と外国産の食料の値段《ねだん》

(3) 食料を輸入することの短所について、次の文の(　)にあう言葉を㋐～㋔から選びましょう。

・相手国で事故《じこ》や災害《さいがい》があった場合、食生活が( ① )になることがある。

・外国産の食材が増《ふ》え、国内の( ② )は競争がはげしくなる。

・( ③ )を確《たし》かめにくい。

㋐ 消費者《しょうひしゃ》　㋑ 生産者　㋒ 安全性

㋓ 不安定　㋔ 値段《ねだん》

①（㋓）②（㋑）③（㋒）

(4) 地元でとれた食材を買って消費する取り組みを何といいますか。

（地産地消）

## 2のA 自動車の生産について、答えましょう。

1つ4点(20点)

(1) 右の自動車は、どのような願いに応《こた》えて開発されましたか。㋐～㋒から選びましょう。

㋐ 女性も働きやすい工場にするため。

㋑ 地球温暖《おんだん》化に対応するため。

㋒ ベビーカーを使う人が乗りおりしやすくするため。

ガソリンのかわりに電気で動く自動車

（㋑）

(2) 次の文の(　)にあう言葉を、㋐～㋕から選びましょう。

・組み立て工場では、( ① )でつくられた部品が運ばれてきたら( ② )に流し、効率《こうりつ》よく自動車をつくっている。

・工場で生産された自動車は、遠い地域《ちいき》に大量に運べる( ③ )を利用し輸送《ゆそう》する。また、近い地域へはキャリアカーを使って運ぶ。そのため工場は、( ④ )の近くや広い道路の近くに建っている。

㋐ 港　㋑ 現地生産　㋒ ライン

㋓ 関連工場　㋔ 船　㋕ 販売店《はんばいてん》

①（㋓）②（㋒）③（㋔）④（㋐）

## 2のB 製鉄《せいてつ》所について、答えましょう。

1つ5点(20点)

(1) 右のグラフを見て、鉄鋼《てっこう》生産量が最も多い国を書きましょう。

（中国）

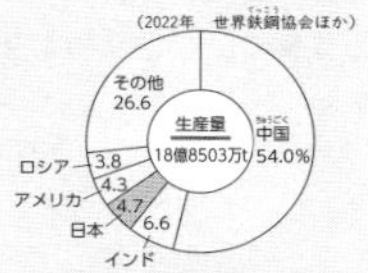


世界の鉄鋼生産量にしめる、国ごとの割合

(2) 次の文のうち、正しいものには○を、まちがっているものには×をつけましょう。

① 製鉄所は、山の近くの、高速道路を利用するのに便利なところに建てられていることが多い。

② 強くて重い鉄鋼を生産すると、燃料《ねんりょう》の消費がおさえられるため、環境《かんきょう》を守ることにつながる。

③ 製鉄所でつくられた鉄は、外国にも輸出《ゆしゅつ》されている。

①（×）②（×）③（○）

## 2のC 石油の加工について、答えましょう。

(1)5点、(2)15点(20点)

(1) あらゆる石油製品《せいひん》や原料をひと続きに生産するところのことを何といいますか。

（石油化学コンビナート）

(2) (1)が海岸ぞいに建てられているわけを、かんたんに書きましょう。

（(例) 原料や製品を船で輸送するのに便利だから。）



うらにも問題があります。

# 冬のチャレンジテスト　表

**1** (1)交通の発達や冷凍技術《れいとうぎじゅつ》の進歩により、外国からでも新鮮《しんせん》なまま食料を運べるようになり、日本の食料自給率が下がっています。

(3)消費者は安い値段で買えるようになりますが、国内の生産者にとっては競争がはげしくなるという問題があります。

(4)地産地消は、フードマイレージ（食料の重さ×輸送きょり）が低いため、環境によいという長所もあります。

**2のA** (1)電気自動車はバッテリーで動くため、災害《さいがい》時の停電《ていでん》時などには、バッテリーに充電《じゅうでん》しておいた電気を利用することができます。

**2のB** (2)①製鉄所の多くは、船での輸送に便利な太平洋《たいへいよう》ベルトに建てられています。

②燃料の消費をおさえ環境を守るために、強度は上げながらも軽い鉄鋼をつくる研究に取り組んでいます。

**2のC** (1)原油を加熱炉《かねつろ》であたため、蒸留塔《じょうりゅうとう》で蒸発させて、さまざまな石油製品を生産しています。パイプラインで工場と工場をつなぎ、効率的に生産を行っています。

**おうちのかたへ** 原材料や燃料《ねんりょう》、工業製品は、船やトラックを使って輸送《ゆそう》されます。そのため、工業地帯・地域は、港のある海の近くや高速道路の近くなど、交通の便のよい場所に集まります。

**3** 日本の貿易《ぼうえき》について、答えましょう。

1つ2点(10点)

(1) 次のグラフを見て、答えましょう。

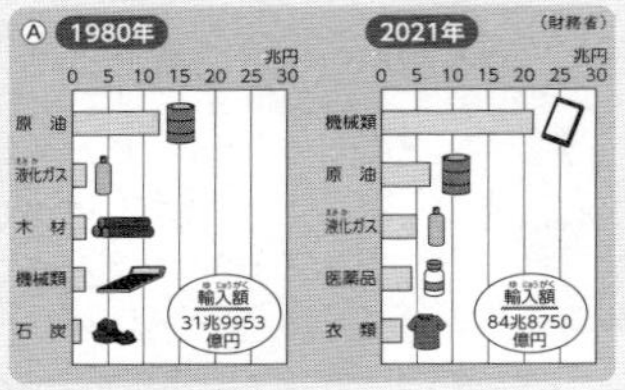


⬆ 日本の主な輸入《ゆにゅう》品の変化

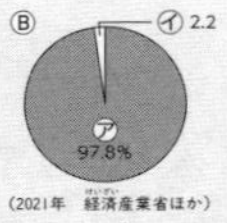


⬆ 天然ガスの輸出入の割合《わりあい》

① 1980年の最も輸入額《がく》が多い品物を書きましょう。 （原油）

② 2021年の最も輸入額が多い品物を書きましょう。 （機械類）

③ 衣類は、日本の輸入相手国第1位の国からも輸入しています。この国の名前を書きましょう。 （中国(中華人民共和国)）

④ Ⓑのグラフで、輸入を㋐、㋑から選びましょう。 ［㋐］

(2) 日本で貿易《ぼうえき》額が最も多い港・空港を、㋐～㋒から選びましょう。

㋐ 神戸港《こうべこう》　㋑ 成田国際空港《なりたこくさいくうこう》

㋒ 関西国際空港《かんさいこくさいくうこう》

［㋑］

**4** 日本の工業生産について、答えましょう。

1つ2点、(5)8点(22点)

(1) 右の地図中の①～④の工業地帯の名前を書きましょう。

① （京浜工業地帯）

② （中京工業地帯）

③ （阪神工業地帯）

④ （北九州工業地帯）

(2) 帯のように工業地帯・地域が広がるⒶを何といいますか。

（太平洋ベルト）

(3) ①～④のうち、最も工業生産額の多い工業地帯の番号を書きましょう。

［②］

(4) 右のグラフで、国内生産は㋐、㋑のうちどちらですか。

［㋐］

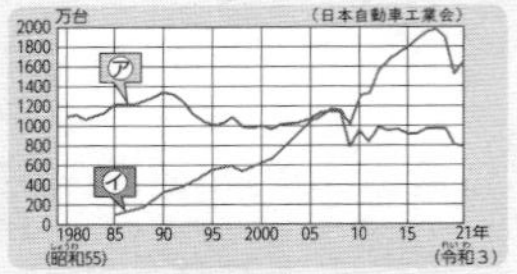


⬆ 日本の自動車の国内生産台数と海外生産台数の変化

(5) 自動車生産を海外で行う利点のひとつを、「関税《かんぜい》」という言葉を使って書きましょう。

（(例) 現地で売り出す商品には、関税がかからないこと。）

思考・判断・表現　30点

**5** 次の表の①～③のメディアの名前を□から選びましょう。

1つ5点(15点)

① （ラジオ）

② （テレビ）

③ （インターネット）

| | 特ちょう | 伝える手段 |
|---|---|---|
| ① | 電池で動くものは、停電《ていでん》しても使える。 | 音声 |
| ② | 情報《じょうほう》を一度に広いはん囲《い》まで伝える。 | 映像《えいぞう》と音声 |
| ③ | 情報をすぐにけんさくできる。 | 文字や映像 |

インターネット　ラジオ　テレビ　新聞

**6**のA 次のテレビ放送から受けるえいきょうの例を見て、わたしたちが情報を受け取るときに気をつけることを書きましょう。 (15点)

（(例) 正しい情報かどうか、自分でも考えること。）

**6**のB ほかのメディアと比《くら》べた新聞の特色を、□の言葉をひとつ以上使って書きましょう。 (15点)

整理　社説

（(例) 整理された情報がくわしく説明されていたり、社説として意見が表されたりしている。）



# 冬のチャレンジテスト　うら

**3** (1)①1980年ごろは原油などの原料を輸入し、国内で製品を生産することが多かったです。

③現在の日本の最大の貿易相手国は中国です。

④日本は天然資源にめぐまれていないため、その多くを輸入にたよっています。

**4** (1)②中京工業地帯は自動車をはじめとする機械工業がさかんで、国内で最も工業生産額の多い工業地帯です。

④北九州工業地帯は、かつては四大工業地帯のひとつでしたが、近年は生産額が少なくなっています。

(5)海外で生産して現地で売ると、商品に関税がかからないため、そのぶん商品の値段を下げることができます。また、輸送にかかる費用もおさえることができます。

**5** ①ラジオは電池で動き持ち運べるものもあるので、災害《さいがい》の時に便利です。

③電波や回線がつながっていれば、世界中の情報をすぐに調べることができます。

**6**のA 受け取った情報をそのままうのみにするのではなく、正しい情報かどうかをまず考えることが大切です。

**6**のB 新聞は、情報をわかりやすく整理してのせることができます。また、新聞社の意見を社説として表しています。このほかに、記事を切り取って保存《ほぞん》できるという特ちょうもあります。

**おうちのかたへ** 高度経済成長期ごろまでの日本は、輸入した原料を製品にし、それを輸出する加工貿易が盛んでしたが、現在は貿易摩擦解消やコスト削減等の理由により、現地生産が増加しています。

# 春のチャレンジテスト

教科書　190〜247ページ

名前　　　月　日

時間 40分

| 知識・技能 | 思考・判断・表現 | 合格80点 |
| --- | --- | --- |
| ／70 | ／30 | ／100 |

答え65ページ

**2**については、学習の状況《じょうきょう》に応《おう》じてA〜Cから選んでやりましょう。

知識・技能　70点

**1** 次の問いに、答えましょう。　1つ2点、(3)完答6点(20点)

(1) インターネットなどを利用して、大量の情報《じょうほう》を管理したり、はなれた場所ですぐにやりとりができるしくみをICT《アイシーティー》といいます。ICTは漢字6文字で何といいますか。

（情報通信技術）

(2) ICTを使った自動発注について、正しい文には○を、まちがっている文には×をつけましょう。

① 自動発注を取り入れる前は、店の人が売れ行きを予想して商品を発注していた。　○

② 自動発注は毎年同じデータが使えるため、便利になった。　×

③ コンピューターが自動で行うので、店の人は発注しなくてよい。　○

(3) 次の図は、ポイントカードを利用して買い物をした時の、情報の流れを表しています。★にあてはまる情報を、㋐〜㋒からすべて選びましょう。

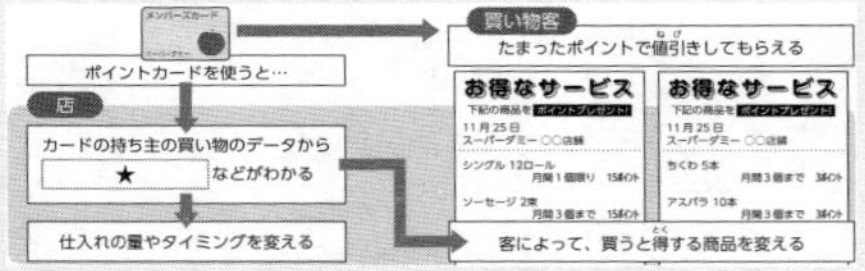


㋐ よく店に来る曜日　㋑ 買った商品

㋒ 客の服そう

(順不同)（㋐、㋑）

(4) 次の文の(　)にあう言葉を、㋐〜㋓から選びましょう。

・店は、きめ細かい( ① )をとどけられるよう、ポイントカードから得《え》たデータを( ② )している。

・電子マネーに記録されている( ③ )を不正にぬき取り、悪用する事件《じけん》が増えている。

㋐流出　㋑個人《こじん》情報　㋒分析《ぶんせき》　㋓サービス

①（㋓）　②（㋒）　③（㋑）

**2**のA　あとの(　)に入る言葉を、次の資料から選びましょう。　1つ4点(12点)

・旅行先でスマートフォンなどで情報を入手するたびに、( ① )や、けんさく、買い物の記録がインターネットサービスの会社に集まる。( ② )に関わる人たちは、集まったデータをインターネットサービスの会社から提供してもらい、それをもとに、観光プランや( ③ )、名所となるものを協力して考えている。

①（位置情報）　②（観光）　③（特産品）

**2**のB　佐賀《さが》県では、ICTを使って患者《かんじゃ》の情報を管理する医《い》療施設《りょうしせつ》が増えてきました。これについて正しい文には○を、まちがっている文には×をつけましょう。　1つ4点(12点)

① 患者が電子カルテを別の病院に持って行き、すぐに診察《しんさつ》を受けられるようになった。　×

② 以前は紙の書類で情報をやりとりしていたため、時間がかかっていた。　○

③ 患者が診察を受ける前に、新しい病院は患者の検査《けんさ》結果などを確認《かくにん》できるようになった。　○

**2**のC　次のグラフを見て、正しい文には○を、まちがっている文には×をつけましょう。　1つ4点(12点)

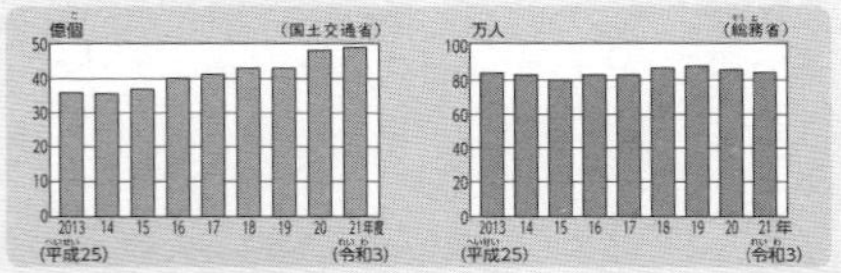


トラックによる宅配便の取りあつかい個数と荷物を運ぶ仕事についている人の数の変化

① 宅配《たくはい》便の取りあつかい個数《こすう》が増えるにつれ、荷物を運ぶ仕事につく人も増えている。　×

② 荷物を運ぶ仕事につく人の数は、毎年70万人以上である。　○

③ 荷物は増えているが、運ぶ人数は増えていないため、効率《こうりつ》よい宅配が必要である。　○



うらにも問題があります。

## 春のチャレンジテスト　表

**1** (2)②自動発注は、毎日集まる大量の情報（データ）をコンピューターが分析し、自動で発注を行うしくみです。毎年同じデータを使ってはいないのでまちがいです。

(4)客は、ポイントカードや電子マネーによって買い物が便利になることだけでなく、個人情報が悪用されるおそれがあることも知っておく必要があります。

**2**のA　観光客がインターネットを使えば使うほど情報が生まれ、それを分析することでより希望に合った観光サービスが行われるようになります。

**2**のB　①電子カルテは、患者が別の病院に持って行くのではなく、医療施設どうしが情報ネットワークを利用してやりとりしています。

**2**のC　①2013年度から2021年度までで宅配便の取りあつかい個数はおよそ10億個以上増えていますが、荷物を運ぶ仕事についている人の数にはあまり変化がありません。

**おうちのかたへ**　インターネットの検索履歴や位置情報がどのようにサービスや生産に活用されているのかを知ることで、情報の便利さと危険性を学習します。

**3** 災害《さいがい》について、答えましょう。

1つ3点(18点)

(1) 地球の表面をおおう厚《あつ》い岩石の層《そう》を何といいますか。カタカナで書きましょう。

（プレート）

(2) 地震《じしん》への備えについて、(　)にあう言葉を㋐～㋒から選びましょう。

・学校や道路などの公共施設《しせつ》の( ① )を行ったり、気象庁《きしょうちょう》が地震の最初のゆれを感知し、( ② )で知らせたりしている。

㋐ ハザードマップ　㋑ 緊急《きんきゅう》地震速報《そくほう》　㋒ 改修《かいしゅう》工事

①［㋒］　②［㋑］

(3) 次の災害からくらしを守るための施設にあう説明を、㋐～㋒からそれぞれ選びましょう。

①砂防《さぼう》ダム

②首都圏外郭《しゅとけんがいかく》放水路

③渡良瀬《わたらせ》遊水地

①［㋑］　②［㋒］　③［㋐］

㋐ 大雨などで川の水が急に増《ふ》えたときにその一部をためて、下流に流れる水の量を調整する。

㋑ 大雨や地震が原因《げんいん》で山の土砂《どしゃ》がくずれたときに、その土砂をせき止める。

㋒ 大雨のとき、地下にある放水路で、川の水を取りこみ、川のはんらんを防《ふせ》ぐ。

**4** 森林について、答えましょう。

1つ2点、(4)10点(20点)

(1) 日本の森林の面積は、国土のどのくらいをしめていますか。㋐～㋒から選びましょう。

㋐ およそ66%　㋑ およそ50%

㋒ およそ33%

［㋐］

(2) 次の文の(　)にあう言葉を□から選びましょう。

人が苗木《なえぎ》を( ① )し、下草《したくさ》をかったり、日光がよくとどくように( ② )をしたりして、手入れをして育てている森林を人工林という。

植林　製材　間伐《かんばつ》　輸出

①（植林）　②（間伐）

(3) 次のグラフを見て、(　)にあう言葉を書きましょう。

・国内で使われる木材の量は、1980年に比《くら》べ2020年のほうが( ① )。

・使う木材の多くを、値段《ねだん》の安い( ② )にたより続けている。

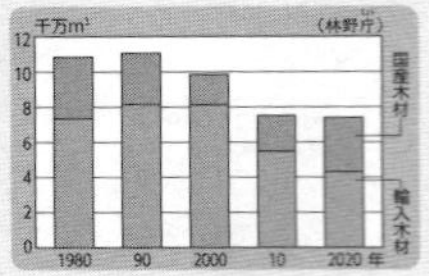


国内の木材使用量の変化

①（少ない(減っている)）　②（輸入木材）

(4) 森林のはたらきのひとつを、「風や砂《すな》」という言葉を使って書きましょう。

（(例)風や砂から家や田畑を守る(はたらき)。）

思考・判断・表現　30点

**5** 公害について、答えましょう。

(1)1つ2点、(2)14点(30点)

(1) 表の①～④にあう病名をあとの㋐～㋓から、⑤～⑧にあう場所を地図中のⒶ～Ⓓから、それぞれ選びましょう。

| 病名 | 場所 | 原因《げんいん》 |
|---|---|---|
| ① | ⑤ | 工場から海に流された水銀 |
| ② | ⑥ | 工場から阿賀《あが》野川に流された水銀 |
| ③ | ⑦ | 工場から空気中に出されたガス |
| ④ | ⑧ | 鉱山《こうざん》から神通《じんづう》川に流されたカドミウム |

㋐ イタイイタイ病　㋑ 水俣《みなまた》病

㋒ 新潟《にいがた》水俣病　㋓ 四日市《よっかいち》ぜんそく

①［㋑］　⑤［Ⓓ］

②［㋒］　⑥［Ⓐ］

③［㋓］　⑦［Ⓒ］

④［㋐］　⑧［Ⓑ］

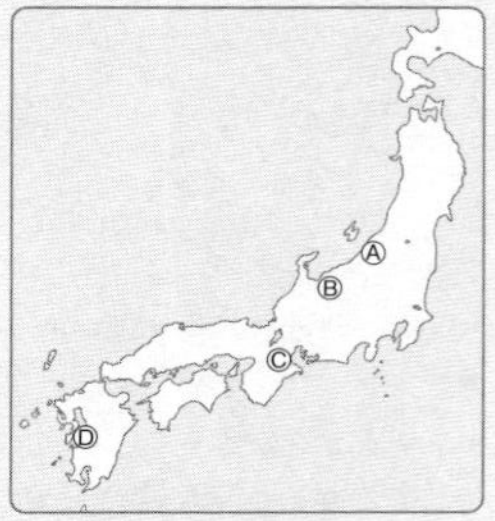


四大公害病の発生場所

(2) 福岡《ふくおか》県北九州《きたきゅうしゅう》市にあるエコタウンは、どのような取り組みを行う施設が集まっていますか。「工業製品《せいひん》」という言葉を使って、かんたんに書きましょう。

（(例)使用ずみになった工業製品をリサイクルする工場が集まっている。）



# 春のチャレンジテスト　うら

**3** (2)ハザードマップとは、災害の被害《ひがい》が予想されるはん囲などが表された地図のことです。

(3)②大雨などで地上に水があふれないようにつくられた施設です。

③大きな水害に備えるには、広い土地や施設の管理が必要です。

**4** (2)人工林では、植えた木が木材になるまでの何十年もの間、手入れをして育てています。

(3)国内の木材の使用量は1980年は約11（千万$m^3$)、2020年は約7（千万$m^3$）で減っています。近年、国産木材の使用量は増えつつありますが、まだ多くを輸入木材にたよっています。

(4)家や田畑などを森林で囲むことで、風や砂、雪の害から守っています。

**5** (1)四大公害病の病名と起きた場所や原因を整理しておきましょう。水銀が原因で起きたのは水俣病と新潟水俣病です。水銀の流された場所が海か川かで判断できます。四日市ぜんそくは、「空気中に出されたガス」という言葉から判断します。イタイイタイ病は、工場ではなく鉱山から流れ出た物質が原因で発生しました。

(2)ペットボトルをくだく施設や自動車を解体する施設、蛍光《けいこう》管をくだく施設などのリサイクル工場が集まっています。北九州市は、資《し》源《げん》を有効《ゆうこう》活用する「持続可能《じぞくかのう》な社会」をめざしています。

おうちのかたへ　持続可能な社会を実現するため、どのような取り組みをすべきか、SDGｓとつなげて学んだことをふり返ってみましょう。

5年 社会のまとめ

# 学力診断《しんだん》テスト

月　日　名前

時間 40分　合格70点　/100　答え67ページ

## 1 地図を見て、答えましょう。

1つ2点(14点)

(1) A～Cの海洋名を書きましょう。

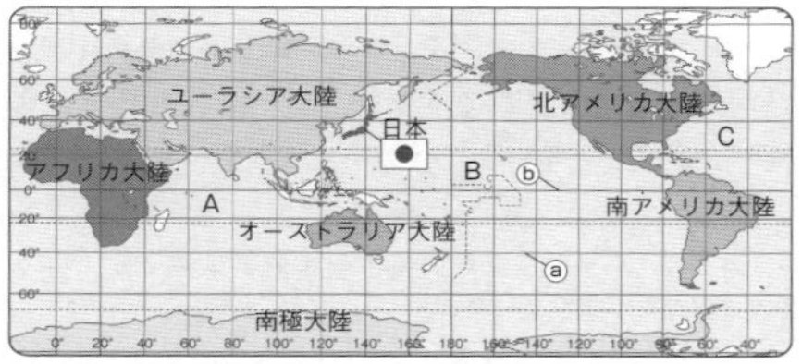


A（インド洋）　B（太平洋）　C（大西洋）

(2) ①サウジアラビアがある大陸と、②ブラジルがある大陸の名前を書きましょう。

①（ユーラシア大陸）　②（南アメリカ大陸）

(3) ⓐのように、地図や地球儀《ちきゅうぎ》上に、横に引かれている線の名前を書きましょう。（緯線）

(4) ⓑは、0度の(3)です。ⓑを特に何といいますか。（赤道）

## 2 地図を見て、答えましょう。

(1)1つ1点、(2)(3)2点(8点)

(1) A～Dの島の名前を、㋐～㋓から選びましょう。

㋐ 与那国島《よなぐにじま》
㋑ 南鳥島《みなみとりしま》
㋒ 択捉島《えとろふとう》
㋓ 沖ノ鳥島《おきのとりしま》

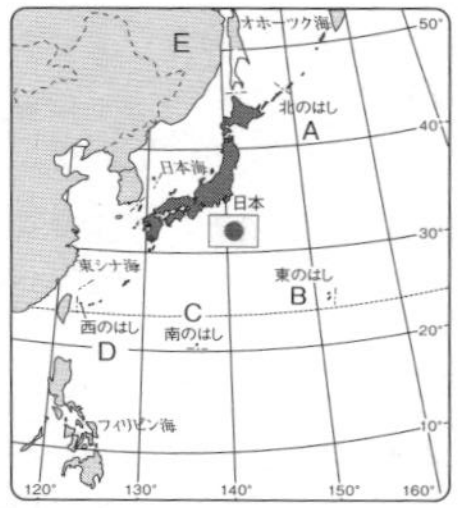


A ㋒　B ㋑
C ㋓　D ㋐

(2) 現在《げんざい》、Aの島を不法に占領《せんりょう》している、Eの国の名前を書きましょう。（ロシア(連邦)）

(3) その国の海岸線から12海里《かいり》までの海を何といいますか。（領海）

## 3 地図を見て、答えましょう。

1つ2点(12点)

(1) Aの平野、Bの川、C、Dの山脈《さんみゃく》の名前を書きましょう。

A（石狩平野）
B（利根川）
C（奥羽山脈）
D（飛騨山脈）

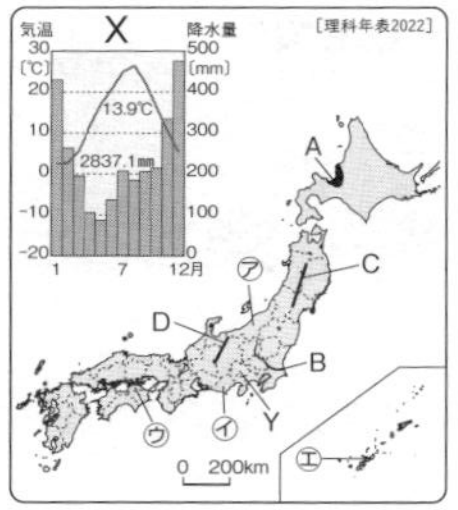


(2) Xのグラフは、どの県の都市の気温と降水量《こうすいりょう》を表していますか。地図中の㋐～㋓から選びましょう。㋐

(3) 右の図中の㋔は、地図中のYの地域《ちいき》などで見られる、山に囲《かこ》まれた平地を表しています。この地形を何といいますか。

（盆地）

## 4 食料の生産について、答えましょう。

1つ2点、(1)③、(2)④4点(18点)

(1) 右の表は、主な食料の生産量の上位3都道府県です。次の問いに答えましょう。

| | 米(2021年) | B(2022年) | みかん(2021年) |
|---|---|---|---|
| 1位 | 新潟県《にいがた》 | 北海道《ほっかいどう》 | 和歌山県《わかやま》 |
| 2位 | A | 鹿児島県《かごしま》 | 愛媛県《えひめ》 |
| 3位 | 秋田県《あきた》 | 宮崎県《みやざき》 | 静岡県《しずおか》 |

「データでみる県勢 2023」

① Aにあう都道府県名を書きましょう。（北海道）

② Bの食料を、㋐～㋒から選びましょう。
㋐ 肉牛　㋑ もも　㋒ キャベツ　㋐

③ みかんは、どのような地域でさかんに生産されていますか。かんたんに書きましょう。
（(例)あたたかい気候の地域。）



うらにも問題があります。



# 学力診断《しんだん》テスト　表

**1** (1)三つの海洋の面積は、B太平洋《たいへいよう》、C大西洋《たいせいよう》、Aインド洋の順に大きいです。

(2)①サウジアラビアは、ユーラシア大陸にあり、西アジアに属《ぞく》しています。

(3)横に引かれているのが緯線《いせん》で、縦《たて》に引かれているのが経線《けいせん》です。

(4)0度の緯線は赤道です。なお0度の経線は、イギリスのロンドンを通ります。

**2** (1)日本の北のはしが択捉島、東のはしが南鳥島、南のはしが沖ノ鳥島、西のはしが与那国島です。

(2)択捉島をふくむ北方領土は、現在《げんざい》ロシアに占領されています。

(3)海岸線から12海里（約22km）までの海を領海《りょうかい》といい、自国以外の船は許可《きょか》なく入ってはいけないことになっています。

**3** (1)A石狩平野《いしかり》は、北海道の西側に位置しています。
B利根川《とね》は、千葉《ちば》県と茨城《いばらき》県の県境《けんきょう》を流れています。
C奥羽《おうう》山脈は、東北《とうほく》地方の中央部に位置しています。
D飛騨《ひだ》山脈は、中部《ちゅうぶ》地方の北部に位置しています。

(2)Xは㋐の新潟県にある上越《じょうえつ》のグラフです。冬の降水量が多いことから、日本海側《にほんかい》の気候だとわかります。

**4** (1)①北海道は、石狩平野で稲作《いなさく》がさかんです。

②北海道と九州《きゅうしゅう》の県が上位にあることから、畜産物《ちくさんぶつ》だとわかります。㋑のももは山梨《やまなし》県や福島《ふくしま》県、㋒のキャベツは群馬《ぐんま》県や愛知《あいち》県で生産がさかんです。

③みかんは、あたたかい気候の地域でさいばいがさかんです。

**おうちのかたへ** 隣国と国境を接する地域では、領土問題が発生することがあります。北方領土や竹島など、領土問題が未解決の地域について、どうすれば解決すると思うか、お子さまに問いかけてみてください。

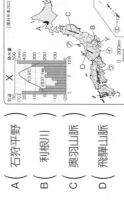

(2)　米づくりの資料《しりょう》を見て、答えましょう。

Ⓐ

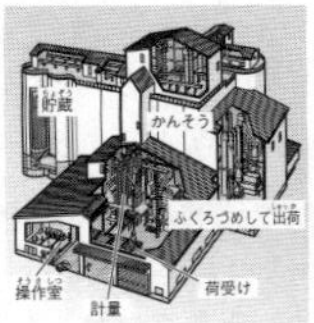


Ⓑ

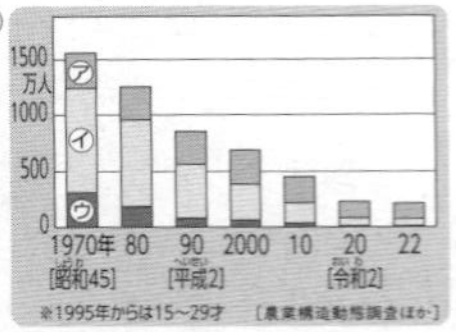


⬆ 農業で働く人数の変化

①　Ⓐのような、収穫《しゅうかく》した米を保管《ほかん》する施設《しせつ》を何といいますか。

（カントリーエレベーター）

②　新潟《にいがた》県や山形《やまがた》県で生産《せいさん》された米の多くは、Ⓐの施設からどの地方へ最も多く出荷されますか。㋐～㋒から選びましょう。

㋐　北海道《ほっかいどう》地方　㋑　関東《かんとう》地方
㋒　九州《きゅうしゅう》地方

［㋑］

③　Ⓑのグラフについて、㋐～㋒はそれぞれ「16～29才※」「30～59才」「60才以上」を表しています。「60才以上」を選びましょう。

［㋐］

④　Ⓑのグラフから考えられる、日本の米づくり農家がかかえる課題を書きましょう。

（(例)農業で働く人の数が減少していること。）

**5** **工業と貿易について、答えましょう。**

1つ2点、(4)4点(18点)

(1)　右の地図について説明した、次の①～⑤にあう言葉を書きましょう。

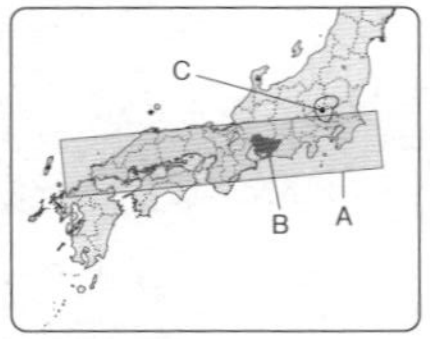


・Aは、多くの工業地帯や工業地域《ちいき》が集中している(　①　)である。
・Bは自動車の生産がさかんな(　②　)県で、(　③　)工業地帯に位置している。自動車の原料の鉄などは主に(　④　)で海外から運ばれてくる。
・最近では、Cの(　⑤　)工業地域のように海岸ぞいではない地域にも、工業地域が広がっている。

①（太平洋ベルト）②（愛知）
③（中京）④（船）⑤（関東内陸(北関東)）

(2)　右の資料の①にあう輸入《ゆにゅう》品を書きましょう。

（石油）

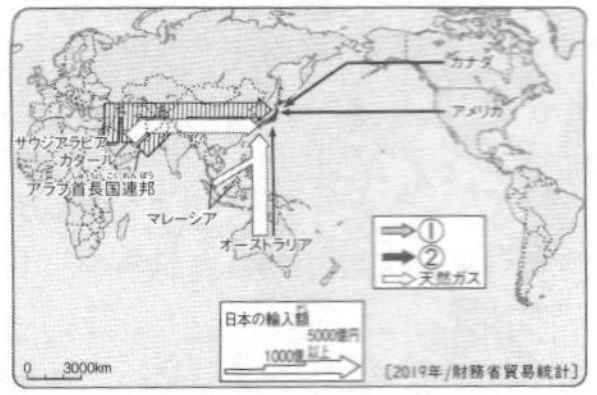


主な輸入品の輸入相手国 ➡

(3)　資料の②にあう輸入品を、㋐～㋒から選びましょう。

㋐　米　㋑　小麦　㋒　石炭

［㋑］

(4)　輸入が増《ふ》えることの問題点を、「国内の産業」という言葉を使って書きましょう。

（(例)国内の産業がおとろえる。）

活用力をみる

**6** **次の資料や地図を見て、答えましょう。**

1つ3点、(3)(5)6点(30点)

日本は、国土面積の約3分の2が森林です。
青森《あおもり》県から秋田《あきた》県にかけて広がる白神《しらかみ》山地は、ⓐ天然林《てんねんりん》として知られています。
ⓑ森林は、さまざまな働きをしています。

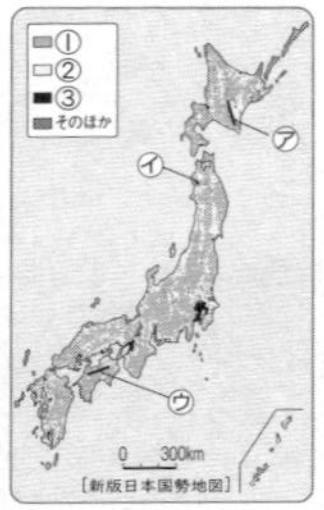


日本の土地利用 ➡

(1)　右の地図の①～③のうち、森林にあうものを選びましょう。

［①］

(2)　右の地図の㋐～㋒のうち、白神山地を選びましょう。

［㋑］

(3)　下線部ⓐについて、天然林とはどのような森林ですか。かんたんに書きましょう。

（(例)人が手を加えていない、自然のままの森林。）

(4)　下線部ⓑについて、右の①～④にあう森林の働きを書きましょう。

①（木材）
②（水）③（空気）④（生き物）

(5)　森林は自然災害《さいがい》を減《へ》らす働きもしています。森林があることで、どのような災害を防《ふせ》ぐことができますか。

（(例)土砂くずれを防ぐ。）

学力診断テスト(裏)

# 学力診断《しんだん》テスト　うら

**4** (2)①カントリーエレベーターは、収穫した米を品質《ひんしつ》を保《たも》ちながら
管する施設です。
②人口が多く、米の消費量《しょうひりょう》の多い関東地方への出荷が多くなっています。
③㋑が30～59才、㋒が16～29才で、現在《げんざい》は60才以上が最も多くなっています。
④このほか、「農業で働くわかい人(16～29才)のわりあいが減っている」ことが書けていてもよいです。

**5** (1)③中京《ちゅうきょう》工業地帯は、工業地帯・地域の中で最も工業生産額《がく》が多くなっています。
(2)サウジアラビアやカタールなど、西アジアの国から多く輸入される原料は石油です。
(3)㋐の米は、日本の自給率《じきゅうりつ》の高い食品です。㋒の石炭は、オーストラリアから多く輸入されています。
(4)安い輸入品が多くなることで、国内産の商品が売れなくなり、産業がおとろえるという問題点があります。

**6** (1)日本は、国土の約3分の2が森林です。
(2)白神山地は東北《とうほく》地方の北に位置します。資料文中の「青森県から秋田県にかけて広がる」という言葉からも考えることができます。
(3)天然林に対して、人が手入れしている森林を人工林といいます。
(5)はりめぐらされた木の根が、森の土がくずれるのを防ぎます。また、強風をやわらげたり、飛んでくる砂《すな》を防いだり、津波《つなみ》の被害《ひがい》を軽減《けいげん》したりするなどの働きもあります。大雪のときには線路や道路を雪から守ります。

**おうちのかたへ**　5年生の社会科で学習したことをふり返り、現在起こっているできごとと、これまで学習してきたこととのつながりについて、気づいたことなどを話し合ってみてください。

付録 取りはずしてお使いください。

# 社会
# 白地図ドリル
# 5年

このドリルを使って
日本と世界の地図を
マスターしよう。

年　　組

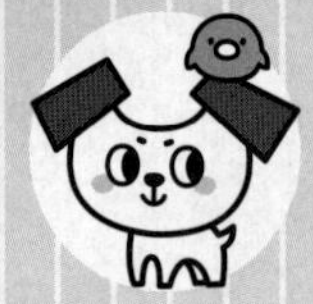

# ① 日本の国土

**やってみよう！**

- 日本のまわりの島々、海の名しょう、東西南北のはしを調べて確認《かくにん》しましょう。
- 領《りょう》土《ど》、領海《りょうかい》、排《はい》他《た》的経済水域《てきけいざいすいいき》を調べて色をつけましょう。

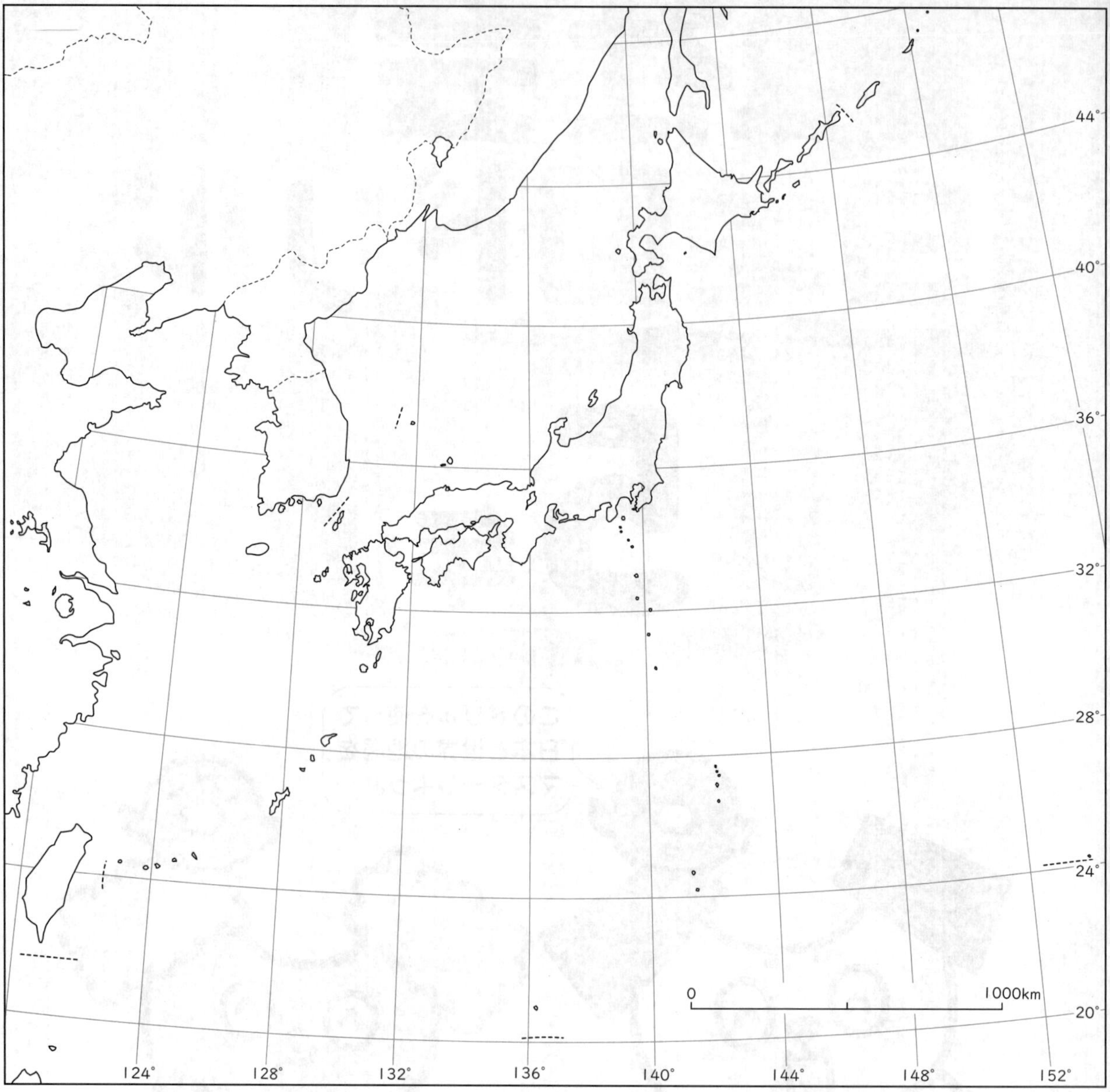


色分けのルール

| | |
|---|---|
| □ 日本の領土 | □ 日本の排他的経済水域 |
| □ 日本の領海 | |

# ② 日本の周辺の国々

やってみよう！

- 地図にある国の名前を表に書きましょう。
- 色分けのルールを決めて、地図に色をつけましょう。

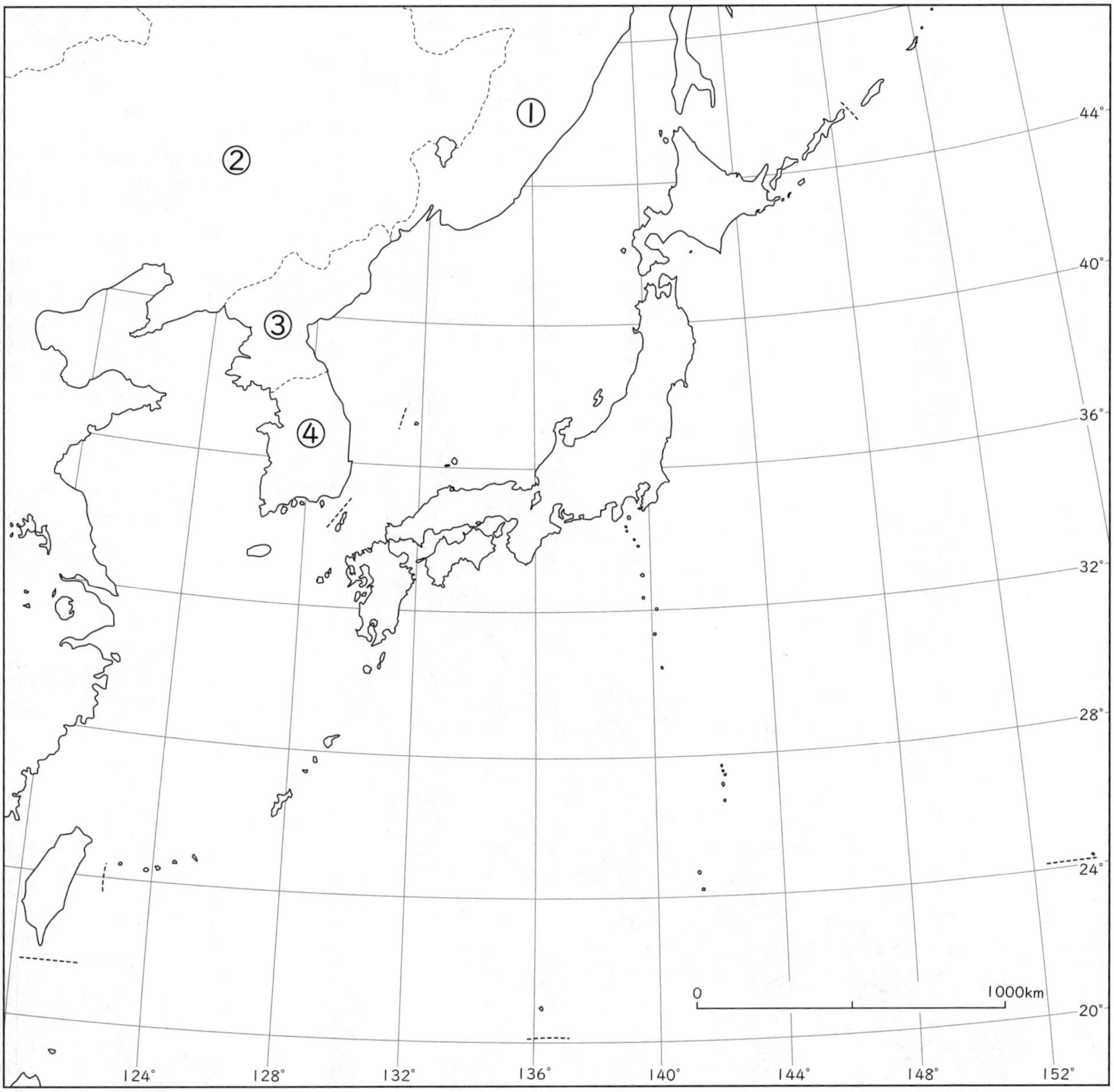


| 番号 | 国の名前 | 番号 | 国の名前 |
|---|---|---|---|
| ① | | ② | |
| ③ | | ④ | |

色分けのルール「　　　　　　　　　　」

# ③ 日本の地形 山脈《さんみゃく》・山地《さんち》

**やってみよう！**

- 地図にある山脈や山地の名前を表に書きましょう。
- そのほかの山脈や山地も調べて書きこんでみましょう。

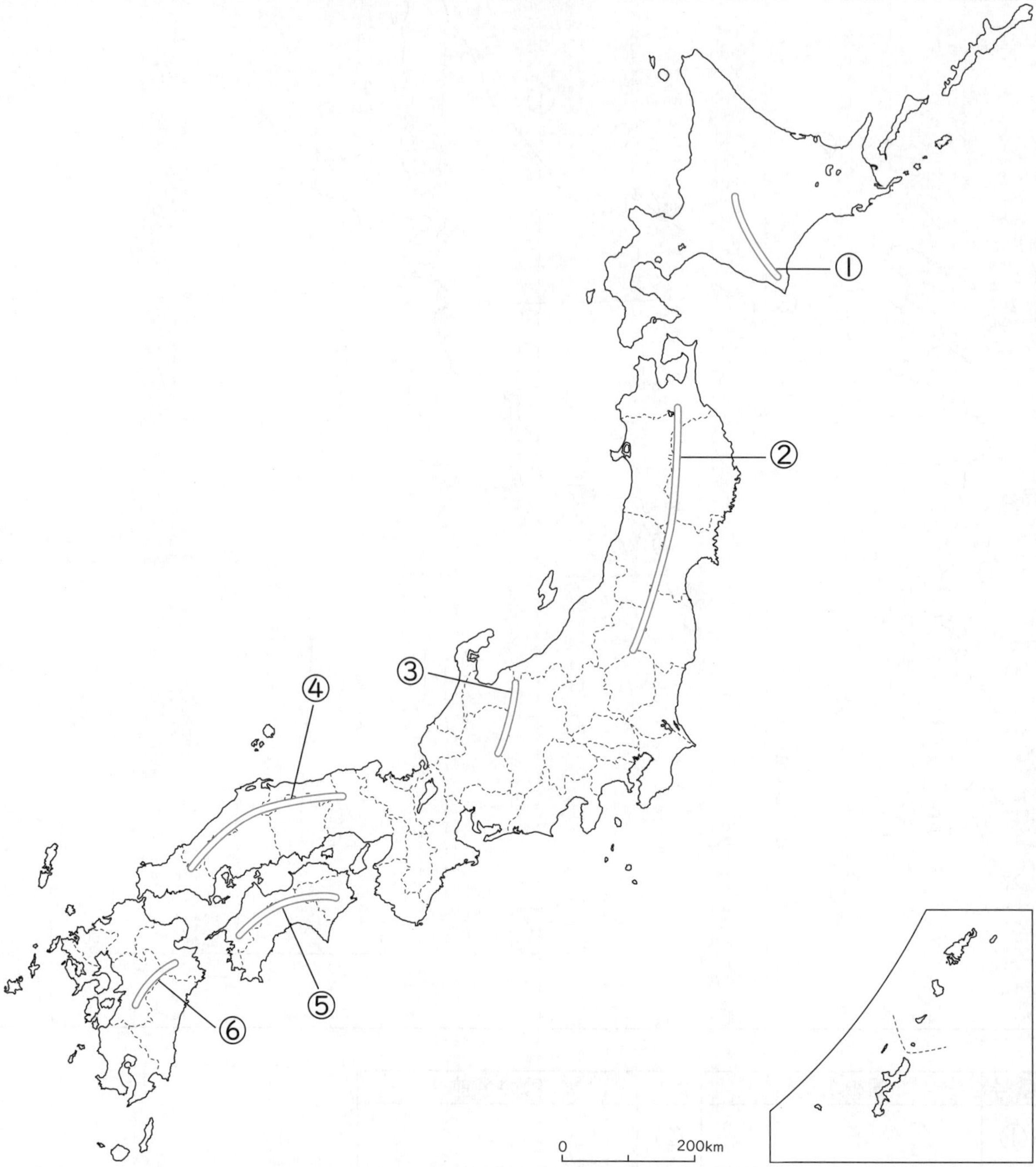


●山脈や山地の名前を答えて、色をつけましょう。

| 番号 | 山脈や山地の名前 | 番号 | 山脈や山地の名前 | 番号 | 山脈や山地の名前 |
|---|---|---|---|---|---|
| ① | | ② | | ③ | |
| ④ | | ⑤ | | ⑥ | |

# ④ 日本の地形 平野《へいや》・台地《だいち》・盆地《ぼんち》

**やってみよう！**

- 地図にある平野や台地、盆地の名前を表に書きましょう。
- そのほかの平野や盆地なども調べて書きこんでみましょう。

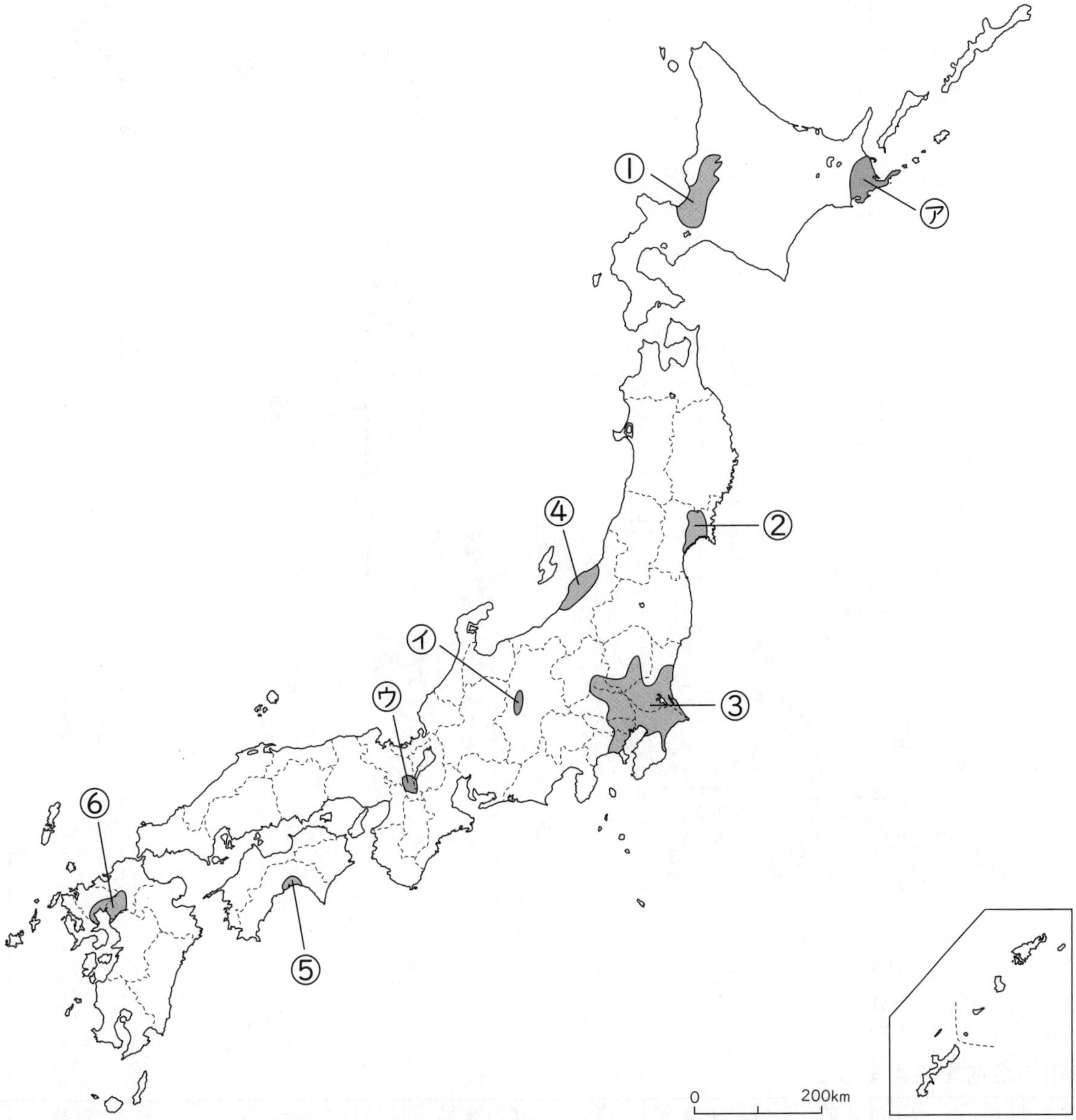


●平野の名前を答えて、色をつけましょう。

| 番号 | 平野の名前 | 番号 | 平野の名前 | 番号 | 平野の名前 |
|---|---|---|---|---|---|
| ① | | ② | | ③ | |
| ④ | | ⑤ | | ⑥ | |

●台地や盆地の名前を答えて、色をつけましょう。

| 番号 | 台地や盆地の名前 | 番号 | 台地や盆地の名前 | 番号 | 台地や盆地の名前 |
|---|---|---|---|---|---|
| ㋐ | | ㋑ | | ㋒ | |

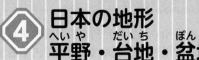

# ⑤ 日本の地形 川・半島

やってみよう！

- 地図にある川や半島の名前を表に書きましょう。
- そのほかの川や半島も調べて書きこんでみましょう。

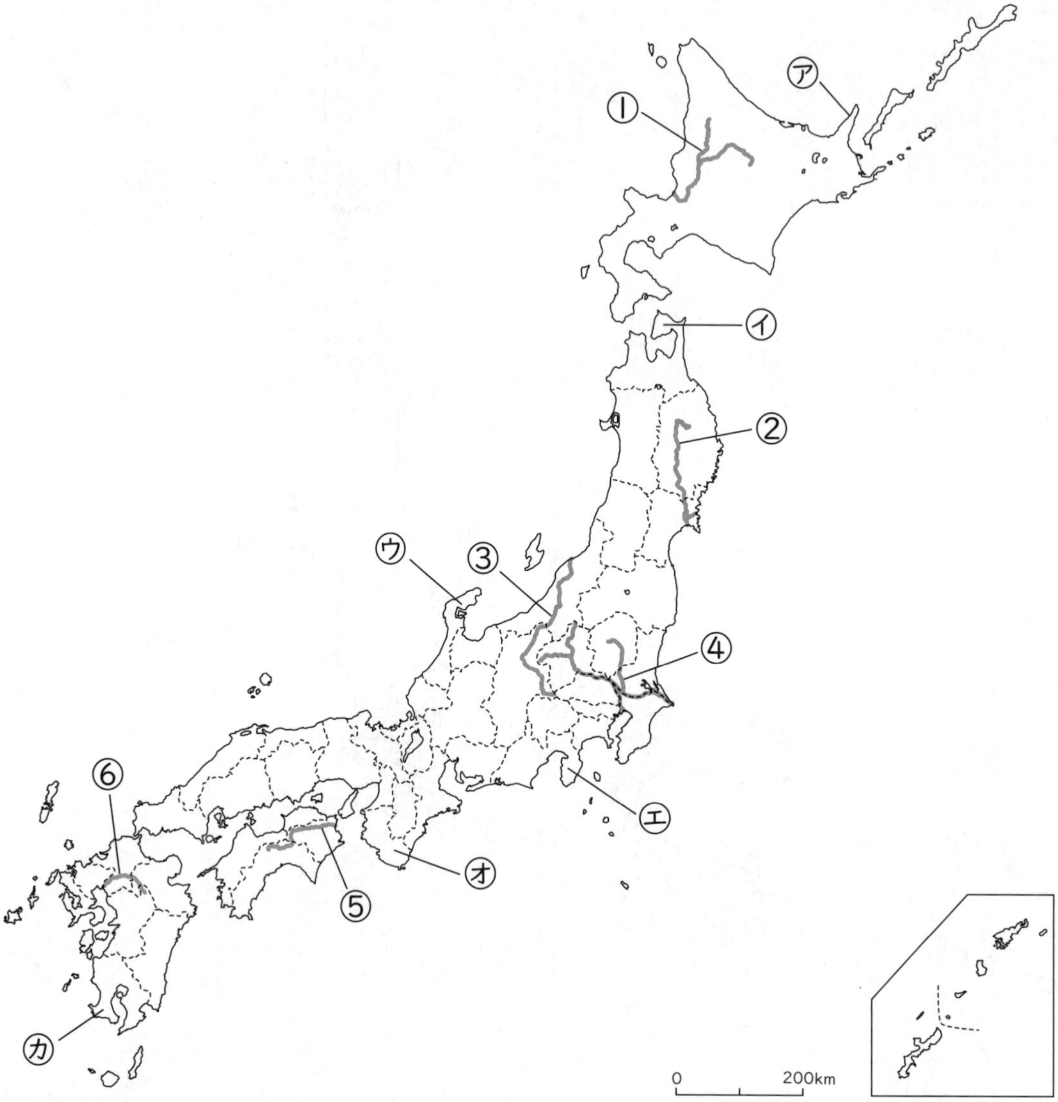


●川の名前を答えましょう。

| 番号 | 川の名前 | 番号 | 川の名前 | 番号 | 川の名前 |
|---|---|---|---|---|---|
| ① | | ② | | ③ | |
| ④ | | ⑤ | | ⑥ | |

●半島の名前を答えて、色をつけましょう。

| 番号 | 半島の名前 | 番号 | 半島の名前 | 番号 | 半島の名前 |
|---|---|---|---|---|---|
| ㋐ | | ㋑ | | ㋒ | |
| ㋓ | | ㋔ | | ㋕ | |

# ⑥ 日本の気候

やってみよう！

- 地図にある気候や海流の名前を書きましょう。
- それぞれの気候と海流に色をつけましょう。

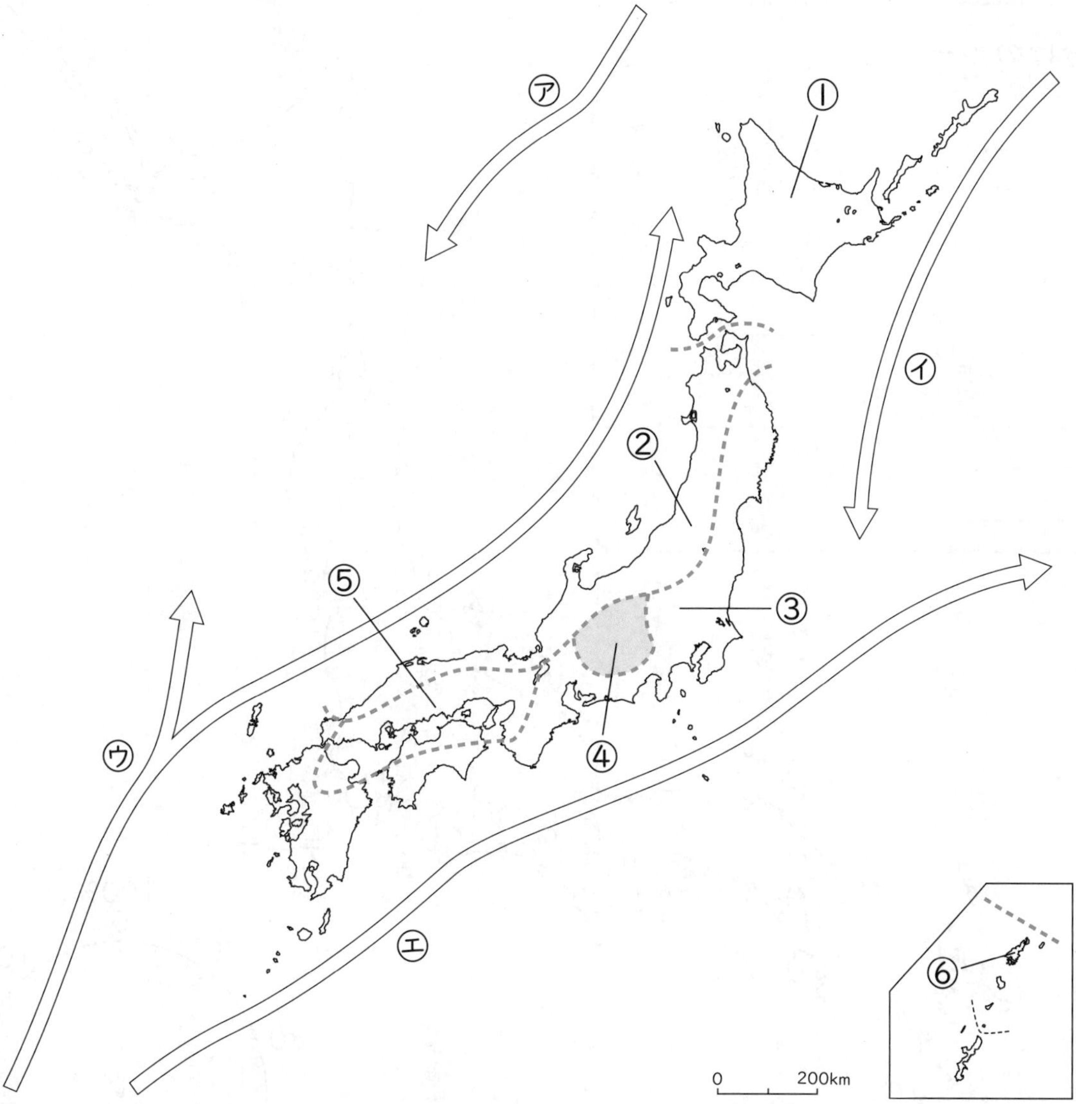


●気候ごとに色を決めて、それぞれに色をつけましょう。

| 番号 | 気候の名前 | 番号 | 気候の名前 | 番号 | 気候の名前 |
|---|---|---|---|---|---|
| ① | | ② | | ③ | |
| ④ | | ⑤ | | ⑥ | |

●寒流と暖流で色を決めて、それぞれの矢印に色をつけましょう。

| 番号 | 海流の名前 | 番号 | 海流の名前 |
|---|---|---|---|
| ㋐ | | ㋑ | |
| ㋒ | | ㋓ | |

# 7 日本地図

やってみよう！

- 色分けのルールを決めて、地図に色をつけましょう。
- テーマを決めて、円グラフと棒グラフを作りましょう。

色分けのルール「　　　　　　　　　　」

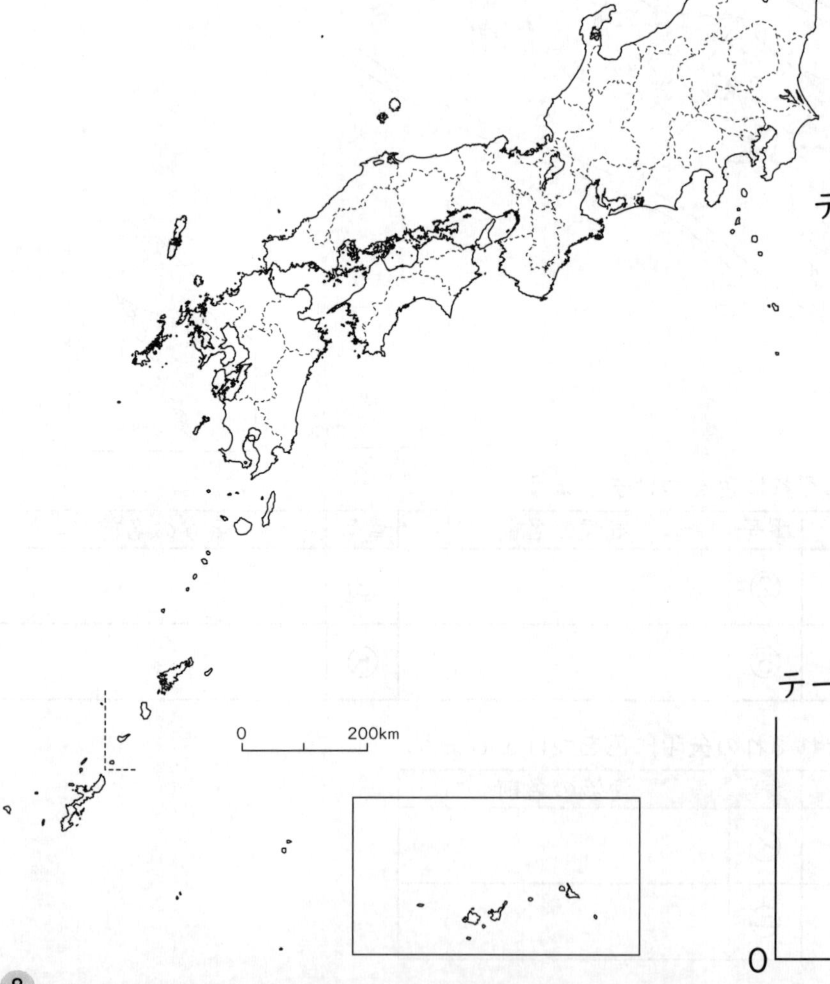


テーマ「　　　　　　　　　　」

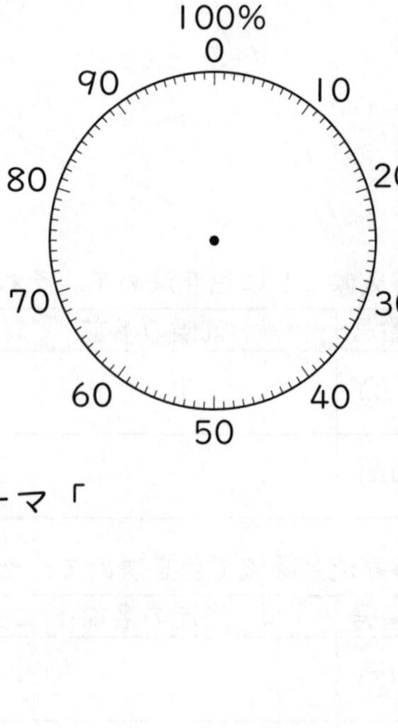


テーマ「　　　　　　　　　　」

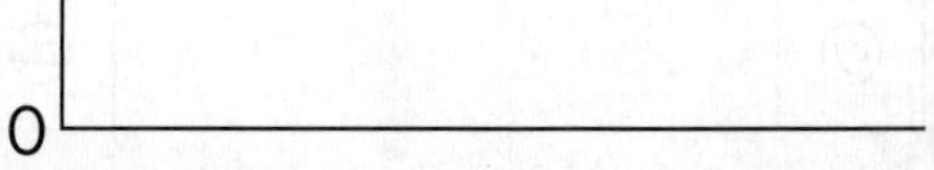

# ⑧ 世界の大陸

やってみよう！

- 世界の６つの大陸名を書きましょう。
- 大陸ごとに色を決めてぬりましょう。

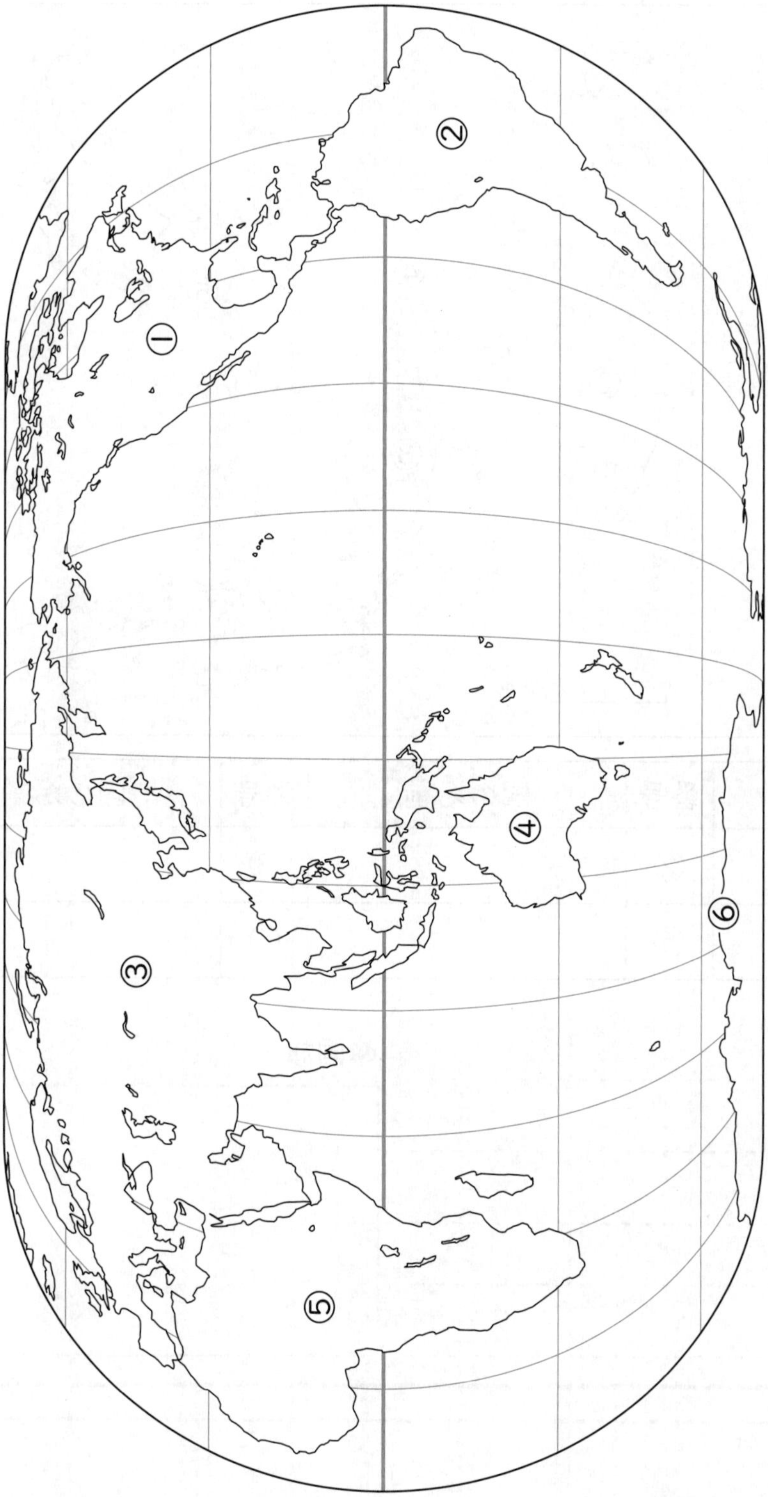


| 番号 | 大陸の名前 | 番号 | 大陸の名前 | 番号 | 大陸の名前 |
|---|---|---|---|---|---|
| ① | | ② | | ③ | |
| ④ | | ⑤ | | ⑥ | |

# ⑨ 世界の国々 ユーラシア大陸（アジア）

**やってみよう！**

- 地図に番号のある国の名前を表に書きましょう。
- 一つ国を決めて、その国について調べましょう。
- 色分けのルールを決めて、地図に色をつけましょう。

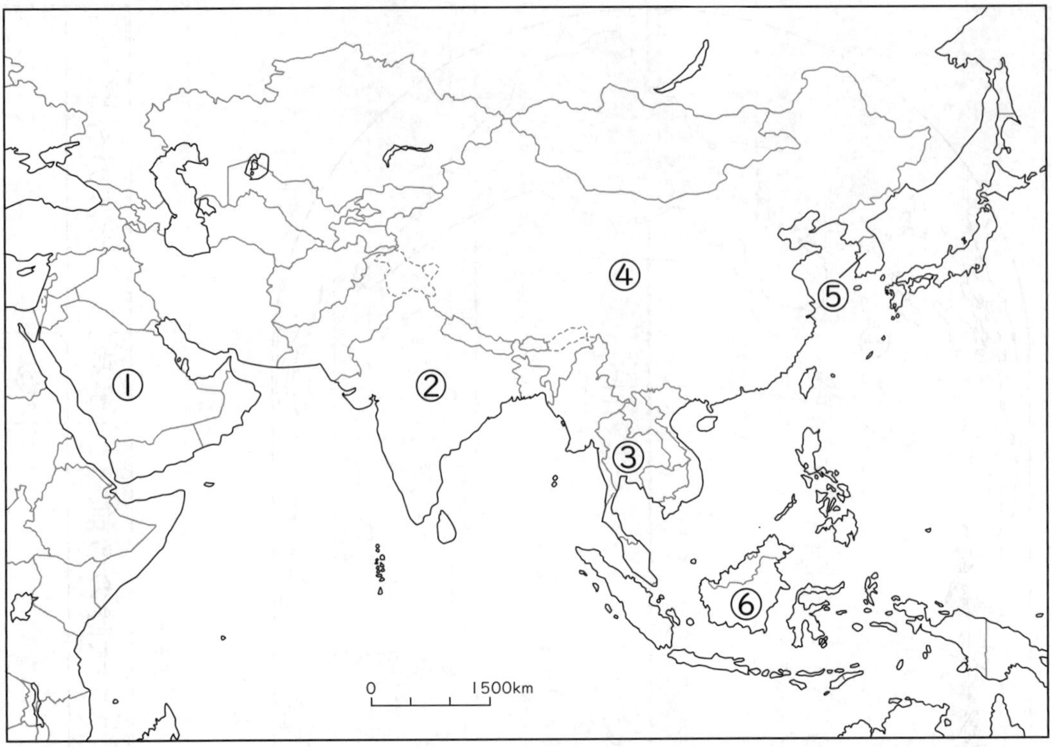


| 番号 | 国の名前 | 番号 | 国の名前 | 番号 | 国の名前 |
| --- | --- | --- | --- | --- | --- |
| ① | | ② | | ③ | |
| ④ | | ⑤ | | ⑥ | |

- 国名：------------------------------
- 人口：------------------------------
- 面積：------------------------------
- 国のしょうかい：------------------
------------------------------------

- 国旗

色分けのルール「　　　　　　　　　　」

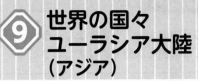

# ⑩ 世界の国々 ユーラシア大陸（ヨーロッパ）

やってみよう！

- 地図に番号のある国の名前を表に書きましょう。
- 一つ国を決めて、その国について調べましょう。
- 色分けのルールを決めて、地図に色をつけましょう。

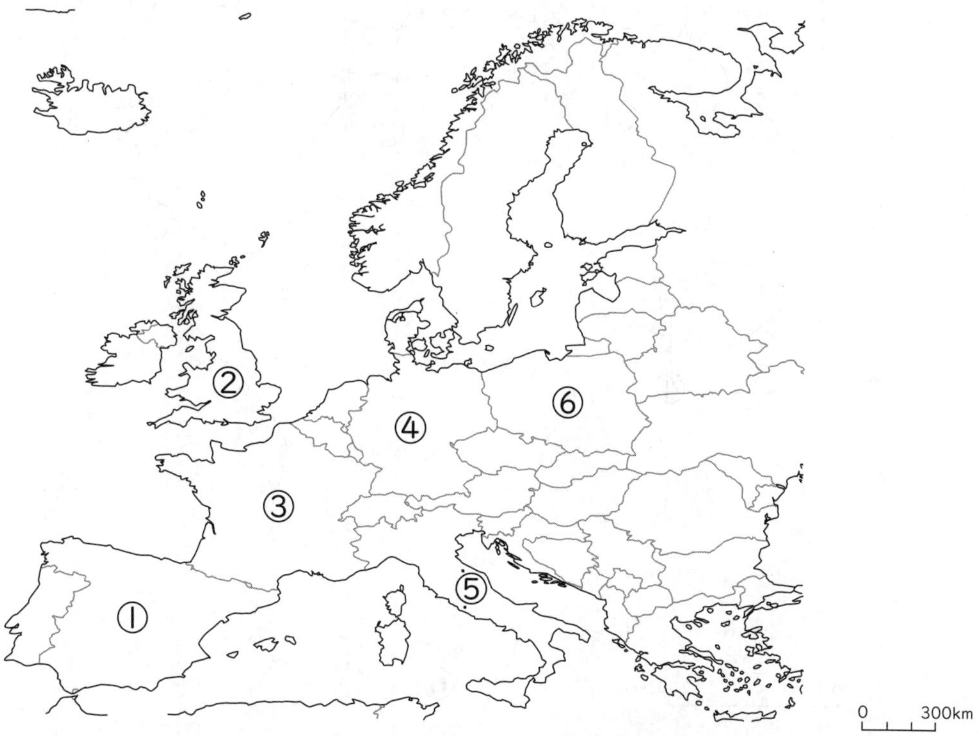


| 番号 | 国の名前 | 番号 | 国の名前 | 番号 | 国の名前 |
|---|---|---|---|---|---|
| ① | | ② | | ③ | |
| ④ | | ⑤ | | ⑥ | |

●国名：

●人口：

●面積：

●国のしょうかい：

●国旗

色分けのルール「　　　　」

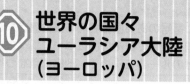

# ⑪ 世界の国々 アフリカ大陸

やってみよう！

- 地図に番号のある国の名前を表に書きましょう。
- 一つ国を決めて、その国について調べましょう。
- 色分けのルールを決めて、地図に色をつけましょう。

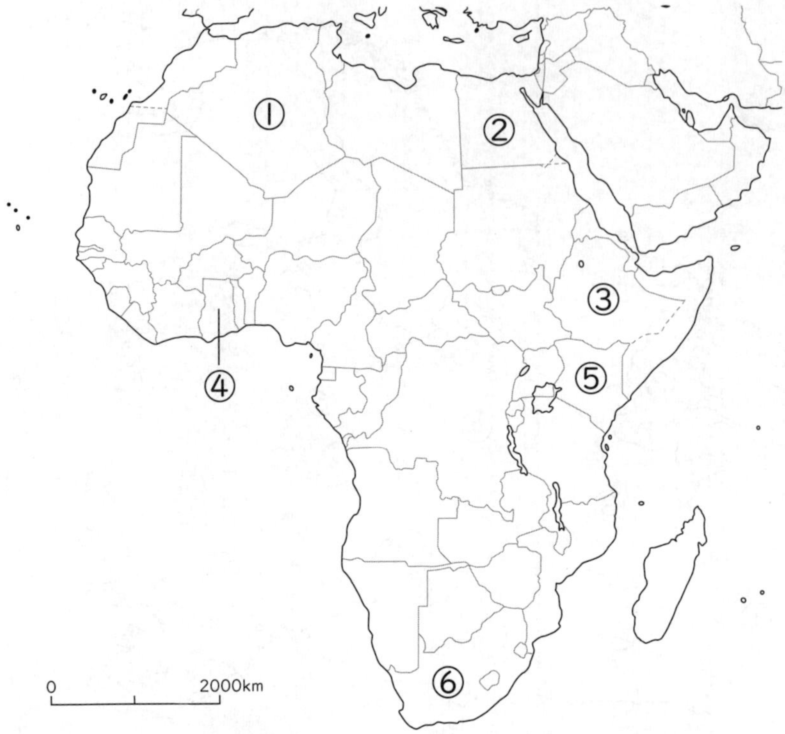


| 番号 | 国の名前 | 番号 | 国の名前 | 番号 | 国の名前 |
|---|---|---|---|---|---|
| ① | | ② | | ③ | |
| ④ | | ⑤ | | ⑥ | |

●国名：

●人口：

●面積：

●国のしょうかい：

●国旗

色分けのルール「　　　　　　　　　　　　　」

# ⑫ 世界の国々 北アメリカ大陸

**やってみよう！**

- 地図に番号のある国の名前を表に書きましょう。
- 一つ国を決めて、その国について調べましょう。
- 色分けのルールを決めて、地図に色をつけましょう。

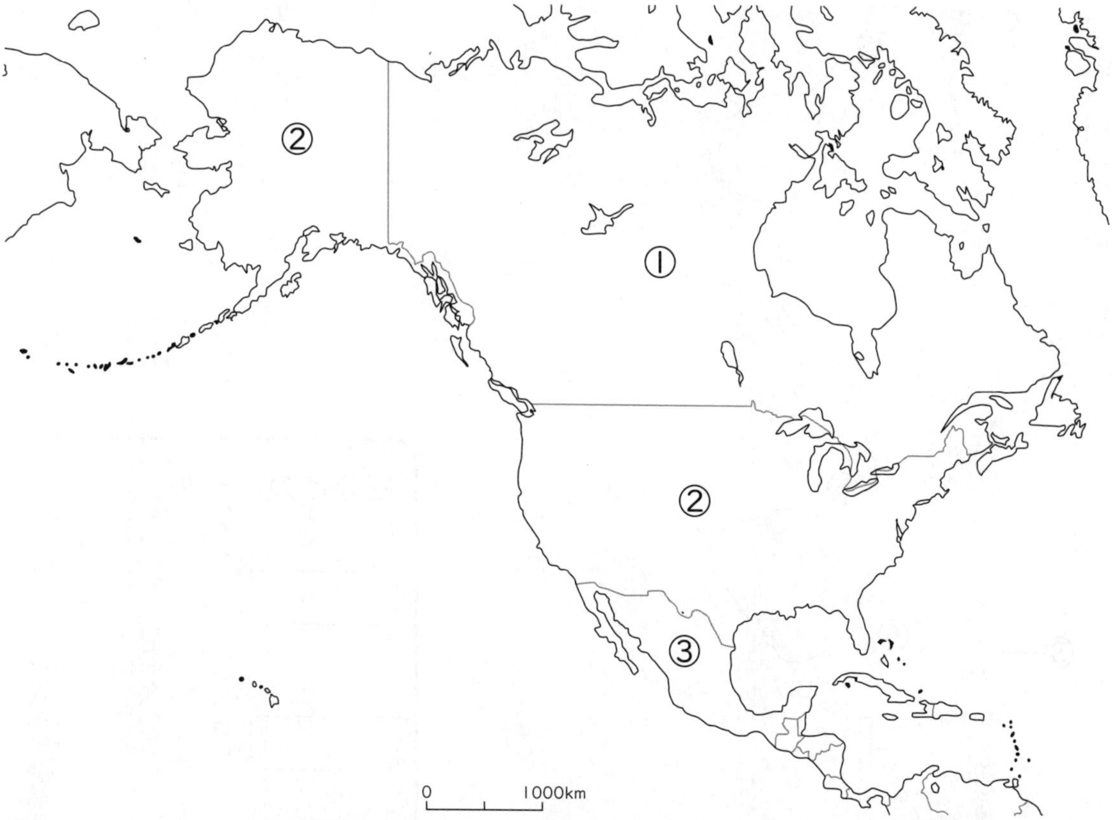


| 番号 | 国の名前 | 番号 | 国の名前 | 番号 | 国の名前 |
|---|---|---|---|---|---|
| ① | | ② | | ③ | |

●国名：

●人口：

●面積：

●国のしょうかい：

●国旗

色分けのルール「　　　　　　　　　　」

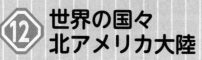

# ⑬ 世界の国々 南アメリカ大陸

**やってみよう！**

- 地図に番号のある国の名前を表に書きましょう。
- 一つ国を決めて、その国について調べましょう。
- 色分けのルールを決めて、地図に色をつけましょう。

色分けのルール

「　　　　　　　　　　」

| 番号 | 国の名前 | 番号 | 国の名前 | 番号 | 国の名前 |
|---|---|---|---|---|---|
| ① | | ② | | ③ | |
| ④ | | ⑤ | | ⑥ | |

●国名：

●人口：

●面積：

●国のしょうかい：

●国旗

# ⑭ 世界の国々 オーストラリア大陸

**やってみよう!**

- 地図に番号のある国の名前を表に書きましょう。
- 一つ国を決めて、その国について調べましょう。
- 色分けのルールを決めて、地図に色をつけましょう。

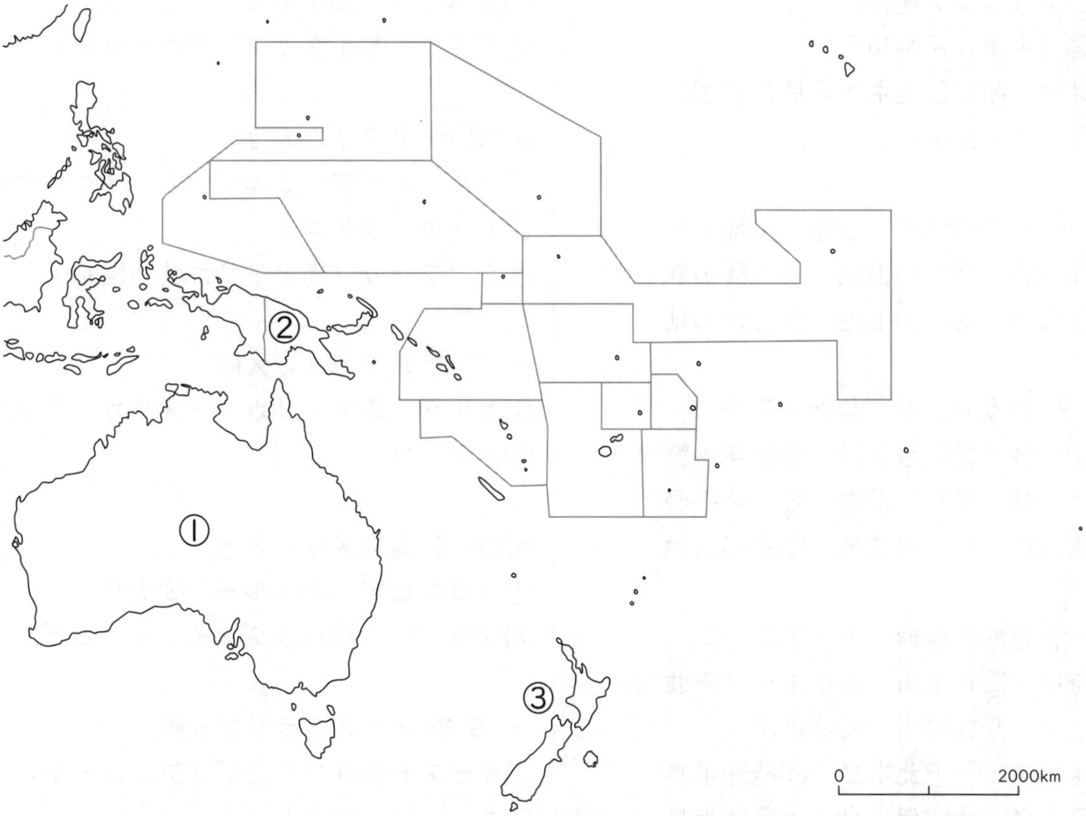


| 番号 | 国の名前 | 番号 | 国の名前 | 番号 | 国の名前 |
|---|---|---|---|---|---|
| ① | | ② | | ③ | |

- 国名：
- 人口：
- 面積：
- 国のしょうかい：
- 国旗

色分けのルール「　　　　　　　　　　　」

# 答　え

p.3　② 日本の周辺の国々
①ロシア（ロシア連邦《れんぽう》）
②中国《ちゅうごく》（中華人民共和国《ちゅうかじんみんきょうわこく》）
③北朝鮮《きたちょうせん》（朝鮮民主主義人民共和国《ちょうせんみんしゅしゅぎじんみんきょうわこく》）
④韓国《かんこく》（大韓民国《だいかんみんこく》）

p.4　③ 日本の地形　山脈・山地
①日高《ひだか》山脈　②奥羽《おうう》山脈　③飛騨《ひだ》山脈
④中国山地　⑤四国《しこく》山地　⑥九州《きゅうしゅう》山地

p.5　④ 日本の地形　盆地・平野
①石狩《いしかり》平野　②仙台《せんだい》平野　③関東《かんとう》平野
④越後《えちご》平野　⑤高知《こうち》平野　⑥筑紫《つくし》平野
㋐根釧《こんせん》台地　㋑松本《まつもと》盆地　㋒京都《きょうと》盆地

p.6　⑤ 日本の地形　川・半島
①石狩川　②北上《きたかみ》川　③信濃《しなの》川（千曲《ちくま》川）
④利根《とね》川　⑤吉野《よしの》川　⑥筑後《ちくご》川
㋐知床《しれとこ》半島　㋑下北《しもきた》半島　㋒能登《のと》半島
㋓伊豆《いず》半島　㋔紀伊《きい》半島　㋕薩摩《さつま》半島

p.7　⑥ 日本の気候
①北海道《ほっかいどう》の気候　②日本海《にほんかい》側の気候
③太平洋《たいへいよう》側の気候　④中央高地《ちゅうおうこうち》の気候
⑤瀬戸内《せとうち》の気候　⑥南西諸島《なんせいしょとう》の気候
㋐リマン海流　㋑千島《ちしま》海流（親潮《おやしお》）
㋒対馬《つしま》海流　㋓日本海流（黒潮《くろしお》）

p.9　⑧ 世界の大陸
①北アメリカ大陸　②南アメリカ大陸
③ユーラシア大陸　④オーストラリア大陸
⑤アフリカ大陸　⑥南極《なんきょく》大陸

p.10　⑨ ユーラシア大陸（アジア）
①サウジアラビア　②インド　③タイ
④中国（中華人民共和国）　⑤韓国（大韓民国）
⑥インドネシア

p.11　⑩ ユーラシア大陸（ヨーロッパ）
①スペイン　②イギリス　③フランス
④ドイツ　⑤イタリア　⑥ポーランド

p.12　⑪ アフリカ大陸
①アルジェリア　②エジプト　③エチオピア
④ガーナ　⑤ケニア
⑥南アフリカ（南アフリカ共和国《きょうわこく》）

p.13　⑫ 北アメリカ大陸
①カナダ　②アメリカ（アメリカ合衆国《がっしゅうこく》）
③メキシコ

p.14　⑬ 南アメリカ大陸
①コロンビア　②ペルー　③チリ
④ブラジル　⑤パラグアイ　⑥アルゼンチン

p.15　⑭ オーストラリア大陸
①オーストラリア　②パプアニューギニア
③ニュージーランド